Unternehmenssanktionen durch die Weltbank

Augsburger Studien zum internationalen Recht

Herausgegeben von

Volker Behr
ehem. Lehrstuhl für Bürgerliches Recht, Zivilprozessrecht,
Ausländisches und Internationales Privatrecht

Luis Greco
Professur für Strafrecht, Strafprozeßrecht und Wirtschaftsstrafrecht

Christoph Vedder
ehem. Lehrstuhl für Öffentliches Recht, Völkerrecht und Europarecht
sowie Sportrecht, Jean Monnet-Lehrstuhl für Europäisches Recht

Juristische Fakultät der Universität Augsburg

Band 20

PL ACADEMIC RESEARCH

Andreas Stegmann

Unternehmenssanktionen durch die Weltbank

Betrug, Korruption und faires Verfahren

Bibliografische Information der Deutschen Nationalbibliothek
Die Deutsche Nationalbibliothek verzeichnet diese Publikation
in der Deutschen Nationalbibliografie; detaillierte bibliografische
Daten sind im Internet über http://dnb.d-nb.de abrufbar.

Zugl.: Augsburg, Univ., Diss., 2017

Logo auf dem Umschlag:
Abdruck mit freundlicher Genehmigung der
Universität Augsburg

Gedruckt auf alterungsbeständigem, säurefreiem Papier.
Druck und Bindung: CPI books GmbH, Leck

D 384
ISSN 1861-664X
ISBN 978-3-631-73226-7 (Print)
E-ISBN 978-3-631-73228-1 (E-PDF)
E-ISBN 978-3-631-73229-8 (EPUB)
E-ISBN 978-3-631-73230-4 (MOBI)
DOI 10.3726/b11647

© Peter Lang GmbH
Internationaler Verlag der Wissenschaften
Frankfurt am Main 2017
Alle Rechte vorbehalten.
PL Academic Research ist ein Imprint der Peter Lang GmbH.

Peter Lang – Frankfurt am Main · Bern · Bruxelles · New York ·
Oxford · Warszawa · Wien

Diese Publikation wurde begutachtet.

www.peterlang.com

Vorwort

Die nachfolgende Arbeit wurde im Februar 2014 als Dissertation an der Juristischen Fakultät der Universität Augsburg eingereicht. Zu diesem Zeitpunkt war das Sanktionsregime der Weltbank durch die Veröffentlichung von Regelwerken und Entscheidungen noch relativ frisch einer wissenschaftlichen Untersuchung und öffentlichen Diskussion zugänglich geworden.

Seitdem sind über drei Jahre vergangen.

Zur Veröffentlichung habe ich die nachstehende Arbeit an einigen Stellen sprachlich korrigiert, aber inhaltlich nicht mehr angepasst. Eine vollständige Überarbeitung der Arbeit wäre ein erheblicher Aufwand, den ich derzeit nicht leisten kann. Der damalige Schnappschuss bietet einen Eindruck von der stetig fortschreitenden weiteren Entwicklung des Sanktionsregimes und ist für deren weitere Beobachtung schon ein Wert an sich. Die wesentlichen Ergebnisse der Untersuchung sind gleichgeblieben; einige Erwartungen an eine künftige Sanktionsreform haben sich erfüllt, andere nicht.

Die wesentlichen zwischenzeitlichen Entwicklungen stelle ich in einem Nachtrag („Teil 2 – Nachtrag zur Dissertation") im Anhang zur eigentlichen Untersuchung („Teil 1 – Unternehmenssanktionen durch die Weltbank") dar.

Ich danke allen, die mich dazu veranlasst und es mir ermöglicht haben, mich über ein Jahr lang gedanklich in ein Thema zu versenken. Insbesondere danke ich den Angehörigen der *Integrity Vice Presidency* der Weltbank in Washington D.C., die ich in der Wahlstation meines Rechtsreferendariats drei Monate lang Kollegen nennen durfte. Das Sanktionsregime der Weltbank ist rein akademisch gesehen eine faszinierende Angelegenheit. Vor allem aber verbinde ich damit viele Menschen, die professionell und mit Leidenschaft zusammen für eine gute Sache arbeiten.

Meiner Familie danke ich dafür und für alles andere.

Inhaltsübersicht

Vollständiges Inhaltsverzeichnis

Abkürzungen

ABLJ	American Business Law Journal
ACG 2006	Guidelines on Preventing and Combating Fraud and Corruption in Projects Financed by IBRD Loans and IDA Credits and Grants, dated October 15, 2006
ACG 2011	Guidelines on Preventing and Combating Fraud and Corruption in Projects Financed by IBRD Loans and IDA Credits and Grants, dated October 15, 2006 and revised in January 2011
ADB	Asian Development Bank
AEUV	Vertrag über die Arbeitsweise der Europäischen Union
AfDB Group	African Development Bank Group
AJIL	American Journal of International Law
AöR	Archiv des öffentlichen Rechts
ASILProceedings	Proceedings of the Annual Meeting (American Society of International Law)
AYBIL	Australian Yearbook of International Law
BGB	Bürgerliches Gesetzbuch
BeckOK	Beck'scher Online Kommentar [zum jeweils genannten Gesetz]
CFR	United States Code of Federal Regulations
CG 2004	Guidelines: Selection and Employment of Consultants by World Bank Borrowers, May 2004
CG 2006	Guidelines: Selection and Employment of Consultants by World Bank Borrowers, May 2004, revised October 2006, Washington D. C. 2006
CG 2010	Guidelines: Selection and Employment of Consultants by World Bank Borrowers, May 2004, revised October 1, 2006 and May 1, 2010
CG 2011	Guidelines: Selection and Employment of Consultants under IBRD Loans & IDA Credits & Grants by World Bank Borrowers, January 2011
CJTL	Columbia Journal of Transnational Law
DJIntLP	Denver Journal of International Law and Policy
DR	Rules on Delivery and Submission of Notices and Other Materials in World Bank Sanctions Proceedings
EBRD	European Bank for Reconstruction and Development
EIB	European Investment Bank
EGMR	Europäischer Gerichtshof für Menschenrechte
EMRK	Konvention zum Schutz der Menschenrechte und Grundfreiheiten v. 4. 11. 1950
EMRK-ZP12	Protokoll Nr. 12 zur Konvention zum Schutz der Menschenrechte und Grundfreiheiten v. 4. 11. 2000

EMRK-ZP7	Protokoll Nr. 7 zur Konvention zum Schutz der Menschenrechte und Grundfreiheiten v. 22. 11. 1984
EO	Evaluation and Suspension Officer
EuR	Europarecht
EU-RMR	Rechtsmittelrichtlinie 89/665/EWG
EU-VKR	Vergabekoordinierungsrichtlinie 2004/18/EG
EuZW	Europäische Zeitschrift für Wirtschaftsrecht
FCPA	Foreign Corrupt Practices Act
GLJ	German Law Journal
GSD	The World Bank General Services Department
GSD-VEP	*World Bank*, World Bank Vendor Eligibility Policy, revised 18. June 2010
GovContrMag	Government Contractor Magazine
GWILR	George Washington International Law Review
GWB	Gesetz über Wettbewerbsbeschränkungen
LEG	Legal Vice Presidency
IAB	The World Bank Independent Advisory Board
IBRD-Abkommen	Abkommen über die Internationale Bank für Wiederaufbau und Entwicklung
IDA-Abkommen	Abkommen über die Internationale Entwicklungsorganisation
ICLQ	International and Comparative Law Quarterly
ICTY	International Criminal Tribunal for the Former Yugoslavia
ICO	Integrity Compliance Officer
IDB Group	Inter-American Development Bank Group
IFC	International Finance Corporation
ILOAT	Arbitral Tribunal of the International Labor Organization
ILSAJICL	ILSA Journal of International and Comparative Law
INT	The World Bank Integrity Vice Presidency
Int'l Lawyer	The International Lawyer
IPbürgR	Internationaler Pakt über bürgerliche und politische Rechte
IWF-Abkommen	Abkommen über den Internationalen Währungsfonds
KK-StPO	*Hannich* (Hrsg.), Karlsruher Kommentar zur Strafprozessordnung, 6. Aufl. 2008
KRG-E	Entwurf eines Korruptionsregistergesetzes, BT-Drs. 16/9780.
LD	*World Bank*, Sanctions Board Law Digest 2011 – die Zahl hinter „LD" verweist auf die laufende Nummer der Entscheidungsauszüge im Law Digest auf S. 33 ff.
Law Digest	*World Bank*, Sanctions Board Law Digest 2011.
LEG	The World Bank Legal Vice Presidency
MDB-Agreement	Agreement for Mutual Enforcement of Debarment Decisions, April 9, 2010
MPEPIL	*Bernhardt* (Hrsg.), Max Planck Encyclopedia of Public International Law

MüKo BGB	*Säcker/Rixecker* (Hrsg.), Münchner Kommentar zum BGB, 2012.
MüKo StGB	*Joecks/Miebach* (Hrsg.), Münchner Kommentar zum StGB, 2009.
MüKo ZPO	*Rauscher/Wax/Wenzel* (Hrsg.), Münchner Kommentar zur ZPO, 2004.
NK-StGB	*Kindhäuser/Neumann/Paeffgen* (Hrsg.), Strafgesetzbuch – Nomos-Kommentar, 3. Aufl. 2010
NJW	Neue Juristische Wochenschrift
NZBau	Neue Zeitschrift für Baurecht und Vergaberecht
OP 9.00	*World Bank,* Operational Policy 9.00 – Program-for-Results Financing, February 2012, revised April 2013
OP 11.00	*World Bank,* Operational Policy 11.00 – Procurement, January 2011, revised April 2013
OWiG	Gesetz über Ordnungswidrigkeiten
PforR	Program for Results
PforRG	Guidelines on Preventing and Combating Fraud and Corruption in Program-for-Results Financing, dated February 1, 2012
PG 1999	Guidelines: Procurement under IBRD Loans and IDA Credits, January 1995, revised January and August 1996, September 1997, and January 1999
PG 2004	Guidelines: Procurement under IBRD Loans and IDA Credits, May 2004
PG 2006	Guidelines: Procurement under IBRD Loans and IDA Credits, May 2004, revised October 2006, Washington D. C. 2006
PG 2010	Guidelines: Procurement under IBRD Loans and IDA Credits, May 2004, revised October 1, 2006 and May 1, 2010
PG 2011	Guidelines: Procurement of Goods, Works, and Non-Consulting Services under IBRD Loans and IDA Credits & Grants by World Bank Borrowers, January 2011
SBD	Sanctions Board Decision – zitiert mit Datum und Jahreszahl; ab 2011 im Volltext verfügbar auf http://go.worldbank.org/58RC7DVWW0; zuvor nur auszugsweise abgedruckt im Law Digest (nachgewiesen als „[LD (laufende Nummer)]".
SBS	Sanctions Board Secretariat
SBSt	Sanctions Board Statute
SCP 2001	Sanctions Committee Procedures, August 2001
SDO	Suspension and Debarment Official
SEC	United States Securities and Exchange Commission
SG	Sanctioning Guidelines, dated January 1, 2011
SJZ	Süddeutsche Juristenzeitung
SP09	Sanctions Procedures as amended on December 22, 2008 and May 11, 2009, additionally amended on June 25, 2010
SP11	Sanctions Procedures as adopted by the World Bank as of January 1, 2011, amended July 8, 2011
SP12	Sanctions Procedures, April 2012

StGB	Strafgesetzbuch
UChiLF	University of Chicago Legal Forum
UCDavisJILP	University of California Davis Journal of International Law and Policy
UNSOVorRÜbk	Abkommen über die Vorrechte und Befreiungen der Sonder-organisationen der Vereinten Nationen vom 21. November 1947
USC	United States Code
UtrechtLR	Utrecht Law Review
VStGB	Völkerstrafgesetzbuch
WBLR III	*Cissé/Bradlow/Kingsbury* (Hrsg.), World Bank Legal Review Vol. 3, 2012.
WVRK	Wiener Übereinkommen über das Recht der Verträge vom 23. Mai 1969
YJIL	Yale Journal of International Law
YHRDLJ	Yale Human Rights and Development Law Journal
YLW	Yale Law Journal
ZaöRV	Zeitschrift für ausländisches öffentliches Recht und Völkerrecht
ZfBR	Zeitschrift für deutsches und internationales Bau- und Ver-gaberecht
ZPO	Zivilprozessordnung

Literatur

Aguilar, Mario A./Gill, Jit B. S./Pino, Livio, Preventing Fraud and Corruption in World Bank Projects – A Guide for Staff, Washington D. C. 2000 [http://www1.world bank.org/publicsector/anticorrupt/fraudguide.pdf (30.08.2013)].

Alston, Philip (Hrsg.), Non-State Actors and Human Rights, Oxford 2005.

Alvarez, José E., International Organizations as Law Makers, Oxford 2005.

Baghir-Zada, Elvira, Debarment as an Anti-Corruption Tool in the Projects Funded by Multilateral Development Banks, Wien 2010 [http://othes.univie.ac.at/11365/ (30.08.2013)].

Battis, Ulrich/Kersten, Jens, Die Deutsche Bahn AG als Untersuchungsrichter in eigener Sache? Zur Verfassungswidrigkeit der „Verdachtssperre" in der Richtlinie der Deutschen Bahn AG zur Sperrung von Auftragnehmern und Lieferanten vom 4. 11. 2003, Neue Zeitschrift für Baurecht und Vergaberecht 2004, S. 303 ff.

Berenson, William M., Squaring the Concept of Immunity with the Fundamental Right to a Fair Trial: The Case of the OAS, in: *Cissé/Bradlow/Kingsbury* (Hrsg.), WBLR III, S. 133 ff., zitiert als: *„Berenson,* WBLR III".

Bernhardt, Rudolf (Hrsg.), Max Planck Encyclopedia of Public International Law, aktualisierte Onlineausgabe, Stand September 2013 [http://www.mpepil.com (03.09.2013)], zitiert als: *„Bearbeiter,* in: MPEPIL, Artikel".

Boisson de Chazournes, Laurence/Formageau, Edouard, Balancing the Scales: The World Bank Sanctions Process and Access to Remedies, European Journal of International Law, Vol. 23 (2012), 963 ff.

Brenneis, Alexander/Schmalenbach, Kirsten, Rechtsschutz im UN-System, in: *Schroeder, Werner/Mayr-Singer, Jelka* (Hrsg.), Völkerstrafrecht, Rechtsschutz und Rule of Law – Das Individuum als Herausforderung für das Völkerrecht, Frankfurt am Main, 2011, S. 129 ff.

Broches, Aron, Selected Essays: World Bank, ICSID, and other subjects of public and private international law, 1995.

Cameron, Iain, The European Convention on Human Rights, Due Process and United Nations Security Council Counter-Terrorism Sanctions, Report to the Council of Europe, 2006, [https://www.google.com/url?q=http://www.coe.int/t/dlapil/cahdi/Source/ Docs%25202006/CAHDI%2520_2006_%252022%2520E%2520Cameron%2520report. pdf&sa=U&ei=_NvSUfqUPPGO7Qbk94GIAw&ved=0CAcQFjAA&client=internal- uds-cse&usg=AFQjCNHxJXslXTlFJH6ujikul4xBdWKHMQ (02.07.2013)].

Cassese, Antonio, International Law, 2. Aufl., Oxford 2005.

Chanda, Parthapratim, The Effectiveness of the World Bank's Anti-Corruption Efforts: Current Legal and Structural Obstacles and Uncertainties, Denver Journal of International Law and Policy, Vol. 32 (2004), S. 315 ff.

Cissé, Hassan/Bradlow, Daniel D./Kingsbury, Benedict (Hrsg.), The World Bank Legal Review, Vol. 3 – International Financial Institutions and Global Legal Governance, Washington D. C. 2012, zitiert als: *„Autor,* WBLR III".

Clapham, Andrew, Human Rights Obligations of Non-State Actors, Oxford 2006.

Crawford, James, Brownlie's Principles of Public International Law, 8. Aufl., Oxford 2012.

Cremer, Hans-Joachim, Völkerrecht – Alles nur Rhetorik? Zeitschrift für ausländisches öffentliches Recht und Völkerrecht Bd. 67 (2007), S. 267 ff.

Dauses, Manfred (Hrsg.), Handbuch des EU-Wirtschaftsrechts (Loseblatt), 31. EL, München 2012, zitiert als: *„Bearbeiter,* in: *Dauses".*

De Castro Meireles, Marta, The World Bank Procurement Regulations: a critical analysis of the enforcement mechanism and of the application of secondary policies in financed projects, Nottingham 2006 [http://www.nottingham.ac.uk/shared/ shared_procurement/theses/Marta_Meireles_master_FINAL.pdf (29.08.2013)].

Deming, Stuart H., Anti-Corruption Policies: Eligibility and Debarment Practices at the World Bank and Regional Development Banks, The International Lawyer 44 (2010), S. 871 ff.

Dreher, Meinrad/Motzke, Gerd (Hrsg.), Beck'scher Vergaberechtskommentar, 2. Aufl. München 2013, zitiert als: *„Bearbeiter,* in: *Dreher/Motzke".*

Dubois, Palscale-Hélène/Nowlan, Aileen Elizabeth, Global Administrative Law and the Legitimacy of Sanctions Regimes in International Law, Yale Journal of International Law Vol. 36 (2010), S. 15 ff. [http://www.yjil.org/docs/pub/o-36-dubois-nowlan-global-administrative-law-sanctions.pdf (30.08.2013)].

Dubois, Pascale Helene, Domestic and International Administrative Tools to Combat Fraud & Corruption: A Comparison of US Suspension and Debarment with the World Bank's Sanctions System, University of Chicago Legal Forum 2012, S. 195 ff.

Fassbender, Bardo, Targeted Sanctions and Due Process, Study commissioned by the United Nations Office of Legal Affairs, March 20, 2006, http://www.un.org/law/ counsel/Fassbender_study.pdf (01.10.2013).

Fischer, Thomas, Strafgesetzbuch und Nebengesetze – Kommentar, 59. Aufl., München 2012.

Francioni, Francesco (Hrsg.), Access to Justice as a Human Right, Oxford 2007.

–, The Rights of Access to Justice under Customary International Law, in: *ders.* (Hrsg.), Access to Justice as a Human Right, Oxford 2007, S. 1 ff.

Garner, Bryan A./Newman, Jeff/Jackson, Tiger (Hrsg.), Black's Law Dictionary, 9. Aufl., St. Paul, Minnesota 2009, zitiert als: „Black's 9th, Stichwort"

Gerwitz, Paul, On "I Know It When I See It", Yale Law Journal, Vol. 105 (1996), S. 1023 ff.

Grabitz, Eberhard/Hilf, Meinhard/Nettesheim, Martin (Begr./Hrsg.), Das Recht der Europäischen Union, Loseblatt, Stand 50. EL, München 2013, zitiert als: *„Bearbeiter*, in: *Grabitz/Hilf/Nettesheim".*

Graf Vitzthum, Wolfgang (Hrsg.), Völkerrecht, 5. Aufl., Berlin/New York 2010.

Graf, Jürgen Peter (Hrsg.), Beck'scher Online-Kommentar StPO, 15. Edition, München 2012, zitiert als: *„Bearbeiter*, in: BeckOK StPO".

Hädicke, Nancy, Grenzen nationaler Normsetzung im öffentlichen Auftragswesen, Frankfurt am Main, 2005.

Hannich, Rolf (Hrsg.), Karlsruher Kommentar zur Strafprozessordnung mit GVG, EGVG und EMRK, 6. Aufl., München 2008, zitiert als: *„Bearbeiter*, in: KK-StPO"

Harlow, Carol, Global Administrative Law: The Quest for Principles and Values, European Journal of International Law, Vol. 17 (2006), S. 187 ff.

Head, John W., Evolution of the Law Governing Loan Agreements of the World Bank and other Multilateral Development Banks, American Journal of International Law, Vol. 90 (1996), S. 214 ff.

Heller, Kevin Jon, The Rome Statue of the International Criminal Court, in: *Heller, Kevin Jon/Dubber, Markus D.* (Hrsg.), The Handbook of Comparative Criminal Law, Stanford 2011.

Heller, Kevin Jon/Dubber, Markus D. (Hrsg.), The Handbook of Comparative Criminal Law, Stanford 2011.

Heuninckx, Baudouin, Applicable Law to the Procurement of International Organisations in the European Union, Public Procurement Law Review 2011, S. 103 ff.

–, Forums to Adjudicate Claims Related to the Procurement Activities of International Organisations in the European Union, Public Procurement Law Review 2012, S. 95 ff.

Higgins, Rosalyn, Problems and Process – International Law and How We Use it, Reprint, Oxford 2010.

Hök, Götz-Sebastian, Internationales Vergaberecht der Weltbank für Bau und Anlagenbau auf der Grundlage von FIDIC und ENAA- Musterverträgen, Zeitschrift für deutsches und internationales Bau- und Vergaberecht 2004, S. 731 ff.

Holzinger, Kerstin, EMRK und Internationale Organisationen, Baden-Baden 2010.

Hostetler, Courtney, Going from Bad to Good: Combating Corporate Corruption on World Bank-funded Infrastructure Projects, Yale Human Rights and Development Law Journal, Vol. 14 (2011), S. 231 ff.

Hudes, Karen/Schlemmer-Schulte, Sabine, Accountability in Bretton Woods, ILSA Journal of International and Comparative Law Vol. 15 (2009), S. 501 ff.

Immenga, Ulrich/Mestmäcker, Ernst-Joachim (Hrsg.), Wettbewerbsrecht, Band 1: Kommentar zum Europäischen Kartellrecht, 5. Aufl., München 2012, zitiert als: *„Bearbeiter,* in: *Immenga/Mestmäcker".*

Janik, Cornelia, Die Bindung internationaler Organisationen an internationale Menschenrechtsstandards, Tübingen 2012, zitiert als: *„Janik, Menschenrechtsbindung".*

–, Die EMRK und internationale Organisationen – Ausdehnung und Restriktion der equivalent protection-Formel in der neuen Rechtsprechung des EGMR, Zeitschrift für ausländisches öffentliches Recht und Völkerrecht, Bd. 70 (2010), S. 127 ff.

Joecks, Wolfgang/Miebach, Klaus (Hrsg.), Münchener Kommentar zum StGB, Band 1, 2. Aufl., München 2011, Band 6/2, 1. Aufl., München 2009, zitiert als: *„Bearbeiter,* in: MüKo StGB"

Kälin, Walter/Künzli, Jörg, Universeller Menschenrechtsschutz, 2. Aufl., Basel 2008.

Kindhäuser, Urs/Neumann, Ulfrid/Paeffgen, Hans-Ullrich (Hrsg.), Strafgesetzbuch – Nomos-Kommentar, 3. Aufl., München 2010, zitiert als: *„Bearbeiter,* in: NK-StGB".

Klein, Eckart/Schmahl, Stefanie, Die Internationalen und die Supranationalen Organisationen, in: *Graf Vitzthum, Wolfgang* (Hrsg.), Völkerrecht, 5. Aufl., Berlin/ New York 2010.

Köck, Heribert Franz/Fischer, Peter, Das Recht der Internationalen Organisationen, 3. Aufl., Wien 1997.

Kokott, Juliane/Doehring, Karl/Buergenthal, Thomas, Grundzüge des Völkerrechts, 3. Aufl., Heidelberg 2003.

Koskenniemi, Martti, From Apology to Utopia – The Structure of International Legal Argument, Reissue with new Epilogue, Cambridge 2005.

Kraay, Aart/Murrell, Peter, Misunderestimating corruption, World Bank Policy Research Working Paper WPS 6488, Washington D.C. 2013 [http://go.worldbank. org/9VL8OZXAI0 (12.09.2013)].

Kuhnert, Kathrin, Bosphorus – Double standards in European human rights protection?, Utrecht Law Review, Vol. 2 (2006), S. 177 ff.

Lackner, Karl (Begr.)/Kühl, Kristian (Bearb.), Strafgesetzbuch Kommentar, 27. Aufl., München 2011, zitiert als: *„Lackner/Kühl".*

Leroy, Anna-Maria/Fariello, Frank, The World Bank Group Sanctions Process and Its Recent Reforms, Washington D. C. 2012 [http://siteresources.worldbank.org/ INTLAWJUSTICE/Resources/SanctionsProcess.pdf (01.10.2013)].

Lloyd-Jones, David, Article 6 ECHR and immunities arising in public international law, International & Comparative Law Quarterly, Vol. 52 (2003), S. 463 ff.

Lock, Tobias, EU Accession to the ECHR: Consequences for the European Court of Justice, Paper for EUSA Conference 2011, [http://www.euce.org/eusa/2011/ papers/1b_lock.pdf (15.09.2013)].

Loewenheim, Ulrich/Meesen, Karl/Riesenkampff, Alexander (Hrsg.), Kartellrecht – Kommentar, 2. Aufl., München 2009, zitiert als: *„Bearbeiter,* in: Loewenheim/ Meesen/Riesenkampff".*

Malanczuk, Peter, Akehurst's Modern Introduction to International Law, 7. Aufl., London/New York, 1997.

Malmendier, Bertrand, The Liability of International Development Banks in Procurement Proceedings: The Example of the International Bank for Reconstruction and Development (IBRD), the European Bank for Reconstruction and Development (EBRD) and the Inter-American Development Bank (IADB), Public Procurement Law Review 2010, S. 135 ff.

Mannsdörfer, Marco/Timmerbeil, Sven, Das Modell der Verbandshaftung im europäischen Kartellbußgeldrecht, Europäische Zeitschrift für Wirtschaftsrecht, 2011, S. 214 ff.

Martha, Rutsel Silvestre J., International Financial Institutions and Claims of Private Parties: Immunity Obliges, in: *Cissé/Bradlow/Kingsbury* (Hrsg.), S. 93 ff., zitiert als: „*Martha,* WBLR III".

Maunz, Theodor/Dürig, Günter (Begr.), Grundgesetz Kommentar, Loseblatt, Stand 68. EL, München, 2013, zitiert als: „*Bearbeiter,* in: *Maunz/Dürig*".

McCorquodale, Robert, Overlegalizing Silences: Human Rights and Nonstate Actors, Proceedings of the Annual Meeting (American Society of International Law), Vol. 96 (2002), S. 384 ff.

Medina Arnáiz, Theresa, The Exclusion of Tenderers in Public Procurement as an Anti-Corruption Mean, 2008 [http://www.nispa.sk/_portal/files/conferences/2008/papers/200804200047500.Medina_exclusion.pdf (17.09.2013)].

Messerschmidt, Burkhard/Voit, Wolfgang (Hrsg.), Privates Baurecht, Kommentar zu §§ 631 ff. BGB, Kurzkommentar zu VOB/B, HOAI und Bauforderungssicherungsrecht, 2. Aufl. München 2012, zitiert als: „*Bearbeiter,* in: *Messerschmidt/Voit*".

Meyer-Goßner, Lutz, Strafprozessordnung – Kommentar, 54. Aufl., München 2011.

Meyer-Ladewig, Jens, EMRK Handkommentar, 3. Aufl., Baden-Baden 2011.

Milanovic, Marko, Al-Skeini and Al-Jedda in Strasbourg, European Journal of International Law, Vol. 23 (2012), S. 121 ff.

–, Norm Conflict in International Law: Whither Human Rights?, Duke Journal of Comparative & International Law Vol. 20 (2009), S. 69 ff.

Moosmayer, Klaus, Compliance, 2. Aufl., München 2012.

Morawetz, Thomas, „Necessity", in: Encyclopedia of Crime and Justice, Vol. 3, S. 957 ff. [zitiert nach Black's 9th, Stichwort: duress].

Nichols, Philip M., The Business Case for Complying with Bribery Laws, American Business Law Journal Vol. 49 (2012), S. 325 ff.

Nowak, Manfred, U.N. Covenant on Civil and Political Rights – CCPR Commentary, 2. Aufl. Kehl 2005.

Oberdorfer, John/Friedman, Andrew, Fraud and Corruption: A Guide to the World Bank's Contractor Sanctions Process, Government Contract Magazine, Reprint from Vol. 19, Issue 18, January 4, 2006 [http://www.pattonboggs.com/Viewpoint Files/203b778f-7a72-4358-9803-206a0603bcab/GovernmentContracts_Fraudand CorruptionWorldBankSanctions_Oberdorfer.Friedman_01.06.pdf (16.09.2013)].

Obwexer, Walter, Der Beitritt der EU zur EMRK: Rechtsgrundlagen, Rechtsfragen und Rechtsfolgen, Europarecht 2012, S. 115 ff.

Ohle, Mario Mathias/Gregoritza, Anna, Grenzen des Anwendungsbereichs von Auftragssperren der öffentlichen Hand – am Beispiel der Gesetzes- und Verordnungslage des Landes Berlin, Zeitschrift für deutsches und internationales Bau- und Vergaberecht 2003, 16.

Ohrtmann, Nicola, Korruption im Vergaberecht – Konsequenzen und Prävention, Teil 1: Ausschlussgründe, Neue Zeitschrift für Baurecht 2007, S. 201 ff.

–, Korruption im Vergaberecht – Konsequenzen und Prävention, Teil 2: Konsequenzen und Selbstreinigung, Neue Zeitschrift für Baurecht 2007, S. 278 ff.

Payandeh, Mehrdad, Rechtskontrolle des UN – Sicherheitsrates durch staatliche und überstaatliche Gerichte, Zeitschrift für ausländisches Recht und Völkerrecht 2006, S. 41 ff.

Pellet, Allain, Kommentierung zu Art. 38 IGHSt, in: *Zimmermann, Andreas/Oellers-Frahm, Karin/ Tomuschat, Christian/Tams, Christian J.* (Hrsg.), The Statute of the International Court of Justice: A Commentary, 2. Aufl. Oxford 2012, zitiert als: „*Pellet,* in: *Zimmermann u. a.,* Art. 38 IGH-Statut".

Perkins, Rollin M./Boyce, Ronald N., Criminal Law, 3. Aufl. 1982 [zitiert nach Black's 9th, Stichwort: *duress*].

Pietzcker, Jost, Die Richtlinien der Deutsche Bahn AG über die Sperrung von Auftragnehmern, Neue Zeitschrift für Baurecht 2004, S. 530 ff.

–, Vergaberechtliche Sanktionen und Grundrechte, Neue Zeitschrift für Baurecht 2003, S. 242 ff.

Pincus, Jonathan R./Winters, Jeffrey A. (Hrsg.), Reinventing the World Bank, Ithaca/ London, 2002.

Posner, Eric A./Goldsmith, Jack L., The Limits of International Law, Oxford 2005.

Posner, Richard A., Law and Literature: A Misunderstood Relation, 1988.

Prieß, Hans-Joachim, Exclusio corruptoris? – Die gemeinschaftsrechtlichen Grenzen des Ausschlusses vom Vergabeverfahren wegen Korruptionsdelikten, Neue Zeitschrift für Baurecht und Vergaberecht 2009, S. 587 ff.

–, Questionable Assumptions: The Case for Updating the Suspension and Debarment Regimes at the Multilateral Development Banks, George Washington International Law Review, Vol. 45 (2013), S. 271 ff. [im englischsprachigen Original ist der Verfasser als „Priess" genannt].

Pünder, Hermann/Schellenberg, Martin (Hrsg.), Vergaberecht Handkommentar, Baden-Baden 2011, zitiert als: „*Bearbeiter,* in: *Pünder/Schellenberg*".

Radbruch, Gustav, Gesetzliches Unrecht und übergesetzliches Recht, Süddeutsche Juristenzeitung 1946, S. 105 ff.

Rauscher, Thomas/Wax, Peter/Wenzel, Joachim (Hrsg.), Münchner Kommentar zur Zivilprozessordnung mit Gerichtsverfassungsgesetz und Nebengesetzen, 4. Aufl. München 2004, zitiert als: „*Bearbeiter,* in: MüKo ZPO".

Reinisch, August, International Organizations before national courts, Cambridge 2000, zitiert als: „International Organizations".

–, The Immunity of International Organizations and the Jurisdiction of their Administrative Tribunals, Chinese Journal of International Law 2008, Vol. 7 No. 2, S. 285 ff.

Reinisch, August/Weber, Ulf Andreas, In the Shadow of Waite And Kennedy – the Jurisdictional Immunity of International Organizations, the Individual's Right of Access to the Courts and Administrative Tribunals as Alternative Means of Dispute Settlement, International Organizations Law Review Vol. 1 (2004), S. 59 ff.

Rios, Greta L./Flaherty, Edward P., International Organization Reform or Impunity? Immunity is the Problem, ILSA Journal of International and Comparative Law 16 (2010), S. 433 ff.

Robinson, Paul H., United States, in: *Heller, Kevin Jon/Dubber, Markus D.* (Hrsg.), The Handbook of Comparative Criminal Law, Stanford 2011.

Rogers, Sarah B., The World Bank Voluntary Disclosure Program (VDP): A Distributive Justice Critique, Columbia Journal of Transnational Law Vol. 46 (2008), S. 709 ff.

Ryngaert, Cedric, The European Court of Human Rights' approach to the responsibility of Member States in connection with acts of international organizations, International & Comparative Law Quarterly Vol. 60 (2011), S. 997 ff.

Säcker, Franz/Rixecker, Roland (Hrsg.), Münchener Kommentar zum Bürgerlichen Gesetzbuch, 6. Aufl., München 2012, zitiert als: „*Bearbeiter,* in: MüKo BGB".

Saliger, Frank, Kick-Back, „PPP", Verfall – Korruptionsbekämpfung im „Kölner Müllfall", Neue Juristische Wochenschrift 2006, S. 3377 ff.

Sauer, Heiko, Rechtsschutz gegen völkerrechtsdeterminiertes Gemeinschaftsrecht? Die Terroristenlisten vor dem EuGH, Neue Juristische Wochenschrift 2008, S. 3685 ff.

Schermers, Henry G./Blokker, Niels M., International Institutional Law – Unity within Diversity, 5. Aufl. Leiden/Boston 2011.

Schönke, Adolf/Schröder, Horst (Begr.), Strafgesetzbuch, Kommentar, 28. Aufl. München 2010, zitiert als: „*Bearbeiter,* in: Schönke/Schröder".

Schorkopf, Frank, The European Court of Human Rights' Judgment in the Case of Bosphorus Hava Yollari Turizm v. Ireland, German Law Journal Vol. 6 (2005), S. 1255 ff. [http://www.germanlawjournal.com/pdf/Vol06No=9/PDF_Vol_06_No_09_1255-1264_Developments_Schorkopf.pdf (15.09.2013)].

Schroeder, Werner/Mayr-Singer, Jelka (Hrsg.), Völkerstrafrecht, Rechtsschutz und Rule of Law – Das Individuum als Herausforderung für das Völkerrecht, Frankfurt am Main, 2011.

Schulze, Reiner/Dörner, Heinrich/Ebert, Ina/Hoeren, Thomas/Kemper, Rainer/Saenger, Ingo/Schreiber, Klaus/Schulte-Nölke, Hans/Staudinger, Ansgar, Bürgerliches Gesetzbuch – Handkommentar, 7. Aufl., Baden-Baden 2012, zitiert als: *„Bearbeiter,* in: *Schulze u. a."*

Schwarze, Jürgen, Rechtsstaatliche Grenzen der gesetzlichen und richterlichen Qualifikation von Verwaltungssanktionen im europäischen Gemeinschaftsrecht, Europäische Zeitschrift für Wirtschaftsrecht 2003, S. 261 ff.

Seidl-Hohenveldern, Ignaz, Dienstrechtliche Klagen gegen Internationale Organisationen, in: *von Münch, Ingo* (Hrsg.), Staatsrecht – Völkerrecht – Europarecht, Festschrift für Hans-Jürgen Schlochauer, Berlin 1981, S. 615 ff., zitiert als: *„Seidl-Hohenveldern,* in: FS Schlochauer"

Seidl-Hohenveldern, Ignaz/Loibl, Gerhard, Das Recht der Internationalen Organisationen einschließlich der Supranationalen Gemeinschaften, 7. Aufl., Köln u. a. 2000.

Shaw, Steven, Suspension and Debarment in a Nutshell, 2011, [http://www.safgc. hq.af.mil/organizations/gcr/publications/index.asp (05.06.2013)].

Simma, Bruno, Der Einfluss der Menschenrechte auf das Völkerrecht: ein Entwurf, in: *Buffard, Isabelle/Crawford, James/Pellet, Alain/Wittich, Stephan,* International Law between Universalism and Fragmentation, Festschrift in Honour of Gerhard Hafner, Leiden/Boston 2008, zitiert als: *„Simma,* in: FS Hafner".

Simma, Bruno/Alston, Philip, The Sources of Human Rights Law: Custom, Jus Cogens, and General Principles, Australian Yearbook of International Law 1988, S. 82 ff.

Sterner, Frank, Rechtsschutz gegen Auftragssperren, Neue Zeitschrift für Baurecht und Vergaberecht 2001, S. 423 ff.

Storskrubb, Eva/Ziller, Jaques, Access to Justice in European Comparative Law, in: *Francioni, Francesco* (Hrsg.), Access to Justice as a Human Right, Oxford 2007, S. 1 ff. S. 177 ff.

Summa, Hermann, Die Entscheidung über die Auftragsvergabe – Ein Ausblick auf das künftige Unionsrecht, Neue Zeitschrift für Baurecht 2012, S. 729 ff.

Tomuschat, Christian, Human Rights – Between Idealism and Realism, 2. Aufl., Oxford 2008.

Von Heintschel-Heinegg, Bernd (Hrsg.), Beck'scher Online-Kommentar StGB, 21. Ed. (1. Dezember 2012), München 2012 zitiert als: *„Bearbeiter,* in: BeckOK StGB".

Wahi, Namita, Human Rights Accountability of the IMF and the World Bank: A Critique of Existing Mechanisms and Articulation of a Theory of Horizontal Accountability, University of California Davis Journal of International Law and Policy, Vol. 12 (2006), S. 331 ff.

Waldron, Jeremy, The Concept and the Rule of Law, New York University School of Law Public Law & Legal Theory Research Paper Series, Working Paper No. 08–50, New York 2008 [http://ssrn.com/abstract=1273005 (29.08.2013)].

Walter, Christian, Grundrechtsschutz gegen Hoheitsakte internationaler Organisationen Überlegungen zur Präzisierung und Fortentwicklung der Dogmatik des Maastricht-Urteils des Bundesverfassungsgerichts, Archiv des öffentlichen Rechts, Band 129 (2004), S. 39 ff.

Weisbrodt, David/Kruger, Muria, Businesses as Non-State Actors, in: *Alston, Philip* (Hrsg.), Non-State Actors and Human Rights, Oxford 2005, S. 315 ff.

Williams, Sope, The Debarment of Corrupt Contractors from World Bank-financed Contracts, Public Contract Law Journal, Vol. 36 Nr. 3, 2007, S. 277 ff.

Williams-Elegbe, Sope, Fighting Corruption in Public Procurement, Oxford 2012, zitiert als: „Fighting Corruption".

Winters, Jeffrey A., Criminal Debt, in: *Pincus, Jonathan R./Winters, Jeffrey A.* (eds.), Reinventing the World Bank, Ithaca/London, 2002.

Wouters, Jan/Ryngaert, Cedric/Schmitt, Pierre, International Decisions: Belgian Court of Cassation – responsibility of international organizations – immunities – domestic courts – access to justice, American Journal of International Law Vol. 105 (2011), S. 560 ff.

Zimmermann, Stephen S./Fariello, Frank A., Coordinating the Fight against Fraud and Corruption: Agreement on Cross-Debarment among Multilateral Development Banks, in: *Cissé/Bradlow/Kingsbury* (Hrsg.), WBLR III, S. 189 ff., zitiert als: *„Zimmermann/Fariello,* WBLR III".

Dokumente

ADB, Integrity Principles and Guidelines, December 2012, [http://www.adb.org/ sites/default/files/integrity-principles-guidelines.pdf (05.09.2013)].

ADB/AfDB Group/EBRD/EIB/IDB Group/World Bank Group, General Principles and Guidelines for Sanctions [http://siteresources.worldbank.org/INTDOII/Resour ces/HarmonizedSanctioningGuidelines.pdf (05.09.2013)]

ADB/AfDB Group/EBRD/IDB Group/World Bank Group, Agreement for Mutual En- forcement of Debarment Decisions, April 9, 2010 [http://www.adb.org/docu ments/agreement-mutual-enforcement-debarment-decisions (31.08.2013)].

ADB/AfDB Group/EBRD/IDB Group/World Bank Group, MDB Harmonized Principles on Treatment of Corporate Groups, September 10, 2012 [http://siteresources. worldbank.org/INTDOII/Resources/HarmonizedCorpGroupsPrinciples9.10.12. pdf (05.09.2013)].

ADB/AfDB Group/EBRD/IDB Group/World Bank Group, www.crossdebarment.org > Harmonized Guidelines [http://lnadbg4.adb.org/oai001p.nsf/Content.xsp?ac tion=openDocument&documentId=9898D652DCBD2B7C48257ACC0029D1BF (05.09.2013)].

ADB/AfDB/Black Sea Trade and Development Bank/Caribbean Development Bank/ Europäische Kommission/EBRD/Europäische Invesitionsbank/IDB/IBRD/Nordic De- velopment Fund/North American Development Bank/United Nations Development Programme, Generic Master Procurement Document, July 2008 [http://www1. worldbank.org/operations/procurement/GenericMPD-Jul08.pdf (03.09.2013)].

Beck-aktuell, Mitteilung vom 3. August 2005, becklink 153176.

Boehme, Donna, The ‚Rogue Employee' and Dogs That Eat Homework, Corporate Counsel 2013-05-03, http://www.law.com/corporatecounsel/PubArticleFriendlyCC. jsp?id=1202598474521 (03.09.2013).

DAV – Deutscher Anwaltverein, Stellungnahme Nr. 34/2009 zum Entwurf eines Ge- setzes zur Einrichtung eines Registers über unzuverlässige Unternehmen (Kor- ruptionsregister-Gesetz), http://anwaltverein.de/downloads/Stellungnahmen-09/ SN34.pdf (21.09.2013).

Ellis, Matteson, Compliance and Enforcement at the World Bank's Sanctions Pro- gram, http://www.americanbar.org/publications/international_law_news/2013/ winter/compliance_and_enforcement_the_world_banks_sanctions_program. html (11.09.2013).

–, World Bank Sanctions: Guidance for Practitioners, http://mattesonellislaw.com/ fcpamericas/world-bank-sanctions-guidance-for-practitioners (24.06.2013).

Forbes.com, Global 2000 – Larsen & Toubro, http://www.forbes.com/companies/ larsen-toubro/ (06.09.2013).

IAB, 2009 Annual Report, Washington D. C. 2009 [http://siteresources.worldbank.org/PROJECTS/Resources/40940-1244163232994/*IAB*2009AnnualReport-Final.pdf (31.08.2013)].

–, 2010 Annual Report, Washington D. C. 2010 [http://documents.worldbank.org/curated/en/2011/01/13808077/independent-advisory-board-iab-2010-annual-report (26.06.2013)].

–, Annual Report 2012, Washington D. C., 2013 [http://go.worldbank.org/S262CF3KD0 (30.08.2013)].

IDB, Sanctions at the IDB Group, http://www.iadb.org/en/topics/transparency/integrity-at-the-idb-group/sanctions-at-the-idb,2843.html (05.09.2013).

IFC, Enterprise Survey – Corruption, http://www.enterprisesurveys.org/Data/ExploreTopics/corruption#--1 (28.08.2013).

IFI Task Force, Uniform Framework for Combatting Fraud and Corruption, Washington D. C. et al. 2006 [http://www.afdb.org/fileadmin/uploads/afdb/Documents/Generic-Documents/30716700-EN-UNIFORM-FRAMEWORK-FOR-COMBATTING-FRAUD-V6.PDF (31.08.2013)].

INT, Annual Report 2009, Washington D. C. 2009, [http://go.worldbank.org/T40HHT3RF0 (31.08.2013)].

–, Annual Report 2010, Washington D. C. 2010, [http://go.worldbank.org/T40HHT3RF0 (31.08.2013)]

–, Annual Report 2012, Washington D. C. 2012 [http://documents.worldbank.org/curated/en/2012/01/16806922/annual-report-fiscal-2012-finding-right-balance (26.06.2013)].

–, News Release, August 15, 2011: Lahmeyer International GmbH Released from Debarment [http://siteresources.worldbank.org/INTDOII/Resources/Lahmeyer_release_8_15_11.pdf (31.08.2013)].

–, News Release, March 11, 2011, World Bank Signs Negotiated Resolution with Progynist, [http://siteresources.worldbank.org/INTDOII/Resources/progynist_release.pdf (06.09.2013).]

–, Press Release 2010/370/INT, April 30, 2010, The World Bank Group Debars Macmillan Limited for Corruption in World Bank-supported Education Project in Southern Sudan, http://go.worldbank.org/MDPDI7SDQ0 (30.08.2013).

–, Press Release 2011/446/INT, April 26, 2011, Enforcing Accountability: World Bank Negotiated Resolution Debars Seven Indonesian Firms, http://go.worldbank.org/2543CIS0Z0 (06.09.2013).

–, Press Release 2012/111/INT, Enforcing Accountability: The World Bank Debars UK Company: "The Crown Agents for Oversea Governments and Administrations Limited" in the Wake of the Company's Acknowledgement of a Fraudulent Practice, http://go.worldbank.org/RYFSI7VJK0 (07.09.2013).

–, Press Release 2012/201/INT, December 13, 2011, Enforcing Accountability: World Bank Group Debars Three Companies and One Individual for Sanctionable Practices in Bank-Financed Projects in Vietnam and Indonesia, http://go.worldbank. org/163NB5ZMK0 (06.09.2013).

–, Press Release 2012/282/INT, February 22, 2012, Enforcing Accountability: World Bank Debars Alstom Hydro France, Alstom Network Schweiz AG, and their Affiliates, http://go.worldbank.org/2PUIKSCUG0 (06.09.2013).

–, Press Release 2013/003/INT, July 3, 2012, World Bank Sanctions Oxford University Press for Corrupt Practices Impacting Education Projects in East Africa, http://www.worldbank.org/en/news/press-release/2012/07/03/world-bank-sanc tions-oxford-university-press-corrupt-practices-impacting-education-projects-east-africa (06.09.2013).

–, Press Release 2013/215/INT, January 10, 2013, World Bank Sanctions ARINC In Relation to an Infrastructure Project in Egypt, http://www.worldbank.org/ en/news/press-release/2013/01/10/world-bank-sanctions-arinc-infrastructure-project-egypt (06.09.2013).

–, Press Release 2013/337/INT, April 17, 2013: World Bank Debars SNC-Lavalin Inc. and its Affiliates for 10 years, http://go.worldbank.org/4UP7MMFCZ0 (24.06.2013).

–, Press Release 2013/457/INT, World Bank Sanctions Australian Company GHD Pty Ltd for Fraudulent Practices, http://www.worldbank.org/en/news/press-re lease/2013/06/13/world-bank-sanctions-australian-company-ghd-pty-ltd-for-fraudulent-practices (07.09.2013).

–, Press Release No: 2011/279/INT – Enforcing Accountability: Italian Company Lotti to pay US$350,000 in restitution to Indonesia after acknowledging fraudulent misconduct in a World Bank-financed project, http://go.worldbank.org/ QTB04Q9RE2 (31.08.2013).

–, Press Release of April 29, 2013: Macmillan Limited & C. Lotti and Associati Società di Ingegneria S.p.A. released from debarment, [http://siteresources. worldbank.org/INTDOII/Resources/Macmillan_Lotti_Released_From_Debar ment_04_29_13.pdf (31.08.2013)].

–, Summary of World Bank Group Integrity Compliance Guidelines, [http://site resources.worldbank.org/INTDOII/Resources/HarmonizedCorpGroupsPrinci ples9.10.12.pdf (04.09.2013)].

–, Voluntary Disclosure Program Terms & Conditions, Washington D. C., 2011 [http://siteresources.worldbank.org/INTVOLDISPRO/Resources/VDP_Terms_ and_Conditions_2011.pdf (31.08.2013)].

Kellogg, Brown & Root, Inc., About us, http://www.kbr.com/About/ (11.03.2013).

Kim, Harold H./Martinez, Vicente L./Oberdorfer John L., Contractors Beware: The Pitfalls of a World Bank Debarment Proceeding, October 9, 2003, http://www.

martindale.com/business-law/article_Patton-Boggs-LLP_34912.htm (16.09.2013), zitiert nach Druckversion der Webseite.

Larsen & Toubro, Company Clarification: World Bank Sanction, March 9, 2013 [http://www.larsentoubro.com/lntcorporate/LnT_PRS/PDF/WBSanction-clari fication.pdf (03.09.2013)].

–, Company Overview http://www.larsentoubro.com/lntcorporate/common/ui_ templates/HtmlContainer.aspx?res=P_CORP_AABT_ACOM_AOVR (12.03.2013).

LEG, Advisory Opinion on Certain Issues Arising in connection with Recent Sanctions Cases (No. 2010/1) [http://go.worldbank.org/SMP5LWNZK0 (11.09.2013)].

–, Overview of the World Bank Sanctions Process, http://go.worldbank.org/QCKY-EYKBR0 (07.09.2013).

–, Review of the World Bank Group Sanctions System, March 26, 2013 [http://www-wds.worldbank.org/external/default/WDSContentServer/WDSP/IB/2013/03/27/000350881_20130327083903/Rendered/PDF/762820WP0Box370ctions0Review0final.pdf (31.08.2013)].

–, Sanctions Regime – Advisory Opinions, http://go.worldbank.org/SMP5LWNZK0 (11.09.2013).

SEC, Complaint to the United States District Court for the District of Columbia dated Dec. 12, 2008, SEC v. Siemens AG [http://www.sec.gov/litigation/com plaints/2008/comp20829.pdf (26.06.2013)].

Siemens AG, Erklärung der Siemens AG: Zusammenfassung der Erkenntnisse anlässlich des heutigen Abschlusses der Verfahren in München und in den USA, 15. Dezember 2008 [http://w1.siemens.com/press/pool/de/events/2008-12-PK/summary-d.pdf (31.08.2013)].

–, Nachtragsbericht über Rechtsstreitigkeiten vom 11. November 2010 zum Geschäftsbericht [http://www.siemens.com/press/pool/de/events/corporate/2010-q4/2010-q4-legal-proceedings-d.pdf (31.08.2013)].

Siemens AG/INT, Press Release of December 9, 2010: Siemens selects initial projects for US$100 million Integrity Initiative, http://go.worldbank.org/ORF5OUZ5E0 (31.08.2013).

Thornburgh, Dick/Gainer, Ronald L./Walker, Cuyler H., Report Concerning the Debarment Processes of the World Bank, Washington D. C. 2002 [http://siteresources.worldbank.org/INTDOII/Resources/thornburghreport.pdf (30.08.2013)].

–, Report Concerning the Proposed Strategic Plan of the World Bank's Department of Institutional Integrity, and the Adequacy of the Bank's Mechanisms and Resources for Implementing that Strategy, Washington D. C. 2003 [http://www-wds.worldbank.org/external/default/WDSContentServer/WDSP/IB/2004/08/05/000160016_20040805152445/Rendered/PDF/297540INT.pdf (16.09.2013)].

–, Report to Shengman Zhang, Managing Director and Chairman of the Oversight Committee on Fraud and Corruption concerning mechanisms to address problems of fraud and corruption, Washington D. C. 2000 [http://go.worldbank. org/4M5WJJLN30 (30.08.2013)].

Unnayan Onneshan, The World Bank and the Question of Immunity, IFI Watch Vol. 1 (2004), No. 1, [http://www.unnayan.org/Other/IFI_Watch_Bangladesh_Vol_1%20 No_1.pdf (16.09.2013)].

Vertragsbüro des Europarats, Konvention zum Schutze der Menschenrechte und Grundfreiheiten, SEV-Nr.: 005, http://conventions.coe.int/Treaty/Commun/Cher cheSig.asp?NT=005&CM=8&DF=11/23/2008&CL=GER (03.07.2013).

–, Protokoll Nr. 12 (SEV-Nr. 177), Unterschriften und Ratifikationsstand, http:// conventions.coe.int/Treaty/Commun/ChercheSig.asp?NT=177&CM=8&DF= &CL=GER (21.02.2013).

Volker, Paul A./Gavira, Gustavo/Githongo, John/Heineman, Ben W. Jr./Van Gerven, Walter/Vereker, John, Independent Panel Review of The World Bank Group Department of Institutional Integrity, Washington D. C. 2007 [http://siteresources. worldbank.org/NEWS/Resources/Volcker_Report_Sept._12,_for_website_FINAL. pdf (01.06.2012)], zitiert als „*Volcker et al.*".

Volkov, Michael, Questions on World Bank Sanctions Program, JDsupra Law News 9/11/2013, http://www.jdsupra.com/legalnews/questions-on-world-bank-sancti ons-progra-08262/ (13.09.2013).

Whistleblower.org, World Bank's Immunities Challenged in Bangladesh, http://www. whistleblower.org/blog/31-2010/621-world-banks-immunities-challenged-in-bangladesh (16.09.2013).

–, World Bank's Immunities Challenged Successfully in Bangladesh, http://www. whistleblower.org/blog/31-2010/621-world-banks-immunities-challenged-in-bangladesh (08.09.2013).

World Bank, A Guide to the World Bank, 3. Auflage, Washington D. C. 2011.

–, About Us – Who We Are, http://go.worldbank.org/BLDCT5JMI0 (29.08.13).

–, Amendment to the IBRD/IDA Sanctions Procedures dated June 25, 2010 [abgedruckt vor Art. I SP09].

–, Announcement of the Sanctions Board Secretariat, November 29, 2012: Appointment of Mr. Denis Robitaille and Ms. Randi Ryterman as Sanctions Board Members, [http://go.worldbank.org/SEWVF8QP50 (06.09.2013)].

–, Announcement of the Sanctions Board Secretariat, November 6, 2009: New Sanctions Board Chair, [http://go.worldbank.org/H1WVR8B2Q0 (08.02.2013)].

–, Annual Integrity Report 2005-2006, Washington D. C. 2006, [http://go.worldbank. org/T40HHT3RF0 (31.08.2013)].

–, Annual Integrity Report 2007, Washington D. C. 2007 [http://go.worldbank.org/ T40HHT3RF0 (31.08.2013)].

–, Bio of Pascale Hélène Dubois, http://siteresources.worldbank.org/EXTOFFEVA SUS/Resources/PascaleDuboisBioSeptember2010.pdf (08.02.2013).

–, Boards of Executive Directors – IBRD Members, http://go.worldbank.org/ ND017L2DH0 (29.08.2013).

–, Country and Lending Groups, http://data.worldbank.org/about/country-classi fications/country-and-lending-groups#IBRD (29.08.2013).

–, EO – Terms of Reference, [http://siteresources.worldbank.org/EXTOFFEVASUS/ Resources/EO_Terms_of_Reference.pdf (07.09.2013)].

–, EU Member States Overview, http://www.worldbank.org/en/country/eumem berstates/overview (01.07.2013).

–, Evaluation and Suspension Officer Determinations in Uncontested Proceedings, http://go.worldbank.org/G7EO0UXW90 (27.06.2013).

–, Guidelines On Preventing and Combating Fraud and Corruption in Projects Fi nanced by IBRD Loans and IDA Credits and Grants, dated October 15, 2006, Washington D. C. 2006 [http://siteresources.worldbank.org/INTLAWJUSTICE/ Resources/AntICOrruptionGuidelinesOct2006.pdf (31.08.2013)].

–, Guidelines on Preventing and Combating Fraud and Corruption in Projects Fi nanced by IBRD Loans and IDA Credits and Grants, dated October 15, 2006 and revised in January 2011, Washington D. C. 2011 [http://go.worldbank.org/ CVUUIS7HZ0 (31.08.2013)].

–, Guidelines on Preventing and Combating Fraud and Corruption in Projects Fi nanced by IBRD Loans and IDA Credits and Grants, dated October 15, 2006 and revised in January 2011 [http://go.worldbank.org/CVUUIS7HZ0 (28.06.2013)].

–, Guidelines on Preventing and Combating Fraud and Corruption in Program- for-Results Financing, dated February 1, 2012, Washington D. C. 2012 [http:// siteresources.worldbank.org/EXTRESLENDING/Resources/PforR_ACS_Feb_1. pdf (01.08.2013)].

–, Guidelines: Procurement of Goods, Works, and Non-Consulting Services under IBRD Loans and IDA Credits & Grants by World Bank Borrowers, January 2011, Washington D. C. 2011 [http://go.worldbank.org/1KKD1KNT40 (28.06.2013)].

–, Guidelines: Procurement under IBRD Loans and IDA Credits, January 1995, revised January and August 1996, Washington D. C. 1996, [http://documents. worldbank.org/curated/en/1995/01/697736/guidelines-procurement-under-in ternational-bank-reconstruction-ibrd-loans-international-development-asso ciation-ida-credits (30.08.2013)].

–, Guidelines: Procurement under IBRD Loans and IDA Credits, January 1995, re vised January and August 1996, September 1997, and January 1999, Washington D. C. 1999 [http://go.worldbank.org/W55QL23XZ0 (30.08.2013)].

–, Guidelines: Procurement under IBRD Loans and IDA Credits, May 2004, Wash ington D. C. 2004 [http://go.worldbank.org/ZRYQ2KB5B0 (31.08.2013)].

–, Guidelines: Procurement under IBRD Loans and IDA Credits, May 2004, revised October 2006, Washington D. C. 2006 [http://go.worldbank.org/ZRYQ2KB5B0 (31.08.2013)].

–, Guidelines: Procurement under IBRD Loans and IDA Credits, May 2004, revised October 1, 2006 and May 1, 2010, Washington D. C. 2010 [http://go.worldbank.org/ZRYQ2KB5B0 (31.08.2013)].

–, Guidelines: Selection and Employment of Consultants by World Bank Borrowers, January 1997, revised September 1997 and January 1999, Washington D. C. 1999 [http://go.worldbank.org/U9IPSLUDC0 (31.08.2013)].

–, Guidelines: Selection and Employment of Consultants by World Bank Borrowers, May 2004, Washington D. C., 2004 [http://go.worldbank.org/ATHN7UAPO0 (27.5.2012)].

–, Guidelines: Selection and Employment of Consultants by World Bank Borrowers, May 2004, revised October 2006, Washington D. C. 2006 [http://go.worldbank.org/ATHN7UAPO0 (31.08.2013)].

–, Guidelines: Selection and Employment of Consultants by World Bank Borrowers, May 2004, revised October 1, 2006 and May 1, 2010, Washington D. C. 2010 [http://go.worldbank.org/ATHN7UAPO0 (31.08.2013)].

–, Guidelines: Selection and Employment of Consultants under IBRD Loans & IDA Credits & Grants by World Bank Borrowers, January 2011, Washington D. C., 2011 [http://go.worldbank.org/U9IPSLUDC0 (28.06.2013)].

–, IBRD General Conditions for Loans dated March 12, 2012, [http://go.worldbank.org/WECHW5CT30 (30.08.2013)].

–, IBRD, http://go.worldbank.org/SDUHVGE5S0 (29.08.13).

–, IBRD: Working with Countries to Achieve Development Results, Washington D. C. 2012, [http://siteresources.worldbank.org/EXTABOUTUS/Resources/IBRD Results.pdf (29.08.2013)].

–, IDA – What is IDA? http://go.worldbank.org/ZRAOR8IWW0 (29.08.13).

–, Listing of Ineligible Firms & Individuals, http://worldbank.org/debarr (03.09.2013).

–, Member Countries, http://go.worldbank.org/ (03.07.2013).

–, Mutual Enforcement of Debarment Decisions among Multilateral Development Banks, Washington D. C. 2010 [http://siteresources.worldbank.org/INTDOII/Resources/Bank_paper_cross_debar.pdf (25.06.2013)].

–, News Release March 8, 2013: World Bank Sanctions Indian Company Larsen & Toubro Limited for Fraudulent Practices, [http://siteresources.worldbank.org/EXTDOII/Resources/World_Bank_Sanctions_Indian_Company_Larsen_and_Toubro_Limited_for_Fraudulent_Practices.pdf (05.09.2013)].

–, Official Documents- Agreement Providing for the Amendment and Restatement of the Financing Agreement, IDA Grant H343-TP, Washington D. C. 2013 [http://www-wds.worldbank.org/external/default/WDSContentServer/WDSP/EAP/2013/05/07/

090224b081b8cca1/1_0/Rendered/PDF/Official0Docum0t00IDA0Grant0H3430TP.
pdf (13.09.2013)].

–, Operational Memorandum dated January 5, 1998: Fraud and Corruption under
Bank-Financed Contracts: Procedures for Dealing with Allegations against
Bidders, Suppliers, Contractors, or Consultants [Exhibit 6 bei *Aguilar/Gill/Pino*,
S. 41 f.].

–, Operational Policy 11.00 – Procurement, January 2011, revised April 2013, http://
go.worldbank.org/WJV2U7DIL0 (31.08.2013).

–, Operational Policy 9.00 – Program-for-Results Financing, February 2012, revised
April 2013, http://go.worldbank.org/R4K1SFYDQ0 (31.08.2013).

–, Press Release 2009/001/EXT, Siemens to pay $100m to fight corruption as part of
World Bank Group settlement, 2. 7. 2009, [http://go.worldbank.org/WXRNSDVI40
(31.08.2013)].

–, Press Release No. 2012/241/OPCS: World Bank Approves Program-for-Results
– New Financing Instrument Ties Lending Directly to Verified Development
Results, January 24, 2012, http://go.worldbank.org/M0S4IDRMD0 (22.06.2012).

–, Projects – Middle Income Countries, http://go.worldbank.org/R8XC4L83H0
(29.08.2013).

–, Projects – Sanctions Reform, http://go.worldbank.org/YBZNO19JR0 (31.08.2013).

–, Projects & Operations – The *IAB*, http://go.worldbank.org/S262CF3KD0 (31.08.2013).

–, Projects & Operations: Albania, http://www.worldbank.org/projects/search?lang=
en&searchTerm=&countrycode_exact=AL (05.07.2013).

–, Projects & Operations: Russian Federation, http://www.worldbank.org/projects/
search?lang=en&searchTerm=&countrycode_exact=RU (05.07.2013).

–, Projects & Operations: Turkey, http://www.worldbank.org/projects/search?lang=
en&searchTerm=&countrycode_exact=TR (05.07.2013).

–, Public Sector Governance – Accountability and Legitimacy, http://go.worldbank.
org/H2CA3GVUW0 (22.5.2012).

–, Public Sector Governance – Accountability and Legitimacy, http://go.worldbank.
org/H2CA3GVUW0 (30.08.2013).

–, Reform of the World Bank's sanctions process, Washington D. C. 2004 [http://
documents.worldbank.org/curated/en/2004/06/4606926/reform-world-banks-
sanctions-process (26.5.2012)].

–, Report of the Internal Working Group – Implementing the Recommendations of
the Independent Panel Review of the World Bank Group's Department of Institutional Integrity („INT"), Washington D. C. 2008 [http://siteresources.worldbank.
org/NEWS/Resources/volcker_report_response.pdf (31.08.2013)].

–, Report of the Task Force on the World Bank Group and the Middle-Income Countries, Washington D. C. 2001 [http://siteresources.worldbank.org/COUNTRIES/Resources/mictf.pdf (29.08.2013)].

–, Rules on Delivery and Submission of Notices and Other Materials in World Bank Sanctions Proceedings, dated January 1, 2011 [http://go.worldbank.org/CVUUIS7HZ0 (28.08.13)].

–, Sanctioning Guidelines, dated January 1, 2011 [http://go.worldbank.org/CVUUIS7HZ0 (31.08.2013)].

–, Sanctions Board Decisions, http://go.worldbank.org/58RC7DVWW0 (01.10.2013).

–, Sanctions Board Law Digest, December 2011, Washington D. C. 2011 [http://go.worldbank.org/S9PFFMD6X0 (31.08.2013)], Entscheidungsauszüge (ab S. 33) zitiert unter Angabe der Fundstelle in der Entscheidung des Sanctions Board und dem Zusatz [LD *laufende Nummer*].

–, Sanctions Board Members, http://go.worldbank.org/ZL06WOFFD0 (12.09.2013).

–, Sanctions Board Statute, dated September 15, 2010 [http://go.worldbank.org/CVUUIS7HZ0 (28.08.13)].

–, Sanctions Board to Post Decisions on Corruption, Fraud Cases, http://go.worldbank.org/5BATPT11D0 (15.02.2013).

–, Sanctions Committee Procedures, August 2, 2001 [http://go.worldbank.org/BJ9P6TARY1 (30.08.2013)].

–, Sanctions Evaluation and Suspension Officers, http://go.worldbank.org/OQBQTFFFI0 (25.06.2013).

–, Sanctions Procedures as adopted by the World Bank as of April 15, 2012.

–, Sanctions Procedures as adopted by the World Bank as of January 1, 2011, amended July 8, 2011 [http://go.worldbank.org/CVUUIS7HZ0 (28.08.13)].

–, Sanctions Procedures as amended on December 22, 2008 and May 11, 2009, additionally amended on June 25, 2010 [http://go.worldbank.org/CVUUIS7HZ0 (28.08.13)].

–, Sanctions Reform: Expansion of Sanctions beyond Procurement and Sanctioning of Obstructive Practices, Washington D. C. 2006, [http://siteresources.worldbank.org/INTDOII/Resources/SanctionsReform06.pdf (25.5.2012)].

–, Sanctions Regime Information Note, Washington D. C. 2011 [http://go.worldbank.org/CVUUIS7HZ0 (30.08.2013)].

–, Sanctions System – Key and Reference Documents, http://go.worldbank.org/CVUUIS7HZ0 (31.08.2013).

–, Sanctions System at the World Bank, http://go.worldbank.org/WICZWZY0E0 (31.08.2013).

–, Siemens Settlement Agreement – Fact Sheet, 11. November 2009 [http://site resources.worldbank.org/PROCUREMENT/Resources/SiemensFactSheetNov11. pdf?&resourceurlname=SiemensFactSheetNov11.pdf (31.08.2013)].

–, Standard Bidding Documents for Procurement of Works & User's Guide, March 2012 [http://siteresources.worldbank.org/INTPROCUREMENT/Resources/ Works-EN-22-Mar12_Rev5.pdf (31.08.2013)].

–, Suspension and Debarment Officer Determinations in Uncontested Proceedings, http://go.worldbank.org/G7EO0UXW90 (07.09.2013).

–, Terms of Reference of the Audit Committee, Annex A, approved July 15, 2009, [http://siteresources.worldbank.org/BODINT/Resources/ACTOR.pdf (31.08.2013)].

–, Voluntary Disclosure Program Terms & Conditions, Washington D. C. 2006 [http://siteresources.worldbank.org/INTVOLDISPRO/Resources/VDPTermsand-Conditions.pdf (31.08.2013)].

–, World Bank Annual Report 1999, Washington D.C., 1999 [http://documents. worldbank.org/curated/en/1999/01/437658/world-bank-annual-report-1999 (25.06.2013)].

–, World Bank Annual Report 2011 – Year in Review, Washington D. C. 2011 [http:// go.worldbank.org/QDCRDYTRE0 (28.08.2013)].

–, World Bank Group Sanctions Regime: An Overview, Washington D. C. 2010 [http://go.worldbank.org/CVUUIS7HZ0 (30.08.2013)].

–, World Bank Vendor Eligibility Policy, revised 18. June 2010, http://go.worldbank. org/W40WJB5AA0 (31.08.2013).

Entscheidungen

Belgien

Cour de cassation de Belgique, WEU ./. Siedler, Urteil v. 21. 12. 2009, S. 04.0129.F

Deutschland

LG Berlin, 23 O 118/04, Urteil v. 22. 3. 2006, NZBau 2006, 397.

OLG Schleswig, Urteil v. 20. 5. 1999, 11 U 196/98 = NZBau 2000, 263.

VK Sachsen, Beschluss v. 25. 6. 2003, 1-SVK/51/03, BeckRS 2004, 439.

BGH, KZR 14/75, Urteil v. 12. 5. 1976 = NJW 1976, 2302.

–, 2 StR 587/07, Urteil v. 29. 8. 2008, BGHSt 52, 323.

–, X ZR 30/98, Urteil v. 26. 10. 1999 = NJW 2000, 661, 662.

*BVerfG,*2 BvL 10/62 vom 4. 7. 1967, BVerfGE 22, 125 = NJW 1967, 1748.

–, 2 BvR 518/66 vom 11. 6. 1969 (Anwaltliche Ehrengerichtsbarkeit), BVerfGE 26, 186 = NJW 1969, 2192.

–, 2 BvR 1107/77, 1124/77, 195/79 vom 23. 6. 1981 (Eurocontrol I), BVerfGE 58, 1.

–, 2 BvR 1058/79 vom 10. 11. 1981 (Eurocontrol II), BVerfGE 59, 63 = NJW 1982, 512.

–, 1 PBvU 1/02 vom 30. 4. 2003 (Rechtsschutz gegen Richter), BVerfGE 107, 395 = NJW 2003, 1924 [http://www.bverfg.de/entscheidungen/up20030430_1pbvu000102. html (01.10.2013)].

–, 2 BvR 1012/01 vom 28. 8. 2003, NJW 2004, 279 [http://www.bverfg.de/entschei dungen/rk20110907_1bvr101211.html (01.10.2013)].

–, 1 BvR 1160/03 vom 13. 6. 2006 (Gleichheit im Vergaberecht), BVerfGE 116, 135 = NZBau 2006, 791 [http://www.bverfg.de/entscheidungen/rs20060613_1bvr116003. html (01.10.2013)].

–, 2 BvR 2661/06 vom 6. 7. 2010 (Honeywell), BVerfGE 126, 286 [http://www.bverfg. de/entscheidungen/rs20100706_2bvr266106.html (01.10.2013)].

Europäische Union

EuGH, La Cascina Soc. coop. arl u. a. ./. Ministero della Difesa u. a. (Vorabent-scheidung), Urteil v. 9. 2. 2006, C-226/04 und C-228/04, Slg. 2006 I-01347.

–, Kadi und Al-Barakaat International Foundation ./. Rat und Kommission, C-402/05 P und C-415/05 P, Slg. 2008 I-06351.

–, Baustahlgewebe GmbH ./. Kommission, Urteil v. 17. 12. 1998, C-185/95 P, Slg. 1998, I-8417.

Internationale Gerichte

EGMR, Al-Khawaja und Tahery ./. Vereinigtes Königreich, Urteil v. 15. 12. 2011, 26766/05, 22228/06, Reports 2011 [http://hudoc.echr.coe.int/sites/eng/pages/ search.aspx?i=001-108072 (01.10.2013)].

–, Axen ./. Deutschland, Urteil v. 8. 12. 1983, 8273/78, Ser. A, No. 72 [http://hudoc. echr.coe.int/sites/eng/pages/search.aspx?i=001-57426 (01.10.2013)].

–, B. und P. ./. Vereinigtes Königreich, Urteil v. 24. 4. 2001, 36337/97 und 35974/97, Reports 2001-III [http://hudoc.echr.coe.int/sites/eng/pages/search.aspx?i=001-59422 (01.10.2013)].

–, Bankovic, Stojanovic, Stoimenovski, Joksimovic und Sukovic ./. Belgien, Tschechische Republik, Dänemark, Frankreich, Deutschland, Griechenland, Ungarn, Island, Italien, Luxembourg, Niederlande, Norwegen, Polen, Portugal, Spanien, Türkei und Vereinigtes Königreich, Entscheidung v. 12. 12. 2001, 52207/99, Reports 2001-XII [http://hudoc.echr.coe.int/sites/eng/pages/search.aspx?i=001-22099 (01.10.2013)].

–, Behrami und Behrami ./. Frankreich sowie Saramati ./. Frankreich, Deutschland und Norwegen, Entscheidung v. 2. 5. 2007, 71412/01 sowie 78166/01 [http:// hudoc.echr.coe.int/sites/eng/pages/search.aspx?i=001-80830 (01.10.2013)].

–, Belilos ./. Schweiz, Urteil v. 29. 4. 1988, 10328/83, Ser. A, No. 132 [http://hudoc. echr.coe.int/sites/eng/pages/search.aspx?i=001-57434 (01.10.2013)].

–, Boivin ./. 34 Mitglieder des Europarats, Entscheidung v. 9. 9. 2008, 73250/01, Reports 2008 [http://hudoc.echr.coe.int/sites/eng/pages/search.aspx?i=001-91461 (01.10.2013)] – zitiert nach Seitenzahl der HUDOC-PDF, http://hudoc.echr.coe. int/webservices/content/pdf/001-91461?TID=ymfelwewxn (01.10.2013).

–, Bosphorus Hava Yolları Turizm ve Ticaret Anonim Şirketi ./. Irland, Urteil v. 30. 6. 2005, 45036/98, Reports 2005-VI [http://hudoc.echr.coe.int/sites/eng/pages/ search.aspx?i=001-69564 (01.10.2013)].

–, Bulut ./. Österreich, Urteil v. 22. 2. 1996, 17358/90, Reports 1996-II [http://hudoc. echr.coe.int/sites/eng/pages/search.aspx?i=001-57971 (01.10.2013)].

–, Craxi ./. Italien (No. 2), Urteil v. 17. 7. 2003, 25337/94 [http://hudoc.echr.coe.int/ sites/eng/pages/search.aspx?i=001-61229 (01.10.2013)].

–, Deweer ./. Belgien, Urteil v. 27. 2. 1980, 6903/75, Ser. A, No. 35 [http://hudoc.echr. coe.int/sites/eng/pages/search.aspx?i=001-57469 (01.10.2013)].

–, Doorson ./. Niederlande, Urteil v. 26. 3. 1996, 20524/92, Reports 1996-II [http:// hudoc.echr.coe.int/sites/eng/pages/search.aspx?i=001-57972 (01.10.2013)].

–, Emesa Sugar N. V. ./. Niederlande, Entscheidung v. 13. 1. 2005, 62023/00, [http:// hudoc.echr.coe.int/sites/eng/pages/search.aspx?i=001-68105 (19.09.2013)].

–, Engel u. a. ./. Niederlande, Urteil v. 8. 6. 1976, 5370/72, 5100/71, 5101/71, 5102/71, 5354/72, Ser. A, No. 22 [http://hudoc.echr.coe.int/sites/eng/pages/search. aspx?i=001-57479 (01.10.2013)].

–, Ferrazzini ./. Italien, Urteil v. 12. 7. 2001, 44759/98, Reports 2001-VII [http://hudoc. echr.coe.int/sites/eng/pages/search.aspx?i=001-59589 (01.10.2013)].

–, Herbst ./. Deutschland, Urteil v. 11. 4. 2007, 20027/02 [http://hudoc.echr.coe.int/ sites/eng/pages/search.aspx?i=001-78946 (01.10.2013)].

–, I. D. ./. Bulgarien, Urteil v. 28. 4. 2005, 43578/98 [http://hudoc.echr.coe.int/sites/ eng/pages/search.aspx?i=001-68922 (01.10.2013)].

–, Incal ./. Türkei, Urteil v. 9. 6. 1998, 41/1997/825/1031, Reports 1998-IV [http:// hudoc.echr.coe.int/sites/eng/pages/search.aspx?i=001-58197 (01.10.2013)].

–, Irfan Bayrak ./. Türkei, Urteil v. 3. 5. 2007, 39429/98 [http://hudoc.echr.coe.int/ sites/eng/pages/search.aspx?i=001-80366 (01.10.2013)].

–, John Murray ./. Vereinigtes Königreich, Urteil v. 8. 2. 1996, 18731/91, Reports 1996-I [http://hudoc.echr.coe.int/sites/eng/pages/search.aspx?i=001-57980 (01.10.2013)].

–, Kostovski ./. Niederlande, Urteil v. 20. 11. 1989, 11454/85, Ser. A, No. 166 [http:// hudoc.echr.coe.int/sites/eng/pages/search.aspx?i=001-57615 (01.10.2013)].

–, Krombach ./. Frankreich, Urteil v. 13. 2. 2001, 29731/96, Reports 2001-II [http:// hudoc.echr.coe.int/sites/eng/pages/search.aspx?i=001-59211 (01.10.2013)].

–, Lutz ./. Deutschland, Urteil v. 25. 8. 1987, 9912/82, Ser. A, No. 123 [http://hudoc. echr.coe.int/sites/eng/pages/search.aspx?i=001-57531 (01.10.2013)].

–, M ./. Deutschland, Urteil v. 17. 12. 2009, 19359/04, Reports 2009 [http://hudoc. echr.coe.int/sites/eng/pages/search.aspx?i=001-96389 (01.10.2013)].

–, Matthews ./. Vereinigtes Königreich, Urteil v. 18. 2. 1999, 24833/94, Reports 1999-I [http://hudoc.echr.coe.int/sites/eng/pages/search.aspx?i=001-58910 (01.10.2013)].

–, Michaud ./. Frankreich, Urteil v. 6. 12. 2012, 12323/11, Reports 2012 [http://hudoc. echr.coe.int/sites/eng/pages/search.aspx?i=001-115377 (01.10.2013)].

–, Nada ./. Schweiz, Urteil v. 12. 9. 2012, 10593/08, Reports 2012 [http://hudoc.echr. coe.int/sites/eng/pages/search.aspx?i=001-113118 (01.10.2013)].

–, Obermeier ./. Österreich, Urteil v. 28. 6. 1990, 11761/85, Ser. A., No. 179 [http:// hudoc.echr.coe.int/sites/eng/pages/search.aspx?i=001-57631 (01.10.2013)].

–, Öcalan ./. Türkei, Urteil v. 12. 5. 2005, 46221/99, Reports 2005-IV [http://hudoc. echr.coe.int/sites/eng/pages/search.aspx?i=001-69022 (01.10.2013)].

–, Osman ./. Vereinigtes Königreich, Urteil v. 28. 10. 1998, 87/1997/871/1083, Reports 1998-VIII [http://hudoc.echr.coe.int/sites/eng/pages/search.aspx?i=001-58257 (01.10.2013)].

–, Öztürk ./. Deutschland, Urteil v. 21. 2. 1984, 8544/79, Ser. A, No. 73 [http://hudoc. echr.coe.int/sites/eng/pages/search.aspx?i=001-57553 (01.10.2013)].

–, Povse ./. Österreich, Entscheidung v. 18. 6. 2013, 3890/11, [http://hudoc.echr.coe.int/sites/eng/pages/search.aspx?i=001-122449 (01.10.2013)].

–, Pretto u. a. ./. Italien, Urteil v. 8. 12. 1983, 3/1982/49/78, Ser. A, No. 71 [http://hudoc.echr.coe.int/sites/eng/pages/search.aspx?i=001-57561 (01.10.2013)].

–, Ruiz Torija ./. Spanien, Urteil 9. 12. 1994, 18390/91, Ser. A, No. 303-A [http://hudoc.echr.coe.int/sites/eng/pages/search.aspx?i=001-57909 (01.10.2013)].

–, Ryakib Biryukov/Russland, Urteil v. 17. 1. 2008, 14810/02, Reports 2008 [http://hudoc.echr.coe.int/sites/eng/pages/search.aspx?i=001-84452 (01.10.2013)].

–, Vanjak ./. Kroatien, Urteil v. 14. 1. 2010, 29889/04 [http://hudoc.echr.coe.int/sites/eng/pages/search.aspx?i=001-96705 (01.10.2013)].

–, Waite und Kennedy ./. Deutschland, Urteil v. 18. 2. 1999, 26083/94, Reports 1999-I [http://hudoc.echr.coe.int/sites/eng/pages/search.aspx?i=001-58912 (01.10.2013)].

–, Wos ./. Polen, Urteil v. 8. 6. 2006, 22860/02, Reports 2006-VII [http://hudoc.echr.coe.int/sites/eng/pages/search.aspx?i=001-75719 (01.10.2013)].

–, Z. u. a. ./. Vereinigtes Königreich, Urteil v. 10. 5. 2001, 29392/95, Reports 2001-V [http://hudoc.echr.coe.int/sites/eng/pages/search.aspx?i=001-59455 (01.10.2013)].

–, Ziliberberg ./. Moldau, Urteil v. 1. 2. 2005, 61821/00, [http://hudoc.echr.coe.int/sites/eng/pages/search.aspx?i=001-68119 (01.10.2013)].

IGH, Difference Relating to Immunity from Legal Process of a Special Rapporteur of the Commission on Human Rights (Cumaraswamy), Advisory Opinion of 29 April 1999, ICJ-Rep. 1999, S. 62 [http://www.icj-cij.org/docket/files/100/7619.pdf (01.10.2013)].

–, Legality of the Use by a State of Nuclear Weapons in Armed Conflict, Advisory Opinion of 8 July 1996, ICJ-Rep. 1996, S. 66 [http://www.icj-cij.org/docket/files/95/7495.pdf (01.10.2013)].

–, Military and Paramilitary Activities in and against Nicaragua, Nicaragua ./. United States of America, Judgment on Jurisdiction of 26 November 1984, ICJ-Rep. 1984, S. 392 [http://www.icj-cij.org/docket/files/70/6485.pdf (01.10.2013)].

Niederlande

Hoge Raad, Niederlande ./. Mustafic-Mujic u. a. 12/03329 [http://www.rechtspraak.nl/Organisatie/Hoge-Raad/OverDeHogeRaad/publicaties/Documents/12%2003329.pdf (08.09.2013)].

–, Niederlande ./. Nuhanovic, 12/03324 [http://www.rechtspraak.nl/Organisatie/Hoge-Raad/OverDeHogeRaad/publicaties/Documents/12%2003324.pdf (08.09.2013)].

Vereinigte Staaten

U.S. Court of Appeals for the District of Columbia Circuit, Urteil v. 13. 7. 1967, Lutcher S. A. Celulose e Papel et al. v. IADB, 382 F.2d 454, 457.

–, Urteil v. 4. 2. 1982, Novak v. World Bank, 703 F.2d 1305.

–, Urteil v. 27. 9. 1983, Mendaro v. World Bank, 717 F.2d 610.

–, Urteil v. 9. 10. 1998, Atkinson v. IADB et. al., 156 F.3rd 13335.

U. S. Court of Appeals for the Third Circuit, Urteil v. 16. 8. 2010, OSS Nokalva Inc. v. European Space Agency, No. 09-3601/09-3640 [www2.ca3.uscourts.gov/opi narch/093601p.pdf (24.11.2013)].

U. S. District Court for the District of Columbia, Urteil v. 29. 3. 1985, Chiriboga et al. v. IBRD et al., 616 F.Supp. 963.

–, Urteil v. 13. 9. 1990, Morgan v. IBRD, 752 F.Supp. 492.

US Supreme Court, Urteil v. 22. 4. 1964, Jacobellis v. Ohio, 378 U.S. 184, 197.

Vereinigtes Königreich

High Court of Justice (Commercial Court), Urteil v. 18. 3. 2008, Entico Corp. Ltd. ./. UNESCO, [2008] EWHC 531 (Comm).

House of Lords, Holland v. Lampen-Wolfe, Urteil v. 20. 7. 2000, (2000) 1 WLR 1573 http://www.publications.parliament.uk/pa/ld199900/ldjudgmt/jd000720/hol lan-1.htm (01.10.2013).

Weltbank

EO, Notice of Uncontested Sanctions Proceedings, Case No. 210, March 7, 2013 [http://go.worldbank.org/G7EO0UXW90 (05.09.2013)].

–, Notice of Uncontested Sanctions Proceedings, Case No. 213, May 10, 2013 [http://go.worldbank.org/G7EO0UXW90 (05.09.2013)].

Sanctions Board, Sanctions Board Decision No. 1 (2007) *Hinweis: Entscheidungen des Sanctions Board vor 2011 sind nur in Zusammenfassung und Auszügen veröffentlicht in World Bank, Sanctions Board Law Digest, December 2011, Washington D. C. 2011 [http://go.worldbank.org/S9PFFMD6X0 (31.08.2013)]; in Fußnoten ist die Entscheidung und die in Bezug genommene Randnummer genannt, in eckigen Klammern weist die Angabe „LD (Zahl)" auf die laufende Nummer hin, unter der der Auszug im Law Digest, S. 33 ff. zu finden ist. Spätere Entscheidungen sind im Volltext abrufbar unter Sanctions Board Decisions, http://go.worldbank.org/ 58RC7DVWW0 (01.10.2013).*

–, Sanctions Board Decision No. 2 (2008) zitiert nach Auszügen im Law Digest.

–, Sanctions Board Decision No. 4 (2009) zitiert nach Auszügen im Law Digest.

–, Sanctions Board Decision No. 5 (2009) zitiert nach Auszügen im Law Digest.

–, Sanctions Board Decision No. 6 (2009) zitiert nach Auszügen im Law Digest.

–, Sanctions Board Decision No. 12 (2009) zitiert nach Auszügen im Law Digest.

–, Sanctions Board Decision No. 27 (2010) zitiert nach Auszügen im Law Digest.

–, Sanctions Board Decision No. 28 (2010) zitiert nach Auszügen im Law Digest.

–, Sanctions Board Decision No. 29 (2010) zitiert nach Auszügen im Law Digest.

–, Sanctions Board Decision No. 30 (2010) zitiert nach Auszügen im Law Digest.

–, Sanctions Board Decision No. 31 (2010) zitiert nach Auszügen im Law Digest.

–, Sanctions Board Decision No. 36 (2010) zitiert nach Auszügen im Law Digest.

–, Sanctions Board Decision No. 37 (2010) zitiert nach Auszügen im Law Digest.

–, Sanctions Board Decision No. 39 (2010) zitiert nach Auszügen im Law Digest.

–, Sanctions Board Decision No. 40 (2010) zitiert nach Auszügen im Law Digest.

–, Sanctions Board Decision No. 41 (2010) zitiert nach Auszügen im Law Digest.

–, Sanctions Board Decision No. 43 (2011) zitiert nach Auszügen im Law Digest.

–, Sanctions Board Decision No. 44 (2011) zitiert nach Auszügen im Law Digest.

–, Sanctions Board Decision No. 45 (2011) zitiert nach Auszügen im Law Digest.

–, Sanctions Board Decision No. 46 vom 30. Mai 2012, http://go.worldbank.org/58RC7DVWW0 (01.10.2013).

–, Sanctions Board Decision No. 47 vom 30. Mai 2012, http://go.worldbank.org/58RC7DVWW0 (01.10.2013).

–, Sanctions Board Decision No. 48 vom 30. Mai 2012, http://go.worldbank.org/58RC7DVWW0 (01.10.2013).

–, Sanctions Board Decision No. 49 vom 30. Mai 2012, http://go.worldbank.org/58RC7DVWW0 (01.10.2013).

–, Sanctions Board Decision No. 50 vom 30. Mai 2012, http://go.worldbank.org/58RC7DVWW0 (01.10.2013).

–, Sanctions Board Decision No. 51 vom 30. Mai 2012, http://go.worldbank.org/58RC7DVWW0 (01.10.2013).

–, Sanctions Board Decision No. 52 vom 30. Mai 2012, http://go.worldbank.org/58RC7DVWW0 (01.10.2013).

–, Sanctions Board Decision No. 53 vom 4. September 2012, http://go.worldbank.org/58RC7DVWW0 (01.10.2013).

–, Sanctions Board Decision No. 54 vom 16. Oktober 2012, http://go.worldbank.org/58RC7DVWW0 (01.10.2013).

–, Sanctions Board Decision No. 55 vom 7. März 2013, http://go.worldbank.org/58RC7DVWW0 (01.10.2013).

–, Sanctions Board Decision No. 56 vom 10. Juni 2013, http://go.worldbank.org/ 58RC7DVWW0 (01.10.2013).

–, Sanctions Board Decision No. 57 vom 10. Juni 2013, http://go.worldbank.org/ 58RC7DVWW0 (01.10.2013).

–, Sanctions Board Decision No. 58 vom 10. Juni 2013, http://go.worldbank.org/ 58RC7DVWW0 (01.10.2013).

–, Sanctions Board Decision No. 59 vom 24. Juni 2013, http://go.worldbank.org/ 58RC7DVWW0 (01.10.2013).

–, Sanctions Board Decision No. 60 vom 9. September 2013, http://go.worldbank. org/58RC7DVWW0 (01.10.2013), *nur noch inhaltlich berücksichtigt, wegen des Erscheinens nach dem eigentlichen Redaktionsschluss und der zahlreichen Beteiligten nicht mehr bei der Statistik der Verfahrensdauer.*

Einführung

Die Weltbank geht seit den 1990er Jahren entschieden gegen Korruption bei von ihr finanzierten Projekten vor. Sie sanktioniert Teilnehmer von Bankprojekten für Betrug, Korruption und ähnliche Verhaltensweisen öffentlich, indem sie diese für eine bestimmte Zeit von der Beteiligung an Bankprojekten ausschließt. Diese öffentliche Sanktion kann ein Unternehmen empfindlich treffen.[1]

Ab 2004 hat die Weltbank ein zweistufiges Verfahren entwickelt, das die Sanktionen legitimieren soll:[2] Ermittler der Bank untersuchen den Fall und legen ihn dem *Evaluation and Suspension Officer* („EO")[3] zur ersten Überprüfung vor. Hält dieser die Beweise für ausreichend, empfiehlt er eine Sanktion. Die Betroffenen können diese Empfehlung durch schlichtes Nichtstun akzeptieren. Oder sie können dagegen das *Sanctions Board* anrufen, das den Fall nochmals von Grund auf prüft. In verschiedenen Reformen hat sich das Sanktionsregime zu einer vorhersehbaren und verlässlichen Rechtsordnung entwickelt, die betroffenen Unternehmen wirksamen und gerichtsähnlichen Rechtsschutz gegen die öffentliche Sanktion gewährt.

Diese Arbeit untersucht die Funktionsweise des Sanktionsregimes, die Voraussetzungen für eine Sanktion und ihre Umsetzung durch die Mitgliedsstaaten der Weltbank (A.). Dabei zeigen sich auch die Auswirkungen einer drohenden indirekten Kontrolle der Weltbank durch ihre Mitglieder (B.). Die Bank muss den Betroffenen eine vernünftige Alternative zu gerichtlichem Rechtsschutz gewähren, wenn sie ihre Mitglieder davor bewahren will, durch die ungeprüfte Umsetzung der Sanktion in Konflikt mit ihren menschenrechtlichen Pflichten zu gelangen.[4] Diese Einführung stellt der Erörterung der Sanktionspraxis der Bank eine überblicksartige Darstellung vergleichbarer nationaler Maßnahmen, sog. Vergabesperren, voran (C.). Sie bilden den Hintergrund für die Erörterung des Sanktionsregimes und dessen Akzeptanz in nationalen Rechtsordnungen.

---

1   *Prieß*, NZBau 2009, 587, 587; *Baghir-Zada*, S. 186; *Nichols*, ABLJ 49 (2012), 325 im begleitenden Text zu Fn. 127; *Daly/Fariello*, S. 103 f.; *Leroy/Fariello*, S. 29; *Ellis*, World Bank Sanctions: Guidance for Practitioners, http://mattesonellislaw.com/fcpameri cas/world-bank-sanctions-guidance-for-practitioners (24.06.2013).

2   Kapitel 5 und Kapitel 6 dieser Arbeit.

3   Für die gesamte Arbeit gilt: Der Gebrauch der männlichen Form schließt grundsätzlich die weibliche mit ein. Das gilt besonders für „den EO", denn soweit es diese Arbeit betrifft, ist der EO eine Frau, nämlich *Pascale Hélène Dubois*, s. insb. Fn. 2079 und begleitender Text.

4   Dazu ausführlich Kapitel 4.

A. Gang der Untersuchung

Kapitel 1 stellt die Entwicklung der Korruptionsbekämpfung in der Weltbank dar. Kapitel 2 beschreibt die Voraussetzungen für eine Sanktion nach den aktuellen Vorgaben der Weltbank. Eine Sanktion ist nur möglich, wenn überwiegend wahrscheinlich ist, dass ein Unternehmen oder ein Unternehmer einen im Voraus feststehenden Tatbestand sanktionswürdigen Fehlverhaltens verwirklicht hat. Darauf folgen in Kapitel 3 die mögliche Ausgestaltung einer Sanktion und die Kriterien dafür. Die Sanktion muss dem Fehlverhalten des Betroffenen angemessen sein; für die Bemessung gibt das Sanktionsregime zahlreiche Kriterien vor.

Kapitel 4 thematisiert Probleme bei der Umsetzung der Sanktionen durch die staatlichen Kreditnehmer der Weltbank. Verpflichtungen der Staaten, Unternehmen gerichtlichen Rechtsschutz zu gewähren, können für die Umsetzung der Sanktion hinderlich werden, wenn die Weltbank nicht vernünftigen alternativen Rechtsschutz bereitstellt. Vor diesem Hintergrund schildert Kapitel 5, dass das *Sanctions Board* gegen die endgültige und öffentliche Sanktion Rechtsschutz gewährt, der nationale Gerichtsverfahren ersetzen kann. Kapitel 6 schließt eine Erläuterung sonstiger Rechtsschutzmöglichkeiten im Sanktionsregime an. Diese sind im Allgemeinen gut und umfassend. Die einstweilige Sperre eines Betroffenen während des laufenden Sanktionsverfahrens allerdings wird nicht vom *Sanctions Board* überprüft.

Kapitel 7 schließlich ordnet das Sanktionsregime in das traditionelle institutionalisierte Völkerrecht ein und identifiziert verbleibende Probleme.

Die Sanktionstätigkeit der Weltbank ist im Fluss und entwickelt sich stetig weiter. Die Arbeit berücksichtigt Literatur und allgemeine Rechtsprechung bis Anfang August 2013. Danach veröffentlichte die Weltbank ein umfangreiches Rechtsgutachten der *Legal Vice Presidency* zum Sanktionsregime,[5] erste Ergebnisse der laufenden internen Überprüfung des Sanktionsregimes und Ansatzpunkte für mögliche Reformen[6] und eine ebenfalls umfangreiche und inhaltlich aufschlussreiche Entscheidung des *Sanctions Board*. Diese Veröffentlichungen erforderten Überarbeitungen und Ergänzungen der Arbeit bis zum 1. Oktober 2013. In dieser Zeit erschienene sonstige Literatur konnte nur noch vereinzelt Berücksichtigung finden.

B. Dezentrale Kontrolle internationaler Organisationen

Menschenrechtsschutz kann sich für internationale Organisationen lohnen, wenn der Druck groß genug ist.[7] Die Weltbank ist empfänglich für Kritik von außen. In

---

5   Zu dessen Veröffentlichung und einem immer noch nicht veröffentlichten weiteren Dokument unten, Kapitel 1 – E.V.3.d).
6   Dazu Kapitel 1 – F.
7   Insbesondere *Posner/Goldsmith*, S. 10 f., 119-123 gehen davon aus, dass Völkerrecht von Staaten freiwillig und in der Regel aufgrund rationaler Überlegungen befolgt wird und Menschenrechte durchgesetzt werden, wenn es sich lohnt; zu ähnlichen

den 1980er Jahren hatte sie mit dem *Inspection Panel* ein Vorbild für andere Entwicklungsbanken zur Kontrolle der Auswirkungen der Entwicklungsarbeit auf Einzelne
geschaffen.[8] Kritik daran gibt es noch immer, aber es ist mindestens ein Anfang. Seit
den 1990er Jahren ist die Weltbank so sehr auf die Förderung von Rechtsstaatlichkeit und guter Regierungsführung bedacht, dass sie wiederum dafür kritisiert wird.[9]
    Die Bindung internationaler Organisationen an Menschenrechte wird in den
letzten Jahren verstärkt diskutiert.[10] Ein möglicher Anlass dafür sind die Terrorismussanktionen des Sicherheitsrats der Vereinten Nationen.[11] Sie können die in Ter-
rorlisten geführten Personen empfindlich treffen, insbesondere durch ein Einfrieren
von Vermögenswerten. Eine wirksame Möglichkeit, sich zu verteidigen oder sich
gegen die Aufnahme in eine Terrorliste zu beschweren, gewährt der Sicherheitsrat

---

Erklärungsmodelle für die Wirkung des Rechts und die Rolle internationaler Organisationen *Alvarez*, S. 249 f. Die Vorstellung eines Rechts, das nicht objektive
Regeln enthält, die schlicht befolgt werden, weil sie befolgt werden müssen, ist für
viele ein Unding: *Cremer*, ZaöRV 2007, 267, 279 wirft *Posner* und *Goldsmith* so viele
grundlegende „Fehlwahrnehmungen des Völkerrechts" vor, dass kaum juristische
Kompetenz übrigbleibt, die er ihnen zutraut; *Kokott/Doehring/Buergenthal*, Rn. 23
sprechen nur in Anführungszeichen von einer „freiwilligen" Befolgung des Rechts;
im Ergebnis aber ähnlich *dies.*, Rn. 28; auch *Malanczuk*, S. 6. Die Diskussion kann hier
nicht gebührend vertieft werden; ausführlich krit. zur Annahme, es gäbe das einzig
wahre objektive Recht, das nur gefunden werden müsste, *Koskenniemi*, insb. S. 551;
für *Higgins*, S. 2-12 lässt sich das Recht nicht vom Rechtsanwender trennen, dem
zustimmend *Koskenniemi*, S. 554. Ungeachtet der faszinierenden Theorie muss klar
sein: Auch wenn Recht objektiv ist, können die Völkerrechtssubjekte mehr tun, als
das Recht kraft seiner schieren Existenz von ihnen verlangt.

8   *Schlemmer-Schulte*, in: MPEPIL, International Bank for Reconstruction and Develop-
    ment (IBRD), Rn. 6; *Janik*, Menschenrechtsbindung, S. 253 ff.
9   Überblick *Alvarez*, S. 239.
10 *McCorquodale*, ASILProceedings 96 (2002), 384, 384: „International human rights
    law privileges the state and is silent in relation to the nonstate. International human
    rights law simply does not hear the voices of those who are being violated by nons-
    tate actors. Hence international human rights law legalizes silences." Den Stand der
    völkerrechtlichen Diskussion hat *Janik* 2012 ausführlich dargestellt. Sie diskutiert
    eingehend vertragliche und völkergewohnheitsrechtliche Bindungsmodelle und bejaht
    schließlich eine autonome Bindung internationaler Organisationen an allgemeine
    Rechtsgrundsätze (*Janik*, Menschenrechtsbindung, S. 488-528)). Selbstregulierung
    internationaler Organisationen einschließlich der Weltbank problematisiert sie *ebd.*,
    S. 252-296, allerdings ohne Berücksichtigung des Sanktionsregimes. Die Verantwort-
    lichkeit der Mitgliedstaaten einer internationalen Organisation stellt sie ebenfalls dar,
    ebd., S. 136-200. Probleme bei der Umsetzung der Banksanktionen spricht Kapitel 4
    dieser Arbeit an. Zur Bank auch etwa: *Ghazi*, insb. S. 126 f.; *Schlemmer-Schulte*, in:
    MPEPIL, International Bank for Reconstruction and Development (IBRD), Rn. 99.
11 Z.B. *Cameron*, S. 4 ff.; *Fassbender*, S. 6 f.; *Brenneis/Schmalenbach*, in: *Schroeder/
    Mayr-Singer*, S. 130; *Janik*, Menschenrechtsbindung, S. 516 ff.; *Sauer*, S. 3686 ff.

den Betroffenen nicht. Bei Juristen, die unter dem Ideal der Rechtsstaatlichkeit geschult wurden, löst das instinktiven Widerwillen aus.[12]

Die Völkerrechtswissenschaft entwickelte schnell Argumente, warum die Vereinten Nationen sich an Menschenrechtsstandards halten müssten, wie sie für Staaten anerkannt sind.[13] Eine zentrale Kontrollinstanz, die nach rechtlichen Kriterien das Verhalten des Sicherheitsrats bewerten könnte, gibt es nicht.[14] Aber keine internationale Organisation existiert im luftleeren Raum: Wenn es innerhalb einer internationalen Organisation keine Rechtsschutzmöglichkeit gibt, bleibt die dezentrale, mittelbare Kontrolle der mitgliedsstaatlichen Umsetzungshandlungen.[15] So kann Druck auf die Organisation und ihre Mitglieder entstehen, ausreichende unmittelbare Rechtsschutzmöglichkeiten zu schaffen.

C. Nationale Vergabesperren

Das Vergaberecht der Bundesrepublik und der EU (I.) prägt schon allein durch seine Terminologie die deutschsprachige Auseinandersetzung mit dem Vorgehen der Weltbank und ist ein Referenzpunkt für rechtsstaatlich akzeptable Vergabesperren im Geltungsbereich der EMKR.[16] Die Praxis der USA (II.) war für die Weltbank ein Vorbild bei der Entwicklung des Sanktionsregimes.[17] Die beiden Systeme weisen grundlegende Gemeinsamkeiten auf (III.) und begründen so Erwartungen an das Vorgehen der Weltbank.

I. Auftragssperren in Bundesrepublik und EU

Das Recht der Bundesrepublik ist ein Beispiel für innereuropäisches Vergaberecht gemäß den Richtlinien der EU. Insbesondere die Vergabekoordinierungsrichtlinie von 2004 („EU-VKR")[18] prägt seit Inkrafttreten 2006 das Vergaberecht der

---

12 *Cameron*, S. 9.
13 Z.B. *Janik*, Menschenrechtsbindung, insb. S. 136–200, aber auch im Übrigen ausführlich und mit zahlreichen weiteren Nennungen.
14 *Brenneis/Schmalenbach*, in: *Schroeder/Mayr-Singer*, S. 147 ff.
15 Speziell zum Sicherheitsrat: *Schmalenbach*, in: MPEPIL, International Organizations or Institutions, Legal Remedies against Acts of Organs, Rn. 18; allgemein z.B. *Holzinger*, S. 124; *Janik*, Menschenrechtsbindung, S. 136–200. Prominent ist insbesondere *EuGH*, Kadi und Al-Barakaat International Foundation ./. Rat und Kommission, Rn. 306 ff., dazu *Sauer*, S. 3687 ff.
16 Insb. Kapitel 4 – A.III.2.b).
17 Kapitel 1 – F.III.
18 Richtlinie 2004/18/EG des Europäischen Parlaments und des Rates vom 31. März 2004 über die Koordinierung der Verfahren zur Vergabe öffentlicher Bauaufträge, Lieferaufträge und Dienstleistungsaufträge, ABl. 2004 L 134 S. 114, ber. ABl. 2004 L 351 S. 44, zuletzt geändert durch Art. 2 ÄndVO (EU) 1251/2011 vom 30. 11. 2011 (ABl. 2011 L 319, S. 43).

EU-Mitglieder.[19] Unzuverlässige oder sogar kriminelle Auftragnehmer gefährden die ordentliche Durchführung des zu vergebenden Auftrags.[20] Pflichtbewusstsein und Gesetzestreue sind innere Tatsachen, die sich anhand von Fehlverhalten in der Vergangenheit nachweisen lassen.[21] Das Vergaberecht in der Europäischen Union setzt auf den Ausschluss unzuverlässiger oder krimineller Bieter von einer laufenden Ausschreibung.

Der Ausschluss korrupter oder betrügerischer Unternehmen von Auftragsvergaben ist bei strafrechtlicher Verurteilung zwingend (1.), aber auch ohne Verurteilung möglich (2.). Er kann über das laufende Vergabeverfahren (3.) hinaus durch Korruptionsregister (4.) und sog. Auftragssperren (5.) Bedeutung haben. Gegen den Ausschluss muss es Rechtsschutz geben (0.).

1. Zwingender Ausschluss bei strafrechtlicher Verurteilung

Art. 45 Abs. 1 EU-VKR verlangt grds. zwingend[22] den Ausschluss eines Bieters oder Bewerbers von einem Vergabeverfahren, wenn er rechtskräftig wegen Bestechung, Betrugs, und anderer, durch Verweis auf europäische Koordinierungsinstrumente näher bestimmter, Straftaten verurteilt wurde.[23] Den Nachweis, dass eine rechtskräftige Verurteilung nicht vorliegt, können die Unternehmen gem. Art. 45 Abs. 3 EU-VKR durch Auszug aus einem Strafregister oder eine gleichwertige Urkunde erbringen. In der Bundesrepublik bedeutet eine rechtskräftige Verurteilung eines Unternehmers also regelmäßig einen Ausschluss von allen öffentlich ausgeschriebenen Aufträgen für drei bis fünf Jahre; solange ist die Verurteilung regelmäßig in das Führungszeugnis[24] aufgenommen.[25]

---

19 Zur Einwirkung des Unionsrechts auf das deutsche Vergaberecht *Dörr, Rn.* 30 ff., mit einer Übersicht über die maßgeblichen Normen vor Rn. 1; für das Vereinigte Königreich *Williams-Elegbe*, Fighting Corruption, S. 51 ff.; Entwicklung der Korruptionsbekämpfung der EU: *Medina-Arnáiz*, S. 3 f.

20 *Opitz*, in: *Dreher/Motzke*, § 97 GWB Rn. 42; *Williams-Elegbe*, Fighting Corruption, S. 46.

21 *Bungenberg*, in: *Loewenheim/Meesen/Riesenkampff*, § 97 GWB Rn. 52; *Opitz*, in: *Dreher/Motzke*, § 97 GWB Rn. 42.

22 Ausnahmen in Art. 45 Abs. 1 UAbs. 3 EU-VKR, *Ohrtmann*, NZBau 2007, 201, 202; *Prieß*, NZBau 2009, 587, 588. Zu nationalen Umsetzungsvorschriften *Medina-Arnáiz*, S. 7 f.

23 Dazu und zur Umsetzung in das deutsche Recht *Ohrtmann*, NZBau 2007, 201, 201 f.

24 Dass dieses und nicht der ausführliche Zentralregisterauszug gem. §§ 41 ff. BZRG das Strafregister ist, das die EU-VKR meint, begründet überzeugend *Ohrtmann*, NZBau 2007, 201, 202.

25 Die Fristen ergeben sich aus §§ 33, 34 BZRG, ausführlich wiederum *Ohrtmann*, NZBau 2007, 201, 202.

2. Fakultativer Ausschluss bei schwerer Verfehlung

Eine strafrechtliche Verurteilung ist nicht der einzige mögliche Grund für einen Ausschluss von Vergabeverfahren. Gemäß Art. 45 Abs. 2 EU-VKR kann unter anderem jeder Wirtschaftsteilnehmer von der Teilnahme an einem Vergabeverfahren ausgeschlossen werden, der im Rahmen seiner beruflichen Tätigkeit eine „schwere Verfehlung" begangen hat, „die vom öffentlichen Auftraggeber nachweislich festgestellt wird".[26]

Solche schweren Verfehlungen können Straftaten und Ordnungswidrigkeiten sein, die die Zuverlässigkeit des Bieters in Frage stellen; auch schwere Verfehlungen im Vergabeverfahren selbst kommen in Betracht.[27] Normale Beanstandungen, etwa bei der Durchführung ähnlicher Aufträge, oder sachliche Meinungsverschiedenheiten mit dem Auftraggeber, sind allerdings keine schwere Verfehlung.[28] Der Bieter muss Pflichten zur ordentlichen Berufsausübung so gewichtig verletzt haben, dass der Schluss auf eine nachlässige Ausführung des zu vergebenden Auftrags erlaubt ist.[29] Die Entscheidung steht im Ermessen des Auftraggebers und ist gerichtlich daher nur eingeschränkt überprüfbar.[30]

Die „nachweisliche"[31] Feststellung der Verfehlung muss nachvollziehbar sein und auf einem vollständig ermittelten Sachverhalt beruhen.[32] Der Nachweis muss zwar nach ganz h.M. nicht durch ein rechtskräftiges Urteil erbracht werden; der Auftraggeber darf sich aber auch nicht mit vagen Vermutungen begnügen.[33] Er muss sich auf konkrete und zuverlässige Indizien stützen, etwa schriftlich fixierte Zeugenaussagen oder Unterlagen.[34] Eine Anklage durch die Staatsanwaltschaft muss der Auftraggeber nicht abwarten,[35] aber sie kann wertvolle Indizien für die Verfehlung liefern.[36] Ein strafgerichtlicher Freispruch kann gegen die Verfehlung sprechen, der Auftraggeber kann aber wiederum eine Berufung durch die Staatsanwaltschaft gegen den Freispruch als Indiz für die Verfehlung werten.[37]

---

26 Art. 45 Abs. 2 lit. d) EU-VKR.
27 So die Regelung im deutschen Recht, und effektiv auch unter der EU-VKR, Art. 45 Abs. 2 EU-VKR spaltet diesen Ausschlussgrund aber in lit. c) und d) auf, *Ohrtmann*, NZBau 2007, 201, 202 f.
28 *Ohrtmann*, NZBau 2007, 201, 203; *VK Sachsen*, BeckRS 2004, 439.
29 *Opitz*, in: *Dreher/Motzke*, § 97 GWB Rn. 18, 53: Europarechtskonforme enge Auslegung deutschen Rechts.
30 *Ohrtmann*, NZBau 2007, 201, 204.
31 Das deutsche Vergaberecht hat dieses Tatbestandsmerkmal wörtlich übernommen, *Ohrtmann*, NZBau 2007, 201, 202.
32 *Ohrtmann*, NZBau 2007, 201, 203 f.
33 *Ohrtmann*, NZBau 2007, 201, 203.
34 *Ohrtmann*, NZBau 2007, 201, 203; *Opitz*, in: *Dreher/Motzke*, § 97 GWB Rn. 43.
35 *Ohrtmann*, NZBau 2007, 201, 203.
36 Beispielhaft *LG Berlin*, NZBau 2006, 397, 398.
37 *Ohrtmann*, NZBau 2007, 201, 204.

Der Auftraggeber muss aber auf jeden Fall eine eigene Entscheidung treffen.[38] Im Rahmen einer ordentlichen Sachverhaltsermittlung muss er das Unternehmen grundsätzlich auch zum beabsichtigten Ausschluss anhören und Gelegenheit geben, sich zu den Anschuldigungen zu äußern.[39] Das gilt nur dann nicht, wenn die Verfehlungen bereits in einem rechtskräftigen Gerichturteil festgestellt sind.[40] Eine ordnungsgemäß festgestellte schwere Verfehlung macht den Unternehmer unzuverlässig, ein Ausschluss wegen Unzuverlässigkeit ist ein sachlicher Grund i.S.d. Art. 3 GG.[41]

3. Wirkung für das laufende Vergabeverfahren

Der Ausschluss betrifft unmittelbar nur das laufende Vergabeverfahren.[42] Vergabe- oder Auftragssperren, die das Unternehmen für bestimmte Zeit von allen künftigen Vergabeverfahren ausschließen, kennt das europäische Vergaberecht nicht.[43] Allerdings muss ein einmal ausgeschlossenes Unternehmen damit rechnen, dass es auch an erneuten Ausschreibungen desselben Auftraggebers nicht teilnehmen darf, solange es nicht durch sogenannte Selbstreinigungsmaßnahmen seine Zuverlässigkeit wiederherstellt.[44]

4. Aufnahme in Korruptionsregister

Ein europaweites und öffentliches Korruptionsregister gibt es nicht.[45] In vielen Ländern der Bundesrepublik existieren aber verwaltungsinterne Verzeichnisse, die zur wechselseitigen Information der Vergabestellen dienen.[46] Die Korruptionsregister entbinden die Vergabebehörde nicht davon, in jedem Einzelfall und selbst zu entscheiden, ob sie wegen schwerer Verfehlung ausschließen will.[47] Der Auftraggeber

---

38 *Ohrtmann*, NZBau 2007, 201, 204.
39 *Ohrtmann*, NZBau 2007, 201, 204; *VK Sachsen*, BeckRS 2004, 439.
40 *Ohrtmann*, NZBau 2007, 201, 204.
41 *Hädicke*, S. 102 bejaht nur einen Verstoß bei Berücksichtigung vergabefremder Kriterien wie der Abgabe von Tariftreueerklärungen.
42 Art. 45 Abs. 2 EU-VKR: „... von der Teilnahme *am* Vergabeverfahren kann ausgeschlossen werden ...", ähnlich Abs. 1: „... von der Teilnahme *an einem* Vergabeverfahren auszuschließen ..." (meine Hervorhebungen); *Ohrtmann*, NZBau 2007, 278, 278; *VK Sachsen*, BeckRS 2004, 439.
43 *Ohrtmann*, NZBau 2007, 278, 279; *Ohle/Gregoritza*, ZfBR 2003, 16, 17.
44 *Ohrtmann*, NZBau 2007, 278, 278; *Dannecker*, in: NK-StGB, *Rn.* 36 vor §§ 298 StGB.
45 Gefordert 2005 vom damaligen OLAF-Direktor, Franz-Herrmann Brüner: *Beck-aktuell*, Mitteilung vom 3. August 2005, becklink 153176.
46 Übersicht bei *Dannecker*, in: NK-StGB, *Rn.* 41 vor §§ 298 ff. StGB.
47 *Antweiler*, in: *Dreher/Motzke*, § 6 VOB/A Rn. 67: Sperrwirkung nicht ohne weiteres; *Ohrtmann*, NZBau 2007, 278, 279: Register nur „verwaltungsinterner Informationspool"; *Hädicke*, S. 197.

muss den Unternehmer auch selbst anhören, denn immerhin eine zwischenzeitliche effektive Selbstreinigungsmaßnahme ist möglich.[48]

Auf Bundesebene scheiterten mehrere Gesetzesinitiativen auch an verfassungsrechtlichen Bedenken.[49] Das Gesetz in der Fassung des jüngsten Entwurfes hätte vorgesehen, Unternehmen, an deren strafbarem, insb. korruptem Verhalten keine vernünftigen Zweifel bestanden,[50] in ein zentrales Register einzutragen und dessen Datenbestand vor Vergabe öffentlicher der überwiegend öffentlich finanzierter[51] Aufträge abzufragen.[52] Dass zur Beseitigung vernünftiger Zweifel an der Täterschaft auch die Einstellung eines Strafverfahrens gegen Auflagen oder die gerichtliche Feststellung dringenden Tatverdachts ausreichen sollten,[53] bedeutete nach Ansicht der Kritiker des Gesetzes einen Verstoß gegen die Unschuldsvermutung, eine Verletzung der Berufsfreiheit und des Rechts auf informationelle Selbstbestimmung.[54]

Der letzte Entwurf war eine Oppositionsinitiative und hatte schon deshalb kaum Chancen auf Erfolg.[55] Der allgemeinen Öffentlichkeit wäre auch das darin angedachte Korruptionsregister nicht zugänglich gewesen.[56]

5. Verfahrensübergreifende Auftragssperre

Ob deutsche Auftraggeber ein Unternehmen wegen einer Verfehlung auch ausdrücklich und kategorisch von künftigen Ausschreibungen ausschließen dürfen, ist umstritten. Solche sog. Auftrags- oder Vergabesperren kann es in zwei Formen geben: Als ausdrückliche Erklärung gegenüber dem Unternehmen, oder als verwaltungsinterne Vorgabe für den Ausschluss bei einzelnen Vergabeverfahren. Das allgemeine deutsche Vergaberecht und die europäischen Richtlinien sehen eine Auftragssperre nicht vor, sondern regeln nur den jeweils neu zu prüfenden Ausschluss

---

48 *Ohrtmann,* NZBau 2007, 278, 279.

49 *Dannecker,* in: NK-StGB, *Rn.* 36–40 vor §§ 298 StGB; zum jüngsten Entwurf BT-Drs. 16/9780 („KRG-E") (ablehnende Beschlussempfehlung des Rechtsausschusses BT-Drs. 16/11312) kritisch etwa *DAV,* S. 1 ff.

50 § 3 Abs. 2 KRG-E, BT-Drs. 16/9780, S. 2.

51 § 1 Abs. 2 KRG-E, BT-Drs. 16/9780, S. 2.

52 BT-Drs. 16/9780, S. 4 ff.

53 § 3 Abs. 2 Nr. 3 und 4 KRG-E, BT-Drs. 16/9780, S. 2.

54 *DAV,* S. 6 ff.; die Regierungsfraktionen der großen Koalition aus CDU, CSU und SPD, aber auch der oppositionellen FDP wollten im Rechtsausschuss ein Register höchstens nur für rechtskräftige Verurteilungen, BT-Drs. 16/11312, S. 3; *Hädicke,* S. 169-171 sieht auch in der Hamburgischen Landesregelung einen unverhältnismäßigen Eingriff in das Recht auf informationelle Selbstbestimmung aus Art. 2 Abs. 1 i. V. m. 1 Abs. 1 GG.

55 Die ersten Entwürfe hatte die damals mit Bündnis 90/Die Grünen regierende SPD noch mitgetragen, *Dannecker,* in: NK-StGB, *Rn.* 36-40 vor §§ 298 StGB.

56 § 6 Abs. 1 und 2 KRG-E, BT-Drs. 16/9780, S. 3, hätte nur die Vergabestellen zur Abfrage berechtigt.

eines Unternehmens von einem einzelnen laufenden Verfahren.[57] Allgemeine, verfahrensübergreifende Auftragssperren sind heute dennoch gängig und in manchen speziellen Bundes- und Landesgesetzen ausdrücklich vorgesehen.[58]

Eine Erklärung gegenüber dem betroffenen Unternehmen, welche Entscheidung es bei erneuter Bewerbung und unveränderter Sachlage aller Voraussicht nach zu erwarten hat, dient der Transparenz, erspart dem Unternehmen unnütze Angebotsvorbereitungen und veranlasst das Unternehmen möglicherweise zu sog. Selbstreinigungsmaßnahmen, die bei einer erneuten Bewerbung zu einer günstigeren Entscheidung führen.[59] Eine verwaltungsinterne Vorgabe kann dagegen bewirken, dass der Auftraggeber das Unternehmen gar nicht erst zur Abgabe eines Angebots auffordert, ohne dass dieses den Grund erfährt.[60]

Dass das deutsche und europäische Recht aktuell eine verbindliche echte Vergabesperre nicht vorsieht, räumen ihre Befürworter ein.[61] Sie argumentieren aber, ein öffentlicher Auftraggeber könne ohne ausdrückliche Rechtsgrundlage eine befristete Vergabesperre aussprechen, weil die Nichtvergabe eines Auftrags nicht in den Schutzbereich der Freiheitsrechte des Grundgesetzes eingreife und somit der allgemeine Gesetzesvorbehalt nicht gelte.[62] Das geltende Vergaberecht stehe einer Auftragssperre daher nicht entgegen.[63] Im Wirtschaftsleben sei es ganz normal, mit einem unzuverlässigen Unternehmen keine Verträge mehr abzuschließen. Das müsse auch für die zivilrechtlichen Verträge der öffentlichen Hand gelten.[64]

Eine kategorische Selbst- oder Drittbindung der Vergabesperre verneint die wohl h.M. jedenfalls dann, wenn das Unternehmen nachträgliche Selbstreinigungsmaßnahmen durchgeführt hat.[65] Die Vergabesperre müsse nach den Grundsätzen des

---

57 *Ohrtmann,* NZBau 2007, 278, 278; *Bungenberg,* in: *Loewenheim/Meesen/Riesenkampff,* § 97 GWB Rn. 52: Ausschlusskriterien aufgrund jedes Einzelfalls zu prüfen, aber zur Auftragssperre neutral Rn. 54; deutlich ablehnend gegenüber festen Fristen für Auftragssperren: *Summa,* NZBau 2012, 729, 731.

58 *Ohrtmann,* NZBau 2007, 278, 278; *Dannecker,* in: NK-StGB, *Rn.* 36–40 vor §§ 298 StGB; *Opitz,* in: *Dreher/Motzke,* § 97 GWB Rn. 62.

59 *Pietzcker* NZBau 2003, 242, 245; Selbstreinigungsmaßnahmen sind die beste Möglichkeit, eine erneute Ablehnung zu vermeiden: *Ohrtmann,* NZBau 2007, 278, 278.

60 *Opitz,* in: *Dreher/Motzke,* § 97 GWB Rn. 60; *Ohle/Gregoritza,* ZfBR 2003, 16, 16 f.

61 *Opitz,* in: *Dreher/Motzke,* § 97 GWB Rn. 61 nur für das deutsche Recht.

62 *Opitz,* in: *Dreher/Motzke,* § 97 GWB Rn. 61; *Pietzcker,* NZBau 2003, 242, 244 f. sieht in der Auftragssperre wohl eine privatrechtliche, nicht hoheitliche Regelung; *Pietzcker,* NZBau 2004, 530, 531 f. sieht keinen Verstoß gegen den Gleichheitssatz, weil der Ausschluss unzuverlässiger Unternehmen gerechtfertigt sei; aA *Hädicke,* S. 96, 102: Auftragsvergabe greife ein in Art. 12, 3 GG (verneint für Tariftreueanforderungen eine Rechtfertigung).

63 *Opitz,* in: *Dreher/Motzke,* § 97 GWB Rn. 61; *Pietzcker,* NZBau 2004, 530, 534 ff.; *LG Berlin,* NZBau 2006, 397.

64 *Opitz,* in: *Dreher/Motzke,* § 97 GWB Rn. 59.

65 Gegen Bindung an feste Fristen *Summa,* NZBau 2012, 729, 731; *Battis/Kersten,* NZBau 2004, 303, 305305; ähnlich schon *BGH,* KZR 14/75, NJW 1976, 2302, 2303, aber nur

Vergaberechts zudem in einem angemessenen Verhältnis zur Schwere des Verstoßes stehen, woraus sich in der Regel eine Höchstdauer der Sperre von drei bis vier Jahren ergebe.[66] Der EuGH hat die Ausschlussgründe einer Vorläuferin der heutigen EU-VKR als abschließend bezeichnet.[67] Die Ausschlussgründe sind, wie ihre deutschen allgemeinen Umsetzungsvorschriften, einzelfallbezogen.[68] Einen neuen Ausschlussgrund „verfahrensübergreifende Vergabesperre" dürfen die Mitglieder der EU im Anwendungsbereich der Richtlinien also nicht vorsehen. Das hindert aber die Auftraggeber nicht, eine Vergabesperre – oder auch einen Eintrag in einem Korruptionsregister – als Anlass für eine Einzelfallprüfung zu nehmen und ein Unternehmen in eigener Entscheidung wegen einer nachweislichen schweren Verfehlung von einer laufenden Ausschreibung auszuschließen.[69]

6. Rechtsschutz gegen den Ausschluss

Gegen die Entscheidungen des Auftraggebers gibt es umfassenden Rechtsschutz. Zwar handelt der Staat als Auftraggeber wie ein Privater, nicht in Ausübung öffentlicher Gewalt[70] und berührt nach Ansicht des BVerfG in aller Regel nicht die von Art. 12 GG geschützte Berufsfreiheit der Unternehmen.[71] Aber der allgemeine Gleichheitssatz bindet staatliche Auftraggeber auch bei der Teilnahme am Wirtschaftsverkehr und verbietet ihnen den willkürlichen Ausschluss von Bietern.[72] Öffentliche Auftraggeber sind anders als Privatpersonen stets dem Gemeinwohl

---

für kartellrechtliche Einschränkungen; generell *Opitz,* in: *Dreher/Motzke,* § 97 GWB Rn. 61, aber ggf. erst nach Ablauf einer Mindestsperrdauer. Bei Selbstreinigung ist ein Ausschluss wegen Unzuverlässigkeit nicht gerechtfertigt.

66 *Opitz,* in: *Dreher/Motzke,* § 97 GWB Rn. 61.

67 *EuGH,* La Cascina Soc. coop. arl u.a. ./. Ministero della Difesa u.a., Rn. 22.

68 Oben, Fn. 43 und begleitender Text.

69 *Opitz,* in: *Dreher/Motzke,* § 16 VOB/A Rn. 161; *Martini,* in: *Pünder/Schellenberg,* § 4 VOF Rn. 33; *Hädicke,* S. 197; So wohl auch *OLG Schleswig,* NZBau 2000, 263: Rechtsschutz gegen Vergabesperre im laufenden Vergabeverfahren möglich; auch *Dreher,* in: *Immenga/Mestmäcker,* § 97 GWB *Rn.* 160; ohne auf den Einzelfallbezug einzugehen, bejahen die Zulässigkeit einer Sperre: *LG Berlin,* NZBau 2006, 397 (mittelbar auf die Vergabeordnungen gestützt); so auch *Ohle/Gregoritza,* ZfBR 2003, 16, 16; *Pietzcker,* NZBau 2004, 530, 534 ff.; *Pietzcker,* NZBau 2003, 242, 244 f.

70 *BVerfG,* 1 BvR 1160/03 (Gleichheit im Vergaberecht), Rn. 50–52: deswegen kein Anspruch auf Rechtsschutz aus Art. 19 Abs. 4 GG gegen Rechtseingriffe durch die öffentliche Gewalt.

71 *BVerfG,* 1 BvR 1160/03 (Gleichheit im Vergaberecht), Rn. 58–63, insb. Rn. 63: „Allein der Umstand, dass die Bf. sich ausschließlich auf die Ausführung von Maßnahmen im Verkehrssicherungsbereich beschränkt, für die praktisch nur der Staat als Auftraggeber in Betracht kommt, macht die Vergabeentscheidung nicht zum funktionalen Äquivalent eines Eingriffs." Für Anwendung der europäischen Grundfreiheiten *Prieß,* NZBau 2009, 587, 590 f.

72 *BVerfG,* 1 BvR 1160/03 (Gleichheit im Vergaberecht), Rn. 64 f.

verpflichtet, dem willkürliche Ungleichbehandlung nicht dienen kann.[73] Für das subjektive Recht aller Bieter auf Gleichbehandlung verlangt der allgemeine Justiz-gewährleistungsanspruch[74] des Grundgesetzes effektiven Rechtsschutz.[75]

Europäische Richtlinien gestalten den effektiven Rechtsschutz weiter aus und ermöglichen die Aufhebung rechtswidriger Vergabeentscheidungen und die Ent-schädigung des Betroffenen.[76] Die Einhaltung der Vorschriften im Vergabeverfahren kann vor speziellen Überwachungsstellen,[77] in Deutschland sog. Vergabekammern, überprüft werden; bereits der drohende Ausschluss aus einem laufenden Verfahren lässt sich so ggf. verhindern.[78]

Gegen die Auftragssperren sind zivilrechtliche Unterlassungs- und Schadens-ersatzklagen möglich.[79] Ein Schadensersatzanspruch ist nach deutschem Zivilrecht dem Grunde nach bei einem unberechtigten Ausschluss oder einer ungerechtfer-tigten Auftragssperre gegeben.[80] Der Ausgeschlossene kann entgangenen Gewinn nicht fordern, wenn der Schaden auch bei rechtmäßigem Verhalten des Auftrag-gebers eingetreten wäre.[81] Der Unternehmer wird aber den Nachweis, dass er ohne die Vergabesperre einen bestimmten Auftrag erhalten hätte, kaum erbringen

---

73 *BVerfG*, 1 BvR 1160/03 (Gleichheit im Vergaberecht), Rn. 64.
74 *BVerfG*, 1 PBvU 1/02 vom 30. 4. 2003 (Rechtsschutz gegen Richter), BVerfGE 107, 395, 401 = NJW 2003, 1924, 1924.
75 *BVerfG*, 1 BvR 1160/03 (Gleichheit im Vergaberecht), Rn. 54, 65.
76 Richtlinie 89/665/EWG des Rates vom 21. Dezember 1989 zur Koordinierung der Rechts- und Verwaltungsvorschriften für die Anwendung der Nachprüfungsver-fahren im Rahmen der Vergabe öffentlicher Liefer- und Bauaufträge, ABl. 1989 L 395 S. 33, zuletzt geändert durch Art. 1 ÄndRL 2007/66/EG vom 11. 12. 2007 (ABl. 2007 L 335 S. 31) ("EU-RMR"); Richtlinie 92/13/EWG des Rates vom 25. Februar 1992 zur Koordinierung der Rechts- und Verwaltungsvorschriften für die Anwendung der Gemeinschaftsvorschriften über die Auftragsvergabedurch Auftraggeber im Bereich der Wasser-, Energie- und Verkehrsversorgung sowie im Telekommunikationssektor, ABl. 1992 L 76 S. 14, zuletzt geändert durch Art. 2 ÄndRL 2007/66/EG vom 11. 12. 2007 (ABl. 2007 L 335 S. 31) ("EU-SRMR"); *Seidel/Mertens*, in: *Dauses*, Teil H. IV., Rn. 301.
77 Art. 2 EU-RMR, Art. 2 EU-SRMR erlaubt fakultativ stattdessen auch ein Zwangsgeld-verfahren, das die Bundesrepublik aber nicht gewählt hat; *Seidel/Mertens*, in: *Dauses*, Teil H. IV., Rn. 312, 318.
78 *Ohrtmann*, NZBau 2007, 278, 278.
79 *Ohrtmann*, NZBau 2007, 278, 278; *LG Berlin*, NZBau 2006, 397 weist eine Klage als unbegründet ab; grundlegend auch schon *Sterner*, NZBau 2001, 423, 426.
80 *BGH*, X ZR 30/98, NJW 2000, 661, 662, unter II. 1.: culpa in contrahendo im laufenden Vergabeverfahren; *Sterner*, NZBau 2001, 423, 426; für Auftragssperre greift grds. nur der Schutz absoluter Rechte (§§ 823, 1004 BGB) *LG Berlin*, NZBau 2006, 397, allerdings fand dieses die Auftragssperre rechtmäßig; einschränkend, aber grundsätzlich zustimmend *Opitz*, in: *Dreher/Motzke*, § 97 GWB Rn. 67.
81 *BGH*, X ZR 30/98, NJW 2000, 661, 663, unter II. 4.

können.[82] Ihm bleibt immerhin der Ersatz des Vertrauensschadens, also nutzloser Aufwendungen.[83]

Der Vergaberechtsschutz versucht, Schaden zu verhüten. Es ordnet eine Stillhaltefrist des Auftraggebers von grds. 15 Tagen vor dem endgültigen Vertragsschluss mit dem favorisierten Bieter an, die den übergangenen Unternehmen Gelegenheit gibt, die Entscheidung überprüfen zu lassen.[84] Wird diese Frist nicht gewahrt oder der Auftrag sogar insgesamt freihändig vergeben, ist der Auftrag unwirksam, wenn ein übergangenes Unternehmen[85] die Unwirksamkeit fristgerecht[86] feststellen lässt.[87] Grundsätzlich sind die Sperrfrist und die Unwirksamkeit des Zuschlags durch Unionsrecht vorgegeben.[88]

II. Vergabesperren der USA

Die Regierung der Vereinigten Staaten schützt sich gemäß der *Federal Acquisition Regulation* (FAR)[89] bei ihrer Beschaffungstätigkeit vor korrupten Unternehmern durch ein zentrales Korruptionsregister und Vergabesperren.

1. Sperre bei aktueller Unzuverlässigkeit

Die US Exekutive soll Aufträge nur an verantwortungsvolle Firmen vergeben und kann dazu nach ihrem Ermessen und den Regeln der FAR Auftragssperren verhängen.[90] Auftragssperren sollen wegen ihrer schwerwiegenden Auswirkungen nur ausgesprochen werden, um im öffentlichen Interesse die Regierung zu schützen, nicht, um vergangenes Fehlverhalten zu bestrafen.[91] Die Vergabesperre soll auch nicht dazu dienen, in Zivil- oder Strafverfahren Druck auf das Unternehmen aufzubauen.[92]

---

82 *Sterner*, NZBau 2001, 423, 426 f.; streng gegenüber dem Einwand rechtmäßigen Alternativverhaltens aber *BGH*, X ZR 30/98, NJW 2000, 661, 662, unter II. 6.
83 *BGH*, X ZR 30/98, NJW 2000, 661, 662, unter II. 3.
84 § 101a GWB.
85 Antragsbefugnis: § 107 Abs. 2 GWB.
86 § 101b Abs. 2 GWB.
87 § 101b Abs. 1 GWB.
88 Art. 2 d EU-RMR, allerdings nach Maßgabe des staatlichen Rechts (Art. 2 d Abs. 2 EU-RMR) und mit der Möglichkeit, alternative Sanktionen vorzusehen (Art. 2 e EU-RMR); *Seidel/Mertens*, in: *Dauses*, Teil H. IV., Rn. 329 ff.; kritisch zum Rückschritt gegenüber der vorherigen deutschen Regelung *Dreher*, in: *Dreher/Motzke*, § 101b GWB Rn. 6.
89 Titel 48 des United States Code of Federal Regulations (CFR), Rechtsgrundlage ist Kapitel 7 des Office of Federal Procurement Policy Act von 1974, 41 USC §§ 401 – 438; *Dubois*, UChiLF 2012, 195, 197.
90 48 CFR § 9.402 (a).
91 48 CFR § 9.402 (b).
92 *S. Shaw*, S. 5.

Korruption, Betrug und ähnliche Verhaltensweisen können zweierlei Anlass für eine Sperre bieten: Sie können sich aus einer straf- oder zivilrechtlichen Verurteilung ergeben,[93] oder ein anderer schwerwiegender Grund sein,[94] der die gegenwärtige Zuverlässigkeit des Bieters in Frage stellt.[95] Aber auch wenn die Vergangenheit des Unternehmens ausreichenden Anlass für eine Sperre bietet, ist sie nicht zwingend. Insbesondere eine durchgeführte oder beabsichtigte Selbstreinigung und Zusammenarbeit mit der Regierung bei der Untersuchung der beanstandeten Vorfälle können eine Vergabesperre entbehrlich machen.[96] Die frühere Verfehlung lässt nur vermuten, dass das Unternehmen auch heute noch unzuverlässig ist. Der Unternehmer kann der Behörde darlegen, dass er trotz vergangener Fehler aktuell wieder vertrauenswürdig ist.[97]

Die Dauer der Sperre soll dem Anlass angemessen sein und in der Regel drei Jahre nicht übersteigen.[98] Wenn die Interessen der Regierung es erfordern, kann die Behörde die Sperre verlängern, aber nicht aus Gründen, die bereits in die ursprüngliche Sperrentscheidung eingeflossen sind.[99] Auf Antrag des Bieters kann die Behörde die Sperre auch vorzeitig aufheben oder ändern, z.B. wenn neue Beweise zutage treten, sich die Unternehmensführung ändert, andere Grundlagen der Sperrentscheidung wegfallen, oder die Behörde dies sonst für angemessen hält.[100]

2. Wirkung der Auftragssperre

Die Sperre kann auch verbundene Unternehmen, Angestellte, Eigner und Führungspersonal des gesperrten Unternehmens erfassen.[101] Die US-Regierung nimmt den Namen eines gesperrten Unternehmens, die Dauer der Sperre, die Behörde, die sie aussprach, und auch den Grund der Sperre in eine Datenbank auf, die über das Internet für jedermann einsehbar ist.[102] Aus den öffentlichen Datensätzen ist der

---

93   48 CFR § 9.406–2 (a).
94   48 CFR § 9.406–2 (b) und (c).
95   *Dubois*, UChiLF 2012, 195, 200; *S. Shaw*, S. 1 ff.
96   Nicht abschließende Aufzählung von Umständen, die gegen eine Sperre des Unternehmens sprechen: 48 CFR § 9.406–1 (a) (1) – (10).
97   48 CFR § 9.406–1 (a) am Ende: „Accordingly, if a cause for debarment exists, the contractor has the burden of demonstrating, to the satisfaction of the debarring official, its present responsibility and that debarment is not necessary."
98   48 CFR § 9.406–4 (a).
99   48 CFR § 9.406–4 (b).
100   48 CFR § 9.406–4 (c); aus anderen Gründen angemessen ist eine nachträgliche Verkürzung der Sperrdauer insbesondere, wenn neue mildernde Faktoren zu Tage treten, *Dubois*, UChiLF 2012, 195, 213, Fn. 86.
101   48 CFR § 9.406–5; ausführlich *S. Shaw*, S. 3 f.
102   48 CFR § 9.404. Das Excluded Parties List System (EPLS) ist seit November 2012 zusammen mit anderen beschaffungsrelevanten Informationen zu erreichen über das Internetportal des *System of Award Management*, Data Access – Exclusions, http://sam.gov (11.06.2013).

Hintergrund des Ausschlusses oft getilgt, manchmal ist er auch gar nicht vermerkt, in den allermeisten Fällen erschöpft er sich in der groben Angabe der Rechtsgrundlage oder einer strafrechtlichen Verurteilung.[103]

Der Auftraggeber soll die Liste bei Erhalt oder Öffnung der Angebote und nochmals unmittelbar vor der Vergabeentscheidung überprüfen.[104] Unternehmen sind, sobald und solange sie auf der Liste stehen, in Beschaffungsverfahren der gesamten Bundesregierung tabu.[105] Ausnahmsweise, wenn es zwingend nötig[106] ist, dürfen gelistete Unternehmen trotz ihrer Sperre einen Auftrag bekommen.[107] Die schwarze Liste der US-Regierung ist also nicht völlig verbindlich, sondern nur eine sehr ernst gemeinte, dringende Empfehlung, die im Regelfall beachtet werden soll.

Bestehende Verträge dürfen gesperrte Unternehmen grundsätzlich fortführen, es sei denn der zuständige Behördenleiter entscheidet anders.[108]

3. Rechtliches Gehör vor Verhängung der Vergabesperre

Die FAR verlangt von den einzelnen Vergabestellen, dass sie zur Entscheidung über eine Vergabesperre Verfahrensregeln vorsehen, die informell sind, aber „*fundamental fairness*" gewährleisten.[109] Insbesondere sollen sie dem betroffenen Unternehmen ermöglichen, seine Sicht der Dinge darzulegen und, wenn die Behörde selbst das frühere Fehlverhalten feststellt, anstatt sich auf ein Gerichtsurteil zu stützen, auch eigene Beweise vorzubringen, wenn es die erheblichen Tatsachen bestreitet.[110] Dazu hat das Unternehmen 30 Tage nach Empfang einer *Notice of Proposed Debarment* Zeit, in der die Behörde u.a. die Vorwürfe, die beabsichtigte Sperre, und deren Wirkungen erläutern muss.[111]

Das Unternehmen darf mit Rechtsbeistand bei der Behörde erscheinen, Unterlagen und Zeugen aufbieten und Belastungszeugen der Behörde befragen.[112] In einem solchen streitigen Verfahren müssen die Tatsachen überwiegend wahrscheinlich

---

103 Das Informationssystem befindet sich aktuell im Umbau. Aktuelle Datensätze sind unter http://sam.gov als Tabellen zum Download verfügbar, z.B. *System of Award Management,* Exclusion Extract Data Package, Saturday, June 8, 2013, https://www.sam.gov/public-extracts/SAM-Public/SAM_Exclusions_Public_Extract_13159.ZIP (11.06.2013).
104 48 CFR § 9.405 (d).
105 48 CFR § 9.405 f., insb. § 9.405 Abs. 1, § 9.406-1 (c).
106 Zwingende Gründe können unter anderem fehlende Alternativen, große Eile oder eine Vereinbarung zwischen dem Unternehmen und der Vergabebehörde zur Aufarbeitung des Anlasses für die Sperre durch eine andere Behörde unter Verzicht auf eine Sperre des Unternehmens sein: *Dubois*, UChiLF 2012, 195, 213.
107 48 CFR § 9.405 Abs. 1.
108 48 CFR § 9.405-1.
109 48 CFR § 9.406-3 (b) (1).
110 48 CFR § 9.406-3 (b) (1) und (2) (i).
111 48 CFR § 9.406-3 (c).
112 48 CFR § 9.406-3 (b) (2) (i).

erscheinen, damit eine Vergabesperre verhängt werden kann.[113] Die Behörde soll ihre Tatsachenfeststellungen schriftlich festhalten[114] und grds. auch den Gang des streitigen Verfahrens protokollieren und das Protokoll dem Unternehmen auf Verlangen zur Verfügung stellen.[115] Die Sperrentscheidung ist zu begründen und dem Unternehmen unverzüglich zu übermitteln.[116]

4. Sperre während laufender Ermittlungen

Schon während der laufenden Ermittlungen über Fehlverhalten eines Unternehmens ist eine einstweilige Vergabesperre, die sog. *Suspension*, möglich.[117] Sie hat die gleiche Wirkung wie das eigentliche *Debarment*,[118] dauert aber nur höchstens bis zum Ende der Ermittlungen und eines folgenden Verfahrens.[119] Wenn nicht binnen zwölf Monaten nach ihrem Erlass ein Verfahren eingeleitet wird, endet sie grundsätzlich.[120] Das Justizministerium kann eine Verlängerung beantragen.[121]

Die Voraussetzungen für eine einstweilige Sperre sind ähnlich wie für die eigentliche Auftragssperre.[122] Es reicht aber, wenn die laufende Ermittlung bereits ausreichende Beweise erbracht hat.[123] Trotz ausreichender Beweise für vergangenes Fehlverhalten ist auch die einstweilige Vergabesperre nicht zwingend, sondern muss aktuell im öffentlichen Interesse liegen.[124]

Das Verfahren vor Verhängung der *Suspension* entspricht im Wesentlichen dem für ein *Debarment*; insbesondere muss das Unternehmen 30 Tage Zeit erhalten, sich zu den Vorwürfen zu äußern und zu verteidigen.[125] Ein streitiges Verfahren über die einstweilige Sperre findet nur statt, wenn nicht die Behörde auf Anraten des Justizministeriums feststellt, dass eine Erörterung der Fakten im Sperrverfahren erhebliche Interessen der Regierung an laufenden oder beabsichtigten anderen Verfahren gegen das Unternehmen aufgrund desselben Sachverhalts gefährden würde.[126] In diesem Fall soll die Behörde aufgrund der gesamten Akte, einschließlich des Vortrags des Unternehmens, aber ohne vorherige konfrontative Beweisaufnahme, über die *Suspension* entscheiden.[127]

---

113 48 CFR § 9.406–3 (d) (3).
114 48 CFR § 9.406–3 (d) (2).
115 48 CFR § 9.406–3 (b) (2) (ii).
116 48 CFR § 9.406–3 (e).
117 48 CFR § 9.407.
118 48 CFR § 9.405 und § 9.407–5.
119 48 CFR § 9.407–4 (a).
120 48 CFR § 9.407–4 (b).
121 48 CFR § 9.407–4 (b) und (c).
122 Vgl. 48 CFR § 9.407–2 und § 9.406–2.
123 48 CFR § 9.407–1 (b) (1).
124 48 CFR § 9.407–1 (b) (2); *Dubois*, UChiLF 2012, 195, 210 f.
125 48 CFR § 9.407–3, insb. (c) (5).
126 48 CFR § 9.407–3 (b) (2).
127 48 CFR § 9.407–3 (d) (1) (iii).

5. Administrative Agreements

Anstelle einer Vergabesperre kann sich die Vergabebehörde gütlich mit dem Unternehmen einigen. Trotz früherer Verfehlungen kann ein Unternehmen aktuell zuverlässig erscheinen, wenn es mit der Behörde zusammenarbeitet, bereits durchgeführte Maßnahmen zur Wiedergutmachung oder Selbstreinigung darlegt und mit der Behörde weitere entsprechende Maßnahmen vereinbart.[128]

6. Rechtsschutz

Gegen die Sperrentscheidung können die Unternehmen Rechtsschutz vor Bundesgerichten suchen. Der *Administrative Procedure Act* erlaubt die Aufhebung der Vergabesperre nur, wenn sie rechtswidrig ist, insbesondere bei Ermessensmissbrauch („*abuse of discretion*"); es reicht nicht, dass das Gericht sie unzweckmäßig findet.[129]

III. Grundlegende Gemeinsamkeiten

Im Vergaberecht der Bundesrepublik und der USA kann sich ein öffentlicher Auftraggeber weigern, mit Unternehmen Geschäfte zu machen, die ihm nicht vertrauenswürdig erscheinen. Anlass für eine solche Beurteilung können insbesondere Betrug und Korruption bieten. Kartell- oder Vergaberecht verlangen keinen strafgerichtlichen Nachweis, sondern nur einen sachlich begründeten Verdacht, den der Auftraggeber selbst feststellen kann. Auch öffentliche Auftraggeber ersetzen durch den Ausschluss eines Unternehmens nicht das staatliche Strafverfahren und greifen diesem auch nicht vor, wenn sie mit einem möglicherweise korrupten Unternehmen keine Geschäfte mehr schließen. Grund für den Ausschluss eines Unternehmens ist die aktuelle Unzuverlässigkeit eines Unternehmens; von einer Vergabesperre kann es Ausnahmen geben.

---

128   Ausführlicher *Dubois*, UChiLF 2012, 195, 215 f.
129   5 USC § 706(2)(A); *Dubois*, UChiLF 2012, 195, 214.

Kapitel 1 – Entwicklung der Korruptionsbekämpfung in der Weltbank

Die Weltbankgruppe ist eine bedeutende internationale Organisation zur Entwicklungshilfe (A.). Sie begann in den 1990er Jahren Korruption bei von ihr finanzierten Projekten auch durch den Ausschluss korrupter und betrügerischer Unternehmen zu bekämpfen (B.). Ein erstes formalisiertes Sanktionsverfahren (C.) wurde in Reformen 2004 durch das zweistufige Verfahren ersetzt, das im Grundsatz heute noch besteht: Vor der endgültigen Entscheidung des sog. *Sanctions Board* prüft ein sog. *Evaluation and Suspension Officer* die Anschuldigungen und empfiehlt eine Sanktion. Wenn die Betroffenen dagegen nicht vorgehen, tritt die empfohlene Sanktion in Kraft und das Verfahren ist schnell erledigt. Andernfalls überprüft das *Sanctions Board* den Fall von Grund auf neu, in einem kontradiktorischen Verfahren mit Möglichkeit zur Anhörung (D.). Reformen ab 2009 brachten u.a. mehr Transparenz, eine geregelte Möglichkeit zu Vergleichen und vertiefte Kooperation mit anderen MDBs (E.). Eine weitere Bewertung des Sanktionsregimes durch die Bank ist im Gang und zieht möglicherweise weitere Reformen nach sich (F.).

A. Die Institution Weltbank

I. Der Begriff Weltbank und die Weltbankgruppe

Der Begriff Weltbank war lange die gängige, aber inoffizielle Bezeichnung für die *International Bank for Reconstruction and Development* (IBRD), deutsch: Internationale Bank für Wiederaufbau und Entwicklung, die 1944 zusammen mit dem Internationalen Währungsfonds (IWF) gegründet wurde.[130] Ihre Aufgabe war von Anfang an, den Wiederaufbau und die Entwicklung der Gebiete ihrer Mitgliedsländer durch Darlehen zu fördern.[131] Der *Economist* nannte die IBRD schon am

---

130 Abkommen über die Internationale Bank für Wiederaufbau und Entwicklung v. 1./22. Juli 1944, UNTS Bd. 2, S. 134, in Kraft für die Bundesrepublik seit 14. August 1952, BGBl. II 1952, S. 664 ff. („IBRD-Abkommen"); Abkommen über den Internationalen Währungsfonds v. 1./22. Juli 1944 in der Neufassung v. 30. April 1976, UNTS Bd. 2, S. 39, UNTS Bd. 606, S. 295 und UNTS Bd. 726 S. 266, in Kraft für die Bundesrepublik seit 14. August 1952 in der ursprünglichen Fassung, BGBl. II 1952, S. 728 ff. und seit 1. April 1976 für die Bundesrepublik und alle Mitgliedsstaaten in der Neufassung, BGBl. II. 1978, S. 838 ff. („IWF-Abkommen").
131 Art. I und Art. III § 4 IBRD-Abkommen.

22. Juli 1944 in einem Bericht über die Konferenz von Bretton Woods erstmals „Weltbank".[132] Sie nahm 1947 ihre Arbeit auf.[133]

1960 wurde die *„International Development Agency"* (IDA), deutsch: Internationale Entwicklungsorganisation, gegründet, um an die ärmsten Länder Geld unter besonders günstigen Bedingungen zu vergeben.[134] IDA und IBRD sind zwar eigenständige Rechtspersonen,[135] aber in der tatsächlichen Arbeit eng verflochten und teilen sich ihr Personal.[136] Heute bezeichnet deswegen der Begriff Weltbank IBRD und IDA zusammen,[137] seit 1975 auch im offiziellen Sprachgebrauch der beiden Institutionen.[138]

Zur sog. Weltbankgruppe gehören heute insgesamt fünf Institutionen: die beiden Arme der Weltbank, die Internationale Finanz-Corporation oder *International Finance Corporation* (IFC)[139], die Multilaterale Investitions-Garantie-Agentur oder *Multilateral Investment Guarantee Agency* (MIGA)[140] und das Internationale Zentrum zur Beilegung von Investitionsstreitigkeiten oder *International Center for Settlement of Investment Disputes* (ICSID)[141].[142]

---

132 *World Bank,* A Guide to the World Bank, S. 11.

133 *World Bank,* IBRD, http://go.worldbank.org/SDUHVGE5S0 (29.08.2013); *Leroy/Fariello,* Endnote 1 (S. 30).

134 IDA-Abkommen v. 26. Januar 1960, UNTS Bd. 439, S. 249, in Kraft für die Bundesrepublik seit 24. September 1960, BGBl. II 1960, S. 2137 ff.; *Leroy/Fariello,* Endnote 1 (S. 30).

135 Art. VI § 6 lit. a) IDA-Abkommen.

136 Gemäß Art. VI § 5 lit. b), § 6 lit. a) IDA-Abkommen; dazu *World Bank,* IDA – What is IDA?, http://go.worldbank.org/ZRAOR8IWW0 (29.08.2013).

137 *World Bank,* IDA – What is IDA?, http://go.worldbank.org/ZRAOR8IWW0 (29.08.2013): *„IDA complements the World Bank's other lending arm–the International Bank for Reconstruction and Development (IBRD)–which serves middle-income countries with capital investment and advisory services."*; *Leroy/Fariello,* S. 30. *Janik,* Menschenrechtsbindung, S. 103 bezeichnet die IDA als tatsächlich nur von der IBRD verwalteten Fond.

138 *World Bank,* A Guide to the World Bank, S. 11.

139 Abkommen über die Internationale Finanz Korporation v. 11. April 1955, UNTS Bd. 264, S. 117, in Kraft für die Bundesrepublik seit 20. Juli 1956, BGBl. II 1956, S. 747 ff.

140 Übereinkommen v. 11. Oktober 1985 zur Errichtung der Multilateralen Investitions-Garantie-Agentur, UNTS Bd. 1508, S. 99, in Kraft für die Bundesrepublik seit 12. April 1988, BGBl. II 1987, S. 454 ff.

141 Übereinkommen zur Beilegung von Investitionsstreitigkeiten zwischen Staaten und Angehörigen anderer Staaten v. 18. März 1965, UNTS Bd. 847, S. 231, in Kraft für die Bundesrepublik seit 18. Mai 1969, BGBl. II 1969, S. 371 ff.

142 *World Bank,* About Us – Who We Are, http://go.worldbank.org/BLDCT5JMI0 (29.08.2013).

II. Die Tätigkeit der Weltbank

1. Arbeit der IBRD

Die IBRD arbeitet als Zusammenschluss ihrer 188 Mitglieder[143] zum gegenseitigen Nutzen.[144] Ihre Hauptaufgabe sieht sie heute darin, Armut zu bekämpfen und Lebensbedingungen zu verbessern.[145] Politische Betätigung ist ihr verboten.[146] Mitgliedsländer können sich Geld für ihre Entwicklungsprojekte von der IBRD zu wirtschaftlich günstigeren Bedingungen leihen, als sie am freien Kapitalmarkt bekämen.[147] Auch staatliche oder private Unternehmen können sich, wenn ein Mitgliedsland für sie bürgt, Geld von der IBRD leihen.[148]

Ihren Gründungsstatuten gemäß ist die IBRD nicht auf ihren eigenen Profit ausgerichtet, denn sie soll ihre Mittel ausschließlich im gerechten Interesse der Mitglieder verwenden.[149] Die IBRD finanziert sich vor allem über die Ausgabe von Anleihen an den internationalen Finanzmärkten und die Verwaltung ihres Grundkapitals,[150] das die Bankmitglieder 2010 das erste Mal seit über 20 Jahren wieder erhöhten.[151]

In den Anfangsjahren war die noch während des Krieges gegründete Bank aktiv bei der „Wiederherstellung durch den Krieg zerstörter und zerrütteter Volkswirtschaften"[152],

---

143 Zuletzt, am 18. April 2012, wurde der Südsudan Mitglied der IBRD. Zuvor, am 24. Juni 2010, Tuvalu: aktualisierte Liste auf *World Bank,* Boards of Executive Directors – IBRD Members, http://go.worldbank.org/ND017L2DH0 (29.08.2013).

144 Aufgaben der Bank: Art. I IBRD-Abkommen; *World Bank,* IBRD, http://go.world bank.org/SDUHVGE5S0 (29.08.13); *World Bank,* IBRD: Working with Countries to Achieve Development Results, S. 1.

145 So bezeichnet es der Jahresbericht der Weltbank zum Fiskaljahr 2011, *World Bank,* World Bank Annual Report 2011, S. 2.

146 Art. IV § 10 IBRD-Abkommen.

147 *World Bank,* A Guide to the World Bank, S. 13.

148 Art. III § 4 (i) IBRD-Abkommen; *Seidl-Hohenfeldern/Loibl,* Rn. 3302. Im Folgenden werden nur die direkten Verträge zwischen Bank und Mitgliedsstaaten besprochen; auch bei Krediten an Nichtmitglieder ist der Staat durch den Garantievertrag in der Pflicht der Bank und damit des Sanktionsregimes, das stellt auch ACG 2011, Fn. 3 klar; der Garantievertrag mit dem Staat dient auch im Übrigen dazu, die Finanzierung wie bei einem Staatenkredit völkerrechtlich abzuwickeln, *De Castro Meireles,* S. 42 ff.; *LEG,* Advisory Opinion, Fn. 10 spricht nichtstaatliche Kreditnehmer nur in einer Fußnote an.

149 Art. III § 1 IBRD-Abkommen; *World Bank,* A Guide to the World Bank, S. 13: "Also, unlike commercial banks, IBRD is driven by development impact rather than by profit maximization." Allgemein zur Tätigkeit der Weltbank auch *Köck/Fischer,* S. 442 ff.

150 *World Bank,* A Guide to the World Bank, S. 13; zur Tätigkeit am Finanzmarkt auch *World Bank,* Annual Report 2011, S. 2.

151 *World Bank,* zur Kapitalerhöhung: The World Bank Annual Report 2012, S. 1; das Grundkapital der IBRD ist in Art. II IBRD-Abkommen geregelt.

152 Art. I Nr. (i) IBRD-Abkommen.

vor allem in Europa.[153] Der Marshallplan nahm ihr den Wiederaufbau Europas als Aufgabe schnell weitgehend ab, und die Bank konzentrierte sich auf die Entwicklungshilfe.[154] Heute betätigt sie sich in Mitgliedsländern mit mittlerem Einkommen und armen, aber kreditwürdigen Ländern,[155] denen sie beratend und mit Darlehen und anderen Finanzdienstleistungen zur Seite steht.[156] 2006 beschloss die IBRD, ihr Angebot zu überarbeiten, um es noch stärker auf die Bedürfnisse ihrer Hauptklientel, Ländern mit mittlerem Einkommen, sog. *middle-income countries*, auszurichten.[157]

Die Bedeutung der IBRD als Darlehensgeber nahm durch die globale Finanz- und Wirtschaftskrise stark zu.[158] Gegenüber dem Durchschnitt von neuen Darlehen in Höhe von 13,5 Milliarden US-Dollar jährlich zwischen 2005 und 2008 vergab die IBRD im Jahr 2010, am bisherigen Höhepunkt der Krise, 44,2 Milliarden US-Dollar und 2011 immer noch 26,7 Milliarden US-Dollar.[159] Im Fiskaljahr 2012 sank die Summe vergebener Darlehen leicht ab, liegt aber immer noch bei überdurchschnittlichen 20,6 Milliarden US-Dollar.[160]

2. Arbeit der IDA

Noch weniger wirtschaftlich orientiert als die IBRD arbeitet der andere „*lending arm*"[161] der Weltbank, die IDA. Sie wurde 1960 aus der Erwägung gegründet, im Interesse der gesamten Völkergemeinschaft die wirtschaftliche Entwicklung der Entwicklungsländer zu beschleunigen.[162] Die nach dem Ende der Kolonialherrschaft neu entstandenen Staaten waren wirtschaftlich nicht in der Lage, die Bedingungen

---

153 *World Bank*, A Guide to the World Bank, S. 12; die Motivation der Gründer in Bretton Woods zeigt auch deutlich Art. III § 1 lit. (b) IBRD-Abkommen.
154 *Janik*, Menschenrechtsbindung, S. 103 f.; *Williams*, PCLJ 26 (2007), 277, 278.
155 Eine Liste der Länder, die nach den Regeln der IBRD Leistungen in Anspruch nehmen dürfen findet sich mit Stand 1. Juli 2010 in Guide to the World Bank, S. 15 f. und aktuell bei: *World Bank*, Country and Lending Groups, http://data.worldbank. org/about/country-classifications/country-and-lending-groups#IBRD (29.08.2013).
156 *World Bank*, IBRD, http://go.worldbank.org/SDUHVGE5S0 (29.08.2013); *World Bank*, A Guide to the World Bank, S. 13.
157 *World Bank*, IBRD, http://go.worldbank.org/SDUHVGE5S0 (29.08.2013); *World Bank*, Projects – Middle Income Countries, http://go.worldbank.org/R8XC4L83H0 (29.08.2013); zu den Vorarbeiten der Neuausrichtung ab 2000: *World Bank*, Report of the Task Force on the World Bank Group and the Middle-Income Countries, Washington 2001, S. xii.
158 *World Bank*, A Guide to the World Bank, S. 14–17.
159 *World Bank*, World Bank Annual Report 2011, S. 2.
160 *World Bank*, The World Bank Annual Report 2012, S. 20 f. mit Übersicht über die Fiskaljahre 2008–2012.
161 IBRD sei „the World Bank's original lending arm": *World Bank*, IDA – What is IDA?, http://go.worldbank.org/ZRAOR8IWW0 (29.08.2013).
162 Zweiter Erwägungsgrund zum IDA-Abkommen, deutsch: BGBl. II 1960, S. 2138; *World Bank*, IDA – What is IDA?, http://go.worldbank.org/ZRAOR8IWW0 (29.08.2013).

für Förderung durch die IBRD zu erfüllen.[163] Die IDA wird vorwiegend durch Spenden von Geberländern[164] und Transferleistungen von IBRD und IFC finanziert. Sie unterstützt die ärmsten Länder der Welt durch zinslose oder nur niedrig verzinste Kredite und Zuschüsse, „Credits" und „Grants".[165]

Aktuell können 82 Länder, die meisten von ihnen in Afrika, Leistungen der IDA in Anspruch nehmen.[166] Einige Länder, sog. „blend countries", erfüllen die Bedingungen für eine Förderung durch IDA und IBRD, weil sie zwar arm, aber kreditwürdig sind.[167] Der vielleicht prominenteste Vertreter dieser Länder, Indien, ist auch eines der größten Empfängerländer der IDA.[168]

In den letzten Jahren hat die IDA Geldmittel von durchschnittlich 15 Milliarden US-Dollar zur Verfügung gestellt.[169] Im Fiskaljahr 2011 betrug die Summe der ausgereichten Leistungen 16,3 Milliarden US-Dollar,[170] im Fiskaljahr 2012 waren es 14,8 Milliarden US-Dollar, weit überwiegend (12,1 Milliarden US-Dollar) in gar nicht oder niedrig verzinsten Krediten, sog. Credits.[171]

III. Rechtspersönlichkeit

Die Bank ist eine Rechtsperson des Völkerrechts und kann mit Staaten und anderen Völkerrechtssubjekten völkerrechtliche Beziehungen eingehen. Daran kann es, egal wie man die Rechtspersönlichkeit internationaler Organisationen grundsätzlich herleiten will,[172] kaum noch Zweifel geben: Sie tut es ständig.[173]

---

163 World Bank, A Guide to the World Bank, S. 17.
164 Auflistung: World Bank, A Guide to the World Bank, S. 19.
165 World Bank, IDA – What is IDA?, http://go.worldbank.org/ZRAOR8IWW0 (29.08.2013); World Bank, Annual Report 2011, S. 2 f.
166 World Bank, IDA – What is IDA?, http://go.worldbank.org/ZRAOR8IWW0 (29.08.2013); Liste: World Bank, IDA – IDA Borrowing Countries, http://go.worldbank.org/83SUQPXD20 (29.08.2013).
167 World Bank, A Guide to the World Bank, S. 21; aktuelle Liste: World Bank, IDA – IDA Borrowing Countries, http://go.worldbank.org/83SUQPXD20 (29.08.2013).
168 Im Fiskaljahr 2011 zusammen mit Bangladesch eines der größten Empfängerländer mit je 2,1 Milliarden US-Dollar: World Bank, Annual Report 2011, S. 3. Im Fiskaljahr 2012 mit 2,7 Milliarden US-Dollar der größte Empfänger vor Nigeria mit 1,3 Milliarden US-Dollar: World Bank, Annual Report 2012, S. 18.
169 World Bank, IDA – What is IDA?, http://go.worldbank.org/ZRAOR8IWW0 (29.08.2013).
170 World Bank, Annual Report 2011, S. 3.
171 World Bank, Annual Report 2012, S. 17.
172 Überblick zur Debatte um die Natur und Begründung der Völkerrechtspersönlichkeit: Reinisch, International Organizations, S. 53–65; Schermers/Blokker, §§ 1559–1571.
173 De Castro Meireles, S. 30 f.; selbstverständlich nimmt die Völkerrechtspersönlichkeit der Bank etwa an: Malmendier, PPLR 2010, 135, 136; die theoretische

Die Rechtsstellung der Bank ist in Art. VII § 1 und 2 IBRD-Abkommen geregelt, allerdings nur für das nationale Recht der Mitglieder, nicht das Völkerrecht.[174] Wie die Bank ihre Rechtspersönlichkeit erlangt, gibt sie den Mitgliedern nicht vor.[175] Bei Gründung der Bank waren internationale Organisationen, wie wir sie heute kennen, noch relativ neu und ihre Zugehörigkeit zum Völkerrecht noch nicht gesichert.[176]

Heute ist grundsätzlich anerkannt, dass internationale Organisationen Völker-rechtssubjekte sein können, wenn – und je nach Theorie zur Rechtspersönlichkeit vielleicht auch: weil – ihre Mitglieder das so wollen.[177] Die gesamten Gründungs-dokumente der Weltbank zeigen, dass die Bank ihren Mitgliedern gegenüber selbständig sein soll.[178] Sie ist darauf ausgelegt, mit Staaten und internationalen

---

Bedeutung der praktischen Existenz einer Internationalen Organisation für die Debatte über ihre Völkerrechtsfähigkeit betont *Alvarez*, S. 134.

174 *Broches*, S. 19; *Head*, AJIL 90 (1996), 214, 222 ff. baut darauf seine Erörterung der Natur der Kreditverträge der Bank auf; zusammenfassend *De Castro Meireles*, S. 30.

175 Art. 5 Abs. 1 Gesetz über den Beitritt der Bundesrepublik Deutschland zu den Abkommen über den Internationalen Währungsfonds (International Monetary Fund) und über die Internationale Bank für Wiederaufbau und Entwicklung (International Bank for Reconstruction and Development) vom 28. Juli 1952, BGBl. II 1952, S. 637 ff., erfüllt die Verpflichtung pragmatisch und misst dem Abkommen schlicht Gesetzeskraft bei.

176 *Malanczuk*, S. 92; *Broches*, S. 15. Diese Unsicherheit spiegelt sich in der Rechts-wahlklausel der Allgemeinen Vertragsbedingungen der Bank wieder, die sich seit 1947 auf das Wesentliche beschränken und nur negative Einwände aus nationalem Recht ausschließen, anstatt den Vertrag positiv dem Völkerrecht zu unterstellen: *Head*, AJIL 90 (1996), 214, 222. Andererseits waren die Delegierten der Konferenz zum Entwurf der UN-Charta schon 1945 zuversichtlich, dass die Rechtspersönlichkeit der UN aus ihrer Charta hervorgehe, ohne dass eine aus-drückliche Regelung nötig sei: *Schermers/Blokker*, § 1565. Bereits der Völkerbund hatte mit der Schweiz immer mehr wie ein eigenständiges Völkerrechtssubjekt interagiert: *Crawford*, S. 167.

177 *IGH*, Reparations for injuries suffered in the service of the United Nations, Ad-visory Opinion, ICJ-Rep. 1949, S. 174, 178–179 und *IGH*, Legality of the Use by a State of Nuclear Weapons in Armed Conflict, Advisory Opinion, Advisory Opini-on, ICJ-Rep. 1996, S. 66 sind Ausgangspunkt der heutigen Debatte, werden aber sehr unterschiedlich interpretiert, z.B. etwa *Schermers/Blokker*, § 1566 ff. einerseits und *Crawford*, S. 169; allgemein *Cassese*, S. 135 ff.; *Malanczuk*, S. 93; *Seidl-Hohen-veldern/Loibl*, Rn. 310; Zusammenfassung des Streitstands *Alvarez*, S. 134 ff.; ebenso *Clapham*, S. 65 ff. Auch wenn die Rechtspersönlichkeit objektiv sein soll, kommt es immer noch darauf an, wie die Mitgliedsstaaten die Organisation ausgestalten, *Higgins*, S. 47 f. und *Crawford*, a.a.O.

178 *Broches*, S. 21 f. hat dazu 1959 (*ebd.*, S. 3) alles gesagt, er geht grundlegend das IBRD-Abkommen von der Erwähnung der Bank, nicht ihrer Mitglieder, in Art. I IBRD-Abkommen bis zur Art. IX IBRD-Abkommen, der auch Streitigkeiten

Organisationen auch außerhalb nationaler Rechtsordnungen Rechtsbeziehungen einzugehen; so finanziert sie staatliche Entwicklungsprojekte.[179]

Aus der Rechtsfähigkeit alleine ergibt sich noch nicht, was die Rechte und Pflichten der Bank genau sind.[180] Darüber entscheidet zum Teil das Völkerrecht, also insbesondere der Gründungsvertrag und andere Abkommen.[181] Daneben ist die Bank als Rechtsperson nationalen Rechts auch diesem unterworfen, sofern sie davon nicht ausnahmsweise ausgenommen ist.[182] Immunität vor nationalen Gerichten[183] verhindert nur die gerichtliche Entscheidung über Pflichten der Bank, sie beseitigt nicht die Pflicht an sich.[184]

B. Beginn der Korruptionsbekämpfung in den 1990ern

Heute gehören Korruptionsbekämpfung und die Weltbank ganz selbstverständlich zusammen (I.),[185] aber das war nicht immer so. Die Bank musste ihr Verständnis von Korruption ändern, um in ihren Gründungsdokumenten eine Grundlage für die Korruptionsbekämpfung zu finden (II.).

---

zwischen der Bank und den Mitgliedern klären soll, durch. Ihm folgen *Wahi*, UCDavisJILP 12 (2006), 331, 364 f.; *De Castro Meireles*, S. 30 f.

179   *De Castro Meireles*, S. 30; *Wahi*, UCDavisJILP 12 (2006), 331, 364 f. Auch die Verträge zwischen der Bank und Staaten schließen traditionell nur den Einfluss jeglichen nationalen Rechts aus, so dass nur das Völkerrecht als Vertragsstatut verbleibt: *De Castro Meireles*, S. 31. *Head*, AJIL 90 (1996), 214, 217 ff. plädiert trotz der gesicherten Praxis für eine ausdrückliche Rechtswahl zugunsten des Völkerrechts, wie sie Verträge der EBRD vorsehen; Beispiel für diese Rechtswahlklausel: *World Bank*, IBRD General Conditions for Loans dated March 12, 2012, § 8.01; zu Verträgen der Bank mit staatseigenen Unternehmen oder Nichtmitgliedern: *De Castro Meireles*, S. 42 ff. Schon *Broches*, S. 22 erwähnt aber auch als explizit völkerrechtlich einen Vertrag von 1953 zwischen der Bank und der Schweiz, der die Völkerrechtspersönlichkeit der Bank explizit anerkannte, und das UNSOVorRÜbk.

180   *Schermers/Blokker*, § 1570; *Cassese*, S. 138; *Alvarez*, S. 137 ff.; *Malanczuk*, S. 93.

181   *Schermers/Blokker*, § 1572 ff.; *Cassese*, S. 138 f.

182   Art. VII IBRD-Abkommen; *Schermers/Blokker*, § 1610, Fn. 222: „An express provision to this effect seems unnecessary"; *Malmendier*, PPLR 2010, 135, 140.

183   Kapitel 4 – B.

184   *Schermers/Blokker*, § 1612; *Reinisch*, International Organizations, S. 265. *Heuninckx*, PPLR 2012, 95, 97 stellt allerdings zurecht fest, dass auch die Verträge, die Privilegien und Immunitäten gewähren, nicht scharf unterscheiden.

185   Zutreffend an vorderster Front in diesem Kampf sieht sie *Williams*, PCLJ 26 (2007), 277, 282.

I. Armutsbekämpfung durch Korruptionsbekämpfung

Die Weltbank ist heute tief in breitgefächerte internationale Anstrengungen zur Korruptionsbekämpfung verflochten.[186] Korruptionsbekämpfung bezeichnet sie, zusammen mit der Förderung guter Regierungsführung (sog. *„good governance"*), als integralen Bestandteil ihrer Aufgabe, Armut zu bekämpfen und Wachstum zu fördern.[187] In ihren Worten:

> *„The World Bank Group (WBG's) focus on governance and anticorruption (GAC) follows from its mandate to reduce poverty—a capable and accountable state creates opportunities for poor People, provides better services, and improves development outcomes[.]"*[188]

Wenn jemand auch an unbedeutenden Schaltstellen der Entwicklungshilfe auf das eigene Wohl achtet, statt auf seine Aufgabe und das Gemeinwohl, kommt die Hilfe nicht dort an, wo sie ankommen soll. Darunter leidet nicht nur das betroffene Projekt, sondern das gesamte Investitionsklima im Land und auch der gute Ruf der Weltbank; diesen braucht sie aber zur Finanzierung ihrer Arbeit.[189] Schlechte Projektausführung gefährdet im Extremfall Menschenleben.[190] Mit der Glaubwürdigkeit eigener Erfahrung in seiner Heimat Liberia schildert *Richelieu Lomax*, heute als *Litigation Analyst* Mitarbeiter der für die Korruptionsbekämpfung verantwortlichen *Integrity Vice Presidency*, die Bedeutung sauberer Arbeit für die Entwicklungshilfe:

> *„For countries like mine where most of the government institutions have failed to provide public goods, people see international organizations as their last resort. I know it because I have lived it, I have lived in a displacement camp, I have lived on UN handouts, and if they hadn't existed, I would have starved to death. People looked more to international institutions to deliver than to their own government. People now think that if, for example, they wait for the government to build a bridge, they're going to wait forever. But if they hear that it's a World Bank funded project, hopes suddenly spring high. To have a situation where that is not the case, where a World Bank-funded project ended up becoming a victim of corruption, it's like you are dashing their last hope."*[191]

---

186 Eine Darstellung würde den Rahmen dieser auf das Sanktionsregime konzentrierten Arbeit sprengen, der Internetauftritt der Weltbank informiert aber ausführlich unter *World Bank*, Public Sector Governance – Accountability and Legitimacy, http://go.worldbank.org/H2CA3GVUW0 (30.08.2013); zur völkerrechtlichen Einordnung interner Richtlinien zu good governance: *Alvarez*, S. 235–241.

187 *World Bank*, Strengthening World Bank Group Engagement on Governance and Anticorruption, S. 5, 7.

188 *Ebd.*, S. 5.

189 *Thornburgh/Gainer/Walker* (2000), S. 4 f.; *World Bank*, World Bank Annual Report 1999, S. 12.

190 Zusammenfassend zu den Theorien und Wirkungen der Korruption *Williams-Elegbe*, Fighting Corruption, S. 7–13; z.B. vom Einsturz einer infolge Korruption am Bau mangelhaften Überführung berichtet *INT*, Annual Report 2012, S. 11.

191 *INT*, Annual Report 2012, S. 29.

II. Grundlage der Korruptionsbekämpfung in den Gründungsverträgen der Weltbank

Die Bank gründet auch heute ihr ganzes Sanktionsregime auf die treuhänderische Pflicht, die sie gemäß den Gründungsdokumenten von IBRD und IDA auszuüben hat (1.).[192] Das ist möglich, weil sich in den 1990er Jahren die Erkenntnis durchsetzte, dass Korruption kein politisches, sondern ein wirtschaftliches Problem für die effektive Arbeit der Bank ist (2.).

1. Treuhänderische Pflicht und Politikverbot der Gründungsdokumente

Art. III § 5 b) IBRD-Abkommen bestimmt:

The Bank shall make arrangements to ensure that the proceeds of any loan are used only for the purposes for which the loan was granted, with due attention to considerations of economy and efficiency and without regard to political or other non-economic influences or considerations.

Die Gründungsdokumente der IDA sehen ähnliches vor.[193]

Entsprechend geriert sich die Weltbank nicht als Weltkorruptionspolizei: Sie darf nur ihre eigenen Mittel schützen. Deshalb kann sie Sanktionen nicht auf die Gefahr des Missbrauchs von Drittmitteln bei Projekten stützen; auch unmoralische oder sonst als strafwürdig angesehene Verhaltensweisen kann sie nicht zum Anlass einer Sanktion machen.[194] Der Schutz der Geldmittel unter ihrer Verwaltung ist aber ihre Pflicht,[195] solange sie keine Politik betreibt.[196]

2. Entwicklung eines unpolitischen Korruptionsverständnisses

Das Politikverbot wurde in der Rechtswissenschaft vor allem bezüglich der Frage diskutiert, ob es die Berücksichtigung der Menschenrechtslage in einem Projektland zulässt.[197] Es bot der Bank aber auch lange Jahre zumindest einen guten Vorwand, um Korruption nicht nur in der täglichen Arbeit zu ignorieren, sondern darüber nicht einmal zu diskutieren.[198]

Kritik an diesem politischen Korruptionsverständnis regte sich immer mehr. Anfang der 1990er Jahre begann ein Richtungswechsel. Auch auf externe Kritik

---

192   *World Bank*, Sanctions Regime Information Note, S. 14.
193   Art. V § 1 (g) IDA.
194   *World Bank*, Sanctions Regime Information Note, S. 14; *LEG*, Advisory Opinion, Rn. 4.
195   *IAB*, Annual Report 2012, S. 8 f.
196   Art. III § 5 (b), IV § 10 IBRD-Abkommen; Art. V § 1 (g), § 6 IDA-Abkommen.
197   *Janik*, Menschenrechtsbindung, S. 272 ff; *Alvarez*, S. 239 f. Zu variabler Interpretation des Politikverbots im kalten Krieg *Ghazi*, S. 113; *Schermers/Blokker*, § 1720.
198   *Thornburgh/Gainer/Walker* (2000), S. 9: „For almost 50 years the culture within the World Bank discouraged not only the taking of any action to address problems of fraud and corruption, but even the discussion of such action."

an der Ineffizienz der Bank hin setzte sich die Ansicht durch, Korruption sei kein rein politisches Problem, sondern ein wirtschaftliches Übel und Hindernis für eine effiziente Armutsbekämpfung.[199] Im Jahr 1996 manifestierte sich die neue Einstellung der Bank zu Korruption in einer Rede des damaligen Weltbankpräsidenten, *James Wolfensohn*, vor dem Gouverneursrat der Bank; zeitgleich begann die erste Konzeption eines Sanktionsprozesses.[200]

C. Erstes formalisiertes Sanktionsverfahren

Zu Beginn der 1990er Jahre hatte die Weltbank noch ohne formell geregeltes Verfahren in drei Fällen, in denen Bankmitarbeiter von Betrug und Korruption bei Projekten berichtet hatten, Sanktionen ausgesprochen.[201] Die Weltbank gab den Unternehmen jeweils Gelegenheit, sich zu äußern und teilte ihnen schließlich mit, dass sie für je zwei Jahre nicht mehr für von der Weltbank finanzierte Verträge in Frage kämen.[202] Dann begann sie mit dem Aufbau eines formalisierten und geregelten Verfahrens, indem sie die Richtlinien für die Vergabe von bankfinanzierten Aufträgen überarbeitete (I.) und Organe für die Unternehmenssanktion schuf (II.).[203]

I. Überarbeitung der Vorgaben zur Durchführung von Bankprojekten

Im Januar und August 1996 überarbeitete die Weltbank ihre allgemeinen vertraglichen Vorgaben für die Durchführung der von ihr finanzierten Projekte, insbesondere die *Procurement* und *Consultant Guidelines* (1.), aber auch ergänzende Dokumente (2.).[204]

---

199 *Boisson de Chazournes/Fromageau*, EJIL 23 (2012), 963, 967; *Leroy/Fariello*, S. 9; *Winters*, in: *Pincus/Winters*, S. 102 f.; *Baghir-Zada*, S. 76 ff.; *Zimmermann/Fariello*, S. 190; *World Bank*, World Bank Group Sanctions Regime: An Overview, S. 2; *Thornburgh/Gainer/Walker* (2002), S. 12; *Williams-Elegbe*, Fighting Corruption, S. 66; *dies.*, PCLJ 26 (2007), 277, 280 ff.; repräsentativ dafür, dass die neue Ansicht nun seit einigen Jahren gefestigt ist: *World Bank*, Sanctions Reform (2006), S. 4; *Dubois/Nowlan*, YJIL 36 (2010), 15, 15; *Aguilar/Gill/Pino*, S. 2 f. Zu den direkten und indirekten Kosten der Korruption ausführlich *Nichols*, ABLJ 49 (2012), 325, 325 ff.; zur historischen Allgegenwart der Korruption und ihren Nachteilen: *Medina Arnáiz*, S. 1.

200 *Thornburgh/Gainer/Walker* (2000), S. 8–10; *Baghir-Zada*, S. 10, 78 ff.; *Leroy/Fariello*, S. 9; *Williams-Elegbe*, Fighting Corruption, S. 7, 66; *dies.*, PCLJ 26 (2007), 277, 281 f.

201 *Thornburgh/Gainer/Walker* (2002), S. 10; *Baghir-Zada*, S. 83.

202 Für die Bank handelten damals der „Legal Adviser for Procurement and Consultant Services" und der „Chief of the Bank's Central Procurement Office"; Beschreibung der Fälle: *Thornburgh/Gainer/Walker* (2002), S. 10 f.

203 *Daly/Fariello*, S. 194 fassen die Entwicklung zusammen.

204 *Baghir-Zada*, S. 82 bezeichnet die Änderung 1996 als die bedeutendsten Neuerungen seit der ersten Ausgabe förmlicher Ausschreibungsrichtlinien 1964; zur Reform auch *Williams-Elegbe*, Fighting Corruption, S. 65; *De Castro Meireles*, S. 103 ff.

1. Überarbeitung der Vergaberichtlinien

Wie die Aufträge für die Umsetzung des finanzierten Projekts zu vergeben sind, schreibt die Weltbank dem Kreditnehmer traditionell in besonderen Richtlinien vor, auf die der Kreditvertrag Bezug nimmt (a)).

In diese Richtlinien nahm sie ab 1996 Regelungen zu Betrug und Korruption bei Durchführung ihrer Projekte auf (b)): Die *Procurement Guidelines* in der Fassung von 1996 enthielten erstmals einen Abschnitt zu Betrug und Korruption,[205] den eine weitere Überarbeitung der Richtlinien 1999 (PG 1999) nicht berührte.[206] Parallel passte die Bank 1997 die Richtlinien für den Beratereinsatz, die sog. „*Consultant Guidelines*" (CG 1999) entsprechend an.[207] Für die Korruptionsbekämpfung unterschieden sich die beiden Richtlinien nicht, die Bank nennt sie dementsprechend in Angelegenheiten des Sanktionsregimes grundsätzlich in einem Atemzug.[208] Ich werde sie im Folgenden auch kollektiv als Vergaberichtlinien bezeichnen.[209]

a) Verweis auf Vergaberichtlinien im Kreditvertrag

Die Vergaberichtlinien sind Teil der allgemeinen Vertragsbedingungen der Bank und machen den Kreditnehmern strenge und detaillierte Vorgaben für die Vergabe finanzierter Verträge. Sie werden für den staatlichen Kreditnehmer durch einen Verweis im Kreditvertrag verbindlich.[210]

Die Weltbank verwendet zusätzlich so genannte *General Conditions*, die allgemeine finanzielle Regelungen des Kreditvertrags enthalten.[211] Wie die Aufträge

---

205   *World Bank*, Guidelines: Procurement under IBRD Loans and IDA Credits, January 1995, revised January and August 1996, § 1.15. Dazu auch *Chanda*, 32 DJIntLP 315, 316.

206   § 1.15 PG 1999. *Boisson de Chazournes/Fromageau*, EJIL 23 (2012), 963, 968 f. spricht nur die Richtlinien von 1999 an. Die Bank nennt im Überblick über die verschiedenen Fassungen der Fehlverhaltensdefinitionen im Anhang zu den aktuellen Verfahrensregeln beide Richtlinienversionen zusammen als „Pre-2004 Definitions": SP12, Appendix 1, C.

207   § 1.25 CG 1999. Dazu *Baghir-Zada*, S. 82.

208   Z.B. *World Bank*, Reform of the World Bank's Sanction Process (2004), Fn. 3, Rn. 47. Die relevanten Regelungen beider Richtlinien waren im Wesentlichen wortgleich, wie der übersichtliche Abdruck bei *Aguilar/Gill/Pino*, S. 32 f. und 34 f. zeigt. Unterscheide zwischen den beiden Richtlinien, die jenseits der Korruptionsbekämpfung groß sind, arbeitet *De Castro Meireles*, S. 221 ff. heraus.

209   *World Bank*, Sanctions Reform (2006), Rn. 12 f. dient als Vorbild, dort ist in Abgrenzung zu den 2006 damals neu zu schaffenden allgemeinen Antikorruptionsrichtlinien (unten Kapitel 1 – D.IV.2) von „procurement context" die Rede.

210   Zur Zeit der Richtlinienüberarbeitung: § 1.1 PG 1999, heute noch entsprechend § 1.1 PG 2011 und § 1.2 CG 1999, heute § 1.2 CG 2011; *Williams*, PCLJ 26 (2007), 277, 279.

211   *De Castro Meireles*, S. 41; die General Conditions der IBRD sind in den aktuellen und früheren Versionen abrufbar unter *World Bank*, IBRD General Conditions, http://go.worldbank.org/WECHW5CT30 (30.08.2013).

für ein finanziertes Projekt zu vergeben sind, schreibt sie traditionell, seit 1964, in eigenen Vergaberichtlinien vor.[212]

b) Erstmalige Regelung zu verbotenen Verhaltensweisen bei Bankprojekten

Die Bank erklärte in den § 1.15 PG 1999 und § 1.25 CG 1999 im Wesentlichen wortgleich, sie verlange von ihren Darlehensnehmern, einschließlich der sonstigen Begünstigten der Darlehen und den bei der Ausführung des Projekts Tätigen, die Einhaltung höchster ethischer Standards.[213] Die Richtlinien wandten sich an den Kreditnehmer (aa)), aber auch indirekt an die am Projekt beteiligten Unternehmen (bb)) und enthielten auch eine Definition der verbotenen Verhaltensweisen Betrug und Korruption (cc)).

aa) Pflichten der Kreditnehmer

Die Bank erklärte dem Kreditnehmer, wie sie ihre ethischen Standards durchsetzen wolle: Sie werde den Vorschlag zur Auftragsvergabe an einen Bieter, der beim Wettbewerb um den Auftrag Betrug oder Korruption begangen hat, zurückweisen.[214] Wenn sie feststelle, dass bei der Ausschreibung oder Ausführung eines Auftrags Vertreter des Darlehensnehmers oder eines Begünstigten des Kredits in Betrug oder Korruption verstrickt waren und der Darlehensnehmer nicht rechtzeitig angemessene Gegenmaßnahmen ergriffen habe, um die Situation ausreichend zu bereinigen, werde sie den auf diesen Auftrag entfallenden Teil des Darlehens kündigen.[215]

bb) Erklärungen gegenüber am Projekt Beteiligten

Aber die Bank machte beim Kreditnehmer nicht halt.[216] Wenn sie feststelle, dass ein Unternehmen oder ein Unternehmer beim Wettbewerb um einen von der Bank finanzierten Vertrag oder bei dessen Ausführung Betrug oder Korruption begangen hat, werde sie ihn für bestimmte oder unbestimmte Zeit von künftigen bankfinanzierten Verträgen ausschließen.[217]

§ 1.15 (e) PG 1999 und § 1.25 (e) CG 1999 verlangen vom Kreditnehmer[218], dass in die Verträge für den bankfinanzierten Auftrag eine Bestimmung aufgenommen wird, die der Bank erlaubt, die Bücher und Aufzeichnungen der Auftragnehmer,

---

212 *Williams-Elegbe*, Fighting Corruption, S. 65; zu den Vergaberegelungen der Weltbank ausführlich *Hök*, ZfBR 2004, 731, 732 ff.
213 Einleitungssatz § 1.15 PG 1999, gleichlautend § 1.25 CG 1999.
214 § 1.15 (b) PG 1999, § 1.25 (b) CG 1999.
215 § 1.15 (c) PG 1999, § 1.25 (c) CG 1999.
216 Zur Umsetzung der Sanktion durch die Kreditnehmer unten Kapitel 4 – A.I.
217 § 1.15 (d) PG 1999 i. V. m. §§ 1.7, 1.8 (d) PG 1999; § 1.25 (d) CG 1999.
218 § 1.1 PG 1999, § 1.2 CG 1999.

die sich auf die Durchführung des Auftrags beziehen, einzusehen und von ihren Buchprüfern prüfen zu lassen.[219]

cc) Definition von Betrug und Korruption

Die Weltbank lieferte auch eine Definition dafür, was die Begriffe „Betrug und Korruption" in diesem Kontext bedeuten sollten:

Korruption sei das Anbieten, Geben, Empfangen oder Bewerben irgendeines werthaltigen Gegenstandes, um das Verhalten eines Amtsträgers bei der Auftragsvergabe oder bei der Vertragsausführung zu beeinflussen.[220]

Betrug sei das falsche Behaupten von Tatsachen, um die Vergabe oder die Durchführung eines Auftrags zum Nachteil des Darlehensnehmers zu beeinflussen, einschließlich der Kollusion unter Bietern, vor oder nach der Angebotsabgabe, mit dem Ziel, Angebotspreise auf künstlichem, nicht wettbewerbsfähigem Niveau zu schaffen, und den Darlehensnehmer um den Vorteil eines freien und offenen Wettbewerbs zu bringen.[221]

2. Überarbeitung anderer Projektdokumente

Komplementäre Regelungen nahm die Bank in die standardisierten Ausschreibungsdokumente und in die Vorgaben für allgemeine Vertragsbedingungen bankfinanzierter Verträge auf. Klausel 9.6 der allgemeinen Bedingungen für den Vertrag zwischen Kreditnehmer und Auftragnehmer z.B. enthielt das Buchprüfungsrecht zugunsten der Weltbank, das die Vergaberichtlinien verlangen.[222]

---

219 *Baghir-Zada*, S. 82 bezeichnet die Einführung eines vertraglichen Buchprüfungsrechts leider ohne Begründung als Resultat der Reform der Richtlinien 2004.

220 § 1.15 (a) (i) PG 1999: „,corrupt practice' means the offering, giving, receiving, or soliciting of any thing of value to influence the action of a public official in the procurement process or in contract execution[.]"; in § 1.25 (a) (i) CG 1999 heißt es, im Übrigen wortgleich, „selection process" statt „procurement process",.

221 § 1.15 (a) (ii) PG 1999: „,fraudulent practice' means a misrepresentation of facts in order to influence a procurement process or the execution of a contract to the detriment of the Borrower, and includes collusive practices among bidders (prior to or after bid submission) designed to establish bid prices at artificial, noncompetitive levels and to deprive the Borrower of the benefits of free and open competition [.]"; im Wesentlichen gleichlautend, aber „selection" statt „procurement" und „proposal" statt „bid": § 1.25 (a) (ii) CG 1999.

222 Die relevanten Passagen sind abgedruckt bei *Aguilar/Gill/Pino*, S. 36 ff.

II. Institutioneller Rahmen

Die Sanktionsorgane und ihr Verfahren basieren bis heute auf internen, geschäftsführenden Anordnungen des Bankmanagements unter Führung des Präsidenten.[223] Die wichtigsten und grundlegenden Anordnungen bestätigte das Direktorium, unter dessen Aufsicht der Präsident gem. Art. V § 5 (b) IBRD-Abkommen die laufenden Geschäfte der Bank und ihr Personal führt.[224]

Den Anfang des förmlichen Sanktionsverfahrens der Weltbank machte ein kurzes *Operational Memorandum* von 1998 (1.), das die Bank aufgrund erster Erfahrungen 2001 überarbeitete und ergänzte (2.).

1. *Operational Memorandum 1998*

Das erste Sanktionsverfahren war 1998 in einem knapp gehaltenen *„Operational Memorandum"* geregelt.[225] Es sah vor, dass der Präsident auf Empfehlung eines Ausschusses eine Sanktion aussprechen sollte (a)) und machte für das Verfahren des Ausschusses grundsätzliche Vorgaben (b)). Eine nennenswerte eigene Abteilung für die Untersuchung möglicher Sanktionsfälle gab es damals noch nicht (c)).

a) *Sanktionsentscheidung des Präsidenten auf Empfehlung* des Sanctions Committee

Das *Operational Memorandum* sah für die Sanktion von korrupten oder betrügerischen Projektbeteiligten ein zweistufiges Verfahren vor:[226] Ein Ausschuss aus hochrangigen Bankmitarbeitern, das *„Sanctions Committee"* unterbreitete dem Präsidenten der Weltbank einen Sanktionsvorschlag, wenn es annahm, dass Beweise für Fehlverhalten vernünftigerweise ausreichend, *„reasonably sufficient"* seien.[227] Der Präsident verhängte nach einer Bedenkzeit von zwei Wochen eine Sanktion.[228]

Als mögliche Sanktion sah das *Operational Memorandum* nur den zeitlich begrenzten oder unbegrenzten Ausschluss des Unternehmens von weiteren

---

223 *World Bank,* Sanctions Regime Information Note, S. 3, spricht von „... a set of legal and other tools, ... collectively known as the ‚sanctions regime', ... both administrative and operational in character"; zur Bindung der Sanktionsorgane an das Sanktionsregime unten Kapitel 2 – A.I.1.

224 So einleitend zu den aktuellen Verfahrensregeln § 1.01 (b) SP12.

225 Abdruck bei *Aguilar/Gill/Pino,* S. 41 f.

226 *World Bank,* Operational Memorandum, Rn. 5 und 6; *Leroy/Fariello,* S. 10; *Baghir-Zada,* S. 84; detaillierter Überblick zum Verfahren nach dem Operational Memorandum und zu dessen Entwicklung *Thornburgh/Gainer/Walker* (2002), S. 13 ff.; noch ausführlicher *Thornburgh/Gainer/Walker* (2000), S. 11 ff.

227 *World Bank,* Operational Memorandum, Rn. 5; dazu auch *World Bank,* Reform of the World Bank's Sanction Process (2004), S. 10 f.

228 *World Bank,* Operational Memorandum, Rn. 6.

Ausschreibungen für von der Weltbank finanzierte Projekte vor;[229] die Bank rügte aber ausnahmsweise Unternehmen auch nur förmlich.[230] Ebenfalls ohne ausdrückliche Regelung im *Memorandum* ging die Bank bald dazu über, die Entscheidungen des Präsidenten öffentlich bekannt zu geben.[231]

b) *Verfahren des* Sanctions Committee

Wie das *Sanctions Committee* arbeiten sollte, gab das *Operational Memorandum* nur in groben Zügen vor. Es verlangte allgemein, dass die Untersuchung der Vorwürfe einen gerechten Ausgleich zwischen der Privatsphäre der Ankläger und Belastungszeugen und – nicht näher spezifizierten – Rechten des betroffenen Unternehmens herstellen solle, u.a. durch ein Kreuzverhör des Anklägers mit dessen Zustimmung.[232] Auch Rechtsrat sollten sich die Betroffenen einholen dürfen.[233]

Das *Operational Memorandum* verlangte nicht ausdrücklich, dem Betroffenen Gelegenheit zur Stellungnahme zu geben. Durch den Verweis auf die nicht näher spezifizierten Rechte des Betroffenen bei Ermittlung der Vorwürfe verstand sich das aber wohl von selbst.[234] Das *Sanctions Committee* gab jedenfalls von Beginn an allen Betroffenen die Möglichkeit, ihre Sicht der Dinge schriftlich vorzutragen und sogar persönlich vor dem Committee zu erscheinen, um den Fall mit INT zu diskutieren.[235]

c) *Kleine Ermittlereinheit*

Unterstützung bei der Untersuchung der Vorwürfe hatte das *Sanctions Committee* wenig. Um die Ermittlung kümmerten sich eine kleine Ermittlereinheit der Bank („*Corruption and Fraud Investigations Unit*")[236], aber auch unterstützend externe Anwaltskanzleien und Buchprüfer der Weltbank.[237]

---

229 *World Bank,* Operational Memorandum, Rn. 5.
230 *Thornburgh/Gainer/Walker* (2002), S. 17–20; *Leroy/Fariello,* S. 10.
231 *Thornburgh/Gainer/Walker* (2002), S. 81.
232 *World Bank,* Operational Memorandum, Rn. 4; zum Kreuzverhör *Thornburgh/ Gainer/Walker* (2002), S. 55: „The original approach under the Operational Memorandum was illusory because it depended on the acquiescence of the accuser, which in practice was never obtained."
233 *World Bank,* Operational Memorandum, Rn. 4.
234 aA *Thornburgh/Gainer/Walker* (2000), S. 43: Memorandum scheint nur eine Entscheidung durch das Sanctions Board allein vorgesehen zu haben.
235 *Thornburgh/Gainer/Walker* (2000), S. 43 f.
236 Sie war beim „Oversight Committee for Fraud and Corruption" angesiedelt, dessen Vorsitzender auch Vorsitzender des Sanctions Committee war, S. *Thornburgh/Gainer/Walker* (2002), S. 16, insb. Fußnote 10; ausführlich *Thornburgh/Gainer/Walker* (2000), S. 13 ff.
237 *Leroy/Fariello,* S. 10.

2. Sanctions Committee Procedures *2001*

Im August 2001 überarbeitete die Bank das Sanktionssystem erstmals. Hauptsächlich präzisierte sie das *Operational Memorandum* und regelte in eigenen *Sanctions Committee Procedures* (SCP 2001) das Verfahren vor dem *Sanctions Committee* ausführlicher (a)) und schrieb auch flexiblere Sanktionsmöglichkeiten fest (b)).[238] Zur Steigerung der Effizienz des Verfahrens schuf die Weltbank eine eigene Abteilung für die Untersuchung von Fehlverhalten (c)). Die unabhängige Beraterkommission um *Thornburgh* bewertete das Verfahren grundsätzlich wohlwollend (d)).

a) Ausführlicher geregeltes Verfahren

Die *Sanctions Committee Procedures* billigten vor allem die Entscheidungspraxis des *Sanctions Committee*. Schriftsätze waren nun offiziell vorgesehen,[239] auch die ehemals informellen Anhörungen waren nun geregelt.[240] Das praktisch bedeutungslos gebliebene Kreuzverhör entfiel zugunsten einer fakultativen Zeugenbefragung nur durch das *Committee* nach dessen Ermessen.[241]

Strenge Verjährungsregeln sollte es nicht geben:[242] der Direktor von INT sollte zwar von einer Ermittlung absehen können, wenn der Vorfall mehr als drei Jahre zurücklag; die Entscheidung lag aber in seinem Ermessen.[243]

Endgültig entschied über die Sanktion immer noch der Präsident, nach einer Wartezeit von nur noch zehn Tagen.[244] Die Verfahrensregeln sahen auch offiziell die Veröffentlichung der Entscheidung vor.[245]

b) Flexiblere Sanktionsmöglichkeiten

Wenn das *Sanctions Committee* Fehlverhalten feststellte, gaben ihm seine neuen Verfahrensregeln Freiheit bei der Sanktionsentscheidung. Sie erlaubten als Sanktion neben der altbekannten zeitlich unbegrenzten oder begrenzten Sperre auch die vom *Sanctions Committee* entwickelte Rüge und zusätzlich jede andere angemessene Sanktion.[246]

---

238 *World Bank,* Reform of the World Bank's Sanction Process (2004), S. 2; *Thornburgh/ Gainer/Walker* (2002), S. 15; *Baghir-Zada* S. 84 f.

239 Art. IV SCP 2001.

240 Art. V SCP 2001; ausführlich *Williams,* PCLJ 26 (2007), 277, 297 f.

241 Art. V § 10 (b) (4) SCP 2001; dazu *World Bank,* Reform of the World Bank's Sanction Process (2004), S. 3; *Thornburgh/Gainer/Walker* (2002), S. 55.

242 Die Aussagen von *Thornburgh/Gainer/Walker* (2002), S. 31 f. zu Unklarheiten im Operational Memorandum lassen sich durch dessen insoweit gekürzte Wiedergabe bei *Aguilar/Gill/Pino,* S. 42 nicht verifizieren.

243 Art. II § 3 (b) SCP 2001; auch *Thornburgh/Gainer/Walker* (2002), S. 32.

244 Art. VII § 14 SCP 2001.

245 Art. VII § 15 SCP 2001.

246 Art. VII § 13 (b) (2), (c) SCP 2001.

Die Flexibilität nutzte das *Sanctions Committee* meist, um den Sanktionierten die Einrichtung eines Compliance Programms aufzugeben.[247] Ob irgendein Sanktionierter dieser Pflicht nachkam, ist leider nicht bekannt, aber ohne Anreiz unwahrscheinlich.[248]

c) Department of Institutional Integrity

Gemäß der Empfehlung einer Kommission unter Vorsitz von *Dick Thornburgh,* des ehemaligen *US Attorney General,* konzentrierte sie die Ermittlungsaufgaben in einer eigenen Abteilung, dem dafür neu geschaffenen *Department of Institutional Integrity,* bereits abgekürzt als „INT".[249] Die neue Abteilung konnte dank vergrößerter Belegschaft und wachsender Erfahrung die Fallzahlen dramatisch erhöhen.[250]

d) Bewertung als fairer Weg zu einer freien geschäftlichen Entscheidung

In einem zweiten Bericht konstatierte die Kommission um *Dick Thornburgh* Anfang 2002 trotz zahlreicher Verbesserungsvorschläge wohlwollend: *„... at its basis the system now reflected by the August 2001 Procedures is reasoned, fair, and workable."*[251]

Ob die Weltbank mit Unternehmen Geschäfte machen wolle, bleibe ihre geschäftliche Entscheidung, auch wenn sie ein Ermittlungsverfahren und einen geordneten Entscheidungsprozess dafür schaffe.[252] Zu viele Formalien könnten die Effizienz der Bank beim Schutz ihrer Geldmittel mindern und doch nicht verhindern, dass sich sanktionierte Unternehmen ungerecht behandelt fühlen.[253]

---

247 *World Bank,* Reform of the World Bank's Sanction Process (2004), S. 11.

248 *Thornburgh/Gainer/Walker* (2002), S. 62 und darauf aufbauend *World Bank,* Reform of the World Bank's Sanction Process (2004), S. 11 empfehlen nur, die Einrichtung eines Compliance Programms zur Bedingung für einen Aufschub oder eine Aufhebung der Sanktion zu machen, dazu Kapitel 3 – A.III.1. Auch unter dieser, noch aktuellen Regelung macht sich trotz dieses Anreizes aber kaum ein Sanktionierter die nötige Mühe, *LEG,* Review, S. 2.

249 Art. II § 3 SCP 2001 setzt die Empfehlung von *Thornburgh/Gainer/Walker* (2000), S. 42 ff. um; siehe auch *Leroy/Fariello,* S. 10; *World Bank,* Sanctions Reform (2006), S. 5; *World Bank,* World Bank Group Sanctions Regime: An Overview, S. 10.

250 *Thornburgh/Gainer/Walker* (2002), S. 17 berichten von einer Steigerung von 5 untersuchten Fällen 1998 auf ungefähr 350 Untersuchungen Anfang 2002.

251 *Thornburgh/Gainer/Walker* (2002), S. 87.

252 *Thornburgh/Gainer/Walker* (2002), S. 86: „In the context of its overall program against fraud and corruption, the Bank has elected to transmute a business decision based upon a procurement officer's determination of what is appropriate – a decision whether to have future dealings with a firm that has engaged in improper activities – into a business decision emerging from an investigative and deliberative process. In either form, though, it remains a decision that is a business decision."

253 *Thornburgh/Gainer/Walker* (2002), S. 9: „With regard to fairness, we strongly believe that the Bank should avoid the error of mandating too much formality

D. Entwurf des heutigen Sanktionsregimes ab 2004

Aufbauend auf Vorschlägen von *Thornburgh, Gainer* und *Walker* beschloss das Direktorium der Weltbank 2004 eine weitreichende Reform des Sanktionssystems, die 2006 und 2007 umgesetzt wurde.[254] Das Sanktionsverfahren wurde neu geregelt und institutionell umgestaltet (I.), und die Tatbestände und Rechtsfolgen sanktionswürdigen Verhaltens überarbeitet und ausgeweitet (II.). Dazu änderte die Bank 2004 ihre Vergaberichtlinien (III.) Um Fehlverhalten auch außerhalb des beschränkten Anwendungsbereichs der Vergaberichtlinien erfassen zu können, schuf sie 2006 neue Antikorruptionsrichtlinien (IV.). Zur besseren Kooperation mit Unternehmen schuf sie zudem eine Art Kronzeugenregelung (V.).

I. Neue Sanktionsorgane

Schwerpunkt des Reformvorschlags von 2004 war die institutionelle Reform des Sanktionsverfahrens, das damit im Wesentlichen seine heutige Gestalt erhielt. Das ehemals ad hoc mit hochrangigen Bankmitarbeitern besetzte *Sanctions Committee* sollte überwiegend mit Mitgliedern von außerhalb der Bank besetzt werden.[255] Außerdem hieß es nun *Sanctions Board*, um seine beständigere Zusammensetzung zu verdeutlichen.[256] Als wohl bedeutendste Neuerung[257] wurde die aktive Beteiligung des Präsidenten am Verfahren abgeschafft und stattdessen der *Evaluation and Suspension Officer* („EO") geschaffen.[258] Die neue institutionelle Struktur sollte die Glaubwürdigkeit des Sanktionsverfahrens erhöhen und es von politischen Einflüssen freihalten.[259]

---

in the false supposition that there is a rough correlation between formality and fairness."; ebd., Fn. 5: "It is stating the obvious to note that even procedures that exceed requirements of fairness will frequently be attacked by lawyers presuming to fulfill their expected role as advocates for respondents."

254 *World Bank,* World Bank Group Sanctions Regime: An Overview, S. 10 ff.; *World Bank,* Sanctions Reform (2006), S. 5 f.; zusammenfassend zu den Reformen, aber ohne auf den Zeitpunkt der Umsetzung einzugehen: *Leroy/Fariello,* S. 10 f.

255 *World Bank,* Reform of the World Bank's Sanction Process (2004), S. 4 f.; *Leroy/Fariello,* S. 10.

256 Vorschlag: *Thornburgh/Gainer/Walker* (2002), S. 26 Fn. 17; übernommen von *World Bank,* Reform of the World Bank's Sanction Process (2004), S. 4.

257 *World Bank,* Reform of the World Bank's Sanction Process (2004), S. 7.

258 *World Bank,* Reform of the World Bank's Sanction Process (2004), S. 5 ff., der Verfahrensablauf ist auf S. 6 ausführlich geschildert; *World Bank,* World Bank Group Sanctions Regime: An Overview, S. 10 f.; *Leroy/Fariello,* S. 10; *Baghir-Zada,* S. 85; *Williams,* PCLJ 26 (2007), 277, 298.

259 *World Bank,* World Bank Group Sanctions Regime: An Overview, S. 10 f.

1. Grundlegende Reform ab 2004

Die Reform sah eine erste Prüfung des Falls durch den EO (a)) und die Möglichkeit der Betroffenen vor, das *Sanctions Board* anzurufen (b)). So sollte ein faires und effizientes Sanktionsverfahren geschaffen werden (c)). Die Umsetzung der Reform dauerte bis 2007 (d)).

a) Sanktionsempfehlung und einstweilige Sperre

INT sollte nun den ausermittelten Fall zuerst vor den EO bringen. Dieser sollte entscheiden, ob nach den von INT angeführten Beweisen überwiegend wahrscheinlich war, dass sich der Betroffene sanktionswürdig verhalten hatte. Dann schlüge der EO eine dem Fehlverhalten angemessene Sanktion vor und informierte den Betroffenen mittels der sog. *Notice of Sanctions Proceedings*, der nun Gelegenheit zur Äußerung bekommen sollte. Wenn der EO nichts anderes bestimmte, würde der Betroffene nach Ablauf einer bestimmten Frist, etwa 60 Arbeitstage später, vorläufig gesperrt („*temporary suspension*").[260]

b) Anrufung des Sanctions Board durch Betroffenen

Der Betroffene sollte innerhalb einer bestimmten Frist, wieder etwa 60 Tagen, nach Erhalt der *Notice* das *Sanctions Board* anrufen können, das dann als nunmehr letzte Instanz verbindlich über den Fall entscheiden sollte.[261] Aus den 60 Tagen wurden im weiteren Reformprozess 90 Tage.[262] Das *Sanctions Board* sollte grundsätzlich verfahren wie das *Sanctions Committee*[263] und den Fall von Grund auf neu prüfen („*de novo review*").[264] Seine Entscheidung sollte nun aber endgültig werden, die Beteiligung des Präsidenten hielt die Weltbank angesichts der mehrfachen Überprüfung des Falles für überflüssig.[265]

Ging der Betroffene nicht gegen die Empfehlung des EO vor, sollte sie in Kraft treten.[266] Die Erfahrung mit der bisherigen Praxis hatte gezeigt, dass viele Firmen die Anschuldigungen gegen sie nicht bestritten und die Anhörung vor dem *Sanctions Committee* deshalb gar nicht zwingend nötig gewesen wäre.[267]

---

260   *World Bank,* Reform of the World Bank's Sanction Process (2004), S. 6.
261   *World Bank,* Reform of the World Bank's Sanction Process (2004), S. 6; *Williams,* PCLJ 26 (2007), 277, 298, auch insgesamt zum vorgeschlagenen neuen Verfahren.
262   So das Endergebnis gem. *Leroy/Fariello,* S. 10.
263   Abschaffung des Kreuzverhörs: *World Bank,* Reform of the World Bank's Sanction Process (2004), Rn.
264   *World Bank,* Reform of the World Bank's Sanction Process (2004), S. 7.
265   *World Bank,* Reform of the World Bank's Sanction Process (2004), S. 9.
266   *World Bank,* Reform of the World Bank's Sanction Process (2004), S. 6, 8; *Williams,* PCLJ 26 (2007), 277, 298.
267   *World Bank,* Reform of the World Bank's Sanction Process (2004), S. 7.

Ursprünglich sah der Reformvorschlag vor, dass auch INT gegen die Beurteilung des Falles durch den EO das *Sanctions Board* anrufen können sollte.[268] Das änderte sich, neben anderen kleineren Änderungen, aber noch vor der Umsetzung der Reform in neue Verfahrensregeln infolge einer Ergänzung zum Reformvorschlag.[269]

c) Überzeugung der Bank von der Fairness des neuen Verfahrens

Die neue vorläufige Sperre und das abgestufte Zusammenwirken von EO und *Sanctions Board* sollten den Empfehlungen der Kommission um *Dick Thornburgh* aus dem Jahr 2002 entsprechen, das Sanktionsverfahren gerecht und effizient zu gestalten.[270] Nach Ansicht des Reformvorschlags des Bankmanagements würde dem Betroffenen sogar mehr Schutz gewährt werden als in den entsprechenden nationalen Verfahren mancher Mitgliedsstaaten.[271]

d) Umsetzung ab 2007

Die Reformvorschläge wurden mit dem Erlass neuer *Sanctions Procedures* 2006 umgesetzt.[272] Die neuen Institutionen nahmen im März 2007 ihre Arbeit auf.[273] Ein für die Zwischenzeit ernanntes *Sanctions Committee* arbeitete unter den alten Regeln weiter, so dass das Sanktionsverfahren trotz einiger Verzögerungen weiterlaufen konnte.[274]

2. Korrekturen 2007

Im September 2007 gab eine weitere Expertengruppe um *Paul Volcker*, den ehemaligen Vorsitzenden der *US Federal Reserve*, ihre Empfehlungen ab.[275] Sie wiederholten

---

268 *World Bank,* Reform of the World Bank's Sanction Process (2004), S. 6; *World Bank,* Sanctions Reform (2006), Fn. 5.

269 *World Bank,* Sanctions Reform (2006), Fn. 5, die dort angesprochene erste Supplemental Note ist in der öffentlich verfügbaren Version des Reformvorschlags von 2004 nicht enthalten.

270 *World Bank,* Reform of the World Bank's Sanction Process (2004), S. 8.

271 *World Bank,* Reform of the World Bank's Sanction Process (2004), S. 8.

272 *World Bank,* World Bank Group Sanctions Regime: An Overview, S. 12, Fn. 26; das endgültige Verfahren schildern *Leroy/Fariello,* S. 10; ausführlich zum damaligen Rechtsstand: *Baghir-Zada,* S. 85–96, 175.

273 *World Bank,* World Bank Group Sanctions Regime: An Overview, S. 11, 13; *Leroy/ Fariello,* S. 12; *World Bank,* Sanctions System at the World Bank, http://go.worldbank.org/WICZWZY0E0 (31.08.2013); *World Bank,* Projects – Sanctions Reform, http://go.worldbank.org/YBZNO19JR0 (31.08.2013); *World Bank,* Sanctions Reform (2006), S. 6.

274 *World Bank,* Annual Integrity Report 2005–2006, S. 49 f.; *World Bank,* Annual Integrity Report 2007, S. vi.

275 *Leroy/Fariello,* S. 11; *World Bank,* World Bank Group Sanctions Regime: An Overview, S. 12.

die Empfehlung der Kommission um *Dick Thornburgh* von 2002,[276] ein externes Mit-glied des *Sanctions Board* solle dessen Vorsitz übernehmen.[277] Nun setzte die Bank den Vorschlag auch um.[278]

Die Weltbank betonte auf Empfehlung der Kommission um *Paul Volcker* auch,[279] wie ernst sie den Kampf gegen Korruption nahm. Sie erhob INT im Jahr 2008 in den Status einer Vizepräsidentschaft, der nun sogenannten *Integrity Vice Presidency* („INT").[280]

Um sowohl die Unabhängigkeit INTs zu schützen, als auch die Rechenschafts-pflicht von INT gegenüber anderen Abteilungen der Weltbank zu stärken, empfahl die Gruppe um *Volcker,* einen ständigen unabhängigen beratenden Expertenaus-schuss einzurichten, der in mindestens jährlichen Abständen Berichte über die Ar-beit von INT erstatten und Empfehlungen zu Verbesserungen aussprechen sollte.[281] Im September 2008 schuf die Weltbank das *Independent Advisory Board* („IAB").[282]

II. Sanktionen unter Bedingungen

Der Reformvorschlag von 2004 sah auch vor, die möglichen Sanktionen für ver-botenes Verhalten zu erweitern und schuf die bedingten Sperren, die auch heute noch das Sanktionsregime prägen (1.). [283] Bereits vorher hatte der Präsident eine Sanktion verhängt, die vom Verhalten des sanktionierten Unternehmens abhing (2.).

1. Neuer Sanktionskatalog

Als neue Sanktionsmöglichkeiten sollte die Reform 2004 neben der normalen, be-fristeten oder unbefristeten Sperre und der förmlichen Rüge das Äquivalent einer Bewährungsstrafe in zwei Varianten einführen: die bedingte Schonung („*conditional non-debarment*") und die Sperre mit Möglichkeit zu späterer Aussetzung („*debar-ment with conditional release*"), sowie eine Verpflichtung zur Wiedergutmachung („*restitution*").[284] So sollte das *Sanctions Board* flexibel eine angemessene Sanktion

---

276   *Thornburgh/Gainer/Walker* (2002), S. 21 ff.
277   *Volker et al.,* S. 26 f; *World Bank,* World Bank Group Sanctions Regime: An Over-view, S. 12; *Leroy/Fariello,* S. 11.
278   *World Bank,* Report of the Internal Working Group, S. 22; *World Bank,* World Bank Group Sanctions Regime: An Overview, S. 12; *Leroy/Fariello* S. 11.
279   *Volker et al.,* S. 13.
280   *Leroy/Fariello,* S. 11; *World Bank,* World Bank Group Sanctions Regime: An Over-view, S. 12; auch zur Umsetzung der Volcker-Empfehlungen zusammenfassend *INT,* Annual Report 2009, S. 3 f.
281   *Volker et al.,* S. 14 f.
282   *IAB,* 2009 Annual Report, S. 1; *World Bank,* Projects & Operations – The *IAB,* http://go.worldbank.org/S262CF3KD0 (31.08.2013).
283   *World Bank,* Reform of the World Bank's Sanction Process (2004), S. 11.
284   *World Bank,* World Bank Group Sanctions Regime: An Overview, S. 11; nahezu wortgleich *Leroy/Fariello,* S. 10.

finden und durch die Möglichkeit zur Aussetzung oder Abwendung der Banksanktion einen Wandel im Unternehmen anregen können.[285]

Dieser Vorschlag wurde in den Verfahrensregeln des ersten *Sanctions Board* 2006 weitgehend umgesetzt.[286] Ein Verfahren, um die Erfüllung der Bedingungen festzustellen, gab es aber noch nicht.[287] Nichtöffentliche[288] Richtlinien zur Sanktionsbemessung sahen immer noch die unbedingte Sperre als Regelsanktion vor.[289]

2. Sanktion der Lahmeyer International GmbH mit variabler Sperrdauer

Noch in der Übergangsphase zum neuen Sanktionsverfahren vor dem *Sanctions Board* verhängte die Weltbank eine erste quasi-Bewährungsstrafe. Der Präsident schloss auf Vorschlag des *Sanctions Committee* am 3. November 2006 die Lahmeyer International GmbH für sieben Jahre von bankfinanzierten Verträgen aus, bestimmte aber zugleich, dass die Sperre auf drei Jahre verkürzt werden könne, wenn Lahmeyer bestimmte Bedingungen erfüllte.[290]

Den Fall von Korruption im Zusammenhang mit dem *Lesotho Highlands Water Project*, den INT selbst zu seinen bedeutendsten Fällen zählt, hatte INT mit Ermittlungen 1999 begonnen und 2001 und 2005 vor das *Sanctions Committee* gebracht.[291] Er schrieb noch ein weiteres Mal Geschichte im Sanktionsregime, denn Lahmeyer war auch das erste Unternehmen, dessen Sperre die Bank 2011 in einem mittlerweile dafür geschaffenen Verfahren vorzeitig aussetzte, weil die Bedingungen dafür erfüllt waren.[292]

III. Richtlinienüberarbeitung 2004

2004 überarbeitete die Weltbank ihre Richtlinien zur Auftragsvergabe (PG 2004 und CG 2004) und änderte die Definitionen des sanktionierbaren Verhaltens, der sog. „*sanctionable practices*":

---

285 *World Bank,* World Bank Group Sanctions Regime: An Overview, S. 11 übernimmt den Vorschlag von *Thornburgh/Gainer/Walker* (2002), S. 62 f., 64.

286 *World Bank,* World Bank Group Sanctions Regime: An Overview, S. 13; *INT,* Annual Integrity Report 2005–2006, S. 49.

287 § 19 (3) (d) SP09, vgl. demgegenüber § 9.03 SP11/SP12; zur Reform: *IAB,* Annual Report 2012, S. 8 und Kapitel 1 – E.VI.1.

288 Erstmalige Veröffentlichung: Kapitel 1 – E.V.1.

289 *World Bank,* World Bank Group Sanctions Regime: An Overview, S. 14.

290 *World Bank,* Annual Integrity Report 2007, S. vi.

291 *World Bank,* Annual Integrity Report 2007, S. 18; umfassend zum gesamten Korruptionsskandal beim Lesotho Highlands Water Project: *Baghir-Zada,* S. 99 ff.

292 *INT,* News Release, August 15, 2011: Lahmeyer International GmbH Released from Debarment.

Die Betrugsdefinition verlangte fortan keinen Nachteil des Darlehensnehmers mehr.[293] Kollusion wurde nun nicht mehr als Unterfall des Betrugs,[294] sondern als selbstständiges Delikt geführt, und die Definition leicht umformuliert.[295]

Zwangsausübung („*coercion*") im Vergabeverfahren – das direkte oder indirekte Schädigen von Personen oder ihres Eigentums, oder das Drohen mit solcher Schädigung, um deren Teilnahme an einem Vergabeverfahren oder die Ausführung eines Vertrags zu beeinflussen – wurde neues verbotenes Verhalten.[296]

Die Definition der Korruption blieb auf den ersten Blick unverändert. Eine Fußnote zum Begriff des Amtsträgers nahm nun jedoch auch Angehörige der Weltbank oder anderer Organisationen, die Vergabeentscheidungen treffen oder überprüfen, in den Begriff mit auf.[297]

Die Reaktionsmöglichkeiten der Bank konnten sich nun ausdrücklich gegen jeden richten, der einen Tatbestand sanktionswürdigen Fehlverhaltens unmittelbar oder über einen Mittelsmann verwirklichte.[298] Der Ausschluss von weiteren bankfinanzierten Aufträgen wurde nicht mehr als einzig mögliche Sanktion genannt, sondern nur noch als ein Beispielsfall.[299] Das Buchprüfungsrecht der Bank wurde, wie von der *Thornburgh*-Kommission empfohlen,[300] auch auf erfolglos gebliebene Bieter ausgeweitet.[301]

IV. Richtlinienreform 2006

Knapp 10 Jahre, nachdem sie ihn begonnen hatte, weitete die Weltbank den Kampf gegen Betrug und Korruption weiter aus. Korruption und Betrug geschahen auch außerhalb der unmittelbaren Auftragsvergabe für durch IBRD und IDA finanzierte Projekte.[302] 2006 beschloss das Direktorium, den Anwendungsbereich des Sanktionsverfahrens zu erweitern und Betrug und Korruption im Zusammenhang mit der

---

293 § 1.14 (a) (ii) PG 2004; § 1.22 (a) (ii) CG 2004.
294 Oben Kapitel 1 – C.I.1.b)cc).
295 § 1.14 (a) (iii) PG 2004; § 1.22 (a) (iii) CG 2004 mit dem einzigen Unterschied, dass statt „bid" und „bidders" von „proposal" und „consultant" die Rede ist; nach *Baghir-Zada*, S. 82 sei Kollusion 2004 erstmals sanktionierbar worden.
296 § 1.14 (a) (iv) PG 2004; § 1.22 (a) (iv) CG 2004: „,coercive practices' means harming or threatening to harm, directly or indirectly, persons, or their property to influence their participation in a procurement process, or affect the execution of a contract."
297 Fn. 17 zu § 1.14 (a) (i) PG 2004, § 1.22 (a) (i) CG 2004.
298 § 1.14 (b)-(d) PG 2004; § 1.22 (b)-(d) CG 2004.
299 § 1.14 (d) PG 2004; § 1.22 (d) CG 2004.
300 *Thornburgh/Gainer/Walker* (2002), S. 53–55.
301 § 1.14 (e) PG 2004; § 1.22 (e) CG 2004; *World Bank,* World Bank Group Sanctions Regime: An Overview, S. 11.
302 *World Bank,* Sanctions Reform (2006), S. 8 ff. erläutert das Problem ausführlich und nennt Beispiele; zusammenfassend: *World Bank,* World Bank Group Sanctions Regime: An Overview, S. 11; *Leroy/Fariello,* S. 11.

Verwendung von Bankmitteln bei der Vorbereitung und Umsetzung von durch die Weltbank finanzierten Projekten einzubeziehen (2.).[303] In dieser Phase begann die Bank auch, das Sanktionsverfahren innerhalb der Weltbankgruppe auszudehnen (3.) und Kooperation mit anderen Entwicklungshilfeorganisationen zu suchen (1.).

1. Kooperation mit anderen multilateralen Entwicklungsbanken

Mit anderen multilateralen Entwicklungsbanken, englisch *Multilateral Development Banks* (MDBs)[304] und Finanzinstitutionen gründete die Weltbank im Februar 2006 die „*IFI Task Force*", die bis September 2006 einen gemeinsamen Rahmen, das sog. *Uniform Framework,* für die Korruptionsbekämpfung ausarbeitete, insbesondere harmonisierte Definitionen für Betrug, Korruption, Kollusion und Zwangsausübung.[305] Kooperationspartner der Weltbankgruppe waren die *African Development Bank Group,* die *Asian Development Bank,* die *European Bank for Reconstruction and Development,* die *European Investment Bank Group,* die *Inter-American Development Bank Group* und der *International Monetary Fund.*[306]

Die MDBs vereinbarten zusätzlich Richtlinien für die Ermittlungsarbeit, die in jeder MDB insbesondere von einer eigenen, vom sonstigen Geschäftsbetrieb unabhängigen Abteilung objektiv, unparteiisch und fair erledigt werden sollte.[307]

Diese ersten Maßnahmen waren gedacht als Anfang künftig noch stärkerer Kooperation.[308]

2. Neue allgemeine Antikorruptionsrichtlinien und überarbeitete Vergaberichtlinien

Um die Begrenzung des Sanktionsregimes auf das Ausschreibungsverfahren zu beenden, schuf die Bank generelle Antikorruptionsrichtlinien („ACG 2006")[309], die

---

303 Das Direktorium billigte *World Bank,* Sanctions Reform (2006): § 1.01 (b) SP12; *World Bank,* World Bank Group Sanctions Regime: An Overview, S. 11; *Leroy/ Fariello,* S. 11; *Baghir-Zada,* S. 82 f.

304 Mit ihnen und ihren Antikorruptionsstrategien und Sanktionsverfahren beschäftigt sich ausführlich *Baghir-Zada* S. 62 ff.; neuerer Überblick: *Seiler/Madir,* S. 15–25.

305 *IFI Task Force,* Uniform Framework for Preventing Fraud and Corruption, S. 1; *World Bank,* World Bank Group Sanctions Regime: An Overview, S. 11; *Leroy/ Fariello,* S. 11; *World Bank,* Sanctions Reform – Note to Borrowers; *Seiler/Madir,* S. 8 ff.; *Zimmerman/Fariello,* S. 192 f.

306 *IFI Task Force,* Uniform Framework for Preventing Fraud and Corruption, S. 1.

307 *IFI Task Force,* Uniform Framework for Preventing Fraud and Corruption, S. 2 und Attachment 1, Nr. 3.

308 *IFI Task Force,* Uniform Framework for Preventing Fraud and Corruption, S. 2 f.; *Seiler/Madir,* S. 9: „crucial first step".

309 *World Bank,* Guidelines on Preventing and Combating Fraud and Corruption in Projects Financed by IBRD Loans and IDA Credits and Grants, dated October 15, 2006.

unter den MDBs harmonisierte Definitionen benutzten.[310] Sie galten allgemein für die Verwendung von Geldmitteln der Bank während der Vorbereitung und Umsetzung eines ganz oder teilweise von ihr finanzierten Projektes.[311]

Eine Änderung der Vergaberichtlinien im Oktober 2006 („PG 2006" und „CG 2006")[312] übernahm die harmonisierten Definitionen ebenfalls, behielt aber durch einschränkende Fußnoten die Beschränkung ihres Anwendungsbereichs auf das Vergabeverfahren bei.[313]

Schließlich und unabhängig[314] von Harmonisierungsbestrebungen wurde das Behindern der Ermittlungen der Weltbank („obstruction") erstmals selbstständig potentielle Grundlage von Sanktionen.[315] Die damals eingeführten Definitionen gelten bis heute.[316]

3. Ausweitung des Verfahrens innerhalb der Weltbankgruppe

Einem Beschluss von 2005 folgend übernahmen MIGA und IFC ein dem Reformvorschlag 2004 im Wesentlichen entsprechendes Verfahren; auch auf die Risikogarantien der Bank wurde das Sanktionssystem ausgeweitet.[317] Jeder dieser drei Bereiche bekam einen eigenen EO;[318] das *Sanctions Board* erhielt weitere spezialisierte Mitglieder.[319]

---

310 *World Bank,* World Bank Group Sanctions Regime: An Overview, S. 12.

311 § 4 ACG 2006.

312 *World Bank,* Guidelines: Selection and Employment of Consultants by World Bank Borrowers, May 2004, revised October 2006; *World Bank,* Guidelines: Selection and Employment of Consultants by World Bank Borrowers, May 2004, revised October 1, 2006 and May 1, 2010.

313 Fn. 19–22 zu § 1.14 PG 2006; Fn. 17–20 CG 2006; *World Bank,* World Bank Group Sanctions Regime: An Overview, S. 12: „clarifying footnotes".

314 Obwohl er nicht Teil der unter allen kooperierenden MDBs harmonisierten Definitionen wurde, schufen einen solchen Tatbestand auch die IDB und die ADB: *Seiler/Madir,* S. 10.

315 § 1.14 (a) (v) PG 2006, § 1.22 (a) (v) CG 2006; § 7 lit. e) ACG 2006; ausführlich dazu der Reformvorschlag: *World Bank,* Sanctions Reform (2006), S. 13 ff.; s. *World Bank,* World Bank Group Sanctions Regime: An Overview, S. 11 f.; *Leroy/Fariello,* S. 11.

316 Kapitel 2 – C.

317 *World Bank,* Sanctions Reform (2006), S. 15; *World Bank,* World Bank Group Sanctions Regime: An Overview, S. 11; *Leroy/Fariello,* S. 10 f.

318 Übersicht über die EOs online: *World Bank,* Sanctions Evaluation and Suspension Officers, http://go.worldbank.org/OQBQTFFFI0 (25.06.2013).

319 *World Bank,* World Bank Group Sanctions Regime: An Overview, S. 11; *Leroy/Fariello,* S. 10 f.; unten Kapitel 5 – E.II.2.

V. Voluntary Disclosure Program

Der grundlegende Reformvorschlag von 2004 erkannte auch die begrenzten Möglichkeiten der Weltbank, Verdachtsfällen nachzugehen und Verstöße gegen die Richtlinien zu beweisen; als Gegenmittel sollte ein „*Voluntary Disclosure Program*" („VDP"), eine Art Kronzeugenregelung, dienen.[320]

Im August 2006 startete die Weltbank das VDP offiziell mit der Veröffentlichung standardisierter Vertragsbedingungen.[321] Der Teilnehmer verpflichtete sich, selbst kein Fehlverhalten mehr an den Tag zu legen, das nach den Regeln der Weltbankgruppe Anlass zu Sanktionen gäbe.[322] Er verpflichtete sich weiter, Fehlverhalten anderer, von dem er Kenntnis erlangte, der Weltbank mitzuteilen[323] und eigenes Fehlverhalten durch eine genauer geregelte interne Ermittlung zu untersuchen und offenzulegen.[324] Weiter verpflichtete sich der Betroffene, ein *Compliance*-Programm nach den Vorgaben der Weltbank einzurichten und von einem Sachverständigen nach weiteren Vorgaben der Weltbank überwachen zu lassen.[325]

Als Gegenleistung für all diese Anstrengungen gewährte die Weltbank ihm nicht nur, wie 2004 angedacht,[326] eine mildere Sanktion, sondern verzichtete vollständig darauf, das freiwillig aufgedeckte Verhalten zu sanktionieren.[327] Auch die Zusammenarbeit an sich sollte vertraulich behandelt werden.[328] Sollte der VDP-Teilnehmer seine zentralen vertraglichen Verpflichtungen allerdings verletzen, war eine obligatorische zehnjährige Sperre die Folge, die wie alle anderen Sanktionen veröffentlich werden sollte.[329]

Neue Vertragsbedingungen[330] sollten das VDP 2011 einfacher und effizienter machen.[331] Das Programm steht, wie andere Kronzeugenregelungen,[332] in

---

320   *World Bank,* Reform of the World Bank's Sanction Process (2004), S. 12; auch *World Bank,* World Bank Group Sanctions Regime: An Overview, S. 11; die Situation vor der Reform kritisiert *Chanda,* 32 DJIntLP 315, 349.

321   *World Bank,* World Bank Group Sanctions Regime: An Overview, S. 12, insb. Fußnote 27; *Boisson de Chazournes/Fromageau,* EJIL 23 (2012), 963, 971. Näher zur Praxis der Bank und Parallelen bei anderen Entwicklungsbanken: *Baghir-Zada,* S. 97 f., 178.

322   *World Bank,* VDP Terms & Conditions (2006), Rn. 4.

323   *World Bank,* VDP Terms & Conditions (2006), Rn. 5.

324   *World Bank,* VDP Terms & Conditions (2006), Rn. 6–19.

325   *World Bank,* VDP Terms & Conditions (2006), Rn. 20–29.

326   *World Bank,* Reform of the World Bank's Sanction Process (2004), S. 12.

327   *World Bank,* VDP Terms & Conditions (2006), Rn. 30.

328   *World Bank,* VDP Terms & Conditions (2006), Rn. 37–39.

329   *World Bank,* VDP Terms & Conditions (2006), Rn. 42–45.

330   *INT,* VDP Terms & Conditions (2011).

331   *INT,* Annual Report 2011, S. 25.

332   Zum deutschen Strafrecht: *Fischer,* § 46b StGB Rn. 2 f.

rechtspolitischer Kritik, die aber den Umfang dieser Arbeit sprengen würde. Die praktische Bedeutung des VDP ist unklar.[333]

E. Reformen ab 2009

Zwei Jahre nach dem Inkrafttreten der großen institutionellen Umgestaltung des Sanktionsverfahrens 2007 begann die Weltbank mit erneuten Reformen. Sie sollten den Sanktionsprozess effizienter machen. Die bedeutendsten Neuerungen waren die Einführung der *Early Temporary Suspension* 2009 (I.), der Abschluss einer Vereinbarung zur wechselseitigen Anerkennung von Sanktionsentscheidungen mit anderen Entwicklungsbanken (II.) und die Regelung von Vergleichen im Sanktionsverfahren 2010 in Folge des Siemens-Falles (III.). Die Bank überarbeitete ihre Richtlinien (IV.), machte ihr Sanktionsregime transparenter (V.) und gab ihm neue Verfahrensregeln (VI.)

I. Neue frühe und schnellere einstweilige Sperre

Die mit der ersten Reform geschaffene vorläufige Sperre, die 90 Tage nach Erlass der *Notice of Sanctions Proceedings* begann,[334] konnte nicht verhindern, dass Aufträge an Unternehmen vergeben wurden, gegen die INT erst ermittelte. Das war unbefriedigend, weil eine volle Ermittlung in komplexen Fällen durchaus über ein Jahr lang dauern konnte.[335] Allerdings verfügte INT oft bereits über genügend Beweise, um einzelne Fälle von Fehlverhalten, etwa einen Betrug, nachzuweisen, während das Ausermitteln des Falles in seinem ganzen Ausmaß noch dauerte.[336]

Dieser Lücke im Sanktionsprozess schloss die Weltbank im Mai 2009:[337] Durch sog. *Early Temporary Suspension* konnte der EO von nun an ein Unternehmen schon während einer laufenden Ermittlung einstweilen von weiteren Auftragsvergaben ausschließen, wenn bereits genügend Beweise für mindestens einen Fall

---

333 Weiterführend *Boisson de Chazournes/Fromageau,* EJIL 23 (2012), 963, 971. Die Vertraulichkeit des VDP erschwert Aussagen zu seiner Beliebtheit. INT erweckt im Jahresbericht den Eindruck, als käme das VDP zur Anwendung, hätte aber Steigerungspotential: *INT,* Annual Report 2012, S. 16. Als Indiz für wenig Anwendungsfälle dient die im Übrigen aktuell gehaltene Sammlung von Dokumenten zum Sanktionsregime auf World Bank, Sanctions System – Key and Reference Documents, http://go.worldbank.org/CVUUIS7HZ0 (31.08.2013), denn sie verweist noch auf die alten Bedingungen von 2006. Umfangreiche Kritik an mangelnder Verteilungsgerechtigkeit des VDP: *Rogers,* CJTL 46 (2008), 709, 715–730.
334 § 9 Abs. 6 SP09.
335 *World Bank,* World Bank Group Sanctions Regime: An Overview, S. 13.
336 *Leroy/Fariello,* S. 13: „tip of the iceberg".
337 INT Annual Report 2009, S. 22; *World Bank,* World Bank Group Sanctions Regime: An Overview, S. 13; *Leroy/Fariello,* S. 13.

von sanktionierbarem Fehlverhalten vorlagen.[338] Dieses neue Instrument kam aber insgesamt wenig und lange Zeit überhaupt nicht zum Einsatz.[339]

Die normale einstweilige Sperre überarbeitete die Bank ebenfalls und ließ sie fortan automatisch mit dem Erlass *der Notice of Sanctions Proceedings* beginnen, was der heutigen Regelung entspricht (Kapitel 6 – B.I.1.).[340]

II. Cross Debarment

Ab 2010 begannen Sanktionen der Weltbank, außerhalb von finanzierten Projekten der Weltbankgruppe Wirkung zu entfalten. Die Weltbank vereinbarte mit anderen MDBs die wechselseitige Anerkennung von Sperrentscheidungen (1.) und erstreckte die Wirkung einer Sanktion auf ihre eigene Beschaffungstätigkeit (2.).

1. MDB Cross Debarment

2010 vertieften einige der multilateralen Entwicklungsbanken, die bereits das *Uniform Framework* (oben D.IV.1.) geschaffen hatten, ihre Kooperation in der Korruptionsbekämpfung erheblich.[341] Sie schufen die Grundlage für eine wechselseitige Anerkennung von Sperrentscheidungen (a)) und erklärten Grundprinzipien eines guten Sanktionsverfahren (b)). Die Weltbank hatte in Vorbereitung des Abkommens das Risiko, für die Umsetzung fremder Sanktionen verklagt zu werden, analysiert und die Vorteile für die Effizienz des Sanktionsregimes höher bewertet (c)).

Im Herbst 2012 verstärkten die MDBs ihre Zusammenarbeit weiter durch abgestimmte allgemeine Prinzipien für die Bemessung von Sanktionen und zur Behandlung von Unternehmensgruppen (d)).

a) Gegenseitige Anerkennung von Sperrentscheidungen

Die Weltbankgruppe und einige andere Beteiligte des *Uniform Framework* (die AfDB-Gruppe, die ADB, die EBRD und die IDB-Gruppe) vereinbarten am 9. April 2010, künftig wechselseitig Sanktionsentscheidungen umzusetzen, die eine der beteiligten MDBs öffentlich verhängt.[342] Die Anerkennung ist nicht verpflichtend, sondern flexibel geregelt. Insbesondere setzt die anerkennende Bank die Rechtsfolge, also vor allem die Dauer der Sperre, selbst fest und darf auch von Grund auf ein eigenes Sanktionsverfahren einleiten.[343] Außerdem liegt die Entscheidung über

---

338 Kapitel 6 – B.II; Überblick auch *Dubois*, UChiLF 2012, 195, 219–223.
339 *LEG*, Review, S. 2; kritisch auch *IAB*, Annual Report 2012, S. 9 f.
340 § 4.02 (a) SP11; *World Bank*, World Bank Group Sanctions Regime: An Overview, S. 16.
341 *Zimmermann/Fariello*, WBLR III, S. 189: „major step forward".
342 MDB-Agreement, § 1; *World Bank*, World Bank Group Sanctions Regime: An Overview, S. 16; weil die Sanktionsentscheidung öffentlich sein muss, sind die meisten Entscheidungen der ADB nicht anerkennungsfähig: *Seiler/Madir*, S. 27.
343 MDB-Agreement, § 4.

die Anerkennung einer fremden Sanktionsentscheidung letztlich bei jeder beteiligten Entwicklungsbank:[344]

„Notwithstanding the provisions above, a Participating Institution may decide not to enforce a debarment by the Sanctioning Institution where such enforcement would be inconsistent with its legal or other institutional considerations and, in such case, will promptly notify the other Participating Institutions of such decision."[345]

Obwohl sie also vor allem eine Absichtserklärung ist: Die Vereinbarung ist ein wichtiger Schritt zu einer harmonisierten und effektiveren Korruptionsbekämpfung.[346] Die Bank setzte die Vereinbarung am 25. Juni 2010 um, indem sie die Verfahrensregeln (SP09)[347] um eine entsprechende Vorschrift ergänzte.[348]

b) Erklärung zu Grundprinzipien des fairen Sanktionsverfahrens

Zusätzlich erklärten die Entwicklungsbanken, welche Grundprinzipien ihren Sanktionsverfahren zu Grunde liegen, und schrieben so elementare Eckpfeiler eines fairen Sanktionsverfahrens fest.[349] Die Erklärung wird unten, bei der Untersuchung von Prinzipien des Sanktionsverfahrens, wiedergegeben und besprochen.[350]

c) Abwägung von Prozessrisiko und gesteigerter Effizienz

In Vorbereitung des Abkommens hatte die Weltbank eine Risikoanalyse betrieben. Sie bewertete die zu erwartenden Vorteile einer MDB-übergreifenden Sperre für die Effektivität des Sanktionsregimes höher als die erkannten Risiken.[351]

Insbesondere wenn mehrere Entwicklungsbanken gemeinsam ein Projekt finanzieren, sind die Nachteile isolierter Sperrentscheidungen offensichtlich.[352] Die wechselseitige Anerkennung von Sperrentscheidungen schafft Abhilfe. Wenn die wechselseitige Anerkennung von Sperrentscheidungen Unternehmen von der

---

344 Zum MDB-Agreement auch insgesamt *Seiler/Madir*, S. 12 f.
345 MDB-Agreement, § 4 a. E.
346 *Boisson de Chazournes/Fromageau*, EJIL 23 (2012), 963, 988 f.; dass die Anerkennung der Sanktion grundsätzlich automatisch erfolgt, betonen *Zimmerman/Fariello*, S. 197 ff.
347 *World Bank*, IBRD/IDA Sanctions Procedures as amended on December 22, 2008 and May 11, 2009, additionally amended on June 25, 2010, http://go.worldbank. org/CVUUIS7HZ0 (17.6.2012).
348 Neuer Art. X SP09 = Annex A vor Art. I SP09, angefügt durch *World Bank*, Amendment to the IBRD/IDA Sanctions Procedures dated June 25, 2010, S. 1.
349 MDB-Agreement, § 2; *Boisson de Chazournes/Fromageau*, EJIL 23 (2012), 963, 989.
350 Kapitel 2 – A.II.2.a)aa).
351 *World Bank*, Mutual Enforcement of Debarment Decisions, Rn. 7–14.
352 Zur 2006 schlechten Kommunikation sogar unter mehreren Geldgebern desselben Projekts *De Castro Meireles*, S. 82; zum fortbestehenden Verbesserungsbedarf bei der Kommunikation mit anderen Geldgebern: *LEG*, Review, S. 3.

Teilnahme an MDB-Projekten abschreckt, ist das für die Bank nach Ansicht ihres Managements nur scheinbar ein Nachteil: Unternehmen, die sich durch diese Gefahr abschrecken ließen, sollten auch abgeschreckt werden.[353] Allerdings könnten – so die Befürchtung des Managements – Unternehmen im Kampf um ihr Überleben versuchen, die MDBs zu verklagen und deren Immunitäten zu testen.[354] Dieses Risiko werde aber von den Vorteilen erhöhter Transparenz überwogen.[355] Außerdem wüssten Unternehmen, worauf sie sich einließen: Wer ein Gebot abgebe, obwohl er auf die Möglichkeit des *Cross Debarment* hingewiesen worden sei, stimme dieser Möglichkeit zu und stelle die Bank von Haftung frei.[356] Einen entsprechenden Hinweis auf die Möglichkeit des *MDB Cross Debarment* nahm die Bank in 2011 neu erlassene Antikorruptionsrichtlinien („ACG 2011")[357] auf.[358] Überarbeite Vergaberichtlinien („PG 2010" und „CG 2010")[359] kündigten allgemein eine Sanktion gemäß den aktuellen Verfahrensrichtlinien an; eine Fußnote wies speziell auf die Möglichkeit einer Anerkennung der Sanktion durch andere MDBs hin.[360]

d) Prinzipien zur Sanktionsbemessung und Behandlung von Unternehmensgruppen

Aufbauend auf dem *Uniform Framework* erarbeiteten die Parteien des *MDB-Agreement* im September 2012 gemeinsame Grundprinzipien, die den MDBs zur Entwicklung ihrer jeweiligen Sanktionsregime dienen sollen.[361] Sie sind im Wesentlichen

---

353 *World Bank,* Mutual Enforcement of Debarment Decisions, Rn. 15.

354 *World Bank,* Mutual Enforcement of Debarment Decisions, Rn. 13, 16; Kapitel 4 – B.II.1.

355 *World Bank,* Mutual Enforcement of Debarment Decisions, Rn. 17; dazu und zu den Bedenken der ADB auch *Seiler/Madir,* S. 27; *Zimmerman/Fariello,* S. 198.

356 *World Bank,* Mutual Enforcement of Debarment Decisions, Rn. 17; Kapitel 4 – B.II.1.

357 *World Bank,* Guidelines on Preventing and Combating Fraud and Corruption in Projects Financed by IBRD Loans and IDA Credits and Grants, dated October 15, 2006 and revised in January 2011.

358 § 11 (b) ACG 2011.

359 *World Bank,* Guidelines: Procurement under IBRD Loans and IDA Credits, May 2004, revised October 1, 2006 and May 1, 2010; *World Bank,* Guidelines: Selection and Employment of Consultants by World Bank Borrowers, May 2004, revised October 1, 2006 and May 1, 2010.

360 §§ 1.8, 1.14 (d) PG 2010, §§ 1.11 (e) 1.22 (d) CG 2010, jeweils i. V. m. Fn. a (ii).

361 *ADB et al.,* General Principles and Guidelines for Sanctions, S. 1; *ADB et al.,* MDB Harmonized Principles on Treatment of Corporate Groups, S. 1. Anders als das MDB-Agreement lassen die verfügbaren Kopien der Dokumente keine Unterschriften der Parteien erkennen. Aber zur Annahme der Dokumente durch die anderen Beteiligten: *ADB et al.,* www.crossdebarment.org > Harmonized Guidelines.

eine Kurzfassung der Richtlinien, die die Weltbank für ihre Sanktionsorgane aufgestellt hatte.[362]

Die Sanktionsregime der verschiedenen MDBs waren bereits vorher grob vergleichbar gewesen; insb. sahen sie vor, dass bestimmte Faktoren die Sanktion schärfen oder mildern sollten; durch die weitere Harmonisierung rücken sie noch näher an das Leitbild der Weltbank heran.[363]

2. GSD Cross Debarment

Die Bank ermöglichte innerhalb ihrer eigenen institutionellen Grenzen ebenfalls die wechselseitige Anerkennung von Sperrentscheidungen.

Das Sanktionsverfahren erfasst nicht Verträge, die die Weltbank zur Deckung ihres eigenen Bedarfs an Gütern und Dienstleistungen direkt mit Unternehmen schließt, dafür gilt die sog. *Vendor Eligibility Policy* („GSD-VEP")[364]. Das zuständige *General Service Department* („GSD") der Bank prüft vor einem Vertragsschluss, ob der potentielle Vertragspartner zuverlässig, ein *responsible vendor*, ist.[365] Bis 2010 beeinflussten sich aber erstaunlicherweise die Entscheidung des GSD über mangelnde Vertrauenswürdigkeit und der Ausschluss eines Unternehmens von weiteren Ausschreibungen für von der Weltbankgruppe finanzierte Verträge

---

An den harmonisierten Sanktionsrichtlinien ist auch die EIB beteiligt: *ADB et al.,* General Principles and Guidelines for Sanctions, S. 1.

362 *ADB et al.,* General Principles and Guidelines for Sanctions, Rn. 3 entspricht § 9.01 SP12, § II SG (Kapitel 3 – A.); *ADB et al.,* a.a.O., Rn. 4 ff. entspricht § 9.02 SP12, § I, IV f. SG (Kapitel 3 – B.); *ADB et al.,* a.a.O. Rn. 7 entspricht z. T. § III SG (Kapitel 3 – B.IX.); *ADB et al.,* a.a.O. Rn. 8 f. entspricht Art. XI SP12 (Kapitel 3 – C.). *ADB et al.,* MDB Harmonized Principles on Treatment of Corporate Groups, § A – § C. entspricht *World Bank,* Sanctions Regime Information Note, S. 20 ff. und den zugrundeliegenden internen Bankrichtlinien, Kapitel 2 – E.II.1.b). Die Weltbank hatte bei Entwurf ihrer Sanktionsrichtlinien bereits im Sinn, sie zur Basis künftiger Harmonisierungsbemühungen zu machen: *World Bank,* World Bank Group Sanctions Regime: An Overview, Rn. 22.

363 *Seiler/Madir,* S. 22 ff. schildern den Rechtsstand vor der Harmonisierung im September 2012 und die Unterschiede im Detail, insb. *ebd.,* S. 25 den Einsatz einer Basissanktion als Grundlage der Sanktionsbemessung nur durch die Weltbank. Diese Basissanktion ist in *ADB et al.,* General Principles and Guidelines for Sanctions, Rn. 4 Leitbild auch für andere MDBs geworden und umgesetzt u.a. durch Übernahme der Grundprinzipien durch die IDB (*IDB,* Sanctions at the IDB Group, http://www.iadb.org/en/topics/transparency/integrity-at-the-idb-group/ sanctions-at-the-idb,2843.html (05.09.2013) oder eine Anpassung der Sanktionsregelungen der ADB (*ADB,* Integrity Principles and Guidelines, December 2012, §§ 88 ff.). An vorderster Front in der internationalen Kooperationsbekämpfung sieht die Weltbank allgemein *Williams,* PCLJ 26 (2007), 277, 282.

364 *World Bank,* World Bank Vendor Eligibility Policy, revised 18. June 2010, http:// go.worldbank.org/W40WJB5AA0 (31.08.2013).

365 §§ 1.2, 3.1 (f) GSD-VEP; *Leroy/Fariello,* S. 22 ff.

nicht gegenseitig.[366] Nach einer Überarbeitung der Regelwerke Ende 2010 und Anfang 2011 führt die Sperre eines Unternehmens im Sanktionsverfahren nun dazu, dass es auch automatisch für die Verträge des GSD als nicht mehr zuverlässig gilt.[367]

Daneben kann auch das GSD selbst anhand derselben Definitionen, wie sie im externen Sanktionsverfahren gelten,[368] einem Unternehmen die nötige Zuverlässigkeit für Geschäfte unmittelbar mit der Bank für eine bestimmte Zeit absprechen.[369] Nach einer solchen Entscheidung zu seiner Unzuverlässigkeit hat das Unternehmen nun auch den Ausschluss von Ausschreibungen für bankfinanzierte Verträge zu befürchten, der aber nicht automatisch erfolgt: Seit 2011 kann INT anlässlich einer Entscheidung des GSD ein Sanktionsverfahren anstrengen.[370]

III. Negotiated Resolution Agreements – Die Fälle Siemens und Macmillan

Korruptionsfälle unter Beteiligung des Siemens-Konzerns (1.) und Macmillan Ltd. (2.) machten den Anfang für die Beilegung eines Sanktionsverfahrens durch Vereinbarung zwischen INT und den Betroffenen. Im Anschluss an die zwei ersten Einigungen regelte die Bank Vergleiche, sog. *Negotiated Resolution Agreements*, offiziell (3.).

1. Einigung der Weltbank mit Siemens

a) Sanktionsverfahren gegen Siemens Russland OOO

Im April 2009 übermittelte der EO eine *Notice of Sanctions Proceedings* wegen Vorfällen in den Jahren 2004 bis 2006 an die Siemens AG.[371] Der Vorwurf lautete, die russische Tochtergesellschaft von Siemens, die Siemens Russland OOO, habe in ihrem Gebot für einen Vertrag im Rahmen des von der Weltbank finanzierten *Moscow Urban Transport Project* betrogen. Siemens Russland OOO bewarb sich für den Auftrag, ein neues Verkehrskontrollsystem für die dritte Moskauer Ringstraße zu bauen. Entgegen einer vertraglichen Verpflichtung, Interessenkonflikte offenzulegen, habe die Siemens Russland OOO verschwiegen, dass sie mit dem

---

366   *Leroy/Fariello*, S. 23.

367   § 3.1 (g) GSD-VEP; Hinweise an die Unternehmen: § 1.14 (d) PG 2010, § 1.22 (d) CG 2010, jeweils i. V. m. Fn. a (iii); § 11 (c) ACG 2011. Ausführlicher *Deming*, Int'l Lawyer 44 (2010), 871, 873.

368   § 3.1 (f) i. V. m. § 2.1 (c), (d), (g), (h), (j) GSD-VEP (Fehlverhalten ist neben anderen Begriffen alphabetisch geordnet definiert).

369   § 3.1 (f) i. V. m. § 5.4 GSD-VEP.

370   § 1.01 (c) (ii) und § 3.01 (a) (ii) SP11, auch heute noch § 1.01 (c) (ii) und § 3.01 (a) (ii) SP12; ausführlich *Leroy/Fariello*, S. 22 ff.

371   *Siemens AG*, Nachtragsbericht, S. 1.

Ersteller der Pläne für die Arbeiten seit langem eng verbunden gewesen sei und sich mit ihm häufig über Verkehrskontrollsysteme ausgetauscht habe.[372]

b) Der Korruptionsskandal Siemens

Die Ermittlung der Weltbank war eingebettet in einen weltumspannenden Korruptionsskandal bei Siemens.[373]

Im November 2006 hatte die Staatsanwaltschaft München I im Rahmen einer groß angelegten Razzia die Büroräume von Siemens in München durchsucht.[374] Ermittlungen in zahlreichen anderen Ländern folgten.[375] Siemens entschloss sich zur umfassenden Kooperation mit den Behörden und leitete eine eigene interne Untersuchung durch unabhängige Experten ein.[376] Die Staatsanwaltschaft München I erließ am 15. Dezember 2008 einen Bußgeldbescheid gegen Siemens, der wegen der strafmildernden Kooperation des Unternehmens eine ermäßigte Geldbuße von „nur" 395 Millionen Euro festsetzte.[377]

Die U.S. Börsenaufsicht, die United States Securities and Exchange Commission (SEC) reichte am 12. Dezember 2008 eine Klage gegen Siemens wegen zahlreicher Verletzungen des Foreign Corrupt Practices Act (FCPA)[378] ein. Der FCPA ist ein U.S.-amerikanisches Gesetz, das in den Nachwehen des Watergate-Skandals weltweit erstmals Korruption im Ausland zivil- und strafrechtlich sanktionierte.[379] Der Vorwurf der SEC lautete, Siemens habe auf ausgeklügelten Wegen weltweit mindestens 4283 Zahlungen im Wert von insgesamt ca. 1,4 Milliarden US-Dollar an Amtsträger erbracht, um Geschäfte zu machen.[380] Nachdem Siemens die Vorwürfe der SEC gemäß einer vorherigen Vereinbarung weder einräumte noch bestritt, erging ebenfalls am 15. Dezember 2008 eine gerichtliche Entscheidung.[381]

Vorwürfe des U.S. Justizministeriums, des Department of Justice, das für die strafrechtliche Verfolgung von Verstößen gegen den FCPA zuständig ist, akzeptierte Siemens ebenfalls: Tochtergesellschaften in Argentinien, Venezuela und Bangladesch hatten zwischen 2001 und 2006 Bestechungszahlungen von insgesamt fast 40 Millionen US-Dollar geleistet.[382]

---

372 Die Vorwürfe gegen Siemens Russland OOO schildert insgesamt INT, Annual Report 2010, S. 19.

373 Deutsche Aufarbeitung insb.: BGH, 2 StR 587/07, BGHSt 52, 323.

374 Siemens AG, Erklärung, S. 1.

375 Siemens AG, Erklärung, S. 2.

376 Ausführlich Siemens AG, Erklärung, S. 3 ff.

377 Siemens AG, Erklärung S. 1.

378 Foreign Corrupt Practices Act of 1977, Pub. L. No. 95–213, 91 Stat 1494, 15 USC § 78dd-1 et seq.

379 Dubois, UChiLF 2012, 195, 195.

380 SEC, Complaint, S. 1 f.; SEC, Litigation Release No. 20829 dated December 15, 2008, http://www.sec.gov/litigation/litreleases/2008/lr20829.htm (26.06.2013).

381 Siemens AG, Erklärung, S. 9 f.

382 Siemens AG, Erklärung S. 11 ff.

c) Vereinbarung zwischen Siemens-Konzern und Weltbank

Die Aufräumarbeiten des deutschen Unternehmens führten am 2. Juli 2009 auch zu einer Einigung mit der Bank.[383]

Siemens erklärte sich bereit, eine vierjährige Sperre von Siemens Russland OOO als Ergebnis des laufenden Sanktionsverfahrens gegen die russische Tochtergesellschaft zu akzeptieren.[384] Darüber hinaus erkannte die Siemens AG früheres Fehlverhalten im weltweiten Geschäft an und verpflichtete sich und alle ihre Tochtergesellschaften, zwei Jahre lang freiwillig nicht mehr an Ausschreibungen für von der Weltbank finanzierte Projekte teilzunehmen und noch offene Angebote zurückzuziehen.[385] Der vereinbarte freiwillige Verzicht wirkte sehr ähnlich wie eine Banksperre, nur konnte die Weltbank bei einzelnen Ausschreibungen im Interesse der Kreditnehmer Ausnahmen machen.[386] Mit der Wirkung des freiwilligen Verzichts zeigte sich die Weltbank ein Jahr später zufrieden.[387]

Mit Zahlungen von 100 Millionen US-Dollar über die nächsten 15 Jahre erklärte sich Siemens zudem bereit, Projekte zur Bekämpfung der Korruption zu fördern.[388] Die ersten 40 Millionen US-Dollar flossen im Dezember 2010.[389]

2. Einigung der Weltbank mit Macmillan Ltd.

Nach dem Siemens-Fall einigte sich die Weltbank noch ein zweites Mal mit einem Unternehmen informell. Im April 2010 verhängte sie eine sechsjährige Sperre gegen den Verlag Macmillan Ltd., der bei zahlreichen Weltbankprojekten Verträge für Lehr- und Ausbildungsmaterial durch Bestechung gewonnen hatte.[390] Durch frühzeitige und umfassende Kooperation erreichte Macmillan so eine Ermäßigung der eigentlich zu erwartenden, achtjährigen Sperre um zwei Jahre, die weiter auf drei Jahre reduziert werden sollte, wenn Macmillan wie vereinbart ein Compliance Programm einrichten und auch in Zukunft mit INT kooperieren würde.[391]

---

383 *Siemens AG,* Nachtragsbericht S. 1 f.; *World Bank,* Siemens Settlement Agreement – Fact Sheet, S. 1.

384 *World Bank,* Siemens Settlement Agreement – Fact Sheet, S. 1.

385 *World Bank,* Siemens Settlement Agreement – Fact Sheet, S. 1 ff.

386 *Siemens AG,* Nachtragsbericht S. 2 und *World Bank,* Siemens Settlement Agreement – Fact Sheet, S. 2 f.

387 *INT,* Annual Report 2010, S. 19.

388 *World Bank,* Press Release 2009/001/EXT, http://go.worldbank.org/WXRNSDVI40 (31.08.2013); *World Bank,* Siemens Settlement Agreement – Fact Sheet, S. 1.

389 *Siemens AG/INT,* Press Release of December 9, 2010, http://go.worldbank.org/ ORF5OUZ5E0 (31.08.2013).

390 *INT,* Press Release 2010/370/INT, 30. April 2010, http://go.worldbank.org/ MDPDI7SDQ0 (30.08.2013); *INT,* Annual Report 2010, S. 8 ff.

391 *INT,* Press Release 2010/370/INT, 30. April 2010, http://go.worldbank.org/ MDPDI7SDQ0 (30.08.2013); *INT,* Annual Report 2010, S. 8 ff.

Am 29. April 2013 stellte die Weltbank fest, dass Macmillan vereinbarungsgemäß gehandelt habe und hob die Sperre wieder auf.[392]

3. Regelung der Vergleichsverträge

Um die einvernehmliche Erledigung von Sanktionsverfahren weiter zu fördern und ihr einen Rahmen zu geben, änderte die Bank im September 2010 die Regeln des Sanktionsverfahrens und fügte einen Abschnitt zu Vergleichen an.[393]

Den ersten öffentlich bekannten Vergleich nach Inkrafttreten der neuen Regelung schloss die Bank mit dem italienischen Unternehmen C. Lotti S. p. A und sieben weiteren, ungenannten Beteiligten eines Betrugsfalles in Indonesien.[394] Die Sperre Lottis hob die Bank später zeitgleich mit der Macmillans auf.[395] Lotti war das erste Unternehmen, das sich verpflichtete, den angerichteten Schaden wiedergutzumachen; es zahlte den durch überhöhte Rechnungen erschlichenen Betrag zurück.[396]

IV. Richtlinienüberarbeitung und -neuerlass

Nach der großen Richtlinienreform 2006 änderte die Bank zwar nicht mehr die Definitionen sanktionswürdigen Fehlverhaltens, überarbeitete aber dennoch ihre bereits existierenden drei Richtlinien zur Korruptionsbekämpfung bei traditionell finanzierten Projekten (1.) und schuf für ein neues Kreditinstrument auch ein neues Regelwerk gegen Korruption (2.).

1. Überarbeitung der drei bestehenden Richtlinien

Die Bank erweiterte ab 2010 nochmals die Reichweite ihrer Sanktionen und ihres Sanktionsverfahrens: Ein Neuerlass der Vergaberichtlinien im Januar 2011 („PG 2011" und „CG 2011")[397] brachte die (eingeschränkte) Anwendbarkeit der Richtlinien

---

392   *INT,* Press Release of April 29, 2013.
393   *Leroy/Fariello,* S. 20–23; *World Bank,* World Bank Group Sanctions Regime: An Overview, S. 16; die Verfahrensregeln mit Stand September 2010 sind über *World Bank,* Sanctions System – Key and Reference Documents, http:// go.worldbank.org/CVUUIS7HZ0 (31.08.2013) aktuell nicht verfügbar, der Link führt ins Leere; s. aber Art. XI SP11 und die Beschreibung des Verfahrens heute Kapitel 6 – A.III.
394   *INT,* Press Release No: 2011/279/INT, http://go.worldbank.org/QTB04Q9RE2 (31.08.2013); *INT,* Annual Report 2011, S. 4.
395   *INT,* Press Release of April 29, 2013.
396   *INT,* Press Release No: 2011/279/INT, http://go.worldbank.org/QTB04Q9RE2 (31.08.2013); *INT,* Annual Report 2011, S. 4.
397   *World Bank,* Guidelines: Procurement of Goods, Works, and Non-Consulting Services under IBRD Loans and IDA Credits & Grants by World Bank Borrowers, January

auch bei Ausschreibung direkt über Organisationen der UN.[398] Die Vergaberichtlinien besagten nun außerdem, dass gesperrte Firmen überhaupt nicht, auch nicht mittelbar als Subunternehmer, an der Ausführung eines bankfinanzierten Vertrags beteiligt sein dürften.[399]

Überarbeitete Antikorruptionsrichtlinien („ACG 2011")[400] erwähnten ebenfalls die Tätigkeit als Subunternehmer: Eine Betätigung als Unterauftragsnehmer wurde nun als Beispiel des sonstigen Empfangs von Bankmitteln und der Beteiligung bei der Umsetzung eines Projekts genannt, von denen Unternehmen bereits nach den ursprünglichen Regeln von 2006 ausgeschlossen werden konnten.[401]

2. Neue eigene Richtlinien für das Program for Results

Die Weltbank startete am 24. Januar 2012 ein neues Kreditinstrument, das *Program for Results* („PforR"), das eine effektivere Entwicklungsarbeit ermöglichen soll, indem es den Nachweis von Teilerfolgen zur Bedingung dafür macht, dass schrittweise weiteres Geld ausgezahlt wird.[402]

Das PforR deckt nicht bestimmte Ausgaben bei einem einzigen Projekt, sondern unterstützt umfassend die staatliche Entwicklungsarbeit.[403] Aufträge über einer bestimmten Erheblichkeitsschwelle sind außerdem vom PforR ausgenommen und unterfallen nur den bewährten Regeln der Investitionsfinanzierung.[404] Unterhalb der Schwelle überwacht die Bank die Auftragsvergabe durch den finanzierten Staat flexibel.[405]

Das PforR untersteht nicht den üblichen Regelungen für Investitionsfinanzierung durch die Bank, insbesondere nicht den Vergaberichtlinien und den sie flankierenden Antikorruptionsrichtlinien.[406] Die Bank schuf für das neue Finanzierungsprogramm eigene und umfassende Antikorruptionsrichtlinien (PforRG).

2011; *World Bank,* Guidelines: Selection and Employment of Consultants under IBRD Loans & IDA Credits & Grants by World Bank Borrowers, January 2011.

398   § 1.16 (f) PG 2011; § 1.23 (f) CG 2011.

399   § 1.14 (d) PG 2010; § 1.22 (d) CG 2010.

400   *World Bank,* Guidelines on Preventing and Combating Fraud and Corruption in Projects Financed by IBRD Loans and IDA Credits and Grants, dated October 15, 2006 and revised in January 2011.

401   § 11 ACG 2011.

402   OP 9.00, Nr. 4; *World Bank,* Press Release No. 2012/241/OPCS, http://go.worldbank.org/M0S4IDRMD0 (22.06.2012); *INT,* Annual Report 2012, S. 21; Die OP sind interne Verhaltensregeln der Weltbank für die Erfüllung ihrer Aufgaben, *Wahi,* UCDavisJILP 12 (2006), 331, 352; *Alvarez,* S. 236.

403   *World Bank,* Program for Results – Legal Aspects related to Anticorruption, http://go.worldbank.org/SHFRJYR420 (15.07.2013).

404   OP 9.00, Nr. 9.

405   OP 9.00, Nr. 7, 11–13.

406   OP 11.00, Nr. 14, 29.

Sie ähneln den 2006 eingeführten Antikorruptionsrichtlinien für traditionelle Bankfinanzierung insoweit, dass sie keinen Bezug des Fehlverhaltens zu einer bestimmten Auftragsvergabe oder -durchführung verlangen;[407] die Bank fasst beide Regelwerke in den Verfahrensregeln auch unter dem Oberbegriff Antikorruptionsrichtlinien zusammen.[408]

V. Mehr Transparenz

2011 begann die Bank eine Transparenzoffensive und öffnete ihr Sanktionsverfahren weitgehend für die Augen und das Urteil der Öffentlichkeit.[409] Sie ergänzte die öffentlich verfügbaren Regelungen des Sanktionsregimes um die vormals noch rein internen Richtlinien für die Bemessung der Sanktion (1.), bereitete den Weg für die Veröffentlichung der Entscheidungen des *Sanctions Board* im Volltext (2.) und veröffentlichte auch flankierend erläuternde Dokumente zum Sanktionsverfahren (3.).

1. Öffentliche Richtlinien für die Bemessung der Sanktion

Die Weltbank überarbeitete mit Wirkung zum 1. Januar 2011 ihre Richtlinien für die Sanktionsbemessung, die sog. *Sanctioning Guidelines* („SG")[410] und machte sie, anders als Vorläuferdokumente, öffentlich zugänglich.[411]

Inhaltlich machte die Änderung die Sperre mit Möglichkeit zur Aussetzung nach drei Jahren zur neuen *„baseline sanction"*, die mildernde und schärfende Faktoren nach unten und oben modifizieren sollten. Die Regelung gilt auch heute noch.[412]

2. Veröffentlichung der Sanktionsentscheidungen

Außerdem beschloss die Bank in einem mutigen Schritt, die Entscheidungen des *Sanctions Board* zu Rechtsfragen zu sammeln und auszugsweise in sog. *Law Digests*

---

407 Kapitel 2 – B.I.2.c) und Kapitel 2 – B.II.2.

408 § 1.02 (a) (i) und (ii) SP12; *World Bank,* Program for Results – Legal Aspects related to Anticorruption, http://go.worldbank.org/SHFRJYR420 (15.07.2013) unterscheidet „ACG for PforR" und „ACG for IL".

409 *Daly/Fariello,* S. 112, 116 ff.; *Leroy/Fariello,* S. 25 f.

410 *World Bank,* Sanctioning Guidelines v. 1. Januar 2011, http://go.worldbank.org/ CVUUIS7HZ0 (27.06.2013).

411 *Leroy/Fariello,* S. 19; eingehend, auch zur Vorgeschichte, auch *World Bank,* World Bank Group Sanctions Regime: An Overview, S. 14 f.

412 Kapitel 3 – B.I.

zu veröffentlichen.[413] Jede weitere *Sanctions Board Decision* („SBD") sollte von nun an im Volltext veröffentlicht werden.[414]

Die Veröffentlichung begann mit SBD 46 und sechs weiteren Entscheidungen vom 30. Mai 2012.[415] Die Bank hat dadurch die Chance auf effektivere Generalprävention und hohe Akzeptanz ihres Verfahrens, wenn es sich als ordentlich erweist; sie geht aber das Risiko ein, dass schlechte Arbeit ans Licht kommt, oder die Bank sich als überfordert mit ihren ambitionierten Zielen erweist.[416]

Vollständige Transparenz herrscht in der Entscheidungspraxis der Bank noch nicht. Zwar beschloss die Bank auch die Veröffentlichung von *„determinations of the Evaluation Officer in uncontested proceedings".*[417] Das sind aber nur kurze Mitteilungen, dass eine empfohlene Sanktion in Kraft getreten sei, weil der Betroffene nicht das *Sanctions Board* angerufen habe; sie lassen kaum erkennen, wie und warum der EO zu seiner Entscheidung kam.[418]

3. *Erläuterungen des Sanktionsverfahrens*

Die Bank, genauer wohl die *Legal Vice Presidency* („LEG"), erläutert und beschreibt das Sanktionsverfahren ihren eigenen Organen und der Öffentlichkeit. Auch diese Erläuterungen sollen ab Ende 2013 der Öffentlichkeit zugänglich gemacht werden (d)). Eine kürzere Erläuterung ist schon seit 2011 verfügbar, auch das *Sanctions Board* griff darauf bereits zurück (a)). Daneben ist über die Dokumentensammlung

---

413   Die erste und bis jetzt einzige dieser Sammlungen ist *World Bank*, Sanctions Board Law Digest, December 2011. Sie enthält Auszüge aus einigen im Übrigen unveröffentlichten Entscheidungen und fasst auch deren Sachverhalt knapp zusammen (ebd., S. 26–32). Der Hauptteil des Law Digest ist die lose nach Themengebieten geordnete Sammlung von Passagen der einzelnen Entscheidungen zu mehr oder weniger grundsätzlichen Rechtsfragen des Sanktionsregimes. Sie ist die einzig öffentlich verfügbare Informationsquelle zu den Entscheidungen des Sanctions Board vor 2011. Allerdings kann es sein, dass eine Randnummer einer Entscheidung des Sanctions Board im Law Digest mehrfach bei unterschiedlichen Themen zitiert ist. Der besseren Übersichtlichkeit wegen zitiere ich daher grundsätzlich die Entscheidung des Sanctions Board selbst unter Angabe ihrer Randnummer, so als wäre die Entscheidung selbst öffentlich einsehbar. In eckigen Klammern folgt dann eine Fundstelle im Law Digest.

414   § 10.01 SP11; ausführlich, auch zu den Beweggründen der Reform *Leroy/Fariello*, S. 24 ff.

415   *World Bank*, Sanctions Board Decisions, http://go.worldbank.org/58RC7DVWW0 (31.08.2013).

416   So auch die Kosten-Nutzen-Bewertung von *Leroy/Fariello*, S. 24 f.

417   § 10.01 SP11.

418   Allesamt öffentlich unter *World Bank*, Evaluation and Suspension Officer Determinations in Uncontested Proceedings, http://go.worldbank.org/G7EO0UXW90 (27.06.2013); eine künftige Veröffentlichung der echten EO-Empfehlung mit Begründung empfiehlt: *LEG*, Review, S. 4.

zum Sanktionsregime auch eine ursprünglich für den internen Gebrauch bestimmte Beschreibung des Sanktionsverfahrens öffentlich zugänglich, die Diskussionsgrundlage des letzten Reformprozesses 2010 war (b)). Die beiden für das Sanktionsverfahren wichtigsten Angehörigen von LEG veröffentlichten außerdem, wenn auch in privater Eigenschaft, eine ausführliche *World Bank Study* zum Sanktionsregime (c)).

a) Sanctions Regime Information Note

Die sog. *Sanctions Regime Information Note* ist öffentlich verfügbar und beschreibt das Sanktionsregime in Fragen und Antworten. Sie lässt zwar ihr Erscheinungsdatum nicht erkennen, ist aber inhaltlich offenkundig ein Produkt der Transparenzbemühungen von 2011.[419]

Die *Information Note* soll ausdrücklich unverbindlich sein.[420] Aber sie gibt die Ansicht der Bank zum Sanktionsregime wieder und ist für jeden Interessierten als Teil der *„Key and Reference Documents"* zum Sanktionsregime einsehbar.[421] In einer neueren Entscheidung stützte sich das *Sanctions Board* ausdrücklich und ausführlich auf Ausführungen zur Unternehmenssanktion, die nur in der *Information Note* und nicht in anderen öffentlich verfügbaren Dokumenten zu finden sind.[422]

b) Veröffentlichte Darstellung des Sanktionsverfahrens aus Reformprozess 2010

Ebenfalls unter den *Key and Reference Documents* stellt die Bank der Öffentlichkeit einen beschreibenden Überblick zum Sanktionsregime mit dem Titel: *„World Bank Group Sanctions Regime – an Overview"* zur Verfügung.[423]

Das Dokument aus dem Jahr 2010 sollte den Direktoren der Bank als Grundlage für Diskussionen des Sanktionsregimes dienen.[424] Insbesondere stellt es die Geschichte und Entwicklung des Sanktionsregimes bis zu diesem Zeitpunkt ausführlich und, so darf man wohl hoffen, zuverlässig dar.

c) Weltbankstudie von Leroy und Fariello zum Sanktionsverfahren

Obwohl sie nicht Teil der ursprünglichen Transparenzbemühungen war, ist eine weitere Veröffentlichung bemerkenswert. *Anne-Marie Leroy* und *Frank Fariello* veröffentlichten 2012 die Weltbankstudie: *„The World Bank Group Sanctions Process*

---

419   *World Bank,* Sanctions Regime Information Note, S. 23 f. beschreiben bereits den ICO; *Ebd.,* S. 31 verweist auf Rechtstexte von 2011 und nennt die Internetadresse für die Entscheidungen des EO, aber noch nicht die des Sanctions Board.

420   *World Bank,* Sanctions Regime Information Note, S. 2.

421   *World Bank,* Sanctions System – Key and Reference Documents, http://go.worldbank.org/CVUUIS7HZ0 (31.08.2013).

422   SBD 55 (2013), Rn. 86 ff.

423   *World Bank,* Sanctions System – Key and Reference Documents, http://go.worldbank.org/CVUUIS7HZ0 (31.08.2013).

424   *World Bank,* World Bank Group Sanctions Regime: An Overview, Rn. 1.

and Its Recent Reforms", die sie als Beitrag zur Literatur über *Global Administrative Law* verstehen.[425]

Diese Beschreibung des Sanktionsverfahrens sticht wegen ihrer Autoren unter anderen rechtswissenschaftlichen Arbeiten heraus. Auch wenn sie nicht notwendigerweise der Meinung der Bank entspricht,[426] ist die Auffassung der obersten Juristin der Weltbank (*"Bank Group's General Counsel"*) Anne-Marie Leroy und des Hauptverantwortlichen Rechtsberaters der Weltbank für das Sanktionsverfahren *Frank Fariello* höchst interessant.[427]

Bei ihrer Darstellung stützen sich *Leroy* und *Fariello* auf *Information Note* und *Sanctions Regime Overview*. Die Autoren haben ganze Passagen aus den beiden bereits genannten Dokumenten übernommen,[428] die höchstwahrscheinlich ebenfalls aus ihrer Feder stammen. Ihre Studie ist also nicht nur eine wissenschaftliche Auseinandersetzung mit der Sanktionspraxis, sondern auch eine aktualisierte Version der beiden *Reference Documents* zum Sanktionsregime – auch wenn sie offiziell nicht diesen Status hat.

d) Advisory Opinion und Sanctions Manual von LEG

Die Sanktionsorgane können bei ihrer Arbeit auf weitere Dokumente mit juristischer Hilfestellung von LEG zurückgreifen, die im Zuge der aktuellen Sanktionsreform der Öffentlichkeit zugänglich gemacht werden sollen.[429]

Infolge der ersten Sanktionsreform führten Meinungsverschiedenheiten zwischen EO und INT zur Auslegung der Tatbestandsmerkmale sanktionswürdigen Verhaltens fast zu einer Blockade des Sanktionsregimes; eine nicht näher bekannte, aber wohl große Anzahl Fälle gab der EO an INT zurück.[430] 2009 forderte das *Independent Advisory Board* eine bessere Abstimmung zwischen INT, dem EO und der Rechtsabteilung der Bank: EO und INT sollten sich auf eine Auslegung der streitigen Tatbestandsmerkmale einigen und diese Einigung fortan zur Grundlage ihrer Arbeit machen.[431] In der Folge erarbeitete die *Legal Vice Presidency* ein Gutachten mit allgemeinen Auskünften zu den strittigen Rechtsfragen;[432] EO und INT wollten diese Antworten akzeptieren und zur Grundlage ihrer weiteren Arbeit machen.[433] Das

---

425   *Leroy/Fariello*, S. iv.
426   Das stellt die Bank hinter dem Titel der Studie (S. 4 der PDF-Datei) klar.
427   Positionen der Autoren: *Leroy/Fariello*, S. v.
428   Etwa *World Bank*, World Bank Group Sanctions Regime: An Overview, S. 2; *Leroy/Fariello*, S. 3; ganz ähnlich auch *World Bank*, Sanctions Regime Information Note, S. 5.
429   *LEG*, Review, S. 4.
430   *IAB*, 2010 Annual Report, S. 7.
431   *IAB*, 2009 Annual Report, S. 9.
432   *LEG*, Advisory Opinion, Rn. 1 f.
433   *IAB*, 2010 Annual Report, S. 7.

Dokument aus dem Jahr 2010 ist auf Initiative LEGs seit August 2013 öffentlich zugänglich.[434]

LEG erarbeitete noch ein weiteres Dokument, in dem das Sanktionsverfahren beschrieben ist, das sog. *Sanctions Manual.* Es war ursprünglich nur für den internen Gebrauch bestimmt, soll aber Ende 2013 veröffentlicht werden, wenn LEG es auf den aktuellen Stand gebracht hat; es wird die rechtliche Basis des Sanktionsregimes erläutern, die sanktionswürdigen Verhaltensweisen, die möglichen Sanktionen und das Verfahren erklären und so der interessierten Öffentlichkeit und den Betroffenen einen Überblick über das Sanktionsregime bieten.[435] Anders als auf die schon länger öffentliche Information Note, dazu oben unter a),[436] hat das *Sanctions Board* das noch unveröffentlichte Dokument nicht erkennbar seinen Entscheidungen zugrunde gelegt. Welche Rolle die aktuellen Erläuterungen der *Legal Vice Presidency* spielen werden, bleibt abzuwarten.[437]

Auch die neue Veröffentlichungswelle betrifft aber nicht alle internen Dokumente zur Auslegung des Sanktionsregimes. Die *Advisory Opinion* von 2010 verweist z.B. auf ein internes Memorandum von 2008 zur Auslegung der Korruptionsdefinition.[438] *Law Digest* und Entscheidungen des *Sanctions Board* sollten einen Rückgriff auf diese alten Dokumente aber erübrigen.[439]

VI. Neues Verfahrensrecht

Die Bank erließ am 1. Januar 2011 neue Verfahrensregeln („SP11")[440], die nicht nur die neue Veröffentlichung der Entscheidungen des *Sanctions Board* regelten, sondern auch ein neues Verfahren vorsahen, um die Einhaltung der Bedingungen einer Sanktion zu überprüfen (1.). Daneben schuf sie auch neues flankierendes Verfahrensrecht durch neue Regeln zur Dokumentübermittlung (2.). Schon 2010 hatte sie die Statuten des *Sanctions Board* ergänzt (3.).

---

434 Bei *LEG,* Sanctions Regime – Advisory Opinions, http://go.worldbank.org/ SMP5LWNZK0 (11.09.2013) ist auch Platz für künftige Gutachten.

435 *LEG,* Review, S. 4; *LEG,* Overview of the Sanctions Process, http://go.worldbank. org/QCKYEYKBR0 (11.09.2013) informiert bereits jetzt grob über den Inhalt des Dokuments, das später unter dieser Adresse abrufbar sein wird.

436 Auch Kapitel 2 – E.II.1.b)cc).

437 Zur unabhängigen Rechtsanwendung des Sanctions Board unten Kapitel 5 – E.III.2.

438 *LEG,* Advisory Opinion, Rn. 6. Auch, was aus den *ebd.* Fn. 13 zu Rn. 14 erwähnten Kommentaren zu ACG 2006 wurde, bleibt unklar.

439 Wie das Sanctions Board die Korruptionsdefinition schließlich auslegte, ist aus dem auszugsweisen Abdruck der Entscheidung im *Law Digest* ersichtlich, unten Kapitel 2 – C.III.2.b).

440 *World Bank,* Sanctions Procedures as adopted by the World Bank as of January 1, 2011, amended July 8, 2011.

Im April 2012 erließ die Bank schließlich nochmals neue, an die neuen Versionen der Vergabe- und Antikorruptionsrichtlinien (oben IV.) angepasste Verfahrensregeln („SP12")[441], die bis heute gelten.[442]

1. Verfahren für Kontrolle der Bedingungen einer Sanktion

Um mit den bedingten Sanktionen besser umgehen zu können, die der neue Regelfall werden sollten, schuf die Bank 2011 zugleich mit der Überarbeitung der Sanktionsrichtlinien ein formales Überprüfungsverfahren mit der Möglichkeit, Entscheidungen des zuständigen *Integrity Compliance Officer* vor dem *Sanctions Board* auf Ermessensmissbrauch kontrollieren zu lassen.[443] Das Verfahren gilt auch heute noch, § 9.03 SP12, und ist unten in Kapitel 6 – A.I. besprochen.

2. Regelungen zur Dokumentübermittlung

Erstmals wurden mit Wirkung zum 1. Januar 2011 Regeln zur Übermittlung von Dokumenten geschaffen und veröffentlicht.[444] Inhaltlich ergänzen die *Delivery Rules* (DR) das Sanktionsregime um ein Wiedereinsetzungsverfahren bei Fristversäumung[445] und die Möglichkeit, Zustellungen an unauffindbare Betroffene zu fingieren.[446]

Die *Delivery Rules* sind scheinbar die ersten sekundären Regeln des Sanktionssystems, d.h. tertiäres Weltbankrecht: § 13.05 (a) SP12 besagt, dass die Bank Regelungen zur Dokumentübermittlung schaffen könne. § 13.05 (a) SP12 ist aber keine Verordnungsermächtigung, wie sie der deutsche Jurist aus Art. 80 I 2 GG kennt.[447] Das Management der Bank unter dem Präsidenten und das Direktorium haben auch keine klar abgegrenzten Zuständigkeiten für die Regelung der Geschäfte der Bank, die einer Gewaltenteilung vergleichbar wäre; der Präsident führt die Geschäfte stattdessen unter der allgemeinen Aufsicht des Direktoriums, Art. V § 5 (b) IBRD-Abkommen. § 13.05 (a) SP12 ist also vor allem deklaratorisch: Der Rechtsanwender wird informiert, dass er noch in ein weiteres Dokument blicken muss.

---

441 *World Bank,* Sanctions Procedures, April 2012.
442 Zu anderen kleineren Änderungen *World Bank,* World Bank Group Sanctions Regime: An Overview, S. 16.
443 *World Bank,* World Bank Group Sanctions Regime: An Overview, S. 3.
444 *World Bank,* World Bank Group Sanctions Regime: An Overview, S. 16.
445 § 10 DR.
446 §§ 6–8 DR.
447 Vor vermeintlich hilfreichen Parallelen zu nationalem Verfassungsrecht warnt am Beispiel der UN ausführlich *Alvarez,* S. 67.

3. Verhaltenskodex für Mitglieder des Sanctions Board

Im September 2010 ergänzte die Bank das *Sanctions Board Statute* („SBSt")[448] um einen Verhaltenskodex für seine Mitglieder mit Regelungen zu Interessenkonflikten. Er gilt noch heute und ist unten, in Kapitel 5 – E.IV.2., besprochen.

F. Weitere Entwicklung

Das Sanktionsregime steht nicht still. Mitte 2013 befindet sich die dritte Reform in Arbeit. Ende März 2013 hat die Rechtsabteilung dem *World Bank Audit Committee,* der zentralen Instanz zur Selbstkontrolle der Weltbank,[449] ihre vorläufige erste Analyse des Sanktionsregimes und Vorschläge zur weiteren Verbesserung präsentiert.[450]

Die erste von zwei Phasen der aktuellen Überprüfung soll die Umsetzung der Reformen und die Auswirkungen des Sanktionsregimes auf die Arbeit der Bank untersuchen und prüfen, ob das Sanktionsregime den aktuellen Entwicklungen nationalen und internationalen Rechts angemessen ist; ihren baldmöglichsten Abschluss durch Empfehlungen und einen Plan zu ihrer Umsetzung kündigte LEG im März 2013 an.[451] In einer anschließenden zweiten Phase will die Bank das Sanktionsregime in größerem Kontext in den Blick nehmen, und untersuchen, ob sich das Sanktionsregime für die Bank lohnt.[452]

Die Effizienz des Sanktionsregimes lässt sich schwer messen (I.). Vorschläge zu institutionellen Reformen stehen aber bereits zur Diskussion (II.). Möglicherweise will sich die Bank stärker an US-amerikanischen Auftragssperren orientieren (III.).

I. Schwierige Beurteilung der bisherigen Effizienz

Der Ausgang der künftigen Analyse zur Effizienz des Sanktionsregimes ist nur schwer vorhersehbar. Die Bank hat internationale Korruption insgesamt unattraktiver gemacht.[453] INT erzielt spektakuläre Erfolge (1.), aber dennoch könnte das Sanktionsregime noch bekannter sein (2.). Ob und wie sehr es dazu beigetragen hat, den Verlust von Bankmitteln einzudämmen, wird nur eine aufwendige Analyse durch die Weltbank selbst ermitteln können (3.).

---

448 *World Bank,* Sanctions Board Statute, 15. September 2010, http://go.worldbank. org/CVUUIS7HZ0 (18.09.2013).
449 *World Bank,* Terms of Reference of the Audit Committee, Annex A, § 1.
450 *LEG,* Review, S. 1.
451 *LEG,* Review, S. 1, 5.
452 *LEG,* Review, S. 1, 5.
453 *Deming,* Int'l Lawyer 44 (2010), 871, 884: übergreifende Reichweite der Korruptionsbekämpfung könne kaum übertrieben werden.

1. Spektakuläre Erfolge INTs

INT erzielt neben der unauffälligen täglichen Arbeit immer wieder spektakuläre Einzelerfolge, die den Wert der Anstrengungen unterstreichen.

Ermittlungen INTs führten jüngst nicht nur zu einem bedeutenden Vergleich mit einem kanadischen Konzern, SNC Lavalin, über eine Sperre von 60% der Unternehmensgruppe für mindestens acht Jahre;[454] sie verhinderten sogar die Auszahlung des gesamten Bankkredits in Höhe von 2,9 Mrd. US-Dollar für das betroffene Projekt, das *Padma Multipurpose Bridge Project* in Bangladesch.[455] Dass sich internationale Konzerne in Vergleichen zu enormen Zahlungen verpflichten, um eine Banksanktion zu verhindern oder abzumildern, spricht generell für die Effektivität des Sanktionsregimes.[456]

Die gestoppte Bankfinanzierung für die Brücke in Bangladesch ist aber nicht völlig eindeutig nur ein Erfolg. Die Brücke wird nun entweder nicht, oder nicht mit den gut kontrollierten Mitteln der Bank unter ihren strengen Auflagen gebaut.[457] Die alte Position der Bank, das Geld müsse irgendwie ankommen,[458] war sicherlich nicht völlig richtig, aber möglicherweise auch nicht völlig falsch. Das kann nur die Bank entscheiden.

2. Ausbaufähiger Bekanntheitsgrad des Sanktionsregimes

Wie sehr die Bank Korruption unattraktiv macht, könnte bekannter sein. Die folgende Einschätzung des (nach eigenen Angaben) im Sanktionsregime erfahrenen Betroffenenvertreters *Matt Ellis* ist treffend, wenn auch das Interesse an Mandatswerbung seine wohlwollende Bewertung der Wirkungen des Sanktionsregimes beeinflussen mag:

> „In fact, World Bank debarment may be the most significant penalty you have never heard of. It can have effects that go beyond ineligibility for World Bank work. Through cross-debarment procedures, tagged companies and individuals generally are deemed ineligible to participate in projects financed by other multilateral development banks. Moreover, debarred companies show up on due diligence „red flag" lists as „blacklisted" companies – even after their debarment is over – complicating efforts to conduct international business. Some debarred companies must also pay steep fines."[459]

---

454 *INT*, Press Release 2013/337/INT, http://go.worldbank.org/4UP7MMFCZ0 (24.06.2013).

455 *INT*, Annual Report 2012, S. 11; *IAB*, Annual Report 2012, S. 6 f.

456 Auf den Vergleich mit Alstom reagierte auch Transparency International anerkennend, *INT*, Annual Report 2012, S. 14; zu den bedeutenden Vergleichen auch unten Kapitel 3 – D.III.1.

457 *IAB*, Annual Report 2012, S. 6 f. schildert das Ende der Bankbeteiligung am Projekt trotz weit anerkannter Bedeutung der Brücke für die ganze Region, schlussendlich zog Bangladesch sein Finanzierungsgesuch zurück.

458 Zu ihr zurecht kritisch *Thornburgh/Gainer/Walker* (2000), S. 8 f.

459 *Ellis*, World Bank Sanctions: Guidance for Practitioners, http://mattesonellislaw. com/fcpamericas/world-bank-sanctions-guidance-for-practitioners (24.06.2013).

Die Anstrengungen der Weltbank könnten in der Tat bekannter und dadurch effektiver sein. Die Weltbank untersuchte die Hintergründe niedriger Beteiligung von Baufirmen an Bankausschreibungen in einem nicht genannten *Middle-Income Country*.[460] Dabei fand sie heraus, dass gut die Hälfte der befragten Bauunternehmer ihre Angebote absprechen und sogar fast zwei Drittel[461] damit rechnen, an einen Regierungsauftrag nur durch Geschenke zu kommen; nur 27 % der Befragten wussten, dass sie sich bei der Weltbank über das Vergabeverfahren beschweren können.[462] Noch weniger, 19 % der Befragten, gaben an, sie wüssten von der allgemeinen Möglichkeit, unsaubere Geschäftspraktiken an INT zu melden.[463]

3. Auswirkungen auf Mittelverlust durch Korruption

Durch ihre Anstrengungen zur Korruptionsbekämpfung hat die Bank kritischen Schätzungen zufolge den Mittelverlust durch Korruption nur von 30 %[464] auf 10–15 % reduziert.[465] Man könnte auch sagen: Sie hat den Mittelverlust immerhin halbiert. Verlässlich können solche Schätzungen kaum sein, schon allein, weil die Studien zu Korruption auf Befragungen basieren – und damit auch auf erheblichen Falschangaben infolge von Schuldgefühlen oder Misstrauen der Befragten.[466]

Zum Korruptionsverlust noch im Jahr 1997 kursieren auch Zahlen von 40 % und 20 %.[467] Die Angabe von 10–15 % im Jahr 2005 beruht offenbar nur auf den Angaben eines einzigen anonymen Projektmanagers zu seinen Erfahrungen bei

---

460 *INT,* Annual Report 2012, S. 22 f.
461 *INT,* Annual Report 2012, S. 22 weist darauf hin, dass diese schockierende Zahl fünfmal höher sei als der Wert, den die IFC in ihrer Enterprise Survey industrieübergreifend ermittelt habe. Von den über 130.000 befragten Unternehmen aller Branchen in 135 Ländern gehen laut aktuellen Daten der *IFC,* Enterprise Survey – Corruption, http://www.enterprisesurveys.org/Data/ExploreTopics/corruption#--1 (28.08.2013), 22,7 % davon aus, für einen Regierungsauftrag müssten sie Geschenke machen, der Wert schwankt stark von Land zu Land.
462 *INT,* Annual Report 2012, S. 22.
463 *INT,* Annual Report 2012, S. 22 spricht wörtlich von Beschwerden über „integrity related matters".
464 *Winters,* in: *Pincus/Winters,* S. 102; *Williams,* PCLJ 26 (2007), 277, 283.
465 *Williams-Elegbe,* Fighting Corruption, S. 68 f.; wortgleich zweifelt *dies.* bereits früher an der Effizienz der Bank: *Williams,* PCLJ 26 (2007), 277, 283, jeweils unter Verweis auf *Hobbs,* S. 24–29. Zum Mittelverlust bei Infrastrukturprojekten *Hostetler,* YHRDLJ 14 (2011), 231, 232 ff.
466 Dieses Problem beschreiben ausführlich *Kraay/Murrell,* auf S. 12 ff. kommen sie mit ihrer Methode, die versucht solche Falschangaben anhand komplizierter Indikatoren und Statistik herauszufiltern, zu einem doppelt so hohen Wert zu Korruption, als ihn die unbereinigten Daten einer Weltbankumfrage in Peru erkennen ließen.
467 *Thornburgh/Gainer/Walker* (2000), S. 4.

einem bankfinanzierten Vertrag.[468] Die darauf basierte Untersuchung wirft der Bank ohnehin Heuchelei vor[469] und wirkt wenig objektiv.

Selbst wenn die Schätzung 2005 zutraf, kann das Sanktionsregime mittlerweile, zahlreiche Reformen und hunderte sanktionierte Firmen später, größeren Abschreckungseffekt haben.[470] Der Domino-Effekt[471] einer Weltbanksanktion ist schwer in Zahlen auszudrücken, aber er kann nicht zuletzt wegen der Vereinbarung zur wechselseitigen Anerkennung von Sperrentscheidungen unter den großen internationalen Entwicklungsbanken gewaltig sein und besitzt daher auch großes Abschreckungspotential.[472]

Schlussendliche Gewissheit über Kosten und Nutzen des Sanktionsregimes muss eine sorgfältige Analyse bringen, zu der nur die Weltbank fähig ist, weil niemand außer ihr die nötigen Daten besitzen kann. Die finanziellen Auswirkungen der Arbeit INTs in den Blick zu nehmen, bezeichnete *Leonard Frank McCarthy*, der *Vice President for Integrity* an der Spitze INTs, als eine der Herausforderungen des gerade abgelaufenen Fiskaljahrs 2013.[473]

II. Vorschläge zu institutionellen Korrekturen

Einfacher als die Beurteilung von Kosten und Nutzen in harten Zahlen ist der erste Schritt, die Beurteilung der institutionellen Effizienz des Sanktionsregimes.

1. Funktion des EO

Die Einrichtung des EO hat sich bewährt, denn 61 % aller Fälle bis 31. Dezember 2012 wurden ohne Anrufung des *Sanctions Board* erledigt.[474] Allerdings sieht LEG darin auch ein Problem, denn kleine und mittlere Unternehmen interessieren sich offenbar aus noch unbekannten Gründen generell wenig für das Sanktionsverfahren; sie reagieren auch auf Anfragen zur Umsetzung der Bedingungen für die Aussetzung ihrer Sperren nicht.[475] Es scheint festzustehen, dass die *Early Temporary Suspension* bisher weitgehend ungenützt und daher nutzlos blieb.[476]

---

468 *Hobbs*, S. 24, 22 (Fn. 14).
469 *Hobbs*, S. 27 ff.
470 Wohlwollender auch *Boisson de Chazournes/Fromageau*, EJIL 23 (2012), 963, 971.
471 *Moosmayer*, S. 16.
472 *Moosmayer*, S. 15 f.; *Boisson de Chazournes/Fromageau*, EJIL 23 (2012), 963, 988 f.; die Erwartung besserer Generalprävention bei *World Bank*, Mutual Enforcement of Debarment Decisions, Rn. 15 (oben Kapitel 1 – E.II.1) klingt jedenfalls plausibel; noch mehr Kooperation, auch mit anderen bilateralen Geldgebern und Anerkennung mancher nationaler Auftragssperren fordert *LEG*, Review, S. 3.
473 *INT*, Annual Report 2012, S. 26.
474 *IAB*, Annual Report 2012, S. 9.
475 *LEG*, Review, S. 2, 5.
476 *LEG*, Review, 2 f.; *IAB*, Annual Report 2012, S. 9 f. moniert zu hohe Anforderungen.

Die *Legal Vice Presidency* plädiert für eine Änderung des Verfahrens vor dem EO in ein Entscheidungsverfahren, das dem Betroffenen im Voraus Gelegenheit zur Äußerung gibt, und dem sich eine Möglichkeit zur Überprüfung aller EO-Entscheidungen einschließlich einstweiliger Sperren anschließt – egal ob auf Antrag des Betroffenen oder von INT.[477] Außerdem sollen nach dem Willen LEGs auch die Entscheidungen des EO im Volltext veröffentlicht werden.[478]

2. Rechtsförmigkeit des Sanktionsregimes

Nicht nur über den Nutzen des EO, auch über die Rechtsförmigkeit und weitere Entwicklung des Sanktionsregimes im Übrigen gehen die Meinungen auseinander. Schon *Thornburgh, Gainer* und *Walker* (oben C.II.2) hatten davor gewarnt, das Verfahren zu kompliziert und formalisiert auszugestalten: die Bank treffe letztlich nur eine geschäftliche Entscheidung.[479]

Das *IAB* begrüßt zwar die durch die Entwicklung des Sanktionsverfahrens gesteigerte Transparenz, warnt aber in deutlichen Worten vor falschem Ehrgeiz und einem zu komplexen, rechtsförmig formalen System, das viel Geld und Zeit kosten könnte, ohne der Bank einen wirklichen Vorteil für ihre Arbeit zu bieten:[480]

> „Whilst the IAB has welcomed increased independence and transparency in the sanctions process, the Board has also been concerned that the process is becoming much more complex and, as a result, time consuming. In its letter to the incoming President of the Bank in July 2012, the IAB raised its concern that ‚the Bank might run the risk of setting up an expensive and time consuming legal system which will tie up great resources without commensurate benefit to the operation and the mission of the Bank'. The IAB still believes this is a present risk. As the Bank continues to refine the operation of its sanctions regime it must bear this risk in mind.
>
> It is not possible for the Bank to run a judicial system. It does not have the legal basis to do so, nor the sovereign power to enforce it. Its investigative arm, INT, has no coercive power to gather evidence in a way which would be required for a fully judicial system. The World Bank is not a law enforcement agency, it is not a judicial body, nor is it a sovereign state. It is a lending and development institution. [...]
>
> The sanctions system, which began purely as an administrative process, is now more hybrid. It could be streamlined. The Board recommends that the Bank carefully consider this issue and give weight to the need for a fair but efficient system – one capable of coming to sensible decisions expeditiously."[481]

---

477 *LEG*, Review, S. 4.
478 *LEG*, Review, S. 4.
479 *Thornburgh/Gainer/Walker* (2002), S. 86.
480 Ähnlich schon *Williams*, PCLJ 26 (2007), 277, 303.
481 *IAB*, Annual Report 2012, S. 8 f.

Dagegen plädiert die *Legal Vice Presidency* zwar auch für Effizienz in einfachen Fällen, fordert aber auch mehr Transparenz, eine Besetzung des *Sanctions Board* ohne Bankangehörige,[482] und die bereits oben, unter 1., erwähnte Änderung des EO-Verfahrens.[483] LEG stützt diese Forderungen auf eine grundsätzlich, aber nicht ausnahmslos positive Bewertung des Sanktionsverfahrens anhand allgemeiner Anforderungen an *due process* und der allg. Kriterien des sog. *global administrative law*.[484]

III. Orientierung an *Federal Acquisition Regulation* der US-Regierung

Bei der Weiterentwicklung ihres Sanktionsregimes ließ sich die Weltbank bisher schon von nationalen Regelungen inspirieren.[485] Eine besondere Vorbildfunktion für die ursprüngliche Konzeption des heutigen Sanktionsverfahrens hatte der in der Einführung, unter C.II., dargestellte Ausschluss korrupter Unternehmen von Aufträgen der USA.[486] Die grundsätzliche Ähnlichkeit des aktuellen Verfahrens vor dem EO und der einstweiligen Sperre (ausführlich Kapitel 6 – B.I.), sowie der Vergleichsmöglichkeit (Kapitel 3 – C.) zu den Regelungen der FAR ist offensichtlich.[487]

Die 2004 entworfenen Regeln (D.I.1.) sehen aber im Unterschied zur FAR und auch den frühen Anfängen des Sanktionsverfahrens vor, Unternehmen nicht nach Ermessen des Präsidenten oder eines anderen Verantwortlichen wegen ihrer aktuellen Unzuverlässigkeit auszuschließen, sondern nur wegen früheren Fehlverhaltens;[488] der EO hört die Beteiligten auch erst, nachdem er die Notice erlassen hat.[489] Die Vorschläge von LEG, die Entscheidung des EO von einer vorherigen Anhörung der Betroffenen abhängig zu machen, oben II.1, könnten das Sanktionsverfahren noch weiter der FAR annähern.

---

482 Diese Maßnahme halten auch *Boisson de Chazournes/Fromageau*, EJIL 23 (2012), 963, 987 für wahrscheinlich.

483 *LEG*, Review, S. 4.

484 *LEG*, Review, S. 3.

485 *LEG*, Advisory Opinion, Rn. 23; *World Bank*, Sanctions Regime Information Note, S. 15; krit. *Prieß*, GWILR 45 (2013), 271, 272 ff.

486 Zu diesem Einfluss *Dubois*, UChiLF 2012, 195, 197; krit. *Prieß*, GWILR 45 (2013), 271, 273; *Thornburgh/Gainer/Walker* (2002), S. 3 f., Fn. 2; den Fokus auf Vergabesperren durch das Vereinigte Königreich und Südafrika legt weitergehend *Williams-Elegbe*, Fighting Corruption, S. 47 ff. und S. 71 ff., auf S. 64 ff. zur Weltbank, S. 38 ff. zur EU und S. 56 ff. den USA. Zur Regelung der EU auch Einführung, 0.I.

487 *Dubois*, UChiLF 2012, 195, 234 f.

488 Heute § 8.01 SP12; SBD 49 (2012), Rn. 45.

489 Auch zu diesen Unterschieden *Dubois*, UChiLF 2012, 195, 234 f. Eine genaue Darstellung des gegenwärtigen Sanktionsverfahrens folgt sogleich Kapitel 5 und 6. Völlige Veränderung der Unternehmensidentität ist aber auch im Sanktionsregime mildernder Gesichtspunkt: Kapitel 3 – B.VIII.3. Nochmals unten Kapitel 4 – A.III.2.c).

Konkrete Hinweise auf einen Funktionswandel des EO nach dem Muster des FAR gibt es bereits. Dass die gegenwärtige EO von IBRD und IDA einen Aufsatz verfasst hat, der beide Verfahren gegenüberstellt,[490] weist darauf hin, dass sich die Bank mit der FAR beschäftigt. Eine oberflächliche Anpassung findet schon statt: IBRD und IDA beginnen damit, ihren EO nach dem Vorbild der US-Vergabebehörden[491] in *„Suspension and Debarment Officer"* umzubenennen. Beschlossen wurde dies schon Anfang 2013,[492] im September schlägt sich der neue Name langsam im Internetauftritt der Weltbank nieder.[493]

Ob und ggf. wo im Sanktionsregime Änderungsbedarf besteht und ob die FAR ein mögliches Modell für die weitere Sanktionsreform sein sollte, lässt sich nach einer genauen Analyse des Sanktionsregimes in den nächsten Kapiteln besser beurteilen.

---

490   Eben der schon oben mehrfach zitierte Aufsatz: *Dubois*, UChiLF 2012, 195, 195 ff.

491   *Dubois*, UChiLF 2012, 195, 199.

492   SBD 59 (2013), Fn. 2 zu Rn. 2.

493   Aus der Webseite *World Bank*, Evaluation and Suspension Officer Determinations in Uncontested Proceedings, http://go.worldbank.org/G7EO0UXW90 (27.06.2013) wurde *World Bank*, Suspension and Debarment Officer Determinations in Uncontested Proceedings, http://go.worldbank.org/G7EO0UXW90 (07.09.2013). *World Bank*, Sanctions System – Key and Reference Documents, http://go.worldbank.org/CVUUIS7HZ0 (07.09.2013) verweist seit Anfang September 2013 auf „SDO Terms of Reference", das verlinkte Dokument selbst ist aber noch nicht an den neuen Namen angepasst: *World Bank*, EO – Terms of Reference, S. 1. Den neuen Namen verwendet schon *LEG*, Overview of the World Bank Sanctions Process, http://go.worldbank.org/QCKYEYKBR0 (11.09.2013).

Kapitel 2 – Voraussetzungen für die Sanktion eines Unternehmens

Die Voraussetzungen für eine Sanktion durch die Weltbank sind ausführlich und vorhersehbar in den Regelungen des Sanktionsregimes verankert (I.). Die Vorgaben des Sanktionsregimes (A.) verlangen von EO und *Sanctions Board*, eine Sanktion zu verhängen, wenn nach den anwendbaren Richtlinien (B.) überwiegend wahrscheinlich (G.) ist, dass der Betroffene durch eigenes oder ihm zugerechnetes Verhalten (E.) einen Tatbestand sanktionswürdigen Verhaltens (C.) verwirklicht hat. Verjährung ist ein Verfahrenshindernis (F.). Ausnahmsweise kann der Betroffene auch entschuldigt sein (D.).

Weitere Voraussetzungen, stellt das Sanktionsregime nicht auf, insbesondere die aktuelle Unzuverlässigkeit eines Unternehmens ist für eine Sanktion nicht erforderlich; nachweisbares sanktionswürdiges Fehlverhalten wird grundsätzlich sanktioniert (H.).

A. Rechtsgrundlagen der Sanktion

Das Sanktionsregime regelt das Verfahren und die Grundlagen einer Sanktion in allgemein formulierten und für die Sanktionsorgane verbindlichen Dokumenten (I.), die durch allgemeine Rechtsgrundsätze ergänzt werden (II.).

I. Ausdrückliche und allgemeine Vorgaben für eine Sanktion

Die Bank will Unternehmen in einem rechtsförmigen Verfahren aufgrund verlässlicher und vorhersehbarer Regelungen (1.) sanktionieren, die in verschiedenen, abstrakt-generell formulierten Dokumenten (2.) enthalten sind. Sie werden von den Sanktionsorganen behandelt und ausgelegt wie Rechtstexte (3.).

1. Angestrebte Verlässlichkeit und Vorhersehbarkeit des Sanktionsregimes

Die Weltbank hat aufgrund ihrer treuhänderischen Pflicht grundsätzlich umfassend die Möglichkeit, mit Unternehmen keine Geschäfte zu machen, soweit dies zum Schutz ihrer Mittel nötig ist;[494] sie hat sie aber durch das Sanktionsregime eingeschränkt und in vorhersehbare Bahnen gelenkt.[495] Die Weltbank will nicht nach

---

494 Schon oben Kapitel 1 – B.II.
495 *World Bank,* Sanctions Regime Information Note, S. 15; *LEG,* Advisory Opinion, Rn. 12. Man könnte hier rechtstheoretisch fragen, ob die Bank wirklich an ihren eigenen Willen gebunden sein kann, ohne dass sie es sich später anders überlegen

Gutdünken, sondern in einem geregelten Verfahren vorhersehbare Sanktionen aussprechen; die Regeln des Sanktionsregimes sollen verständlich, der Öffentlichkeit verfügbar[496] und nur für die Zukunft anwendbar sein.[497] *Leroy* und *Fariello*[498] stellen das Sanktionsregime in die weltweite Tradition guter Gesetze[499] nach *Aristoteles, Thomas von Aquin,* die Scharia und *Han Fei,* und führen aus:

> „The World Bank seeks to ensure, to the extent possible and practicable, that the norms guiding each stage of the sanctions process are consistent with the highest expressions of legality in these various traditions. Consistent with the deep values of those traditions, reform of the World Bank's sanctions process is guided by both formal and procedural principles of the rule of law."[500]

Der Kern der allermeisten Vorstellungen von *Rule of Law,* einer Herrschaft des Rechts,[501] ist neben fairem und wirksamem Rechtsschutz[502] die Annahme, dass Macht anhand von im Voraus festgelegten, verständlichen Regeln ausgeübt werden

---

kann – überzeugend kritisch zu Konsens als Quelle vermeintlich objektiven, unverrückbaren Rechts *Koskenniemi,* insb. S. 309–332; *Higgins,* S. 13 ff.; in diesem Sinn diskutiert die Menschenrechtsbindung internationaler Organisationen erschöpfend *Janik,* Menschenrechtsbindung, insb. S. 203–217. Für die Analyse des real existierenden Sanktionsregimes ist diese Frage aber unwichtig: Dass die Sanktionsorgane Fehler machen und einzelne Regeln verletzen können negiert nicht deren grundsätzliche Verbindlichkeit; die Regelungen einer internationalen Organisation zur Regelung ihrer internen Angelegenheiten und Geschäftsverteilung sind grundsätzlich darauf ausgelegt, von den Adressaten auch beachtet zu werden, dazu *Schermers/Blokker,* § 1201 ff.; *Sands/Klein,* § 11–032 ff. Zur vergleichbaren Bindungswirkung der OP der Bank für ihr Personal *Alvarez,* S. 236. Ob die Bank von ihren Kreditnehmern die Umsetzung und Beachtung auch einer regelwidrigen Sanktion verlangen und dafür Immunität beanspruchen kann, problematisieren Kapitel 4 bis 6.

496 Den Wert der Transparenz betonen *Daly/Fariello,* S. 111 ff.
497 *Leroy/Fariello,* S. 7, 28; auch *LEG,* Advisory Opinion, Rn. 35: „The existence of ,secret' rules offends fundamental principles of fairness and due process."; auch *ebd.,* Rn. 17: „Interpretation [...] must not slip into a disguised form of amendment—which would amount to a retroactive application of norms." *Zimmermann/ Fariello,* WBLR III, S. 200.
498 Zu ihrer Funktion in der Bank oben Kapitel 1 – E.V.3.c).
499 Dazu umfassend *Kälin/Künzli,* S. 25 ff.
500 *Leroy/Fariello,* S. 7 gestützt auf *Waldron,* S. 4; auch *Daly/Fariello,* S. 106.
501 Historisch bezeichnet im Deutschen der Begriff des Rechtsstaats das Ideal einer Begrenzung von Staatsmacht, Vertrauensschutz, Rückwirkungsverbot und Gesetzmäßigkeit der Verwaltung, statt aller *Grzeszick,* in: *Maunz/Dürig,* Art. 20 GG Rn. 4 ff., aber für die Beschreibung der Tätigkeit internationaler Organisationen erscheint er unpassend.
502 Ausführlich dazu Kapitel 5 und Kapitel 6.

sollte – nicht nach Willkür der Mächtigen.[503] Korruptionsbekämpfung nach Lust und Laune statt nach im Voraus festgelegten klaren Regeln wäre offensichtlich widersinnig.[504] Das ganze Sanktionsregime dient auch dazu, die Herrschaft des Rechts im Kampf gegen Korruption und Armut aufrecht zu erhalten – zumindest wenn man dem Untertitel des *Law Digest* glauben darf, der lautet: *„Upholding the Rule of Law in the Fights against Corruption and Poverty.“*[505]

2. Rechtstexte des Sanktionsregimes

Die Weltbank regelt heute in insgesamt fünf Dokumenten, wie sie Unternehmen sanktioniert. Das *Sanctions Board Statute* („SBSt")[506] regelt die Zusammensetzung und Arbeitsweise des *Sanctions Board* sowie, in einem Anhang, Verhaltensregeln für dessen Angehörigen. Kernstück des Sanktionsverfahrens sind aktuell die *Sanctions Procedures 2012* („SP12"),[507] die das Verfahren bis zur Sanktion und die möglichen Sanktionen detailliert regeln. Für die Bemessung der Sanktion dienen die *Sanctioning Guidelines* („SG") als Richtlinien.[508] Die Übermittlung von Dokumenten und einzelne Details des Verfahrens sind in den *Delivery Rules* („DR")[509] angesprochen. Die Vergabe- und Antikorruptionsrichtlinien schließlich finden aufgrund einer vertraglichen Vereinbarung zwischen Bank und Kreditnehmer auf bestimmte Bankprojekte Anwendung und legen die eigentliche Grundlage für die Sanktion, indem sie definieren, welches Verhalten sanktionswürdig ist; dazu ausführlich unter C.

---

503 *Waldron*, S. 5 f.; *LEG*, Advisory Opinion, Rn. 18 ff. zur Anwendung ungeschriebener, allgemeiner Rechtsprinzipien, dazu auch sogleich Kapitel 2 – A.II. Unter der Überschrift des Global Administrative Law verlangt *LEG*, Review, S. 3 f. vom Sanktionsverfahren Transparenz und Vorhersehbarkeit; *Harlow*, EJIL 17 (2006), 187, 190 bezweifelt zwar, dass Global Administrative Law weltweite Standards setzen kann, betont aber die Bedeutung der Idee von Rule of Law für internationale Organisationen westlicher Prägung. Ausdruck dieser Überzeugung ist etwa *World Bank*, Sanctions Regime Information Note, S. 15; zur Rolle der Weltbank allgemein bei der Förderung von „good governance": *Tomuschat*, S. 62.

504 *LEG*, Advisory Opinion, Rn. 21. Die Rechtsförmigkeit der Korruptionsbekämpfung ist nicht nur Mittel zum Zweck, sondern Zweck an sich: *Daly/Fariello*, S. 111. *Dubois/Nowlan*, YJIL 36 (2010), 15, 21: „If a contractual obligation is breached, why can't the World Bank simply sanction firms and individuals as it sees fit? The answer is that the unexplained debarment of firms and individuals would be anathema both to the World Bank's development mission and to its associated work to improve transparency and reasoned decisionmaking in governance worldwide."

505 *World Bank*, Sanctions Board Law Digest, S. 2.

506 *World Bank*, Sanctions Board Statute.

507 *World Bank*, World Bank Sanctions Procedures as adopted by the World Bank as of April 15, 2012.

508 *World Bank*, Sanctioning Guidelines.

509 *World Bank*, Rules on Delivery and Submission of Notices and Other Materials in World Bank Sanctions Proceedings.

3. Auslegung der Rechtstexte

Die Rechtstexte des Sanktionsregimes werden vom *Sanctions Board* (a)) nach allgemeinen juristischen Methoden, also anhand ihres Wortlauts, ihres erkennbaren Zwecks, ihrer systematischen Stellung und ihrer Entwicklung ausgelegt (b)).

a) Auslegungskompetenz des Sanctions Board

Nach der intrainstitutionellen Kompetenzverteilung unter den Verwaltungsorganen der Bank ist eigentlich die *Legal Vice Presidency* für grundsätzliche Rechtsfragen zuständig (aa)). Sie nimmt für das Sanktionsregime die Kompetenz in Anspruch, dessen Regelungen verbindlich auszulegen (bb)). Der EO und vor allem das *Sanctions Board* sind aber selbst zur Auslegung des Sanktionsregimes befugt; sie können sich, wenn sie es wünschen, von LEG beraten lassen. Das *Sanctions Board* ist mittlerweile als juristische Autorität des Sanktionsregimes etabliert (cc)). EO und vor allem INT orientieren sich an den Rechtsauffassungen von *Sanctions Board* und LEG gleichermaßen (dd)).

aa) Grundsätzliche Aufgabe der *Legal Vice Presidency*

Die *Legal Vice Presidency* unter der Führung des Präsidenten der Weltbank übernimmt alle Rechtsfragen im Tagesgeschäft der Bank.[510] Sie bildet in der Regel die Rechtsansicht der Bankorgane, die sich zur ständigen Praxis der Bank entwickeln kann. Die Praxis einer internationalen Organisation ist für die Auslegung ihrer Gründungsverträge besonders wichtig.[511] Ein Rechtsanwender kann den Stand der Dinge, das Eigenleben des Vertrags, nur genauso schwer ignorieren, wie er den Vertrag selbst außeracht lassen könnte.[512]

LEG untersteht wie die restliche Bankverwaltung dem Präsidenten, der die Tagesgeschäfte der Bank unter der Aufsicht und nach den Weisungen des Direktoriums führt.[513] Weisungen zu Rechtsfragen sind theoretisch möglich, kommen aber praktisch fast nie vor.[514] Direktorium und Gouverneursrat der Bank sind zur Klärung

---

510   *World Bank,* About the Legal Vice Presidency, http://go.worldbank.org/J61ALUTLS0 (22.12.2012).

511   *Schermers/Blokker,* § 1347, insb. unter Verweis auf *IGH,* Legality of the Use by a State of Nuclear Weapons in Armed Conflict, Advisory Opinion, ICJ-Rep. 1996, S. 66, 75; allg. auch *Köck/Fischer,* S. 557.

512   *Janik,* Menschenrechtsbindung, S. 330; Zum Streit um die Praxis der Vertragsparteien im Sinn von Art. 31 Abs. 3 lit. (b) des Wiener Übereinkommens über das Recht der Verträge vom 23. Mai 1969, UNTS Bd. 1155, S. 331, BGBl. 1985 II, S. 926 („WVRK"): *Schermers/Blokker,* § 1347; *Alvarez,* S. 87–92 auch zur problematischen Rechtsfortbildung zulasten einer Minderheit; zur Zurückhaltung des EuGH *Bleckmann/Pieper,* in: Dauses, Teil B. I., Rn. 43 ff.; *Herdegen,* in: MPEPIL, Interpretation in International Law, Rn. 19 ff.

513   Art. V § 5 (b) IBRD; Rolle des Direktoriums: Art. V § 4 (a) IBRD.

514   *Janik,* Menschenrechtsbindung, S. 329.

von Zweifelsfragen zwischen der Bank und ihren Mitgliedern zuständig.[515] Wenn das Direktorium ein Rechtsgutachten von LEG offiziell billigte, würde es wegen seiner Weisungsbefugnis besonders verbindlich, auch für den Bankpräsidenten und LEG.[516] Das geschieht selten, aber die Rechtsansicht LEGs bestimmt das Handeln der restlichen Bankverwaltung ohnehin.[517]

bb) Vermeintliche Auslegungshoheit der *Legal Vice Presidency*

Die *Legal Vice Presidency* hat in der Anfangszeit des Sanktionsregimes, ihrer Aufgabe entsprechend, den anderen Bankorganen bei der Auslegung des Sanktionsregimes allgemeine Ratschläge erteilt.[518] In der *Advisory Opinion* von 2010[519] erklärt sich LEG sogar bereit, „*authoritative interpretation*" des Sanktionsregimes vorzunehmen.[520] Heute beschreibt LEG die eigene Rolle als die eines Beraters der unabhängigen Sanktionsorgane in grundsätzlichen Fragen, nimmt aber andererseits die Kompetenz in Anspruch, das Recht der Bank insoweit verbindlich auszulegen:

> „*In providing legal advice in connection with a particular sanctions case, the Legal Vice Presidency limits its advice to legal principles, and therefore refrains from expressing any opinion as to the outcome of the case or on the weight or credibility of the evidence. Given its institutional role, the advice of the Legal Vice Presidency is authoritative to the extent it relates to the Bank's legal framework or matters of legal policy. Importantly, the Legal Vice Presidency has no authority to influence, interfere with, or overrule the determinations of the Suspension and Debarment Officer or the decisions of the Sanctions Board, which determinations or decisions are taken independently, fairly, and impartially, solely on the merits of the case.*"[521]

Die Kompetenz, über *legal policy* zu entscheiden, würde nach der *Advisory Opinion* die Befugnis einschließen, die Anwendung allgemeiner Rechtsprinzipien zum Schließen von Lücken im Sanktionsverfahren zu beurteilen.[522] Verbindlich wären wohl auch die ausführlichen Empfehlungen LEGs zur zurückhaltenden Auslegung der Definitionen sanktionswürdigen Fehlverhaltens im Hinblick auf ein Vorsatzerfordernis; bereits im Entstehungsprozess der Definitionen hatte LEG empfohlen,

---

515   Kapitel 4 – B.I.2.b).
516   *Janik*, Menschenrechtsbindung, S. 330.
517   *Janik*, Menschenrechtsbindung, S. 329 f.; Allgemein auch *Schermers/Blokker*, § 1359; Organisation der Bankverwaltung: *World Bank*, Organigramm Oktober 2012, http://siteresources.worldbank.org/EXTABOUTUS/Resources/bank.pdf (22.12.2012).
518   Schon oben Kapitel 1 – E.V.3.d); *LEG*, Advisory Opinion, Rn. 6, 16. Zur Auslegung der Gründungsverträge der Weltbank unten Kapitel 4 – B.I.2.b).
519   Zur Veröffentlichung 2013 oben Kapitel 1 – E.V.3.d).
520   *LEG*, Advisory Opinion, Rn. 13–16.
521   *LEG*, Role of LEG, http://go.worldbank.org/W9ZGP1LJT0 (06.09.2013).
522   *LEG*, Advisory Opinion, Rn. 18–21.

den Nachweis vorsätzlichen Handelns nicht zur Voraussetzung einer Sanktion zu machen.[523]

cc) Rechtsanwendungskompetenz des *Sanctions Board*

LEG übertreibt die eigene Bedeutung im Sanktionsregime. Unter den geltenden Verfahrensregeln hat LEG keine Kompetenz, den Sanktionsorganen Vorschriften für die Rechtsanwendung zu machen: *Sanctions Board* und EO können gemäß § 1.02 (b) (iii) SP12 den *General Counsel* um Rechtsrat bitten; sie haben also im Umkehrschluss keine ungebetene Einmischung zu befürchten:

> „*If any question arises as to the proper interpretation of any provision of these Procedures or of the Procurement, Consultant or Anti-Corruption Guidelines, the Evaluation Officer or the Sanctions Board may consult with the Bank Group General Counsel for advice.*"[524]

Das *Sanctions Board* hat sich früh von der Rechtsabteilung emanzipiert. Ihm gehören distinguierte Juristen an.[525] Es klärt schwierige Rechtsfragen ganz selbstverständlich selbst, und sieht sich dazu durch seine Statuten ermächtigt.[526] Insbesondere bildet das *Sanctions Board* das Sanktionsregime auch selbsttätig fort, indem es Regelungslücken selbst identifiziert und ausfüllt, ohne dazu vorher LEG um eine autoritative Auslegung zu bitten, dazu sogleich, II.1.[527]

Das *Sanctions Board* kann sich an einer Rechtsansicht LEGs orientieren, wenn und soweit sie ihm einleuchtet.[528] Sklavisch hält sich das *Sanctions Board* nicht an

---

523 So vermutlich *LEG*, Advisory Opinion, Rn. 52–57, 62–66; auch unten Kapitel 2 – C.I.3.

524 § 1.02 (b) (iii) SP12, meine Hervorhebung.

525 Aktuell fünf der sieben regulären Mitglieder, S. *World Bank*, Sanctions Board Members, http://go.worldbank.org/ZL06WOFFD0 (12.09.2013): Der Vorsitzende, *Yves Fortier*, einer Größe der internationalen Handels- und Investitionsschiedsgerichtsbarkeit und zweimaliger Ad-Hoc-Richter am IGH; *Hassan Cissé*, ehemaliger Counsel des IMF und ehem. Chief Counsel for Operations Policy der Weltbank; *Ellen Gracie Northfleet*, u.a. ehemalige Vorsitzende des brasilianischen Federal Supreme Court; *Catherine O'Regan,* u.a. Präsidentin des IMF Administrative Tribunal und ehemalige Angehörige des Verfassungsgerichts von Südafrika; sowie *J. James Spinner,* ehemaliger General Counsel der IADB. *Randi Ryterman* ist profilierte Ökonomin; *Denis Robitaille* ist Ingenieur mit 26 Jahren Erfahrung in der Entwicklungshilfe der Bank.

526 Das Sanctions Board stützt sich insbesondere auf Art. XI SBSt, i. V. m. Art. IV, VII Abs. 2 SBSt: sogleich Kapitel 2 – A.II.1. Das entspricht auch grds. dem Wunsch der Bank, *LEG*, Advisory Opinion, Rn. 15, S. aber noch *ebd.*, Rn. 16.

527 Anders noch *LEG*, Advisory Opinion, Rn. 16, 18 ff.; aber SBD 43 (2011), Rn. 6, 12, 15 [LD 2, 3, 5].

528 Etwa zu Versionskonflikten der Richtlinien, Kapitel 2 – B.I.3. Aussagekräftig ist es auch, dass sich das Sanctions Board nicht auf das vermutlich gleichlautende interne Gutachten LEGs, sondern die Vermutungen der öffentlichen Informati-on Note zur Sanktionserstreckung stützte, Kapitel 2 – E.II.1.b). Die juristische

die allgemeinen Ratschläge LEGs.[529] Die Veröffentlichung der Boardentscheidungen und ihre Sammlung im *Law Digest* honoriert diese Entwicklung und die rechtliche Kompetenz des *Sanctions Board.*

dd) Kombinierter Einfluss von *Sanctions Board* und LEG auf INT und EO

EO[530] und INT können sich eigentlich wie das *Sanctions Board* zutrauen, dass sie ohne Hilfe von LEG juristische Arbeit leisten können.[531] Sie sind aber mehr auf eine Abstimmung mit LEG angewiesen als das *Sanctions Board.* INT und LEG sind außerdem beides Vizepräsidentschaften der Bank, die miteinander arbeiten müssen, nicht gegeneinander.[532] Insoweit gilt uneingeschränkt die oben bb) zitierte Aufgabenbeschreibung: LEG bildet die Ansicht der Bankverwaltung zu grundsätzlichen Rechtsfragen.[533] Der EO ist zwar, wie das *Sanctions Board,* nur berechtigt, nicht verpflichtet, Rat von LEG einzuholen (oben cc)). Anfängliche Meinungsverschiedenheiten klärten INT und EO aber mindestens einmal durch eine Vereinbarung, die *Advisory Opinion* von LEG künftig zur Grundlage ihrer Arbeit zu machen.[534]

Die konkrete Auslegung des Sanktionsregimes durch das *Sanctions Board* ist für die Arbeit des EO und INTs maßgeblich, weil Betroffene das *Sanctions Board* anrufen können; einen nach Ansicht des *Sanctions Board* zu Unrecht empfohlene Sanktion hätte also keinen Bestand.[535] Auch LEG geht davon aus, dass die Rechtsprechung des *Sanctions Board* immer mehr Bedeutung gewinnen wird.[536] Aber was schon nach

---

Letztentscheidungskompetenz des Sanctions Board nehmen wohl auch stillschweigend *Dubois/Nowlan,* YJIL 36 (2010), 15, 20 an: „*The Legal Department and the* Sanctions Board must still answer questions such as what it means to give a bribe indirectly." (meine Hervorhebung); aber auch *dies.*, S. 21 zur Suche nach allgemeinen Rechtsprinzipien durch LEG; zur Praxis des Sanctions Board dagegen sogleich, Kapitel 2 – A.II.

529 Z.B. wählte es zur Erfassung komplexer Korruptionssachverhalte einen anderen Weg als den von LEG vorgeschlagenen, Kapitel 2 – C.III.2.c). Auch die grundsätzlichen Ausführungen zur Recklessness sind weiter als die vagen Vorschläge LEGs, Kapitel 2 – C.I.3.c)bb). Bei Versionskonflikten zwischen Richtlinien ist das Sanctions Board jetzt offenbar auf die Linie LEGs eingeschwenkt, hatte aber vorher anders entschieden, Kapitel 2 – B.I.3.

530 *World Bank,* Bio of Pascale Hélène Dubois, http://siteresources.worldbank.org/EXTOFFEVASUS/Resources/PascaleDuboisBioSeptember2010.pdf (08.02.2013).

531 Kompetenzrangeleien gab es offenbar schon zwischen LEG und dem damaligen Department of Institutional Integrity, vgl. die Ratschläge von *Thornburgh/Gainer/Walker* (2003), S. 16 ff. zu einer besseren Kooperation.

532 *Thornburgh/Gainer/Walker* (2003), S. 16 ff.

533 *LEG,* Role of LEG, http://go.worldbank.org/W9ZGP1LJT0 (06.09.2013).

534 Kapitel 1 – E.V.3.d). Zu den Auswirkungen der Vereinbarung auf die Unabhängigkeit des EO von INT: Kapitel 6 – B.IV.1.c).

535 §§ 5.01, 8.01 SP12.

536 *LEG,* Advisory Opinion, Rn. 15.

der grundsätzlichen und allgemeinen Ansicht LEGs nicht sanktionswürdig ist, wird INT gar nicht erst vor das *Sanctions Board* bringen.[537]

b) Auslegungsmethoden

Das *Sanctions Board* orientiert sich entsprechend allgemeiner juristischer Auslegungsmethoden[538] vor allem am üblichen Wortsinn eines Begriffs und dem Kontext der fraglichen Regelung. Für eine Verfahrensfrage suchte das *Sanctions Board* außerdem nicht nur in den Statuten des *Sanctions Board* und den Verfahrensregeln nach Antworten, sondern auch in der Entstehungsgeschichte der Normen, und der eigenen Rechtsprechung.[539] Die treuhänderische Pflicht der Bank gemäß ihren Gründungsverträgen ist den Verfahrensregeln als Leitmotiv vorangestellt.[540]

Die Entscheidungen des *Sanctions Board* sind keine selbständige Rechtsquelle, sondern nur Mittel zur Rechtserkenntnis. Sie gelten ausdrücklich nur zwischen den Parteien des Verfahrens; von *stare decisis* ist im Sanktionsregime nicht die Rede.[541] Zwar zeigt sich bereits, dass Anwälte von Betroffenen versuchen, sich auf frühere Rechtsprechung des *Sanctions Board* zu stützen.[542] Aber das Lernen aus früheren Entscheidungen ist auch ohne formale Präzedenzdoktrin Grundpfeiler juristischer Arbeit.[543]

Auch die Geschichte der Regelungen kann nur ein Mittel zur Rechtserkenntnis sein.[544] Erstens sind die vorbereitenden Dokumente der Öffentlichkeit entweder gar nicht zugänglich, oder zumindest nicht über die zentrale Sammlung von „*Key and*

---

537 Ein Beschwerderecht auch INTs gegen Entscheidungen des EO könnte das vielleicht ändern, dazu unten Kapitel 6 – B.VI.1.

538 Sie gelten grundsätzlich auch für das von internationalen Organisationen gesetzte Recht, *Herdegen*, in: MPEPIL, Interpretation in International Law, Rn. 50 f.; *Köck/ Fischer*, S. 539 f., 556 ff. *LEG*, Advisory Opinion, Rn. 13: „*Of course, general principles applicable to the interpretation of legal texts should apply. Therefore, the first and most important source of interpretation is the plain meaning of the text itself. No interpretation may do violence to that plain meaning. But where the meaning is open to variable readings, then it is fair and useful to turn to exogenous sources.*"

539 SBD 43 (2011), Rn. 15 [LD 5] erläutert den lückenfüllenden Rückgriff auf allg. Rechtsprinzipien, dazu Kapitel 2 – A.II.

540 § 1.01 SP12; zur Bedeutung der Gründungsverträge als Basis des Sanktionsregimes *LEG*, Advisory Opinion, Rn. 4.

541 § 8.02 SP12; *Ellis*, Compliance and Enforcement at the World Bank's Sanctions Program, http://www.americanbar.org/publications/international_law_news/2013/ winter/compliance_and_enforcement_the_world_banks_sanctions_program.html (11.09.2013).

542 SBD 53 (2012) Rn. 42.

543 *Alvarez*, S. 554; *Higgins*, S. 9; SBD 57 (2013), Rn. 3–8 und SBD 58 (2013), Rn. 3–8 illustrieren das, sie geben die tragenden Erwägungen zur Wiederaufnahme in SBD 43 (2011) wieder.

544 aA *LEG*, Advisory Opinion, Rn. 6 f.

Reference Documents" des Sanktionsregimes.[545] Versteckte Regeln aber sind eines transparenten und rechtsförmigen Sanktionsregimes (oben 1.) unwürdig.[546] Zweitens sind auch die veröffentlichten Reformvorschläge der Weltbank nur Vorschläge, die sich nicht in endgültigen Regeln niederschlagen müssen.[547] Entsprechende Dokumente wurden vom *Sanctions Board* bisher auch ausschließlich herangezogen, um den mit einer Regelung verfolgten Zweck zu ermitteln. Als Mittel zur Rechtserkenntnis kann insbesondere die Ansicht LEGs für die Auslegung des Sanktionsregimes erheblich werden.

II. Allgemeine Rechtsgrundsätze

Allgemeine Rechtsprinzipien sind Teil des Sanktionsregimes und dienen dazu, Lücken in seinen Regelungen zu füllen (1.). Das *Sanctions Board* hat unter Rückgriff auf grundlegende Gerechtigkeitserwägungen bereits eine Regelungslücke geschlossen; das Sanktionsregime basiert auf den Grundsätzen einer jeden Rechtsordnung (2.). Aber der Gerechtigkeitsanspruch des Sanktionsregimes dient ihm nicht als Maßstab zur Kontrolle und ggf. Verwerfung einzelner Regelungen (3.).

1. *Lückenfüllende Fortbildung des Sanktionsregimes nach allgemeinen Grundsätzen*

Das *Sanctions Board* will auf allgemeine Rechtsprinzipien und Gerechtigkeitserwägungen zurückgreifen, wenn sich das Sanktionsregime als lückenhaft erweist.[548] Lücken im Sanktionsregime seien, wie in jedem Regelwerk, unumgänglich und daher auch nichts Besonderes.[549] Art. XI SBSt erkenne dies an und autorisiere i. V. m. Art. IV, VII Abs. 2 SBSt das *Sanctions Board*, prozessuale Regelungslücken durch Entscheidung des Plenums[550] zu füllen.[551] Dabei orientiert sich das *Sanctions Board* an: „... *general principles of law, as demonstrated by leading international or national practice, to inform its analysis.*"[552]

---

545   *World Bank,* Sanctions System – Key and Reference Documents, http://go.world-bank.org/CVUUIS7HZ0 (31.08.2013).
546   So *LEG,* Advisory Opinion, Rn. 35, Zitat oben Fn. 497.
547   Zur Reform 2004: Kapitel 1 – D.I.1.
548   SBD 43 (2011), Rn. 15 [LD 5].
549   SBD 42 (2011), Rn. 12 [LD 3]; zur allgemeinen lückenfüllenden Rechtsfortbildung durch internationale und institutionalisierte Rechtsanwender *Alvarez,* S. 461, 533; grundlegend *Shapiro,* S. 29.
550   Zur theoretischen Möglichkeit, Gremien einzusetzen: Kapitel 5 – E.IV.
551   SBD 43 (2011), Rn. 11 [LD 16]; SBD 57 (2013), Rn. 6; SBD 58 (2013), Rn. 6.
552   SBD 43 (2011), Rn. 15 [LD 5]; vgl. auch *LEG,* Advisory Opinion, Rn. 19.

2. Ermittlung allgemeiner Prinzipien des Sanktionsverfahrens

Ausgehend von der Rechtsprechung des *Sanctions Board* lassen sich einige allgemeine Prinzipien des Sanktionsregimes identifizieren. Die Mindeststandards des *MDB-Agreement* haben im Sanktionsregime keine eigenständige Bedeutung (a)), aber es gelten die Grundprinzipien jeder Rechtsordnung (b)). Menschenrechtspakte kämen als Rechtserkenntnisquelle in Betracht (c)), vor allem aber können auch die einzelnen Regelungen des Sanktionsregimes Ausdruck allgemeiner Grundsätze sein (d)).

a) Mindeststandards einer *MDB-Sanktion* laut MDB Cross Debarment Agreement

Die Übereinkunft mehrerer internationaler Entwicklungsbanken zur gegenseitigen Anerkennung ihrer Auftragssperren[553] enthält eine Beschreibung der Grundprinzipien in den Sanktionsverfahren der Entwicklungsbanken, aber Pflichten der MDBs ergeben sich daraus nicht (aa)). Außerdem spielt die Übereinkunft im Sanktionsverfahren bisher keine Rolle (bb)).

aa) Prinzipienkatalog

Die Vereinbarung lautet wörtlich:

> *„Each Participating Institution hereby represents that its internal mechanisms for addressing and sanctioning violations of its respective anti-corruption policies are consistent with, and incorporate, the following core principles:*

> a. *Adoption of the harmonized definitions of sanctionable (also known as prohibited) practices that include (i) Fraudulent Practice, (ii) Corrupt Practice, (iii) Coercive Practice, and (iv) Collusive Practice, as defined in the Uniform Framework;*

> b. *Adherence to the International Financial Institutions Principles and Guidelines for Investigations as they appear in the Uniform Framework,[554] which require each institution to conduct fair, impartial and thorough investigations;*

> c. *Application of a process to determine whether a sanctionable practice has occurred and the appropriate enforcement action to address it that:*

>> i. *Includes an internal authority responsible for the investigative function and a distinct decision-making authority;*

>> ii. *Operates pursuant to written and publicly available procedures that require (a) notice to the entity or entities and/or individual(s) against whom the allegations are made, and (b) an opportunity for those entities and individuals to respond to the allegations;*

---

553 Kapitel 1 – E.II.1.
554 *IFI Task Force*, Uniform Framework for Preventing Fraud and Corruption, Attachment 1.

iii. *Employs the standard of proof embodied in the Uniform Framework being "more probable than not," or its equivalent; and*

iv. *Provides for a range of sanctions that takes into account the principle of proportionality, including mitigating and aggravating factors."*[555]

So wollte die Bank für wechselseitiges Vertrauen sorgen und nach innen und außen den Eindruck fairer und objektiver Arbeit vermitteln.[556] Auch wenn das MDB-Agreement sich für die Suche nach einem Recht auf ein faires Sanktionsverfahren anbietet, weil es wie ein vertrauter Rechtstext aussieht; aus ihm ergeben sich keine Pflichten der Entwicklungsbanken, ihre Sanktionsregime auf bestimmte Weise, insbesondere gerichtsähnlich, zu betreiben. Die Prinzipien werden erklärt ("... *represents* ..."), nicht vereinbart. Die Vereinbarung zur wechselseitigen Anerkennung statuiert nur Mindeststandards, die anderen Banken betreiben meist ein weniger formalisiertes Verfahren als die Weltbank.[557] Dass eine Sanktion den erklärten Prinzipien entsprechend zustande kam, ist auch für die grundsätzliche Pflicht, die Entscheidung wechselseitig anzuerkennen nicht Voraussetzung; eine Sanktion muss allerdings, neben anderen Voraussetzungen, öffentlich erklärt sein und zumindest teilweise auf einer Feststellung beruhen, dass Fehlverhalten im Sinn der harmonisierten Definitionen vorliegt.[558] Die Entwicklungsbanken sind also weit davon entfernt, ihre Arbeit gegenseitig kontrollieren zu wollen.

Dennoch ist ihre Beschreibung der eigenen Sanktionsverfahren aufschlussreich:[559] Die Bank hat durch ihren damaligen Präsidenten erklärt, dass sie Sanktionen nur verhängen will, wenn sie es für überwiegend wahrscheinlich hält, dass der Betroffene sich definitionsgemäß verhalten hat. Die Sanktion soll dem Fehlverhalten angemessen sein und in einem Verfahren festgestellt werden, das nach öffentlich einsehbaren Regeln verläuft und vor allem auch dem Betroffenen Gelegenheit zur Äußerung gibt. Die Ermittlung soll fair, unparteiisch und gründlich ablaufen, und eine von der Ermittlungsabteilung getrennte, weitere organisatorische Einheit soll über die Sanktion entscheiden. Dieser letzte Grundsatz ermöglicht ein kontradiktorisches Verfahren. Er besagt aber nicht, dass die Entscheidung ein unabhängiges Gericht trifft: Die MDBs behaupten nicht, ihre Sanktionsentscheidungen würden ausschließlich anhand der Beweise und ohne Einfluss der Geschäftsleitung gefällt.

---

555   MDB-Agreement, § 2.

556   *World Bank,* Mutual Enforcement of Debarment Decisions, Rn. 20.

557   Schon oben Kapitel 1 – E.II.1. *Boisson de Chazournes/Fromageau,* EJIL 23 (2012), 963, 988 f.; Beschreibung *Baghir-Zada,* S. 170 ff.; neuer *Seiler/Madir,* S. 15–25.

558   MDB-Agreement, § 4 a und b).

559   Die Bedeutung der elementaren Verfahrensgrundsätze heben auch *Boisson de Chazournes/Fromageau,* EJIL 23 (2012), 963, 989 hervor.

bb) Bedeutungslosigkeit des Übereinkommens für Rechtsanwendung der Sanktionsorgane

Für das Verständnis der Sanktionsorgane der Weltbank von ihrem eigenen Recht hat das MDB-Agreement bisher keine erkennbaren Auswirkungen. Zwar zeigt eine Entscheidung des *Sanctions Board*, dass INT die Legalität des Sanktionsregimes unter Bezugnahme auf das MDB-Agreement verteidigte.[560] Aber auf eine Diskussion der Rechtmäßigkeit des Sanktionsregimes ging das *Sanctions Board* überhaupt nicht ein; das MDB-Agreement spielte daher keine Rolle.[561]

b) Grundprinzipien jeder Rechtsordnung

Zu den allgemeinen Rechtsprinzipien des Sanktionsregimes gehören mindestens die unentbehrlichen Grundsätze jeder Rechtsordnung, insbesondere die Fairness des Verfahrens zur Überprüfung der Sanktion (aa)) und der Grundsatz von Treu und Glauben (bb)).[562] Das bedeutet wohlgemerkt nicht, dass das Sanktionsregime aufgrund allgemeiner Grundsätze eine Rechtsordnung sein müsste. Die Grundsätze gelten, weil das Sanktionsverfahren nach dem Willen der Bank eine Rechtsordnung sein soll.[563]

Eine Rechtsordnung, die diese Bezeichnung verdient, kann ohne ein Mindestmaß an allgemeinen Grundregeln nicht funktionieren.[564] Diese Grundregeln sind selbstverständlich und einer Rechtsordnung unserer Vorstellung nach immanent; begründet werden müsste nur ihre genaue Herkunft, nicht aber ihre Existenz.[565]

---

560 SBD 55 (2013), Rn. 19 (i).

561 SBD 55 (2013), Rn. 26; Kapitel 2 – A.II.2.a)bb).

562 Zum materiellen Ausschlussgrund einer Sanktion bei Unzumutbarkeit, der sich ebenfalls juristisch-logisch begründen lässt (ausführlich zu den Theorien des Notstands *Perron*, in: *Schönke/Schröder, Rn.* 112 vor § 32 StGB); s. auch unten Kapitel 2 – D.II.

563 Überschneidungen mit den Prinzipien des Sanktionsregimes, die durch Gesamtschau seiner Regelungen gewonnen werden, unten Kapitel 2 – A.II.2.d), sind unvermeidlich.

564 *Schermers/Blokker*, §§ 1575 f. mit Schwerpunkt auf dem EuGH; *Waldron*, S. 7; *Janik*, Menschenrechtsbindung, S. 490.

565 *Bleckmann/Pieper*, in: Dauses, Teil B. I., Rn. 65 zur Rechtsprechung des EuGH; *Janik*, Menschenrechtsbindung, S. 490; nach prozessualen Prinzipien der Rechtslogik und sonstigen, allen Rechtsbeziehungen immanenten Prinzipien unterscheidet *Wolfrum*, in: MPEPIL, General International Law (Principles, Rules, and Standards), Rn. 37–40; *Cassese*, S. 190 zur ursprünglichen Genese der Mindestprinzipien des Völkerrechts; auch *Pellet*, in: *Zimmermann u.a.*, Art. 38 IGH-Statut *Rn.* 252; zu Anpassungen bei der Übernahme von Prinzipien nationaler Rechtsordnungen in das Völkerrecht *ders.*, *Rn.* 267 ff.

aa) Faires Verfahren, rechtliches Gehör und unabhängige Entscheidung

Das Sanktionsregime basiert auf den Grundannahmen, dass seine Regelungen auch für die Bank verbindlich sind und Unternehmen nur anhand dieser Vorgaben für bestimmtes und nachweisbares Fehlverhalten sanktioniert werden (I.1.).[566] Sie sollen eine ihrem Fehlverhalten angemessene Sanktion erhalten.[567] Das soll das Sanktionsverfahren in sich geschlossen, ohne Einfluss von außen,[568]sicherstellen. Dazu muss es grundsätzlich fair sein, den Verfahrensbeteiligten gleichberechtigt rechtliches Gehör[569] gewähren und in einer begründeten Entscheidung eines unabhängigen Spruchkörpers enden, den der Betroffene anrufen kann.[570] Damit ein Organ der Bank eine unabhängige Entscheidung über eine Sanktion der Bank treffen kann, muss seine ungestörte Arbeit durch institutionelle Regelungen gesichert sein. Die Betroffenen müssen durch formale Verfahrensrechte oder Beweisanforderungen vor einer Bevorzugung der Bank (INT) durch die Bank (EO oder *Sanctions Board*) geschützt werden.[571]

Das *Sanctions Board* geht mehrfach und ganz selbstverständlich davon aus, dass das Sanktionsverfahren grundsätzlich fair sein soll.[572] Die Endgültigkeit von Entscheidungen ist laut *Sanctions Board* ein *„fundamental aspect of any judicial or quasi-judicial process"*.[573] Der Grundsatz sei auch im Sanktionsregime niedergelegt.[574] Aber aus *„fundamental principles of fairness"* ergäbe sich auch, dass gelegentlich, in eng bestimmten Ausnahmefällen, die Rechtssicherheit zu weichen habe.[575]

Neuere Entscheidungen lassen einen Trend der Betroffenen zu aufwendiger prozessualer Konfliktverteidigung erkennen; manche Begründungen befassen sich

---

566 Zum Nachweis bei überwiegender Wahrscheinlichkeit: Kapitel 2 – G.

567 Kapitel 3 – A.I.

568 Zur Umsetzungspflicht ausführlich Kapitel 4 – A.

569 Grundlegendes Institut des Prozessrechts: *Schmidt-Aßmann,* in: *Maunz/Dürig,* Art. 103 GG Rn. 1; für *Shapiro,* S. 1 der Ursprung jeder Streitbeilegung durch Gerichte oder ähnliche Instanzen, dazu auch *Alvarez,* S. 528 ff.

570 *Leroy/Fariello,* S. 7; *Alvarez,* S. 521 ff.

571 Gerichtliche oder gerichtsähnliche Streitbeilegung ist mindestens die Entscheidung eines Dritten über den Streit zweier anderer, die Regeln des Tribunals und des Verfahrens müssen sicherstellen, dass daraus nicht ein „Zwei-gegen-Eins" wird, *Shapiro,* S. 1 ff.; zustimmend, speziell zu internationalen Streitbeilegungsmodellen *Alvarez,* S. 530.

572 SBD 38 (2010), Rn. 54 [LD 39]; SBD 47 (2012), Rn. 56; SBD 53 (2012), Rn. 65; auch SBD 43 (2011), Rn. 15 [LD 18]; SBD 57 (2013), Rn. 8; SBD 58 (2013), Rn. 8; SBD 56 (2013), Rn. 32.

573 SBD 43 (2011), Rn. 14 [LD 17]; Vom Board selbst nochmals wiedergegeben in SBD 57 (2013), Rn. 7 und SBD 58 (2013), Rn. 7.

574 SBD 43 (2011), Rn. 14 [LD 17]; SBD 57 (2013), Rn. 7; SBD 58 (2013), Rn. 7.

575 „[F]undamental principles of fairness dictate that finality must on occasion yield in narrowly and exceptional circumstances." SBD 43 (2011), Rn. 15 [LD 18]; zitiert auch in SBD 57 (2013), Rn. 8 und SBD 58 (2013), Rn. 8.

seitenweise mit teilweise hanebüchenen prozessualen Anträgen.[576] Diesem Trend und der vorschnellen Annahme, dass mehr Förmlichkeiten auch mehr Verfahrensfairness bedeuten,[577] trat das *Sanctions Board* entgegen: Sonst könnten, so seine Befürchtung, Betroffene bald ihre Rechte nicht mehr ohne Rechtsbeistand wahren.[578]

bb) Verbot widersprüchlichen Verhaltens

Rechtsordnungen bauen alle auf dem Grundsatz von Treu und Glauben, Vertrauensschutz und dem Verbot widersprüchlichen Verhaltens auf.[579] Das gilt auch im Sanktionsregime. Frei nach *Verdross* und *Simma*: Denkt man sich Treu und Glauben weg, bricht das Sanktionsregime zusammen.[580] Alle Regelungen des Sanktionsregimes werden nutzlos, wenn auf sie kein Verlass ist; ein sinnvolles Verfahren lässt sich nicht betreiben, wenn die Handlungen der Beteiligten nicht verlässlich sind.

Das *Sanctions Board* hat den Grundsatz von Treu und Glauben, insbesondere das Verbot widersprüchlichen Verhaltens, zwar noch nicht explizit anerkannt; es hat ihn aber in einer Entscheidung vom Sommer 2013[581] ganz selbstverständlich angewandt, um zu Unrecht darauf gestützte Anträge abzulehnen. Die Betroffenen fanden, INT habe entlastende Beweismittel nicht rechtzeitig vorgebracht, und dürfe daher aus diesen Beweismitteln keine Schlüsse zulasten des Betroffenen ziehen.[582] Der Fall war speziell, weil sich die Betroffenen zuerst mit INT über den Inhalt des SAEs verständigt und vereinbart hatten, die darin enthaltenen Anschuldigungen nicht zu bestreiten.[583] INT erstellte daraufhin entgegen der üblichen Praxis einen abgespeckten SAE.[584] Später verlangten die Betroffenen die Vorlage der außer Acht gelassenen, sie vermeintlich entlastenden Beweise.[585] Das *Sanctions Board* gab dem statt und erlaubte beiden Parteien, zu den neuen Beweisen Stellung zu nehmen.[586] INT machte nun geltend, die vermeintlich entlastenden Beweise wirkten im Zusammenhang gesehen zulasten der Betroffenen.[587] Das wollten die Betroffenen wiederum nicht hören.[588] Das *Sanctions Board* lehnte den Antrag der Betroffenen,

---

576 SBD 55 (2013), Rn. 26–42 (phantasievoll insb. ab Rn. 37); SBD 56 (2013), Rn. 26–43.

577 Dagegen schon *Thornburgh/Gainer/Walker* (2002), S.

578 SBD 56 (2013), Rn. 43.

579 *Wolfrum*, in: MPEPIL, General International Law (Principles, Rules, and Standards), Rn. 37 f.; *Janik*, Menschenrechtsbindung, S. 416 ff., 490.

580 *Verdross/Simma*, § 60 zum Völkerrecht insgesamt.

581 SBD 56 vom 10. 6. 2013.

582 SBD 56 (2013), Rn. 17, 19, 33, 36.

583 SBD 56 (2013), Rn. 8, 17; Kapitel 3 – C.I.

584 So zumindest die wahrscheinlich zutreffende (Rn. 17 a. E., 48) Behauptung der Bankermittler, SBD 56 (2013), Rn. 16; die Betroffenen unterstellten Schlimmeres, Rn. 19.

585 Wohl in der Response: SBD 56 (2013), Rn. 16, 3.

586 SBD 56 (2013), Rn. 18.

587 SBD 56 (2013), Rn. 16.

588 SBD 56 (2013), Rn. 17, 19.

INT entsprechende Schlussfolgerungen zu verbieten, ab: Den Betroffenen seien keine wirklichen Nachteile entstanden und sie hätten sich selbst widersprüchlich verhalten.[589]

Die von der Bank angestrebte Verlässlichkeit des Sanktionsregimes (dazu oben, I.1.) bedeutet, dass schutzwürdiges Vertrauen der Betroffenen auf die Geltung und Einhaltung bestimmter Regeln nicht einfach enttäuscht werden darf. Danach bestimmt sich die Anwendbarkeit bestimmter Versionen der Bankrichtlinien auf ein Bankprojekt, unten B.I.

c) Menschenrechtspakte als Rechtserkenntnisquelle

Die rechtlichen Beziehungen unter den Mitgliedern einer internationalen Organisation werden geprägt von gemeinsamen allgemeinen Rechtsprinzipien; diese Prinzipien können die Rechtsordnung der gemeinsamen internationalen Organisation prägen.[590] Den Mitglieder der Weltbank sollten zumindest die Rechtsgrundsätze des allgemeinen Völkerrechts gemeinsam sein.[591] Dazu zählen viele Autoren Regelungen, die in internationalen Menschenrechtspakten zu finden sind, insbesondere das Recht auf ein faires Verfahren.[592] Das IAB vermutet bei seiner Kritik an zunehmender Formalisierung des Sanktionsverfahrens auch, die Bank habe auf menschenrechtliche Entwicklungen reagiert.[593]

Weil die Bank an vergangenes Fehlverhalten ein gegenwärtiges Übel knüpft, drängen sich Parallelen zu den Vorgaben für staatliche Strafverfahren auf.[594] Das

---

589 SBD 56 (2013), Rn. 34–36.

590 *Schermers/Blokker,* § 1575, bei § 1576 zu den vom EuGH identifizierten Prinzipien des Unionsrechts basierend auch auf den Verfassungsüberlieferungen der Mitgliedsstaaten; insgesamt und ausführlich *Janik,* Menschenrechtsbindung, S. 496–515.

591 In diese Richtung *LEG,* Advisory Opinion, Rn. 19, wo verlangt wird, die behaupteten allgemeinen Prinzipien grundsätzlich durch nationale oder international Normen zu belegen; zur Suche nach allg. Prinzipien des Völkerrechts: *Wolfrum,* in: MPEPIL, General International Law (Principles, Rules, and Standards), Rn. 28 ff.

592 *Fassbender,* Rn. 5, 9; auch *Leroy/Fariello,* S. 7 stellen fest, dass Völkerrechtler die Grundsätze des rechtsförmigen Sanktionsverfahrens als allgemeine Rechtsprinzipien bezeichnen würden; *Janik,* Menschenrechtsbindung, S. 519 ff., 524 ff. mit Beispiel zu den Terrorismussanktionen des Sicherheitsrats.

593 *IAB,* Annual Report 2012, S. 8; „pressures from outside the Bank" vermuten *Boisson de Chazournes/Fromageau,* EJIL 23 (2012), 963, 981 ff.

594 Die Ähnlichkeit insoweit betonen auch *Leroy/Fariello,* S. 8. Dass die Banksanktion keine staatliche Kriminalstrafe i.S.d. EMRK ist (Kapitel 4 – A.III.2.c)), schließt nicht aus, dass ähnliche Grundsätze gelten können, soweit das Sanktionsverfahren einem Strafverfahren ähnelt, vgl. Verteidigungsrechte und faires Verfahren für die Verwaltungssanktionen der EU: *EuGH,* Baustahlgewebe ./. Kommission, Rn. 20 f.; *Schwarze,* EuZW 2003, 261, 261 f. Vgl. *Zimmermann/Fariello,* WBLR III, S. 194 zur Diskussion über die Anforderungen an ein möglicherweise strafendes Sanktionsverfahren im Vorfeld des MDB-Agreement.

Sanctions Board aber kam bislang ohne allgemeine menschenrechtliche Erwägungen aus. Fairness des Verfahrens und Vertrauensschutz lassen sich schon aus der angestrebten Rechtsförmigkeit des Sanktionsregimes selbst herleiten, oben b); so lässt das heutige Sanktionsregime kaum Lücken, die ein spezifisch strafverfahrensrechtlicher Grundsatz füllen müsste.[595]

d) Originäre Rechtsprinzipien des Sanktionsregimes

Die Regelungen des Sanktionsregimes selbst können Rückschlüsse auf allgemeine Prinzipien zulassen, die ihnen zugrunde liegen.[596] So ist das *Sanctions Board* noch nicht ausdrücklich verfahren. Aber Fairness und Effizienz des Verfahrens, Angemessenheit der Sanktionen, usw. können sich durchaus bei näherer Betrachtung des Sanktionsregimes als dessen allgemeine Prinzipien herausstellen, erst recht wenn die einzelnen Regelungen durch wachsende Rechtsprechung des *Sanctions Board* Konturen erhalten. Ein argumentativer Zirkel ist unumgänglich, wenn sich die Auslegung des Sanktionsregimes an den Grundsätzen einer Rechtsordnung orientiert. Die Grenzen zur teleologischen Auslegung und rechtsfortbildenden Analogie sind fließend.[597] Letztlich ergeben sich, um auf das oben unter b) Gesagte zurückzukommen, aus der Grundentscheidung der Weltbank für ein rechtsförmiges Sanktionsregime zwangsläufige grundsätzliche Folgerungen, die sich unterschiedlich begründen lassen.

3. Vorrang der ausdrücklichen Regelungen vor allgemeinen Rechtsprinzipien

Das *Sanctions Board* prüft nicht, ob das Sanktionsregime ein faires Verfahren gewährleistet; Fairness ist also nur Grundsatz, nicht Maßstab des Sanktionsregimes und seiner Regelungen. Das *Sanctions Board* nimmt für sich nicht die Kompetenz in Anspruch, ausdrückliche Vorgaben des Sanktionsregimes zu verwerfen (a)).[598] Aber durch Lückenfüllung kann das *Sanctions Board* unerwünscht unfaire Ergebnisse vermeiden (b)).

---

595 Beweismaß (Kapitel 2 – G.I.); Waffengleichheit (Kapitel 5 – B.III.); Rechtsbeistand (Kapitel 5 – B.II.2.d)); Verwertungsverbote (Kapitel 5 – B.III.4.); Entschuldigungsgründe (Kapitel 2 – D.II.); Vorhersehbarkeit (Kapitel 2 – A.I.1.).

596 *LEG,* Advisory Opinion, Rn. 23; *Wolfrum,* in: MPEPIL, General International Law (Principles, Rules, and Standards), Rn. 41–53 generell zu den allgemeinen Prinzipien von Teilgebieten des Völkerrechts allgemein und Rechtsprechung des IGH.

597 Zur Entschuldigung wegen unwiderstehlichem Zwang unten Kapitel 2 – D.II.

598 Dazu wäre es nach Ansicht von *LEG,* Advisory Opinion, Rn. 17, 23 auch nicht berechtigt.

a) Ablehnung eigener Verwerfungskompetenz durch das Sanctions Board

In SBD 55 verlangte die indische Firma *Larsen & Toubro*[599] die Einstellung des Verfahrens, weil das Sanktionsregime der Bank, insbesondere die einstweilige Sperre, gegen Grundprinzipien der Gerechtigkeit und des fairen Verfahrens verstoße.[600] Das *Sanctions Board* lehnte den Antrag mit einem Haupt- und einem Hilfsargument ab. Nach einem Zitat aus Art. III und IV SBSt stellt das *Sanctions Board* fest:

> „Neither the Sanctions Board Statute nor any provision of the Sanctions Procedures suggests the Sanctions Board's jurisdiction should encompass review of the legal adequacy of the general sanctions framework, as opposed to individual sanctions cases. Nor does Respondent identify any fundamental inconsistencies or shortcomings in the Bank's sanctions framework leading to a lack of due process in the immediate proceedings."[601]

Also können Menschenrechte das Sanktionsregime grundsätzlich nur biegen, aber nicht brechen. Sie können eine offene Auslegungsfrage entscheiden und Lücken füllen. Aber sie können eine klare und ausdrückliche Regelung nicht beseitigen. Diese Einstellung des *Sanctions Board* ist pflichtbewusst juristisch und im Interesse der Rechtssicherheit und -gleichheit begrüßenswert.[602]

b) Weitreichende Korrekturmöglichkeiten durch lückenfüllende Rechtsfortbildung

Aber auch der Positivismus des *Sanctions Board* ist wohl nicht bedingungslos. Es sieht sich zwar als Entscheider von Rechtsfragen und will sich grundsätzlich an die ihm vorgegebenen Kriterien halten,[603] anstatt Politik zu betreiben.[604] Aber der zweite Satz des Zitats oben lässt erkennen, dass sich das *Sanctions Board* nicht zum Paragraphenroboter oder Tatsachenfinder degradieren lassen will. Die künftige Argumentation ist bereits vorgezeichnet:

Wie in SBD 43[605] kann das *Sanctions Board* auch in anderen Problemfällen eine Lücke[606] im vermeintlich eindeutigen und abschließenden Sanktionsregime finden,

---

599 *World Bank,* List of Debarred Entities, *148 (14.03.2013); Kapitel 3 – D.III.3.

600 SBD 55 (2013), Rn. 17 (iii), 26.

601 SBD 55 (2013), Rn. 26.

602 Deutlich insoweit schon *LEG,* Advisory Opinion, Rn. 23. Dass es auch anders geht, zeigt die Selbstbestätigung des *ICTY,* Tadic (Appeal on Jurisdiction), Rn. 18–22 durch Kontrolle der Sicherheitsratsresolution zu seiner Einrichtung; dazu *Milanovic,* DJCIL 20 (2009), 69, 95 f.; *Alvarez,* S. 500 f.

603 Eng an seiner Aufgabenbeschreibung in den Verfahrensregeln bejahte das Sanctions Board auch in SBD 49 (2012), Rn. 43–46 die Möglichkeit, den Betroffenen, wie andere vor und nach ihm, zu sperren.

604 Dazu auch *LEG,* Advisory Opinion, Rn. 15.

605 SBD 43 (2011), Rn. 6–26 [LD 2, 3, 5, 15–21].

606 Dass das Sanctions Board nicht freischwebend Recht setzen, sondern eine Lücke schließen wollte, zeigt ganz deutlich SBD 43 (2011), Rn. 12 [LD 3].

wenn die Anwendung der Regelung sonst inakzeptabel ungerecht wäre.[607] Die Ergebnisse einer teilweisen Verwerfung einer Norm und ihrer Ergänzung um eine versehentlich vergessene Ausnahme gehen fließend ineinander über.

B. Anwendungsbereich des Sanktionsregimes

Ob jemand für Fehlverhalten im Sinn der Definitionen (unter C.) sanktionierbar ist, hängt davon ab, ob Richtlinien der Bank anwendbar sind und die Sanktionsmöglichkeit vorsehen, (I.) und ob sie den Täter erfassen (II.).

I. Anwendbarkeit der Richtlinien auf das Bankprojekt

Die Bank gründet das Recht, bestimmtes Verhalten im Zusammenhang mit ihren Projekten zu sanktionieren, grundsätzlich auf die Vereinbarung zur Durchführung des Projekts nach ihren Richtlinien mit dem Kreditnehmer; eine Unterwerfung der privaten Beteiligten unter das Sanktionsregime ist nicht nötig (1.). Die Weltbank verlangt aber vom Kreditnehmer, die privaten Projektteilnehmer über die anwendbaren Richtlinien zu informieren (2.). Wenn dieser ausnahmsweise den Teilnehmern eine falsche Version der Richtlinien kommuniziert, gelten grundsätzlich die Definitionen, die dem Betroffenen kommuniziert wurden, sofern dies der Billigkeit entspricht (3.).

---

607 Aufgrund des eigenen Gerechtigkeitsempfindens eine Norm des Sanktionsregimes außer Acht zu lassen, hält *LEG,* Advisory Opinion, Rn. 23 noch kategorisch für untragbar; eine Bewertung der späteren Lückenfüllung in SBD 43 (2011), Rn. 6–26 kann darin aber nicht liegen. Eindrucksvoll kritisch zur richterlich empfundenen Lückenhaftigkeit des Gesetzes auch gegen die ganz h. M. und das BVerfG *Hillgruber,* in: *Maunz/Dürig,* Art. 97 GG, Rn. 69, der radikal nur die obersten Bundesgerichtshöfe ausnahmsweise zu Fortbildung des Rechts ermächtigt sieht (ebd., *Rn.* 71); zur dynamischen Auslegung als Rechtssetzung auch *Herdegen,* in: MPEPIL, Interpretation in International Law, Rn. 48. Streng gebunden an den vermeintlich objektiven Gehalt des Sanktionsregimes – oder was LEG dafür hält – könnte das Sanctions Board nur als reine Tatsacheninstanz agieren, die jede Rechtsfrage LEG vorlegen muss (in diese Richtung wohl auch *LEG,* Advisory Opinion, Rn. 16, in Widerspruch zu *ebd., Rn.* 15). So funktioniert Rechtsanwendung nicht. Vielmehr ist es Teil der Ermächtigung des Rechtsanwenders, einen Streit zu entscheiden, dass er zwischen mehreren denkbaren Interpretationen zur Bedeutung einer Regel entscheidet, *Higgins,* S. 15; zur vermeintlichen Objektivität der Auslegung völkerrechtlicher Verträge auch überzeugend kritisch *Koskenniemi,* S. 341 ff. Rechtsfortbildung durch ständige Rechtsanwender hält auch *Alvarez,* S. 555 ff. für nahezu unumgänglich; grundlegend *Shapiro,* S. 29. Gegenüber richterlicher Zurückhaltung ist eine progressive Auslegung gerade des Rechts internationaler Organisationen auch gängig, *Schermers/Blokker,* § 1350. Zum grundlegenden Konflikt des Rechtsanwenders zwischen seinem Gerechtigkeitsempfinden und dem gesetzten Recht auch grundlegend *Radbruch,* SJZ 1946, 105, 106.

1. Vereinbarung im Kreditvertrag

Die Bank vereinbart im Kreditvertrag mit ihrem staatlichen Vertragspartner, dass das Projekt nach ihren Richtlinien abzulaufen habe:[608] Verträge über Investitionsfinanzierung verweisen in der Regel auf die jeweils aktuelle Version der *Procurement, Consultant* und *Anticorruption Guidelines;* für das PforR gelten dessen Richtlinien. In den Richtlinien ist sanktionswürdiges Fehlverhalten definiert und das Recht der Bank, dafür Sanktionen zu verhängen, dem Kreditnehmer gegenüber[609] verankert.[610] Ausschreibungen oder Projekte, die nicht den Richtlinien unterliegen, erfasst das Sanktionsregime nicht.[611] Wie ernst es der Weltbank mit der Vermeidung von rückwirkender Regelanwendung ist, zeigt die Umsetzung des MDB-Agreement: Anders als ihre Partnerinstitutionen hielt es die Bank für nötig, bestehende Kreditverträge zu ergänzen.[612]

Die Zustimmung der zu sanktionierenden Unternehmer ist für eine Sanktion nicht nötig.[613] Die Weltbank muss, wenn sie mit einem Unternehmen in Zukunft keine Geschäfte mehr machen will, nur keine Verträge mehr mit dem Unternehmen abschließen[614] und – praktisch weitaus wichtiger – von ihren staatlichen Vertragspartnern verlangen, dass auch sie mit dem Unternehmen keine Verträge mehr über die Beteiligung an Bankprojekten abschließen.

Das Buchprüfungsrecht, das die Bank in ihren Richtlinien ebenfalls für sich in Anspruch nimmt, lässt sich dagegen nicht ohne weiteres einseitig einfordern.[615] Weil das Bestehen eines Buchprüfungsrechts logische Voraussetzung dafür ist, dass man seine Ausübung erheblich behindern kann, ist dieses bei der Sanktionsmöglichkeit wegen Ermittlungsbehinderung unter C.II.3 dargestellt.

2. Information der Projektbeteiligten über Sanktionsmöglichkeit

Gemäß ihrem Ideal der Vorhersehbarkeit (oben A.I.1) sorgt die Bank dafür, dass die Teilnehmer an ihren Projekten gut über ihre Anstrengungen zur Korruptionsbekämpfung und die drohende Sanktion informiert sind.[616] Sie werden in der Regel auf die anwendbaren Vergaberichtlinien (a)) und Antikorruptionsrichtlinien (b)) hingewiesen. Auch für das neue PforR verlangt die Bank, dass die Programmteilnehmer über die Sanktionsmöglichkeit informiert werden (c)).

---

608 *World Bank,* Sanctions Regime Information Note, S. 15.
609 § 1.1 PG 2011; § 1.2 CG 2011; § 3 ACG 2011; § 3 PforRG.
610 § 1.16 (a) und (d) der PG 2011; § 1.23 (a) und (d) CG 2011; §§ 7 und 11 ACG 2011; §§ 4 und 8 PforRG; *LEG,* Advisory Opinion, Rn. 11.
611 SBD 60 (2013), Rn. 17.
612 *Zimmerman/Fariello,* S. 201.
613 *World Bank,* Sanctions Regime Information Note, S. 17; *LEG,* Advisory Opinion, Rn. 33; *ebd., Rn.* 36 verweist auf nähere Erläuterungen im Sanctions Manual.
614 Zum GSD-Cross Debarment oben Kapitel 1 – E.II.2.
615 Auch *LEG,* Advisory Opinion, Rn. 34.
616 *LEG,* Advisory Opinion, Rn. 35.

a) Hinweis auf Vergaberichtlinien in Ausschreibungsunterlagen

Die Bank verpflichtet den Kreditnehmer, bei der Ausschreibung von finanzierten Verträgen auf ihre Beteiligung allgemein hinzuweisen.[617] Die Ausschreibungsdokumente sollen ohnehin den Vorlagen der Bank entsprechen,[618] was die Bank auch überprüft.[619] Demnach müssen die Ausschreibungsdokumente auch den Teil der Vergaberichtlinien, der sich auf sanktionswürdiges Fehlverhalten bezieht, enthalten.[620] Erläuterungen für potentielle Bieter im Anhang der Vergaberichtlinien weisen ebenfalls auf die Sanktionsmöglichkeit der Bank hin.[621]

b) Verbreitung der Antikorruptionsrichtlinien durch Kreditnehmer

Außerdem verpflichtet die Bank den Staat in allen Vereinbarungen mit Empfängern des Darlehensbetrags die Antikorruptionsrichtlinien einzuschließen.[622] Sie verpflichten auch jeden weiteren Darlehensempfänger, die Richtlinien seinerseits in alle Verträge aufzunehmen, die er im Zusammenhang mit der Verwendung des Darlehensbetrags schließt, usw.[623]

c) Allgemeinere Regeln des Program for Results

Die neuen Antikorruptionsrichtlinien des PforR sind weniger spezifisch. Sie enthalten keine explizite Pflicht, über die Absicht der Bank, Beteiligte wegen Fehlverhaltens zu sanktionieren, zu informieren. Aber auch diese Richtlinien verlangen vom Programmstaat allgemein, die Durchführung des Programms nach den Vorgaben der Richtlinien sicherzustellen.[624] Er soll auch sanktionswürdigem Fehlverhalten vorbeugen.[625] Dass er dazu die Programmteilnehmer informieren muss, welche Verhaltensweisen sanktionswürdig sind, versteht sich von selbst.

3. Anwendung der kommunizierten Definitionen bei Widerspruch zu Vereinbarung im Kreditvertrag

Probleme für die Ermittlung der gültigen Definitionen und Sanktionsmöglichkeiten ergeben sich, wenn die Ausschreibungsdokumente auf eine andere Fassung der Richtlinien verweisen, als der Kreditvertrag vorgibt.[626] In dem Großteil seiner

---

617 § 1.15 PG 2011.
618 § 2.12 PG 2011.
619 § 1.13 PG 2011.
620 Z.B. *World Bank,* Standard Bidding Documents – Procurement of Works, March 2012, Part 1, Section VI (S. 117 f.).
621 Appendix 3, Rn. 3 PG 2011.
622 § 9 (a) und (d) ACG.
623 § 10 (a) ACG.
624 § 6 (a) PforRG.
625 § 6 (b) PforRG.
626 *LEG,* Advisory Opinion, Rn. 10.

Entscheidungen konnte sich das *Sanctions Board* zwar damit begnügen, durch Verweis auf den Kreditvertrag festzustellen, diese oder jene Richtlinienversion sei anwendbar.[627] Aber zwei Entscheidungen des *Sanctions Board* belegen, dass auch die Weltbank und ihre Kreditnehmer dabei Fehler machen können.

In einer früheren Entscheidung hatte das *Sanctions Board* noch offengelassen, welche Definition den Vorzug verdiene (a)). Im Sommer 2013 aber erklärte es in zwei Entscheidungen die Version der Definitionen für anwendbar, die zwischen dem Unternehmen und dem Kreditnehmer vereinbart wurde, obwohl infolgedessen die neuere und formal weiter gefasste Definition galt (b)). Zwischen den Betrugsdefinitionen von 1999 und 2004 besteht aber inhaltlich kein Unterschied (c)). Ein Konflikt zwischen den Richtlinien von 2006 und früheren Versionen kann dagegen Auswirkungen auf die Sanktionsmöglichkeit des Betroffenen haben, spielte aber im bislang einzigen Anwendungsfall ebenfalls keine Rolle (d)). Grundsätzlich muss bei allen widersprüchlichen Informationen zum Schutz des Vertrauens des Betroffenen auf das anwendbare Recht gelten, was ihm kommuniziert wird, es sei denn, dadurch entstünden ihm echte Nachteile (e)).

a) Sanktion auf alternativer Grundlage in SBD 47

Dem Board lag ein Fehler Indiens zur Entscheidung vor: Die IDA hatte nacheinander zwei Programme zur Tuberkulosebekämpfung finanziert.[628] Beim ersten Projekt lief alles wie gewünscht. Der Kreditvertrag bestimmte, dass die Vergaberichtlinien in der Fassung von 1996 auf das Projekt anwendbar sein sollten. So bestimmte es die Republik Indien auch in ihren Ausschreibungsdokumenten.[629] Der Kreditvertrag für das zweite Projekt ordnete die Geltung der neueren Richtlinien von 2004 an, entsprechend gestaltete die indische Behörde auch die Vergabedokumente; die Allgemeinen Vertragsbedingungen des Vertrags mit dem Betroffenen aber verwendeten noch die älteren Definitionen.[630]

Das *Sanctions Board* fand die Definition von 1996/1999[631] wegen des dort geforderten Nachteils enger.[632] Welche Definition letztlich galt, stellte es nicht fest; es prüfte stattdessen auch den Nachteil, bejahte ihn ohne Schwierigkeiten und konnte so offenlassen, nach welcher Definition das Fehlverhalten des Betroffenen zu

---

627 SBD 46 (2012), Rn. 6; SBD 48 (2012), Rn. 7; SBD 49 (2012), Rn. 6; SBD 50 (2012), Rn. 7; SBD 51 (2012), Rn. 8; SBD 52 (2012), Rn. 5; SBD 53 (2012), Rn. 7; SBD 54 (2012), Rn. 5; SBD 55 (2013), Rn. 7; SBD 56 (2013), Rn. 6; *LEG*, Advisory Opinion, Rn. 9: „Normally, the issue is straightforward."

628 SBD 47 (2012), Rn. 6.

629 SBD 47 (2012), Rn. 10.

630 SBD 47 (2012), Rn. 11.

631 Die Definitionen sanktionswürdigen Fehlverhaltens in den Richtlinien von 1996 und 1999 sind identisch (Kapitel 1 – C.I.1.), die Bank unterscheidet üblicherweise zwischen den Definitionen vor 1999, 2004 und 2006: SP12, Anhang I.

632 SBD 47 (2012), Rn. 11, 30.

sanktionieren war.[633] INT hätte sich wohl zumindest ein *obiter dictum* zur Anwendbarkeit der Richtlinien von 2004 gewünscht.[634]

b) *Maßgeblichkeit der Ausschreibungsdokumente in SBD 59 und SBD 60*

Anders eine spätere Entscheidung. In SBD 59, der ersten öffentlich verfügbaren Entscheidung, die ein Sanktionsverfahren einstellt,[635] erklärte das *Sanctions Board*, aus Billigkeitsgründen müssten die Definitionen Anwendung finden, die dem Betroffenen kommuniziert worden seien:

> „*In the event of potentially conflicting legal standards for purposes of sanctions proceedings, the Bank has recognized that considerations of equity should compel it to accept the standards agreed between the borrower and a respondent as governing the particular contract in connection with which the sanctions case arises.*"[636]

Das passt zu den Bemühungen der Bank, das Sanktionsregime vorhersehbar zu halten, oben A.I.1. Wenn sie Unternehmen informieren lässt, welches Verhalten sie zum Anlass einer Sanktion nehmen will, kann sie von den Unternehmen nicht erwarten, diese Angaben zu kontrollieren.[637] Nötig war die Festlegung auf eine bestimmte Version auch in SBD 59 nicht: Am fehlenden Nachweis einer Fälschung[638] oder sonst falschen Tatsachenbehauptung[639] hätte das *Sanctions Board* die Sanktion scheitern lassen können, ohne sich auf die anwendbare Version der Richtlinien festzulegen.

Die Billigkeitserwägungen widersprechen den Ausführungen aus SBD 47. In SBD 59 hatten die Ausschreibungsdokumente die Definitionen von 2004 genannt, und diese wandte das *Sanctions Board* auch an; die Bank hatte mit dem Kreditnehmer die Geltung der Richtlinien von 1999 vereinbart.[640] Dass in SBD 47, wie gerade unter a) erörtert, die Definitionen von 1999 noch günstiger für den Betroffenen waren,[641] erwähnt SBD 59 nicht. Die Argumentation in SBD 59 orientiert sich, wie seit der Veröffentlichung des Gutachtens erkennbar ist, an grundsätzlichen Ausführungen

---

633   SBD 47 (2012), Rn. 29 f. In Rn. 58 sanktioniert das Sanctions Board zwar ungenau insgesamt wegen Betrugs im Sinn der Definition von 1999 „*and/or*" 2004, aber es besteht kein Zweifel, dass es nur für das zweite Projekt offenlassen wollte, welche Definition gelten sollte.

634   SBD 47 (2012), Rn. 11. Dagegen *LEG*, Advisory Opinion, Rn. 40 ff.

635   Verfahrenseinstellungen gab es auch schon vorher, mindestens in zwei Entscheidungen: SBD 4 (2009) [LD 87] und SBD 5 (2009) [LD 75], dazu *World Bank*, Sanctions Board Law Digest 2011, S. 26. Die Hintergründe und näheren Umstände bleiben aber dunkel; zu SBD 4 (2009) s. oben, Kapitel 2 – C.III.2.b).

636   SBD 59 (2013), Rn. 11.

637   *LEG*, Advisory Opinion, Rn. 41.

638   SBD 59 (2013), Rn. 19–25.

639   SBD 59 (2013), Rn. 26–28.

640   SBD 59 (2013), Rn. 11.

641   SBD 47 (2012), Rn. 11, 30.

der *Advisory Opinion* aus dem Jahr 2010; diese geht gute zwei Jahre vor der Entscheidung aus SBD 47 nur davon aus, dass neuere Definitionen für die Bank ein Vorteil seien, weil sie klarer seien, nicht wegen inhaltlich besserer oder schlechterer Sanktionsmöglichkeiten.[642] Im Zusammenhang folgt aus SBD 47 und SBD 59 also die seltsame Formel, Rücksichtnahme auf die Betroffenen gebiete auch die Anwendung großzügigerer Definitionen sanktionswürdigen Fehlverhaltens.

SBD 60 bestätigt SBD 59 und entscheidet sich aus Billigkeitsgründen für die Anwendbarkeit der Richtlinien von 2006, die in den Ausschreibungsdokumenten genannt waren, anstelle der Richtlinien von 2004, die der Kreditvertrag bestimmt hatte.[643]

c) Nur scheinbare Unterschiede zwischen den Definitionen von 1999 und 2004

Die Billigkeitserwägungen in SBD 59 sind aber stimmiger, als sie auf den ersten Blick scheinen. Denn die Grundannahme aus SBD 47, die Definitionen von 1999 seien enger als die Definitionen von 2004, trifft nur formal, nicht aber auch inhaltlich zu.

Das 2004 entfallene Nachteilsmerkmal hatte schon unter den Richtlinien von 1999 keine wirkliche Bedeutung. Das *Sanctions Board* hatte zu der Definition von 1999 bereits entschieden, dass ein Nachteil nicht nur ein konkret beziffert materieller, finanzieller Verlust sein musste, sondern auch immateriell sein konnte.[644] Insbesondere war ein Nachteil auch, dass der Kreditnehmer durch die Fälschungen um die Vorzüge eines fairen Vergabeverfahrens gebracht worden war, oder dass er Zeit und Ressourcen auf die Prüfung der betrügerischen Angebote verwandt hatte.[645]

Auch die Anwendung der Rechtsprechung zum Nachteilsmerkmal in SBD 47 zeigt, dass eine Falschbehauptung im Vergabeverfahren automatisch einen Nachteil für den Kreditnehmer bedeutet. Nach Bezugnahme auf die vorgenannte Rechtsprechung stellt das *Sanctions Board* in SBD 47 fest:

> „As INT asserts, Respondent's use of falsified performance certificates and orders distorted the TB I and TB II tender processes, and induced the Borrower to contract with a firm willing to use falsified documentation. The Borrower therefore suffered cognizable harm in the course of procurement, even if Respondent ultimately provided the goods for which it had contracted."[646]

---

642   *LEG*, Advisory Opinion, Rn. 40 ff.; aber auch zu den neuen Definitionen und Sanktionsmöglichkeiten *ebd., Rn.* 29.
643   SBD 60 (2013), Rn. 15 (iii).
644   SBD 41 (2010), Rn. 70–72 [LD 96]; mittlerweile gefestigte Rechtsprechung: SBD 49 (2012), Rn. 27 und SBD 53 (2012), Rn. 38.
645   SBD 41 (2010), Rn. 70–72 [LD 96].
646   SBD 47 (2012), Rn. 29.

d) Unterschiede zwischen den Richtlinien von 2006 und ihren Vorgängerinnen

Die Richtlinien von 2006 können für die Betroffenen inhaltlich ungünstiger sein als ältere Versionen, weil sie die Behinderung von Ermittlungen selbständig sanktionierbar machen, näher C.II.[647] Sie fordern auch für Betrug nicht mehr unbedingt eine Falschbehauptung; stattdessen lassen sie jede Handlung oder Unterlassung ausreichen, die irreführen soll, um einen Vorteil zu erringen oder eine Verpflichtung zu vermeiden, näher C.I. Insoweit dürfen *considerations of equity* nicht dazu führen, dass die Bank eine Sanktionsmöglichkeit gewinnt. Fehler der Bank und des Kreditnehmers dürfen nicht zulasten des Betroffenen gehen.[648]

Die Anwendung der neueren Definitionen in SBD 60 bedeutete für die Sanktionsmöglichkeit der Betroffenen keinen inhaltlichen Unterschied, auch wenn das nicht auf den ersten Blick erkennbar ist. Zwar handelt die Entscheidungsbegründung meist die Definitionen von 2004 und 2006 zusammen ab, ohne dass sich daraus Unterschiede ergäben.[649] Das *Sanctions Board* sanktionierte darin auch wegen Ermittlungsbehinderung beim „*Timor-Leste Health Sector Support Project*". Dabei galten schon nach der Finanzierungsvereinbarung die Definitionen in der Fassung ab 2006.[650] Die umfangreiche Entscheidungsbegründung selbst stellt das aber nicht klar; wer nur die Entscheidung liest, könnte auch vermuten, die Sanktionsmöglichkeit wegen Ermittlungsbehinderung sei ein Gebot der Billigkeit gegenüber den Betroffenen.[651] Das ist wohl ein angesichts des komplizierten Sachverhalts und des Umfangs der Entscheidung nur zu verständlicher Flüchtigkeitsfehler.

Der Flüchtigkeitsfehler lässt vermuten, dass sich das *Sanctions Board* nicht bewusst ist, dass seine Billigkeitserwägungen für die Betroffenen auch ein Danaergeschenk sein können. Eine Gelegenheit zur Klarstellung, dass es nicht aus zwei möglichen Definitionen die für die Bank günstigere auswählte, um den Betroffenen zu sanktionieren, ließ es jedenfalls verstreichen.

e) Vertrauensschutz bei widersprüchlichen oder fehlenden Informationen

Die Billigkeitserwägungen des *Sanctions Board* haben sich bislang also, entgegen dem ersten Anschein, noch nicht zu Lasten des Betroffenen ausgewirkt. Sie schützen folglich das Vertrauen des Betroffenen und dienen so als Richtschnur für die Lösung künftiger widersprüchlicher Verweise auf bestimmte Versionen der Richtlinien.

Bislang nur theoretisch relevant ist die Frage, welche Folgen unvollständige oder verfälschte Wiedergaben der Bankrichtlinien durch den Kreditnehmer hätten.

---

647   Schon oben, Kapitel 1 – D.IV.2.
648   Unklar aber *LEG*, Advisory Opinion, Rn. 41.
649   SBD 60 (2013), Rn. 63, 75, 85, 90 f., 101.
650   *World Bank*, Official Documents- Agreement Providing for the Amendment and Restatement of the Financing Agreement, IDA Grant H343-TP, Schedule 2, Section III.A.3.: Anwendung der Richtlinien von 2010.
651   SBD 60 (2013), Rn. 10, 15, 102 spezifizieren nicht, ob das betreffende Projekt zu denen gehörte, bei denen es widersprüchliche Angaben gab.

Die angestrebte Vorhersehbarkeit des Sanktionsregimes (oben A.I.1) lässt in einem solchen Fall die Anwendung der eigentlich richtigen Definition nicht zu, wenn der Betroffene keinen Anlass hatte, an der Richtigkeit der Wiedergabe der Richtlinien in den Ausschreibungsdokumenten oder seinem Vertrag zu zweifeln. Er muss nach der Definition behandelt werden, auf deren Gültigkeit er sich einstellen konnte. Dass die Bank wegen einer weitergehenden Vereinbarung dem Kreditnehmer gegenüber berechtigt wäre, Unternehmen auch weitergehend zu sanktionieren (oben 1.), zwingt sie nicht dazu. Auch die vom *Sanctions Board* angeführten Billigkeitserwägungen verbieten es, Versäumnisse des Kreditnehmers und der Weltbank bei der Information der Bieter (oben 2.) dem Betroffenen anzulasten.

Wenn die Ausschreibungsdokumente zu den anwendbaren Richtlinien schweigen, sollen nach Ansicht von LEG ohne weiteres die im Kreditvertrag vereinbarten Richtlinien gelten.[652] Das leuchtet ein, solange für die Teilnehmer irgendwie anders erkennbar war, dass die Weltbank hinter dem Projekt steht und sie deshalb damit rechnen konnten, dass die Bank Fehlverhalten sanktionieren werde, wie sie es bei ihren Projekten öffentlichkeitswirksam tut. Unternehmen zu sanktionieren, die nicht einmal grundsätzlich von der Sanktionsabsicht der Bank wussten, würde die oben A.I.1 dargestellten Billigkeits- und Vertrauensschutzerwägungen untergraben. Geheime Regeln hält auch LEG für ein Unding.[653] Für die überraschende Anwendung von theoretisch einsehbaren Regeln gilt nichts anderes. Das *Sanctions Board* hat sich mit diesem Problem noch nicht auseinandergesetzt.

II. Persönlicher Anwendungsbereich

Die Bank kündigt in insgesamt vier Richtlinien an, wen sie für das dort definierte Fehlverhalten sanktionieren will. Bei investitionsfinanzierten Projekten (1.) erfassen die beiden Vergaberichtlinien und die allgemeinen Antikorruptionsrichtlinien im Zusammenspiel jeden nichtstaatlichen Beteiligten des Projekts. Die neuen Richtlinien für das PforR erklären knapp und direkt, dass jeder Beteiligte des Programms, abgesehen vom Staat und seinen Vertretern, für Fehlverhalten im Zusammenhang mit dem Programm sanktioniert werden kann (2.).

1. *Sanktionsmöglichkeit nach Vergabe- und Antikorruptionsrichtlinien für Investitionsfinanzierung*

Bei traditionellen investitionsfinanzierten Projekten regeln die Vergaberichtlinien die Möglichkeit zur Sanktion aller Bewerber um einen ausgeschriebenen Auftrag (a)). Die allgemeinen Antikorruptionsrichtlinien erfassen alle anderen nichtstaatlichen Empfänger des Darlehensbetrags (b)).

---

652 *LEG*, Advisory Opinion, Rn. 42.
653 Zitat oben Fn. 497.

a) Möglichkeit zu Sanktion aller Bewerber um einen bankfinanzierten Auftrag gemäß den Vergaberichtlinien

Die Vergaberichtlinien erklären, dass die Bank von Kreditnehmern, Bietern oder Bewerbern[654] und deren Mittelsmännern, Subunternehmern, Dienstleistern oder Lieferanten erwartet, dass sie während des Vergabeverfahrens und während der Ausführung bankfinanzierter Aufträge höchsten ethischen Ansprüchen genügen. Sanktioniert werden kann nach den Vergaberichtlinien jeder nichtstaatliche Beteiligte eines Vergabeverfahrens.[655] Vertreter des Staates sind traditionell nicht sanktionierbar (aa)), solange sie in amtlicher Eigenschaft am Vergabeverfahren mitwirken (bb)). Bei Beteiligung der UN oder einer Sonderorganisation gelten die Sanktionsregeln der Vergaberichtlinien auch für die Ausschreibung von Verträgen durch die UN-Organisation (cc)).

aa) Traditionelle Unanwendbarkeit des Sanktionsregimes auf die offiziellen Beteiligten eines Vergabeverfahrens

Die Vergaberichtlinien erlauben nur die Sanktion nichtstaatlicher Bewerber um einen ausgeschriebenen Auftrag, nicht auch die Sanktion der beteiligten Amtsträger; das sieht man ihnen infolge der Sanktionsreformen allerdings nicht mehr auf den ersten Blick an.[656]

Früher gab es ganz selbstverständlich keine Sanktion von Amtsträgern. Damals hatte die Sperre nur bedeutet, dass der Betroffene für staatlich vergebene Aufträge nicht mehr in Frage kommt.[657] Das passte für korrupte Amtsträger ganz offensichtlich nicht. Auch die Tatbestände sanktionswürdigen Fehlverhaltens waren nur auf die Bieter im Vergabeprozess zugeschnitten.[658] Infolge der großen Sanktionsreform 2006 lassen sich die neuen Definitionen von Fehlverhalten[659] und Sanktionsmöglichkeiten[660] theoretisch auch auf die Vertreter des Ausschreibungsstaats anwenden. Insbesondere schließt eine Sperre den Betroffenen grundsätzlich von der Beteiligung an bankfinanzierten Projekten aus, auch von deren Vorbereitung und Umsetzung.[661]

Die Erweiterung des Sanktionsregimes über den Vergabekontext hinaus sollte nur dazu dienen, auch andere nichtstaatliche Beteiligte eines Projekts zu erfassen.[662] Eine Ausweitung des Sanktionsregimes auch auf korrupte Staatsbedienstete hatte

---

654 § 1.16 PG 2011 („bidders, suppliers, contractors") und § 1.23 CG 2011 („consultants").

655 *World Bank,* Sanctions Reform Information Note, S. 18.

656 Ähnlich *LEG,* Advisory Opinion, Rn. 128; auch *Deming,* Int'l Lawyer 44 (2010), 871, 882.

657 Auf diese Rechtsfolge weisen § 1.16 (d) PG 2011 und § 1.23 (d) CG 2011 nach wie vor ausdrücklich hin, auch i. V. m. § 9.01 (c) (i) SP12.

658 Überblick SP12, Annex 1.

659 Insb. Fn. 22 zu § 1.16 (a) (iii) PG 2011.

660 § 1.16 (d) PG 2011.

661 § 1.16 (d) PG 2011 bzw. § 1.23 (d) CG 2011, jeweils i. V. m. § 9.01 (c) SP12.

662 Kapitel 1 – D.IV.2.

die Bank mit der Sanktionsreform nicht im Sinn: Dass die Vertreter der Bankmitgliedsstaaten nicht sanktioniert werden können, nennt die *Information Note* eine *„long-standing tradition"*, die der Respekt der Bank gegenüber der Souveränität ihrer Mitgliedsstaaten erfordere.[663]

Von den Kreditnehmern erwartet die Bank, dass sie selbst sauberes Arbeiten ihrer Vertreter sicherstellen und die Konsequenzen aus sanktionswürdigem Verhalten ihrer Amtsträger ziehen.[664] Als Druckmittel kann die Bank das Darlehen ganz oder teilweise zurückbehalten oder im schlimmsten Fall sogar zurückfordern.[665]

bb) Sanktion von Amtsträgern für privates Handeln

Die Bank mischt sich nicht in Staatsangelegenheiten ein, wenn sie einen Unternehmer sanktioniert, der sich in privater Eigenschaft um einen Auftrag bewirbt, aber zufällig auch Amtsträger ist.[666] Große Beweisschwierigkeiten sind dabei nicht zu befürchten:[667] Hoheitlich handelnde Staatsbedienstete dürfen sich um einen staatlichen Auftrag nicht bewerben und die Vergaberichtlinien erlauben die Bewerbung von Unternehmen im Staatsbesitz nur, wenn sie rechtlich und finanziell unabhängig und privatwirtschaftlich tätig sind.[668]

cc) UN-Organisation als Mittelsmann

Die Vergaberichtlinien erlauben Kreditnehmern statt der üblichen Ausschreibung die direkte Vergabe eines Auftrags an eine selbständige oder unselbständige Organisation[669] der Vereinten Nationen – wenn die UN-Organisation dafür besonders qualifiziert ist und unter weiteren, in den Richtlinien näher ausgeführten Voraussetzungen.[670] Die UN-Organisationen führen die Arbeiten entweder selbst aus, oder

---

663 *World Bank*, Sanctions Reform Information Note, S. 19; *LEG*, Advisory Opinion, Rn. 128.
664 § 1.16 (c) PG 2011; § 1.23 (c) CG 2011; § 9 (a)-(c) ACG 2011; § 6 (a)-(e) PforRG.
665 z.B. *IBRD*, General Conditions for Loans, dated March 12, 2012, § 7.03 (d) und § 7.03 (a) i. V. m. § 7.02 (b), § 7.06 (b); oben Kapitel 1 – F.I.1 zur gestoppten Finanzierung einer Brücke in Bangladesch, unten Kapitel 4 – A zur Umsetzungspflicht; *Deming*, Int'l Lawyer 44 (2010), 871, 882.
666 *World Bank*, Sanctions Reform Information Note, S. 19 f.
667 aA *Boisson de Chazournes/Fromageau*, EJIL 23 (2012), 963, 980, die dort genannten Interessenkonflikte taugen aber kaum als Alternative, denn sie sind nicht leichter nachzuweisen. Zu ihrer Erfassung im Sanktionsregime unten Kapitel 2 – C.VI.
668 § 1.10 (b) PG 2011; §§ 1.11 (b), 1.13 (b) CG 2011. Fn. 16 zu § 11 ACG 2011 zieht entsprechend die Grenze zu den Vertretern des Mitgliedsstaats, unten Kapitel 2 – B.II.1.b)bb). Die Veröffentlichung von *LEG*, Advisory Opinion, Rn. 129 zeigt, dass auch LEG schon 2010 diese Abgrenzung im Sinn hatte.
669 „UN agency" im Sinn der Vergaberichtlinien meint „United Nations departments, specialized agencies and their regional offices": Fn. 67 zu § 3.10 PG 2011.
670 § 3.10 PG 2011; § 3.15 CG 2011.

suchen sich Subunternehmer oder Lieferanten, die sie für die Ausführung des Auftrags benötigen nach ihren eigenen Regeln.[671]

Soweit die Bank einem Kreditnehmer die Einschaltung einer UN-Organisation bei der Ausführung des Projekts erlaubt, sollen auch für eine Auftragsvergabe durch die UN-Organisation im Rahmen des Bankprojekts die Antikorruptionsbestimmungen der Vergaberichtlinien gelten.[672] Wer die UN-Organisation betrügt, die Gebote für ihre Aufträge abspricht usw. ist also sanktionierbar. Auch auf der Beachtung ihrer Sanktionslisten besteht die Bank: Wird ein Auftrag an ein gesperrtes Unternehmen vergeben, wird ihn die Bank nicht finanzieren.[673]

Die UN-Organisation allerdings ist nicht sanktionierbar, ihre Bücher werden nicht geprüft und auch die Vertragspartner der UN-Organisation müssen ihre Verträge mit der Organisation nicht offenlegen.[674] Die Bank will mit den UN-Organisationen Vereinbarungen treffen, wie sie Fehlverhalten ermitteln und sanktionieren sollen.[675]

b) Möglichkeit der Sanktion anderer nichtstaatlicher Beteiligter des Projekts gemäß den ergänzenden Antikorruptionsrichtlinien

Die Antikorruptionsrichtlinien richten sich an den Kreditnehmer und an alle anderen, nichtstaatlichen Empfänger des Darlehensbetrags (aa)). Letztere können sanktioniert werden (bb)). In ihrem Geltungsbereich gehen die spezielleren Vergaberichtlinien den Antikorruptionsrichtlinien vor (cc)).

aa) Definition des Empfängers des Darlehensbetrags

Die Bank wollte mit den Antikorruptionsrichtlinien von 2006 die Möglichkeit zur Sanktion von Nichtregierungsorganisationen oder Mittelsmännern bei der Verteilung der Geldmittel schaffen, die das Projekt ganz oder teilweise umsetzen sollten und deren Fehlverhalten unter den Vergaberichtlinien nicht sanktioniert werden kann.[676]

Empfänger des Darlehensbetrags sind, unabhängig davon, ob sie die Geldmittel wirklich in ihrem Besitz haben, natürliche oder juristische Personen, die Geldmittel der Bank (i) zur eigenen Verwendung erhalten, (ii) für die Anlage und Übermittlung der Geldmittel verantwortlich sind, und/oder[677] (iii) Entscheidungen über die Verwendung der Geldmittel treffen oder beeinflussen:

---

671 Das sehen § 3.10 PG 2011 und § 3.15 CG 2011 vor, am deutlichsten wohl § 3.10 (c) PG 2011 für die Durchführung niedrig dotierter Aufträge.
672 § 1.16 (f) PG 2011; § 1.23 (f) CG 2011.
673 § 1.16 (f) PG 2011; § 1.23 (f) CG 2011.
674 § 1.16 (f) PG 2011; § 1.23 (f) CG 2011.
675 § 1.16 (f) PG 2011; § 1.23 (f) CG 2011.
676 *World Bank*, Sanctions Reform (2006), Rn. 26, 14 ff.
677 Die Kategorien schließen sich nicht gegenseitig aus, Fn. 7 zu § 5 ACG 2011.

„These Guidelines apply to the Borrower and all other persons or entities which either receive Loan proceeds for their own use (e.g., „end users"), persons or entities such as fiscal agents which are responsible for the deposit or transfer of Loan proceeds (whether or not they are beneficiaries of such proceeds), and persons or entities which take or influence decisions regarding the use of Loan proceeds. All such persons and entities are referred to in these Guidelines as ,recipients of Loan proceeds', whether or not they are in physical possession of such proceeds."[678]

Diese weite Definition will die Bank auch weit verstanden wissen.[679] Eine Sanktion ist außerdem schon für Fehlverhalten beim Versuch, Empfänger des Darlehensbetrags zu werden, möglich; das ergibt sich aus einer Fußnote.[680]

bb) Beschränkung der Sanktionsmöglichkeit auf nichtstaatliche Empfänger des Darlehensbetrags

Die Antikorruptionsrichtlinien wenden sich zwar gem. § 5 ACG 2011 auch an den Mitgliedsstaat und seine Angehörigen, erlauben aber gem. § 11 ACG 2011 ausdrücklich nicht deren Sanktion. [681]

Angehörige des Mitgliedsstaats sind, einer Fußnote zufolge, Amtsträger oder Angestellte der Regierung oder ihrer Untergliederungen und Unternehmen in Staatsbesitz, die nach den Regelungen der Vergaberichtlinien nicht an einem Vergabeverfahren teilnehmen dürften.[682] Eine Ausnahme für Handeln in privater Eigenschaft, wie oben bei a)bb) für die Vergaberichtlinien erörtert, machen die Antikorruptionsrichtlinien nicht. Es ist auch schwer vorstellbar, wie ein Amtsträger in privater Eigenschaft Empfänger des Darlehensbetrags werden sollte, wenn er sich nicht um einen Auftrag im Sinn der Vergaberichtlinien bewirbt.

cc) Vorrang der Vergaberichtlinien

Die Antikorruptionsrichtlinien überschneiden sich mit den Vergaberichtlinien. Auch wer mit Geldern aus dem Bankdarlehen für seine Dienste bezahlt wird, empfängt den Darlehensbetrag.[683] Die Antikorruptionsrichtlinien sollten aber die Vergaberichtlinien ergänzen, nicht ersetzen.[684] § 6 ACG 2011 erklärt, dass die spezielleren Vergaberichtlinien die Anforderungen der Weltbank an ein sauberes

---

678   § 5 ACG 2011; entsprechend schon die Erklärung des Begriffs bei *World Bank, Sanctions Reform* (2006), Rn. 25.
679   *World Bank, Sanctions Reform* (2006), Rn. 25.
680   Fn. 15 zu § 11 ACG 2011; auch *World Bank,* Information Note, S. 19.
681   Ihre Pflichten enthalten § 9 (a)-(c) ACG 2011; zur Umsetzung einer Sanktion unten Kapitel 4 – A.
682   Fn. 16 zu § 11 ACG 2011.
683   Fn. 15 zu § 11 ACG 2011 nennt auch die Bezahlung eines Finanzmittlers für seine Dienste als Unterfall des Empfanges des Darlehensbetrags.
684   *World Bank,* Sanctions Reform (2006), Rn. 26 ff., 36.

Vergabeverfahren enthalten. Wer an einem Vergabeverfahren teilnimmt i.S.d. Vergaberichtlinien wird also nur nach diesen sanktioniert.

Die Subsidiarität der Antikorruptionsrichtlinien ist nötig, um Besonderheiten der Vergaberichtlinien zu wahren. In letzteren verlangt die Weltbank bewusst[685] nicht die Kündigung eines laufenden Vertrags mit einem gesperrten Unternehmen.[686] Auch die oben, bei a)cc), dargestellte Regelung zu UN-Organisationen würde durch die Antikorruptionsrichtlinien unterlaufen.

2. Sanktionsmöglichkeit nach Antikorruptionsrichtlinien des Program for Results

§ 2 PforRG verlangt schlicht von allen Beteiligten eines Projekts, dass sie angemessene Maßnahmen ergreifen, um Fehlverhalten[687] im Zusammenhang mit dem Bankprojekt entgegenzuwirken und auch selbst kein solches Fehlverhalten begehen.[688] Damit sind der kreditnehmende Staat und alle relevanten Privatpersonen gleichermaßen angesprochen.

Der Staat und seine Vertreter sind allerdings explizit von der Möglichkeit einer Sanktion ausgenommen, ohne dass es ausdrücklich darauf ankäme, ob sie in amtlicher Eigenschaft handeln.[689]

C. Definitionen sanktionswürdigen Fehlverhaltens

Im Folgenden sind die Tatbestände sanktionswürdigen Fehlverhaltens dargestellt. Der Definition in den verschiedenen Richtlinien folgt jeweils eine Erörterung von maßgeblicher Rechtsprechung des *Sanctions Board* zu den einzelnen Tatbestandsmerkmalen.

I. Betrug

Betrug war schon vor der Veröffentlichung von Sanktionsentscheidungen im Volltext der häufigste Anlass für eine Sanktion,[690] entsprechend ausführlich ist die vorhandene Rechtsprechung. Größtes Problem ist die Frage, wann eine Falschbehauptung

---

685 *World Bank,* Sanctions Reform (2006), Fn. 17 zu Rn. 28.

686 vgl. § 1.16 (e) PG 2011 gegenüber §§ 9 (d) (iii) und (f), 10 (a) und (f) ACG 2011; unten Kapitel 3 – A.III.2.

687 Gem. § 5 PforRG ist „fraud and corruption" ein Sammelbegriff für alle definierten Arten von sanktionswürdigem Fehlverhalten.

688 § 2 PforRG.

689 § 7 (d) PforRG.

690 *World Bank,* Sanctions Board Law Digest, S. 22. Von den veröffentlichten Entscheidungen betreffen nur SBD 50 und SBD 60 auch andere Arten von Fehlverhalten.

oder ähnliche Handlung oder Unterlassung im Sinn der Definition „*knowingly or recklessly*" erfolgt (3.).

1. Definition gemäß den aktuellen Richtlinien

Die Bankrichtlinien enthalten alle im Grundsatz eine wortgleiche Definition des Betrugs (a)), die sie teils durch Fußnoten modifizieren (b)) oder erläutern (c)).

a) Wortlaut und Übersetzung der Definition

„*„[F]raudulent practice' is any act or omission, including a misrepresentation, that knowingly or recklessly misleads, or attempts to mislead, a party to obtain a financial or other benefit or to avoid an obligation [.]*"* [691]

Der Begriff „*recklessly*" lässt sich nicht einfach ins Deutsche übersetzen, bevor nicht seine Bedeutung geklärt ist (dazu 3.).[692] Mit diesem Vorbehalt grob übersetzt bedeutet Betrug im Sinn der Bankrichtlinien: Jedes Handeln oder Unterlassen, einschließlich einer falschen Tatsachenbehauptung, das wissentlich oder leichtsinnig einen Beteiligten irreführt, oder ihn irrezuführen versucht, um einen finanziellen oder sonstigen Vorteil zu erringen oder um eine Verpflichtung zu vermeiden.

b) Anpassung der Definition der Vergaberichtlinien durch Fußnoten

Im Rahmen der beiden Vergaberichtlinien wird diese Definition durch eine umfangreiche Fußnote auf Verhalten bei der Auftragsvergabe eingeschränkt: Beteiligter bedeutet Amtsträger, Vorteil und Verpflichtung sind im Zusammenhang mit der Ausschreibung oder der Ausführung eines Vertrags zu verstehen und das Handeln oder Unterlassen muss in der Absicht erfolgen, die Ausschreibung oder Durchführung eines Vertrags zu beeinflussen.[693]

c) Fußnote zu „knowingly or recklessly" in Antikorruptionsrichtlinien

In den beiden Antikorruptionsrichtlinien führt eine Fußnote aus, welche Leichtsinnigkeit eine Sanktion rechtfertigt. Der Handelnde müsse entweder wissen, dass die Informationen, die er gibt, oder der Eindruck, den er vermittelt falsch sind, oder leichtsinnigerweise ihrer Richtigkeit gegenüber gleichgültig sein; reine Ungenauigkeit infolge einfacher Nachlässigkeit sei nicht genug, um den Tatbestand des Betrugs zu erfüllen:

---

691 § 1.16 (a) (ii) der PG 2011; § 1.23 (a) (ii) CG 2011; § 7 b) ACG 2011; § 4 (b) PforRG.

692 Zu inhaltlichen Abweichungen und Überlappungen zwischen dem Begriff im Common Law und Vorsatz und Fahrlässigkeit im Civil Law auch *LEG*, Advisory Opinion, S. 14.

693 Fn. 21 zu § 1.16 (a) (ii) PG 2011; Fn. 20 zu § 1.23 (a) (ii) CG 2011.

*„To act „knowingly or recklessly", the fraudulent actor must either know that the infor-
mation or impression being conveyed is false, or be recklessly indifferent as to whether it
is true or false. Mere inaccuracy in such information or impression, committed through
simple negligence, is not enough to constitute fraudulent practice."*[694]

2. „Handlung oder Unterlassung, einschließlich einer falschen Tatsachenbehauptung..."

Die neue Fassung der Definition von 2006 erfasst ihrem Wortlaut nach kreativere
Wege zur Täuschung der Vergabestelle als die früher allein tatbestandsmäßige
Falschbehauptung. In SBD 47 galten, wie oben B.I.3.a) angesprochen, noch die
engeren Definitionen von 1996/1999 und vielleicht auch 2004; beide kannten nur
die Falschbehauptung als einzige Tathandlung.[695] In diesem Verfahren gab INT in
der Anhörung den Versuch auf, zwei offenbar nicht gefälschte, aber irreführende
Dokumente unter den Tatbestand zu fassen.[696] Der neue Wortlaut der Definition
erfasst eine Erklärung, die sich aus einzelnen wahren Tatsachenbehauptungen zu-
sammensetzt, die hinter einem täuschenden Gesamteindruck in den Hintergrund
treten.[697] Eine Entscheidung durch das *Sanctions Board* dazu steht noch aus.

Auch unter den Definitionen ab 2006 ist die Falschbehauptung durch Vorlage eines gefälschten Dokuments tatbestandsmäßig. Zu älteren Fassungen der
Betrugsdefinition stellte das *Sanctions Board* mehrfach klar, dass ein nicht vom
angeblichen Aussteller stammendes Dokument auch dann Falschbehauptung im
Sinn der Definition ist, wenn die darin enthaltene Aussage vermeintlich oder
sogar tatsächlich zutrifft.[698]

Die Vorlage eines echten, aber inhaltlich unrichtigen Dokuments kann eine
Falschbehauptung sein. Der Betroffene muss nur, ggf. schlüssig durch Vorlage des
Dokuments, erklären, dass dessen Inhalt zutreffe. Sanktionswürdig ist die Falschbehauptung aber selbstverständlich nur, wenn auch die weiteren Tatbestandsmerkmale des Betrugs vorliegen, der Bieter sie also insbesondere wissentlich oder
leichtsinnig machte.[699] Das zeigt eine Entscheidung zur Definition von 2004: Das
Sanctions Board lehnte in SBD 59 die Sanktion des Betroffenen ab, weil ihm anhand
der vorliegenden Beweise nicht überwiegend wahrscheinlich erschien, dass die
Angaben in dem vorgelegten Dokument unzutreffend waren.[700] Es hatte ebenfalls

---

694 Fn. 12 zu § 7 b) ACG 2011; Fn. 9 zu § 4 (b) PforRG.
695 SBD 47 (2012), Rn. 11, 30.
696 SBD 47 (2012), Rn. 18.
697 Strafbarkeit als Betrug in Deutschland: *Fischer,* § 263 StGB, Rn. 18, 28.
698 SBD 49 (30.5.2012), Rn. 24; wegen der späteren Prüfung der inhaltlichen Richtigkeit
     des Dokuments passt auch die Erörterung der Echtheit in SBD 59 (2013), Rn. 19–25
     hierher – dazu auch sogleich.
699 In SBD 59 (2013), Rn. 29 sieht das Sanctions Board ausdrücklich von einer weiteren
     Prüfung ab.
700 SBD 59 (2013), Rn. 26–28.

keine ausreichenden Beweise dafür gefunden, dass das Dokument nicht von seinem angeblichen Aussteller stammte.[701]

Die trotz einer Aufklärungspflicht fehlende Angabe einer angeblichen Vermarktungsgebühr begriff das *Sanctions Board* schon unter Geltung der Definitionen von 2004 unproblematisch als Falschbehauptung.[702]

3. „...die wissentlich oder leichtsinnig ...“

Nicht nur absichtliches Handeln ist sanktionswürdig; die heutigen Richtlinien lassen ausdrücklich auch *recklessness* ausreichen.[703] Die Bank entschied sich gegen ein Vorsatzerfordernis, damit INT nicht wie eine Strafverfolgungsbehörde arbeiten müsse, ohne deren Mittel zur Verfügung zu haben.[704] Das *Sanctions Board* prüft „*knowingly or recklessly*“ als eigenes Tatbestandsmerkmal, unabhängig von „*misleads, or attempts to mislead ...*“, und dem angestrebten Vorteil, dazu sogleich unter 4. und 5.[705]

Obwohl nur die Richtlinien ab 2006 von wissentlichem oder leichtsinnigem Handeln sprechen, gilt das Tatbestandsmerkmal für alle Versionen der Betrugsdefinition (a)). Auch die erläuternde Fußnote der Antikorruptionsrichtlinien zu „*knowingly or recklessly*“ lässt sich auf alle Richtlinien anwenden (b)). Das *Sanctions Board* hat, soweit ersichtlich, bisher in stillschweigender Übereinstimmung mit dieser Fußnote nur bewusstes Verhalten des Betroffenen sanktioniert. Grundsätzliche Ausführungen lassen aber vermuten, dass es auch unbewusst sorgfaltswidriges Handeln sanktionieren will (c)). Auf eine trennscharfe Abgrenzung zur bloßen Fahrlässigkeit kam es in den bisherigen Fällen aber nicht an. Als roter Faden der vorliegenden Entscheidungen zeigt sich, dass *recklessness* vorliegt, wenn der Betroffene offensichtliche Risiken eingeht (d)).

a) Geltung für Betrugsdefinitionen aller Richtlinien

Auch in ältere Definition des Betrugs liest das *Sanctions Board* das Merkmal „wissentlich oder leichtsinnig“ hinein.[706] 2006 sei nur das bereits vorher existierende Merkmal kodifiziert worden.[707]

Die Begründung der Sanktionsreform spricht zwar von einem „*new requirement*“, das den möglichen Eindruck vermeiden solle, jede Ungenauigkeit in einer Erklärung, auch durch bloße Unachtsamkeit, könne Betrug sein.[708] Das ist aber nur

---

701   SBD 59 (2013), Rn. 19–25.
702   SBD 56 (2013), Rn. 45 f.
703   Aber *Baghir-Zada*, S. 73: Betrug sei „intentional documentation-based change“.
704   *Boisson de Chazournes/Fromageau*, EJIL 23 (2012), 963, 974; *LEG*, Advisory Opinion, Rn. 52 ff., auch zum impliziten Vorsatzerfordernis der Finalitätsklauseln.
705   Z.B. SBD 56 (2013), Rn. 47.
706   Z.B. SBD 47 (30.5.2012) Rn. 12; SBD 41 (2010), Rn. 74 f. [LD 97].
707   SBD 41 (2010), Rn. 74 f. [LD 97].
708   *World Bank,* Sanctions Reform (2006), Rn. 21; *LEG,* Advisory Opinion, Rn. 89.

missverständlich formuliert, denn auch nach der Reformbegründung sollte sich für das Vergabeverfahren an den bestehenden Definitionen nichts ändern.[709]

b) *Erläuterung von* Recklessness *in Fußnote der Antikorruptionsrichtlinien entsprechend dem gängigen juristischen Begriffsverständnis*

Das *Sanctions Board* hat noch in keiner seiner veröffentlichten Entscheidungen von SBD 46 bis aktuell SBD 60, die allesamt die Vergaberichtlinien betrafen, auf die erläuternde Fußnote aus den Antikorruptionsrichtlinien (oben 1.c)) Bezug genommen. Aber die Antikorruptionsrichtlinien der Investitionsfinanzierung sollten Betrug, Korruption usw. außerhalb des Anwendungsbereichs der Vergaberichtlinien erfassen.[710] Es gibt keinen Grund anzunehmen, die Definition des Betrugs dort solle enger sein als in den Vergaberichtlinien. Auch dafür, dass die Betrugsdefinition im PforR eingeschränkt sein soll fehlt jeder Hinweis. Die oben, 1.c), wiedergegebene Fußnote zu *„knowingly or recklessly"* in den Antikorruptionsrichtlinien kann also nur klarstellend und erläuternd, nicht einschränkend gemeint gewesen sein.[711] Wenn sie nur wiedergibt, was in den Vergaberichtlinien ohnehin schon gilt, lässt sich aus ihr für das ganze Sanktionsregime folgern: Bloße Fahrlässigkeit ist kein Betrug, der Täter muss mindestens *„recklessly indifferent"* handeln.[712]

Für angloamerikanisch geschulte Juristen gibt die Fußnote in ihrer Allgemeinheit ohnehin nur Selbstverständliches wieder. *Recklessness,* im juristischen Sinn als Schuldform,[713] meint im Common Law, dass der Täter sich eines Risikos bewusst ist und dennoch handelt, oder an ein offensichtliches Risiko und die Folgen seines Handelns keine Gedanken verschwendet.[714] Auch das *Sanctions Board* verfügt offenbar über eine Ausgabe von *Black's Law Dictionary,* denn es greift gelegentlich auf dessen Erläuterungen zurück.[715]

c) *Rechtsprechung des* Sanctions Board

Das *Sanctions Board* hat das bewusste Ignorieren eines erheblichen Risikos als sanktionswürdige *recklessness* eingestuft (aa)). In grundsätzlichen Ausführungen scheint es auch *negligence* erfassen zu wollen (bb)).

---

709   *World Bank,* Sanctions Reform (2006), Rn. 36; oben Kapitel 1 – D.IV.2; *LEG,* Advisory Opinion, Rn. 89, 122.

710   *World Bank,* Sanctions Reform (2006), Rn. 13 ff.

711   Auch *LEG,* Advisory Opinion, Rn. 92: „The *explanatory footnote provides some guidance,* but not enough to settle some hard cases." (meine Hervorhebung).

712   Fn. 12 zu § 7 b) ACG 2011; Fn. 9 zu § 4 (b) PforRG; Kapitel 2 – C.I.1.c).

713   Black's 9th, Stichwort: Mens Rea.

714   Black's 9th, Stichwort: Recklessness; *Duttge,* in: MüKo StGB, § 15 StGB Rn. 78 f.; *LEG,* Advisory Opinion, Rn. 93–99; *Robinson,* S. 575. Zu Art. 28 lit. b) Nr. 1 IStGH-Statut, dem ebenfalls dieses subjektive Ignorieren eines erkannten Risikos zugrunde liegt, *Heller,* in: *Heller/Dubber,* S. 604 f.

715   SBD 50 (2012) Fn. 17, unten Kapitel 2 – C.III.2.a).

aa) Bewusstes Ignorieren eines Risikos

Den Vorwurf der Leichtsinnigkeit könne einem Betroffenen laut *Sanctions Board* gemacht werden, wenn sich aus Indizien ergebe, dass er ein ernstzunehmendes Risiko, z.b. dass der Integrität des Vergabeverfahrens der Bank durch die Verwendung falscher Dokumente Gefahr droht, erkannt, aber ignoriert hat.[716] Diese Entscheidungspraxis deckt sich mit der gerade unter b) erwähnten Erläuterung in den Antikorruptionsrichtlinien.

bb) Unbewusstes Verkennen eines Risikos

Bewusstes Handeln in Kenntnis eines Risikos ist aber für das *Sanctions Board* nicht unabdingbar, um Leichtsinnigkeit annehmen zu können ((i)). Dabei lässt es nicht erkennen, dass es an das Ausmaß der Sorgfaltswidrigkeit besondere Anforderungen stellt, die *recklessness* von *negligence* unterscheiden könnten ((ii)). Bisher musste das *Sanctions Board* aber dazu auch noch nicht entscheidend Stellung beziehen ((iii)).

(i) Grundsätzliche Ausführungen des Sanctions Board

Wenn nicht bewiesen werden kann, dass der Betroffene das Risiko erkannt hat, komme es darauf an, ob er die erforderliche Sorgfalt angewendet hat, die auch die berühmte[717] *"reasonable person"* angewendet hätte:

> *"In other words, the question is whether the respondent knew or should have known of the substantial risk presented."*[718]

Bei Vergabeverfahren der Weltbank stellen laut *Sanctions Board* die Vergaberichtlinien und die Ausschreibungsdokumente Sorgfaltsmaßstäbe auf.[719] Auf örtliche oder sonst übliche Standards und Gebräuche könne es in manchen Fällen ebenfalls ankommen.[720]

---

716 SBD 51 (2012) Rn. 33; SBD 52 (2012) Rn. 25.

717 Der hypothetische vernünftige Dritte ist ein im angloamerikanischen Recht gebräuchlicher Maßstab für die nötige Sorgfalt; er handelt sinnvoll, ohne ernstzunehmende Verzögerung und trifft angemessene, aber keine übermäßigen Sicherheitsvorkehrungen: Black's 9th, Stichwort: Reasonable Person; *LEG*, Advisory Opinion, Rn. 109. Ähnlich im deutschen Privatrecht die Bestimmung der im Verkehr erforderlichen Sorgfalt i.S.d. § 276 Abs. 2 BGB: *Schulze*, in: *Schulze u.a.*, § 276 BGB Rn. 14.

718 SBD 51 (2012) Rn. 33; SBD 52 (2012) Rn. 25.

719 SBD 51 (2012) Rn. 33, 35; SBD 52 (2012) Rn. 25.

720 SBD 51 (2012) Rn. 33 und 36 – 37 sehen örtliche Gebräuche in Gaza, auf die sich der Betroffene zu seiner Entlastung beruft, als nicht bewiesen an.

(ii) Scheinbares Ausreichen bloßer Fahrlässigkeit

Wenn der Betroffene nur nicht getan hat, was eine *reasonable person* an seiner Stelle getan hätte, besteht kein erkennbarer Unterschied zu *mere negligence*.[721] Die grundsätzlichen Ausführungen des *Sanctions Board* widersprechen also der oben, 1.c), genannten Erläuterung der Antikorruptionsrichtlinien.

Das *Sanctions Board* scheint zwar aus Anforderungen der Ausschreibungsunterlagen einen erhöhten Sorgfaltsmaßstab für die Teilnehmer der Ausschreibung ableiten zu wollen.[722] Aber dann fragt sich, wie eine Falschbehauptung im Ausschreibungsverfahren einfach fahrlässig sein kann. Noch dazu spricht das *Sanctions Board* in einer einschlägigen Entscheidung auch von „good practice".[723] Damit kann kein irgendwie erhöhter Sorgfaltsmaßstab gemeint sein.

(iii) Bisher bloß theoretische Bedeutung

Die beiden Fälle SBD 51 und SBD 52, die das *Sanctions Board* mit den gerade geschilderten grundsätzlichen Ausführungen entschied, erforderten aber keine entscheidende Abgrenzung der *recklessness* zu *negligence*. Einmal sprachen die Beweise sogar für wissentliches Handeln des Betroffenen, weil das vom Betroffenen vorgelegte Dokument deutlich als Fälschung erkennbar war und der Betroffene es sich unter dubiosen Umständen besorgt hatte.[724] Das *Sanctions Board* ließ aber, wie in vergleichbaren früheren Fällen auch,[725] dahinstehen, ob der Betroffene wissentlich handelte und sanktionierte ihn aufgrund seines mindestens leichtsinnigen Handelns.[726] Im anderen Fall konnte das *Sanctions Board* aufgrund der Beweislage

---

721 Black's 9th, Stichwort: Negligence, definiert „negligence" als „[the] failure to exercise the standard of care that a reasonable prudent person would have exercised in a similar situation[.]" Zum Unterschied zwischen Recklessness und Negligence im US-amerikanischen Strafrecht: *Robinson*, in: *Heller/Dubber*, S. 575. Das deutsche Zivilrecht kennt bewusste (luxuria) und unbewusste (neglegentia) Fahrlässigkeit, praktisch wichtig ist aber vor allem die Abgrenzung zwischen einfacher und grober Fahrlässigkeit nach dem Ausmaß der Sorgfaltswidrigkeit: *Schulze*, in: *Schulze u.a.*, § 276 BGB Rn. 17 ff. Die Ausführungen des Sanctions Board sind offenbar von *LEG*, Advisory Opinion, Rn. 109–113 inspiriert, aber auch dort heißt es: „... [The] deviation from ordinary ,due care' must be egregious, extreme or wanton, without being necessarily deliberate. It is not enough to show merely that the reasonable person would have acted differently in light of the risks involved, but that the Respondent's conduct represents a shocking indifference to those risks." (*ebd., Rn. 113*).

722 SBD 52 (2012), Rn. 26 spricht von einem „heightened standard of care"; in diese Richtung auch SBD 51 (2012), Rn. 35.

723 SBD 52 (2012), Rn. 28.

724 SBD 52 (2012), Rn. 27.

725 SBD 41 (2010), Rn. 76 f. [LD 118, 120]; SBD 47 (2012) Rn. 27; SBD 56 (2013), Rn. 46; neuerdings aber anders: SBD 60 (2013), Rn. 98 f.

726 SBD 52 (2012), Rn. 29.

immerhin davon ausgehen, dass die Betroffenen das Risiko erkannt hatten, dass ihre Erklärung unrichtig sein könnte.[727] Im deutschen Recht würde man von einer bedingt vorsätzlichen Behauptung „ins Blaue hinein" sprechen.[728] Das Erkennen und Ignorieren eines Risikos ist auch nach der Erläuterung der Antikorruptionsrichtlinien, oben 1.c), *reckless*.

Andere Entscheidungen, in denen die Betroffenen behaupteten, sie hätten nur einen einfachen Fehler gemacht, bringen keine weiteren Erkenntnisse zur Abgrenzung von *recklessness* und *negligence*, da die Begründungen entweder nicht öffentlich verfügbar sind, oder die Behauptungen der Betroffenen zu ihrem angeblich bloß normal sorgfaltswidrigen Fehler haarsträubend sind.[729]

d) Leichtsinnigkeit bei Eingehen offensichtlicher Risiken

Die gerade dargestellten erheblichen Umstände der Entscheidungen des *Sanctions Board* und das Verständnis von *recklessness,* das die Erläuterung in den Antikorruptionsrichtlinien, oben b) zum Ausdruck bringt, haben einen gemeinsamen Nenner: Wer offensichtliche Risiken eingeht, handelt leichtsinnig. Die so verstandene *recklessness* ist bewusster Leichtsinn. Die Offensichtlichkeit des konkreten Risikos kann als Beweis dafür dienen, dass der Täter es bewusst einging;[730] Handeln, ohne Gedanken an ein konkretes, offensichtliches Risiko zu verschwenden, ist auch bewusst abstrakt riskant.[731]

Das *Sanctions Board* wird seine weitergehenden grundsätzlichen Ausführungen, die auch unbewusstes und bloß sorgfaltswidriges Eingehen von Risiken unter *recklessness* zu fassen scheinen (oben c)bb)(i)), einschränken müssen, wenn ihm wirklich einmal ein Fall vorliegt, der auch einfache Fahrlässigkeit sein könnte. Offenbar geht aber schon INT nur dann von Leichtsinnigkeit aus, wenn das Risiko,

---

727 SBD 51 (2012), Rn. 35, 38.
728 Eine Behauptung ohne tatsächliche Grundlagen „ins Blaue hinein" ist mindestens bedingt vorsätzlich oder arglistig, wenn der Erklärende die Unrichtigkeit der Angaben für möglich hält oder seinen guten Glauben an die Richtigkeit ohne zuverlässige Bewertungsgrundlage gebildet hat, aber diese Unsicherheit nicht offenlegt: *Dörner,* in: *Schulze u.a.,* § 123 BGB Rn. 5. Auch *LEG,* Advisory Opinion, Rn. 58 hält Recklessness und bedingten Vorsatz für weitgehend deckungsgleich.
729 SBD 29 (2010), Rn. 23, 31–33 [LD 104, 126]: absichtliches Vertauschen von Dokumenten; SBD 30 (2010), Rn. 28 f. [LD 105, 127]: unklare Begründung; auch in SBD 56 (2013), Rn. 46 erweist sich der vermeintlich kleine Fehler als mindestens leichtsinniges, eher absichtliches Handeln.
730 Ursprung des sog. „Caldwell-Test", *Duttge,* in: MüKo StGB, § 15 StGB Rn. 78.
731 Diese Gedankenlosigkeit wird auch als „heedlessness" bezeichnet: Black's 9th, Stichwort: Recklessness und ebd., Stichwort: heedlessness; allgemein zusammenfassend, auch zu den unvermeidbaren Widersprüchen im Konzept von Recklessness im Common Law wiederum *Duttge,* in: MüKo StGB, § 15 StGB Rn. 78 f. Auch *LEG,* Advisory Opinion, Rn. 112 ff. läuft darauf wohl hinaus.

mit der Erklärung könne etwas nicht stimmen, offensichtlich war. Ein Fall, in dem INT versucht hätte, einen Betroffenen wegen einer bloß sorgfaltswidrigen und unbewussten Unrichtigkeit in seinem Angebot, etwa einem Rechenfehler, zu sanktionieren, ist zumindest soweit ersichtlich noch nicht vorgekommen.[732]

4 „... einen anderen irreführt oder irrezuführen versucht ...“

Die tatsächliche oder versuchte Irreführung eines anderen ist ein neues Tatbestandsmerkmal der Definitionen seit 2006 und wurde durch die Erweiterung der Handlungsmodalitäten über die Falschbehauptung hinaus erforderlich.[733] Dass ein absichtlicher Versuch der Irreführung den Tatbestand verwirklicht, auch wenn er fehlschlägt, hat das *Sanctions Board* ausdrücklich bekräftigt.[734]

Handelt der Betroffene nicht wissentlich, sondern nur leichtsinnig, kann er nur sanktioniert werden, wenn sein Handeln einen anderen tatsächlich irreführt. Ob es auch einen sanktionswürdigen unabsichtlichen Irreführungsversuch geben kann, hatte das *Sanctions Board* noch nicht zu entscheiden.[735] Ein unvorsätzlicher Versuch ist zwar üblicherweise nicht strafbar, aber trotzdem grundsätzlich vorstellbar.[736] Aber einen unwissentlichen Versuch, jemand anderen irrezuführen, wie ihn die Betrugsdefinition fordert, gibt es nicht: Wer nicht weiß, dass er die Unwahrheit sagt, kann höchstens versuchen, einem anderen zu vermitteln, was er irrtümlich für die Wahrheit hält.[737]

---

732 Ob das an der Bedeutung von Recklessness im Common Law liegt, oder *LEG*, Advisory Opinion, Rn. 113 ff. zu verdanken ist, lässt sich nur mutmaßen.

733 Dazu oben Kapitel 2 – C.I.2.

734 SBD 48 (2012), Rn. 24: „... In itself, the deliberate attempt to mislead the BEC would suffice even without a showing the BEC was actually misled.“

735 Unter alten Versionen der Definition gab es das Problem einer fahrlässig versuchten Irreführung nicht, denn damals musste der Betroffene niemanden täuschen, sondern das Vergabeverfahren beeinflussen wollen, S. SP12, Anhang 1. Das war ohne Rücksicht auf die Kenntnis des Betroffenen von der Fälschung der Fall, denn die Abgabe jeder Erklärung, die für die Auftragsvergabe oder zur Durchführung des Vertrags erforderlich ist, soll sich darauf auswirken, S. z.B. SBD 56 (2013), Rn. 47.

736 Für das deutsche Strafrecht: *Duttge*, in: MüKo StGB, § 15 StGB Rn. 212. „Attempt“ bedeutet im strafrechtlichen Sinn „[a]n overt act that is *done with the intent to commit a crime* but that falls short of completing the crime“, aber allgemein auch die zielgerichtete Bemühung („The act or instance of making an effort to accomplish something, esp. without success.“): Black's 9th, Stichwort: Attempt.

737 Ausführlich ist die Existenz impliziter Vorsatzerfordernisse im Sanktionsregime bei der Korruption diskutiert, Kapitel 2 – C.III.3.a).

5. „...um einen finanziellen oder sonstigen Vorteil zu erringen oder eine Verpflichtung zu vermeiden."

Scheinbar erledigt sich die oben 3.c)bb) dargestellte Problematik um unbewusste Leichtsinnigkeit hier, weil der Täter zielgerichtet handeln muss. Aber dem ist nicht so, denn das *Sanctions Board* prüft das wissentliche oder leichtsinnige Handeln losgelöst von den folgenden Tatbestandsmerkmalen. Einen Vorteil erringen will der Betroffene auch, wenn er den Auftrag gewinnen will, um aus dem Zuschlag zu profitieren.[738]

Der angestrebte Vorteil ist daher, wie der angerichtete Nachteil, den die Definition von 1999 f.rderte,[739] voraussichtlich regelmäßig bedeutungslos.[740] Ein Betroffener wird kaum darlegen können, er habe an der Ausschreibung teilgenommen, ohne sie gewinnen zu wollen.[741] Auch die designierten Verlierer einer Angebotsabsprache rechnen sich in aller Regel irgendeinen Vorteil aus. Dass der Vorteil vom Irregeführten gewährt werden müsste, geht aus der Betrugsdefinition nicht hervor.

II. Behinderung des Sanktionsverfahrens

Mit der Sanktionsreform 2006 machte die Bank das Behindern von Ermittlungen selbständig sanktionswürdig.[742] Unter älteren Regelwerken konnte nur eine auf anderes Fehlverhalten gestützte Sanktion des Betroffenen schärfer ausfallen, wenn er die Ermittlungen der Bank behinderte.[743] Also musste die Bank nicht nur die Behinderung beweisen, sondern auch trotz der Behinderung eine Sanktion erreichen können. Darin sah die Bank einen perversen Anreiz[744] für Firmen, Beweismittel zu zerstören und Zeugen einzuschüchtern.[745]

1. Definition gemäß den aktuellen Richtlinien

a) Wortlaut und Übersetzung der Definition

„‚[O]bstructive practice' is

(aa) deliberately destroying, falsifying, altering or concealing of evidence material to the investigation or making false statements to investigators in order to materially

---

738 SBD 48 (30.5.2012) Rn. 25; SBD 60 (2013), Rn. 100 f.
739 Kapitel 1 – C.I.1.b)cc).
740 Die alte Rechtsprechung zum Nachteil ist noch für den Schaden am Projekt als Sanktionsbemessungsfaktor von Bedeutung, näher daher Kapitel 3 – B.VI.1.
741 Erfolgloser Versuch dieser Begründung in SBD 48 (2012), Rn. 26.
742 *World Bank,* Sanctions Reform (2006), Rn. 30 ff.
743 § IV.C.1 SG.
744 *World Bank,* Sanctions Reform (2006), Rn. 30: „perverse incentive to destroy evidence".
745 *World Bank,* Sanctions Reform (2006), Rn. 30 – 32.

impede a Bank investigation into allegations of a corrupt, fraudulent, coercive or col-
lusive practice; and/or threatening, harassing or intimidating any party to prevent it
from disclosing its knowledge of matters relevant to the investigation or from pursuing
the investigation, or

(bb) *acts intended to materially impede the exercise of the Bank's inspection and audit*
rights provided for under [die unterschiedlichen Richtlinien verweisen hier auf ihre
jeweilige Vorschrift zum Buchprüfungsrecht] *below.*"[746]

Den Tatbestand der Behinderung von Bankermittlungen erfüllt also auf Deutsch, wer
Beweise, die für eine Ermittlung der Weltbank wegen des Verdachts von Korruption,
Betrug, Zwangsausübung oder Kollusion von Bedeutung sind, absichtlich zerstört,
verfälscht, ändert oder verbirgt, oder falsche Erklärungen gegenüber Ermittlern
abgibt, um die Ermittlung erheblich zu behindern, oder einen Beteiligten bedroht,
belästigt oder einschüchtert, um ihn davon abzuhalten, Wissen über Umstände
von Bedeutung für die Ermittlung offen zu legen oder die Ermittlung weiter zu
betreiben; oder
Handlungen vornimmt, die darauf gerichtet sind, die Ausübung der Einsichts-
und Buchprüfungsrechte der Bank nach den anwendbaren Richtlinien wesentlich
zu behindern.

b) Übertragbarkeit älterer Rechtsprechung zum Sanktionsschärfungsgrund

Die Definition der Ermittlungsbehinderung als eigener Tatbestand entspricht
wörtlich der Beschreibung von Ermittlungsbehinderung als Grund für eine
schärfere Sanktion.[747] Obwohl es erst eine Entscheidung des *Sanctions Board* zum
neuen Tatbestand sanktionswürdigen Verhaltens gibt,[748] ist er also kein unbe-
schriebenes Blatt.

2. Alternative 1: Zerstören oder Verbergen von Beweismitteln, falsche Angaben und Einschüchterung

Die erste Alternative des Tatbestands der Ermittlungsbehinderung umfasst ihrerseits drei Handlungsmöglichkeiten (a), b) und c)) die alle gemeinsam haben, dass
sie begangen werden müssen, um die Ermittlung erheblich zu behindern. Daran
fehlt es insbesondere bei normalem Verteidigungsverhalten des Betroffenen (d)).

---

746   § 1.14 (a) (v) PG 2011; § 1.22 (a) (v) CG 2011; § 7 e) ACG 2011; § 4 (e) PforRG.
747   Vgl. § IV.C.1 SG.
748   SBD 60 (2013), Rn. 102–110.

a) *„Wer Beweise, die für eine Ermittlung der Weltbank wegen des Verdachts von Korruption, Betrug, Zwangsausübung oder Kollusion von Bedeutung sind, absichtlich zerstört, verfälscht, ändert oder verbirgt, ...“*

Die Definition verlangt ausdrücklich, dass der Betroffene absichtlich („*deliberately*") die Beweismittel unterdrückt.[749] Deutlicher kann die Definition Vorsatz kaum verlangen.[750] Das sieht auch das *Sanctions Board* so: Es lehnte eine Schärfung der Sanktion wegen Behinderung der Ermittlungen ab, weil nicht ausreichend nachgewiesen war, dass die Betroffenen absichtlich falsche Beweise angefertigt hatten.[751]

Dieselbe Entscheidung des *Sanctions Board* hält auch ein Schulbeispiel für Ermittlungsbehinderung durch Unterdrücken von Beweismitteln parat: Die Anweisung eines Geschäftsführers an seine Mitarbeiter, Beweise für unangemessene Leistungen an Regierungsangestellte zu zerstören, weil diese Leistungen gegen die Grundsätze der Weltbank verstießen, führte zu einer schärferen Sanktion.[752] Die erste eigene Sanktion wegen Ermittlungsbehinderung verhängte das *Sanctions Board* für das absichtliche Löschen von E-Mails vor der Ankunft INTs bei den Betroffenen.[753] Darin stellte das *Sanctions Board* auch klar, dass spätere Kooperation mit der Ermittlung die Tatbestandsverwirklichung nicht ungeschehen macht.[754]

b) *„... oder falsche Erklärungen gegenüber Ermittlern abgibt ...“*

Wenn das *Sanctions Board* einen Betroffenen sanktioniert, der sein Fehlverhalten abstreitet, muss er nach Ansicht des *Sanctions Board* falsche Angaben gemacht haben.

Das *Sanctions Board* nahm aber keine sanktionsschärfende Ermittlungsbehinderung an, als INT den Betroffenen vorwarf, im Lauf der Ermittlungen falsche, widersprüchliche und missverständliche Erklärungen für ihr Verhalten abgegeben zu haben, um ihre Sanktion wegen Betrugs zu verhindern oder abzumildern.[755] Auch nahm es keine erschwerenden Umstände an, als ein Betroffener sein Fehlverhalten nicht zugab, sondern die Anschuldigungen standhaft bestritt und unschlüssige und unvollständige Darstellungen vorbrachte.[756]

---

749 Das schlägt auch die Reformbegründung so vor: *World Bank*, Sanctions Reform (2006), Rn. 35.
750 Auch SBD 60 (2013), Rn. 109 lehnt die Sanktion eines Betroffenen ab, der nichts vom bevorstehenden Besuch INTs wusste, so dass es am Nachweis von „requisite mens rea to be found culpable for obstructive practices" fehlte. Es hält sich allerdings das Gerücht, im Sanktionsverfahren gäbe es keine (ausdrücklichen) Vorsatzerfordernisse, Kapitel 2 – C.III.3.a).
751 SBD 56 (2013), Rn. 60.
752 SBD 56 (2013), Rn. 58 f.
753 SBD 60 (2013), Rn. 104–111.
754 SBD 60 (2013), Rn. 105.
755 SBD 38 (2010), Rn. 32 [LD 204].
756 SBD 39 (2010), Rn. 33 [LD 205, 240].

Die Auszüge der Entscheidungen im *Law Digest* lassen nicht erkennen, warum genau die Sanktionsschärfung scheiterte. Es kann auch an fehlender Absicht gelegen haben, die Ermittlung erheblich zu behindern – dazu sogleich unter d).

c) *„... oder einen Beteiligten bedroht, belästigt oder einschüchtert, um ihn davon abzuhalten, Wissen über Umstände von Bedeutung für die Ermittlung offen zu legen oder die Ermittlung weiter zu betreiben ...“*

Zu dieser Alternative der Tatbegehung existiert noch keine veröffentlichte Rechtsprechung des *Sanctions Board*. Sie erscheint auch weitgehend selbsterklärend: Die beiden Varianten zeigen, dass nicht nur Zeugen, sondern auch Ermittler mögliches Ziel der Einschüchterungen sein können.

Die Bedrohung, Belästigung oder Einschüchterung muss ausweislich des Wortlauts der Definition zielgerichtet mit Ermittlungsbezug begangen werden. Versehentliche Belästigungen, Nachstellen aus vermeintlicher enttäuschter Liebe oder sonstiges unangenehmes Verhalten mit bloß reflexartigen Auswirkungen auf die Aussagebereitschaft oder Ermittlungstätigkeit des Opfers sind also kein Grund für eine Sanktion durch die Weltbank.

d) *„... um die Ermittlung erheblich zu behindern“*

Sanktionswürdig sind alle drei der vorher beschriebenen Handlungskategorien nur, wenn sie zielgerichtet geschehen, um die Ermittlungen erheblich zu behindern. Das bedeutet erstens, dass der Tatbestand zwar nicht explizit vorsätzliches Handeln fordert,[757] aber trotzdem auch nicht bloß versehentlich verwirklicht werden kann. Zweitens ist wegen des Merkmals der Erheblichkeit nicht jede negative Auswirkung auf die Ermittlung der Bank sanktionswürdig. *„Small delays or mere inefficiencies“* sollen nach der Reformbegründung nicht ausreichen.[758]

Auch die beiden oben unter b) genannten Entscheidungen des *Sanctions Board* zu falschen Tatsachenbehauptungen passen hier her: Die Angaben müssen falsch gewesen sein, aber nicht jede falsche oder widersprüchliche Angabe bewirkt eine erhebliche Behinderung der Ermittlung. Das Sanktionsverfahren ist darauf ausgelegt, dass der Betroffene INTs Anschuldigungen bestreitet.[759] Kooperation wird nicht vorausgesetzt oder verlangt, sondern ist Grund für eine Milderung der im Regelfall angemessenen Basissanktion.[760]

---

757 *Leroy/Fariello*, S. 8.

758 *World Bank,* Sanctions Reform (2006), Rn. 35.

759 Schon von Anfang an war es ein konfrontatives, kein objektives Verfahren, dazu ursprünglich kritisch *Thornburgh/Gainer/Walker* (2000), S. 43 f., schon oben Kapitel 1 – C.II.1.b).

760 Unten Kapitel 3 – B.VII.1.b). Auch SBD 60 (2013), Rn. 60 zum Verlangen nach einem Anwalt.

3. Alternative 2: Behindern der Buchprüfung

Die Bank erklärt in ihren Richtlinien nicht nur, Unternehmen bei Erfüllen bestimmter Tatbestände sanktionieren zu wollen. Sie lässt sich auch das Recht einräumen, in die Bücher der Projektbeteiligten[761] Einsicht nehmen zu dürfen.[762] Bei klassischen Projekten verlangt sie eine Vertragskette (a)). Beim neuen PforR überlässt sie dem Kreditnehmer die Wahl der Mittel, die das Buchprüfungsrecht der Bank sichern sollen (b)).

Bereits der Versuch, die Buchprüfung erheblich zu behindern, ist unter den aktuellen Versionen der Richtlinien sanktionswürdig (c)). So kann die Bank das Buchprüfungsrecht auch durchsetzen. Vor der Sanktionsreform 2006 war bei Behinderung des Buchprüfungsrechts nur eine schärfere Sanktion möglich, wenn INT auch auf anderen Wegen der Nachweis von Fehlverhalten gelang; so konnte es Betroffenen lukrativ erscheinen, die vertragliche Pflicht gegenüber ihrem Auftraggeber zu verletzen und zu hoffen, dass die Bankermittlung ohne die Buchprüfung im Sand verläuft.[763]

a) Begründung des Buchprüfungsrechts durch Vertragskette bei investitionsfinanzierten Projekten

Die Richtlinien für die Investitionsfinanzierung verlangen, dass der Kreditnehmer mit den Projektbeteiligten ein drittbegünstigendes[764] Buchprüfungsrecht zugunsten der Bank vereinbart.[765] Tut er es nicht, besteht das Buchprüfungsrecht nicht.[766] Die Bank ist weder in ihren Gründungsverträgen noch in ihren Kreditverträgen ermächtigt, für die Bürger ihrer Mitglieder oder Kreditnehmer unmittelbar verbindliches Recht zu setzen und sie zu verpflichten. So detailliert die Vorgaben der Weltbank für die Durchführung eines Projekts auch sind und so sehr sie nach Rechtsnormen aussehen, sie richten sich ausdrücklich nur an den Kreditnehmer und müssen von diesem umgesetzt werden.[767]

---

761 Ausgenommen UN-Organisationen, oben Kapitel 2 – B.II.1.a)cc); § 1.16 (f) PG 2011; § 1.23 (f) CG 2011.

762 § 1.16 (e) PG 2011; §§ 9 (d) (ii) und 10 (a) ACG 2011; § 6 (f) PforRG.

763 *World Bank,* Sanctions Reform (2006), Rn. 31 f.

764 „third party audit clause": *World Bank,* Sanctions Reform (2006), Rn. 31; das deutsche Zivilrecht würde die Vereinbarung als Vertrag zugunsten Dritter gem. §§ 328 ff. BGB einordnen.

765 Vergaberichtlinien: § 1.16 (e) PG 2011, § 1.23 (e) CG 2011; Beispiel für entsprechende Vorgaben für Ausschreibungsdokumente, die der Kreditnehmer gem. § 2.12 PG 2011 und § 2.9 CG 2011 verwenden muss: *World Bank,* Standard Bidding Documents for Procurement of Works, Part 1, Section I, Clause 3.2 (S. 6). Antikorruptionsrichtlinien: § 9 (d) (i) i. V. m. § 10 ACG 2011.

766 *LEG,* Advisory Opinion, Rn. 34.

767 § 1.1 PG 2011; § 1.2 CG 2011; § 3 ACG 2011; (oben Kapitel 1 – C.I.1.b)aa) und unten Kapitel 4 – A.I; *De Castro Meireles,* S. 89.

Ob die Vereinbarung wirksam ist, richtet sich nach dem für sie maßgeblichen Recht, in der Regel dem Vertragsrecht des Ausschreibungsstaats.[768] Die Bank will zwar ihr Sanktionsregime nicht nationalem Recht unterstellen.[769] Wenn sie aber eine vertragliche Begünstigung in Anspruch nehmen will, muss diese wirksam sein. Theoretisch sind Einschränkungen für die Verwendung von Allgemeinen Geschäftsbedingungen ein denkbares Problem.[770] Praktisch von größerer Relevanz könnte die Reichweite des Buchprüfungsrechts nach den Antikorruptionsrichtlinien werden: Wer erst Empfänger des Darlehensbetrags werden will, ist noch nicht Teil der Vertragskette gem. §§ 9 f. ACG 2011. Die Absicht der Bank, auch insoweit schon Fehlverhalten zu sanktionieren,[771] kann also für die Behinderung des Buchprüfungsrechts nicht gelten.

Das *Sanctions Board* hat in einer im Volltext vorliegenden Entscheidung nicht zur grundsätzlichen Wirksamkeit des Buchprüfungsrechts im konkreten Fall, sondern nur zu seiner strittigen Reichweite Stellung bezogen; dabei legte es die Bedingungen des Vertrags zwischen Betroffenem und Kreditnehmer aus, ohne auf das maßgebliche Recht einzugehen.[772]

b) Freie Wahl der Verpflichtungskonstruktion durch Kreditnehmer bei Program for Results

Beim *Program for Results* muss der Kreditnehmer dafür sorgen, dass alle relevanten natürlichen und juristischen Personen unter seiner Hoheitsgewalt der Bank Einsicht in alle für die Ermittlung erheblichen Aufzeichnungen gewähren:

> „The Borrower will (...) cooperate fully with representatives of the Bank in any investigation conducted by the Bank into allegations or other indications of fraud and corruption in connection with the Program, and take all appropriate measures to ensure the full cooperation of relevant persons and entities subject to the Borrower's jurisdiction in such investigation, including, in each case, allowing the Bank to meet with relevant persons and to inspect all of their relevant accounts, records and other documents and have them audited by or on behalf of the Bank[.]"[773]

---

768   Ausdrückliche Rechtswahl in den Vorgaben für den Vertrag mit dem erfolgreichen Bieter: *World Bank*, Standard Bidding Documents for Procurement of Works, Part 3 – Section VIII, Clause 1.4 (S. 144). Zu Verträgen einer internationalen Organisation nach nationalem Recht: *Sands/Klein*, §§ 14–043 ff.; *Schermers/Blokker*, § 604.

769   *World Bank*, Sanctions Regime Information Note, S. 15; *LEG*, Advisory Opinion, Rn. 24.

770   Vertragsbedingungen unterliegen im deutschen Vergaberecht den §§ 305 ff. BGB: *Ritzek-Seidl*, in: *Pünder/Schellenberg*, § 8 VOB/A Rn. 50 ff.

771   Fn. 15 zu § 11 ACG 2011, schon oben Kapitel 2 – B.II.1.b).

772   SBD 56 (2013), Rn. 62, dazu auch sogleich Kapitel 2 – C.II.3.a).

773   § 6 (f) der PforR-Guidelines.

Die Wahl der Mittel überlassen die Richtlinien dem Kreditnehmer. Ein Gesetz bietet sich an.

c) Absicht, die Buchprüfung erheblich zu behindern

Es ist für die Sanktion des Betroffenen einzig erforderlich, dass er durch seine Handlung das Buchprüfungsrecht der Bank erheblich behindern will. Er muss nicht auch die Ermittlung selbst wesentlich behindern wollen. Ebenso ist der Erfolg der Handlung unerheblich, allein die Absicht des Betroffenen entscheidet nach der Definition des Tatbestands. Nach dem Wortlaut der Definition ist also einerseits auch ein Behinderungsversuch sanktionsfähig, andererseits verbietet sich eine Sanktion wegen bloß versehentlicher Behinderung. Wenn der Betroffene wirklich glaubt, dass die Bank kein Einsichtsrecht hat, will er dieses nicht behindern, sondern nur die Überschreitung der Grenzen des (vermeintlichen) Buchprüfungsrechts verhindern.

Ein Versuch Betroffener, sich auf Zustimmungserfordernisse und zeitliche Grenzen des Buchprüfungsrechts zu berufen, ist aber vor dem *Sanctions Board* bereits gescheitert.[774] Die Betroffenen hatten der Bank die Einsicht in Unterlagen aus zwei Gründen verweigert. Sie waren erstens der Ansicht, sie müssten keine Dokumente vorlegen, die aus der Zeit vor Unterzeichnung des bankfinanzierten Vertrags stammten.[775] Das *Sanctions Board* lehnte eine solche Einschränkung ab: Der Vertrag verlangte von den Betroffenen einfach nur die Vorlage aller „*accounts and records in respect of the Services hereunder*".[776] Zweitens hielten die Betroffenen die Zustimmung des Kreditnehmers zur Weitergabe vertraulicher Informationen für nötig.[777] Auch diesem Argument folgte das *Sanctions Board* nicht: Die Vertraulichkeitsregelungen könnten das Buchprüfungsrecht nicht einschränken, weil sie einem anderen Zweck dienten als das Buchprüfungsrecht.[778] Die Absicht der Betroffenen, die Ausübung des Buchprüfungsrechts erheblich zu behindern, problematisiert das *Sanctions Board* nur im Vorübergehen:

> „*Considering the wording of the Contract, the Sanctions Board agrees with INT that Respondents failed to justify in a credible way the Respondent Consultant's restrictions on the Bank's audit rights.*"[779]

Das Bestehen oder die Reichweite des Buchprüfungsrechts müssen also ernstlich zweifelhaft sein, damit das *Sanctions Board* eine unabsichtliche Behinderung der Buchprüfung in Betracht zieht.

---

774 SBD 56 (2013), Rn. 61 f. betrifft keine eigenständige, sondern die Schärfung einer aus anderen Gründen berechtigten Sanktion.

775 SBD 56 (2013), Rn. 61.

776 SBD 56 (2013), Rn. 62.

777 SBD 56 (2013), Rn. 61.

778 SBD 56 (2013), Rn. 62.

779 SBD 56 (2013), Rn. 62; Ebd., *Rn.* 57 leitet die Prüfung der Ermittlungsbehinderung mit der Wiedergabe des Wortlauts der Definition ein.

III. Korruption

Obwohl die Bank Betrug und Korruption regelmäßig in einem Atemzug und als Sammelbegriff für alle Fälle von sanktionswürdigem Fehlverhalten verwendet,[780] sind zumindest erfolgreiche Verfahren wegen Korruption deutlich seltener als wegen Betrugs.[781] Entsprechend dünner ist die vorhandene Rechtsprechung des *Sanctions Board* zur Analyse. Mit der Auslegung der Korruptionsdefinition befasst sich das *Sanctions Board* nur in einer der veröffentlichten Entscheidungen, SBD 50. Die anderen (auszugsweise) bekannten Entscheidungen enthalten keine rechtliche Interpretation der Definition, sondern befassen sich ausschließlich mit der Beweiswürdigung durch das *Sanctions Board* im Zusammenhang mit Korruptionsvorwürfen.[782]

1. Definition gemäß den aktuellen Richtlinien

a) Wortlaut und Übersetzung der Definition

> „[C]orrupt practice' is the offering, giving, receiving or soliciting, directly or indirectly, of anything of value to influence improperly the actions of another party[.]"[783]

Korruption bedeutet also das Anbieten, Geben, Empfangen oder Anwerben, sei es direkt oder indirekt, irgendeines werthaltigen Gegenstands, um die Handlungen eines anderen unangemessen zu beeinflussen.

b) Einschränkung des Anwendungsbereichs auf Vergabeverfahren durch Fußnote der Vergaberichtlinien

Eine Fußnote begrenzt den Anwendungsbereich der Definition: „Anderer" im Sinne der Vergaberichtlinien ist nur ein Amtsträger des Nehmerlandes, ein Angehöriger der Weltbank oder ein Angestellter anderer Organisationen, die mit dem Fassen oder der Überprüfung von Entscheidungen in einem Ausschreibungsverfahren betraut sind, der in Bezug auf den Vergabeprozess oder die Ausführung des Vertrages handelt.[784]

---

780 Überschrift von § 1.16 PG 2011; Überschrift von § 1.23 CG 2011; § 8 ACG 2011; § 5 PforRG.

781 Nur SBD 50 und SBD 60 behandeln andere Arten von Fehlverhalten, alle anderen Entscheidungen von SBD 46 bis SBD 60 betreffen Betrug. Aus der Zeit vor Veröffentlichung der Entscheidungen berichtet *World Bank,* Sanctions Board Law Digest, S. 22 von Betrugsanschuldigungen gegen 75 % aller Betroffenen und 47 % Anschuldigungen wegen Korruption.

782 *World Bank,* Sanctions Board Law Digest, S. 53 ff.

783 § 1.16 (a) (i) PG 2011; § 1.23 (a) (i) CG 2011; § 7 a) ACG 2011; § 4 (a) PforRG:

784 Fn. 20 zu § 1.16 (a) (i) PG 2011; Fn. 19 CG 2011.

c) Bestimmung unangemessenen Verhaltens durch Fußnote der Vergaberichtlinien

Eine weitere relevante Fußnote steht nicht bei der Korruptionsdefinition, sondern beim Einleitungssatz der gesamten Regelung zu sanktionswürdigem Fehlverhalten bei Bankprojekten. So heißt es in den *Procurement Guidelines*, jede Handlung eines Beteiligten eines Vergabeverfahrens, die die Vergabe oder Ausführung eines bankfinanzierten Vertrags beeinflussen solle, um einen ihm nicht zustehenden Vorteil zu erringen, sei unangemessen:

> „*In this context* [procurement and execution of Bank-financed contracts], *any action to influence the procurement process or contract execution for undue advantage is improper.*"[785]

Die *Consultant Guidelines* besagen ähnliches, angepasst an die von ihnen geregelten Auswahlverfahren.[786]

Unangemessenheit ist Tatbestandsmerkmal nicht nur der Korruption, sondern auch der Kollusion (IV.1.a)). Vor der Klammer der Definitionen kann die Fußnote auf beide Anwendung finden.

d) Erläuterung durch Fußnote zu Antikorruptionsrichtlinien

Eine beispielhafte Erläuterung von Korruption findet sich in einer Fußnote der beiden Antikorruptionsrichtlinien. Danach sind Bestechung und Provisionen durch Schmiergeldaufschlag, sog. „Kickbacks"[787], typische Beispiele für Korruption.[788]

2. „Anwerben, Geben, Empfangen oder Anwerben, sei es direkt oder indirekt, irgendeines werthaltigen Gegenstands ..."

Wann ein Gegenstand werthaltig ist, ließ sich bisher ohne ersichtliche Probleme feststellen.[789] Die möglichen Tathandlungen der Korruption versteht das *Sanctions Board* in einer neueren Entscheidung weit (a)) und hat damit möglicherweise eine ältere, engere Auslegung des Tatbestands aufgegeben – wenn es diese enge Auslegung denn jemals gab (b)). Die Erweiterung des Tatbestands 2004 um die Möglichkeit, ihn „direkt oder indirekt" zu begehen, die Zurechnung und die Sanktion von Unterstützungshandlungen erfassen sollte, ist neben dieser weiten Auslegung voraussichtlich weitgehend bedeutungslos (c)).

---

785   Fn. 19 zu § 1.16 PG 2011.
786   Fn. 18 zu § 1.23 CG 2011.
787   Zum Begriff *Kindhäuser,* in: NK-StGB, § 266 StGB *Rn.* 114; ebenfalls zum Begriff, mit Darstellung des wohl berühmtesten Anwendungsfalls innerhalb der Bundesrepublik, dem sog. Kölner Müllskandal: *Saliger,* NJW 2006, 3377, 3377 ff.
788   Fn. 7 zu § 11 ACG 2011; Fn. 8 zu § 4 PforRG.
789   SBD 60 (2013), Rn. 71: 5 % des Vertragswerts; SBD 50 (2012), Rn. 29, 36 ff.: sog. Bearbeitungsgebühr in erheblicher Höhe.

a) Anwerben durch Versuch, Dritten zur Vorteilsgewährung an Amtsträger zu bewegen gemäß SBD 50

In SBD 50 legte das *Sanctions Board* den Begriff des Anwerbens („*soliciting*") aus und fasst darunter auch die Anstiftung zur Korruption und den Versuch der Anstiftung zur Korruption.

Ein Mitglied eines Unternehmenskonsortiums übte auf ein anderes Mitglied des Konsortiums Druck aus, sich an Bestechungszahlungen an einen Amtsträger zu beteiligen.[790] Das *Sanctions Board* entschied, man könne einen werthaltigen Gegenstand nicht nur im Sinne der Definition anwerben, indem man ihn für sich selbst als Gegenleistung für die Ausübung von Einfluss auf einen Amtsträger fordert; auch wer versuche, einen anderen dazu zu bringen, einem Amtsträger einen werthaltigen Gegenstand zukommen zu lassen, werbe den Gegenstand an.[791]

Das *Sanctions Board* stützte sich vor allem auf das weite Verständnis des Begriffs „*soliciting a bribe*" im englischen Sprachgebrauch, namentlich auf die Definition in *Black's Law Dictionary*.[792] Dafür, dass die Bank den Begriff in ihrer Definition enger sehen wolle, sah das *Sanctions Board* keine Anhaltspunkte.[793] Die Bank wollte mit der Sanktionsreform 2006 sogar ausdrücklich auch Handlungen im Vorfeld oder zur Vorbereitung von Fehlverhalten besser erfassen.[794] Im Fall galt die Definition von 2002,[795] unmittelbar konnte das *Sanctions Board* auf die Reformbegründung von 2006 daher nicht zurückgreifen.

b) Engere Auslegung der Definitionen von 1999 in SBD 4

Ohne sich damit auseinanderzusetzen, hat SBD 50 wohl eine ältere Entscheidung des *Sanctions Board* zur Sanktion der Beteiligten einer Vereinbarung zur Zahlung von Bestechungsgeldern überholt.

SBD 4 beendete 2009 ein umfangreiches Verfahren gegen 15 Betroffene durch die Sanktion von sieben der Betroffenen wegen Kollusion; INT hatte die Sanktion aller 15 Betroffenen nicht nur wegen Kollusion, sondern auch wegen Korruption angestrebt.[796] Es galten, wie in SBD 50, die Definitionen vor 2004.[797] Die Betroffenen hätten, so der Vorwurf INTs, in einer Vereinbarung zwischen Unternehmen, Politikern und Amtsträgern entweder selbst Bestechungsgelder versprochen oder die Bestechungszahlungen der anderen Teilnehmer unterstützt („*aided and abetted*").[798]

---

790   SBD 50 (2012), Rn. 42.
791   SBD 50 (2012), Rn. 44 und insb. Fußnote 16.
792   SBD 50 (2012), Rn. 44, insb. Fn. 17.
793   SBD 50 (2012), Rn. 44.
794   *World Bank*, Sanctions Reform (2006), Rn. 18.
795   SBD 50 (2012), Rn. 44.
796   *World Bank*, Sanctions Board Law Digest, S. 26.
797   SBD 50 (2012), Rn. 44: Definitionen von 2002; *World Bank*, Sanctions Board Law Digest, S. 26: Definitionen von 1999.
798   SBD 4 (2009), Rn. 7 [LD 87].

Das *Sanctions Board* wollte aber, offenbar beraten von LEG, nicht anhand von Zurechnungstheorien von Kollusion auf Korruption schließen, sondern Beweise für die Tatbestandsmerkmale der Korruptionsdefinition.[799]

Soweit in SBD 4 eine Verwirklichung des Korruptionstatbestandes aus Rechtsgründen scheiterte, wäre diese enge Auslegung durch das weite Verständnis von „*soliciting*" in SBD 50 überholt. Mindestens die designierten Zahler müssten Bestechungsgelder i.d.S. angeworben haben, auch für die Unterstützer scheint das denkbar, es sei denn sie wurden zur Unterstützung der Bestechungszahlungen gezwungen, dazu näher unten, D.II. Möglicherweise scheiterte die Sanktion in SBD 4 aber auch nur an der unklaren Beweislage. Ohne genaue Kenntnis der Fakten des Falles lässt sich das nicht beurteilen.

c) Erweiterung des Tatbestands um indirekte Begehung

Wohl auch als Reaktion auf die enge Auslegung durch das *Sanctions Board* in SBD 4 und Betreiben LEGs hatte die Bank in die Definitionen ab 2004 außerdem das Tatbestandsmerkmal direkter oder indirekter Tatbegehung aufgenommen.[800] Neben der weiten Auslegung des „Anwerbens" in SBD 50 hat die indirekte Tatbegehung aber bislang keinen Anwendungsfall. Das *Sanctions Board* hat sich durch ein weites, vom allgemeinen Wortsinn gedecktes Verständnis des „Anwerbens" die Entwicklung komplizierter Zurechnungstheorien zumindest für die meisten vorstellbaren Fälle einer Tatbegehung durch mehrere Beteiligte erspart.[801]

3. „... um die Handlungen eines anderen unangemessen zu beeinflussen"

Die zweite Hälfte der Definition enthält ein subjektives Merkmal (a)), das in den Vergaberichtlinien von Fußnoten präzisiert (b)) und in den Antikorruptionsrichtlinien noch offen (c)) ist.

a) Subjektives Merkmal

Das Erfordernis zielgerichteten unangemessenen Handelns bedeutet, dass der Betroffene bewusst handeln muss, obwohl die Bank nicht explizit Vorsatz verlangen wollte.[802] Das habe, so die *Advisory Opinion*, eine leichtere Beweisführung zur Folge:

---

799 SBD 4 (2009), Rn. 7 [LD 87]. LEG hatte offenbar in einem Memorandum seine Auffassung dargelegt, nach der die Korruptionsdefinition damals keine Unterstützertätigkeit erfasse: *LEG*, Advisory Opinion, Rn. 6, 69 ff.

800 *LEG*, Advisory Opinion, Rn. 83.

801 Entsprechende Theorien: *LEG*, Advisory Opinion, Rn. 77–85; dazu auch unten Kapitel 2 – E.I.2.b). In SBD 60 (2013), Rn. 65 ff. stellt sich das Problem nicht. Vgl. *Dubois/Nowlan*, YJIL 36 (2010), 15, 20: Bedeutung der indirekten Bestechung sei noch ungeklärt.

802 *LEG*, Advisory Opinion, Rn. 53: „... [It] was recognized at the time that an implicit *mens rea* element could be inferred from the definitions, arising from the

Die Absicht, die Handlungen eines anderen unangemessen zu beeinflussen, könne durch Indizien bewiesen werden, z.B. die Handlungen des Beeinflussten.[803] Für ein ausdrückliches Vorsatzerfordernis wäre dies, der *Advisory Opinion* zufolge, nicht möglich gewesen.[804]

Die Unterscheidung verwirrt, denn ein implizites, aber vorhandenes, Tatbestandsmerkmal ist nicht leichter zu beweisen als ein ausdrückliches. Strafverfolgungsbehörden können nicht die Gedanken eines Angeklagten zum Zeitpunkt der Tat lesen und schließen daher ebenfalls aus äußeren Umständen der Tat auf die Geisteshaltung des Täters; nicht der Indizienbeweis ist das Problem der Strafverfolger, sondern das hohe Beweismaß im Strafverfahren und der Grundsatz *in dubio pro reo*.[805] Im Sanktionsverfahren aber gilt nur das niedrigere Beweismaß überwiegender Wahrscheinlichkeit.[806] Wenn Bieter dem für die Auftragsvergabe zuständigen Regierungsmitarbeiter Geld übergeben, ist es schon dem ersten Anschein nach überwiegend wahrscheinlich, dass sie damit subjektiv die Vergabe beeinflussen wollten; wenn sie keine gute Erklärung bieten, können sie sanktioniert werden, weil ihre subjektive Einstellung nachgewiesen ist.[807]

Das *Sanctions Board* zeigt in einer Entscheidung vom September 2013, deutlich, dass es erstens zielgerichtetes Handeln als subjektives Merkmal versteht und zweitens mit dessen Nachweis anhand objektiver Tatsachen kein Problem hat:

> „[...] *Respondent Firm et al. deny that they sought to improperly influence the Procurement Advisor. The Respondent Co-Owner asserts that he ‚never tried to influence* [the Procurement Advisor]‘ *at all.* [...] *However, the Respondent's own statements provide direct evidence of their intent ‚to influence.‘*"[808]

---

803 requirement that misconduct be undertaken ‚in order to‘ achieve a particular purpose and, typically, that said purpose be ‚improper‘"; deutlich auch *ebd., Rn.* 62.
803 *LEG*, Advisory Opinion, Rn. 53.
804 *LEG*, Advisory Opinion, Rn. 54: „The very conscious objective of this approach was to avoid INT having to prove a particular state of mind on the part of the Respondent, something that—even with the flexible approach to evidence in the Sanctions Procedures—was thought to be likely to prove an unsurmountable obstacle in many cases."
805 Zur Ermittlung subjektiver Tatbestandsmerkmale anhand objektiver Tatsachen, nicht aber Vermutungen: *Schoreit*, in: KK-StPO, § 261 StPO Rn. 64 f.
806 § 8.01 SP12 und unten Kapitel 2 – G.I.
807 Darauf läuft auch der Vorschlag von *LEG*, Advisory Opinion, Rn. 64–66 hinaus, insb. Rn. 65; dort und auch schon *ebd., Rn.* 62 ff. ist allerdings von „policy implications" der Übernahme eines subjektiven Tatbestandsmerkmals in Definitionen die Rede, nach nach Ansicht von LEG dieses Merkmal recht deutlich enthalten. Es ist ein hartnäckiges Gerücht, dass das Sanktionsregime grundsätzlich keine subjektiven Tatbestandsmerkmale fordere, vgl. *Boisson de Chazournes/Fromageau*, EJIL 23 (2012), 963, 973 (insb. Fn. 55); *Leroy/Fariello*, S. 8.
808 SBD 60 (2013), Rn. 79 f. Weiter auch SBD 60 (2013), Rn. 83 f.

b) Beeinflussung des Vergabeverfahrens

Im Anwendungsbereich der Vergaberichtlinien gilt infolge der beiden Fußnoten zum Adressatenkreis der Beeinflussung (1.b)) und der Unangemessenheit (1.c)) im Wesentlichen dieselbe Definition wie vor der Sanktionsreform 2006.[809] Es ist im Vergabekontext nach wie vor sanktionswürdig, direkt oder indirekt einen werthaltigen Gegenstand anzubieten, zu geben, zu empfangen oder anzuwerben, um die Handlung eines Amtsträgers im Vergabeverfahren oder bei der Durchführung des Auftrags zu beeinflussen.[810]

Das *Sanctions Board* hat klargestellt, dass der Empfänger des werthaltigen Gegenstands nicht auch derjenige sein muss, dessen Handlungen beeinflusst werden sollen.[811] Amtsträger ist außerdem nicht nur derjenige Offizielle, der mit der Vergabe des konkreten Auftrags beauftragt ist, sondern auch jeder andere Angehörige des Kreditnehmers oder der Bank, der Einfluss auf Vergabeentscheidungen ausüben kann.[812]

Eine Vorteilsgewährung im Vergabeverfahren ist auch unangemessen, wenn sie angeblich nur dazu dienen soll, eine gerechte Beurteilung der Gebote sicherzustellen; ob sich der Amtsträger auch andernfalls rechtmäßig oder rechtswidrig verhalten hätte, ist irrelevant.[813]

c) Unangemessenheit in Antikorruptionsrichtlinien

Die Antikorruptionsrichtlinien bestimmen den Adressaten der Beeinflussung nicht näher. Weil deswegen auch die Angestellten eines Auftragnehmers durch Geldzahlungen im Sinn der Korruptionsdefinition beeinflusst werden könnten, fügte die Bank das weitere Tatbestandsmerkmal der Unangemessenheit ein.[814] Rechtsprechung dazu gibt es noch nicht. Die Begründung der Reform schildert als Beispiele für Lücken im bisherigen Sanktionsregime die Bestechlichkeit von NGOs, die als Mittelsmänner mit der Durchführung des Projekts betraut waren.[815] Unangemessen dürfte demnach jeder Versuch sein, die ordentliche, an sachlichen Kriterien orientierte Verwendung von Bankmitteln zu beeinflussen.[816]

---

809 Das war auch die Absicht der Sanktionsreform: *World Bank,* Sanctions Reform (2006), Rn. 36.
810 So die Definition von 2004, S. Appendix 1, B. zu SP12.
811 SBD 60 (2013), Rn. 65.
812 SBD 60 (2013), Rn. 70 zu einem Bankmitarbeiter.
813 SBD 60 (2013), Rn. 82.
814 *World Bank,* Sanctions Reform (2006), Rn. 20.
815 *World Bank,* Sanctions Reform (2006), Rn. 14.
816 Nähere Ausführungen bei *LEG,* Advisory Opinion, Rn. 55 f.

IV. Kollusion

Nur aus dem *Law Digest* lässt sich die wenige Rechtsprechung des *Sanctions Board* zu Kollusion nachvollziehen.[817] Das Schattendasein des Tatbestands entspricht nicht dem Willen der Bank. 2006 erweiterte sie ihn erheblich: Er soll nicht nur Preisabsprachen bei Angeboten, sondern auch Vereinbarungen zur Begehung von Fehlverhalten und anderen, bei der Durchführung eines Bankprojekts unangemessenen Handlungen erfassen.[818]

1. Definition gemäß aktuellen Richtlinien

a) Wortlaut und Übersetzung der Definition

> „,[C]ollusive practice' is an arrangement between two or more parties designed to achieve an improper purpose, including to influence improperly the actions of another party[.]"[819]

Kollusion bedeutet also eine Vereinbarung zwischen zwei oder mehr Beteiligten, die darauf gerichtet ist, einen unangemessenen Zweck zu erreichen, insbesondere die Handlungen eines anderen Beteiligten unangemessen zu beeinflussen.

b) Fußnote der Vergaberichtlinien zu den möglichen Beteiligten einer Vereinbarung

Eine einschränkende Fußnote zu dieser Definition in den beiden Vergaberichtlinien besagt, dass „Beteiligte" in ihrem Sinn nur Mitwirkende des Vergabeverfahren, einschließlich der Amtsträger sind, die versuchen, Preise auf künstlichem, nicht wettbewerbsgerechten Niveau zu erreichen.[820]

c) Erklärung unangemessener Beeinflussung in Vergaberichtlinien

Weil die Kollusionsdefinition Unangemessenheit verlangt, greift auch die bereits oben, III.1.c) bei Korruption angesprochene, allgemeine Fußnote: Jedes Verhalten, das dem Betroffenen im Vergabeverfahren oder bei der Vertragsdurchführung einen Vorteil bringen soll, der ihm nicht zusteht, ist unangemessen.[821]

---

817 Neben den unten genannten Entscheidungen befasste sich noch mindestens eine weitere, SBD 5 (2009), mit Kollusion, die damals noch ein Unterfall des Betrugs war. Warum das Sanctions Board das Verfahren einstellte, geht aber auch aus dem Law Digest nicht hervor, s. die Zusammenfassung des Falls bei *World Bank,* Sanctions Board Law Digest 2011, S. 26 und der pauschale Hinweis bei LD 75.

818 *World Bank,* Sanctions Reform (2006), Rn. 22.

819 § 1.16 (a) (iii) PG 2011; § 1.23 (a) (iii) CG 2011; § 7 c) ACG 2011; § 4 (c) PforRG.

820 Fn. 22 PG 2011: „For the purpose of these Guidelines, ,parties' refers to participants in the procurement process (including public officials) attempting to establish bid prices at artificial, non-competitive levels"; entsprechend Fn. 21 CG 2011.

821 Fn. 19 zu § 1.16 PG 2011; Fn. 18 zu § 1.23 CG 2011.

2. „Vereinbarung zwischen zwei oder mehr Beteiligten ..."

Nach der oben, 1.b), wiedergegebenen Fußnote zur neuen Definition der Vergaberichtlinien kann Partei einer kollusiven Vereinbarung nur sein, wer als Beteiligter
des Vergabeverfahrens künstliche Preise schaffen will. Nun ist die Preisgestaltung
zwar nicht mehr der unangemessene Zweck der Vereinbarung, aber inhaltlich dürfte
die Sanktionsreform von 2006 nichts an der Kollusionsdefinition im Vergabeverfahren geändert haben.

Das Bestreben, künstliche Preise zu schaffen, musste in den Definitionen von
vor 2006 Gegenstand der Vereinbarung sein und war gesondert zu prüfen und zu
beweisen; allein eine Absprache zwischen den Bietern belegte diese Absicht noch
nicht.[822] INT konnte aber künstliche Preise als Indizienbeweis für eine Absprache
verwenden. Das *Sanctions Board* schloss von einer Vielzahl identischer Einzelpreise
in den Angeboten zweier Bieter auf eine Absprache unter ihnen, weil dies die einzige plausible Erklärung war.[823] Künstlich i.d.S. sind Preise nicht nur, wenn sie hoch
oder höher sind als die Preise anderer Bieter; es kommt darauf an, wie sie zustande
kommen.[824]

Wer Beteiligter im Sinn der Antikorruptionsrichtlinien sein soll, wird nicht näher
beschrieben. Es reicht daher die für die Anwendung der Richtlinien nötige Beteiligung am Bankprojekt.

3. „... die darauf gerichtet ist, einen unangemessenen Zweck zu erreichen, insbesondere die Handlungen eines anderen Beteiligten unangemessen zu beeinflussen."

Nach der Begründung der Sanktionsreform soll jede angestrebte unrechtmäßige
Handlung eines an einem Bankprojekt Beteiligten ein unangemessener Zweck
im Sinn der Kollusionsdefinition sein, insbesondere die Vereinbarung, sanktionswürdiges Fehlverhalten zu begehen.[825] Entscheidungen des *Sanctions Board* dazu
stehen aus.

Im Geltungsbereich der Vergaberichtlinien hat der unangemessene Zweck keine
selbständige Bedeutung als Tatbestandsmerkmal. Die Beteiligten müssen ohnehin
gemäß der erläuternden Fußnote eine Preismanipulation beabsichtigen. Diese soll
den Beteiligten den Zuschlag zum überhöhten Preis verschaffen, also einen Vorteil
bringen, der ihnen nach den Regeln des marktgesteuerten Vergabeverfahrens nicht
zusteht; gemäß der einleitenden Fußnote im Anwendungsbereich der Vergaberichtlinien (1.c)) ist sie so stets unangemessen.

---

822 SBD 45 (2011), Rn. 51 [LD 70]; Überblick über die Definitionen: SP12, Appendix I.
823 SBD 45 (2011), Rn. 53 [LD 150].
824 SBD 45 (2011), Rn. 51 [LD 71].
825 *World Bank,* Sanctions Reform (2006), Rn. 22.

V. Zwangsausübung

Zum Tatbestand der Zwangsausübung gibt es wenig Bemerkenswertes, in der Rechtsprechung des *Sanctions Board* spielt er bisher keine Rolle.

1. Definition gemäß aktuellen Richtlinien

a) Wortlaut und Übersetzung der Definition

> „,[C]oercive practice' is impairing or harming, or threatening to impair or harm, directly or indirectly, any party or the property of the party to influence improperly the actions of a party[.]"[826]

Zwangsausübung ist folglich das Behindern oder Schädigen, oder das Drohen mit Behinderung oder Schädigung, sei es direkt oder indirekt, irgendeines Beteiligten oder seines Besitzes, um unangemessen die Handlungen eines Beteiligten zu beeinflussen.

b) Modifikation durch Fußnote der Vergaberichtlinien

Gemäß einer Fußnote zur Definition ist für die Anwendung der Vergaberichtlinien „Beteiligter" ein Teilnehmer eines Vergabeverfahrens oder der Ausführung eines Vertrags.[827]

2. Schattendasein des Tatbestands in bisheriger Rechtsprechung des Sanctions Board

Das *Sanctions Board* hatte sich noch nicht mit Zwangsausübung zu befassen.[828] Auch anderweitig, durch das frühere *Sanctions Committee* oder den EO, hat die Bank noch nicht ersichtlich jemanden deswegen sanktioniert.[829] Die Liste der gesperrten Personen enthält zumindest keinen entsprechenden Eintrag (mehr).[830] Die

---

826 § 1.16 (a) (iv) PG 2011; § 1.22 (a) (iv) CG 2006; § 7 d) ACG 2011; § 4 (d) PforRG.

827 Fn. 23 zu § 1.16 (a) (iv) PG 2011; entsprechend Fn. 22 zu § 1.23 (a) (iv) CG 2011.

828 Zur Zeit vor Veröffentlichung der Boardentscheidungen: *World Bank,* Sanctions Board Law Digest, S. 22.

829 *World Bank,* Annual Integrity Report 2005–2006, S. 36 berichtet zwar davon, dass im Zusammenhang mit einem umfangreichen Kollusionsfall auch Drohungen zum Einsatz kamen, um die Angebote zu ordnen, lässt jedoch – anders als andere Fallstudien im selben Dokument, die davon berichten, dass INT Sanktionen zu erreichen suchte (etwa S. 38) – nicht darauf schließen, dass wegen der Zwangsausübung eine Sanktion verhängt oder auch nur angestrebt wurde.

830 Eine Suche nach „(a)(iv)" und „(d)", die jeweiligen Absatzbezeichnungen der Zwangsausübung in den Vergabe- und Antikorruptionsrichtlinien auf *World Bank,* Listing of Ineligible Firms & Individuals, http://worldbank.org/debarr (03.09.2013) liefert keine Ergebnisse.

Begründung der Sanktionsreform 2006 ergibt keine Erkenntnisse für die Auslegung der Definition, die über die Wiedergabe ihres Wortlauts hinausgingen.[831]

Boisson de Chazournes und *Fromageau* erkennen in den Definitionen von Zwangsausübung und Betrug Ausnahmen vom vermeintlichen Grundsatz des Sanktionsregimes, keinen subjektiven Tatbestand (*mens rea*) zu fordern.[832] Aber Zwangsausübung ist in dieser Hinsicht eigentlich nichts Besonderes. Dass der Betroffene zielgerichtet handelt, fordern auch alle anderen Tatbestände.[833]

VI. Interessenkonflikte

Interessenkonflikte nennt die Bank nicht als besonderen Anlass einer Sanktion.[834] Das Sanktionsregime verhindert dennoch die unsachliche Beeinflussung der Auftragsvergabe durch widerstreitende oder sachfremde Interessen. Die Vergabedokumente müssen nur von den Unternehmen Erklärungen über ihre Verbindungen verlangen. Wenn ein Unternehmen wirklich wahrheitsgemäß einen Interessenkonflikt aufdeckt und daraus die Vergabebehörde keine Konsequenzen zieht, wäre ein Vorwurf an das Unternehmen Heuchelei.

Wenn das Unternehmen den Interessenkonflikt aber verschweigt oder leugnet, ist das als Betrug (oben I.) sanktionierbar. In ihren Vergaberichtlinien verlangt die Weltbank ganz grundsätzlich, dass Firmen, die an einem von ihr finanzierten Projekt beteiligt sind, keine Interessenkonflikte haben dürfen. Eine Liste mit zahlreichen Interessenkonflikten folgt;[835] die Ausschreibungsdokumente können auch weitergehende Erklärungen verlangen.[836] Teilnehmer an Vergabeverfahren müssen regelmäßig erklären, dass bei ihnen keiner der genannten Interessenkonflikte vorliegt.[837]

---

831 *World Bank,* Sanctions Reform (2006), Rn. 23 erwähnt nur die neue Alternative „impairing" und die allgemeine Erweiterung der Definition über den Vergabekontext hinaus.

832 *Boisson de Chazournes/Fromageau,* EJIL 23 (2012), 963, 973 (insb. Fn. 55).

833 SP12, Appendix 1.

834 Krit. *Boisson de Chazournes/Fromageau,* EJIL 23 (2012), 963, 981.

835 § 1.7 PG 2011 beruht auf *ADB et al.,* Generic Master Procurement Document, Section IV, para. 4.3. Das Generic Master Procurement Document dient zahlreichen internationalen Entwicklungs- und Finanzinstitutionen als Muster für ihre jeweiligen Vorgaben oder Vorlagen von Ausschreibungsdokumenten, S. ebd., S. iii; *World Bank,* Standard Bidding Documents for Procurement of Works, S. vi. Im Wesentlichen ähnlich § 1.9 CG 2011.

836 Beispiel: *World Bank,* Standard Bidding Documents for Procurement of Works & User's Guide, Section I – Instruction to Bidders, § 4.2.

837 *World Bank,* Standard Bidding Documents for Procurement of Works, S. 1–59 (Section IV – Bidding Forms, Letter of Bid): „We, the undersigned, declare that: [...] (b) We meet the eligibility requirements and have no conflict of interest in accordance with ITB 4; ...".

D. Entschuldigung und Rechtfertigung

I. Geringe Bedeutung von Rechtfertigungsgründen

Die meisten klassischen Rechtfertigungsgründe, insbesondere Notwehr oder Notstand, sind im Sanktionsregime schwer vorstellbar. Das *Sanctions Board* hat bereits entschieden, dass es einen Betroffenen nicht entlaste, wenn angeblich alle Wettbewerber Bestechungsgelder zahlen.[838] Es gibt also keinen „Angebotsnotstand" oder etwas in der Art; das leuchtet ein, wenn die Bank überhaupt gegen Korruption vorgehen können will.

II. Keine Sanktion für erzwungenes Verhalten

Es kann Betroffene möglicherweise entlasten, wenn sie zur Verwirklichung des Tatbestands gezwungen wurden. In SBD 60 fand das *Sanctions Board* zwar keine tatsächlichen Anhaltspunkte für die behauptete Nötigung der Betroffenen durch den *Procurement Advisor*, ihm Bestechungsgelder zu zahlen.[839] Aber es zeigte sich dem rechtlichen Argument einer *affirmative defense of duress* gegenüber grundsätzlich aufgeschlossen.[840] *Duress* ist im US-amerikanischen Recht, anders als *necessity*, ein Entschuldigungsgrund, d.h. das Gesetz billigt die Handlungen des Täters zwar nicht, bestraft ihn aber nicht.[841] „*This is so because to act under duress is to act under pressures that a person of reasonable firmness would not be able to resist.*"[842] Das deutsche Recht spricht von entschuldigendem Notstand.[843]

Der Gedanke des entschuldigenden Notstands ist weit verbreitet und logisch genug, um dem Sanktionsregime als allgemeiner Rechtsgrundsatz (oben A.II.2) zugrunde liegen zu können; davon scheint zumindest das *Sanctions Board*

---

838 SBD 60 (2013), Rn. 82.

839 SBD 60 (2013), Rn. 87: „While Respondent Firm et al. claim that they felt obliged to pay the Procurement Advisor even when they were the sole bidder or lowest responsive bidder, they adduced no evidence that such payments were due to threats, implicit or express, or that they made any attempt to terminate their arrangement with the Procurement Advisor. Bare assertions without supporting evidence cannot sustain a claim of coercion."

840 SBD 60 (2013), Rn. 86 ff.

841 *Morawetz*, S. 959, [zitiert nach Black's 9th, Stichwort: *duress*]; Duress schließt auch zivilrechtliche Haftung aus, ebd.

842 *Morawetz*, S. 959, [zitiert nach Black's 9th, Stichwort: *duress*]; dazu auch *Robinson*, in: *Heller/Dubber*, S. 586.

843 § 35 Abs. 1 StGB entschuldigt nur Handeln in Abwendung einer gegenwärtigen Gefahr für Leib, Leben und Freiheit – nicht auch anderer Rechtsgüter – die ein durchschnittlicher Mensch – kein Held, aber auch kein Feigling – nicht hätte anders abwenden oder hinnehmen können (§ 35 Abs. 1 S. 2 StGB) können, S. *Perron,* in: *Schönke/Schröder*, § 35 StGB Rn. 2, 4, 13a, 18.

unausgesprochen auszugehen.[844] Zwangsausübung auf konkurrierende Bieter ist dem Sanktionsregime nicht fremd, sondern Tatbestand sanktionswürdigen Verhaltens, oben C.V.1. Die genötigten Bieter zu sanktionieren, würde dem Ziel des Sanktionsregimes, eine der Schuld und Verantwortlichkeit der Betroffenen angemessene Sanktion zu finden, zuwiderlaufen.[845]

Es muss also grundsätzlich möglich sein, dass Unternehmen trotz der vollen Verwirklichung eines Tatbestands nicht sanktionswürdig sind, weil sie unfreiwillig handelten. Das *Sanctions Board* will offenbar strenge Anforderungen an die Unzumutbarkeit anderen Handelns stellen.[846]

E. Täterschaft und Sanktion von Unternehmensgruppen

Das Sanktionssystem erlaubt die Sanktion einer oder mehrerer natürlicher oder juristischer Personen für eigenes oder ihnen zugerechnetes Fehlverhalten (I.). Mit der sanktionierten Person verbundene Unternehmen können ebenfalls angemessen sanktioniert werden (II.). So beugt die Bank vor allem einer Umgehung ihrer Sanktion vor und kann eine Unterstützung des sanktionswürdigen Unternehmens durch den übrigen Konzern angemessen erfassen. Noch nicht ganz klar ist, inwieweit die Verfahrensregeln darüber hinaus die Sanktion von natürlichen Personen erlauben, die in einer Kontrollbeziehung mit dem eigentlichen Täter stehen (II.6.). Rechtsnachfolge berührt die Sanktion grundsätzlich nicht. Wenn sie nach Abschluss des Verfahrens eintritt, kann die Bank die Sanktion auf den Rechtsnachfolger des ursprünglich sanktionierten Unternehmens anwenden (III.).

Die gerade genannten Sanktionsmöglichkeiten gehen vom naheliegenden Verständnis der natürlichen oder juristischen Person als kleinster sanktionsfähiger Einheit aus. Die Bank macht sich aber völlig unabhängig von nationalem Gesellschaftsrecht und sieht die theoretische Möglichkeit vor, nur Teile einer juristischen Person zu sanktionieren, wenn dies angemessen ist (IV.).

---

844 SBD 60 (2013), Rn. 86 ff. enthalten keine Quellentheorie. *Perkins/Boyce,* S. 1064 sprechen etwa von „age-old rule" [zitiert nach Black's 9th, Stichwort: *duress*]; zur Herleitung des Notstands, auch des ungeschriebenen, sog. übergesetzlichen Notstands aus elementaren Gerechtigkeitserwägungen und der Logik des (deutschen) Strafrechts umfassend *Perron,* in: *Schönke/Schröder, Rn.* 115 ff. vor § 32 StGB; Necessity und Force Majeure kamen auch schon im frühen modernen Völkerrecht ohne große Rechtsvergleichung als allgemeine Rechtsprinzipien zum Einsatz: *Cassese,* S. 190. Zu allgemeinen Rechtsprinzipien im Sanktionsregime und den Anforderungen von *LEG,* Advisory Opinion, Rn. 18 ff. schon oben, Kapitel 2 – A.II.

845 § 9.02 (i) SP12; zur Sanktionsbemessung ausführlich unten Kapitel 3 – B.; Auch *LEG,* Advisory Opinion, Rn. 55: „... [The] sanctions regime was clearly not intended to penalize innocent parties or conduct."

846 S. das Zitat oben Fn. 839.

I. Sanktion für eigenes und als eigenes zugerechnetes Fehlverhalten

Sanktioniert werden kann, wer die Tatbestände sanktionswürdigen Fehlverhaltens selbst oder durch einen anderen verwirklicht. Dass es auch mittelbare Tatbegehung geben kann, ist zwar in den Regelungen des Sanktionsregimes heute nicht mehr ausdrücklich und generell angeordnet (1.). Aber Verhalten eines Anderen in Erfüllung übertragener Aufgaben wird dem Auftraggeber unter Berufung auf die Formel *respondeat superior* als eigenes zugerechnet:

Zwar müssen die Betroffenen das Fehlverhalten grundsätzlich selbst begehen, weil eine ausdrückliche Zurechnungsregel fehlt (2.). Aber auch Unternehmen oder juristische Personen sollen für ihr Handeln sanktioniert werden können. Selbst handeln kann ein Unternehmen oder eine andere juristische Person nur, soweit das Handeln ihrer Mitarbeiter oder Vertreter als ihr eigenes Verhalten gewertet wird. Dafür ist im Sanktionsregime der ungeschriebene Grundsatz etabliert, dass Unternehmen für sanktionswürdiges Verhalten ihrer Mitarbeiter sanktioniert werden können (3.). Die Grundsätze des *respondeat superior* lassen sich allgemein, auch zwischen natürlichen Personen anwenden (4.).

1. Vorschriften im Sanktionsregime

Das Sanktionsregime kennt keine allgemeinen Regelungen zu Täterschaft und Teilnahme. Es ordnet nur an, dass natürliche und juristische Personen sanktioniert werden können, wenn sie sich sanktionswürdig verhalten.

Frühere Versionen der Richtlinien sprachen ausdrücklich und allgemein von unmittelbarer oder mittelbarer Verwirklichung der Tatbestände sanktionswürdigen Fehlverhaltens als Anlass für eine Sanktion.[847] Heute verweisen die Vergaberichtlinien stattdessen auf die aktuellen Verfahrensregeln.[848] Diese bestimmen in § 8.01 SP12:

> „[I]f the Sanctions Board determines that it is more likely than not that the Respondent engaged in one or more Sanctionable Practices, it shall impose an appropriate sanction or sanctions on the Respondent ..."[849]

In § 1.02 (a) SP12 zeigt die Definition von „Respondent", dass nicht nur natürliche, sondern auch juristische Personen gemeint sind:

---

847 „directly or through an agent": § 1.14 PG 2004; § 1.22 (d) CG 2004.
848 § 1.16 (d) PG 2011; § 1.23 (d) CG 2011; § 11 (a) ACG 2011; § 7 (d) PforRG. Die Definition von Korruption und Zwangsausübung erfassen noch immer eine direkte oder indirekte Begehung, aber das kann erstens etwas anderes sein als die indirekte Verwirklichung irgendeines Tatbestands sanktionswürdigen Verhaltens, zweitens sind die Klauseln bis heute bedeutungslos, Kapitel 2 – C.III.2.c) und Kapitel 2 – C.V.2.
849 § 8.01 SP12.

„Respondent' means an entity or individual, alleged to have engaged in a Sanctionable Practice and who has been designated as such in a Notice, or in a settlement agreement."[850]

Die beiden Antikorruptionsrichtlinien verweisen ebenfalls auf die Verfahrensregeln, knüpfen die Sanktionsmöglichkeit aber selbst nochmals daran, dass die Bank feststellt, eine natürliche oder juristische Person habe sich sanktionswürdig verhalten.[851]

Bei der Bemessung der Sanktion lassen die Verfahrensregeln erkennen, dass es verschiedene Formen von Verantwortung für die Tat geben kann, denn dort heißt es:

„... [T]he Evaluation Officer or Sanctions Board, as the case may be, shall consider [...] any other factor that the Evaluation Officer or Sanctions Board, as the case may be, reasonably deems relevant to the sanctioned party's culpability or responsibility in relation to the Sanctionable Practice."[852]

Culpability und *Responsibility* werden zwar weitgehend synonym gebraucht, aber möglicherweise wollte die Bank eine feine Unterscheidung treffen: während *responsibility* allgemein meint, dass jemand für sein Tun zur Verantwortung gezogen werden kann (und so ohne weiteres für juristische Personen passt, die nicht höchstpersönlich gehandelt haben) bezeichnet *culpability* vor allem die volle Verwirklichung eines Straftatbestands.[853]

Die *Sanctioning Guidelines* lassen erkennen, dass die Haftung eines Unternehmens für Handeln seiner Mitarbeiter möglich sein muss, und zwar mit und ohne direkte Beteiligung von dessen Führungsspitze. Deren Verwicklung ist nur ein Grund, die Basissanktion zu erhöhen.[854]

2. Sanktion der Betroffenen grundsätzlich nur für eigene Tatbestandsverwirklichung

Sanktioniert wird ganz grundsätzlich, wer selbst alle Tatbestandsmerkmale des sanktionswürdigen Fehlverhaltens verwirklicht. Ohne eine Regelung zur Zurechnung von Verhalten unter mehreren Betroffenen reicht arbeitsteiliges Vorgehen oder bloße Unterstützertätigkeit nicht aus. Die kürzlich veröffentlichte *Advisory Opinion* hatte 2010 zu einer solchen Zurechnung allgemeine und fragwürdige Theorien entwickelt (b)). Dass diese Theorien praktisch angewendet und dabei präzisiert worden wären, ergibt sich aber weder aus der *Information Note* noch der Rechtsprechung des *Sanctions Board* (a)).

---

850 § 1.02 (a) SP12.
851 §§ 7 (d), 8 (a) PforRG; § 11 (a) ACG 2011.
852 § 9.02 (i) SP12, meine Hervorhebung.
853 Black's 9th, Stichwort: Culpability; *ebd.,* Stichwort: Responsibility (S. 1427). *LEG,* Advisory Opinion, Rn. 70 f.: direkte und höchstpersönliche Tatbestandsverwirklichung; auch *Leroy/Fariello,* S. 18.
854 § IV.A.4 SG; vgl. demgegenüber auch § V.A. SG; allesamt besprochen unten Kapitel 3 – B.IV.

a) *Eigene Tatbegehung als Sanktionsvoraussetzung nach* Information Note *und* Sanctions Board

Die *Information Note* verkündet, dass nur als Betroffener sanktioniert werden könne, wer in das Fehlverhalten unmittelbar verwickelt sei.[855] Speziell zur Sanktion von Unternehmen (sogleich II.1.b)), heißt es mit mehr Spielraum für abgestufte Formen der Tatbestandsverwirklichung und angelehnt an die gerade bei 1. zitierte Formulierung der Verfahrensregeln zur Sanktionsbemessung, sanktioniert werde generell nur, wer an dem Fehlverhalten Schuld (*„culpability"*), oder dafür Verantwortung (*„responsibility"*) trage.[856]

Eine klare Aussage des *Sanctions Board* steht noch aus. Zwar deutet der *Law Digest* an, das *Sanctions Board* habe eine Sanktion aufgrund von Zurechnungsregeln abgelehnt; aber die bereits oben C.III.2.b) angesprochene Entscheidung ist unklar: Niemand – auch nicht die vermeintlichen Haupttäter – erhielt im Fall eine Sanktion wegen Korruption.[857]

b) *Zurechnungstheorien der* Advisory Opinion

Die kurz vor Abschluss dieser Arbeit veröffentlichte *Advisory Opinion* bestätigt, dass nach Ansicht LEGs die ursprünglichen Definitionen von Fehlverhalten keine Unterstützertätigkeiten erfassten.[858] LEG will aber aus den Worten *„directly or indirectly"* und angeblich allgemeinen Zurechnungskriterien die Sanktionswürdigkeit von Mittätern herleiten.[859] Sogar bloße Unterstützertätigkeit sei sanktionswürdig, weil es so etwas in fast allen Rechtssystemen gäbe; LEG stützt sich ausdrücklich auf § 25 Abs. 1 StGB und den sogenannten Täter hinter dem Täter.[860] Erst recht vor dem Hintergrund deutschen Strafrechts ist aber unterstützende Teilnahme an der Tat eines anderen schon begrifflich keine eigene Tatbegehung „durch einen anderen".[861]

Immerhin geht die *Advisory Opinion* davon aus, dass die Grenzen der Zurechnung unter Mittätern erst durch Rechtsprechung entwickelt werden müssen.[862] Das Dokument stammt von Anfang 2010; in der Folge haben aber die veröffentlichten Entscheidungen des *Sanctions Board*, die Entscheidungsauswahl im *Law Digest*[863] und sogar die schon länger öffentliche *Information Note* keine Reaktion auf LEGs Theorien erkennen lassen.

---

855 *World Bank,* Sanctions Regime Information Note, S. 20.
856 *World Bank,* Sanctions Regime Information Note, S. 21, mit Verweis in einer Fußnote auf die Sanktionserstreckung (dazu unten Kapitel 2 – E.II.)-
857 Kapitel 2 – C.III.2.b).
858 *LEG,* Advisory Opinion, Rn. 85.
859 Vage *LEG,* Advisory Opinion, Rn. 77–82.
860 *LEG,* Advisory Opinion, Rn. 83 und Fn. 49.
861 Zur Abgrenzung *Joecks,* in: MüKo StGB, Einleitung zum Strafrecht, Rn. 17 ff.
862 *LEG,* Advisory Opinion, Rn. 81.
863 Eher das Gegenteil, oben zu SBD 4: Kapitel 2 – C.III.2.b).

Für den Import komplizierter Zurechnungsregeln in das Sanktionsregime besteht neben der schon lange etablierten Haftung des Hintermannes für den Vordermann nach *respondeat superior* (sogleich 3.b)bb) und 4.), sowie der Möglichkeit einer Sanktionserstreckung innerhalb einer Kontrollbeziehung (II.), kein Bedürfnis.

3. Zurechnung von Mitarbeiterhandeln an Unternehmen

Unternehmen und andere juristische Kunstgebilde können selbst keinen Handstreich tun. Das müssen Menschen übernehmen. Es ist daher selbstverständlich, dass juristische Personen in irgendeiner Form für ihre Repräsentanten haften müssen, wenn sie sanktionierbar sein sollen.[864] Ein Rückgriff auf das nationale Recht der betroffenen Gesellschaftsform wäre umständlich und wurde vom *Sanctions Board* grundsätzlich abgelehnt (a)). Es hat stattdessen unter Rückgriff auf den angloamerikanischen Grundsatz *respondeat superior* eigene und praktikable Zurechnungsregeln entwickelt (b)).

a) Unabhängigkeit der Zurechnung von nationalem Recht

Das *Sanctions Board* will nicht darüber diskutieren, welche Voraussetzungen das Gesellschaftsstatut an rechtswirksames Handeln eines juristischen Kunstgebildes stellt.[865] Nicht nur arbeite das Sanktionsregime grundsätzlich unabhängig von nationalem Recht,[866] sondern die Begehung sanktionswürdigen Fehlverhaltens habe auch mit ordnungsgemäßer Vertretung und rechtswirksamer Verpflichtung eines Unternehmens nichts zu tun: „*Those who engage in sanctionable practices may understandably seek to use informal and surreptitious means to carry out their misconduct.*"[867] Das überzeugt; sanktionswürdig muss auch zivilrechtlich unwirksames Verhalten sein können. Die designierten Empfänger der Bestechungszahlungen hätten sich vom Fehlen des Firmensiegels, das laut den Betroffenen im konkret vom *Sanctions Board* entschiedenen Fall für eine rechtswirksame Vertretung erforderlich gewesen wäre,[868] wohl kaum beeindrucken lassen.

---

864 Der deutsche Begriff der Organhaftung ist ein schönes Bild, aber im angloamerikanischen Rechtskreis unbekannt, weil die dortige Gehilfenhaftung nach respondeat superior (dazu Kapitel 2 – E.I.3.b)aa)) den Entlastungsbeweis des § 831 BGB nicht kennt: *Reuter,* in: MüKo BGB, § 31 BGB Rn. 1 f. Im Ergebnis entsprechend respondeat superior rechnet auch das EU-Wettbewerbsrecht zu, in dem die Haftung von Unternehmen ebenfalls ohne weitere Regelung angeordnet ist: *Dannecker/Biermann,* in: *Immenga/Mestmäcker,* Rn. 124–129 vor Art. 23 f. VO 1/2003; aA (weitergehende Zurechnung in EU) *Mannsdörfer/Timmerbeil,* EuZW 2011, 214, 217.

865 SBD 50 (2012), Rn. 50 f.

866 Auch SBD 55 (2013), Rn. 50.

867 SBD 50 (2012), Rn. 51.

868 SBD 50 (2012), Rn. 50.

Nationale Zurechnungsregelungen, auf die unmittelbar zurückgegriffen werden könnte, gäbe es nicht: Regelungen, zur deliktischen Haftung eines juristischen Kunstgebildes für Verfehlungen seiner Repräsentanten[869] passen nicht, denn die Bank will keinen Schadensersatz nach dem Recht ihres Kreditnehmers. Regelungen zur Verantwortlichkeit eines Unternehmens für Straftaten oder Ordnungswidrigkeiten[870] nutzen nichts, denn die Weltbank will weder eine Strafe noch eine Geldbuße nach nationalem Recht verhängen.

Wenn es verlässlich funktionieren soll, braucht das Sanktionsregime eine eigene Regelung für die Zurechnung sanktionswürdigen Handelns.[871]

b) *Zurechnung nach* Sanctions Board *gemäß* respondeat superior

Das *Sanctions Board* geht davon aus, dass im Sanktionsregime niemand durch einen Mittelsmann Handlungen vornehmen lassen darf, die er selbst nicht vornehmen dürfte:

> „*As a general principle, a respondent cannot avoid liability by carrying out through an agent or affiliate any conduct that would be sanctionable if carried out directly by the respondent.*"[872]

Angelehnt an den Grundsatz *respondeat superior* des *Common Law* (aa)) macht das *Sanctions Board* in gefestigter Rechtsprechung in der Regel jeden, der einem anderen Aufgaben überträgt, für dessen Handlungen oder Unterlassungen verantwortlich (bb)). Maßgeblich kommt es dabei darauf an, ob der Handelnde innerhalb seines Verantwortungsbereichs handelte; die spezifische sanktionswürdige Handlung muss der Hintermann dagegen nicht billigen (cc)). Unter engen Voraussetzungen ist theoretisch eine Entlastung für abredewidriges, eigenmächtiges Handeln des Vordermannes möglich (dd)).

Die Haftung eines Unternehmens für die Handlungen seiner Mitarbeiter ist der absolute Regelfall in der Rechtsprechung des *Sanctions Board*. Aber das *Sanctions Board* legt Wert darauf, dass es sich um keine kategorische Mithaftung von Unternehmen für Missetaten ihrer Mitarbeiter („*strict liability*") handelt, sondern um eine an den tatsächlichen Umständen des Einzelfalls orientierte Entscheidung.[873]

aa) *Respondeat superior* im *Common Law*

Mit *respondeat superior* wird im *Common Law* die deliktische Haftung eines Arbeitgebers für Handlungen seiner Arbeitnehmer bezeichnet, die auch im Verhältnis von

---

869 In Deutschland: § 31 BGB.
870 In Deutschland: § 30 OWiG.
871 *World Bank,* Sanctions Regime Information Note, S. 15: nationales Recht bindet Bank nicht, prägen aber als Vorbilder das Sanktionsregime.
872 SBD 45 (2011), Rn. 41 [LD 30].
873 SBD 55 (2013), Rn. 50.

principal und *agent* angewandt wird.[874] Auch im Strafrecht des *Common Law* gibt es *respondeat superior*.[875]

Die Unternehmenshaftung nach *respondeat superior* funktioniert so einfach, wie die lateinische Bezeichnung vermuten lässt: Ein Unternehmen ist grundsätzlich für widerrechtliche Handlungen sämtlicher Mitarbeiter für das Unternehmen verantwortlich.[876] Auch ein Auftraggeber haftet so grundsätzlich für Verfehlungen seines Beauftragten.[877]

Eine Ausnahme von der Zurechnung gilt für unvorhergesehenes und abredewidriges Handeln eines einzigen Schurken in der Belegschaft, des sog. *rogue employee*.[878] *Donna Boehme* vergleicht diese Erklärung mit der klassischen Ausrede, der Hund habe die Hausaufgabe gefressen: Es kommt vor, aber deutlich seltener als behauptet.[879]

bb) Anwendung von *respondeat superior* im Sanktionsregime

Handlungen eines Angestellten oder Beauftragten innerhalb der ihm übertragenen Aufgaben rechnet das *Sanctions Board* grundsätzlich dem Unternehmen oder Auftraggeber zu. Die Zurechnung ist in der Rechtsprechung des *Sanctions Board* offenbar schon seit Langem etabliert, genauso wie der Verweis auf die Grundsätze des *respondeat superior* als Begründung.[880] Dabei orientiert sich das *Sanctions Board* natürlich nicht sklavisch an der Rechtsprechung nationaler Gerichte, sondern baut

---

874   Black's 9th, Stichwort: Respondeat Superior, und Stichwort: Vicarious Liability.

875   Im Völkerstrafrecht bedeutete Respondeat Superior früher auch, dass nur der Befehlshaber, nicht auch die Untergebenen haften sollten, wird insoweit aber nicht mehr vertreten: *Weigend,* in: MüKo StGB, § 3 VStGB Rn. 3.

876   *Wagner,* in: MüKo BGB, § 831 BGB *Rn.* 388 ff., *ders. Rn.* 390 auch zu entsprechenden Tendenzen europäischer Rechtsvereinheitlichungsbemühungen; *Dannecker/ Biermann,* in: *Immenga/Mestmäcker,* Rn. 129 vor Art. 23 f. VO 1/2003.

877   *Dannecker/Biermann,* in: *Immenga/Mestmäcker,* Rn. 129 vor Art. 23 f. VO 1/2003: Es entscheidet Nutznießerschaft des Hintermanns.

878   *Dannecker/Biermann,* in: *Immenga/Mestmäcker,* Rn. 129 vor Art. 23 f. VO 1/2003.

879   *Boehme,* Corporate Counsel 2013-05-03. Beispiel: Das Unternehmen Larsen & Toubro veröffentlichte am Tag seiner Sanktion durch die Weltbank eine Pressemitteilung, es sei für die Taten eines einzelnen ehemaligen Angestellten sanktioniert worden: *Larsen & Toubro,* Company Clarification: World Bank Sanction, March 9, 2013; Zurechnungserwägungen des Sanctions Board in SBD 55 (2013), Rn. 54.

880   SBD 2 (2009), Rn. 5 [LD 22] liegt noch nicht auf der Linie, die in späteren Entscheidungen klar wird. SBD 46 (2012), Rn. 27 liefert als erste Volltextentscheidung zahlreiche Nachweise auf Entscheidungen ab SBD 31; SBD 36, Rn. 39 (LD 24); SBD 37, Rn. 41 – 42 (LD 25); SBD 39, Rn. 56 – 58 (LD 26); SBD 44, Rn. 52 (LD 29); SBD 45, Rn. 41 f. (LD 30 – 34); später auch SBD 47 (2012), Rn. 32; SBD 48 (2012), Rn. 28; SBD 51 (2012), Rn. 75; SBD 55 (2013), Rn. 49; SBD 56 (2013), Rn. 49; SBD 60 (2013), Rn. 111. *INT,* Annual Report 2012, S. 13 hebt SBD 48 heraus.

auf dem Fundament des *respondeat superior* seine eigene Zurechnungsrechtspre-
chung auf.[881]

Sicher hätte es andere Möglichkeiten gegeben, diese Haftung zu konstruieren
und zu begründen. Aber *respondeat superior* ist betörend einfach und funktioniert
rechtsgebietsübergreifend.[882] Außerdem liegt diese Regel einem Entscheidungs-
gremium, das in englischer Sprache in Washington D.C. arbeitet, deutlich näher als
z.b. die Organisationspflichten der Unternehmenshaftung des deutschen Delikts-
rechts und § 831 BGB.[883]

Die wesentlichen Kriterien für die Beurteilung sind, ob der Handelnde innerhalb seines Aufgabenkreises und zumindest auch im Interesse des Unternehmens
handelte (cc)), und ob das Unternehmen ausreichende Vorkehrungen getroffen hatte,
um Fehlverhalten einzelner Mitarbeiter zu verhindern (dd)).[884]

cc) Grundsätzliche Verantwortlichkeit eines Unternehmens für Handlungen seiner Mitarbeiter innerhalb ihres Aufgabenkreises

Das *Sanctions Board* sieht im Handeln eines Mitarbeiters für ein Unternehmen
grundsätzlich auch eigenes Handeln des Unternehmens, solange der Mitarbeiter
ihm übertragene Aufgaben erfüllt.[885] Weil es auf die Übertragung von Aufgaben
ankommt, nicht auf die Art und Weise ihrer Erfüllung, muss der Mitarbeiter nicht
zu gesetzwidrigem oder sanktionswürdigem Handeln ermächtigt sein.[886] Das ließe
sich auch kaum nachweisen. Gestützt auf Fundstellen in einem Buch zum Recht
der zivilrechtlich unerlaubten Handlungen im *Common Law*, dem sog. *Law of Torts*,
und eine Entscheidung des *High Court of Malaya* stellte das *Sanctions Board* fest:

> „[The] *relevant consideration is that the Logistics Officer's fraudulent conduct was a
> mode, albeit an improper mode, of carrying out his responsibilities to fill in the missing
> JV documentations for the bid and submit a complete bid package by the deadline.*"[887]

Das kann man eine Leitentscheidung nennen, denn die Formulierung von der Art
und Weise der Aufgabenerfüllung zitiert das *Sanctions Board* auch in späteren

---

881 Beispiel: SBD 46 (2012), Rn. 29.
882 *Wagner,* in: MüKo BGB, § 831 BGB Rn. 9, 390 zu den Vorzügen von respondeat
     superior in der europäischen Rechtsvereinheitlichung.
883 Die ersten allgemeinen Rechtsprinzipien des Völkerrechts waren, was die euro-
     päisch geprägten Juristen kannten: *Cassese,* S. 190. Die Intuition und Vertraut-
     heit der IGH-Richter mit ihrer Rechtsordnung ersetzt bei der Suche nach allg.
     Prinzipien eine aufwendige Rechtsvergleichung, weil der IGH sich aus Richtern
     aus allen maßgeblichen Rechtsordnungen zusammensetzen soll: *Pellet,* in: *Zim-
     mermann u.a.,* Art. 38 IGH-Statut Rn. 263 ff., insb. 266; *Wolfrum,* in: MPEPIL, Ge-
     neral International Law (Principles, Rules, and Standards), Rn. 31.
884 SBD 55 (2013), Rn. 49 f.
885 Überblick: SBD 55 (2013), Rn. 49.
886 SBD 46 (2012), Rn. 29.
887 SBD 46 (2012), Rn. 29.

Entscheidungen.[888] Damit war, pünktlich zur Veröffentlichung der Entscheidungsbegründungen des *Sanctions Board*, die Dogmatik der Unternehmenshaftung auf den Punkt gebracht.[889]

In SBD 60 stellte das *Sanctions Board* klar, dass ein Unternehmen nicht nur für die volle Tatbestandsverwirklichung eines einzelnen Mitarbeiters haftbar gemacht werden könne; es kann auch durch zusammengenommene Handlungen verschiedener Mitarbeiter einen Tatbestand sanktionswürdigen Fehlverhaltens verwirklichen.[890]

dd) Ausnahme bei unvorhergesehenen Handlungen Einzelner trotz ausreichender Schutzmaßnahmen

Das *Sanctions Board* beachtet das oben, aa), angesprochene Vorbringen vom schurkischen Angestellten grundsätzlich. Bislang existiert allerdings nur ein großer Fundus an Entscheidungen, die ein Unternehmen ungeachtet dessen Berufung auf einen angeblichen *rogue employee* sanktionieren.[891] Ohne ein wirksames Compliance-Programm im Unternehmen kann es einzelne Ausrutscher, für die allein der Mitarbeiter verantwortlich ist, nicht geben.[892]

Hehre Beteuerungen und Ermahnungen des Personals sind für die Haftung des Unternehmens für widerrechtliches Handeln seiner Mitarbeiter unerheblich, solange es die Mitarbeiter nicht schult und angemessen kontrolliert.[893] Wer sich bei der Angebotserstellung einfach auf die Ehrlichkeit seiner Mitarbeiter verlässt und nicht einmal ein Vier-Augen-Prinzip vorsieht, braucht an ein Abschieben der Verantwortung an einen *rogue employee* gar nicht zu denken.[894] Das *Sanctions Board* fragt:

> „... whether the employer, at the time of the alleged misconduct, had supervision or control measures in place that should have been sufficient to prevent or detect that type of misconduct."[895]

Dass die Vorkehrungen des Unternehmens gegen Fehlverhalten seiner Mitarbeiter ausreichend waren, muss der Betroffene beweisen.[896]

---

888   SBD 48 (2012), Rn. 29; SBD 55 (2013), Rn. 52.

889   *INT*, Annual Report 2012, S. 13 nennt aber wohl wegen des größeren Namens des Betroffenen SBD 48 als bis dahin maßgebliche veröffentlichte Entscheidung zur Unternehmenshaftung.

890   SBD 60 (2013), Rn. 114.

891   SBD 55 (2013), Fn. 14 zu Rn. 49 nennt SBD 36 (2010), Rn. 39 [LD 24]; SBD 37 (2010), Rn. 42 [LD 25]; SBD 46 (2012), Rn. 29; SBD 47 (2012), Rn. 33; SBD 48 (2012), Rn. 30.

892   *Boehme*, Corporate Counsel 2013-05-03.

893   Etwa SBD 55 (2013), Rn. 53 f.

894   Zusammenfassend zu seiner Rechtsprechung: SBD 55 (2013), Rn. 49.

895   SBD 55 (2013), Rn. 49 m. w. N. in Fn. 14.

896   SBD 49 (2012), Rn. 31.

4. Anwendung von respondeat superior *auch außerhalb der Zurechnung von Mitarbeiterhandeln an ein Unternehmen*

Unternehmenshaftung ist ohne Zurechnung von Mitarbeiterhandeln nicht denkbar, aber die allgemeine Zurechnungsregel des *respondeat superior* funktioniert nicht nur dort. Aufgabenübertragung und Handeln für einen anderen kann es auch außerhalb eines Unternehmens geben. Warum die allgemeine Verhaltenszurechnung dann nicht greifen sollte, ist nicht einzusehen.

Der *Law Digest* berichtet dementsprechend ausführlich von einem Fall, in dem das *Sanctions Board* einem Betroffenen das Handeln eines nur rechtsgeschäftlich bevollmächtigten Vertreters und einer Tochtergesellschaft, die unter der Kontrolle des Betroffenen stand, als eigenes zurechnete.[897] Aus diesem Fall stammt das oben, 3.b), erwähnte Zitat vom allgemeinen Grundsatz, dass niemand der Haftung für eine Handlung entgehen könne, weil er sie einen anderen für sich durchführen lässt. In SBD 51 haftete ein Betroffener ebenfalls für Fehlverhalten eines Bevollmächtigten.[898]

II. Erstreckung der Sanktion innerhalb einer Kontrollbeziehung

Wer einen Tatbestand sanktionswürdigen Verhaltens weder eigenhändig noch zurechenbar verwirklicht, kann u.U. dennoch sanktioniert werden. Das Sanktionsregime erlaubt die Erstreckung einer Sanktion auf verbundene Unternehmen oder andere Personen in einer Kontrollbeziehung zum Betroffenen, englisch: „*Affiliates*" (1.). Unternehmen unter der Kontrolle (2.) des Betroffenen werden ganz regelmäßig und pauschal mitsanktioniert, insbesondere um eine Umgehung der Sanktion zu verhindern (3.). Andere verbundene Unternehmen werden grundsätzlich nicht erfasst, es sei denn sie sind für das Fehlverhalten mitverantwortlich oder auch ihre Sanktion ist nötig, um dem Betroffenen die Umgehung seiner Sanktion zu verwehren (4.). Die Regelungen dienen vor allem der angemessenen (5.) Erfassung von Unternehmensgruppen und Konzernen, um Umgehungen der Sanktionsentscheidung zu verhindern. Sie sind darauf aber nicht beschränkt (6.).

1. Vorgaben des Sanktionsregimes

Das Sanktionsregime erlaubt auch die Sanktion von natürlichen oder juristischen Personen, die sich selbst nicht sanktionswürdig verhalten haben, aber mit dem Betroffenen in einer Kontrollbeziehung stehen, d.h. ihn beherrschen, von ihm beherrscht werden oder mit ihm gemeinsam von einem Dritten beherrscht werden (a)). Wann EO und *Sanctions Board* von dieser Möglichkeit Gebrauch machen sollen, ergibt sich für die Sanktion von Unternehmensgruppen aus der *Sanctions Regime*

---

897 SBD 45 (2011), Rn. 41 [LD 30].
898 SBD 51 (2012), Rn. 78.

Information Note, die das *Sanctions Board* insoweit wie einen verbindlichen Rechtstext behandelt (b)).

a) *Grundlage für Sanktionserstreckung in Verfahrensregeln*

§ 9.04 (b) SP12 erlaubt Board und EO die Sanktion sog. *Affiliates* des Betroffenen nach ihrem Ermessen[899]:

> *„When a sanction is imposed on a Respondent, appropriate sanctions may also be imposed on any Affiliate of the Respondent. ..."*[900]

Affiliate ist in § 1.02 (a) SP12 definiert:

> *„‚Affiliate' means any legal or natural person that controls, is controlled by, or is under common control with, the Respondent, as determined by the Bank."*[901]

b) *Hilfestellung bei Ermessensentscheidung durch Vermutungen* in Information Note

Die *Information Note* lenkt das Ermessen, das die Verfahrensregeln dem Board und dem EO einräumen (aa)), durch praktische Vermutungen (bb)), auf die sich das *Sanctions Board* explizit stützt (cc)).

aa) Angemessene Sanktionserstreckung nach Ermessen von Board und EO

Letztlich, so betont die *Information Note,* sei es Aufgabe der Sanktionsorgane, nach ihrem Ermessen und den Umständen jedes Einzelfalls zu entscheiden, ob und wie verbundene Unternehmen[902] zu sanktionieren seien; so sollen sie sicherzustellen, dass die Sanktion dem Fehlverhalten angemessen ist, und Umgehungen vermeiden.[903] Dazu nennt sie auch vier sog. Grundprinzipien,[904] die sich aber überschneiden und keine weitergehende Erkenntnis liefern als die gerade genannte Aussage.

---

899 *World Bank,* Sanctions Regime Information Note, S. 20.
900 § 9.04 (b) SP12; zu den dort ebenfalls geregelten Verfahrensrechten der Nahestehenden unten Kapitel 5 – A.III.
901 § 1.02 (a) SP12.
902 *World Bank,* Sanctions Regime Information Note, S. 20 verwendet zwar den Begriff des Affiliates, also nach obiger Definition auch natürlichen Personen. Der Abschnitt betrifft aber nur die Behandlung von Unternehmensgruppen.
903 *World Bank,* Sanctions Regime Information Note, S. 20 f.
904 *World Bank,* Sanctions Regime Information Note, S. 21 besagt, Sanktionen würden 1) auf die einzelnen Rechtsträger einer Unternehmensgruppe in einer auf den Tatsachen des Falles basierten Entscheidung nach den Interessen der Bank verhängt, nicht automatisch nach starren Kriterien, sondern 2) flexibel, um eine Umgehung zu verhindern; sanktioniert werde 3), wer nachweislich Schuld oder Verantwortung für das Fehlverhalten trage, allerdings könnten Affiliates auch unabhängig davon sanktioniert werden, wenn sonst eine Umgehung der Sanktion zu

bb) Vier Vermutungen als Leitbild der Ermessensentscheidung

Die *Information Note* nennt vier Vermutungen, wie Unternehmen und Unternehmensgruppen in der Regel angemessen zu sanktionieren seien.[905]

Nach den zwei für die Sanktionserstreckung relevanten Vermutungen wird die Sanktion dementsprechend grundsätzlich in der Kontrollbeziehung nach unten erstreckt, d.h. es werden regelmäßig die Töchterunternehmen des Betroffenen mitsanktioniert (dazu 3.). Auf gleicher oder höherer Kontrollebene, d.h. Schwester- oder Mütterunternehmen, wird die Sanktion dagegen nur ausnahmsweise erstreckt (dazu 4.).

Die anderen beiden Vermutungen betreffen die Rechtsnachfolge gem. § 9.04 (c) SP12 (dazu III.) und die Beschränkung der Sanktion auf einzelne Untergliederungen eines Betroffenen (dazu IV.).

cc) Entscheidung des *Sanctions Board* anhand der Vermutungen

Das *Sanctions Board* hat in einer neueren Entscheidung ausdrücklich nach den vier Vermutungen entschieden und die *Information Note* insoweit wie die verbindlichen Regelungen des Sanktionsregimes behandelt.[906]

Ohne selbst verbindlich zu sein,[907] kann die *Information Note* über die Leitlinien Auskunft geben, nach denen die Sanktionsorgane regelmäßig den Spielraum bei der Sanktionserstreckung nutzen, den die Verfahrensregeln ihnen lassen. Interne Richtlinien dazu gab es offenbar schon seit Langem.[908] Die Entscheidung des *Sanctions Board* anhand der Vermutungen der *Information Note* hat der Öffentlichkeit einen verlässlichen Anhaltspunkt dafür gegeben, wie *Sanctions Board* und EO Unternehmensgruppen in der Regel behandeln.

Ein Rückgriff auf die allgemeine Vereinbarung der Weltbank mit anderen kooperierenden MDBs, wie die Unternehmenssanktion geregelt werden solle, erübrigt sich durch die praktisch angewandten Vermutungen der *Information Note*.[909]

---

befürchten wäre; schließlich 4) seien Sanktionen dem Fehlverhalten angemessen. Diese Grundprinzipien entsprechen auch *ADB et al.,* MDB Harmonized Principles on Treatment of Corporate Groups, S. 1 (dazu oben Kapitel 1 – E.II.1.d)).

905   *World Bank,* Sanctions Regime Information Note, S. 21.

906   SBD 55 (2013), Rn. 87: „*As discussed in the Information Note,* four rebuttable presumptions should guide the application of sanctions with respect to corporate groups or entities. ...“; SBD 55 (2013), Rn. 88: „*... Consistent with the fourth presumption,* the Sanctions Board notes that any sanction imposed may be applied to Respondent's successors and assigns, subject to the principles for the application of sanctions to corporate groups *as set out in the Information Note and any relevant provisions of the applicable Sanctions Procedures.*“ (meine Hervorhebungen).

907   *World Bank,* Sanctions Regime Information Note, S. 2.

908   *Leroy/Fariello,* S. 17; *World Bank,* World Bank Group Sanctions Regime: An Overview, Rn. 16, 21; *Seiler/Madir,* S. 26.

909   Die Prinzipien von *ADB et al.,* MDB Harmonized Principles on Treatment of Corporate Groups, §§ A-C basieren wohl auf den älteren, bankinternen Richtlinien, die

2. Kontrolle über Unternehmen

Die *Information Note* erläutert, was im Kontext der Sanktion von Unternehmens-gruppen mit dem zentralen Begriff der Definition des Begriffs *Affiliate*, der Kontrolle, gemeint ist:

> „,*Control'* means the ability to direct or to cause the direction of the policies or operations of another entity, whether through the ownership of voting securities, by contract or otherwise. Indicia of control include, but are not limited to, interlocking management or ownership, identity of interests among family members, shared facilities and equipment, common use of employees, or a business entity organized following the imposition of a sanction that has the same or similar management, ownership, or principal employees as the person that was suspended or debarred."[910]

Diese Erläuterung ist keine verbindliche Definition[911] und wurde vom *Sanctions Board* nicht ersichtlich zur Auslegung des Kontrollbegriffs in § 1.02 (a) SP12 verwendet. Sie muss keine verbindliche Definition sein, weil sie den üblichen Wortsinn von „*control*"[912] wiedergibt, soweit damit die Kontrolle über Unternehmen gemeint ist.

Die Entscheidungen des *Sanctions Board* liefern einen unproblematischen Beispielsfall für Kontrolle: Die Eigentümer des für sein eigenes Fehlverhalten sanktionierten Unternehmens hielten an einem anderen Unternehmen, das als *Affiliate* sanktioniert wurde, einen „*controlling interest*".[913] In einer früheren Entscheidung äußerte sich das *Sanctions Board* ausführlicher: Es nahm die Kontrolle eines Unternehmens durch ein anderes an, das der größte von vier Anteilseignern war, mehr als 50 % der Anteile des kontrollierten Unternehmens hielt, und über einen Vertreter im „*board of directors*" des kontrollierten Unternehmens verfügte, der über ein Quorum seine Beteiligung an den Sitzungen sicherstellen konnte, so dass das kontrollierte Unternehmen nicht unabhängig vom anderen handeln konnte.[914]

3. Regelmäßige Sanktion aller Tochterunternehmen des Betroffenen

In der Regel werden laut *Information Note* alle Unternehmen unter der Kontrolle des Betroffenen sanktioniert, es sei denn, sie sind für das Fehlverhalten nicht

---

in der Information Note zusammengefasst sind, jedenfalls sind sie deckungsgleich: oben Kapitel 1 – E.II.1.d).

910 *World Bank,* Sanctions Regime Information Note, S. 22.
911 *World Bank,* Sanctions Regime Information Note, S. 2.
912 Black's 9th, Stichwort: Control.
913 SBD 49 (2012), Rn. 35.
914 SBD 45 (2011), Rn. 42 [LD 32 f.]. Im Fall ging es allerdings nicht um Sanktions-erstreckung, sondern um die Begehung von Kollusion durch das kontrollierte Unternehmen. Warum das Sanctions Board zwei verschiedene Begriffe von Kontrolle verwenden sollte, ist aber nicht ersichtlich.

verantwortlich und die Erstreckung der Sanktion auf sie wäre unverhältnismäßig und auch nicht nötig, um eine Umgehung der Sanktion zu verhindern:

> *„Sanctions are applied to all entities controlled by the Respondent (i.e., subsidiaries), unless the Respondent demonstrates that the entities are free of responsibility for the misconduct, and that application to the entities would be disproportional and is not reasonably necessary to prevent evasion.“*[915]

Mindestens seit 2008 spricht die Bank ganz regelmäßig die Sanktion des Betroffenen und aller von ihm unmittelbar oder unmittelbar beherrschten Unternehmen aus.[916] Möglicherweise vom Betroffenen kontrollierte natürliche Personen sind aber nicht pauschal mitsanktioniert. Der Textbaustein in den Sanktionsentscheidungen lautet auf die Sanktion von: *„... Respondent, together with any entity that is an Affiliate Respondent directly or directly controls ...“*[917]

Dass die Bank durch diesen pauschalen Sanktionsausspruch eine einfache Umgehung ihrer Sanktion verhindern will, ist klar. Ein Verfahren für die Feststellung, ob ein Unternehmen unter der Kontrolle eines Sanktionierten steht und somit unter dessen Sanktion fällt, sehen die Verfahrensregeln nicht ausdrücklich vor.[918]

4. Ausnahmsweise Sanktion anderer verbundener Unternehmen

Auf juristische Personen, die den Betroffenen kontrollieren, oder unter gemeinsamer Kontrolle stehen, werden Sanktionen laut *Information Note* nur erstreckt, wenn sie zu einem gewissen Grad für das Verhalten verantwortlich sind oder die Erstreckung nötig erscheint, um eine Umgehung zu verhindern:

> *„Sanctions are applied to entities controlling the Respondent and to entities under common control only if a degree of involvement in sanctioned misconduct has been shown, or if such application is reasonably necessary to prevent evasion.“*[919]

Die für eine Sanktionserstreckung erforderliche Mitverantwortlichkeit muss nicht so weit gehen, dass das verbundene Unternehmen sich selbst sanktionswürdig verhält, denn dann kann es deswegen unmittelbar sanktioniert werden (a)). Es reicht aus, wenn ein Unternehmen das Fehlverhalten irgendwie unterstützt oder gefördert hat (b)).

---

915 *World Bank,* Sanctions Regime Information Note, S. 21.
916 Beginnend mit der Sanktion der Dongsung Construction Co. Ltd. am 31.07.2008; vor 2008 verhängte Sperren können die Regelung ebenfalls enthalten haben, sind aber mittlerweile außer Kraft getreten und nicht mehr gelistet: *World Bank,* Listing of Ineligible Firms & Individuals, http://worldbank.org/debarr (03.09.2013).
917 Z.B. SBD 55 (2013), Rn. 89, meine Hervorhebung.
918 Kapitel 6 – A.IV.
919 *World Bank,* Sanctions Regime Information Note, S. 21.

a) Vorrang eigenständiger Sanktion

Die unmittelbare Sanktion eines kontrollierenden Unternehmens als Betroffener hat Vorrang vor seiner vielleicht ebenfalls möglichen Sanktion als *Affiliate*. Wenn ein Unternehmen ein anderes kontrolliert, sind ihm dessen Handlungen möglicherweise nach *respondeat superior* zurechenbar, oben I.3. Verwirklicht es durch ein kontrolliertes Unternehmen und ggf. eigenes Handeln selbst alle Tatbestandsmerkmale sanktionswürdigen Fehlverhaltens, kann es deswegen eigenständig sanktioniert werden und mit ihm alle Unternehmen unter seiner Kontrolle.

Beispiel für eine solche oben angesetzte Sanktion ist die auszugsweise im *Law Digest* verfügbare Entscheidung SBD 45: Das sanktionierte Unternehmen hatte mit einem Konkurrenten die Erstellung abgestimmter Angebote vereinbart und sich dazu des kontrollierten Tochterunternehmens bedient; für die Sanktion war aus Gründen, die der *Law Digest* nicht ausführt, die Zurechnung von Handlungen des Tochterunternehmens entscheidend.[920] Ob das Tochterunternehmen eigenständig wegen Kollusion sanktionierbar gewesen wäre, bleibt unklar. Die Bank brauchte es nicht eigens zu sanktionieren, weil es von der Sanktion aller Unternehmen unter Kontrolle des Betroffenen erfasst ist.[921]

Hat ein kontrollierendes Unternehmen aber trotz einer möglichen Verhaltenszurechnung nicht selbst alle Tatbestandsmerkmale verwirklicht, kann es nur als *Affiliate* sanktioniert werden, soweit es für das Fehlverhalten seiner Tochter mitverantwortlich ist.

b) Mitverantwortlichkeit durch Unterstützung des Fehlverhaltens

Mitverantwortlichkeit ist bereits gegeben, wenn das verbundene Unternehmen das Fehlverhalten unterstützt hat. Das kann ganz konkret geschehen, etwa indem ein Mitarbeiter Dokumente fälscht, die ein Schwesterunternehmen in seinem Gebot einsetzt und dafür wegen Betrug sanktioniert wird.[922]

Auch ohne konkrete und tatkräftige Förderung des Fehlverhaltens ist Mitverantwortlichkeit möglich. Die *Information Note* nennt als Beispiele: unzureichende Überwachung des sanktionierten Unternehmens, mangelhafte Präventions- und Kontrollmaßnahmen oder eine Unternehmenskultur, die Fehlverhalten begünstigt.[923]

5. Angemessenheit der erstreckten Sanktion

Über die Art und Schwere der Sanktion des verbundenen Unternehmens können EO und *Sanctions Board* nach ihrem Ermessen entscheiden; ihnen obliegt es, eine

---

920   SBD 45 (2011), Rn. 41 f., 44 [LD 30–34], schon oben Kapitel 2 – E.I.3.

921   Auch in SBD 45 sanktionierte das Sanctions Board so: *World Bank,* Sanctions Board Law Digest, S. 32.

922   SBD 49 (2012), Rn. 22.

923   *World Bank,* Sanctions Regime Information Note, S. 20.

angemessene Sanktion zu finden, näher Kapitel 3 – A.I. Unternehmen, die ein Betroffener beherrscht, erhalten grundsätzlich seine Sanktion (oben 3.).

Bloße Mitverantwortlichkeit wiegt laut *Information Note* regelmäßig weniger schwer als die vollständige Verwirklichung eines Tatbestands sanktionswürdigen Fehlverhaltens.[924] Aber die mildere Sanktion ist nicht obligatorisch, sondern abhängig vom Einzelfall:[925] Für das gerade angesprochene Fälschen der Dokumente verhängte das *Sanctions Board* die gleiche Sanktion wie für den späteren Einsatz der Fälschungen durch einen anderen; beide Beteiligten hätten ein vergleichbares Maß an Schuld auf sich geladen.[926]

6. Sanktionserstreckung außerhalb von Konzernsachverhalten

Die Definition des *Affiliate* ist nicht auf Konzernsachverhalte beschränkt, sondern spricht auch natürliche Personen an.[927] So lassen sich Führungspersonen erfassen, die ein Unternehmen kontrollieren und für das Fehlverhalten des Unternehmens mitverantwortlich sind. Die übliche Bedeutung von „*control*" erfasst aber auch Kontrolle über Individuen, insb. durch Vertrag.[928] Darauf geht die *Information Note* nicht ein. Sie erläutert den Begriff des *Affiliate* nur im Kontext der Sanktion von Unternehmensgruppen.[929]

Es ist aber denkbar, dass ein Kollege eines Betroffenen – also eine Person unter gemeinsamer Kontrolle durch den Arbeitgeber – mitverantwortlich für das Fehlverhalten ist, ohne den Tatbestand voll zu verwirklichen. Eine Sanktion des Kollegen als *Affiliate* wäre in diesem Fall nach dem Wortlaut der Verfahrensregeln möglich. Wie das *Sanctions Board* die Sache sieht, wird sich zeigen, falls INT einmal versucht, eine Sanktion auf verbundene natürliche Personen zu erstrecken.

III. Sanktion bei Rechtsnachfolge

Rechtsnachfolge vor Abschluss des Sanktionsverfahrens hat auf die Möglichkeit zur Sanktion des Unternehmens keine Auswirkungen. Ein Rechtsnachfolger des ursprünglichen Missetäters übernimmt auch dessen Sanktionswürdigkeit und wird ohne weitere Besonderheiten sanktioniert; er kann aber ggf. als Milderungsgrund

---

924 *World Bank*, Sanctions Regime Information Note, S. 20 meint, dass in der Regel, aber nicht immer, der Nahestehende geringer sanktioniert werde.

925 *World Bank*, Sanctions Regime Information Note, S. 20.

926 SBD 49 (2011), Rn. 42; zur Sanktionsbemessung bei mehreren Beteiligten auch unten Kapitel 3 – B.V.

927 § 1.02 (a) SP12.

928 Black's 9th, Stichwort: Control: „The direct or indirect power to govern the management and policies *of a person or entity*, whether through ownership of voting securities, by contract or otherwise; the power or authority to manage, direct or oversee <the principal exercised control over the agent>." (meine Hervorhebung).

929 *World Bank*, Sanctions Regime Information Note, S. 20 ff.

geltend machen, dass sich die Identität des Unternehmens zwischenzeitlich verändert habe.[930]

Wenn ein Unternehmen nach Abschluss des Sanktionsverfahrens umgewandelt oder verkauft wird, kann die Bank die Sanktion gem. § 9.04 (c) SP12 auch auf die Rechtsnachfolger anwenden; das *Sanctions Board* kann die Entscheidung des Bankmanagements auf Ermessensmissbrauch überprüfen.[931] Die *Information Note* besagt in ihrer vierten Vermutung zur Unternehmenssanktion, dass die Erstreckung einer Sanktion auf Rechtsnachfolger grundsätzlich erfolge, es sei denn dies wäre unangemessen und auch aus Umgehungsgesichtspunkten nicht nötig.[932] Auch auf diese Vermutung wies das *Sanctions Board* in SBD 55 explizit hin, obwohl das für die Entscheidung gar nicht nötig gewesen wäre.[933]

IV. Sanktionen unabhängig von Rechtspersönlichkeit

Als Gegenstück zur Erstreckung einer Sanktion auf verbundene, aber eigenständige Rechtsträger sieht das Sanktionsregime die Beschränkung einer Sanktion auf einen Teil eines Rechtsträgers vor. Das ist bisher wegen der vorhersehbaren praktischen Schwierigkeiten nur Theorie (1.). Das *Sanctions Board* erreichte auf pragmatischem Weg ein ähnliches Ergebnis, indem es einen Betroffenen ausdrücklich auch insoweit sanktionierte, wie er unter dem Namen eines unselbständigen Unternehmensteils im Geschäftsverkehr auftritt (2.).

1. Sanktionsbeschränkung auf Geschäftsbereiche

Wenn der Betroffene eine juristische Person mit mehreren Untergliederungen ist, kann der EO bzw. das *Sanctions Board* die Sanktion gem. § 9.04 (a) SP12 auf eine Untergliederung oder einen Geschäftsbereich des Betroffenen beschränken.[934] Die *Information Note* hält dazu wieder eine vom Board bestätigte[935] Vermutung bereit, dass Sanktionen grundsätzlich auf die ganze betroffene juristische Person anwendbar sind, es sei denn, der Betroffene lege dar, dass nur eine bestimmte Untergliederung des Unternehmens verantwortlich sei.[936]

In aller Regel verdient ein Unternehmen als Ganzes die Sanktion für das Verhalten, das ihm gem. *respondeat superior* zurechenbar ist. Außerdem würde die Sanktion eines Unternehmensteils kompliziert: Unselbständige Unternehmensteile können im Sanktionsverfahren nicht auftreten und die Einhaltung der Sanktion lässt sich

---

930   SBD 53 (2012), Rn. 66.
931   *Leroy/Fariello*, S. 17; unten Kapitel 6 – A.III.
932   *World Bank,* Sanctions Regime Information Note, S. 21.
933   SBD 55 (2013), Rn. 88.
934   § 9.04 (a) SP12.
935   SBD 55 (2013), Rn. 87.
936   *Leroy/Fariello*, S. 17.

kaum durchsetzen.[937] Aus diesen Gründen lehnte das *Sanctions Board* die Sanktion eines Unternehmensteils ab, den INT nicht ausschließlich, sondern zusammen mit dem gesamten Unternehmen sanktioniert haben wollte.[938]

Die Möglichkeit zur Sanktionsbeschränkung ist trotz dieser praktischen Schwierigkeiten wichtig. Wenn eine juristische Person wirklich so strukturiert ist, dass nur ein Teil von ihr eine Sanktion verdient, dann kann dieser Unternehmensteil sich wahrscheinlich eigenständig im Sanktionsverfahren verteidigen und tritt abgrenzbar im Geschäftsleben auf, so dass er dort abgrenzbar sanktioniert werden kann. Die Möglichkeit, die Sanktion zu beschränken, wo dies geboten erscheint, um die Angemessenheit der Sanktion zu wahren, macht die Bank vollständig unabhängig von nationalem Gesellschaftsrecht.[939] Wenn dieses einmal zu viel Sanktion ermöglichen sollte, bleibt die Bank flexibel.

2. Sanktion eines Betroffenen unter mehreren Namen

In SBD 56 hatte INT die Sanktion des Betroffenen und einer rechtlich nicht selbständigen, örtlichen Untergliederung des Betroffenen angestrebt, und der EO war dem gefolgt.[940] Den naheliegenden Einwand, die zusätzliche Sanktion des unselbständigen Unternehmensteils sei überhaupt nicht nötig, wollte INT nicht gelten lassen: Das sanktionierte Unternehmen sei bereits mehrfach unter dem Namen seines örtlichen, unselbständigen Unternehmensteils aufgetreten, bei künftigen Angeboten müsse auch der Unternehmensteil als sanktioniert erkennbar sein.[941]

Das *Sanctions Board* sah die gerade erwähnten praktischen Probleme bei der Vertretung der Geschäftseinheit im Sanktionsverfahren und insbesondere bei der Umsetzung ihrer Sanktion.[942] Die Verfahrensrechte des Unternehmensteils seien zwar im konkreten Fall weniger problematisch, da das eigentliche Unternehmen im Verfahren selbst erschienen sei; umsetzen und überwachen ließe sich die Sanktion des unselbständigen Teils aber dennoch nicht.[943]

Die Lösung des *Sanctions Board* ist pragmatisch: Es sanktionierte nur den Betroffenen, stellte aber in der Sanktionsentscheidung zugleich ausdrücklich klar, dass diese Sanktion auch gelte, soweit der Betroffene unter dem Namen seines Unternehmensteils agiere.[944] Entsprechend heißt es heute in der Liste sanktionierter

---

937 SBD 56 (2013), Rn. 88.
938 SBD 55 (2013), Rn. 86 f.
939 *World Bank,* Sanctions Regime Information Note, S. 15 zur Unabhängigkeit der Bank von nationalem Recht.
940 SBD 56 (2013), Rn. 4, 8.
941 SBD 56 (2013), Rn. 87.
942 SBD 56 (2013), Rn. 88.
943 SBD 56 (2013), Rn. 88 erwähnt auch noch den Respondent Affiliate, der mit dem Betrieb des Business Centre wohl ebenfalls etwas zu tun hatte.
944 SBD 56 (2013), Rn. 88, 89.

Firmen, gesperrt sei: *„GHD PTY LTD., in its own name and in its capacity doing business as GHD INDONESIAN OPERATING CENTRE"*[945]

F. Verjährung des Fehlverhaltens

Entgegen der Empfehlung von *Thornburgh, Gainer* und *Walker*[946] gibt es im Sanktionsregime mittlerweile eine ausdrückliche und ermessensunabhängige Verjährungsregelung.[947]

Die zehnjährige Verjährungsfrist (I.) und (II.) ist gewahrt, wenn INT den SAE mit den relevanten Vorwürfen rechtzeitig dem EO unterbreitet.[948] Über Vorwürfe, die länger zurückliegen, soll der EO gem. § 4.01 (d) SP12 das förmliche Sanktionsverfahren nicht eröffnen. Ein zu Unrecht eröffnetes Verfahren kann das *Sanctions Board* einstellen.[949]

I. Allgemeiner Verjährungsbeginn

Fehlverhalten verjährt gem. § 4.01 (d) (ii) SP12 grundsätzlich zehn Jahre nach voller Verwirklichung des Tatbestands.[950] In Begriffen deutschen Strafrechts ist also nicht maßgeblich, wann die Tat beendet, sondern wann sie vollendet ist.[951]

Diese grundsätzliche Verjährungsregel gilt insbesondere für Fälle im Anwendungsbereich der Antikorruptionsrichtlinien für Investitionsfinanzierung und PforR.[952]

II. Besonderer Verjährungsbeginn für Vergaberichtlinien

Eine praktisch (noch) überragend wichtige Ausnahme von der Regel gilt gem. § 4.01 (d) (i) SP12 im Anwendungsbereich der Vergaberichtlinien: Fehlverhalten im Zusammenhang mit einem bankfinanzierten Vertrag verjährt erst zehn Jahre nach Abschluss der Vertragsausführung.

---

945 *World Bank*, Listing of Ineligible Firms & Individuals, http://worldbank.org/debarr (03.09.2013) *152 nennt auch beide Adressen, in der Tabelle die des Unternehmens, in der Fußnote die seines Business Centre.

946 *Thornburgh/Gainer/Walker* (2002), S. 31 ff.

947 Diskussion: *World Bank*, Reform of the World Bank's Sanction Process (2004), S. 9 f.

948 § 4.01 (d) (i) und (ii) SP12.

949 SBD 47 (2012), Rn. 20 lehnt die Verjährung der Vorwürfe ab, mildert aber wegen des erheblichen Zeitablaufs die Sanktion (*ebd., Rn.* 56). Dazu auch allgemein Kapitel 3 – B.VIII.2.

950 Fn. 8 zu § 4.01 (d) (ii) SP12.

951 In § 78a StGB ist es grundsätzlich umgekehrt; nach umstrittener Rspr. des BGH bedeutet das für die Verjährung von Bestechung, dass auch die Handlung des Bestochenen beendet sein muss, was den Verjährungsbeginn hinausschieben kann: *Fischer,* § 78a StGB Rn. 3, 8.

952 Fn. 8 zu § 4.01 (d) (ii) SP12.

Diese besondere Verjährungsregel gilt für Betrug, Korruption, Kollusion und Zwangsausübung nach den Vergaberichtlinien, nicht aber für Ermittlungsbehinderung. Insoweit fehlt erstens der Vertragsbezug, zweitens ordnet eine Fußnote[953] den Vorwurf der Ermittlungsbehinderung ausdrücklich der allgemeinen Verjährungsregel zu.

G. Nachweis des Fehlverhaltens

Elementare Voraussetzung für eine Sanktion wegen Fehlverhaltens ist dessen ausreichender Nachweis. Eine Sanktion ist möglich, wenn das Fehlverhalten überwiegend wahrscheinlich erscheint (I.). Darüber entscheiden EO und *Sanctions Board*. Die anfängliche Beweislast trägt INT (II.). Die Bank stellt keine formalen Beweisregeln auf (III.) und stützt sich vor allem auf schriftlich fixierte Zeugenaussagen und andere Unterlagen (IV.).

I. Sanktion bei überwiegender Wahrscheinlichkeit von Fehlverhalten

Das Sanktionsverfahren ist zweistufig.[954] INT präsentiert einen ausermittelten Fall zunächst dem EO, der prüft, ob die Beweise für sanktionswürdiges Fehlverhalten ausreichend sind, §§ 3.01, 4.01 (a) SP12. Ggf. erlässt er eine *Notice of Sanctions Proceedings* und empfiehlt darin eine angemessene Sanktion.[955] Wann Beweise „ausreichend" sind, um den Erlass einer *Notice of Sanctions Proceedings* durch den EO zu rechtfertigen, ist in den Verfahrensregeln einleitend definiert: Sie müssen unter Berücksichtigung aller Umstände vernünftigerweise die Annahme zulassen, sanktionswürdiges Verhalten sei überwiegend wahrscheinlich – *„more likely than not"*.[956] Diese Erläuterung hatte die Kommission um *Dick Thornburgh* 2002 zur Vereinfachung der Rechtsanwendung vorgeschlagen.[957]

---

953 Fn. 8 zu § 4.01 (d) (ii) SP12.

954 *Dubois*, UChiLF 2012, 195, 224; *Leroy/Fariello*, S. 2; *Daly/Fariello*, S. 106; jeweils im Folgenden auch mit einer Beschreibung des Verfahrens. Zur Konzeption der Sanktionsreform 2004 oben Kapitel 1 – D.I.1. Ausführlich zum aktuellen Sanktionsverfahren auch unten, Kapitel 5 und Kapitel 6 – A.V.

955 § 4.01 (b) und (c) SP12. Zur einstweiligen Sperre der Betroffenen ab Erlass der Notice unten Kapitel 6 – B.I.1.

956 § 1.02 (a) SP12: „,Sufficient evidence' means evidence sufficient to support a reasonable belief, taking into consideration all relevant facts and circumstances, that it is more likely than not that the Respondent has engaged in a Sanctionable Practice." *Leroy/Fariello*, S. 4 sprechen von „preponderance of the evidence"; ausführlich zur Würdigung der Beweise auch auf ihre Vollständigkeit durch den EO: *LEG*, Advisory Opinion, Rn. 48 ff.

957 *Thornburgh/Gainer/Walker* (2002), S. 48 ff.; *LEG*, Advisory Opinion, Rn. 45.

Der Betroffene hat nach Erhalt der *Notice* 90 Tage Zeit, um das *Sanctions Board* anzurufen; andernfalls tritt die empfohlene Sanktion in Kraft.[958]

Für die Entscheidung des *Sanctions Board* bestimmt § 8.01 SP12 unmittelbar das Beweismaß überwiegender Wahrscheinlichkeit. Wenn Fehlverhalten nicht überwiegend wahrscheinlich ist, wird das Verfahren eingestellt, § 8.02 (a) SP12.[959] Ist Fehlverhalten überwiegend wahrscheinlich, verhängt das *Sanctions Board* eine Sanktion, § 8.02 (b) SP12.

II. Beweislast INTs

Die Beweislast ist § 8.01 (b) (ii) SP12 geregelt: INT muss genügend Beweise vorlegen, dass das Fehlverhalten des Betroffenen überwiegend wahrscheinlich ist (1.). Gelingt das, geht die Beweislast theoretisch auf den Betroffenen über: Er muss beweisen, dass sein Fehlverhalten doch nicht überwiegend wahrscheinlich ist. Dieser Teil der Regelung spielt aber keine Rolle, Fehlverhalten ist entweder überwiegend oder eben nicht (2.). Geständnisfiktion oder unstreitige Tatsachen gibt es nicht (3.).

1. Ursprüngliche Beweislast bei INT

§ 8.01 (b) (ii) SP12 wiederholt nicht nur in anderen Worten, dass das *Sanctions Board* nach dem Kippen einer bildlichen Waage entscheiden soll. Es ist für den Betroffenen viel wert, dass INT die ursprüngliche Beweislast trägt: Seine Sanktionswürdigkeit wird nicht vermutet. Das hätte man zwar auch daraus folgern können, dass INT das Verfahren durch den SAE beginnt, das nur weitergeht, wenn der EO darin ausreichende Beweise sieht. So verfuhr schon das *Sanctions Committee* ohne ausdrückliche Anordnung.[960] Aber die Klarstellung ist unmissverständlich.

2. Entlastungsbeweis des Betroffenen

Der Wortlaut der Beweislastregel lässt sich theoretisch auch so verstehen, dass der Betroffene sich vor dem Board aktiv entlasten muss, nachdem INT im EO-Verfahren bereits die bildliche Waage in Richtung des Betroffenen gekippt hat. Formulierungen in einigen Entscheidungen legen nahe, dass INT genau das von der Erwiderung des Betroffenen erwartete.[961] Aber das *Sanctions Board* prüft den Fall von Grund auf

---

958 § 4.04 SP12. Zum Verfahren des Sanctions Board ausführlich unten Kapitel 5. Zur ebenfalls möglichen Erklärung an den EO gem. § 4.02 (b) SP12 unten Kapitel 6 – B.I.2.

959 SBD 56 (2013), Rn. 30 erklärt dementsprechend das Sanktionsverfahren, einschließlich der einstweiligen Sperre, für beendet.

960 *Thornburgh/Gainer/Walker* (2002), S. 47.

961 SBD 46 (2012), Rn. 17; SBD 47 (2012), Rn. SBD 47 (2012), Rn. 17; SBD 49 (2012), Rn. 17; SBD 50 (2012), Rn. 19; SBD 51 (2012), Rn. 24 und 63; SBD 52 (2012), Rn. 15; ähnlich wieder SBD 59 (2013), Rn. 16.

neu.[962] Bei der Beurteilung, ob INTs Anschuldigungen überwiegend wahrscheinlich sind, geht es ganz selbstverständlich schon auf den Vortrag des Betroffenen ein.[963]

Die Beweislastregel scheint von der zweiphasigen Prüfung unter der FAR inspiriert zu sein, die dem Betroffenen den Beweis erlaubt, dass er trotz seines vergangenen Fehlverhaltens aktuell zuverlässig ist.[964] Für diese zweite Prüfungsstufe gibt es im Sanktionsregime keine Entsprechung; die Banksanktion setzt nur den Nachweis vergangenen Fehlverhaltens des Betroffenen voraus, § 8.01 SP12.[965] Die Regel zum Kippen der Beweislast überwiegender Wahrscheinlichkeit ist also überflüssig.

3. Keine Geständnisfiktion

Wenn der Betroffene sich nicht verteidigt, kürzt das die Beweiswürdigung nur ab und lässt sie nicht, wie etwa im deutschen Zivilprozess,[966] entfallen. Eine Geständnisfiktion wäre eine *formal rule of evidence,* die es im Sanktionsverfahren gerade nicht geben soll.[967]

Alle Anschuldigungen INTs müssen dem *Sanctions Board* überwiegend wahrscheinlich erscheinen, eine Ausnahme machen die Verfahrensregeln nicht.[968] Selbst wenn der Betroffene etwas nicht bestreitet oder sogar den kompletten SAE für zutreffend erklärt, würdigt das *Sanctions Board* dementsprechend die relevanten Beweise, wenn auch ggf. nur kurz und bündig.[969]

III. Fehlen formaler Beweisregeln

Formale Beweisregeln gelten gem. § 7.01 SP12 im Sanktionsverfahren ausdrücklich nicht; Hörensagen und Unterlagen soll angemessener Beweiswert beigemessen werden.[970] Das *Sanctions Board* will kein zu formales Verfahren schaffen, um

---

962 SBD 51 (2012), Rn. 27; *Dubois/Nowlan,* YJIL 36 (2010), 15, 19.

963 Insb. SBD 59 (2013), Rn. 22; *LEG,* Advisory Opinion, Rn. 47 zur Gesamtwürdigung aller verfügbaren Beweise.

964 Oben Einführung, Kapitel 1 – C.II.1.

965 Innerhalb des Verfahrens vor dem EO gibt es eine Zäsur in der Prüfung: Der EO prüft zunächst den SAE und erlässt die *Notice,* wenn das Fehlverhalten des Betroffenen überwiegend wahrscheinlich erscheint, § 4.01 (a) SP12 i. V. m. § 1.02 (a) SP12 („sufficient evidence"); erst anschließend äußert sich der Betroffen gegenüber dem EO und/oder dem Sanctions Board, §§ 4.02 (b), 5.01 (a) SP12.

966 §§ 138 Abs. 3, 288 ff. ZPO.

967 § 7.01 SP12.

968 § 8.02 (b) SP12.

969 SBD 56 (2013), Rn. 44–48, 58 f.

970 § 7.01 SP12; SBD 56 (2013), Rn. 59; *LEG,* Advisory Opinion, Rn. 43: „Consistent with the administrative nature of the proceedings, the Sanctions Procedures provide for an extremely permissive approach to evidentiary issues."

Betroffenen nicht die Möglichkeit zu nehmen, sich ohne Rechtsbeistand angemessen zu verteidigen:

> „As noted earlier, formal rules of evidence do not apply in the Bank's sanctions proceedings. Motions and countermotions often lead to a highly technical and overly legalistic proceeding which runs counter to informality. The Sanctions Board does not wish to become a forum where respondents may be disadvantaged if they are not represented by legal counsel."[971]

IV. Überwiegend schriftliche Beweismittel

Das Sanktionsverfahren ist gem. § 8.02 (a) SP12 ein vor allem schriftliches Verfahren, obwohl vor dem *Sanctions Board* gem. § 6.01 SP12 Anhörungen zur Erörterung des Falles stattfinden können.[972] Fehlverhalten lässt sich so anhand von schriftlich fixierten Zeugenaussagen (1.) nachweisen, die das *Sanctions Board* insgesamt und im Kontext anderer Beweismittel, insbesondere auch anderer Unterlagen (3.) würdigt (2.).

1. Mittelbare und unmittelbare schriftliche Wiedergabe von Zeugenaussagen

Zeugenaussagen finden ihren Weg in das Sanktionsverfahren als Niederschriften über Gespräche zwischen dem Zeugen und INT oder als eigene schriftliche Erklärungen des Zeugen. Die Möglichkeit, Zeugen vor dem *Sanctions Board* anzuhören, wurde soweit ersichtlich noch nicht genutzt.[973]

Das *Sanctions Board* zieht es vor, wenn der Zeuge eine Erklärung in eigenen Worten abfasst.[974] Zusammenfassende Gesprächsprotokolle geben nur Auskunft über die Wahrnehmung des Ermittlers. Eine wörtliche Wiedergabe des Gesprächs hätte höheren Beweiswert.[975] Zusammenfassende Notizen, die nicht eindeutig erkennen ließen, dass der Zeuge wenigstens die grobe Richtigkeit bestätigt hätte, konnten das *Sanctions Board* aber zusammen mit anderen Beweismitteln dazu bewegen, die Vorwürfe für überwiegend wahrscheinlich zu halten.[976]

---

971 SBD 56 (2013), Rn. 43.
972 Näher Kapitel 5 – B.II.2.
973 In SBD 46 (2012) Rn. 18–20 lehnt das Sanctions Board ab, einen vom Betroffenen angebotenen Zeugen zu hören.
974 SBD 47 (2012), Rn. 24.
975 SBD 45 (2011), Rn. 34 [LD 34, 56]; SBD 47 (2012) Rn. 24.
976 Zusammenfassend SBD 44 (2011), Rn. 45; SBD 47 (2012), Rn. 24; schon beinahe formelhaft SBD 53 (2012), Rn. 42 f. als Reaktion auf pauschale Kritik am Beweiswert der Protokolle.

2. Überzeugungskraft der Aussagen

Das *Sanctions Board* würdigt eine Aussage immer im Ganzen und im Kontext mit anderen Beweismitteln.[977] Besonders wichtig ist die Motivationslage des Betroffenen: Wer sich durch seine Aussage auch selbst belastet, ist glaubwürdiger als ein Konkurrent des Betroffenen oder ein Zeuge, der sich durch die Beschuldigung des Betroffenen selbst aus der Affäre ziehen will.[978]

Trotz einzelner Widersprüche stützte sich das *Sanctions Board* z.B. auf die Aussage eines Zeugen, der bereitwillig eigenes Fehlverhalten einräumte; andere Unterlagen und Zeugenaussagen bestätigten die Aussage zusätzlich.[979] Mehrfach stellte das *Sanctions Board* auch klar, dass eine Zeugenaussage nicht allein deshalb unglaubwürdig ist, weil der Zeuge in früheren Vernehmungen alles abstritt und erst später seine Verwicklung in das Fehlverhalten einräumte.[980] Dass ein Zeuge über Jahre die Anschuldigungen im Kern aufrechterhielt, überzeugte das *Sanctions Board*, ihm trotz einiger inhaltlicher Schwächen Glauben zu schenken.[981]

Umgekehrt reichte für eine Sanktion die Aussage eines Zeugen nicht, der die Unterschrift auf einem Zertifikat möglicherweise deshalb abstritt, weil er nicht zugeben wollte, innerbetrieblich seine Kompetenzen überschritten zu haben; auch eine Schriftprobe hatte er nicht abgeben wollen.[982]

3. Unterlagen

Zumeist unterstützend zu Zeugenaussagen berücksichtigt das *Sanctions Board* auch Dokumente. Für die einzelnen Tatbestände gibt es charakteristische verräterische Unterlagen, etwa das gefälschte Dokument beim Betrug oder die Angebote bei Kollusion.

Zum Beweis eines Betrugs verlässt sich das *Sanctions Board* nach eigenen Angaben zwar vorwiegend auf die Aussagen der vermeintlichen Aussteller eines Dokuments,[983] also nicht so sehr auf das Dokument selbst. Aber Anhaltspunkte für eine Fälschung im Dokument selbst berücksichtigt es ebenfalls,[984] wenn auch oft erst ausdrücklich, um zu begründen, dass die Fälschung erkennbar war.[985]

---

977 Z.B. SBD 41 (2010), Rn. 32 [LD 32]; auch SBD 50 (2012), Rn. 40 f.: geringerer Beweiswert eines einzigen Protokolls zur gleichzeitigen Vernehmung mehrerer Zeugen, weil so die Aussagen nicht miteinander verglichen werden können.
978 Zusammenfassend SBD 50 (2012), Rn. 39.
979 SBD 41 (2010), Rn. 32 [LD 42].
980 SBD 40 (2010), Rn. 25 [LD 40]; SBD 45 (2011), Rn. 37 f. [LD 62 f.].
981 SBD 45 (2011), Rn. 36 [LD 61].
982 SBD 59 (2013), Rn. 21 f.
983 SBD 46 (2012), Rn. 23.
984 Im Law Digest übersichtlich zusammengefasstes Beispiel: SBD 37 (2010), Rn. 14–24, 33, 43 [LD 111].
985 SBD 52 (2012), Rn. 27.

Korruption wird nicht nur durch Aussagen von (beteiligten) Zeugen, sondern gelegentlich auch durch Unterlagen, etwa Kontoauszüge,[986] Schuldanerkenntnisse[987] oder E-Mail-Verkehr,[988] nachgewiesen.

Der Vorwurf der Kollusion wird oft indiziell durch Analyse der Dokumentation des Ausschreibungsverfahrens belegt; Indizien sind etwa identische Gebots- und/ oder Stückpreise oder optische Ähnlichkeiten zwischen Garantiedokumenten oder Geboten.[989]

H. Ermessen INTs

Die Verfahrensregeln räumen weder dem *Sanctions Board* noch dem EO Ermessen ein, eine Sanktion für Fehlverhalten abzulehnen, wenn die Voraussetzungen dafür vorliegen,[990] nur die oben angesprochene Erstreckung auf *Affiliates* ist nicht zwingend, E.II.1.b)aa). Auch die aktuelle Zuverlässigkeit des Unternehmens ist kein Grund, die Sanktion abzulehnen.[991] Aber die Verfahrensregeln verpflichten INT weder, eine Ermittlung aufzunehmen, noch dazu, im Anschluss an eine Ermittlung ein Verfahren einzuleiten, sondern gewähren den Ermittlern Ermessen.[992]

Solange die Weltbank sich den Kampf gegen Betrug und Korruption auf die Fahnen schreibt und dabei auf Offenheit und Transparenz setzt,[993] ist INT grds. dazu angehalten, allen Anschuldigungen nachzugehen.[994] Aber INTs Ressourcen sind begrenzt. Bereits 2004 gab die Bank den Grundsatz auf, dass ausnahmslos allen Anschuldigungen nachgegangen werden sollte; INT begann, nach internen Richtlinien Fälle je nach Wichtigkeit in drei Kategorien einzuteilen.[995] Ab dem Fiskaljahr 2010 konzentrierte sich INT noch stärker auf bedeutende und ressourcenintensivere Fälle und verbesserte dazu nach eigenen Angaben das Verfahren zur ersten Beurteilung eingehender Hinweise und Anschuldigungen.[996] INT geht weiterhin

---

986   SBD 41 (2010), Rn. 33 [LD 90].
987   SBD 41 (2010), Rn. 37 [LD 93].
988   SBD 41 (2010), Rn. 35 [LD 91]; SBD 50 (2012), Rn. 37.
989   SBD 1 (2007), Rn. 6 [LD 64 f.; 72 f.]; SBD 4 (2009), Rn. 3, 6 [LD 74]; SBD 40 (2010), Rn. 20–24 [LD 66, 68, 76–81] (zu unzureichenden Erklärungen der Übereinstimmungen durch die Befragten *ebd., Rn.* 25, 27 [LD 82 f.]); SBD 45 (2011), Rn. 30–33 [LD 84].
990   § 4.01 (c) SP12; § 8.01 (b) SP12; SBD 49 (2012), Rn. 45: „...the governing sanctions framework expressly requires the Sanctions Board to impose a sanction in each case where it has found sanctionable practices, fraudulent or otherwise."
991   Aber auch Kapitel 3 – B.VIII.3 zur Veränderung des Unternehmenscharakters als ausnahmsweise mildernder Umstand.
992   § 3.01 (a) (i) SP12.
993   Dazu *Leroy/Fariello*, S. 6 f.
994   *Williams*, PCLJ 26 (2007), 277, 302 hält die Bank aufgrund von § 1.14 (d) PG 2004 für verpflichtet zur Sanktion.
995   *World Bank*, Annual Integrity Report 2005–2006, S. iv, insb. Fußnote 1.
996   *INT*, Annual Report 2011, S. 38, Fußnote 1; *INT*, Annual Report 2012, S. 33.

soweit wie möglich allen Anschuldigungen nach, versucht aber die Fälle bereits frühzeitig danach zu filtern, ob sich das mögliche Fehlverhalten voraussichtlich nachweisen lässt.[997]

I. Vorhersehbarkeit und Sachlichkeit der Sanktion

Für welches Verhalten die Weltbank, sofern sie es entdeckt und nachweisen kann, eine Sanktion verhängen wird, ist für die Teilnehmer ihrer Projekte nach den Ausführungen oben im Voraus feststellbar. Das *Sanctions Board* hat die Definitionen sanktionswürdigen Fehlverhaltens und die weiteren Voraussetzungen für eine Sanktion, insbesondere Verhaltenszurechnung, aus allgemein anerkannten Grundsätzen hergeleitet und durch seine weitere Rechtsprechung konsequent konkretisiert.

---

997 *INT*, Annual Report 2012, S. 33: „In keeping with advice it has received from the Bank's Audit Committee, INT has devoted additional resources to conducting more thorough preliminary screening and prioritization of allegations before commencing a full investigation."

Kapitel 3 – Mögliche Sanktionen für Fehlverhalten

Das Sanktionsverfahren ist darauf ausgelegt, jeden Beteiligten so zu sanktionieren, wie es seinem Beitrag zum Fehlverhalten angemessen ist.[998] Die Verfahrensregeln geben einen Katalog möglicher Sanktionsarten vor (A.). Aus ihnen wählen *Sanctions Board* und EO eine oder mehrere Sanktionen aus und verhängen eine insgesamt nach Art und Maß dem Fehlverhalten des Betroffenen angemessene Sanktion (B.).

Der Katalog der Sanktionsarten und die Regelungen zur Sanktionsbemessung gelten weniger streng, wenn sich INT und der Betroffene vergleichsweise einigen (C.). Aber grundsätzlich sollen im Sanktionsregime alle sachlich nach den gleichen Regeln behandelt werden. Befürchtungen, durch die Vergleichsmöglichkeit könne es zu einem Ausverkauf des Sanktionsverfahrens und Ungleichbehandlungen kommen, weil nur kleine Firmen die volle Härte des Systems zu spüren bekämen, haben sich bisher nicht erkennbar bestätigt (D.).

Die detaillierten Vorgaben und ihre Konkretisierung durch das *Sanctions Board* stellen die Angemessenheit der Sanktionen sicher (E.).

A. Mögliche Sanktionsarten

Wenn das *Sanctions Board* sanktionswürdiges Fehlverhalten feststellt, kann es gem. § 8.01 (b) i. V. m. § 9.01 SP12 den Betroffenen rügen (II.), sperren (III.) und von ihm Wiedergutmachung (IV.) verlangen. Das *Sanctions Board* darf keine weiteren Sanktionen erfinden, sondern soll durch Auswahl und Kombination der vorgegebenen Sanktionsarten eine angemessene Sanktion finden (I.).

I. Wahl einer angemessenen Sanktionsart aus dem Katalog

Die Verfahrensregeln lassen heute (2.), anders als früher (1.) keine Sanktionserfindung durch das *Sanctions Board* oder den EO mehr zu, sondern nennen einen abschließenden Katalog möglicher Sanktionen. Für die Wahl der angemessenen Sanktionsart geben die Sanktionsrichtlinien unverbindliche Hilfestellung (3.).

---

998 § 9.02 SP12, insb. § 9.02 (i) SP12; *World Bank,* Sanctions Regime Information Note, S. 21 drückt dies durch die letzten beiden der sog. vier Grundprinzipien der Unternehmenssanktion aus.

1. Spielraum des Sanctions Committee *zur Erfindung milderer Sanktionsmöglichkeiten*

Ursprünglich hatte das *Operational Memorandum* nur eine befristete oder unbefristete Sperre vorgesehen,[999] aber das *Sanctions Committee* nahm mit dem Segen der Rechtsabteilung eine implizite Erlaubnis an, mildere Sanktionen festzusetzen und sanktionierte gelegentlich nur durch eine förmliche Rüge, einen sog. *letter of censure.*[1000]

Die überarbeiteten Regeln von 2001 billigten dies, nannten die förmliche Rüge als *Reprimand* ausdrücklich als Sanktionsmöglichkeit und gaben dem *Committee* die Freiheit, neben der Sperre andere angemessene Sanktionen zu verhängen.[1001]

2. Abschließender Katalog der aktuellen Verfahrensregeln

Heute sehen die Verfahrensregeln in § 9.01 SP12 einen Katalog aus möglichen Sanktionen vor, aus dem das *Sanctions Board* gem. § 8.01 (b) SP12 eine oder mehrere Sanktion(en) wählen soll:

> „*[I]f the Sanctions Board determines that it is more likely than not that the Respondent engaged in one or more Sanctionable Practices, it shall impose an appropriate sanction or sanctions on the Respondent, which sanction(s) shall be selected from the range of possible sanctions identified in Section 9.01.*"[1002]

§ 9.01 SP12 nennt als mögliche Sanktionen: (a) *Reprimand,* also eine förmliche Rüge; (b) *Conditional Non-Debarment,* (c) *Debarment* und (d) *Debarment with Conditional Release,* also die Sperre des Betroffenen, ggf. unter einer aufschiebenden oder auflösenden Bedingung; und (e) *Restitution or Remedy,* also Wiedergutmachung für den angerichteten Schaden.

Die Erfindung weiterer Sanktionen ist in dieser Liste nicht mehr vorgesehen.[1003] Die Bank hat sich in der Sanktionsreform 2006 zu ausgiebig mit dem vorherigen Mangel an abgestuften Sanktionsmöglichkeiten beschäftigt,[1004] als dass man die Liste noch um einen angeblich gewollten sechsten Punkt ergänzen könnte, der dem *Sanctions Board* weitere Kreativität erlaube. Dafür besteht ohnehin kein Bedürfnis mehr: Die fünf Sanktionsvarianten, die das *Sanctions Board* kombinieren kann, sorgen bereits für große Flexibilität.

---

999 Operational Memorandum, Ziff. 5.

1000 *Thornburgh/Gainer/Walker* (2002), S. 17, 58.

1001 *Thornburgh/Gainer/Walker* (2002), S. 59, schon oben Kapitel 1 – C.II.2.b).

1002 § 8.01 (b) SP12.

1003 Auch *World Bank,* Sanctions Regime Information Note, S. 6 spricht von „five possible sanctions".

1004 *Thornburgh/Gainer/Walker* (2002), S. 58 ff.; *World Bank,* Reform of the World Bank's sanctions process (2004), S. 11.

Der EO soll seine Sanktionsempfehlung ebenfalls anhand des Katalogs des § 9.01 SP12 bilden,[1005] darf also ebenfalls keine neuen Sanktionsarten erfinden.

3. Unverbindliche Richtlinien für die Wahl der angemessenen Sanktionsart

Die *Sanctioning Guidelines* beschreiben die fünf möglichen Sanktionsarten und nennen typische Fälle, in denen die jeweilige Sanktion angemessen sein soll.[1006] Anders als der Katalog der Verfahrensregeln sind die Sanktionsrichtlinien aber nicht verbindlich, sondern nur eine Hilfestellung für die Arbeit der Sanktionsorgane.[1007] Herzstück der Sanktionsrichtlinien ist die Basissanktion und die Aufzählung von schärfenden und mildernden Faktoren zur Sanktionsbemessung, die unten, B., besprochen sind.

II. Rüge

Der Betroffene kann, als mildeste Sanktionsart, für sein Fehlverhalten formell gerügt werden (*Letter of Reprimand*), § 9.01 (a) SP12. Eine Rüge soll nach den Sanktionsrichtlinien vor allem dazu dienen, einen *Affiliate* des Betroffenen zu sanktionieren, dem nur vorgeworfen werden kann, dass er den Betroffenen einmalig nicht hinreichend überwacht hat.[1008]

Die Tatsache, dass der Betroffene gerügt wurde, und für die Verwirklichung welchen Tatbestands sanktionswürdigen Fehlverhaltens, macht die Bank für eine bestimmte Zeit öffentlich.[1009] Das *Sanctions Board* hat erst eine Rüge verhängt; sie ist für sechs Monate öffentlich einsehbar.[1010]

III. Sperre

Ein Betroffener kann auf bestimmte oder unbestimmte Zeit, unter aufschiebenden und auflösenden Bedingungen gesperrt werden (1.). Für die Dauer seiner Sperre darf ein Unternehmen an bankfinanzierten Projekten nicht mehr teilnehmen. Nicht nur die Vergabe weiterer Aufträge an das Unternehmen ist damit verboten, sondern

---

1005   § 4.01 (c) SP12.
1006   § II SG, entsprechend *ADB et al.*, General Principles and Guidelines for Sanctions, Rn. 3.
1007   SG, S. 1.
1008   § II.D. SG; auch *World Bank*, Sanctions Regime Information Note, S. 20.
1009   § 10.01 (a) SP12; die gerügten Unternehmen sind aufgeführt bei *World Bank*, Listing of Ineligible Firms & Individuals, http://worldbank.org/debarr (03.09.2013), Tabelle 2.
1010   SBD 60 (2013), Rn. 144 (iii). Zu früheren Entscheidungen vor SBD 46: *World Bank*, Sanctions Board Law Digest, S. 21.

auch bestehende Verträge über die Beteiligung an einem Bankprojekt können betroffen sein (2.).

1. Varianten der Sperrwirkung

Die Sperre des Betroffenen kann gem. § 9.01 (b)-(d) SP12 unbefristet (a)) oder befristet (b)), auflösend (c)) und aufschiebend (d)) bedingt verhängt werden. Ein nicht abschließender Katalog möglicher Bedingungen prägt die Praxis der Sanktionsorgane (e)).

a) Unbefristete und unbedingte Sperre – Debarment for an indefinite period of time

Ein Betroffener kann gem. § 9.01 (c) SP12 auf unbestimmte Zeit gesperrt werden. Eine unbefristete und unbedingte Sperre soll nach den Sanktionsrichtlinien nur ausnahmsweise zur Anwendung kommen, wenn kein vernünftiger Anlass besteht, zu glauben, dass die Vertrauenswürdigkeit des Betroffenen wiederhergestellt werden kann. Sie soll voraussichtlich primär bei natürlichen Personen eingesetzt werden.[1011] In der Praxis der Sanktionsorgane kommt sie seit Jahren nur noch in *Cross-Debarments* vor.[1012]

b) Befristete Sperre – Debarment for a definite period of time

Die Sperre des Betroffenen kann gem. § 9.01 (c) SP12 befristet sein. Die Regelungen zur auflösend[1013] und aufschiebend[1014] bedingten Sperre verweisen auf diese Grundregelung.[1015] § 8.01 (b) SP12 erlaubt das Verhängen mehrerer Sanktionen aus dem Katalog, also auch die Kombination der unterschiedlichen Sanktionstypen, z.B. eine befristete und gleichzeitig bedingte Sperre.[1016]

Ohne Kombination mit einer Bedingung soll eine befristete Sperre nach den Sanktionsrichtlinien nur verhängt werden, wenn Bedingungen sinnlos wären, etwa wenn das Unternehmen bereits über ein Compliance-Programm verfügt, das Fehlverhalten nur von einzelnen Mitarbeitern begangen wurde und das Unternehmen

---

1011 § II.E. SG.

1012 Eine Suche nach „permanent" als Enddauer der Sperre in *World Bank*, Listing of Ineligible Firms & Individuals, http://worldbank.org/debarr (03.09.2013) liefert 94 Treffer, der jüngste Eintrag einer autonomen Banksanktion ist die Sperre von Eduardo C. De Luna und der E.C. De Luna Construction Corp., *24, vom 12. Januar 2009. Jünger sind 14 Einträge von ADB Cross-Debarments.

1013 § 9.01 (d) SP12.

1014 § 9.01 (b) SP12.

1015 § 9.01 (d) SP12: „The sanctioned party is subject to ineligibility as outlined in Section 9.01 (c) and is released from debarment only if ...“; § 9.01 (b) SP12 verweist ohne Normzitat, bezieht sich aber auf „debarment from World Bank projects", ohne selbst zu regeln, was das bedeutet.

1016 Verhängt in SBD 48 (2012), Rn. 51.

gegen diese Mitarbeiter bereits ausreichende Maßnahmen ergriffen hat, oder wenn die Sperre nur eine kurze Zeit dauern soll, z.B. ein Jahr oder weniger.[1017] Das *Sanctions Board* befristet, wie die veröffentlichten Sanktionsentscheidungen zeigen, in der Regel Sperren bis zur Dauer eines Jahres ohne Bedingung.[1018] Will es den Betroffenen für eine längere Zeit von Bankprojekten ausschließen, macht es das Ende der Sperre in der Regel zusätzlich von der Erfüllung von Bedingungen abhängig, dazu sogleich c). Das ist aber nur der Regelfall, kein Automatismus: In SBD 60 sperrte das *Sanctions Board* eine natürliche Person ohne Bedingungen befristet für drei Jahre; das Ende der Sperre ist nicht zusätzlich von der Erfüllung irgendwelcher Bedingungen abhängig.[1019]

c) Auflösende Bedingung der Sperre – Debarment with Conditional Release

Der Betroffene kann gem. § 9.01 (d) SP12 unter einer auflösenden Bedingung gesperrt werden („*Debarment with Conditional Release*"). Die Sperre kann dann nach Ablauf einer in der Entscheidung bestimmten Mindestdauer[1020] aufgehoben werden, wenn der Betroffene bestimmte Bedingungen (dazu näher e)) erfüllt.[1021] Die auflösende Bedingung der Sperre soll den Betroffenen wieder zu ordnungsgemäßem Verhalten bewegen und gleichzeitig Risiken für künftige bankfinanzierte Projekte mindern.[1022]

1017 § II.B. SG; *Leroy/Fariello*, S. 4 f.

1018 SBD 46 (2012), Rn. 44: sechsmonatige befristete Sperre; SBD 51 (2012), Rn. 59: einjährige befristete Sperre; SBD 54 (2012), Rn. 45: einjährige befristetes Sperre; SBD 54 (2012), Rn. 45: einjährige befristete Sperre; SBD 55 (2013), Rn. 89: sechsmonatige befristete Sperre.

1019 SBD 60 (2013), Rn. 144 (ii). Noch 2010, bevor die auflösend bedingte Sperre zur Basissanktion (sogleich Kapitel 3 – A.III.1.c)) wurde, sperrte das Sanctions Board Betroffene sogar unbedingt für insgesamt zwölf Jahre wegen zwei unzusammenhängenden Fällen von Fehlverhalten (dazu näher Kapitel 3 – B.IX.); die vergangenen wiederholten Betrügereien des Betroffenen ließen dem Sanctions Board eine frühzeitige Aussetzung der Sperre unangemessen erscheinen, SBD 41 (2010), Rn. 89 [LD 179]; vielleicht spielte auch eine Rolle, dass die Betroffenen auch eine Vorgeschichte unzureichend umgesetzter Compliance Maßnahmen hatte, SBD 41 (2010), Rn. 88 [LD 178] – aus den Ausschnitten der Entscheidung im Law Digest lässt sich das aber nicht herauslesen.

1020 Wenn die Mindestdauer über 10 Jahre beträgt, soll der Betroffene den Sanktionsrichtlinien zufolge beantragen können, dass sie verkürzt wird, wenn er die Bedingungen erfüllt hat. Nach welchen Kriterien der Antrag bearbeitet wird, und ob dies kategorisch auch dann gelten sollte, wenn die Sanktionsentscheidung trotz einer langen Mindestdauer nichts zu ihrer Verkürzung regelt, ist den selbst nicht verbindlichen Richtlinien nicht zu entnehmen: SG, S. 1.

1021 § 9.01 (d) SP12.

1022 § II.A. SG.

Eine unbefristete Sperre mit Möglichkeit zur Aussetzung nach drei Jahren soll nach den Sanktionsrichtlinien als Basissanktion[1023] verhängt werden, wenn keine mildernden oder erschwerenden Umstände eine andere Sanktion angemessen erscheinen lassen.[1024] Eine gleichzeitig befristete und auflösend bedingte Sperre ist selten. Seit Veröffentlichung der Sanktionsentscheidungen verhängte das *Sanctions Board* nur in SBD 48 eine befristete Sperre mit Aussetzungsmöglichkeit (nach einem Jahr), deren Ende selbst dann absehbar ist, wenn der Betroffene die Bedingungen nicht erfüllt (nach insgesamt zwei Jahren).[1025] Sonst verhängte es unbefristete Sperren mit Möglichkeit zur Aussetzung nach einem,[1026] einundhalb,[1027] zwei,[1028] drei,[1029] vier,[1030] und fünf Jahren.[1031]

LEG stellt bei der aktuellen Überprüfung des Sanktionsregimes fest, dass sich kaum ein streitig sanktioniertes Unternehmen zu bemühen scheint, die Bedingungen für die Aufhebung seiner Sperre zu erfüllen.[1032] Insbesondere kleinere oder mittlere Unternehmen bemühen sich nicht, eine einmal verhängte Sperre wieder aufzuheben.[1033]

d) Aufschiebende Bedingung der Sperre – Conditional Non-Debarment

§ 9.01 (b) SP12 erlaubt, die Sperre mit einer aufschiebenden Bedingung zu versehen. Wenn der Betroffene bedingt geschont wird, kann er weiter an Bankprojekten teilnehmen. Jedoch verlangt die Bank von ihm, bis zu einem in der Sanktionsentscheidung bestimmten Zeitpunkt bestimmte Bedingungen zu erfüllen.[1034] Andernfalls wird er für eine in der Entscheidung bestimmte Zeit gesperrt, allerdings mit der Möglichkeit zur Aussetzung unter denselben Bedingungen, die für die Schonung hätten erfüllt werden müssen.[1035]

1023 „Base Sanction", § I SG.
1024 Auch *Seiler/Madir*, S. 16; Geschichte: *World Bank,* World Bank Group Sanctions Regime: An Overview, Rn. 17 ff.
1025 SBD 48 (2012), Rn. 51.
1026 SBD 56 (2013), Rn. 89.
1027 SBD 60 (2013), Rn. 144 (i).
1028 SBD 49 (2012), Rn. 47; SBD 51 (2012), Rn. 95; SBD 52 (2012), Rn. 47.
1029 SBD 47 (2012), Rn. 58.
1030 SBD 60 (2013), Rn. 144 (i).
1031 SBD 50 (2012), Rn. 72.
1032 *LEG,* Review, S. 2; *INT,* News Release, August 15, 2011: Lahmeyer International GmbH Released from Debarment. Im Fiskaljahr 2012 stellte der ICO noch bei mindestens einem weiteren Unternehmen fest, dass es die Bedingungen für eine Aussetzung der Sperre erfüllte: *INT,* Annual Report 2012, S. 17.
1033 *LEG,* Review, S. 5.
1034 § 9.01 (b) SP12.
1035 § 9.03 (d) SP12.

Die bedingte Schonung soll vor allem *Affiliates* des Betroffenen treffen, deren Überwachungsversagen auf grundsätzlichen Problemen beruht.[1036] Sie soll für unmittelbar Betroffene angemessen sein, wenn ausreichende mildernde Umstände vorliegen, insbesondere wenn die Betroffenen nach der Tat bereits freiwillige effektive Maßnahmen zur Korrektur des Fehlverhaltens ergriffen haben.[1037]

Das *Sanctions Board* verhängte eine aufschiebend bedingte Sperre erstmals in SBD 53.[1038] Der bedingt geschonte Betroffene konnte als außergewöhnliche Milderungsgründe geltend machen, dass die Tat fast verjährt war, sich in der Zwischenzeit die Identität der Firma grundlegend verändert hatte, und bot an, den durch gefälschte Leistungsnachweise erschlichenen Betrag zurückzuerstatten.[1039] Diese Rückerstattung machte das *Sanctions Board* zur Bedingung für das Aussetzen der Sperre.[1040]

e) Mögliche Bedingungen

Die Verfahrensregeln geben eine nicht abschließende Liste an Beispielen für Bedingungen: Sie nennen Wiedergutmachung, Prävention oder andere Maßnahmen, insbesondere nachweisliche Schritte zur Verbesserung der Unternehmensführung, einschließlich die Einrichtung oder Verbesserung und Umsetzung eines Compliance Programms, und/oder Disziplinarmaßnahmen gegen die verantwortlichen Angestellten.[1041]

aa) Regelmäßiges Verlangen nach Compliance Programm

Sanctions Board[1042] und *EO*[1043] verlangen von Unternehmen immer die Einrichtung eines zufriedenstellenden *Compliance*-Programms. Natürliche Personen müssen in Unternehmen unter ihrer Kontrolle ein *Compliance*-Programm einrichten und eine

---

1036 § II.C.i) SG.
1037 § II.C.ii) SG.
1038 SBD 53 (2012), Rn. 70; *World Bank*, Announcement of the Sanctions Board Secretariat, September 04, 2012.
1039 SBD 53 (2012), Rn. 60 ff., 65 f.
1040 SBD 53 (2012), Rn. 70.
1041 § 9.01 (b), (d) SP12 im Wesentlichen wortgleich.
1042 Alle veröffentlichten bedingten Sanktionen des Sanctions Board: SBD 47 (2012), Rn. 58; SBD 48 (2012), Rn. 51; SBD 49 (2012), Rn. 47; SBD 50 (2012), Rn. 72; SBD 51 (2012), Rn. 95; SBD 52 (2012), Rn. 47; SBD 53 (2012), Rn. 70; SBD 56 (2013). Rn. 89.
1043 Neuerdings etwa: *EO*, Notice of Uncontested Sanctions Proceedings, Sanctions Case No. 213, S. 1 und *EO*, Notice of Uncontested Sanctions Proceedings, Sanctions Case No. 210, S. 1; in den veröffentlichten Entscheidungen: SBD 46 (2012), Rn. 4; SBD 47 (2012), Rn. 4 und 58; SBD 48 (2012), Rn. 4; SBD 49 (2012), Rn. 4; SBD 50 (2012), Rn. 4; SBD 51 (2012), Rn. 3 und 5; SBD 52 (2012), Rn. 3; SBD 53 Rn. 4 f.; SBD 54 (2012), Rn. 3; SBD 55 (2013), Rn. 5; SBD 56 (2013), Rn. 4; SBD 59 (2013), Rn. 3.

Aus- oder Fortbildung zum Nachweis anhaltender Verpflichtung zu persönlicher Integrität und moralisch einwandfreier Unternehmensführung absolvieren.[1044]

Wie ein effektives Compliance Programm in der Regel aussehen soll, ist in einer übersichtlichen Broschüre zusammengefasst.[1045] Sie ist das Ergebnis ausgiebiger Erörterungen innerhalb und außerhalb der Bank in den Jahren 2009 und 2010.[1046]

bb) Weitere Bedingungen

Der EO verlangt regelmäßig *„appropriate remedial measures".*[1047] Das *Sanctions Board* verzichtet darauf mit derselben Regelmäßigkeit,[1048] aber ohne Erklärungen.

Erstmals in SBD 53 machte das *Sanctions Board* für die Schonung des Betroffenen zur Bedingung, der Betroffene müsse den Schaden wiedergutmachen, den er dem Kreditnehmer zugefügt hatte.[1049] In SBD 56 verlangte das *Sanctions Board* vom Betroffenen Kooperation mit INT durch Weitergabe von Ergebnissen einer eigenen, internen Ermittlung.[1050]

cc) Einzelanordnungen des Integrity Compliance Officer

Das Verhalten von im regulären Sanktionsverfahren unter Bedingungen sanktionierten Betroffenen überwacht der sog. *Integrity Compliance Officer* („ICO").[1051] Der ICO ist bei INT angesiedelt.[1052] Sobald eine Entscheidung unter Bedingungen ergangen ist, wendet sich der ICO gem. § 9.03 (a) SP12 an die sanktionierten Betroffenen und informiert sie darüber, welches Verhalten von ihnen verlangt wird.

Um sicherzustellen, dass die in der Sanktionsentscheidung allgemein gehaltenen Bedingungen erfüllt werden, ist der ICO befugt, Einzelanordnungen an die Betroffenen zu richten, soweit das vernünftigerweise notwendig ist.[1053] Er kann gem. § 9.03 (b) SP12 insbesondere dem Betroffenen regelmäßige Berichtspflichten auferlegen, vom Betroffenen verlangen, einen unabhängigen Prüfer zu ernennen,

---

1044 SBD 51 (2012), Rn. 3; SBD 60 (2013), Rn. 144 (i).

1045 *INT,* Summary of World Bank Group Integrity Compliance Guidelines, S. 4 stellt aber klar, dass im Einzelfall andere Anforderungen gelten können.

1046 *World Bank,* World Bank Sanctions Regime: An Overview, Rn. 20.

1047 Entscheidungen in Fn. 1043.

1048 Entscheidungen in Fn. 1042.

1049 SBD 53 (2012), Rn. 70; *World Bank,* Announcement of the Sanctions Board Secretariat, September 04, 2012.

1050 SBD 56 (2013), Rn. 89. Während des Verfahrens hatten sich INT und der Betroffene nicht auf die Übergabe der Ergebnisse der Ermittlung, die der Betroffene durchgeführt haben wollte, verständigen können, *ebd.,* Rn. 74 f.

1051 § 9.03 (b) SP12; *World Bank,* Sanctions Regime Information Note, S. 23.

1052 *Leroy/Fariello,* S. 16, auch zur Entwicklung; *World Bank,* Sanctions Regime Information Note, S. 23 f.

1053 „... may impose on the sanctioned party such requirements as may be reasonably necessary ...", § 9.03 (b) SP12.

externe Buchprüfungen durchführen zu lassen und der Weltbank Einsicht in die Bücher zu gewähren.

Der ICO ist gem. § 9.03 (d) SP12 auch für die Entscheidung zuständig, ob die Bedingungen erfüllt sind.[1054]

2. Wirkung der Sperre für Gegenwart und Zukunft

Eine Sperre schließt den Betroffenen gem. § 9.01 (c) SP12 von der Teilnahme an von der Weltbankgruppe finanzierten Projekten aus:[1055] Wer gesperrt ist, kann weder direkt einen Vertrag gewinnen, noch als Unterauftragnehmer eines anderen fungieren noch sonst Geldmittel aus einem Bankdarlehen erhalten oder an der Umsetzung eines von der Bank finanzierten Projekts teilnehmen.

Die Sperre gilt heute grundsätzlich nicht nur für die Zukunft, sondern führt auch zum Verlust aktueller Verträge. Eine überragend wichtige Ausnahme gilt aber für Aufträge, die nach den Vergaberichtlinien vergeben werden (b)), denn für die Investitionsfinanzierung verlangen nur die allgemeinen Antikorruptionsrichtlinien eine Kündigung auch bestehender Verträge im Fall einer Sperre (a)). Bei Projekten nach dem PforR führt die Sperre eines Unternehmens auch zum Verlust aller aktuellen Verträge, es sei denn, diese sind älter als der Kreditvertrag zwischen Bank und Staat (c)).

a) Auswirkung einer Sperre auf bestehende Verträge im Anwendungsbereich der Antikorruptionsrichtlinien für Investitionsfinanzierung

Die Antikorruptionsrichtlinien für die Investitionsfinanzierung verlangen vom Kreditnehmer und anderen Empfängern der Valuta, in ihren Verträgen mit anderen Darlehensnehmern ein Kündigungsrecht für den Fall vorzusehen, dass die Bank den Vertragspartner sanktioniert.[1056] Auch eine Pflicht zur Rückerstattung des durch sanktionswürdiges Fehlverhalten betroffenen Teils des Darlehens soll der Kreditnehmer in seine Verträge mit weiteren Empfängern des Darlehensbetrags aufnehmen, und diese sollen in ihren Verträgen mit Folgeempfängern ebenso verfahren.[1057] Wenn die Bank einen Darlehensempfänger sanktioniert, sollen der Kreditnehmer und andere Darlehensempfänger diese vertraglichen Rechte ausüben.[1058]

Nichtstaatliche Empfänger der Geldmittel aus dem Bankdarlehen sollen außerdem einen Vertreter, den die Bank sanktioniert, vom Projekt entfernen oder sogar

---

1054 Zum Verfahren und der Überprüfung durch das Sanctions Board unten Kapitel 6 – A.I.
1055 *Seiler/Madir*, S. 22 f.
1056 § 9 (d) (iii) ACG 2011; § 10 (a) ACG 2011.
1057 § 9 (d) (iv) SP12; § 10 (a) SP12.
1058 § 9 (f) ACG 2011; § 10 (f) ACG 2011.

die Vertragsbeziehung mit ihm gänzlich beenden, wenn die Bank dies verlangt oder es sonst angemessen ist.[1059]

b) Nur zukünftige Wirkung für nach den Vergaberichtlinien vergebene Aufträge
Die klassischen Vergaberichtlinien enthalten keine den Antikorruptionsrichtlinien entsprechende Kündigungspflicht. Die Anwendung der Sanktionen nur für die Zukunft erschien der Bank im Vergabekontext angemessen, weil die Auftragnehmer dort in der Regel nur einzelne zeitgebundene Arbeiten erledigen.[1060] Die anderen Empfänger des Bankdarlehens i.S.d. Antikorruptionsrichtlinien sind oft längerfristig an das Projekt gebunden und begleiten es vielleicht sogar, als Mittler bei der Umsetzung, von Anfang bis Ende.[1061]

c) Verlust bestehender Verträge nach PforR-Richtlinien
Die knappen Antikorruptionsrichtlinien für das PforR verlangen vom Kreditnehmer allgemein, sicherzustellen, dass kein Sanktionierter im Rahmen des finanzierten Projekts einen Auftrag bekommt oder sonst am Projekt teilnehmen darf.[1062] Davon ausgenommen ist, ausweislich einer Fußnote, die Erfüllung von Verträgen oder anderer Verpflichtungen, die vor dem Abschluss des Kreditvertrags begann.[1063]
  Im Umkehrschluss sind also die Verträge zur Durchführung des finanzierten Projekts jüngeren Datums sehr wohl erfasst. Die Richtlinien des PforR stellen es dem Kreditnehmer frei, wie er seine Verpflichtung umsetzen will, er muss also kein vertraglich vereinbartes Kündigungsrecht nutzen.

IV. Wiedergutmachung

Nicht nur als Bedingung für die Aussetzung einer Sperre, sondern auch unabhängig davon kann die Bank vom Betroffenen verlangen, dass er den durch das Fehlverhalten entstandenen Schaden wiedergutmacht.[1064] Die Sanktionsrichtlinien gehen davon aus, dass eine Wiedergutmachungsverpflichtung nur ausnahmsweise als Sanktion verhängt werde. Als denkbaren Fall nennen sie Betrugsfälle, in denen der Geldbetrag, der dem kreditnehmenden Land erstattet werden müsse, bezifferbar sei.[1065]

1059 § 10 (e) ACG 2011.
1060 *World Bank,* Sanctions Reform (2006), S. 12 Fn. 17; dem entspricht die Praxis der USA bei ihren Auftragsvergaben gem. 48 CFR § 9.405-1 (a): *Dubois,* UChiLF 2012, 195, 213; Kapitel 1 – C.II.2.
1061 *World Bank,* Sanctions Reform (2006), S. 12 Fn. 17.
1062 § 6 (e) PforRG.
1063 Fn. 10 zu § 6 PforRG.
1064 § 9.01 (e) SP12.
1065 § II.F. SG.

Durchsetzen kann die Bank die Wiedergutmachungspflicht nur als Bedingung für eine mildere Sanktion.[1066] Andere Zwangsmittel hat sie nicht. Nationale Gerichte kann sie nicht bemühen, ohne dass sie auch die Rechtmäßigkeit und juristische Konstruktion ihres Sanktionsregimes im nationalen Recht des Forumstaates erklären und sich dafür vielleicht rechtfertigen müsste.[1067] Abgesehen davon ließe sich eine Pflicht des Betroffenen zur Zahlung der Wiedergutmachung, die das *Sanctions Board* fordert, nur konstruieren, wenn sich der Betroffene dem Sanktionsregime wirksam unterworfen hat. Das könnte letztlich nur das nationale Recht entscheiden.[1068]

Dass die Wiedergutmachungspflicht im Katalog des § 9.01 SP12 genannt ist, vereinfacht vor allem das Vergleichsverfahren. Wäre Wiedergutmachung keine Katalogsanktion, könnte INT einen Vergleich, in dem sich ein Unternehmen zur Wiedergutmachung verpflichtet, nicht ohne weiteres vom EO genehmigen lassen, näher C.II.

B. Streitige Sanktionsbemessung

Anhand zahlreicher Vorgaben und Leitlinien in Verfahrensregeln und Sanktionsrichtlinien ermitteln *Sanctions Board* und EO die angemessene Sanktion für das Fehlverhalten des Betroffenen. Beeindruckend ist die teilweise enorm ausdifferenzierte und in sich schlüssige Rechtsprechung des *Sanctions Board*.[1069]

I. Flexible Bemessung der Sanktion nach Umständen des Einzelfalls

Nach § 9.02 SP12 entscheiden über die Sanktion des Betroffenen folgende Gesichtspunkte: Die Schwere des Fehlverhaltens und der angerichtete Schaden, Eingriffe in die Ermittlung, bereits vorangegangene Sanktionen, mildernde Umstände, Verletzungen der Verschwiegenheitspflicht, für dasselbe Fehlverhalten bereits vom *GSD* ausgesprochene Sperren, die Dauer der einstweiligen Sperre und jeder andere Umstand, den das *Sanctions Board* oder der EO vernünftigerweise erheblich für Schuld oder Verantwortlichkeit („*culpability or responsibility*") des Betroffenen erheblich finden.

Zur Ermittlung der angemessenen Sanktion schlagen die Sanktionsrichtlinien eine Basissanktion vor,[1070] die anhand näher bestimmter sanktionsschärfender oder -mildernder Umstände angepasst werden soll, die im Folgenden näher dargestellt

---

1066 Typischerweise als Bedingung für Conditional Non-Debarment: *Seiler/Madir*, S. 24.

1067 Zur Immunität der Bank Kapitel 4 – B.

1068 Es gilt das oben für die Begründung des Buchprüfungsrechts Gesagte, Kapitel 2 – C.II.3.a) und b).

1069 Zu ihrer Bedeutung für die Beseitigung von Zweifeln an der Unabhängigkeit des Sanctions Board unten, Kapitel 5 – E.V.3.

1070 SG, S. 1: „...It is these guiding principles that underlie these Guidelines, which are not meant to be prescriptive in nature, but to provide guidance to those who have

werden.[1071] Ältere Entscheidungen des *Sanctions Board* lassen vermuten, dass es dem Betroffenen sanktionsmildernd zugutekommen kann, wenn er keine der Kategorien schweren Verhaltens erfüllt.[1072] In neueren Entscheidungen stellt das *Sanctions Board* klar, das Fehlen eines Sanktionsschärfungsgrundes sei für die Bemessung der Sanktion neutral; die Basissanktion werde dadurch weder nach oben noch nach unten modifiziert.[1073] Gleiches gilt umgekehrt für das Fehlen mildernder Umstände, insb. für fehlende Kooperation mit INT.[1074]

Mindest- oder Höchstsanktionen für bestimmte Arten von Fehlverhalten gibt es nicht. Die Basissanktion lautet ausdrücklich für alle Arten von Fehlverhalten gleich:

> „*The base sanction for all misconduct is 3 year debarment with conditional release.*"[1075]

Die Vorgaben der Sanktionsrichtlinien sind Richtschnur bei der Sanktionsbemessung, aber nicht allein entscheidend. Vor allem geht das *Sanctions Board*[1076] nicht streng mathematisch vor. Alle Umstände des Falls können die Festsetzung der Sanktion beeinflussen, auch wenn sie nicht reichen, um die Sanktion ausdrücklich wegen eines in den Sanktionsrichtlinien genannten Gesichtspunkts nach deren Vorgaben erheblich zu schärfen oder zu mildern.[1077]

> „*As reflected in Sanctions Board precedent, the Sanctions Board considers the totality of the circumstances and all potential aggravating and mitigating factors to determine an appropriate sanction. The choice of sanction is not a mechanistic determination, but rather a case-by-case analysis tailored to the specific facts and circumstances presented.*"[1078]

---

the discretion to impose sanctions on behalf of the WBG as to the considerations that the WBG believes are relevant to any sanctioning decision."

1071 *Leroy/Fariello*, S. 14.

1072 SBD 2 (2008), Rn. 7 (LD 196 f.); SBD 6 (2009), Rn. 7 [LD 196].

1073 SBD 45, Rn. 64 [LD 207]; SBD 52 (2012), Rn. 46; SBD 55 (2013), Rn. 64, 69, 72; in diese Richtung auch SBD 29 (2010), Rn. 23 [LD 199]; SBD 30 (2010), Rn. 21, 30 [LD 206]; SBD 47 (2012), Rn. 42.

1074 SBD 39 (2010), Rn. 33 [LD 240]; auch Kapitel 3 – B.VII.2.

1075 § I. SG, meine Hervorhebung.

1076 Für den EO gilt gem. § 4.01 (c) SP12 die Regelung des § 9.02 SP12 entsprechend, aber es fehlt vergleichbar begründete Rechtsprechung zur Analyse. Das Sanctions Board ist an die Empfehlung des EO ausdrücklich nicht gebunden, § 8.01 (b) SP12, unten Kapitel 5 – E.III.2.a).

1077 Das Sanctions Board ermittelt eine angemessene Sanktion stets anhand der ganzen Akte *und* der ausdrücklich diskutierten mildernden Faktoren: „Considering the full record and all the factors discussed above, the Sanctions Board hereby determines ...": SBD 46 (2012), Rn. 44; SBD 47 (2012), Rn. 58; SBD 48 (2012), Rn. 51; SBD 49 (2012), Rn. 47; SBD 50 (2012), Rn. 72; SBD 51 (2012), Rn. 59 und 95; SBD 52 (2012), Rn. 47; SBD 53 (2012), Rn. 70; SBD 54 (2012), Rn. 45; SBD 55 (2013), Rn. 89; SBD 56 (2013). Rn. 89.

1078 Textbaustein, z.B. SBD 47 (2012), Rn. 36; SBD 48 (2012), Rn. 34.

II. Schärfere Sanktion bei Raffinesse und Komplexität des Fehlverhaltens

Für eine Schärfung der Sanktion um regelmäßig ein bis fünf Jahre wegen besonderer Raffinesse oder Komplexität muss das Fehlverhalten auf einem besonders ausgeklügelten, raffinierten und komplizierten oder ausgreifenden Plan beruhen, lange andauern, oder eine große Zahl Beteiligter oder mehrere Hoheitsgebiete umfassen.[1079] Dabei handelt es sich aber nicht um alternative Tatbestandsmerkmale, von denen nur eines erfüllt sein müsste, damit Fehlverhalten als besonders komplex erschiene: Wenn Bestechungszahlungen nach einem sehr simplen Muster und immer von denselben Beteiligten abgewickelt werden, ist die Erstreckung über mehrere Länder für das *Sanctions Board* allein kein Grund, das Fehlverhalten insgesamt besonders komplex zu finden und die Sanktion zu schärfen.[1080]

Der Fall, in dem das *Sanctions Board* besonders komplexes Fehlverhalten feststellt, steht, soweit ersichtlich, noch aus. Früh lehnte es das *Sanctions Board* ab, die für den Einsatz gefälschter Dokumente nötige Vorausplanung zum Anlass für eine Schärfung der Sanktion zu nehmen.[1081] Das *Sanctions Board* war auch von der langen Dauer, für die ein Betroffener für seine Arbeiten bei einem Projekt überhöhte Rechnungen stellte und Dokumente fälschte, um seine Rechnungen zu untermauern, nicht ausreichend beeindruckt, um die Sanktion ausdrücklich wegen besonders komplexer Tatbegehung anzuheben.[1082]

Komplexes Fehlverhalten ist jedenfalls dann nichts Besonderes und somit kein Grund für eine Schärfung der Basissanktion, wenn die Komplexität im Tatbestand angelegt ist. Es ist selbstverständlich, dass an einer kollusiven Vereinbarung mehrere Parteien beteiligt sind; sogar, dass eine vom *Sanctions Board* zu beurteilende Abrede einen *kickback* von 95 % des Vertragswertes beinhaltete, den der Betroffene erst noch finanzieren musste, machte die Vereinbarung in den Augen des *Sanctions Board* noch nicht ausreichend untypisch.[1083]

III. Schärfere Sanktion bei Verwicklung von Amtsträgern oder Bankmitarbeitern

Erschwerend soll nach den Sanktionsrichtlinien wirken, wenn der Betroffene sich mit einem Amtsträger oder Angestellten der Bank verschworen, oder ihn am Fehlverhalten beteiligt hat.[1084] Es kommt auf die Initiative des Betroffenen an; wenn

---

1079   § IV.A.2 SG.
1080   SBD 60 (2013), Rn. 123.
1081   SBD 27 (2010), Rn. 10 [LD 191]; SBD 29 (2010), Rn. 18 [LD 191]; SBD 30 (2010), Rn. 15, 30 [LD 191]; SBD 31 (2010), Rn. 13, 25 [LD 191]; SBD 36 (2010), Rn. 21, 41 [LD 191]; SBD 37 (2010), Rn. 31 [LD 191]; SBD 39 (2010), Rn. 32 [LD 191]; SBD 53 (2012), Rn. 54.
1082   SBD 53 (2012), Rn. 54.
1083   SBD 50 (2012), Rn. 60.
1084   § IV.A.5 SG.

der Amtsträger oder Bankmitarbeiter aus eigenem Antrieb mit den Betroffenen in Kontakt tritt, ist seine Beteiligung kein Grund, die Sanktion des Betroffenen zu schärfen.[1085]

Das *Sanctions Board* legt Wert auf eine präzise Unterscheidung der einzelnen Tatbestände von sanktionswürdigem Fehlverhalten. An Kollusion unter Bietern waren die Amtsträger, an die nach der Vereinbarung Bestechungsgelder gezahlt werden sollten, nicht beteiligt.[1086]

IV. Mildere oder schärfere Sanktion je nach Rang des direkt verwickelten Personals

Die Basissanktion ist angemessen, wenn die Mitarbeiter, die sich für ein Unternehmen sanktionswürdig verhalten, mittleren Ranges sind. Die Sanktionsrichtlinien sehen eine Schärfung, bzw. eine Milderung der Sanktion vor, je nachdem ob die Unternehmensführung (2.) oder nur Mitarbeiter ohne Entscheidungsbefugnis (3.) direkt in das Fehlverhalten verwickelt (1.) sind.

1. Verwicklung durch direkte Beteiligung, Billigung oder bewusstes Ignorieren

Die Sanktionsrichtlinien fragen, ob die Unternehmensführung oder Mitarbeiter mit Entscheidungsbefugnis am Fehlverhalten beteiligt waren, es billigten oder bewusst ignorierten („... *participated in, condoned, or was wilfully ignorant of the misconduct*").[1087]

Das *Sanctions Board* spricht von persönlicher Verwicklung oder direkter Beteiligung.[1088] Bloße Unkenntnis und unabsichtliche Passivität reichen für eine Schärfung der Sanktion nicht aus.[1089] Sie begründen erst die Sanktionswürdigkeit des Unternehmens für das Handeln seiner Mitarbeiter, die sonst wirklich *rogue employees*[1090] sein könnten.

2. Schärfere Sanktion bei Verwicklung der Unternehmensführung in Fehlverhalten

Die Sanktionsrichtlinien schlagen eine Erhöhung der Basissanktion um ein bis fünf Jahre vor, wenn ein Mitglied der Unternehmensführung („*an individual*

1085 SBD 60 (2013), Rn. 126.
1086 SBD 50 (2012), Rn. 62.
1087 §§ IV.A.4, V.A SG.
1088 SBD 50 (2012), Rn. 61; SBD 48 (2012), Rn. 40.
1089 SBD 55 (2013), Rn. 63; SBD 46 (2012), Rn. 37.
1090 Kapitel 2 – E.I.3.b)dd).

within high-level personnel of the organization") persönlich in das Fehlverhalten verwickelt war.[1091]

Zum *high-level personnel* rechnet das *Sanctions Board* regelmäßig nur Führungskräfte, die durch ihre Entscheidungen die Geschäfte des Unternehmens lenken können, ohne einen Vorgesetzten über sich zu haben (a)). Uneinheitliches, möglicherweise beredtes Schweigen einiger Entscheidungen lässt vermuten, dass die Verwicklung der Unternehmensführung nur in Unternehmen mit nennenswerter hierarchisch organisierter Belegschaft die Sanktion schärfen kann (b)).

a) Zugehörigkeit zur Unternehmensführung bei Entscheidungskompetenz ohne Rechenschaftspflicht gegenüber Vorgesetzten

Nicht der möglicherweise übertrieben glamouröse Titel, sondern die tatsächlichen Befugnisse und Aufgaben entscheiden, wer Führungspersonal ist. Besonders aufschlussreich ist SBD 56. Dort zeigt sich, dass die innere Organisation des Unternehmens weniger wichtig ist, als die Befugnis, Entscheidungen zu treffen, ohne sich gegenüber einem Vorgesetzten dafür rechtfertigen zu müssen: Der für die Operationen in Indonesien verantwortliche Manager gehörte nicht zur absoluten Unternehmensspitze; das *Sanctions Board* rechnete ihn aber zum *high-level personnel* wegen seiner „*extensive and* indeed paramount authority *to act for all the Respondents in Indonesia.*"[1092]

Andere Entscheidungen liegen auf derselben Linie: Das *Sanctions Board* zog gar nicht in Betracht, dass der für das Fehlverhalten verantwortliche „*Deputy General Manager*"[1093] der Führung des in SBD 48 sanktionierten Unternehmens angehören könnte; es erörtert nur die aus seiner Sicht unzureichenden Beweise für eine Verwicklung des „*Branch General Manager or any other high-level personnel of Respondent*".[1094] „*Director*" und „*Managing Director*", die zwei von fünf Positionen im „*board of directors*" des in SBD 50 sanktionierten Unternehmens innehatten,[1095] waren „*high-level personnel*".[1096]

In SBD 51 schwieg das *Sanctions Board* zur Einordnung eines „*Director of Consulting*"in die Personalkategorien der Sanktionsrichtlinien,[1097] was wohl bedeutet, dass er sanktionsneutral weder Führungspersonal noch ganz niedriger Angestellter ohne eigene Entscheidungskompetenz war (unten 3.b)).

1091 § IV.A.4 SG; in *ADB et al.,* General Principles and Guidelines for Sanctions, Rn. 5 ist nur allgemein von „management's role in the sanctionable conduct" die Rede.

1092 SBD 56 (2013), Rn. 56, meine Hervorhebung.

1093 SBD 48 (2012), Rn. 29.

1094 SBD 48 (2012), Rn. 40.

1095 SBD 50 (2012), Rn. 50.

1096 SBD 50 (2012), Rn. 61.

1097 SBD 51 (2012), Rn. 76 zu seinen Handlungen; die Sanktionsbemessung in Rn. 83 ff. spricht das nicht an.

b) Unausgesprochenes Erfordernis einer Personalhierarchie

Das *Sanctions Board* fordert nicht ausdrücklich, dass die Unternehmensführung nennenswert Untergebene haben müsse, um aus der Verwicklung der Unternehmensführung in das Fehlverhalten etwas Besonderes zu machen. Aber zu einer Sanktionsschärfung wegen der Verwicklung eines Alleingesellschaftergeschäftsführers[1098] verliert die Entscheidungsbegründung von SBD 51 kein Wort.[1099] Das *Sanctions Board* unterscheidet in der ganzen Entscheidung nicht zwischen dem Menschen aus Fleisch und Blut und seiner Firma.[1100] Nach den Buchstaben der Sanktionsrichtlinien hätte das Unternehmen aber wegen der Verwicklung seiner kompletten Führung eine mindestens ein Jahr höhere Sanktion verdient gehabt als der Geschäftsführer, Alleingesellschafter und Verantwortliche – ein absurdes Ergebnis.

Dass zwei weitere Entscheidungen keine Sanktionsschärfung diskutieren, obwohl Personal mit klingenden Aufgabenbezeichnungen in das Fehlverhaltend direkt verwickelt war, lässt sich möglicherweise ebenfalls durch das Fehlen einer nennenswerten Personalhierarchie unter den Führungskräften erklären. SBD 54[1101] und SBD 52[1102] liefern für eine sichere Feststellung aber zu wenige Informationen zu den Kompetenzen der Mitarbeiter und der Größe des Unternehmens.

Die Betroffenen im Fall SBD 60 dachten sich wohl auch, dass die ersten veröffentlichten Entscheidungen den Schluss zulassen, die Verwicklung der Unternehmensführung sei erst ab einer gewissen Unternehmensgröße sanktionsschärfend. Jedenfalls argumentierten sie, die Sanktionsschärfung sei für kleine und mittelgroße Unternehmen unangemessen, weil deren Eigentümer eher in das Tagesgeschäft verwickelten seien als die Führung eines großen Unternehmens.[1103] Die ablehnende Begründung des *Sanctions Board* liest sich als grundsätzliche Zustimmung zum Erfordernis einer Personalhierarchie – die bei den Betroffenen allerdings existierte:

1098 SBD 51 (2012), Rn. 42: „The record shows the Respondent General Manager is the general manager and sole proprietor of the Respondent Firm[.]"

1099 SBD 51 (2012), Rn. 49 f. erörtern strafschärfend nur Wiederholung.

1100 SBD 51 (2012), Rn. 47 ff.

1101 In SBD 54 war der *„Managing Director"* der sanktionierten Firma nicht Alleingesellschafter, aber immerhin *„controlling shareholder at the time of the misconduct"*, SBD 54 (2012), Rn. 38; das Sanctions Board lehnt eine Milderung der Sanktion ab, weil der „Managing Director" als entscheidungsbefugter Mitarbeiter in das Fehlverhalten verwickelt gewesen sei, diskutiert aber keine Schärfung der Sanktion deswegen, SBD 54 (2012), Rn. 27, 35 f., 38.

1102 In SBD 52 war der „Chief Executive Officer" des Betroffenen direkt in das Fehlverhalten verwickelt, SBD 52 (2012), Rn. 7, 32; weder seine Position noch eine Sanktionsschärfung oder -milderung sind in SBD 52 (2012), Rn. 38 ff. angesprochen.

1103 SBD 60 (2013), Rn. 125.

"The Sanctions Board does not find this rationale persuasive in the context of [the Respond-ent Firms], each of which employed multiple individuals at different levels, not limited to the high-level personnel who electively engaged in the misconduct."[1104]

Mindestens in Fällen wie der eingangs erwähnten SBD 51 sollten im Umkehrschluss Alleingesellschafter also keine schärfere Sanktion für ihr Unternehmen befürchten müssen. Wie viele Mitarbeiter ein Unternehmen haben darf, bevor die Verwick-lung der Führungskräfte etwas Besonderes ist, wird künftige Rechtsprechung kon-kretisieren.

3. Mildere Sanktion bei Verwicklung ausschließlich niedriger Angestellter ohne Entscheidungsbefugnis

Wenn kein Mitarbeiter mit Entscheidungsbefugnis (*"no individual with decision making authority"*) in das Fehlverhalten verwickelt war, soll die Sanktion um bis zu 25 % milder ausfallen.[1105]

Die Entscheidungen, zu denen die in das Fehlverhalten verwickelten Mitarbeiter nicht befugt sein dürfen, müssen weder große noch gar unternehmensweite Be-deutung haben. Insbesondere bedeutet *individual with decision making authority* nicht *high-level personnel,* denn zwischen Schärfung und Milderung der Basis-sanktion muss noch Raum für ihre unveränderte Anwendung sein. Das *Sanctions Board* scheint das in SBD 46 zwar anders zu sehen (a)), geht in zwei weiteren Ent-scheidungen aber klar von einer dreistufigen Personalhierarchie aus (b)).

a) Gleichsetzung von Entscheidungsbefugnis und Unternehmensführung in SBD 46

In einer Entscheidung macht das *Sanctions Board* keinen erkennbaren Unterschied zwischen *high-level personnel* und *individual with decision making authority.* In SBD 46 milderte es die Sanktion eines Unternehmens, das durch seinen *"Logistics Officer"* Betrug begangen hatte, weil dieser keine Entscheidungsbefugnis gehabt habe.[1106] Er hatte das Angebot nicht eigenverantwortlich, sondern im Auftrag des Managers der Firma fertiggestellt, eingereicht und das Unternehmen bei der An-gebotsöffnung vertreten.[1107] Für das *Sanctions Board* war offenbar entscheidend, dass die Unternehmensführung nicht in das Fehlverhalten verwickelt war:

> *"... While the record shows Respondent exercised inadequate supervision and controls to prevent fraudulent misconduct, and therefore may be held liable for it, the record does not indicate Respondent's management affirmatively participated in or condoned the Logistics*

1104 SBD 60 (2013), Rn. 125 – meine Hervorhebung.
1105 § V.A. SG; in *ADB et al.,* General Principles and Guidelines for Sanctions, Rn. 5 fehlt diese Untergliederung der „minor role".
1106 SBD 46 (2012), Rn. 36 f.
1107 SBD 46 (2012), Rn. 28.

Officer's actions in signing the JV documents for the Proposed JV Partner and submitting them with the bid. To the contrary, the record indicates the Logistics Officer, who was not a high-level employee, acted without the knowledge or approval of his management. Nor does the record support a finding the deficiencies in the Manager's supervision of the Logistics Officer rose to the level of willful ignorance."[1108]

b) Deutliche Unterscheidung zwischen drei Stufen der Personalhierarchie in SBD 47 und SBD 56

Andere Entscheidungen unterscheiden dagegen deutlich zwischen drei hierarchischen Stufen. In SBD 47 behauptete das sanktionierte Unternehmen, die betrügerischen Angebote seien allein das Werk niedriger Angestellter, die auf eigene Faust und ohne Beteiligung der Geschäftsführung handelten (*„low-level staff acting on their own"*). Das *Sanctions Board* sah zwar tatsächlich keine Anhaltspunkte für eine direkte Verwicklung der Geschäftsführung.[1109] Aber es wollte nicht glauben, dass kein entscheidungsbefugter Mitarbeiter in das wiederholte Einreichen gefälschter Dokumente verwickelt gewesen sein sollte.[1110]

In SBD 56 war der *„Regional Business Head"* einer sehr großen Firma[1111] zwar keine Führungskraft, aber hatte doch Entscheidungsbefugnis.[1112] Für die Behandlung von Betrugsfällen – und die Abgrenzung zu SBD 46 – ist die Entscheidung besonders wichtig, da das *Sanctions Board* die Befugnis zur eigenverantwortlichen Erstellung von Geboten als ausreichende Entscheidungsbefugnis ansieht:

„At the time of the misconduct, the Regional Business Head held a supervisory position with regional responsibility in the Medical Unit and was vested with full authority to prepare and submit the bid on behalf of Respondent. He thus qualified as an ‚individual with decision-making authority who played a central role in the misconduct."[1113]

V. Tatbeitrag und Verhältnismäßigkeit bei mehreren Beteiligten

Die Sanktionsrichtlinien sehen vor, dass die Sanktion eines Betroffenen um ein bis fünf Jahre schwerer ausfallen soll, wenn er unter mehreren eine zentrale Rolle gespielt hat als Organisator, Anführer, oder Planer einer Gruppe mit zwei oder mehr

---

1108 SBD 46 (2012), Rn. 37.
1109 SBD 47 (2012), Rn. 33 wirft nur dem Unternehmen selbst mangelhafte Überwachung der Angestellten vor, eine Sanktionsschärfung wegen Verwicklung der Unternehmensführung stand in SBD 47 (2012), Rn. 39–47 offenbar nicht zur Debatte; zur Verwicklung der Unternehmensführung sogleich.
1110 SBD 47 (2012), Rn. 49.
1111 Larsen & Toubro Ltd.: *World Bank*, News Release March 8, 2013; unten Kapitel 3 – D.III.3.
1112 SBD 55 (2013), Rn. 63, 75.
1113 SBD 55 (2013), Rn. 75.

Beteiligten.[1114] Umgekehrt soll die Sanktion eines untergeordnet, geringfügig oder bloß am Rand Beteiligten um bis zu 25 % gemildert werden.[1115]

Das *Sanctions Board* stellt die verhältnismäßige Angemessenheit der Sanktionen einzelner Beteiligter flexibler her, u.a. anhand der verschiedenen Tatbeiträge (1.). Es berücksichtigt in Kraft getretene Empfehlungen des EO für die Sanktion einzelner Beteiligter (2.), nicht aber vergleichsweise vereinbarte Sanktionen (3.).

1. Grundsatz flexibler Berücksichtigung aller erheblichen Faktoren

Hat es in einem Verfahren über die Sanktion mehrerer Beteiligter eines Komplexes von Fehlverhalten zu entscheiden, orientiert das *Sanctions Board* die einzelnen Sanktionen flexibel am relativen Gewicht der Tatbeiträge und aller anderen sanktionsbestimmenden Faktoren, nicht aber (erkennbar) an den starren Vorgaben der Sanktionsrichtlinien.[1116] SBD 51 bringt die bisherige Rechtsprechung des *Sanctions Board* auf den Punkt:

„The Sanctions Board has previously recognized the merits of imposing greater sanctions on respondents that played a greater role in the sanctionable practice at issue, and lesser sanctions on other respondents that more readily accepted responsibility or cooperated with INT."[1117]

Wenn ein *Affiliate* mitsanktioniert wird, berücksichtigt das *Sanctions Board* dessen Beitrag zum Fehlverhalten und andere erhebliche Umstände für eine im Verhältnis unter allen Beteiligten angemessene Sanktion.[1118]

Für Kollusion, die begrifflich die Beteiligung mehrerer voraussetzt, hat sich bereits typisierende Rechtsprechung des *Sanctions Board* entwickelt: Die designierten Verlierer einer Gebotsabsprache verdienen in der Regel eine mildere Sanktion wegen ihrer untergeordneten Rolle.[1119] Eine Milderung ist aber unangemessen, wenn der Verlierer anderweitig aus der kollusiven Vereinbarung profitierte oder profitieren

---

1114 § IV.A.3 SG.

1115 § V.A SG.

1116 SBD 41 (2010), Rn. 87 [LD 177]; SBD 51 (2012), Rn. 58, 93, auch *ebd., Rn.* 47 ff. für die identische Sanktion der Betroffenen aus Fall Nr. 145; SBD 56 (2013), Rn. 83. § IV.A.3 und § V.A SG sähen eine um ein bis fünf Jahre geschärfte Sanktion für die Hauptfigur des Geschehens und ein.

1117 SBD 51 (2012), Rn. 58; in der Entscheidung setzte das Sanctions Board ausnahmsweise eine vergleichsweise Einigung zwischen INT und dem kooperationsbereiten Betroffenen in Kraft, unten Kapitel 3 – C.III.3., was nichts an der Grundsätzlichkeit der allgemeinen Aussage ändert.

1118 SBD 56 (2013), Rn. 83; SBD 49 (2011), Rn. 42.

1119 SBD 45 (2011), Rn. 61 f. [LD 211 f.] verweisen auf frühere Entscheidungen des Sanctions Board, die im Law Digest aber nicht genannt sind.

sollte, z.B. mittelbar über Subunternehmeraufträge des designierten Gewinners bei der Durchführung des Projekts.[1120]

2. Rücksichtnahme auf in Kraft getretene Sanktionsempfehlungen

Wenn nur manche Beteiligte eines Komplexes von Fehlverhalten das *Sanctions Board* anrufen, berücksichtigt dieses die Sanktionsempfehlungen des EO, die für die anderen Beteiligten in Kraft getreten sind.[1121] An die Empfehlung gebunden fühlt sich das *Sanctions Board* aber ausdrücklich nicht.[1122]

3. Unerheblichkeit vergleichsweise verhängter Sanktionen

Auf ein angemessenes Verhältnis zur Sanktion Betroffener, die sich mit der Bank vergleichen, kann und will das *Sanctions Board* nicht achten. Die vereinbarte Sanktion könne durch Umstände beeinflusst werden, die das *Sanctions Board* nicht berücksichtigen könne, und zum Fehlverhalten selbst gäbe es ebenfalls kaum verwertbare Information.[1123]

VI. Schärfere Sanktion bei besonderem angerichteten Schaden

Die Sanktionsrichtlinien beschreiben zwei Unterfälle des Schadens, den das Fehlverhalten verursachen kann. Sie unterscheiden zwischen Schaden am Projekt selbst (1.) und darüber hinausreichendem Schaden für die öffentliche Sicherheit und das öffentliche Wohlergehen, oder auch deren Gefährdung (2.).

1. Schaden am Projekt

Mangelhafte Durchführung des Vertrags und Verzögerungen nennen die Richtlinien als Beispiele für Schaden am Projekt.[1124] Finanziellen Schaden für den Kreditnehmer berücksichtigt das *Sanctions Board* ganz regelmäßig.[1125]

Seit 2011 steht fest, dass darüber hinaus Schaden jeder immaterielle Nachteil sein kann. In SBD 44 griff das *Sanctions Board* zur Bestimmung des sanktionsschärfenden Schadens auf Rechtsprechung und Beweise für den Nachteil zurück, der Tatbestandsmerkmal des Betrugs in der Definition von 1997 und 1999 war.[1126] Schaden kann demnach jeder materielle oder immaterielle Nachteil sein, insbesondere

---

1120 SBD 45 (2011), Rn. 62 [LD 212].
1121 SBD 48 (2012), Rn. 49; SBD 50 (2012), Rn. 70.
1122 SBD 50 (2012), Rn. 70. SBD 48 (2012), Rn. 49. Die Unabhängigkeit des Sanctions Board von der Empfehlung des EO statuiert § 8.01 (b) SP12, unten Kapitel 5 – E.III.2.a).
1123 SBD 56 (2013), Rn. 82.
1124 § IV.B.2 SG.
1125 SBD 53 (2012), Rn. 56.
1126 SBD 44 (2011), Rn. 63 [LD 202].

die Verschwendung von Zeit und Ressourcen und erhebliche Verzögerungen.[1127] In SBD 55 stellt das *Sanctions Board* klar:

> „*The Sanctions Board rejects any suggestion that harm cannot result from a respondent's fraud simply because of the monetary value of the contract involved, or because the fraud did not lead to the award of the contract. The Sanctions Board has previously found harm warranting aggravation even where the respondent did not succeed in winning the contract. In particular, the Sanctions Board has considered whether a respondent's misconduct necessitated re-bidding and thus substantially delayed the procurement process.*"[1128]

Aus dieser Weite des Schadensbegriffs folgt, dass eine Schärfung der Sanktion nur für erhebliche oder untypische Schäden angebracht ist. So ist die Glaubwürdigkeit des Kreditnehmers wegen Fehlverhaltens bei seinen Projekten durch einen normalen Betrug nicht außergewöhnlich beschädigt, wohl aber durch Kollusion, wenn sie für jedermann offensichtlich ist.[1129] Die Vergabe des Vertrags an einen Betrüger ist nicht automatisch außergewöhnlich genug für eine Schärfung der Sanktion.[1130] Eine Verzögerung des Vergabeverfahrens ist erst erheblich, wenn sie mehrere Monate übersteigt.[1131]

2. Gefährdung der öffentlichen Sicherheit oder Gesundheit

Nach den Sanktionsrichtlinien ist „*harm to public safety/welfare*" bereits gegeben, wenn Leib und Leben Einzelner (a)), oder die öffentliche Sicherheit oder Gesundheit (b)) nur gefährdet sind. Es heißt in den Sanktionsrichtlinien, wenn Fehlverhalten ein vorhersehbares Risiko beinhaltete oder verursache, das Menschen sterben oder verletzt werden könnten, oder wenn die öffentliche Gesundheit und Sicherheit durch das Fehlverhalten gefährdet werde, liege Schaden für die öffentliche Sicherheit und das öffentliche Wohlergehen vor; die Sanktion sei dann um ein bis fünf Jahre zu schärfen.[1132]

1127 Auch schon oben, Kapitel 2 – B.I.3.c).
1128 SBD 55 (2013), Rn. 67, Wiedergabe ohne Fußnoten.
1129 Schäden an der Glaubwürdigkeit als schärfenden Faktor abgelehnt in: SBD 27 (2010), Rn. 10 [LD 198, dort auch Nennung weiterer Entscheidungen]; ausreichend in SBD 45 (2011), Rn. 63 [LD 203].
1130 SBD 39 (2010), Rn. 32 [LD 200]. Zur Vertragsvergabe im Gesundheitssektor sogleich, Kapitel 3 – B.VI.2.b).
1131 SBD 48 (2012), Rn. 42: dreimonatige Verzögerung nicht ausreichend. Dagegen: SBD 50 (2012) Rn. 64: Verschwendung von Zeit und Ressourcen auf sechs Monate unnütze Vertragsverhandlungen ausreichend; SBD 55 (2013), Rn. 67: ungefähr zehn Monate Verzögerung ausreichend. Überblick der Rechtsprechung des Sanctions Board auch *ebd.*, Fn. 23 zu Rn. 67.
1132 § IV.B.1 SG.

a) Gefahr für Leib und Leben von Personen

Ein Risiko oder eine Gefahr, also die Möglichkeit eines Schadenseintritts,[1133] kann unterschiedlich groß sein. Die Sanktionsrichtlinien verlangen nicht irgendeine Lebens- oder Gesundheitsgefahr für die Verletzung von Menschen, sondern ein vorhersehbares Risiko, ein *„foreseeable risk"*. Dafür reichen nur naheliegende Gefahren: Der Schadenseintritt muss vernünftigerweise zu erwarten sein.[1134]

b) Gefahr für die öffentliche Sicherheit und Gesundheit

Aus drei Entscheidungen zum Gesundheitssektor ergibt sich, dass die Gefahr groß genug ist, um eine Erhöhung der Sanktion zu rechtfertigen, sobald ein Unternehmen durch sein Fehlverhalten einen gesundheitsrelevanten Auftrag erhalten hat.

SBD 47 betraf die Lieferung von Tuberkulosemitteln,[1135] SBD 54 Verhütungsspiralen[1136] und SBD 55 Ultraschallscanner.[1137] In keiner der drei Entscheidungen berichtet das *Sanctions Board* davon, dass die gelieferten Waren wirklich minderwertig oder sonst konkret gefährlich für die öffentliche Gesundheit gewesen wären.[1138] In zwei der drei Entscheidungen schärfte das *Sanctions Board* aber die Sanktion, weil das Fehlverhalten die öffentliche Gesundheit gefährdet habe: In SBD 47 heißt es, der Betroffene habe die Ausschreibungsbehörden erfolgreich getäuscht und die Vergabe des Vertrags an eine Firma bewirkt, die bereit war, bei der Lieferung dringend benötigter Tuberkulosemittel zu betrügen.[1139] Ähnlich entschied das *Sanctions Board* zu den Verhütungsspiralen aus SBD 54:

> *„… Respondent's fraudulent practices deceived the tendering authorities and led the Borrower's implementing agency to contract with a firm that repeatedly misrepresented its qualifications to supply medical devices. The Sanctions Board finds such consequences – in a sensitive area such as the health sector, and involving medical products, which require heightened diligence from manufacturers and suppliers – to be an aggravating factor."*[1140]

1133 Black's 9th, Stichwort: risk.
1134 Black's 9th, Stichwort: foreseeability: „The quality of being reasonably anticipatable".
1135 SBD 47 (2012), Rn. 7.
1136 SBD 54 (2012), Rn. 6.
1137 SBD 55 (2013), Rn. 8.
1138 SBD 54 (2012), Rn. 15; Rn. 36: keine Verzögerungen oder Beschwerden über Qualität, allerdings ist zweifelhaft, ob Contech überhaupt Waren lieferte, die eingesetzt wurden: Rn. 8: Vertrag Juli 2009 unterzeichnet; Rn. 13: Ausschreibungsbehörde kündigte Vertrag wegen Fälschungen. Ganz deutlich SBD 47 (2012), Rn. 29: Kreditnehmer bekam Ware, die er kaufte; i. Ü. auch *ebd.*, Rn. 18, 15, 57: Keine Kritik INTs an der Qualität der Ware, Betroffener behauptet gute Qualität seiner Lieferungen, das Sanctions Board geht darauf nicht ein. SBD 55 (2013), Rn. 66 bis 68 erwähnen nur, dass der Betroffene abstritt, der öffentlichen Gesundheit Schaden zugefügt zu haben.
1139 SBD 47 (2012), Rn. 44, in Bezug genommen in SBD 54 (2012), Rn. 36.
1140 SBD 54 (2012), Rn. 36.

In SBD 55 diskutiert das *Sanctions Board* den Bezug zum Gesundheitssektor nicht.[1141] INT hatte eine erhöhte Sanktion mit der Begründung gefordert, bei Aktivitäten im Gesundheitssektor gelte eine erhöhte Sorgfaltspflicht.[1142] Diesem Argument steht das *Sanctions Board*, wie gerade zitiert, grundsätzlich aufgeschlossen gegenüber.[1143] Aber die erhöhte Sorgfaltspflicht allein reicht offenbar nicht für eine schärfere Sanktion – sonst wäre jedes Fehlverhalten im Gesundheitssektor sanktionswürdiger als auf anderen Gebieten.

Zwischen den Fällen gibt es einen gewichtigen Unterschied: Anders als in SBD 47 und SBD 54 hatte der Betroffene in SBD 55 den Auftrag nicht erhalten.[1144] Fehlverhalten im Gesundheitssektor ist also besonders gefährlich und rechtfertigt eine schärfere Sanktion, wenn der sensible Auftrag an die unzuverlässige Firma vergeben wird.

VII. Nachtatverhalten

Entwicklungen nach dem Fehlverhalten beeinflussen die Sanktion. Der Betroffene kann Reue oder Einsicht zeigen und sich um Wiedergutmachung bemühen, so dass er eine mildere Sanktion verdient (1.). Umgekehrt muss die Sanktion schärfer ausfallen, wenn der Betroffene die Ermittlungen der Bank zu behindern versucht (2.).

1. Mildere Sanktion für Reue, Einsicht und Wiedergutmachung nach der Tat

Wer nach der Tat Reue zeigt, den Schaden wiedergutzumachen oder zu begrenzen versucht, oder sich um künftige Besserung bemüht, verdient eine gemilderte Sanktion. Die Verfahrensregeln[1145] und, ihnen folgend, die Sanktionsrichtlinien[1146] beschreiben zwei Oberkategorien für positives Nachtatverhalten des Betroffenen: Freiwillige

---

1141   SBD 55 (2013), Rn. 65–68 schärfen die Sanktion wegen des angerichteten Schadens, aber sprechen einen Bezug zur öffentlichen Gesundheit nicht an.

1142   SBD 55 (2013), Rn. 23.

1143   Das Argument von der erhöhten Sorgfaltspflicht ist zwischen den beiden Fällen gewandert: In SBD 54 hatte INT noch im SAE keine schärfenden Faktoren geltend gemacht (SBD 54 (2012), Rn. 14). Aber SBD 54 und SBD 55 beriet das Sanctions Board am selben Tag, eine Anhörung gab es nur in SBD 55 (SBD 54 (2012), Rn. 1; SBD 55 (2013), Rn. 1 und 2). Die dort geltend gemachte Sorgfaltspflicht (SBD 55 (2013), Rn. 23) gefiel dem Sanctions Board offenbar grundsätzlich, und es stützte sich in der anderen Entscheidung desselben Tages darauf. Erhöhte Anforderungen an Vertragsnehmer bei sensiblen Aufträgen gibt es im Übrigen auch bei nationalen Auftragssperren, z.B. bei der Beschaffung von BSE-Tests, dazu *Ohrtmann*, NZBau 2007, 201, 204.

1144   Es war allerdings knapp, die Auftragsvergabe wurde erst durch einen Hinweis an die Ausschreibungsbehörde auf die Fälschungen im Angebot verhindert: SBD 55 (2013), Rn. 10.

1145   § 9.02 (e) SP12.

1146   § V.B und § V.C. SG.

Korrekturmaßnahmen (a)) und Mithilfe bei der Ermittlung (b)), einschließlich eines freiwilligen Verzichts auf Teilnahme an weiteren Bankprojekten (c)).

a) Freiwillige Gegenmaßnahmen

Freiwillige Anstrengungen zur Korrektur des Fehlverhaltens (um es wiedergutzumachen oder für die Zukunft zu unterbinden) sog. *„voluntary corrective action"*, sollen nach den Sanktionsrichtlinien die Sanktion um bis zu 50 % vermindern können, ausnahmsweise sogar noch mehr. Beispiele für Korrekturmaßnahmen sind: das Abstellen des Fehlverhaltens, Maßnahmen gegen die Verantwortlichen innerhalb eines Unternehmens, das Einrichten oder Verbessern eines Compliance-Programms und finanzielle oder sonstige Wiedergutmachung.[1147]

Sanktionsmildernd wirken die Maßnahmen nur, wenn sie echt,[1148] freiwillig[1149] und Ausdruck von Reue sind: *„The timing of the action may indicate the degree to which it reflects genuine remorse and intention to reform, or a calculated step to reduce the severity of the sentence."*[1150] Es reicht grundsätzlich nicht, wenn Betroffene die Gegenmaßnahmen nur versprechen.[1151] Soweit ersichtlich gewährte das *Sanctions Board* nur einmal für glaubhafte Absichten und Bemühungen, die INT bestätigte, eine Sanktionsmilderung.[1152] Die Erfüllung des Versprechens kann aber als auflösende oder aufschiebende Bedingung für eine mildere Sanktion durchgesetzt werden.[1153]

b) Mithilfe bei der Ermittlung

Wer mit INT kooperiert, soll sich nach den Sanktionsrichtlinien eine Sanktionsmilderung um bis zu 33 % verdienen können.[1154] Die Sanktionsrichtlinien nennen als Fallgruppen: die Kooperation mit der laufenden Bankermittlung;[1155] eigene interne Ermittlungen durch den Betroffenen;[1156] Schuldeingeständnis;[1157] und freiwilligen

---

1147 § V.B SG.
1148 Verblüffend dreist scheint nach der kurzen Wiedergabe im Law Digest die Argumentation der Betroffenen in SBD 44: Die Betroffenen hatten Sanktionsmilderung begehrt, weil sie das Fehlverhalten angeblich abgestellt hätten, obwohl sie es nachweislich noch monatelang fortgeführt hatten; das Sanctions Board fand ihr Argument „particularly unpersuasive" (SBD 44 (2011), Rn. 70 [LD 224]). Ähnlich SBD 38 (2010), Rn. 38, 44 [LD 219].
1149 z.B. SBD 44 (2011), Rn. 74 [LD 227]; SBD 56 (2013), Rn. 70: Keine freiwillige Wiedergutmachung bei vertraglicher Verpflichtung zur Schadensersatzzahlung.
1150 §§ V.B.1 bis V.B.4 SG.
1151 SBD 49 (2012), Rn. 38; SBD 52 (2012), Rn. 40.
1152 SBD 48 (2012), Rn. 44.
1153 SBD 53 (2013), Rn. 62, 70, oben Kapitel 3 – A.IV. zur Wiedergutmachung.
1154 § V.C SG.
1155 § V.C.1 SG.
1156 § V.C.2 SG.
1157 § V.C.3 SG.

Verzicht auf Teilnahme an Bankausschreibungen (zu diesem sogleich, c)).[1158] Mithilfe bei der Ermittlung und Schuldeingeständnis sollen zu einem frühen Zeitpunkt im Verfahren grundsätzlich mehr wert sein als später.[1159]

Wer die Ermittlungen der Bank erleichtert, indem er Angaben gegenüber den Ermittlern macht, verdient sich eine mildere Sanktion (aa)). Die Sanktion wird noch weiter gemildert, wenn der Betroffene reuig die Vorwürfe einräumt und seine Schuld eingesteht (bb)). Das Ausmaß der Milderung für interne Ermittlungen bestimmt sich danach, wie viel Reue der Betroffene zeigt und wie viel Arbeit er INT erspart (cc)).

aa) Angaben gegenüber Ermittlern

Ein Betroffener bringt die Bankermittlungen schon allein dadurch voran, dass er sich mit den Ermittlern trifft und auf ihre Fragen antwortet.[1160] So kann er mindestens helfen, Lücken im Sachverhalt zu schließen und erspart INT den Aufwand, die Angaben anderweitig in Erfahrung bringen zu müssen. Erst recht unterstützt der Betroffene INT, wenn er zusätzlich Fehlverhalten anderer Unternehmen aufdeckt.[1161]

Je mehr Arbeit der Betroffene INT durch seine Angaben abnimmt, desto größer die Milderung seiner Sanktion: Unvollständige Angaben mildern weniger als vollständige;[1162] Angaben, die der Betroffene erst in der Anhörung seines ausermittelten Falles vor dem *Sanctions Board* macht, ersparen der Bank keine Ermittlungsarbeit mehr.[1163]

bb) Schuldeingeständnis

Eine weitere Milderung der Sanktion bewirkt der Betroffene, wenn er nicht nur tatsächliche Angaben macht, sondern auch ein echtes Geständnis ablegt, das Reue und Einsicht zeigt.[1164]

1158 § V.C.4 SG.
1159 § V.C.1 und § V.C.3 SG
1160 SBD 40 (2010), Rn. 28 [LD 241].
1161 SBD 4 (2009), Rn. 11 [LD 232] erwähnt ausdrücklich eine erhebliche Förderung der Ermittlungen in einem Kollusionsfall, das muss auch die anderen Beteiligten der Vereinbarung betroffen haben.
1162 SBD 55 (2013), Rn. 80. Die Unvollständigkeit ist aber kein Grund für eine Schärfung der Sanktion: SBD 39 (2010), Rn. 33 [LD 240].
1163 SBD 36 (2010), Rn. 41 [LD 235].
1164 Wegen Reue und Mithilfe kumulativ mildern SBD 46 (2012), Rn. 41; SBD 48 (2012), Rn. 45; SBD 49 (2012), Rn. 40; SBD 54 (2012), Rn. 40; unklar SBD 47 (2012), Rn. 53; nur wegen Mithilfe mildern SBD 51 (2012), Rn. 90 m. w. N. in Fn. 27; SBD 52 (2012), Rn. 42 f.; SBD 53 (2012), Rn. 58; SBD 55 (2013), Rn. 82, wohl SBD 37 (2010), Rn. 30, 32, 45 [LD 238]. Auch der EO unterscheidet zwischen Kooperation an sich und Geständnis, etwa EO, Notice of Uncontested Sanctions Proceedings, Case No. 210, S. 2: „In determining this recommended sanction, the EO took into account, among other things, INT's representations as to the extent of Cennet's cooperation during the course of the investigation, noting in particular that while representatives of

Völlig fehlende Einsicht des Betroffenen kann sogar ausnahmsweise den sanktionsmildernden Effekt seiner tatsächlichen Angaben mindern oder aufheben.[1165] Zwar verdiente sich ein Unternehmen, das nur unvollständige Angaben gemacht und standhaft eigene Fehler geleugnet hatte, noch eine Milderung der Sanktion.[1166] Aber sogar neue belastende Angaben hatten für das *Sanctions Board* einmal gar keinen Wert mehr, als der Betroffene seine Schuld an dem Betrug beharrlich abstritt und erhebliche Informationen verheimlichte.[1167]

Eine Vereinbarung, dem SAE nicht zu widersprechen, kann zwar theoretisch das Sanktionsverfahren vereinfachen und beschleunigen, ist aber nicht notwendigerweise ein Zeichen von Reue; sie verdient daher grundsätzlich nicht dieselbe Sanktionsmilderung wie ein Schuldeingeständis.[1168]

cc) Interne Untersuchung

Die ebenfalls bei der Zusammenarbeit mit der Ermittlung genannte interne Untersuchung[1169] ist notwendige Vorstufe für ein oben a) als Korrekturmaßnahme genanntes Einschreiten gegen das verantwortliche Individuum.[1170] Dieses Einschreiten soll ausdrücklich nur gewürdigt werden, wenn es Reue ausdrückt.[1171] Das gilt im Ergebnis auch für die interne Ermittlung.

Eine interne Ermittlung rechtfertigt eine Sanktionsmilderung nur, wenn sie ernst gemeint ist. Unerheblich ist eine Ermittlung etwa, wenn sie nur der Vorbereitung der eigenen Verteidigung dienen soll[1172] oder oberflächlich bleibt. Um wirklich etwas bewirken zu können, brauchen die internen Ermittler Distanz zu den Personen, deren Verhalten sie untersuchen, sowie Fähigkeiten und Erfahrung.[1173] Unverkennbar auch Zeichen von Reue und ein Streben nach Rückkehr in die Legalität kann es

---

Cennet agreed to meet with INT and responded to INT's show cause letter, the statements of the representatives did not amount to an admission that Cennet had engaged in fraudulent practice or otherwise indicate an acceptance of responsibility for misconduct."

1165 SBD 55 (2013), Rn. 80, 82.
1166 SBD 39 (2010), Rn. 60 [LD 239].
1167 SBD 41 (2010), Rn. 87 f. [LD 242].
1168 SBD 56 (2013), Rn. 77.
1169 § V.C.2 SG.
1170 In SBD 55 (2013), Rn. 77 reichte dem Board die vorangehende interne Ermittlung nicht aus, um wegen den Disziplinarmaßnahmen gegen einen einzigen unter möglicherweise mehreren verantwortlichen Angestellten die Sanktion zu mildern.
1171 § V.B.2 SG.
1172 Deswegen sollte nach Ansicht INTs die interne Ermittlung in SBD 50 (2012), Rn. 66 keine Sanktionsmilderung rechtfertigen. Das Sanctions Board sah das im Ergebnis genauso: SBD 50 (2012), Rn. 67.
1173 SBD 50 (2012), Rn. 67; SBD 55 (2013), Rn. 81.

sein, wenn der Betroffene sogar Ermittlungsergebnisse an INT weitergibt, die nicht zum gegenwärtigen Sanktionsverfahren gehören.[1174]

Auch eine nur angekündigte interne Ermittlung kann, wie eine versprochene Ausgleichszahlung,[1175] sanktionsmildernd wirken, indem die Erfüllung des Versprechens Bedingung für die Aussetzung der Sperre wird.[1176]

c) Freiwillige Suspendierung

Fast einer Selbstsanktion kommt es gleich, wenn ein Betroffener sich freiwillig von Bankprojekten zurückzieht. Dafür sehen die Sanktionsrichtlinien eine Milderung der Sanktion um bis zu 33 %, ausnahmsweise auch mehr, vor.[1177] Sanktionsmildernd anrechenbar ist nur die Zeit bis zum Erlass der *Notice*, denn ab diesem Zeitpunkt ist der Betroffene auch ohne seine Freiwilligkeit einstweilig gesperrt.[1178]

Der freiwillige Verzicht erspart den Bankermittlern ein Verfahren zur frühen einstweiligen Sperre[1179] und steht daher zu Recht in den Sanktionsrichtlinien unter der Überschrift der Kooperation mit den Ermittlungen der Bank (s. o., b)).[1180] Der *Law Digest* spricht den freiwilligen Verzicht aber mit gleichem Recht zusammen mit freiwilligen Gegenmaßnahmen an,[1181] denn wer sich selbst sanktioniert, verhindert, dass er sich bei Bankprojekten erneut fehlverhält. Die Fallgruppen und Oberkategorien der Verfahrensregeln und Sanktionsrichtlinien sind keine scharf abgrenzbaren Gegensätze, sondern haben als gemeinsamen Nenner die Reue des Betroffenen und seinen Willen, künftige Fehltritte zu verhindern.

2. Schärfere Sanktion wegen aktiver Behinderung der Bankermittlungen

Wenn der Betroffene keine Reue zeigt und nicht kooperiert, fehlen mildernde Umstände. Das ist kein Grund, die Sanktion zu schärfen,[1182] sondern für die Sanktionsbemessung ausgehend von einer Basissanktion ohne Bedeutung, schon oben, I.

Sanktionsschärfend wirkt aber, wenn der Betroffene die Ermittlung der Bank aktiv zu behindern versucht.[1183] Was die Sanktionsrichtlinien als erschwerenden Umstand nennen, ist seit 2006 auch wortgleich ein Tatbestand eigenständig sanktionswürdigen Verhaltens und bereits oben, in Kapitel 2 – C.II., beschrieben.

1174   Sanktionsmilderung dafür: § V.B.2 SG.
1175   SBD 53 (2012), Rn. 62, 70.
1176   SBD 56 (2013), Rn. 89.
1177   § V.C.4 SG.
1178   SBD 56 (2013), Rn. 79.
1179   Kapitel 6 – B.II.
1180   § V.C.4.
1181   SBD 44 (2011), Rn. 66 [LD 222 f.]; SBD 2 (2008), Rn. 7 [LD 213].
1182   SBD 39 (2010), Rn. 33 [LD 240].
1183   § 9.02 (c) SP12; § IV.C SG.

VIII. Zeitablauf

Das *Sanctions Board* soll bei seiner Entscheidung berücksichtigen, ob und wie lange der Betroffene während des Verfahrens bereits einstweilig gesperrt war, § 9.02 (h) SP12. Wie es dies tun soll, ist dem *Sanctions Board* nicht vorgegeben. Insbesondere kommt die einstweilige Sperre in den Sanktionsrichtlinien nicht vor.

Das *Sanctions Board* mildert die Sanktion, soweit die einstweilige Sperre ohne Zutun des Betroffenen besonders lange dauert (1.). Bereits die vor Beginn des förmlichen Sanktionsverfahrens vergangene Zeit berücksichtigt das *Sanctions Board* sanktionsmildernd, insbesondere wenn die Weltbank für das Ermittlungsverfahren außergewöhnlich lange gebraucht hat (2.). Grund für eine besondere Sanktionsmilderung ist es, wenn sich in der Zeit nach der Tat die Identität des zu sanktionierenden Unternehmens verändert hat (3.).

1. *Berücksichtigung der einstweiligen Sperre*

Wenn sich Betroffene entscheiden, das *Sanctions Board* anzurufen, geschieht dies auf ihr eigenes Risiko. Eine außergewöhnlich lange einstweilige Sperre oder eine Verfahrensverzögerung durch die Bank kann aber die Sanktion milder ausfallen lassen.

Auf die Bemessung der Sanktion wirkt sich jeder Ausschluss des Betroffenen von bankfinanzierten Projekten vor dem Abschluss des Sanktionsverfahrens aus, egal ob als regelmäßige einstweilige Sperre während des Sanktionsverfahrens, ausnahmsweise frühe einstweilige Sperre vor dessen Beginn, oder nur inoffiziell und unter der Hand (a)). Das *Sanctions Board* rechnet die einstweilige Sperre nicht einfach auf die Sanktion an, sondern berücksichtigt sie flexibel als sanktionsbestimmenden Umstand (b)). Die absolute Dauer der einstweiligen Sperre kann es dabei nur abschätzen, weil im Entscheidungszeitpunkt noch unklar ist, wie viel Zeit bis zum Inkrafttreten der Entscheidung vergehen wird (c)). Statistisch entfällt regelmäßig nur ungefähr die Hälfte der durchschnittlich fünfzehnmonatigen Verfahrensdauer auf die Zeit bis zur Sitzung des *Sanctions Board;* die restliche Zeit vergeht zwischen der Sitzung und dem Inkrafttreten der Entscheidung (d)).

In zwei Entscheidungen dauerte das Verfahren deutlich länger als üblich; darin nahm das *Sanctions Board* ausdrücklich zur Kenntnis, dass die Betroffen eigenen Anteil am langen Verfahren hatten (e)). Die einstweilige Sperre während des Sanktionsverfahrens sorgte in vielen Fällen dafür, dass die Betroffenen trotz nominell niedriger oder gleicher Sanktion insgesamt länger gesperrt waren, als wenn sie die Sanktionsempfehlung akzeptiert hätten (f)). Nur, wenn das von den Betroffen angestrengte Verfahren vor dem *Sanctions Board* außergewöhnlich lange dauert oder von der Weltbank verzögert wird, mildert sich die Sanktion der Betroffenen erkennbar wegen der verbüßten einstweiligen Sperre (g)).

a) Einstweilige Sperre während des laufenden Sanktionsverfahrens

Als einstweilige Sperre ist bei Bemessung der Sanktion jeder Ausschluss des Betroffenen von bankfinanzierten Projekten vor der endgültigen Entscheidung des *Sanctions Board* zu berücksichtigen.

Betroffene sind regelmäßig gem. § 4.02 (a) SP12 ab dem Erlass der *Notice of Sanctions Proceedings* durch den EO[1184] einstweilig von der Teilnahme an bankfinanzierten Projekten ausgeschlossen; Voraussetzung ist nur, dass der EO eine Sanktion empfiehlt, die eine mindestens sechsmonatige Sperre des Betroffenen beinhaltet. Die einstweilige Sperre dauert in der Regel bis zum Abschluss des Sanktionsverfahrens durch eine endgültige Entscheidung des *Sanctions Board* gem. § 8.03 SP12. Der EO kann sie auf Antrag des Betroffenen gem. § 4.02 (c) SP12 vorzeitig aussetzen; soweit ersichtlich ist dies einmal vorgekommen.[1185]

Eine frühe einstweilige Sperre, die der EO gem. § 2.01 (c) SP12 bereits vor Erlass der *Notice of Sanctions Proceedings* verhängen kann, wirkt wie eine einstweilige Sperre[1186] und wäre daher entsprechend zu berücksichtigen; bisher hat sie das *Sanctions Board* aber noch nicht beschäftigt.[1187]

Nicht nur die offizielle einstweilige Sperre kann den Betroffenen beeinträchtigen. Die Bank ist vor menschlichen Fehlern und Indiskretionen nicht gefeit, und zumindest theoretisch ist ein vermeintlich unerklärliches, beharrliches Scheitern eines Unternehmens unter Korruptionsverdacht bei bankfinanzierten Ausschreibungen vorstellbar. Dementsprechend will das *Sanctions Board* als mildernden Faktor berücksichtigen, wenn ein Unternehmen zwar nicht offiziell, aber doch *de facto* einstweilig gesperrt ist. Allerdings begnügt es sich dafür nicht mit einer bloßen Behauptung, sondern verlangt vom Betroffenen substantiierten Vortrag und Beweise.[1188]

1184 § 4.01 (a) SP12, zur Prüfung der Wahrscheinlichkeit von Fehlverhalten durch den EO: Kapitel 2 – G.I; auch Kapitel 6 – B.I.1.
1185 Zum ganzen Absatz auch SBD 60 (2013), Rn. 137. Näher, auch zum EO-Verfahren, Kapitel 6 – B.I. Die einstweilige Sperre endet auch mit Inkrafttreten der vom EO empfohlenen Sanktion, § 4.04 SP12, oder wenn der EO das Verfahren anlässlich der Reaktion der Betroffenen auf die Notice sogar einstellt, § 4.03 (a) SP12. Die so beendete einstweilige Sperre spielt aber für die Bemessung der endgültigen Sanktion keine Rolle.
1186 §§ 2.02, 4.02 (a), 9.01 (c) SP12.
1187 Laut *LEG*, Review, S. 2 wurde sie bis vor kurzem, d.h. bis Anfang 2013, kaum eingesetzt. Die erste Entscheidung des Sanctions Board ist daher umgekehrt nur eine Frage der Zeit.
1188 SBD 45 (2011), Rn. 69 [LD 253].

b) Ausführungen des Sanctions Board *zur Berücksichtigung der einstweiligen Sperre in SBD 57 und SBD 58*

Regelmäßig nennt das *Sanctions Board* in seinen Entscheidungen das Datum, an dem die einstweilige Sperre begann, in der Regel ohne weitere Ausführungen.[1189] In SBD 57 veranlasst ein Wiederaufnahmeantrag der Betroffenen aus SBD 49 (aa)) längere Ausführungen (bb)). Aus ihnen und einem weiteren Wiederaufnahmeverfahren (cc)) ergibt sich, dass das *Sanctions Board* die einstweilige Sperre nicht auf die endgültige Sanktion anrechnet, sondern flexibel in die Bemessung der Sanktion einfließen lässt.

aa) Wiederaufnahmeantrag der Betroffenen aus SBD 49

Der EO hatte in SBD 49 eine Mindestsperre von zwei Jahren empfohlen und die anschließende Aufhebung der Sperre danach davon abhängig gemacht, dass die Sanktionierten angemessene Maßnahmen zur Korrektur des Fehlverhaltens ergriffen und ein effektives Compliance-Programm zur Zufriedenheit der Bank eingerichtet haben.[1190] Das *Sanctions Board* verhängte fast dieselbe Sanktion; es strich nur wie üblich[1191] die angemessenen Korrekturmaßnahmen ersatzlos.[1192] Erschwerende Umstände stellte es nicht fest.[1193] Auch sonst gab es nicht viel Neues. Die sanktionsmildernden Faktoren der Kooperation und des Schuldeingeständnisses hatte INT bereits im SAE vorgetragen.[1194] Lediglich eine sanktionsmildernde interne Ermittlung, die das *Sanctions Board* in SBD 49 beiläufig erwähnt, hatte vielleicht später den Weg in das Verfahren gefunden.[1195]

In einem Wiederaufnahmeantrag[1196] vom 9. Juli 2012[1197] machten die Betroffenen geltend, ein Beginn der Sperre erst am Tag der Veröffentlichung der Entscheidung mache das Verfahren vor dem *Sanctions Board* zur Grundlage der Sperre, dessen Länge völlig zufällig sei.[1198] Die Sperre erst bei Veröffentlichung der Entscheidung

---

1189 Von den veröffentlichten Entscheidungen, die eine Sanktion verhängten: SBD 46 (2012), Rn. 42; SBD 47 (2012), Rn. 54; SBD 48 (2012), Rn. 46; SBD 49 (2012), Rn. 41; SBD 50 (2012), Rn. 68; SBD 51 (2012), Rn. 55 und 91; SBD 52 (2012), Rn. 44; SBD 53 (2012), Rn. 63; SBD 54 (2012), Rn. 41; Ausnahmen SBD 55 (2013), Rn. 83; SBD 56 (2013), Rn. 80, dazu Kapitel 3 – B.VIII.1.e)aa).
1190 SBD 49 (2012), Rn. 4; SBD 52 (2012), Rn. 3.
1191 Kapitel 3 – A.III.1.e)aa).
1192 SBD 49 (2012), Rn. 47.
1193 SBD 49 (2012), Rn. 36.
1194 SBD 49 (2012), Rn. 12 (v.), 14.
1195 In SBD 49 (2012), Rn. 14 ist davon nicht die Rede, das Sanctions Board mildert auch deswegen in Rn. 40 die Sanktion; im Übrigen zeigen SBD 49 (2012), Rn. 15 ff. nichts Neues und für die Bemessung der Sanktion Erhebliches.
1196 Kapitel 5 – B.V.
1197 SBD 57 (2013), Rn. 2 (i.).
1198 SBD 57 (2013), Rn. 9 (i.).

anzusetzen, würde den Betroffenen im Ergebnis dafür bestrafen, dass sie ihr Recht ausgeübt hätten, das *Sanctions Board* anzurufen.[1199] Dass das *Sanctions Board* tatsächlich eine höhere Sanktion verhängen wollte, als der EO empfohlen hatte, gehe aus der Entscheidung nicht hervor.[1200]

bb) Ablehnung des Antrags durch das *Sanctions Board*

Das *Sanctions Board* lehnt den Wiederaufnahmeantrag in SBD 57 ab. Die einstweilige Sperre könne wegen der Anrufung des *Sanctions Board* zwar erheblich länger dauern; die Berücksichtigung der verbüßten Sperrdauer gleiche dies aber soweit wie möglich aus.[1201] Außerdem treffe das *Sanctions Board* seine Entscheidung unabhängig von der Empfehlung des EO und müsse nicht begründen, ob und warum es zu einem anderen Ergebnis komme.[1202]

Die knappe Feststellung zur Berücksichtigung der einstweiligen Sperre in SBD 49[1203] reicht dem *Sanctions Board* außerdem als Beleg, dass die einstweilige Sperre bei der Bemessung der Sanktion berücksichtigt wurde:

> „As expressly stated in the Original Decision, and pursuant to Section 9.02 (h) of the Sanctions Procedures and Sanctions Board precedent, the Sanctions Board determined the appropriate sanction in the original proceedings only after taking into account the period of temporary suspension already served by Respondent and the Named Affiliate since April 11, 2011. The final two-year minimum debarment period, beginning with the date of issuance of the Original Decision on May 30, 2012, accordingly factored in that Respondent and the Named Affiliate had been suspended for approximately one year."[1204]

cc) Keine Anrechnung der einstweiligen auf die endgültige Sperre

In SBD 57 und auch einer weiteren Wiederaufnahmeentscheidung, SBD 58, lehnt das *Sanctions Board* zudem ausdrücklich eine Anrechnung der einstweiligen auf die endgültige Sperre ab.

Es ist der Bank bewusst, dass einem Betroffenen durch den einstweiligen Ausschluss von Bankprojekten finanzieller Schaden entstehen kann.[1205] Das erfordert aber nach Ansicht des *Sanctions Board* keine Anrechnung Tag für Tag.[1206] Die einstweilige Sperre gibt nur Auskunft über die Dauer des Sanktionsverfahrens; sie ist

---

1199 SBD 57 (2013), Rn. 9 (ii.).
1200 SBD 57 (2013), Rn. 9 (iii).
1201 SBD 57 (2013), Rn. 14.
1202 SBD 57 (2013), Rn. 15.
1203 SBD 49 (2012), Rn. 41.
1204 SBD 57 (2013), Rn. 12.
1205 SBD 58 (2013), Rn. 12.
1206 SBD 57 (2013), Rn. 14.

keine geprüfte und dem Fehlverhalten angemessen empfundene, öffentliche und endgültige Sanktion.[1207]

Einer Anrechnung käme es gleich, wenn das *Sanctions Board* einen rückwirkenden Beginn der Sperre anordnete. Es gelten daher dieselben Einwände dagegen. Das *Sanctions Board* verfuhr nach eigenen Angaben nur einmal und ausnahmsweise so, um in SBD 51 eine frühere Einigung zwischen INT und dem Betroffenen in Kraft setzen, näher unten, C.III.3.[1208]

c) Prognose zur Dauer eines Teils der einstweiligen Sperre

Eine Besonderheit des Sanktionsverfahrens erschwert die Berücksichtigung der gesamten und endgültig verbüßten einstweiligen Sperre bei der Sanktionsbemessung. Wenn es über die Sanktion entscheidet, kann das *Sanctions Board* nur prognostizieren, wie lange die einstweilige Sperre nach der letzten Beratung noch dauern wird (aa)). Danach vergeht noch viel Zeit. Den Entscheidungsbegründungen zufolge berät das *Sanctions Board* den Fall nur einmal, Monate bevor die Entscheidung veröffentlicht wird und in Kraft tritt (bb)).

aa) Berücksichtigung der Sperre zwischen Beratung und Veröffentlichung der Entscheidung nur als Prognose

Eine einstweilige Sperre, die das *Sanctions Board* bei Bemessung einer Sanktion berücksichtigen muss, dauert in aller Regel vom Zeitpunkt des Erlasses der *Notice* bis zum Inkrafttreten der endgültigen Sanktion bei Veröffentlichung der Entscheidung, schon oben, a). Das *Sanctions Board* kann bei Beratung des Falles die gesamte Dauer der einstweiligen Sperre höchstens prognostizieren, weil dann noch nicht feststeht, wann die Entscheidung veröffentlicht wird:[1209] Die Entscheidungen des *Sanctions Board* beginnen mit der Angabe des Tages, an dem das *Sanctions Board* eine Sitzung abhielt, um den Fall zu prüfen[1210]. Danach vergeht noch weitere Zeit bis zur Veröffentlichung einer Entscheidung. Wie lange, gibt das Sanktionsregime nicht vor. Nach den veröffentlichten Entscheidungen zu urteilen, vergehen nochmals zwischen drei und neun Monate, sieben im Schnitt.[1211]

1207 SBD 58 (2013), Rn. 14: „Although Respondent asserts it has effectively served its one-year debarment through its earlier period of temporary suspension, Respondent cannot substitute its prior temporary suspension, which is a provisional measure, for its final published debarment."

1208 SBD 57 (2013), Rn. 13.

1209 SBD 57 (2013), Rn. 9 (i) scheint allgemeiner zu kritisieren, dass die Verfahrensdauer vor dem Board eine Rolle für die Sanktion spielt. Trotz der Kritik an SBD 57 im Folgenden ist die Kritik an der allgemeinen Arbeitsweise kein Wiederaufnahmegrund, und die Aufrechterhaltung von SBD 49 im Ergebnis richtig, unten Kapitel 5 – B.V.

1210 Z.B. SBD 55 (2013), Rn. 1: „to review this case".

1211 Kapitel 3 – B.VIII.1.d).

Es ist zwar theoretisch möglich, dass dem *Sanctions Board* das geplante Veröffentlichungsdatum bereits bei Beratung sicher bekannt ist. Aber die Entscheidungsveröffentlichung folgt keinem erkennbaren Muster; insbesondere periodische Veröffentlichungstermine gibt es nicht.[1212] Das *Sanctions Board* müsste schon für jeden Fall einen Veröffentlichungstermin bestimmen und ggf. eine vorzeitig fertige Entscheidungsbegründung in der Schublade lassen, bis das vorher festgesetzte Datum erreicht wäre. Wenn ein Unternehmen endgültig gesperrt werden soll, wäre dieses Vorgehen noch vorstellbar; die Sperren gingen dann nur früher oder später fließend ineinander über. Aber das *Sanctions Board* müsste dann auch ein Unternehmen sehenden Auges noch Monate einstweilig gesperrt lassen, nachdem es beraten und entschieden hat, dass ein Fehlverhalten gar nicht überwiegend wahrscheinlich ist.[1213]

bb) Keine weitere Beratung vor Veröffentlichung

Von einer weiteren Konsultation[1214] zur Anpassung der Sanktion vor der Veröffentlichung, wenn die Dauer der einstweiligen Sperre feststeht, ist in den Entscheidungen nicht die Rede.

Zumindest in SBD 55 kann es keine weitere, ungenannte Beratung zur Festsetzung der Sanktion direkt vor der Veröffentlichung gegeben haben. Die Bank gab bereits am 29. November 2012 die Neuernennung zweier interner Mitglieder bekannt.[1215] Die Entscheidung vom 7. März 2013 erging aber im Namen der beiden Ausgeschiedenen, die einer Fußnote zufolge an der Anhörung, Beratung und, vor allem, der Entscheidung des Falles vor ihrer Ersetzung teilnahmen.[1216]

d) Durchschnittliche Dauer des Verfahrens vor dem Sanctions Board

Zwei der Entscheidungen von SBD 46 bis SBD 59[1217] fallen in der Statistik der Verfahrensdauer (Diagramm bei cc)) auf, weil sie besonders lange dauern (bb)). Die

---

1212　Die Veröffentlichungsdaten auf *World Bank,* Sanctions Board Decisions, http://go.worldbank.org/58RC7DVWW0 (06.09.2013) folgen keinem erkennbaren System.

1213　SBD 59 (2013), Rn. 1: Beratung am 5. Dezember 2012, Veröffentlichung am 24. Juni 2013, damit auch Einstellung des Verfahrens (Rn. 30: „hereby terminated").

1214　Formlose Telefonate mit einzelnen Mitgliedern würden am Quorum scheitern, es müsste schon eine echte Sitzung stattfinden, wenn auch vielleicht fernmündlich als Telefonkonferenz, Art. VII § 1, XII § 3 SBSt. Eine solche fernmündliche Sitzung könnte ohne weiteres in den Entscheidungen Erwähnung finden, wenn es sie gäbe.

1215　*World Bank,* Announcement of the Sanctions Board Secretariat, November 29, 2012.

1216　SBD 55 (2013), Rn. 1, Fn. 5.

1217　SBD 60 erschien so kurz vor Fertigstellung dieser Arbeit und ist so umfangreich, dass eine Erfassung der Entscheidung in der Statistik nicht mehr möglich war. Nur die entscheidenden inhaltlichen Aussagen der Entscheidung sind weitgehend eingearbeitet.

Statistik zeigt außerdem, dass die Verfahren vor dem *Sanctions Board* im Durchschnitt länger werden (aa)).

aa) Durchschnittliche Dauer der Sanktionsverfahren

Im Durchschnitt dauerten die Verfahren des *Sanctions Board* in den veröffentlichten Entscheidungen insgesamt ungefähr 15 Monate. Davon entfällt etwas mehr als die Hälfte auf die Zeit bis zur Sitzung des *Sanctions Board*. Bis dahin vergingen im Schnitt acht Monate. Nach der Entscheidung des *Sanctions Board* vergingen durchschnittlich weitere sieben Monate bis zur Veröffentlichung der Entscheidungsbegründung. Seine Sitzungsperioden bestimmt das *Sanctions Board* im Voraus und hört die Fälle in der Regel in der ersten Sitzung nach Austausch der Schriftsätze. Es versammelt sich nicht auf Befehl der Betroffenen.[1218] Die Verfahrensregeln sehen für den Schriftsatzwechsel vor dem *Sanctions Board* 120 Tage, also ungefähr vier Monate vor.[1219]

Eine Übersicht der bisher veröffentlichten Entscheidungen zeigt längere streitige Sanktionsverfahren[1220] nach dem Vorsitzwechsel nach SBD 53. *Yves Fortier,* der Nachfolger von *Fathi Kemicha,* nahm im Juni 2012 seine Arbeit auf.[1221]

Allgemein werden die Verfahren vor dem *Sanctions Board* komplexer und länger:[1222] Der *Law Digest* informiert über die Dauer der Verfahren vor dem Board bis zum 31. Oktober 2011. Dort heißt es, damals hätten die Verfahren von der Anrufung des *Sanctions Board* durch den Betroffenen bis zum Erlass einer Entscheidung noch ungefähr sechs bis acht Monate gedauert.[1223]

bb) Außergewöhnlich lange Verfahren in SBD 55 und SBD 56

Ursache für den jüngsten Anstieg der durchschnittlichen Verfahrensdauer sind vor allem zwei Entscheidungen, SBD 55 und SBD 56. Sowohl bis zur Entscheidung des *Sanctions Board* als auch bis zu deren Inkrafttreten verging deutlich mehr Zeit als üblich, s. sogleich cc). Auch das Verfahren in SBD 59, das in der Entscheidung eingestellt wurde, dauerte länger als die meisten Verfahren, lief aber immer noch deutlich schneller ab als SBD 55 und SBD 56.

Vom Erlass der *Notice* bis zum Erlass der abschließenden Entscheidung des *Sanctions Board* vergingen in SBD 55 und SBD 56 fast zwei Jahre; schon deutlich mehr

---

1218 SBD 55 (2013), Rn. 37.
1219 §§ 4.04, 5.01 (a) und (b) SP12; SBD 55 (2013), Rn. 83 spricht von einer „standard pleading phase of approximately four months".
1220 Ausgeklammert sind die beiden Wiederaufnahmeanträge SBD 57 und SBD 58, in denen es keine einstweilige Sperre gibt.
1221 *World Bank,* Sanctions Board Members (17.05.2013); zum Vorgänger: *World Bank,* Announcement of the Sanctions Board Secretariat, November 6, 2009.
1222 Kapitel 3 – B.VIII.1.d)cc); auch *IAB,* Annual Report 2012, S. 9: komplizierte und konfliktbeladene Fälle können die Kapazitäten des aktuellen Systems sprengen.
1223 *World Bank,* Sanctions Board Law Digest, S. 21.

als ein Jahr war bis zur Sitzung und Beratung des *Sanctions Board* vergangen.[1224] In anderen Verfahren vergingen im Durchschnitt ungefähr acht Monate bis zur Beratung des *Sanctions Board*, was auch dem Mittelwert aller veröffentlichten Entscheidungen entspricht, sogleich cc).

cc) Diagramm zur Aufteilung der Verfahrensdauer

Das folgende **Diagramm 1** *veranschaulicht die Statistik der Verfahrensdauer in Monaten.*

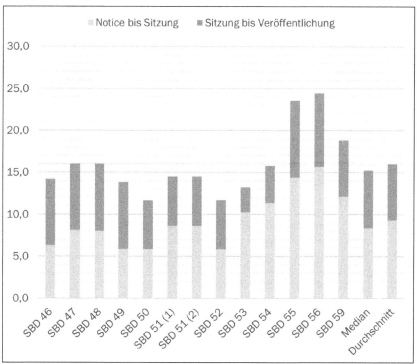

e) Verzögerung des Verfahrens durch Betroffenen

In den Entscheidungen am Abschluss der beiden längsten Verfahren, SBD 55 und SBD 56, nennt das *Sanctions Board* das Verhalten des Betroffenen als einen Grund für die Dauer der einstweiligen Sperre (aa)). Die beantragten Fristverlängerungen und Vergleichsverhandlungen hatte es schon in anderen Verfahren gegeben. Dort

---

1224 SBD 55 (2013), Rn. 3: Notice vom 31. 3. 2011; *ebd., Rn.* 1: Sitzung am 5. 6. 2012; Inkrafttreten am 7. 3. 2013. SBD 56 (2013), Rn. 3: Notice vom 7. 6. 2011; *ebd., Rn.* 1: Sitzung am 19. 9. 2012; Inkrafttreten am 10. 6. 2013.

erwähnt sie das *Sanctions Board* nicht gesondert, sie sorgten dort aber auch nicht für ein außergewöhnlich langes Verfahren (bb)). Die Gründe für die Verfahrensdauer in SBD 54 sind rätselhaft, in der Statistik der Verfahrensdauer fällt die Entscheidung aber ebenfalls nicht auf (cc)).

aa) Verfahrensgestaltung des Betroffenen als Grund für die Dauer der einstweiligen Sperre in SBD 55 und SBD 56

In SBD 55 und SBD 56 machte das *Sanctions Board* bei der Berücksichtigung der einstweiligen Sperre den Betroffenen ausdrücklich mitverantwortlich für die Verfahrensdauer.

Larsen & Toubro, die Betroffene in SBD 55,[1225] hatte mit gut 14 Monaten die bisher längste aller veröffentlichten einstweiligen Sperren zu verbüßen. Laut *Sanctions Board* war das zumindest teilweise ihre eigene Schuld: Erstmals in einer voll veröffentlichten Entscheidung erwähnt es neben dem schlichten Datum des Beginns der einstweiligen Sperre auch die seiner Ansicht nach maßgeblichen Gründe, nämlich eine Aussetzung des Verfahrens auch auf Wunsch der Betroffenen und zusätzliche eingereichte Schriftsätze.[1226] Die Begründung der Entscheidung nötigte dem Board wegen der bisher beispiellosen Konfliktverteidigung und zahlreichen Anträgen besonders viel Arbeit ab.[1227] Auf die Begründung der Entscheidung entfielen neun von 14 Monaten einstweiliger Sperre.[1228] Zumindest grundsätzlich kann dieser Aufwand für das *Sanctions Board* bereits bei Beratung und Entscheidung vorhersehbar gewesen sein (dazu c)).

In SBD 56 kam es im schlussendlich doch voll streitigen Verfahren vor dem Board zu ausgedehntem Schriftwechsel und einer zweiteiligen Anhörung, nachdem INT und die Betroffenen sich ursprünglich auf den Inhalt des SAE verständigt hatten.[1229] Bei der Würdigung der gesamten Dauer der einstweiligen Sperre erwähnt das *Sanctions Board* den Beitrag des Betroffenen zur Verfahrensdauer, wird aber nicht konkreter.[1230] Aus anderen Stellen der Entscheidungsbegründung geht aber nicht nur die Geschichte der gescheiterten Verständigung auf den SAE hervor,[1231] sondern auch, dass die Betroffenen ein Angebot eines früheren Termins für die Fortsetzung der Anhörung ablehnten.[1232]

1225 *World Bank,* List of Debarred Entities, *148 (14.03.2013).
1226 SBD 55 (2013), Rn. 83.
1227 In SBD 55 (2013), Rn. 83 erwähnt das Sanctions Board diesen Begründungsaufwand nicht, er ist aber aus Rn. 26 bis 42 offensichtlich.
1228 SBD 55 (2013), Rn. 2: mündliche Verhandlung und Beratung am 5. Juni 2012, Veröffentlichung der Entscheidung am 7. März 201.
1229 SBD 56 (2013), Rn. 2 f., 34.
1230 SBD 56 (2013), Rn. 80.
1231 SBD 56 (2013), Rn. 2 f., 34.
1232 SBD 56 (2013), Rn. 18.

bb) Unbenannte Vergleichsvergleichsverhandlungen und Schriftsatzwechsel in SBD 51 und SBD 53

In SBD 51 und SBD 53 war das Verfahren ebenfalls für Vergleichsverhandlungen ausgesetzt gewesen.[1233] In beiden Entscheidungen findet sich aber nur eine schlichte Feststellung des Beginns der einstweiligen Sperre.[1234] Sie fallen, anders als SBD 55 und SBD 56, in der oben d)cc) dargestellten Statistik der Verfahrensdauer nicht besonders auf.

Die Begründung der Entscheidung in SBD 53 machte weit weniger Aufwand als SBD 55, obwohl auch dort[1235] zusätzliche Schriftsätze gewechselt wurden. Das *Sanctions Board* brauchte zur Abfassung der Entscheidung nur drei Monate.[1236] Zwar ist wieder fraglich, wie genau das *Sanctions Board* das im Zeitpunkt der Entscheidung bereits wissen konnte, s. oben c), aber immerhin eine Tendenz muss erkennbar gewesen sein. Alleinstellungsmerkmale der Entscheidung waren die außergewöhnlich lange Zeit bis zur Einleitung des förmlichen Sanktionsverfahrens, für deren Berücksichtigung das *Sanctions Board* auf Präzedenzfälle zurückgreifen konnte (unten 2.),[1237] sowie der Wandel des Unternehmens in der Zwischenzeit zu einem Muster an Compliance[1238] (unten 3.) und sein Angebot, den angerichteten Schaden wieder gutzumachen (oben A.IV.),[1239] für deren Berücksichtigung keine großen Rechtsausführungen nötig waren.

SBD 51 ist nach Ansicht des *Sanctions Board*[1240] ein Sonderfall, denn darin setzte das *Sanctions Board* eine vergleichsweise Einigung zwischen INT und dem Betroffenen rückwirkend in Kraft, unten C.III.3.

cc) Unbenannte und unklare Gründe für Verfahrensdauer in SBD 54

Der Verfahrensablauf in SBD 54 ist rätselhaft. In der vergleichenden Statistik, oben d)cc), ist die Dauer des Verfahrens insgesamt zwar nichts Besonderes. Ein genauer Blick auf die Daten der Entscheidungsbegründung wirft aber die Frage auf, warum das Verfahren nicht sogar deutlich schneller ablief. Der letzte Schriftsatz in der Akte, den die Entscheidungsbegründung nennt, stammt von INT und datiert vom 15.

1233 SBD 51 (2012), Rn. 27 ff. In SBD 53 (2012), Rn. 3 liegen zwischen der Erwiderung des Betroffenen und der Replik INTs fast genau vier Monate anstatt der 30 Tage, die § 5.01 (b) SP12 vorsieht, was sich nur durch eine Aussetzung des Verfahrens für Vergleichsverhandlungen gem. § 11.01 (b) SP12 erklären lässt.
1234 SBD 51 (2012) Rn. 55; SBD 53 (2012), Rn. 63.
1235 SBD 53 (2012), Rn. 3.
1236 SBD 53 (2012), Rn. 1 f.: Beratung und Anhörung am 7. Juni 2012, Veröffentlichung der Entscheidung am 4. September 2012.
1237 SBD 53 (2012), Rn. 65 f.
1238 SBD 53 (2012), Rn. 60, 66.
1239 SBD 53 (2012), Rn. 62.
1240 SBD 57 (2013), Rn. 13.

November 2011. Der Betroffene verlangte keine mündliche Anhörung.[1241] Die Akte war also allem Anschein nach schon fertig und der Fall entscheidungsreif, als das *Sanctions Board* im Dezember 2011 zusammentrat, um andere Fälle[1242] zu beraten.

Warum der Fall nicht gleich zur Entscheidung kam, sagt das *Sanctions Board* in deren Begründung nicht. Die Entscheidung über den späteren, aussichtslos auf nicht überraschende finanzielle Folgen der einstweiligen Sperre gestützten[1243] Wiederaufnahmeantrag der Betroffenen bringt kein Licht ins Dunkel.[1244]

f) Auswirkungen der einstweiligen Sperre auf die Betroffenen

Das *Sanctions Board* verhängte in keiner veröffentlichten Entscheidung nominell eine höhere Sanktion als der EO, die meisten Sanktionen waren nominell niedriger.[1245] Als das *Sanctions Board* über die angemessene Sanktion entschied, war die niedrigere Gesamtsperrdauer der Betroffen schon weitgehend abgeschmolzen.[1246] Als die Entscheidungen schließlich in Kraft traten, hatte die Anrufung des *Sanctions Board* den meisten Betroffenen eine ähnlich lange Sperrdauer beschert, als wenn sie das *Sanctions Board* nicht angerufen hätten.[1247] Die beiden nominell mit der Sanktionsempfehlung identischen Entscheidungen SBD 49 (oben b)) und SBD 52[1248] führten zu einer deutlich längeren Gesamtsperrdauer, ebenso SBD 55 (oben d)bb)).

Für einige Betroffene hatte sich der Gang vor das *Sanctions Board* aber auch deutlich gelohnt. Mit der Entscheidung des *Sanctions Board* war die Sperre in SBD 51 beendet (C.III.3.c)). Auch die Betroffenen aus SBD 53 dürfen zumindest zunächst wieder an Bankprojekten teilnehmen, ihre Sperre wurde aufschiebend bedingt (A.III.1.d)). Selbstverständlich lohnte sich die Anrufung des *Sanctions Board* auch in SBD 59. Der Fall endete mit einer Einstellung des Verfahrens, weil

---

1241   SBD 54 (2012), Rn. 2.
1242   SBD 51 (2012), Rn. 1 und SBD 52 (2012), Rn. 1: Beratung am 6. Dezember 2011; SBD 50 (2012), Rn. 1: Beratung am 7. Dezember 2011.
1243   So die angesichts der Voraussetzungen für eine Wiederaufnahme, Kapitel 5 – B.V., voll zutreffende Einschätzung INTs in SBD 58 (2013), Rn. 10.
1244   SBD 58 (2013), Rn. 14 besagt nur, dass eine Anrechnung der einstweiligen Sperre auf die endgültige Sanktion nicht stattfindet.
1245   Kapitel 3 – B.VIII.1.f).
1246   Kapitel 3 – B.VIII.1.f).
1247   Kapitel 3 – B.VIII.1.f).
1248   Das Sanctions Board sanktionierte bis auf die angemessenen Korrekturmaßnahmen wie vom EO empfohlen, SBD 52 (2012), Rn. 3, 47. Neue sanktionsbestimmende Umstände kamen im Verfahren vor dem Sanctions Board nicht zur Sprache: Gegenmaßnahmen, die der Betroffene *ebd.*, Rn. 14 schildert, lagen dem EO zwar noch nicht zur Entscheidung vor, beeindruckten aber auch das Sanctions Board *ebd., Rn.* 40 nicht. Erschwerende Umstände sah das Sanctions Board nicht, *ebd.*, Rn. 38.

sanktionswürdiges Fehlverhalten der Betroffenen dem *Sanctions Board* nicht überwiegend wahrscheinlich erschien.[1249]

Das folgende **Diagramm 2** *veranschaulicht die Zusammensetzung der gesamten Mindestsperre aus einstweiliger Sperre während des Verfahrens und ggf. noch weiterer, vom* Sanctions Board *verhängter Sperre in Monaten:*

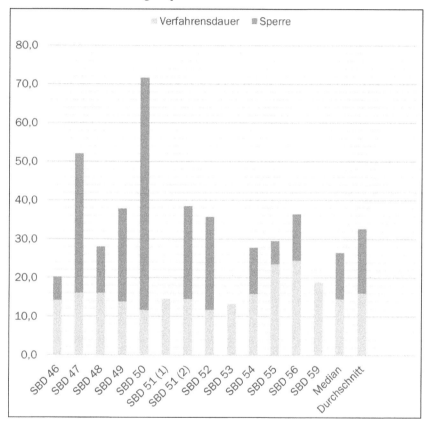

1249 SBD 59 (2013), Rn. 30.

Das folgende **Diagramm 3** *zeigt, in Monaten, die Unterschiede der nominellen Sperre nach der Entscheidung des* Sanctions Board *zur Empfehlung des EO, sowie das Abschmelzen der nominellen Sanktionsmilderung im Lauf des Verfahrens:*

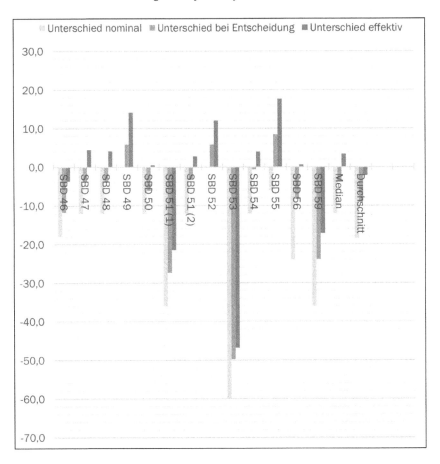

g) *Sanktionsmilderung bei außergewöhnlich langer einstweiliger Sperre und Verzögerung des Verfahrens durch die Bank*

Die vorliegenden Entscheidungen zeigen, dass es dem *Sanctions Board* nicht auf die schlichte Dauer der einstweiligen Sperre ankommt, die es nur prognostizieren könnte (oben c)); vor allem fragt das *Sanctions Board*, ob das Verfahren länger dauerte als normal, und ob und inwiefern dies die Schuld der Bank oder der Betroffenen war (e)).

Betroffene rufen das *Sanctions Board* also auf eigenes Risiko an. Wenn sich dort nichts Neues zeigt und das *Sanctions Board* den Fall nicht anders beurteilt als der EO, hätten die Betroffenen besser die Sanktionsempfehlung akzeptiert. Das längere Verfahren, das sie wählen, fällt auf sie zurück. Das *Sanctions Board* berücksichtigt bei seiner Entscheidung die Verfahrensdauer, aber es neutralisiert sie nicht.

Wenn vor allem außergewöhnlich lange oder von der Bank verzögerte Verfahren für die Sanktionsbemessung erheblich sind, ist auch die Berücksichtigung der erst noch zu verbüßenden einstweiligen Sperre durch eine Prognose, oben c), in der Regel kein Problem. Nur eine unerwartete Verzögerung beim Abfassen der Entscheidungsbegründung lässt sich so nicht berücksichtigen. Sollte es dazu einmal kommen, wäre eine erneute Beratung und Entscheidung des *Sanctions Board* angezeigt. Andernfalls kommt nach der Rechtsprechung des *Sanctions Board* ein Wiederaufnahmeverfahren in Betracht.[1250]

2. Zeit bis Verfahrenseinleitung

Das *Sanctions Board* berücksichtigt, wenn vor der Einleitung des Verfahrens außergewöhnlich viel Zeit vergangen ist. Das begründet das *Sanctions Board* mit Nachteilen für die Verteidigung des Betroffenen, verlangt aber nicht deren konkreten Nachweis (a)). Es reicht, wenn die Ermittlung der Bank lange dauert oder seit der Tat außergewöhnlich viel Zeit vergeht (b)).

a) Nachteile für Verteidigungsmöglichkeiten des Betroffenen bei langer Verfahrensdauer

Zeitablauf birgt für die Betroffenen im Allgemeinen Nachteile, die eine Milderung der Sanktion erfordern. Das *Sanctions Board* nimmt an, die Zeit, die bis zum Beginn des förmlichen Verfahrens vergehe, könne die Möglichkeiten des Betroffenen, die Vorwürfe in der *Notice* zu untersuchen und sich dagegen zu verteidigen, beeinträchtigen, den Wert der angeführten Beweise mildern und sich allgemein auf die Fairness des Verfahrens auswirken.[1251]

Ursprünglich betonte das *Sanctions Board* noch, dass die nachteiligen Auswirkungen des Zeitablaufs nicht zwangsweise einzutreten brauchen.[1252] In späteren Entscheidungen verschwand diese theoretische Möglichkeit eines Gegenbeweises. Als die zehnjährige Verjährung beinahe abgelaufen war, erschienen dem *Sanctions Board* Nachteile für den Betroffenen eindeutig.[1253] Dafür hielt es auch eine erhebliche

---

1250 Die unberücksichtigte erhebliche Verfahrensverzögerung wäre ein „clerical mistake"; zu den Voraussetzungen der Wiederaufnahme unten Kapitel 5 – B.V.1.
1251 SBD 38, Rn. 54 [LD 248], auch zitiert in SBD 47 (2012), Rn. 56.
1252 SBD 38, Rn. 54 [LD 248].
1253 SBD 47 (2012), Rn. 56; SBD 53 (2012), Rn. 65.

Milderung der Sanktion angezeigt.[1254] Auf Vortrag INTs, Zeitablauf von fünf Jahren könne zwar ein mildernder Umstand sein, hätte dem Betroffenen aber tatsächlich gar keinen Nachteil verursacht und die Bedeutung des Falles nicht berührt,[1255] ging das *Sanctions Board* schließlich gar nicht weiter ein.[1256]

b) Erheblichkeit der verstrichenen Zeit

Die seit der Tat vergangene Zeit erwähnt das *Sanctions Board* ausdrücklich sanktionsmildernd nur in zwei extremen Fällen, die fast verjährt gewesen wären. Sonst fragt es, wann die Bank von den Vorfällen Kenntnis erlangte.[1257]

aa) Berücksichtigung der seit der Tat vergangenen Zeit kurz vor ihrer Verjährung

Dass die Tat selbst knapp vier Jahre zurücklag, als der EO die *Notice* erließ, sprach das *Sanctions Board* in seinen Entscheidungen noch nicht als Milderungsgrund an.[1258] Vier Jahre von Tat bis Verfahren sind auch nicht außergewöhnlich. Zwischen der Tat und dem Erlass der Notice vergingen in den veröffentlichten Fällen zwischen zwei und mehr als zehn Jahre, im Schnitt knapp fünf. Das *Sanctions Board* milderte die Sanktion wegen der Zeit, die seit der Tat vergangen war, in SBD 47[1259] und SBD 53;[1260] in beiden Fällen wäre das Fehlverhalten fast verjährt gewesen.

1254   SBD 53 (2012), Rn. 65: „... the extended delays in this case warrant substantial mitigation."
1255   SBD 50 (2012), Rn. 21.
1256   SBD 50 (2012), Rn. 71.
1257   SBD 53 (2012), Rn. 65 erwähnt beides. Ausdrücklich nur die Zeit seit der Tat ist in SBD 47 (2012), Rn. 56 entscheidend, weil unklar ist, wann Bank Kenntnis erlangte. Nur die Ermittlungsdauer ist in SBD 46 (2012), Rn. 43; SBD 48 (2012), Rn. 48 und SBD 50 (2012), Rn. 71 wichtig.
1258   SBD 49 (2012), Rn. 3, 8: Angebot August 2007, Notice April 2011; SBD 51 (2012), Rn. 2, 4, 12f.: Letzte Falschbehauptung Juni 2007, Notice März 2011.
1259   SBD 47 (2012), Rn. 56 betrifft zwei betrügerische Angebote, eines war bereits über zehn Jahre her.
1260   In SBD 53 (2012), Rn. 65 waren seit der letzten falschen Rechnung fast zehn Jahre vergangen, die Ermittlung begann aber erst gut zwei Jahre später.

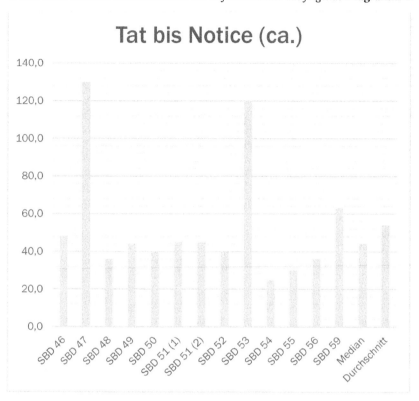

bb) Berücksichtigung zu langer Ermittlungen der Weltbank

Die Sanktion für eine nur drei Jahre zurückliegende Tat milderte das *Sanctions Board* dagegen. Anders als in den anderen Fällen erfahren wir aber in diesem Fall, dass die Bank auch schon seit drei Jahren Kenntnis von den Vorwürfen gehabt hatte.[1261] Das war dem *Sanctions Board* in dem nicht besonders komplizierten Fall zu lange.[1262] Zu den Gründen der Ermittlungsdauer sagt das *Sanctions Board* regelmäßig nichts. Die lange Zeit muss selbstverständlich die Schuld der Bank gewesen sein. Eine Ausnahme macht SBD 56: Die insgesamt vier Jahre seit dem Beginn der Ermittlung wollte INT nicht alleine verantworten müssen, u.a. weil der Betroffene mit

---

1261 SBD 48 (2012), Rn. 48
1262 SBD 48 (2012), Rn. 23 ff. zeigen, dass der Betroffene die Vorwürfe tatsächlich einräumte und nur (Rn. 28 ff.) erfolglos versuchte, für die Handlungen seines Mitarbeiters nicht verantwortlich gemacht zu werden.

den Ermittlern über ein Jahr lang verhandelt hatte, bevor INT schließlich den SAE einreichte.[1263] Das *Sanctions Board* ging in der Sanktionsbemessung auf die Dauer des Ermittlungsverfahrens nicht mehr ein.[1264] Wahrscheinlich teilte es die Ansicht INTs und wollte dem Betroffenen die selbst mitverschuldete Verfahrensdauer nicht sanktionsmildernd anrechnen.

Im Fiskaljahr 2011 – also zwischen 1. Juli 2010 und 30. Juni 2011 – vergingen vom Beginn der Ermittlung bis zu ihrem Abschluss durch einen sog. *Final Investigation Report* („FIR") durchschnittlich 17,1 Monate.[1265] Im Fiskaljahr 2010, als die Statistik das erste Mal erhoben wurde, waren es noch 14,5 Monate.[1266] Die Zahl der mit FIR abgeschlossenen Ermittlungen bleib mit 47 im Fiskaljahr 2010 und 46 im Fiskaljahr 2011 auf ähnlichem Niveau.[1267] Die Expertengruppe um *Paul Volcker* hatte einen Zeitraum zwischen 12 und 18 Monaten empfohlen,[1268] und INT bemüht sich, Ermittlungen im Regelfall nicht länger als 18 Monate dauern zu lassen.[1269] Im Fiskaljahr 2012 verringerte INT die Zahl der länger laufenden Ermittlungen von 35 auf 11.[1270] INT gibt an, im Fiskaljahr 2012 seien 52 % der Ermittlungen in unter 12 Monaten abgeschlossen worden, 73 % in unter 18 Monaten; der Medianwert sei 11,5 Monate.[1271] Zum Fiskaljahr 2013 liegen Ende August 2013 noch keine veröffentlichten Daten vor.[1272]

Für das Erstellen der SAEs, in denen die Ermittlungsergebnisse aufbereitet und dem EO vorgelegt werden, ist innerhalb von INT seit dem Fiskaljahr 2009 die sog. *Special Litigation Unit* („*SLU*") zuständig, durch deren Errichtung sich das Sanktionsverfahren beschleunigt haben soll.[1273] Die *Litigation Analysts* achten auch schon während der Ermittlungsphase darauf, ob die Indizien und Hinweise, die die eigentlichen Ermittler zu Tage fördern, einen aussichtsreichen Sanktionsfall ergeben und führen später das Sanktionsverfahren.[1274] In der Tat endete im Fiskaljahr 2009 eine Phase der Stagnation, die nach der Sanktionsreform im Fiskaljahr 2005 begonnen

---

1263 SBD 56 (2013), Rn. 24.

1264 SBD 56 (2013), Rn. 81–88.

1265 *INT*, Annual Report 2011, S. 34.

1266 *INT*, Annual Report 2010, S. 28.

1267 *INT*, Annual Report 2010, S. 28 und *INT*, Annual Report 2011, S. 34.

1268 Volcker Report, S. 29.

1269 *INT*, Annual Report 2012, S. 26.

1270 *INT*, Annual Report 2012, S. 34.

1271 *INT*, Annual Report 2012, S. 34.

1272 *World Bank*, Integrity Vice Presidency – Annual Reports, http://go.worldbank.org/T40HHT3RF0 (28.08.2013) listet noch keinen aktuellen Jahresbericht.

1273 *INT*, Annual Report 2009, S. 20; s. auch *Baghir-Zada*, S. 89.

1274 In *INT*, Annual Report 2012, S. 29 f. beschreibt der Litigation Analyst Richelieu Lomax seine Arbeit.

hatte.[1275] INT ist effizienter geworden: Die Zahl sanktionierter Einzelpersonen und Firmen nimmt bislang stetig zu, obwohl INT dem EO weniger SAEs unterbreitet.[1276]

3. Zwischenzeitliche Veränderungen eines Unternehmens

Obwohl Veränderungen eines Unternehmens, sogar eine Rechtsnachfolge, die Verantwortlichkeit dem Grunde nach nicht abreißen lassen,[1277] können sie die Sanktion mildern. Diese fällt umso milder aus, je weniger sie den Täter noch in seiner ursprünglichen Form trifft. Führen Veränderungen in der Unternehmensbelegschaft und -struktur zu einer Veränderung des Unternehmenscharakters, ist dies über den schlichten Zeitablauf (2.) hinaus ein Grund für eine Milderung der Sanktion.

SBD 53 spricht die Veränderung des Unternehmenscharakters nach der Erörterung des schlichten Zeitablaufs nochmals gesondert an.[1278] Das *Sanctions Board* gibt die Rechtsauffassung des Betroffenen wieder, die Sanktion treffe wegen der Umstrukturierungen und der Personalwechsel der letzten zehn Jahre die Firma nicht mehr in der Gestalt, in der sie das Fehlverhalten beging.[1279] Es stimmt ohne wesentliche weitere eigene Begründung zu[1280] und macht sich die Begründung des Betroffenen so zu Eigen. Eine frühere Entscheidung, auf die das *Sanctions Board* sich dabei stützt, ist nicht veröffentlicht.[1281]

IX. Mehrere Fälle von Fehlverhalten

Das Sanktionsregime macht zur Häufung von Fehlverhalten keine verbindlichen Vorschriften. Die Sanktionsrichtlinien lassen dem *Sanctions Board* die Wahl, ob es die beiden Fälle kumulativ sanktionieren, oder eine angemessen erhöhte Sanktion bilden will (1.).

1275 *INT*, Annual Report 2010, S. 35, nennt auch Investitionen der Weltbank in Ressourcen für INT als eine der möglichen Ursachen für den Anstieg.

1276 *INT*, Annual Report 2012, S. 34 listet die Ergebnisse INTs in den Fiskaljahren 2008–2012.

1277 Kapitel 2 – E.III.

1278 SBD 53 (2012), Rn. 65 f. Der Tod des vormaligen Executive Directors, den SBD 29 (2010), Rn. 24 [LD 216] nicht als Grund für eine Sanktionsmilderung in Betracht zieht, geschah zur Zeit des Fehlverhaltens, war also keine nachträgliche Veränderung des Unternehmens.

1279 SBD 53 (2012), Rn. 66: „Respondent argues that while it is responsible for the acts of its legal predecessor, the staff responsible for the misconduct are no longer working for Respondent and debarment ‚would after all not affect the perpetrator but the respectable company which [Respondent] is today.“; das Argument ist näher ausgeführt bei SBD 53 (2012), Rn. 19 f.

1280 SBD 53 (2012), Rn. 66.

1281 SBD 53 (2012), Rn. 66 stützt sich auf SBD 6 (2009), Rn. 7, die insoweit LD 247 leider nicht wiedergegeben ist.

Das *Sanctions Board* verhängt regelmäßig, wenn es mehrfaches Fehlverhalten feststellt, ausdrücklich eine schärfere Sanktion wegen eines sich wiederholenden Verhaltensmusters; verwirklicht der Betroffene den Tatbestand nur einmal, kann die Komplexität seines Verhaltens zwar die Sanktion beeinflussen, aber das *Sanctions Board* nimmt kein wiederholendes Verhalten an (2.).

Ganz ausnahmsweise, wenn zwei Fälle von Fehlverhalten selbständig und zusammenhanglos sind, sanktioniert sie das *Sanctions Board* auch getrennt (3.).

1. Vorgaben des Sanktionsregimes

Das Sanktionsregime lässt wahlweise eine getrennte oder gemeinsame Sanktion mehrerer Fälle von Fehlverhalten zu. Die aktuellen Verfahrensregeln enthalten, anders als frühere Versionen (a)), dazu keine Vorschrift mehr. Eine Empfehlung findet sich aber in den aktuellen Sanktionsrichtlinien (b)). Weder damals noch heute ist definiert, wann mehrere Fälle von Fehlverhalten vorliegen.

a) Regelung in älteren Verfahrensregeln

Eine ältere Version der Verfahrensregeln sah zur Behandlung mehrerer Fälle von Fehlverhalten vor, dass grundsätzlich die schwerste Sanktion für die schwerste Tat verhängt werden solle; erlaubt war aber auch die kumulative Sanktion der einzelnen Verstöße, wenn dies angemessen erschien:

> „For cases involving multiple Sanctionable Practices, the Sanctions Board or the Sanctions Board Panel may impose the most severe sanction for the most serious Sanctionable Practice. However, when warranted by the circumstances, the Sanctions Board may impose cumulative sanctions pertaining to the multiple Sanctionable Practices."[1282]

Eine Fußnote lieferte noch ein Beispiel für Umstände, die eine kumulative Sanktion erforderten: Das Zusammentreffen von Korruption und Behinderung.[1283]

b) Wahlfreiheit nach aktuellen Sanktionsrichtlinien

Die aktuellen Sanktionsrichtlinien besagen zur Sanktion mehrerer Fälle von Fehlverhalten, jeder Fall könne einzeln abgehandelt und die Sanktion kumuliert werden; alternativ sei es möglich, in der mehrfachen Begehung von Fehlverhalten ein sanktionsschärfendes wiederholendes Verhaltensmuster zu sehen.[1284] Dabei gehen die Sanktionsrichtlinien offenbar davon aus, dass mehrere Fälle von Fehlverhalten dann vorliegen, wenn der Betroffene unterschiedliche Formen von Fehlverhalten begangen hat, etwa Korruption und Kollusion bei derselben Ausschreibung, oder dass er in verschiedenen Fällen Fehlverhalten gezeigt habe, z.B. bei verschiedenen

---

1282 § 19 (3) (g) SP09.

1283 SP09, Fn. 25.

1284 § III SG; *ADB et al.*, General Principles and Guidelines for Sanctions, Rn. 7 erklärt im Ergebnis gleichbedeutend auch eine kumulative Sanktion für zulässig.

Projekten oder bei Verträgen unter demselben Projekt, aber getrennt durch eine bedeutende Zeitspanne:

> „*Where the respondent has been found to have engaged factually distinction incidences of misconduct (e.g., corrupt practices and collusion in connection with the same tender) or in misconduct in different cases (e.g., in different projects or in contracts under the same project but for which the misconduct occurred at significantly different temporal times), each separate incidence of misconduct may be considered separately and sanctioned on a cumulative basis. In the alternative, the fact that the respondent engaged in multiple incidences of misconduct may be considered an aggravating factor under Section IV.A.1 below.*"[1285]

Weiter heißt es in den Sanktionsrichtlinien ohne nähere Erläuterungen, ein „*repeated pattern of conduct*" sei ein Fall der schwerwiegenden Art und Weise der Tatbegehung und rechtfertige eine um ein bis fünf Jahre längere Sanktion.[1286]

2. Wiederholtes Verhaltensmuster bei zusammenhängender Häufung von Fehlverhalten

In umfangreicher Rechtsprechung nimmt das *Sanctions Board* ein wiederholendes Verhaltensmuster bei Betrug an, wenn der Betroffene mehrere gefälschte Dokumente auch mehrfach verwendet. Der Gebrauch mehrerer Fälschungen in einem Gebot reicht nicht (a)). Bei mehrfacher Verwendung mehrerer Fälschungen allerdings liegen mehrere Betrugsfälle vor, die einzeln sanktioniert werden könnten (b)). Wenn ein Betroffener aber dieselben Falschbehauptungen wiederholt, ist das nur ausnahmsweise eine wiederholte Tatbestandsverwirklichung (c)). Entscheidungen zu Korruption und Kollusion stützen die Annahme, dass das *Sanctions Board* ein *repeated pattern of conduct* dann annimmt, wenn sich mehrere Fälle sanktionswürdigen Fehlverhaltens häufen (d)).

Erfüllt wiederholendes Verhalten nur einmal einen Tatbestand sanktionswürdigen Verhaltens, ist das kein *repeated pattern,* kann aber Einfluss auf die Sanktion haben, ohne dass diese ausdrücklich geschärft werden muss (e)).

a) *Kein* repeated pattern *wegen mehrerer Fälschungen in einem Gebot*

Egal wie viele Fälschungen ein Gebot enthält, es muss ein Fall von Betrug bleiben, weil nur das eine abgegebene Gebot den Tatbestand des Betrugs erfüllt. Für die Betrugsdefinition ist nur die Handlung oder Unterlassung erheblich, die einen Irrtum erregen soll.[1287]

1285 § III SG.
1286 § IV.A.1 SG.
1287 Kapitel 2 – C.I.2.

In SBD 55 hatte INT im einmaligen Einreichen von mindestens 13[1288] gefälschten Dokumenten ein wiederholendes Muster gesehen.[1289] Das lehnte das *Sanctions Board* ausdrücklich ab, gestützt auf *„past precedent"*: Das einmalige Einreichen mehrerer falscher Dokumente sei kein erschwerender Umstand.[1290] In der Entscheidung SBD 39, auf die das *Sanctions Board* sich stützt, hatte es keinen ausdrücklichen Sanktionsschärfungsgrund festgestellt, weil ein Betroffener einmalig drei auf unterschiedliche Weise gefälschte Dokumente verwendet hatte.[1291] Auch andere Entscheidungen benennen keine sanktionsschärfenden Umstände, wenn sich in einem Angebot mehrere Fälschungen befanden.[1292]

b) Repeated pattern *durch mehrfaches Einreichen mehrerer Fälschungen*

Andere Entscheidungen des *Sanctions Board* betonen zwar die Zahl der Fälschungen bei der Annahme eines sich wiederholenden Verhaltensmusters, widersprechen SBD 55 aber nicht. Die Betroffenen hatten in allen Fällen von den verschiedenen Fälschungen mehrfach Gebrauch gemacht.

Eine schärfere Sanktion für mehrere Fälschungen, die sich in mehreren Erklärungen befanden, verhängt SBD 47. Der Betroffene hatte bei zwei Ausschreibungen[1293] insgesamt 16 gefälschte Dokumente eingereicht. Die Entscheidungsbegründung bejaht ein wiederholendes Verhaltensmuster, wohl auch wegen der Zahl der Fälschungen. Das *Sanctions Board* zitiert eine frühere Entscheidung: *„Even a single instance of forgery would constitute sanctionable misconduct. A dozen or more instances is extremely egregious."*[1294] INT hatte eine schärfere Sanktion wegen *„sixteen instances of fraud discussed above as occurring between the 2000 TB I tender and 2007 TB II tender"* gefordert.[1295]

Noch deutlicher stellt SBD 48 die Zahl der Fälschungen in den Vordergrund, schärft die Sanktion aber für eine Kombination aus mehrfachen Fälschungen in mehreren Erklärungen. Der Betroffene reichte eine Fälschung im Angebot und vier weitere auf Nachfrage ein.[1296] Für das *Sanctions Board* rechtfertigte der Gebrauch von fünf Dokumenten innerhalb einer zusammenhängenden Handlung eine schwerere Sanktion.[1297]

In SBD 53 hatte der Betroffene über längere Zeit immer wieder gefälschte Rechnungen eingereicht; das *Sanctions Board* bejaht ohne großes Aufhebens ein

---

1288   SBD 55 (2013), Rn. 15, 44.
1289   SBD 55 (2013), Rn. 16, 62.
1290   SBD 55 (2013), Rn. 62.
1291   SBD 39 (2010), Rn. 32 [LD 193]; SBD 55 (2013), Fn. 20 zu Rn. 62.
1292   SBD 29 (2010), Rn. 18 [LD 192]; SBD 46 (2012), Rn. 7, 35; SBD 49 (2012), Rn. 8, 36.
1293   SBD 47 (2012), Rn. 13, auch Rn. 7, 41.
1294   SBD 47 (2012), Rn. 42 zitiert SBD 41 (2010), Rn. 78.
1295   SBD 47 (2012), Rn. 41 f.
1296   SBD 48 (2012), Rn. 8 f.
1297   SBD 48 (2012), Rn. 39.

wiederholendes Verhaltensmuster.[1298] Schließlich erkennt das *Sanctions Board* in SBD 56 „*different types of fraud*" mit anderer Zielrichtung darin, dass die Betroffenen in ihrem Gebot eine sog. Vermarktungsgebühr verschwiegen, die sie hätten aufdecken müssen, und später auf dreierlei Art und Weise überhöhte oder unberechtigte Rechnungen stellten, die sie mit gefälschten Belegen unterfütterten.[1299]

c) Ein Fall von Betrug bei mehrfachem Wiederholen derselben Falschbehauptung

Eine wiederholte Falschbehauptung kann den Tatbestand des Betrugs mehrfach verwirklichen. Dass eine Wiederholung aber jedes Mal aufs Neue jemanden i.S.d. Betrugsdefinition irreführen soll, ist nicht selbstverständlich. Schlichtes Beharren kann möglicherweise auch nur dazu dienen, einen bestehenden Irrtum aufrecht zu erhalten. Ebenso ist zweifelhaft, dass eine Wiederholung der alten Lüge den Vergabeprozess beeinflussen soll (Definition 2004), oder dass sie einen Vorteil bewirken oder Nachteil vermeiden (Definition 2006) soll.[1300] Angelehnt an Begriffe des deutschen Strafrechts könnte man sagen, die Wiederholung sei eine bloß quantitative Steigerung derselben rechtlich erheblichen Handlung,[1301] keine Häufung von Fehlverhalten. Anders, wenn der erste Täuschungsversuch fehlgeschlagen ist, oder der Betroffene das zumindest glaubt, oder wenn er dieselbe Erklärung für verschiedene Projekte oder Ausschreibungen wiederholt.

Eindeutige Rechtsprechung des *Sanctions Board* gibt es nicht. In SBD 54 wirft das *Sanctions Board* dem Betroffenen vor, dieselben Fälschungen mehrfach eingereicht zu haben, erörtert aber eine Sanktionsschärfung wegen eines wiederholenden Verhaltensmusters nicht.[1302] In SBD 44 sah das *Sanctions Board* die dreimalige Wiederholung einer Falschbehauptung als einen einzigen Betrugsfall an; es nahm sie aber möglicherweise dennoch zum Anlass, die Sanktion ausdrücklich wegen wiederholten Verhaltens zu schärfen. Es schärfte die Sanktion wegen einer weiteren Falschbehauptung, die es als gesonderten Betrugsfall ansah, aber auch wegen der „*repetitive nature of the first count of fraud*".[1303]

d) Schärfung wegen Wiederholung bei mehrfacher Verwirklichung anderer Tatbestände sanktionswürdigen Fehlverhaltens

Eine voll veröffentlichte Entscheidung zu Korruption passt ohne weiteres zum Bild, das die Betrugsfälle zeichnen. Das *Sanctions Board* verhängte für „*two distinct acts within one course of conduct*" eine einzige, aber wegen der Wiederholung geschärfte

---

1298 SBD 53 (2012), Rn. 53.
1299 SBD 56 (2013), Rn. 45, 55.
1300 SP12, Appendix 1.
1301 *Von Heintschel-Heinegg*, in: MüKo StGB, § 52 StGB Rn. 56.
1302 SBD 54 (2012), Rn. 7, 24 f., 36, 38.
1303 SBD 44 (2011), Rn. 61 [LD 195].

Sanktion.[1304] Der Betroffene hatte beide Tatbestandalternativen der Korruption durch unterschiedliche, aber zusammenhängende[1305] Handlungen verwirklicht: Er bot Projektoffiziellen 17 % des Vertragswerts an, um die technische Bewertung eines Konsortiums, dessen Teil er war, zu verbessern.[1306] Außerdem warb er bei einem anderen Unternehmen, das auch am Konsortium beteiligt war, um Beteiligung an der Bestechung, wenn auch letztlich erfolglos.[1307] Zweimalige Tatbestandsverwirklichung im Zusammenhang bedeutet wiederholendes Verhaltensmuster.

In einem Kollusionsfall wertete das *Sanctions Board* sanktionsschärfend, dass der Betroffene an allen Ausschreibungsrunden teilnahm und nach der kollusiven Absprache in mehreren Runden und Verträgen zum Gewinner auserkoren war.[1308] Das bezeichnet das *Sanctions Board* als „*multiple instances of misconduct*".[1309] Das kann bedeuten, dass das *Sanctions Board* eine Wiederholung von Fehlverhalten in der beabsichtigten wiederholten Teilnahme an Ausschreibungen sah, obwohl es auf diese für die Kollusionsdefinition nicht ankommt. Aber die eine umfassende Absprache lässt sich auch als Kombination verschiedener Abreden für unterschiedliche Ausschreibungen verstehen, die jede für sich den Tatbestand der Kollusion erfüllen. Dann passt auch diese Entscheidung dazu, dass *repeated pattern of conduct* eine Häufung eigenständig sanktionierbaren Fehlverhaltens voraussetzt.

In SBD 60 hatte ein Betroffener zusammenhängend Betrug und Korruption begangen; er hatte Bestechungszahlungen zur Beeinflussung einer Auftragsvergabe im Angebot verschwiegen.[1310] Das *Sanctions Board* sah darin einen einzigen unteilbaren Fall von Fehlverhalten und sanktionierte den Betroffenen insoweit nur wegen Korruption; es berücksichtigte die gleichzeitige Verwirklichung von Betrug sanktionsschärfend.[1311]

1304 SBD 50 (2012), Rn. 59.
1305 SBD 50 (2012), Rn. 59: „related acts".
1306 SBD 50 (2012), Rn. 11, 28.
1307 SBD 50 (2012), Rn. 11, 42.
1308 SBD 4 (2009), Rn. 8 [LD 189].
1309 SBD 4 (2009), Rn. 8 f. [LD 189 f].
1310 SBD 60 (2013), Rn. 113, 89 ff., 62 ff.
1311 SBD 60 (2013), Rn. 144 (i), 113, 142 f. Das passt inhaltlich zur gerade geschilderten Rechtsprechung, mag aber der Beginn einer neuen, formalen Linie sein. Für die Aufsaugung eines Tatbestands ähnlich § 53 Abs. 1 StGB (dazu auch Fn. 1319) gibt es kein ersichtliches früheres Anwendungsbeispiel im Sanktionsregime. Anders als in früheren Entscheidungen sprach das Sanctions Board die mehrfache Tatbestandsverwirklichung auch unter einer eigenen Überschrift, nicht mehr als „repeated pattern" an. Was daraus wird, bleibt abzuwarten. Für die Sanktionsbemessung macht es keinen Unterschied, ob der Betrug in der Sanktion selbst genannt wird – anders für die Veröffentlichung in der Sanktionsliste. Vielleicht entwickelt sich im Sanktionsregime eine Bedeutung der Sanktionsformel, die dem Schuldspruch des deutschen Strafprozesses vergleichbar ist (zu diesem *Meyer-Goßner*, § 260 Rn. 21–27). Für eine vertiefte Diskussion ist die erste entsprechende Entscheidung aber erstens zu knapp und zweitens auch leider zu kurz vor

e) Unbenannte Berücksichtigung schlichter Wiederholungen innerhalb eines Betrugsfalls

Es muss für die Sanktionsbemessung anhand der Schwere des Fehlverhaltens gem. § 9.02 (a) SP12 einen Unterschied machen, ob ein Betroffener für seinen einen Fall von Betrug eine einzige oder dutzende Fälschungen herstellt. Die Art und Weise der Begehung auch eines formal einzigen Falles von Fehlverhalten kann die Bemessung der Sanktion beeinflussen, ohne eine ausdrückliche und erhebliche Schärfung der Sanktion in den Kategorien der Sanktionsrichtlinien zu rechtfertigen.[1312]

Die Entscheidungen des *Sanctions Board* lassen sich entsprechend lesen. Insbesondere die inzidenten Hinweise auf die wiederholten Falschbehauptungen in SBD 54[1313] passen. In SBD 48 (oben b)) kam wohl zusammen, dass der Betroffene mehrere unterschiedliche Erklärungen abgab, und dass diese umfangreich mit Fälschungen unterfüttert waren.

3. Kumulative Sanktion zusammenhanglosen Fehlverhaltens

Das *Sanctions Board* verhängt auch ausnahmsweise mehrere Sanktionen für mehrere Fälle von Fehlverhalten; bekannt ist eine Entscheidung. Einen Fall von Betrug und einen weiteren Fall von Korruption ohne jeden tatsächlichen Zusammenhang sanktionierte das *Sanctions Board* kumulativ, indem es die für jeden einzelnen Fall von Fehlverhalten angemessene Sanktion ermittelte und bestimmte, dass die beiden je sechsjährigen Sperren nacheinander verbüßt werden sollten.[1314] INT hatte die zwei Verfahren getrennt begonnen; erst das *Sanctions Board* fasste sie in einer Entscheidung zusammen, um besser eine insgesamt angemessene Sanktion finden zu können („... *because of* [...] *the value of a holistic approach to the final determination of sanctions*").[1315]

Aus dem deutschen Strafrecht ist die Erwägung vertraut, dass bei mehrfacher Tatbestandsverwirklichung die Kumulation aller in Betracht kommenden Einzelstrafen durch schlichte Addition das Maß der Schuld übersteigen würde.[1316] Dieses Ziel verfolgte vor dem StGB das Strafrecht im deutschen Gemeinen Recht durch die Rechtsfigur der „fortgesetzten Handlung"; weil es damals für mehrfache

---

Abschluss dieser Dissertation veröffentlicht worden. Die weitere Entwicklung des Sanktionsregimes wird Klarheit bringen.

1312 Flexible Berücksichtigung aller Umstände: oben Kapitel 3 – B.I.
1313 SBD 54 (2012), Rn. 26, 36, 38.
1314 SBD 41 (2010), Rn. 89 f. [LD 180]; darauf verweist auch SBD 60 (2013), Rn. 143 und erweckt den Eindruck, als handele es sich bei SBD 41 um den einzigen Fall kumulativer Sanktion.
1315 SBD 41 (2010), Rn. 8 [LD 14]; *World Bank,* Sanctions Board Law Digest, S. 31.
1316 *Von Heintschel-Heinegg,* in: BeckOK StGB, § 52 StGB Rn. 3. Die Regeln zu Tateinheit und Tatmehrheit sollen so gut wie möglich materielle Gerechtigkeit erreichen, indem sie die Strafe dem Maß der Schuld anpassen, *BVerfG,* 2 BvR 1012/01, NJW 2004, 279, 279.

Gesetzesverletzungen durch mehrere Handlungen auch mehrere zu addierende Strafen gab, dehnten die Gerichte den rechtlichen Begriff der Handlung sehr weit aus, um eine unangemessen hohe Strafe für zusammenhängendes Tun zu verhindern.[1317] Die heutige Regelung zur Tatmehrheit[1318] und ihrer Abgrenzung zur Tateinheit[1319] allerdings ist kompliziert.[1320] Da es schlussendlich aber immer in einer wertenden Betrachtung um die für alle Gesetzesverletzungen angemessene Strafe geht, sind die praktischen Bedeutungen der Abgrenzung für die Strafzumessung[1321] kleiner, als sie auf den ersten Blick scheinen.[1322] Daher fordert u.a. *Fischer,* die komplizierte Gesamtstrafe gleich zugunsten einer flexiblen Einheitsstrafe aufzugeben, die in Deutschland im Jugendstrafrecht schon üblich ist.[1323]

Das *Sanctions Board* grenzte SBD 60 von der gerade angesprochenen Entscheidung zur kumulativen Sanktion ab und stellte nochmals fest, dass zusammenhängende mehrfache Tatbestandsverwirklichung zusammenhängend sanktioniert

---

1317 Dazu und auch zur weiteren, täternachteiligen Entwicklung des Instituts unter dem StGB: *von Heintschel-Heinegg,* in: MüKo StGB, § 52 StGB *Rn.* 60 ff.

1318 Für mehrere Handlungen, sog. Tatmehrheit, bildet das Gericht auch mehrere Strafen als rechnerischen Zwischenschritt zur Bildung einer Gesamtstrafe, §§ 53 Abs. 1, 54 Abs. 1 StGB. Das Gericht muss die schwerste Einzelstrafe angemessen erhöhen, § 54 Abs. 1 S. 2 StGB. Dazu würdigt es die Person des Täters und die einzelnen Strafen zusammenfassend, § 54 Abs. 1 S. 3 StGB, darf aber die Summe der Einzelstrafen nicht erreichen, § 54 Abs. 2 S. 1 StGB. Entscheidend für diese gesamtstrafende Würdigung sind insbesondere auch das Verhältnis der einzelnen Straftaten zueinander und ihre größere oder geringere Selbstständigkeit, *Fischer,* § 54 StGB, Rn. 7. Wann die Taten entdeckt und beurteilt werden, spielt im Ergebnis keine Rolle. Wenn eine später abgeurteilte Tat vor dem früheren Urteil begangen wurde, so dass bei gleichzeitiger Beurteilung eine Gesamtstrafe möglich gewesen wäre, ist sie nachträglich zu bilden, § 55 StGB; umfassend *Fischer,* § 55 StGB Rn. 3 ff., insb. auch zum Härteausgleich, wenn die nachträgliche Bildung der Gesamtstrafe wegen vollständiger Vollstreckung der früher abgeurteilten Taten nicht mehr möglich ist *ebd.,* Rn. 21 ff.

1319 Wenn dieselbe Handlung mehrmals das Gesetz verletzt, sog. Tateinheit, wird auf eine einzige Strafe erkannt, § 53 StGB. Dass dieselbe Handlung nicht nur eine, sondern mehrere Gesetzesverletzungen bewirkt hat, erhöht regelmäßig die dafür angemessene Strafe *Von Heintschel-Heinegg,* in: BeckOK StGB, § 52 StGB Rn. 59, 60; *Stree/Sternberg-Lieben,* in: *Schönke/Schröder,* § 52 StGB Rn. 47.

1320 Die Abgrenzung zwischen Tateinheit und Tatmehrheit ist in schwierigen Fällen kaum vorhersehbar, weil tautologische Definitionen flexibel gehandhabt werden, *Fischer,* Rn. 2 f. vor § 52 StGB. Das Gesetz spricht nur von „Handlung"; was das in problematischen Fällen bedeutet, ist lebhaft umstritten, *Fischer,* Rn. 3 ff. vor § 52 StGB; *von Heintschel-Heinegg,* in: BeckOK StGB, § 52 StGB Rn. 31, bei Rn. 34 sogar der ganzen „natürlichen Handlungseinheit" gegenüber ablehnend.

1321 Anders insb. für die Verjährung, was zum Ende der „fortgesetzten Handlung" führte: *von Heintschel-Heinegg,* in: MüKo StGB, § 52 StGB *Rn.* 61 f.

1322 *von Heintschel-Heinegg,* in: MüKo StGB, § 52 StGB *Rn.* 7.

1323 *Fischer,* § 55 StGB Rn. 2.

werden solle, selbst wenn unterschiedliche sanktionswürdige Verhaltensweisen zusammentreffen: Die Betroffenen hatten Bestechungsgelder vereinbart, im Angebot verschwiegen und später die betreffenden Ermittlungen INTs behindert.[1324]

Das *Sanctions Board* lässt also nicht formale Kriterien entscheiden, ob es eine oder mehrere Sanktionen verhängt. Erst, wenn eine einzige Sanktion ausnahmsweise unangemessen erscheint, weil mehrere sanktionswürdige Verhaltensweisen keinerlei Zusammenhang aufweisen, sanktioniert das *Sanctions Board* kumulativ.

X. Anderweitige Sanktionen des Betroffenen

Wer nach einer Sanktion durch die Bank oder eine kooperierende MDB[1325] rückfällig wird, hat nach den Sanktionsrichtlinien mit einer Erhöhung seiner neuen Sanktion um zehn Jahre zu rechnen.[1326] Eine Geschichte vorheriger Sanktionen durch multilaterale Entwicklungsbanken hatte aber soweit ersichtlich bisher noch kein Betroffener zu bieten. Das *Sanctions Board* stellte bisher nur fest, dass das Fehlen schärfender Umstände kein Grund ist, die Basissanktion zu mildern.[1327]

Nach § 9.02 (g) SP12 ist auch eine vorherige Sperre des GSD für die Sanktionsbemessung erheblich. Eine Sperre, die zwar nicht das GSD, aber eine nationale Vergabebehörde wegen des Fehlverhaltens verhängt hatte, das Anlass für die Banksanktion war, berücksichtigte das *Sanctions Board* in SBD 54, unter Verweis auf frühere Rechtsprechung, sanktionsmildernd.[1328]

XI. Darlegungs- und Beweislast des Betroffenen

Die Beweislast für mildernde Faktoren trägt der Betroffene, für schärfende Faktoren INT. Dieser Grundsatz liegt der Rechtsprechung des *Sanctions Board* mehr oder weniger ausdrücklich zugrunde.

Dass er freiwillig Maßnahmen ergriffen hat, um das Fehlverhalten zu beenden, wiedergutzumachen oder Wiederholungen für die Zukunft zu vermeiden, muss der Betroffene glaubhaft darlegen und ggf. beweisen.[1329] Das Beweismaß führt das *Sanctions Board* nicht näher aus, also gilt wohl, wie sonst im Sanktionsverfahren,

---

1324 SBD 60 (2013), Rn. 143.
1325 Kapitel 1 – E.II.1.
1326 § IV.D SG.
1327 SBD 53 (2012), Rn. 68; SBD 55 (2013), Rn. 72.
1328 SBD 54 (2012), Rn. 43 unter Hinweis auf SBD 2, Rn. 7.
1329 SBD 47 (2012), Rn. 50 f.: Keine Beweise für neue Verhaltensregeln im Unternehmen; SBD 30 (2010), Rn. 30 f. [LD 217]: Keinerlei Beweise für die näher bezeichneten, behaupteten Compliance-Maßnahmen in der Akte; SBD 37 (2010), Rn. 28, 45 [LD 218]: Keine Angaben zu Zeitpunkt, Anlass und Inhalt von disziplinarischen Maßnahmen; SBD 41 (2010), Rn. 81, 88 [LD 220]: Verhaltensrichtlinie ohne Nachweis von Kontrollen ihrer Einhaltung unzureichend; SBD 45 (2011), Rn. 72–74 [LD 228–230]: Keine Milderung bei fehlendem Zusammenhang der Maßnahmen zum relevanten Fehlverhalten und bloßer Behauptung, in Zukunft ein Compliance

überwiegende Wahrscheinlichkeit.[1330] Auf wenig spezifische Darlegungen und Beweise hin hat das *Sanctions Board* die Sanktion eines Betroffenen eingeschränkt gemildert.[1331]

Wie sich der Betroffene im Ermittlungsverfahren verhalten hat, ergibt sich regelmäßig aus der Akte. Beweisprobleme stellen sich so kaum.[1332] Das *Sanctions Board* will aber von INT überzeugt werden, dass der Betroffene die Ermittlung gestört hat.[1333]

C. Vergleichsweise Einigungen

Der elfte Artikel der Verfahrensregeln, § 11.01 bis § 11.04 SP12, regelt die vergleichsweise Einigung zwischen dem Betroffenen und INT. Sie können gem. § 11.02 (a) SP12 jederzeit das Sanktionsverfahren durch eine gütliche Einigung beenden oder aufschieben (I.). Bei der Festsetzung der Sanktion sind die Beteiligten nicht streng an den Katalog der Sanktionsarten gebunden, der Vergleich tritt aber erst nach einer Bestätigung durch den EO in Kraft (II.). Nach dem Erlass einer *Notice* steht ein Vergleich, der eine geringere Sanktion vereinbaren soll, nicht mehr ernsthaft zur Diskussion, wenn der Betroffene nicht etwas Besonderes bieten kann (III.). Ob die Verpflichtungen aus einem Vergleich erfüllt sind, entscheidet INT unter der Kontrolle des *Sanctions Board* (IV.).

I. Einigung auf Abschluss oder Aufschub des Verfahrens durch Vergleich

Die Verfahrensregeln sehen vor, dass ein echter förmlicher Vergleich, ein sog. *Negotiated Resolution Agreement*, das Sanktionsverfahren dauerhaft beendet oder auf bestimmte Zeit aussetzt, während der Betroffene seine Verpflichtungen erfüllt (1.). Eine informelle Einigung mit dem Betroffenen, er werde die Vorwürfe im SAE nicht bestreiten, ist kein echter Vergleich und in ihrem einzigen bisherigen praktischen Anwendungsfall kein echter Erfolg (2.).

Programm schaffen zu wollen (so auch zusammengefasst in SBD 47 (2012), Fn. 22 zu Rn. 50 f.

1330 Dazu oben Kapitel 2 – G.I. In SBD 46 (2012), Rn. 39 hat der Betroffene glaubhaft versichert, die Maßnahmen unternommen zu haben; in SBD 48 (2012), Rn. 44 unterstützt zusätzlich INT die Versicherungen des Betroffenen.

1331 SBD 51 (2012), Rn. 88.

1332 SBD 41 (2011), Rn. 87 f. [LD 242 f.] betrifft nicht streitige Tatsachen, sondern deren Würdigung und Gewichtung durch das Sanctions Board, auch wenn LD 242 auf den ersten Blick nach streitiger Beweisentscheidung aussieht; ebenso wohl SBD 36 (2010), Rn. 20 f., 41 [LD 236].

1333 SBD 47 (2012), Rn. 45–47, 53.

1. Wirkungen des echten Vergleichs

Wenn der Vergleich eine abschließende Regelung trifft, ist das Verfahren beendet, sobald die Übereinkunft in Kraft tritt. Die vereinbarte Sanktion des Betroffenen wird in diesem Moment wirksam.[1334]

Der Vergleich kann vorsehen, dass das Verfahren nur eine bestimmte Zeit lang eingestellt wird, solange der Betroffene bestimmte Bedingungen erfüllt. Für diese Zeit laufen keine Fristen weiter.[1335] Insbesondere ruhen die Verjährungsfristen. Wenn der Vergleich nichts anderes bestimmt, ist das Verfahren beendet, wenn die Aussetzungszeit abläuft und der Betroffene sich vereinbarungsgemäß verhalten hat.[1336]

Schon vor dem Abschluss des Vergleichs können die Beteiligten beim EO eine Aussetzung des Verfahrens für bis zu 90 Tage beantragen, um sich Zeit für die Verhandlungen zu verschaffen.[1337]

2. Informelle und ungeregelte Einigung über SAE

Mindestens einmal verständigte sich INT außerhalb des eigentlichen geregelten Vergleichsverfahrens mit einem Betroffenen über den Inhalt des SAE. Der bekannte Fall empfiehlt diese Praxis im Sanktionsregime nicht für die Zukunft.[1338]

Die Betroffenen hatten sich verpflichtet, die Anschuldigungen im SAE nicht zu bestreiten.[1339] Dass der EO dennoch eine dreijährige Mindestsperre empfahl, wollten sie nicht akzeptieren. Also ergänzten sie den SAE um weitere, ihrer Ansicht nach mildernde, Faktoren;[1340] auch ihre Verantwortlichkeit stellten sie in Frage.[1341] INT reagierte selbstverständlich auf den neuen Vortrag.[1342] Das *Sanctions Board* verlangte später noch die Vervollständigung des SAE.[1343]

Die Verfahrensakte war also dicker als üblich, ohne dass große Vorteile für das Verfahren erzielt worden wären. Lediglich die Beweiswürdigung fiel etwas kürzer aus als üblich.[1344] Die Betroffenen verdienten sich durch ihren erklärten Verzicht auf Widerspruch zum vereinbarten SAE auch keine Sanktionsmilderung: Das *Sanctions*

1334 § 11.03 (a) SP12.

1335 *World Bank,* Sanctions Regime Information Note, S. 26 spricht von einem Neubeginn der Fristen, die Verfahrensregeln sollen aber gegenüber der unverbindlichen Darstellung des Sanktionsverfahrens grundsätzlich Vorrang haben, *Ebd.,* S. 2.

1336 § 11.03 (b) SP12.

1337 § 11.01 (b) SP12.

1338 Erfolgsbeispiel ist dagegen die oben bei Fn. 381 erwähnte Einigung der SEC mit Siemens.

1339 SBD 56 (2013), Rn. 3 (i), 8, 12, 14.

1340 SBD 56 (2013), Rn. 3 (i), 14.

1341 SBD 56 (2013), Rn. 14 (ii).

1342 SBD 56 (2013), Rn. 3 (i), 15.

1343 SBD 56 (2013), Rn. 32, 39.

1344 SBD 56 (2013), Rn. 44–49.

Board hielt den Betroffenen nicht nur ihr späteres Verteidigungsverhalten vor, das den positiven Effekt konterkarierte; es stellte auch grundsätzlich klar, dass eine Vereinbarung, Vorwürfe nicht zu bestreiten, kein sanktionsmilderndes Schuldeingeständnis ist.[1345] Auch die Verhandlungen mit INT interessierten das *Sanctions Board* nicht.[1346] Auf den formalen Ablauf des Sanktionsverfahrens und der dabei geltenden Fristen hatte die Vereinbarung, anders als echte Vergleichsverhandlungen, keinen Einfluss. Das Verfahren wurde nur komplizierter.[1347] Die gewagte Argumentation des Betroffenen, INT dürfe das streitige Verfahren nicht weiter betreiben, weil der SAE infolge der Vereinbarung nicht vollständig gewesen sei, beeindruckte das *Sanctions Board* zu Recht nicht.[1348]

II. Inkrafttreten des Vergleichs nach Bestätigung durch EO

Anders als Entscheidungen des EO und des *Sanctions Board* sind Vergleiche nicht streng auf den oben dargestellten Katalog möglicher Sanktionen beschränkt. Die Vereinbarung darf jedoch weder diesem Katalog noch den Regeln zur Bemessung der Sanktion deutlich widersprechen.[1349] Das überprüft der EO; erst nach seiner Bestätigung tritt ein Vergleich in Kraft.[1350]

Bevor INT den Vergleich dem EO vorlegt, prüft ihn (der *Information Note* zufolge) der *General Counsel* der Bank.[1351] Wenn eine Sanktion vereinbart wird, die im normalen Katalog der Sanktionsmöglichkeiten in § 9.01 SP12 nicht allgemein vorgesehen ist, konsultiert INT wegen der möglichen Auswirkungen auf die Arbeit der Bank vor Abschluss des Vergleiches außerdem den *Vice President, Operations Policy and Country Services* (OPCS).[1352]

Sowohl INT als auch der Betroffene müssen dem Vergleich eine Erklärung beifügen, dass der Betroffene auf den Vergleich in freier Entscheidung und vollständig über seinen Inhalt informiert eingegangen ist.[1353] Wenn der Betroffene keinen Rechtsberater hat, sorgt INT dafür, dass er den Inhalt des Vergleiches

---

1345 SBD 56 (2013), Rn. 77; schon oben Kapitel 3 – B.VIII.1.d)bb).
1346 SBD 56 (2013), Rn. 79.
1347 Das Sanctions Board bedauert das stückweise Vorbringen der Beweise in SBD 56 (2013), Rn. 37.
1348 SBD 56 (2013), Rn. 34; Kapitel 2 – A.II.2.b)bb).
1349 § 11.02 (b) SP12.
1350 § 11.02 (b) SP12: „... manifestly violate ...“; Kritik an Zuständigkeit des EO: *IAB*, Annual Report 2010, S. 8; zum Vergleich über den Umweg des Sanctions Board Kapitel 3 – C.III.3
1351 *World Bank*, Sanctions Regime Information Note, S. 26.
1352 *World Bank*, Sanctions Regime Information Note, S. 26; zur daher rührenden Bedeutung der Wiedergutmachung als Katalogsanktion s. oben Kapitel 3 – A.IV.
1353 § 11.02 (a) SP12.

wirklich versteht.[1354] Befindet der EO, dass der Vergleich nicht aus freien Stücken und in voller Kenntnis des Inhalts geschlossen wurde, bestätigt er ihn nicht.[1355]

III. Bindung an Empfehlung des EO

Sobald der EO eine *Notice of Sanctions Proceedings* erlassen hat, bildet die darin empfohlene Sanktion die Untergrenze für einen möglichen späteren Vergleich. Die Verfahrensregeln verbieten INT und dem Betroffenen zwar nicht, in einem späteren Vergleich eine deutlich niedrigere Sanktion zu vereinbaren. Ein Vergleich ist ausdrücklich zu jedem Zeitpunkt des Verfahrens zulässig, § 11.02 (a) SP12. INT ist zuständig, den Vergleichsinhalt selbst auszuhandeln,[1356] obwohl im streitigen Sanktionsverfahren nur EO und *Sanctions Board* die Sanktion festsetzen.[1357] Der EO kommt im Vergleichsverfahren erst ins Spiel, wenn ihm der Vergleich zur Genehmigung vorliegt.[1358] Aber ein Vergleich macht, wenn die *Notice* in der Welt ist, für die Bank nur noch wenig Sinn (1.). Erst recht ist nicht ohne weiteres zu erwarten, dass der EO einen Vergleich bestätigt, der seine eigene Empfehlung deutlich unterschreitet (2.).

Eine Entscheidung des *Sanctions Board* bestätigt die grundsätzliche Bindung der Vergleichsparteien an die Empfehlung des EO, denn in SBD 51 setzte es ausnahmsweise einen Vergleich in Kraft, den der EO nicht mehr bestätigt hätte (3.).

1. Geminderter Nutzen einer Einigung nach Bestätigung der Vorwürfe durch den EO

Leroy und *Fariello* führen aus, dass die Bank einen Vergleich für angebracht erachten kann, um mildernden Umständen, insbesondere der Kooperationsbereitschaft eines Betroffenen, Rechnung zu tragen, oder Ressourcen der Bank zu sparen, die für eine aufwendige Ermittlung verwendet werden müssten. Vergleiche könnten aber auch den Ruf der Bank gefährden. Jedenfalls dürften die Zwecke des Sanktionsverfahrens durch Vergleiche nicht untergraben werden. Das gelte insbesondere für die Generalprävention.[1359]

Die Motivation INTs, sich auf einen Vergleich einzulassen, ist bereits geringer, sobald der EO die Beweise für ausreichend erachtet hat. Es bleibt dann nur noch das Restrisiko, dass die Sanktion vor dem Board scheitert. Dieses ist aber mittlerweile,

---

1354 *Leroy/Fariello*, S. 22.
1355 § 11.02 (d) SP12.
1356 § 11.02 (a) SP12.
1357 §§ 4.01 (c), 9.01 und 9.02 SP12.
1358 § 11.02 (b) SP12.
1359 Ganzer Absatz: *Leroy/Fariello*, S. 21 f.

da das Sanktionsregime eingespielt ist,[1360] überschaubar, sobald der EO die Vorwürfe bestätigt hat.[1361]

2. Angemessenheit eines Unterschreitens der Empfehlung nur bei neuen Umständen

Die Bestätigung einer Vereinbarung, die unter der Sanktionsempfehlung bleibt, ist sehr unwahrscheinlich. Der EO hat die Empfehlung bereits anhand der Vorgaben zur Sanktionsbemessung ermittelt.[1362] Wenn die vereinbarte Sanktion unter der Empfehlung liegt, muss das aus der Sicht des EO fast zwangsläufig wie ein Verstoß gegen die Vorgaben zur Sanktionsbemessung aussehen.

Anders kann es sein, wenn der Betroffene etwas Besonderes zu bieten hat. Der EO könnte den Betroffenen nicht verpflichten, INT Informationen über eigenes Fehlverhalten oder Fehlverhalten anderer Unternehmen zu liefern.[1363] Wenn der Betroffene INT also entgegenkommt und sich zu weitgehender Kooperation bereit erklärt, kann er möglicherweise eine Herabsetzung der empfohlenen Sanktion erreichen.[1364]

3. Unterschreitung der Sanktionsempfehlung mithilfe des Sanctions Board in SBD 51

Die Sanktionsentscheidung in SBD 51 bestätigt, dass im geregelten Vergleichsverfahren eine vom EO empfohlene Sanktion ein Fixpunkt ist; sie zeigt zugleich, dass sich das *Sanctions Board* daran nicht gebunden fühlt, denn es verhängte eine von INT und einigen Betroffenen erst nach Erlass der *Notice* vereinbarte (a)), niedrigere Sanktion, allerdings ohne darauf in der Entscheidung selbst hinzuweisen (b) und c)).

1360 Die Statistik INTs zeigt eine deutlich gestiegene Erfolgsquote der Bankermittler über die letzten Jahre, *INT,* Annual Report, S. 34; die Rechtsprechung des Sanctions Board ist nicht großzügiger gegenüber Sanktionen geworden, aber hat viele ehemals offene Fragen des Sanktionsregimes geklärt, wie Kapitel 2 zeigt.

1361 Nur SBD 59 und SBD 60 stellten fest, dass die Beweise für Fehlverhalten eines Betroffenen nicht ausreichend waren; von 2007 bis 2011 erhielten noch 29 % der Betroffenen, 15 insgesamt, vor dem Sanctions Board keine Sanktion, *World Bank,* Sanctions Board Law Digest, S. 21; die Sanktion von 12 dieser 15 Betroffenen hatte das Sanctions Board schon in sehr frühen Entscheidungen abgelehnt, *ebd.,* S. 25 f.; INT und EO hatten sich zu Beginn des neuen Sanktionsverfahrens noch blockiert, oben Kapitel 1 – E.V.3.d).

1362 § 4.01 (c) SP12 i. V. m. §§ 9.01 ff. SP12.

1363 Der EO ist auf den Katalog der Verfahrensregeln beschränkt, § 4.01 (c) SP12 i. V. m. §§ 9.01 ff. SP12.

1364 *Leroy/Fariello,* S. 21.

In einer späteren Entscheidung erklärte das *Sanctions Board* SBD 51 zum Ausnahmefall, weil dort eine Einigung zwischen INT und dem Betroffenen vorgelegen habe (d)).

a) Ergebnislose Verhandlungen nach Erlass der Notice *in Fall Nr. 145*

In SBD 51 sanktionierte das *Sanctions Board* insgesamt drei Betroffene aus zwei Verfahren, genauer eine kleine Firma (*„Respondent Firm"*) und ihren Geschäftsführer und Alleingesellschafter,[1365] (*„Respondent General Manager"*) in Fall Nr. 145[1366] sowie eine zweite, verhältnismäßig größere[1367] Firma (*„Respondent Partner"*)[1368] in Fall Nr. 146. In Fall Nr. 145 hatten INT und die Betroffenen nach Erlass der *Notice* verhandelt, aber keinen förmlichen Vergleich geschlossen.

Der EO hatte am 22. März 2011[1369] eine mindestens dreijährige Sperre empfohlen.[1370] Vergleichsverhandlungen müssen danach stattgefunden haben: Zwar nennt die Entscheidungsbegründung kein Datum für den Verhandlungsbeginn, aber sie erwähnt, dass der Geschäftsführer im Mai 2011, nach Erlass der *Notice*, ein Schreiben an INT schickte.[1371] Nach Erlass der *Notice* muss es eine Unterbrechung des Verfahrens gegeben haben. Sonst wäre die Erwiderung des Betroffenen deutlich verspätet gewesen, es sei denn die Postlaufzeit hätte insgesamt 44 Tage betragen.[1372]

Nur die faktische Bindung der Vergleichsverhandlungen an die Sanktionsempfehlung des EO erklärt, warum ein Vergleich nicht zustande kam. Allem Anschein nach hatte keine Verhandlungspartei ein Problem mit einer einjährigen, öffentlichen Sperre des Unternehmers und seines Eigentümergeschäftsführers.[1373] Laut INT wäre diese Sanktion höchstwahrscheinlich Gegenstand eines Vergleichs gewesen, wäre er zustande gekommen.[1374] Außer der Bereitschaft, die Verantwortung für das eigene Fehlverhalten zu übernehmen und eine vergleichsweise Einigung zu akzeptieren, brachten die Betroffenen aber offenbar nichts Neues in die Vergleichsverhandlungen ein.[1375] Einen solchen Vergleich hätte der EO kaum in Kraft gesetzt.

1365 Das Unternehmen ist ein „small sole proprietorship", SBD 51 (2012), Rn. 25, 57.

1366 SBD 51 (2012), Rn. 2 f., 7.

1367 Es handelt sich um „TEAM Engineering & Management Consultants", eine Firma mit Sitz in Kairo: *World Bank*, Listing of Ineligible Firms & Individuals, http:// worldbank.org/debarr (03.09.2013) *110; Hinweise auf mehrere Angestellte und international vergebene Aufträge finden sich in SBD 51 (2012), Rn. 62, 74 ff., 87.

1368 SBD 51. Rn. 4 f., 7.

1369 SBD 51 (2012), Rn. 2 (i).

1370 SBD 51 (2012), Rn. 3.

1371 SBD 51 (2012), Rn. 23, 47.

1372 Zwischen Erlass der Notice und Eingang der Erwiderung liegen 134 Tage, SBD 51 (2012), Rn. 2.

1373 SBD 51 (2012), Rn. 47 spricht von „apparent consensus".

1374 SBD 51 (2012), Rn. 25.

1375 SBD 51 (2012), Rn. 25.

Noch vor dem *Sanctions Board* hatte INT gegen den Wunsch der Betroffenen, mit Aussetzungsmöglichkeit nach einem Jahr gesperrt zu werden, ausdrücklich keine Einwände; das *Sanctions Board* rügte die Beteiligten milde und meinte, dass sie sich doch vergleichsweise hätten einigen können, wenn sie doch so einig sind.[1376]

b) Würdigung des Falles und Sanktionsbemessung unabhängig von Einigung

Das *Sanctions Board* will seine Beurteilung des Falles trotz der Einigung der Beteiligten nicht einschränken.

> „Where for any reason a case is presented on appeal rather than resolved through settlement, the Sanctions Board conducts a full de <u>novo</u> review."[1377]

Das *Sanctions Board* kritisiert ausdrücklich die Darstellung INTs, der *Respondent Partner* (Fall Nr. 146) sei der Hauptschuldige des Verfahrens und verdiene, anders als die beiden vergleichsbereiten Betroffenen (Fall Nr. 145), eine schärfere Sanktion wegen mehrfachen Fehlverhaltens.[1378] Direkt verwickelt in beide sanktionierten Fälle von Fehlverhalten war tatsächlich der *Respondent General Manager* (Fall Nr. 145), der einmal den *Respondent Partner* (Fall Nr. 146) vertrat:[1379]

> „INT does not explain the asymmetry in its assertions that the Respondent Partner may be held accountable for both fraudulent submissions (only one of which it signed directly), but the Respondent Firm and the Respondent General Manager should be held accountable for only one (when in fact they signed both)."[1380]

Die Lösung des *Sanctions Board* ist, bei allen Betroffenen die Sanktion wegen der doppelten falschen Tatsachenbehauptung zu schärfen.[1381]

c) Sanktion fast wie im Mai 2011 vereinbart

Als es die angemessene Sanktion bestimmt, kommt das *Sanctions Board* auf die offenbare Einigkeit der Beteiligten zurück; es will sie berücksichtigen, erklärt aber nochmals ausdrücklich, daran nicht gebunden zu sein.[1382] Dennoch verhängt es nach Würdigung aller Umstände[1383] die auf ein Jahr befristete Sperre, die sich alle Beteiligten wünschen.[1384]

1376 SBD 51 (2012), Rn. 26.
1377 SBD 51 (2012), Rn. 27.
1378 SBD 51 (2012), Rn. 50 und 85.
1379 SBD 51 (2012), Rn. 78.
1380 SBD 51 (2012), Rn. 85.
1381 SBD 51 (2012), Rn. 50 und 85.
1382 SBD 51 (2012), Rn. 47.
1383 Insbesondere der Kooperationsbereitschaft und des verhältnismäßig niedrigeren Tatbeitrags verglichen mit dem Betroffenen aus Fall Nr. 146: SBD 51 (2012), Rn. 54, 58, 93.
1384 SBD 51 (2012), Rn. 59.

Die wahre Besonderheit des Falles offenbart sich nur bei sorgfältiger Lektüre der Entscheidung. Schon die Gewöhnung an die Strukturen der wenigen anderen verfügbaren Begründungen verleitet dazu, Beginn und Ende des Absatzes zur Feststellung der angemessenen Sanktion allenfalls zu überfliegen, die sich grundsätzlich formelhaft in allen Entscheidungen wiederholen.[1385] Nicht so hier. Bei der Sanktion des Eigentümergeschäftsführers und seiner Firma heißt es:

„The period of ineligibility shall begin retroactively on May 30, 2011".[1386]

Für die Betroffenen ist dieser unauffällige Schlusssatz der wichtigste Satz der ganzen Entscheidung. Sie kommen so mit der während des Verfahrens verbüßten einstweiligen Sperre davon.

Im Endeffekt erreichten die Betroffenen damit sogar eine mildere Sanktion als die einjährige öffentliche Sperre, die sie vom *Sanctions Board* erbeten[1387] hatten: Ihre Identität wurde nie öffentlich, nicht einmal über die Liste gesperrter Unternehmen. Als die Entscheidung am 30. Mai 2012 in Kraft trat, war die rückwirkende einjährige Sperre gerade verbüßt. In ihre öffentliche schwarze Liste nahm die Bank von Anfang an nur einen der drei Betroffenen aus SBD 51, den *Respondent Partner*, auf.[1388]

d) Erklärung zum Ausnahmefall in SBD 57

Was die Begründung von SBD 51 nicht mehr als unbedingt nötig erkennen lässt, bestätigt das *Sanctions Board* über ein Jahr später. Im Sommer 2013, in der Begründung von SBD 57, erklärt es, dass es in SBD 51 eine Einigung der Beteiligten in Kraft setzte und deshalb ausnahmsweise die Sanktion rückwirkend habe beginnen lassen.[1389]

Das bedeutet wohl: Das *Sanctions Board* wäre unter ähnlichen Umständen wie in SBD 51 wieder bereit, eine informelle Einigung zwischen INT und dem Betroffenen umzusetzen.[1390] Aber die Einigkeit über die Sanktion allein ist dafür keine Garantie;

1385   Auch zur Sanktion des Respondent Partner in Fall Nr. 146 heißt es bei SBD 51 (2012), Rn. 95: „The period of ineligibility shall begin on the date this decision issues." So enden auch SBD 46 (2012), Rn. 44; SBD 47 (2012), Rn. 58; SBD 48 (2012), Rn. 51; SBD 49 (2012), Rn. 47; SBD 50 (2012), Rn. 72; SBD 52 (2012), Rn. 47; SBD 53 (2012), Rn. 70; SBD 54 (2012), Rn. 45; SBD 55 (2013), Rn. 89; SBD 56 (2012), Rn. 89. Laut SBD 57 (2013), Rn. 13 ist SBD 51 die einzige Ausnahme unter allen Entscheidungen des Sanctions Board.

1386   SBD 51 (2012), Rn. 59 und der wortgleiche Fettdruck zu Beginn der Entscheidung.

1387   SBD 51 (2012), Rn. 22.

1388   Für SBD 51 gibt es nur eine einzige Fußnote, *110, bei *World Bank*, Listing of Ineligible Firms & Individuals, http://worldbank.org/debarr (03.09.2013); die genannte Sanktionsdauer entspricht der in Fall Nr. 146 verhängten, SBD 51 (2012), Rn. 95.

1389   SBD 57 (2012), Rn. 13; dazu schon oben Kapitel 3 – B.VIII.1.b).

1390   Das IAB hatte im Jahresbericht 2010 vorgeschlagen, nicht dem EO, sondern dem Sanctions Board die Zuständigkeit zur Bestätigung eines Vergleichs zu übertragen: *IAB*, Annual Report 2010, S. 8; Wiederholung des Ratschlags in *IAB*, Annual Report 2011, S. 9.

sie soll das *Sanctions Board* nicht binden (oben b)), sondern muss ihm unter Berücksichtigung aller Umstände des Falles, einschließlich der Vergleichs- und Kooperationsbereitschaft, angemessen erscheinen.

IV. Überwachung der Erfüllung des Vergleichs durch INT

Durchgesetzt werden die Verpflichtungen des Betroffenen aus einem Vergleich gem. § 11.03 (c) SP12 in aller Regel, indem ihre absprachegemäße Erfüllung zur Bedingung für die gänzliche[1391] oder vorzeitige[1392] Aussetzung der Sperre des Betroffenen gemacht wird.[1393]

INT ist gem. § 11.04 SP12 befugt, über die Erfüllung von Bedingungen und Streitigkeiten über die Auslegung des Vergleichs oder seine Anwendung zu entscheiden; der Betroffene kann sich an das *Sanctions Board* wenden und geltend machen, INT habe sein Ermessen missbraucht.[1394]

D. Gleichheit der Betroffenen

Das *Sanctions Board* will alle Betroffenen gleich behandeln und nur sachlich, anhand der Umstände des Falles entscheiden (I.). Es scheint grundsätzlich auch bereit zu sein, außergewöhnliche Umstände zu berücksichtigen, wenn dies zum Erreichen fallübergreifender Gleichheit aller Betroffenen nötig sein sollte (II.). Größe und Einfluss eines Unternehmens entscheiden nicht erkennbar darüber, ob das *Sanctions Board* überhaupt die Gelegenheit erhält, die Sanktion des Unternehmens sachlich zu bemessen, oder ob der Sanktionsfall stattdessen durch vergleichsweise Einigung erledigt wird (III.).

I. Absicht des *Sanctions Board* zur sachlichen Gleichbehandlung aller Betroffener

Das *Sanctions Board* will nur nach den Kriterien des Sanktionsregimes das Fehlverhalten der Betroffenen beurteilen und eine angemessene Sanktion finden. Die Größe des Betroffenen soll dafür ausdrücklich keine Rolle spielen.[1395] Auch die bisherige Arbeit für die Bank oder in der Entwicklungshilfe interessiert das *Sanctions Board* nicht: Das *Sanctions Board* mildert die Sanktion nicht wegen der Erfüllung vertraglicher Verpflichtungen konkret am Projekt oder allgemein in der Vergangenheit.[1396]

1391 § 9.01 (b) SP12.
1392 § 9.01 (d) SP12.
1393 Kapitel 3 – A.III.1.e) zu anderen üblichen Bedingungen.
1394 § 11.04 SP12; Kapitel 6 – A.I.3.
1395 SBD 51 (2012), Rn. 57.
1396 Zuletzt mit Nachweisen SBD 54 (2012), Rn. 44; auch SBD 47 (2012), Rn. 57.

II. Möglicherweise Berücksichtigung außergewöhnlicher Härtefälle

Wenn die rein regelmäßige Sanktionsbemessung ausnahmsweise unzureichend sein sollte, um fallübergreifende Gleichbehandlung aller Betroffenen sicherzustellen (1.), ist das *Sanctions Board* grundsätzlich bereit, Härtefallkorrekturen vorzunehmen. Dazu hatte es aber bisher keine Veranlassung (2.).

1. Fallübergreifende Gerechtigkeit durch Sanktion entsprechend der sachlichen Vorgaben

Korrekt angewandt müssen die Kriterien für die Sanktionsbemessung dafür sorgen, dass die Sanktionen aller Betroffenen fallübergreifend zueinander in einem angemessenen Verhältnis stehen. Wenn Verfahren und Maßstäbe gleich sind, müssen sie im Ergebnis zu fallübergreifender Gerechtigkeit führen. Um den Einwand eines Betroffenen zu kontern, seine Sperre sei unverhältnismäßig und widerspreche dem Zweck des Sanktionsregimes,[1397] führte das *Sanctions Board* u.a.[1398] fallübergreifende Gerechtigkeit als Argument an: Es habe in anderen Fällen für Betrug Sperren verhängt und der Betroffene hätte nichts vorgebracht, das seinen Fall grundlegend von jenen unterscheide.[1399]

Die bisher veröffentlichten Entscheidungen lassen keine unsachliche Bevorzugung eines Unternehmens erkennen, sondern folgen den Vorgaben des Sanktionsregimes. Die Rechtsprechung des *Sanctions Board* zur Feststellung von Fehlverhalten und den für die Bemessung der Sanktion erheblichen Umständen ist ausdifferenziert, verlässlich und vorhersehbar. Die Analyse der bisher existierenden Rechtsprechung hat bereits jetzt gezeigt, dass das *Sanctions Board* nicht nach seinem Gutdünken verfährt, sondern klare Linien für seine Rechtsprechung entwickelt – etwa zur Verwicklung der Unternehmensführung, oben B.IV, oder mehreren Fällen von Fehlverhalten, oben B.IX.

Sogar die auf den zweiten Blick überraschende Entscheidung SBD 51 hat in der Umsetzung einer Einigung einiger Beteiligter (C.III.3.d)) einen zumindest grundsätzlich nachvollziehbaren Grund für die unterschiedliche Bemessung der Sanktionen. Warum die Entscheidung den rückwirkenden Sanktionsbeginn nicht thematisiert und – absichtlich oder nicht – den Betroffenen eine öffentliche Sanktion erspart (C.III.3.c)), ist dadurch zwar immer noch nicht erklärt. Aber eine einzelne unklare Entscheidungsbegründung zerstört nicht den Gesamteindruck, dass das *Sanctions Board* anhand der Umstände des Falls und der Vorgaben des Sanktionsregimes sanktioniert.

1397   SBD 49 (2012), Rn. 43.
1398   Hauptargument war die eindeutige Aufgabenzuweisung im Sanktionsregime, SBD 49 (2012), Rn. 44.
1399   SBD 49 (2012), Rn. 44, mit Nachweisen in Fn. 20.

2. Bisheriges Fehlen außergewöhnlicher Umstände

Außergewöhnliche Umstände, die ausnahmsweise eine regelgemäße Sanktion ungerecht erscheinen ließen, stellte das *Sanctions Board* bisher noch nicht fest.[1400] Finanzielle Verluste in Folge des Fehlverhaltens und des Sanktionsverfahrens z.B. mildern die Sanktion grundsätzlich nicht.[1401] Etwas anderes könnte vielleicht für wirklich außergewöhnliche Verluste gelten.[1402]

III. Einfluss der Unternehmensgröße auf Anrufung des Sanctions Board

Die Möglichkeit, Vergleiche mit der Bank zu schließen, kann eine Gefahr für die praktische Gleichheit der Betroffenen bedeuten. Insbesondere könnten sich finanzkräftige Unternehmen möglicherweise freikaufen.[1403] Von der Befürchtung, die Bank könne vor der Sanktion großer Unternehmen zurückschrecken, berichtet schon 2002 der zweite Bericht von *Thornburgh, Gainer* und *Walker*.[1404]

Befürchtungen hinsichtlich eines Ausverkaufs des Sanktionsregimes sind aktuell unbegründet. Unternehmen aller Größen vergleichen sich (1.) oder suchen die Entscheidung des *Sanctions Board* (2.). Hinweise auf unterschiedliche Behandlung gibt es nicht. Insbesondere brachten weder die Größe noch die Konfliktverteidigung des indischen Unternehmens Larsen & Toubro das *Sanctions Board* aus der Fassung (3.).

1. Vergleiche mit Unternehmen aller Größen

Siemens und Macmillan (Kapitel 1 – E.III.) waren nur der Anfang. Die Weltbank schließt nach wie vor Vergleiche mit großen Unternehmen. Unter den aktuellen Vergleichsregelungen verpflichtete sich der Alstom-Konzern zur Zahlung von 9,5 Mio. US-Dollar.[1405] Oxford University Press versprach, den von zwei Tochterunternehmen angerichteten Schaden wiedergutzumachen und zusätzlich immerhin 500.000 US-Dollar zu bezahlen.[1406] ARINC, ein großes internationales Unternehmen für u.a. Luftfahrtkommunikationstechnik mit Sitz in den USA, und

---

1400 SBD 53 (2012), Rn. 69; SBD 49 (2012), Rn. 44 mit Nachweisen in Fn. 20.

1401 SBD 56 (2013), Rn. 86.

1402 SBD 58 (2013), Rn. 12 zur Wiederaufnahme wegen Verlusten, die nur Sinn macht, wenn sich an der ursprünglichen Sanktionsentscheidung auch etwas ändern würde.

1403 *IAB*, Annual Report 2011, S. 8; von entsprechenden Befürchtungen des IAB berichten auch *Boisson de Chazournes/Fromageau*, EJIL 23 (2012), 963, 982.

1404 *Thornburgh/Gainer/Walker* (2002), S. 25 Fn. 16.

1405 Gesperrt sind Alstom Hydro France und Alstom Network Schweiz und drei Unternehmen unter ihrer Kontrolle, dagegen sind Alstom SA, die Konzernmutter und mit ihr der ganze Restkonzern, den sie kontrolliert, bedingt geschont: *INT*, Press Release 2012/282/INT.

1406 *INT*, Press Release 2013/003/INT.

die Bank vereinbarten eine Sperre von 33 Monaten wegen Korruption bei einem Flughafenausbauprojekt in Ägypten. Die Sperre erfasst insgesamt 31 Gesellschaften des Konzerns.[1407] Kellogg, Brown & Root, Inc., nach eigenen Angaben nicht nur u.a. der größte Auftragnehmer der US-Armee, sondern der größte Anbieter von militärischen Infrastrukturdiensten weltweit,[1408] einigte sich mit der Bank. Der Vergleich der Bank mit SNC Lavalin endete mit einer zehnjährigen Sperre für einen Großteil des Konzerns.[1409]

Die Bank reserviert ihre Vergleiche aber nicht für die ganz großen Konzerne. 2011, als die Möglichkeit Vergleiche zu schließen frisch förmlich geregelt war,[1410] berichtet eine Pressemitteilung von gleich sieben ausgehandelten Sperren regional tätiger indonesischer Firmen auf einen Streich: Eine mit der Möglichkeit zur Aussetzung nach drei Jahren, die anderen sechs nach jeweils 27 Monaten.[1411] Auch eine kleine NGO aus Äthiopien einigte sich gleich zu Beginn der förmlichen Vergleiche mit der Bank auf eine Rüge.[1412] Auch danach gab es nicht nur aufsehenerregende Vergleiche. Der Jahresbericht des Fiskaljahrs 2012 stellt die Vergleiche mit Alstom und Oxford University Press in den Vordergrund, aber es muss noch 14 andere, weniger öffentlichkeitswirksame Vergleiche gegeben haben.[1413]

2. Streitige Sanktionen durch Unternehmen aller Größen

Die Mehrzahl der Firmen auf der schwarzen Liste der Bank gelangt dorthin ohne Anrufung des *Sanctions Board*; die meisten von ihnen sind kleine oder mittlere Unternehmen.[1414] Aber auch die Unternehmen, die vor das *Sanctions Board* ziehen, sind in der Mehrzahl keine großen internationalen Konzerne. Die meisten Firmen, die durch das *Sanctions Board* seit Veröffentlichung der Entscheidungen sanktioniert

---

1407 *INT*, Press Release 2013/215/INT; *World Bank*, Listing of Ineligible Firms & Individuals, http://worldbank.org/debarr (03.09.2013).
1408 *Kellogg, Brown & Root, Inc.*, About us, http://www.kbr.com/About/ (11.03.2013).
1409 *INT*, Press Release 2013/337/INT.
1410 Kapitel 1 – E.III.3.
1411 *INT*, Press Release 2011/446/INT.
1412 *INT*, News Release, March 11, 2011.
1413 Die beiden aufsehenerregenden Vergleiche erwähnt bereits *INT*, Annual Report 2012, S. 4. Im ganzen Fiskaljahr hat INT dem EO 16 Vergleiche zur Bestätigung vorgelegt, *ebd.*, S. 34. Nur zu einem der 14 weniger aufsehenerregenden Vergleiche, mit dem größeren britischen Unternehmen „The Crown Agents for Overseas Governments and Administrations, Ltd.", hält *INT*, Press Releases, http://go.world bank.org/4UP7MMFCZ0 (07.09.2013) eine Pressemitteilung bereit: *INT*, Press Release 2012/111/INT; zu dessen Sanktion auch *INT*, Annual Report 2012, S. 16.
1414 *LEG*, Review, S. 5.

wurden, sind keine großen Namen.[1415] Erst recht haben die Namen auf der Liste der unwidersprochen nach der Empfehlung des EO Sanktionierten[1416] höchstens für Kenner des Fachs Wiedererkennungswert.

Aber es gibt Ausnahmen: Der selektive Überblick, den der *Law Digest* bietet, bezeichnet fünf der Betroffenen in den zusammenfassten Fällen als „große Firma"[1417], sechs als kleine oder mittlere Unternehmen,[1418] in den übrigen Fällen nennt es die Größe der Firma oder NGO nicht.[1419] Aber schon unter den frühen voll veröffentlichten Entscheidungen finden sich größere Unternehmen.[1420]

3. Insbesondere: Sanktion von Larsen & Toubro

In SBD 55 sanktionierte das *Sanctions Board* die große indische Firma Larsen & Toubro Ltd. (L&T).[1421] Auf der „Forbes Global 2000" Liste der größten öffentlichen Unternehmen der Welt belegt L&T Platz 527 und beschäftigt knapp 49 000 Angestellte.[1422]

1415 Angaben mit * beziehen sich jeweils auf *World Bank,* Listing of Ineligible Firms & Individuals, http://worldbank.org/debarr (03.09.2013): SBD 47: *105 und http://conceptpharma.com (11.03.2012); SBD 48: *106 führt nur in Branchenverzeichnisse: http://www.tradekey.com/company/Zhonghao-Overseas-Construction-Engineering-Co-Ltd-674067.html (11.03.2012); SBD 49: *108 und http://marketingenterprises.us (11.03.2012); SBD 50: *109 und http://www.asdecon.com/en/profile.htm (ß7.09.2013); SBD 51: *110 und http://www.teaminternational.com (11.03.2012); SBD 52: *111 und http://contransimexnigeria.com (11.03.2012); SBD 53 ist in Deutschland bekannter: *160 und http://www.mvvdecon.com/?id=703; SBD 54: *124 und http://contechdevices.com/home.html (11.03.2013); zu SBD 56 sogleich, Fn. 1420. Zu SBD 55: Kapitel 3 – D.III.3.

1416 *World Bank,* Evaluation and Suspension Officer Determinations in Uncontested Proceedings (11.03.2012).

1417 *World Bank,* Sanctions Board Law Digest, S. 25 ff.: SBD 36, SBD 37, SBD 38, SBD 44, SBD 45.

1418 *World Bank,* Sanctions Board Law Digest, S. 25 ff.: SBD 2, SBD 28, SBD 30, SBD 39, SBD 40, SBD 41.

1419 *World Bank,* Sanctions Board Law Digest, S. 25 ff.: SBD 1, SBD 4, SBD 5, SBD 6, SBD 12, SBD 27, SBD 29, SBD 31.

1420 SBD 56 sanktionierte die australische Firma GHD Pty Ltd.: *World Bank,* Listing of Ineligible Firms & Individuals, http://worldbank.org/debarr (03.09.2013): *152 und *153; Pressemitteilung: *INT,* Press Release 2013/457/INT. SBD 49 traf die mexikanische Tochter einer international agierenden Unternehmensgruppe, De Lorenzo of America Corp., S.A. de C.V., Juàrez, Mexico: *World Bank,* Listing of Ineligible Firms & Individuals, http://worldbank.org/debarr (03.09.2013), *107; zum Unternehmen: http://www.delorenzoglobal.com (11.03.2013).

1421 *World Bank,* List of Debarred Entities, *148 (14.03.2013); *World Bank,* News Release: World Bank Sanctions Indian Company Larsen & Toubro Limited for Fraudulent Practices, 8. 3. 2013.

1422 *Forbes.com,* Global 2000 – Larsen & Toubro, http://www.forbes.com/companies/larsen-toubro/ (06.09.2013).

Als eines der – nach eigenen Angaben – größten privaten Technologie- und Ingenieursunternehmen Indiens[1423] hätte sich L&T gut in der Reihe der Unternehmen eingereiht, die in einem Vergleich die Vorwürfe einräumen, ihre zwischenzeitliche Läuterung und Sauberkeit betonen und finanzielle Wiedergutmachung leisten. Es gab auch Vergleichsverhandlungen, aber sie führten offenbar nicht zum Erfolg.[1424]

L&T wählte den Gang vor das *Sanctions Board* und ging dort aggressiv vor: Die Firma bezweifelte die Legalität des Sanktionsregimes, der Ermittlungsmaßnahmen INTs, der Verfahrensleitung des Vorsitzenden, von Äußerungen INTs im Verfahren und stellte zahlreiche Anträge.[1425] Sanktioniert wurden sie trotzdem, in einer ausführlich begründeten und sachlichen Entscheidung.[1426]

Weder die Größe eines Unternehmens, noch sein Verteidigungsverhalten, scheinen das *Sanctions Board* also nachhaltig zu beeindrucken. Auch die Vergleichsbereitschaft INTs hängt, soweit ersichtlich, nicht mit der Unternehmensgröße zusammen.

E. Angemessenheit der Sanktionen

Sowohl im streitigen Sanktionsverfahren als auch auf dem Vergleichsweg ist die Weltbank nach den obigen Ausführungen bemüht, eine dem Fehlverhalten der Betroffenen angemessene Sanktion zu verhängen. Die Sanktionsbemessung ist, obwohl sie naturgemäß von den Umständen des Einzelfalls abhängt, vorhersehbar, weil besonders erhebliche Umstände in einem übersichtlichen Katalog genannt sind, zu dem nachvollziehbare Rechtsprechung des *Sanctions Board* existiert. Allem Anschein nach erreicht die Bank durch die strikte Anwendung der sachlichen Vorgaben für die Sanktionsbemessung auch die fallübergreifende Gleichbehandlung aller Betroffenen.

1423 *Larsen & Toubro Ltd., Company Overview* http://www.larsentoubro.com/lntcor porate/common/ui_templates/HtmlContainer.aspx?res=P_CORP_AABT_ACOM_ AOVR (12.03.2013).
1424 SBD 55 (2013), Rn. 83 muss sich auf Vergleichsverhandlungen beziehen, S. § 11.01 (a) SP12.
1425 SBD 55 (2013), Rn. 26 ff.
1426 Zur Verfahrensverzögerung schon oben Kapitel 3 – B.VIII.1.d)bb).

Kapitel 4 – Staatliche Umsetzung der Sanktionen

Die Bank kann ihre Sanktionen nicht alleine, kraft hoheitlicher Macht durchsetzen.[1427] Sie ist auf die Kooperation der Kreditnehmer[1428] und anderer Staaten angewiesen und verpflichtet sie dazu (A.). Umgekehrt schützt ihre völkerrechtlich zugesicherte Immunität sie vor der rechtsprechenden Gewalt ihrer Mitgliedsstaaten (B.).

A. Vertragliche Umsetzungspflicht der Kreditnehmer

Obwohl sie das Projekt nur finanziert und der Kreditnehmer für die Ausführung verantwortlich bleibt,[1429] hat die Bank über den Kreditvertrag großen Einfluss auf die Durchführung des Projekts; sie nutzt diesen Einfluss durch detaillierte Vorgaben in den Vergaberichtlinien.[1430] Insbesondere verlangt sie von den Kreditnehmern, Sanktionsentscheidungen ohne Überprüfung umzusetzen (I.). Das kann die Kreditnehmer in Konflikt mit Rechtsschutzgarantien nach nationalem Recht (II.) oder Völkerrecht (III.) bringen und möglicherweise dazu führen, dass nationale Gerichte die Sanktionsentscheidungen überprüfen oder Vergabebehörden die Umsetzung der Sanktion verweigern.

Beide Konflikte lassen sich von vornherein ausräumen, wenn die Weltbank den Staaten ihre Aufgabe abnimmt und selbst, im Sanktionsregime, angemessenen Rechtsschutz gegen ihre Sanktionen gewährt. Wirksamer Rechtsschutz gegen die Sanktion bereits im Sanktionsverfahren sichert die reibungslose Umsetzung der Sanktionsentscheidungen.

1427 Unbestreitbar hat das *IAB*, Annual Report 2012, S. 8 f. insoweit mit seiner Mahnung vor zu viel Formalisierung für die weitere Sanktionsreform (Kapitel 1 – F.II.2) Recht.

1428 Im Folgenden meint Kreditnehmer stets einen Mitgliedsstaat der Bank. Auch wenn der Kreditnehmer selbst kein Staat sein sollte, was bei investitionsfinanzierten Projekten der IBRD möglich ist, ist ein Mitgliedsstaat der Bank durch einen Garantievertrag verpflichtet, das Sanktionsregime zu beachten und umzusetzen, Fn. 3 ACG 2011. Schon oben, Fn. 148.

1429 § 1.2 PG 2011, § 1.4 CG 2011.

1430 *Malmendier*, PPLR 2010, 135, 137; *De Castro Meireles*, S. 91 ff.; *Schlemmer-Schulte*, in: MPEPIL, International Bank for Reconstruction and Development (IBRD), Rn. 71 f.

I. Pflicht zur Umsetzung der Sanktion im Kreditvertrag

1. Ausschluss nationaler Vergabesperren bei Bankprojekten

Die Bank selbst unterstreicht in ihren Vergaberichtlinien das Missbrauchspotential, das mit Auftragssperren verbunden ist. Ihren Kreditnehmern erlaubt sie den Ausschluss von Unternehmen vom Vergabeverfahren grundsätzlich nur wegen mangelnder Qualifikation oder verbotener Interessenkonflikte; nur ausnahmsweise ist ein Ausschluss aus anderen Gründen erlaubt.[1431] Eigene Auftragssperren darf der Kreditgeber in aller Regel nur bei vereinfachten, bloß nationalen Ausschreibungen berücksichtigen – vorausgesetzt, die nationale Auftragssperre wurde gerichtlich (*„by the appropriate judicial authority"*) und gemäß den nationalen Gesetzen verhängt, und die Bank ist der Ansicht, dass das Unternehmen Betrug oder Korruption begangen und im nationalen Verfahren angemessenen Rechtsschutz erhalten hatte.[1432]

2. Kein Spielraum für Umsetzung der Banksanktion

Wer von der Weltbank Geld bekommt, muss ihre Sanktionsentscheidungen respektieren und umsetzen. Spielraum für eigene Beurteilungen, Prüfungen oder Bewertungen der Banksanktionen durch den Kreditnehmer lassen die Bankrichtlinien nicht.[1433] Während der Dauer seiner Sperre darf ein sanktioniertes Unternehmen an Bankprojekten grundsätzlich nicht mehr teilnehmen. Solange ein Unternehmen gesperrt ist, muss der Kreditnehmer das Angebot von einer Ausschreibung nach den Vergaberichtlinien noch vor der näheren Prüfung der Gebote ausschließen.[1434]

Der Kreditvertrag gibt der Bank wirksame Mittel, um die Umsetzung ihrer Sanktionsentscheidungen sicherzustellen. Bevor der Kreditnehmer einen wertvollen

---

1431 §§ 1.08 bis 1.10 PG 2011; §§ 1.11 bis 1.13 CG 2011.

1432 Fn. 62 zu § 3.3 PG 2011 stellt klar, dass eine solche Änderung der Vergaberichtlinien im Kreditvertrag möglich ist. Entsprechend für Beraterverträge geringeren Werts Fn. 32 zu § 2.7 und Fn. 56 zu § 5.2 CG 2011; *LEG*, Review, S. 3 kritisiert das als ineffizient und empfiehlt, künftig die Forderung eines Gerichtsverfahrens zu streichen und nationale Auftragssperren bei allen Ausschreibungen zu ermöglichen.

1433 Auch insoweit ist das Sanktionsverfahren strenger als die in der Einführung 0. dargestellten Auftragssperren nach FAR und in der EU. Einzige bekannte Ausnahme ist der freiwillige Verzicht des Siemens-Konzerns, der sich neben dem aus Sicht des Konzerns angenehmeren Namen von einer echten Banksanktion vor allem dadurch unterscheidet, dass bei einzelnen Ausschreibungen mit Zustimmung der Bank ausnahmsweise eine Teilnahme der freiwillig Verzichtenden möglich ist, Kapitel 1 – E.III.1.c).

1434 § 2.48 i. V. m. § 1.10 (c) PG 2011; § 2.7 CG 2011 regelt ein entsprechendes Ergebnis für die short list der Bewerber um den Auftrag.

Auftrag vergeben darf, muss er die Freigabe („*no objection*") der Bank einholen.[1435] Wenn ein Kreditnehmer Aufträge nicht so vergibt, wie die Bank vorschreibt,[1436] oder seine Pflicht aus den Antikorruptionsrichtlinien, Sanktionsentscheidungen zu beachten, verletzt,[1437] muss er außerdem mit finanziellen Konsequenzen rechnen: Die Bank kann, wenn der Kreditnehmer den Grund zur Beanstandung nicht ausräumt, die weitere Auszahlung des Darlehens ganz oder teilweise verweigern[1438] und sogar ausgezahlte Beträge vorzeitig zur Rückzahlung fällig stellen[1439].

Die Verantwortung des Kreditnehmers, das Vergabeverfahren durchzuführen,[1440] ermöglicht ihm die Kontrolle der eigenen Umsetzungshandlungen.[1441] Die Vergaberichtlinien verdrängen das nationale Vergaberecht nicht völlig.[1442] Gegen eine Kontrolle der Vergabestelle auf die Einhaltung der Vorgaben der Bank kann letztere kaum Einwände haben; den Ausschluss eines Unternehmers von der Vertragsvergabe, der nur angeblich auf der schwarzen Liste der Bank steht, wünscht sie nicht.[1443]

3. Kein Sekundärrechtsschutz außerhalb des Sanktionsverfahrens

Eine nachträgliche inhaltliche Kontrolle der Sanktionsentscheidung durch den Staat ist nicht vorgesehen. Ausgeschlossene Bieter haben nur ein Recht auf die Erklärung ihres Ausschlusses im Nachhinein.[1444] Da die Vergabe- und Antikorruptionsrichtlinien darauf verweisen, dass die Bank nach ihren aktuellen Verfahrensregeln

---

1435 § 1.13 PG 2011 i. V. m. § 2 (c) Appendix 1 zu PG 2011; § 1.16 CG 2011 i. V. m. § 2 (b) und (c) Appendix 1 zu CG 2011. Welche Verträge dieser engen Kontrolle unterliegen, legt der Kreditnehmer im Procurement Plan fest, der seinerseits gem. § 1.18 PG 2011 bzw. § 1.25 CG 2011 stets der Freigabe durch die Bank bedarf: Fn. 77 zu § 2 Appendix 1 zu PG 2011; Fn. 59 zu § 2 Appendix 1 zu CG 2011.

1436 Darauf weisen auch § 1.14 PG 2011, § 1.19 CG 2011 unmissverständlich hin. Das Verfahren beschreibt ausführlich OP 11.00. Zu den Kontrollrechten auch *De Castro Meireles*, S. 82; *Malmendier*, PPLR 2010, 135, 137.

1437 § 12 ACG 2011; § 9 PforRG; zur Anpassung der allgemeinen Vertragsbedingungen an die ACG 2006: *World Bank,* Sanctions Reform (2006), S. 12.

1438 z.B. *IBRD,* General Conditions for Loans, dated March 12, 2012, § 7.03 (d) und § 7.03 (a) i. V. m. § 7.02 (b); Anwendungsbeispiel: oben Kapitel 1 – F.I.1.

1439 z.B. *IBRD,* General Conditions for Loans, dated March 12, 2012, § 7.06 (b).

1440 § 1.2 PG 2011, § 1.4 CG 2011.

1441 *Malmendier*, PPLR 2010, 135, 137 bezeichnet das als selbstverständlich („naturally"); zu einem ähnlichen Problem, den Sanktionslisten des Sicherheitsrats: *EGMR,* Nada ./. Schweiz, Rn. 212 a. E.

1442 Zum möglichen Nebeneinander der Richtlinien und nationalem Recht auch *De Castro Meireles*, S. 85–90.

1443 §§ 1.08 bis 1.10 PG 2011; §§ 1.11 bis 1.13 CG 2011.

1444 *De Castro Meireles*, S. 119; *Malmendier*, PPLR 2010, 135, 138 f.; *Williams-Elegbe*, Fighting Corruption, S. 282; jeweils auch zum unzuständigen Inspection Panel; auch *Williams*, PCLJ 26 (2007), 277, 303. Allgemeiner zur Weigerung der Bank, sich auf Verpflichtungen und Rechtsschutz einzulassen *Alvarez*, S. 240 f.

sanktionieren werde,[1445] kann kein Zweifel daran bestehen, dass die Richtigkeit und Angemessenheit einer einstweiligen oder endgültigen Sperre nur durch die Sanktionsorgane der Weltbank im dafür vorgesehenen Verfahren kontrolliert werden sollen, nicht aber zusätzlich durch die Mitglieder der Bank.[1446] Für die endgültige Sanktionsentscheidung des *Sanctions Board* schließt § 8.03 SP12 sogar ausdrücklich jede Überprüfung durch eine andere (oder höhere) Stelle aus.[1447]

Wiederum ist mitgliedsstaatlicher Rechtsschutz nur gegen die Bank ausgeschlossen. Ein Schadensersatzprozess gegen die Vergabestelle wegen mangelhafter Umsetzung der Banksanktion ist kein Problem für die Bank, solange es dabei nicht um ihre Haftung oder die Rechtmäßigkeit ihrer Handlungen geht.[1448]

II. Anspruch auf Rechtsschutz nach nationalem Recht

Das Sanktionsregime und die Vergaberichtlinien müssen zwar keine Einschränkung der Rechtsschutzmöglichkeiten der Projektteilnehmer bedeuten; in manchen Ländern, in denen die Bank Entwicklungshilfe finanziert, gibt es Vergaberecht und Rechtsschutzgarantie möglicherweise gar nicht, oder nur auf dem Papier.[1449] Aber ein grundsätzliches und wirksames Recht auf Zugang zu Gericht gibt es auch in den Rechtsordnungen vieler Staaten, die Gelder der Weltbank bekommen können.[1450]

1445 § 1.16 (d) PG.

1446 Dass die Handlungen einer internationalen Organisation grundsätzlich nicht von den Mitgliedern hinterfragt werden sollen, versteht sich von selbst, nur zu möglichen Einschränkungen etwa *Schermers/Blokker*, § 1353; ausführliche Diskussion der Gründe für gerichtliche Zurückhaltung: *Reinisch*, International Organizations, S. 233–251; auch *ders.*, Chinese JIL 7 (2008), 285, 294 ff.; aktuelles Beispiel mit ausführlicher Begründung: *BVerfG*, 2 BvR 2661/06 (Honeywell), Rn. 58–61.

1447 § 1.16 (d) PG 2011; § 1.23 (d) CG 2011; § 11 (a) ACG 2011; § 7 (d) PforRG.

1448 Dass es Ansprüche gegen die Kreditnehmer wegen eigener Fehler geben kann, nimmt auch *Williams-Elegbe*, Fighting Corruption, S. 284, an.

1449 *Malmendier*, PPLR 2010, 135, 137; *Wahi*, UCDavisJILP 12 (2006), 331, 371: „... [A] large number of the debtor countries have dictatorial regimes that deny human rights to their people." Die praktische Existenz des formalen Anspruch auf Rechtsschutz ist oft problematisch: *Francioni*, in: *Francioni*, S. 2.

1450 Dass gerichtlicher Rechtsschutz ein Menschenrecht sein soll bedeutet natürlich nicht, dass er auch weltweit wirksam oder gleichförmig existiert, *Harlow*, EJIL 17 (2006), 187, 204 ff. Dennoch sind die zahlreichen Argumente für einen Anspruch auf gerichtlichen Rechtsschutz durch Völkergewohnheitsrecht oft rechtsvergleichend begründet, insb. *Fassbender*, Rn. 1.6 ff. auch zu Staatenberichten zahlreicher Länder und *ders.*, F.IV. u.a. mit einem Abdruck der indischen Verfassung (zur Bedeutung Indiens für die Arbeit der Weltbank oben Kapitel 1 – A.II.); für Europa und die EU, *Storskrubb/Ziller*, in: *Francioni*, S. 177 ff.; zusammenfassend *Janik*, Menschenrechtsbindung, S. 517; *Harlow* a.a.O.

Insbesondere kommen auch Mitglieder der EU[1451] und des Europarats[1452] für eine Finanzierung durch die IBRD in Frage. Nationales Recht kann eine umfassende Kontrolle der Banksanktion erfordern; das würde der Pflicht, eine Banksanktion ungefragt umzusetzen und auch im Nachhinein nicht infrage zu stellen, widersprechen.

Die Lösung des Völkervertragsrechts für einen solchen Widerspruch ist einfach: Das nationale Recht eines Staates entschuldigt grundsätzlich keine Verletzung des Kreditvertrags.[1453] Aus Sicht des beteiligten Staates ist es daher sinnvoll, sein möglicherweise hochformalisiertes staatliches Vergaberecht mit umfangreichen Rechtsschutzmöglichkeiten nicht anzuwenden, wenn die Auftragsvergabe nach Regeln erfolgen soll, die ein völkerrechtlicher Vertrag festsetzt.[1454]

Der Kreditvertrag setzt aber nicht automatisch alles widerstreitende nationale Recht außer Kraft.[1455] Wie und ob der Kreditnehmer durch seine Organe Verpflichtungen gegenüber der Bank erfüllt, entscheiden nur er selbst und sein eigenes

---

1451 Aktivität der Bank in der EU: *World Bank*, EU Member States Overview, http://www.worldbank.org/en/country/eumemberstates/overview (01.07.2013); Bulgarien, Polen und Rumänien können Kredite der IBRD erhalten: *World Bank*, Country and Lending Groups, http://data.worldbank.org/about/country-classifications/country-and-lending-groups#IBRD (01.07.2013).

1452 Die IBRD finanziert Projekte für mehrere Parteien der EMRK, z.B. in Albanien, Russland, und der Türkei: *World Bank*, Projects & Operations: Albania, http://www.worldbank.org/projects/search?lang=en&searchTerm=&countrycode_exact=AL (05.07.2013); *World Bank*, Projects & Operations: Russian Federation, http://www.worldbank.org/projects/search?lang=en&searchTerm=&countrycode_exact=RU (05.07.2013); *World Bank*, Projects & Operations: Turkey, http://www.worldbank.org/projects/search?lang=en&searchTerm=&countrycode_exact=TR (05.07.2013). Insgesamt: *World Bank*, Country and Lending Groups, http://data.worldbank.org/about/country-classifications/country-and-lending-groups#IBRD (18.07.2013).

1453 *Williams*, Fighting Corruption, S. 302; *De Castro Meireles*, S. 47; *Baghir-Zada*, S. 173; wenn auch nicht direkt einschlägig sind doch deutlich Art. 27 WVRK; Art. 27 WVRK-IO.

1454 Das zeigt das in der Einführung, 0.I. skizzierte europäische Vergaberecht in Art. 15 lit. c) EU-VKR, die anderen Vergaberichtlinien haben ähnliche Vorschriften: *Masing*, in: *Dreher/Motzke*, § 100 GWB Rn. 19; internationale Organisationen sollen aber an die Grundprinzipien der Richtlinien gebunden sein, wenn ihre Mitglieder auch Mitglieder der EU sind: *Heuninckx*, PPLR 2012, 95, 99 f., ausführlich *ders.*, PPLR 2011, 103, 117 ff. Zum dann verbleibenden Rechtsschutz vor allem durch Schadensersatz im Nachhinein, aber auch Primärrechtsschutz aus Art. 3 GG bei willkürlichem Ausschluss, in Deutschland: *Glahs*, in: *Messerschmidt/Voit*, Teil I. G., Rn. 105 ff.

1455 So aber wohl *Williams*, Fighting Corruption, S. 280; *Baghir-Zada*, S. 173. Grundlegend zur Abhängigkeit des Völkerrechts von innerstaatlicher Umsetzung: *Verdross/Simma*, § 45 f.

Recht.[1456] Soweit danach umfassender Rechtsschutz gegen den Ausschluss von einem Bankprojekt gegeben sein muss, können sich nationale Gerichte trotz des völkervertraglichen Verbots gezwungen sehen, die Banksanktion zu überprüfen, wenn ihnen der Rechtsschutz innerhalb der Weltbank nicht ausreichend erscheint.[1457]

Die Weltbank kann also verlangen, dass ihre Sanktionen akzeptiert werden; aber sie kann sich darauf nicht verlassen. Je besser der Rechtsschutz im Sanktionsverfahren, desto weniger Grund haben nationale Gerichte, die Sanktion selbst zu überprüfen.

III. Rechtsschutzgarantie des Völkerrechts

Nicht nur nationales Recht kann von den Kreditnehmern der Bank verlangen, umfassenden gerichtlichen Rechtsschutz zu gewähren. Auch das Völkerrecht, insb. die EMRK[1458] kann Staaten verbieten, die Entscheidung einer internationalen Organisation ohne Überprüfung umzusetzen. Die EMRK ist das am meisten entwickelte Menschenrechtsschutzsystem, weil zu ihr die meiste Rechtsprechung existiert;[1459] auf sie fokussiert sich daher die folgende Diskussion. Der IPbürgR[1460] verfügt auf dem Papier meist über identische Vorschriften, so dass theoretisch auch außerhalb des Anwendungsbereichs der EMRK ähnliche Argumente möglich sind.[1461]

1456 *De Castro Meireles*, S. 85 ff.; *Hök*, ZfBR 2004, 731, 735 speziell zu den Vergaberichtlinien; allgemein *Verdross/Simma*, §§ 848–872; *Malanczuk*, S. 63–74; *Schermers/Blokker*, §§ 1522–1544 auch speziell zur Umsetzung der Rechtsakte internationaler Organisationen. Zur vergleichbaren Abgrenzung der EU-Rechtsordnung gegenüber dem Völkerrecht *Milanovic*, DJCIL 20 (2009), 69, 105 ff.; zum Grundrechtsschutz gegen internationale Organisationen nach dem BVerfG *Walter*, AöR 2004, 39, 45 ff.

1457 Allgemein *Schermers/Blokker*, § 1353. Ein völkerrechtlich begründetes Recht auf Zugang zu Gericht kann die Argumentation weiter stützen, insgesamt *Reinisch*, International Organizations, S. 277 ff. Zur EMRK sogleich, III., zur Immunität B.

1458 Konvention zum Schutz der Menschenrechte und Grundfreiheiten v. 4. 11. 1950, UNTS Bd. 213 S. 221, aktuelle deutsche Übersetzung BGBl. 2010 II S. 1198 („EMRK").

1459 *Cameron*, S. 21. Zur schrittweisen Erfolgsgeschichte des EGMR verglichen mit anderen internationalen Rechtsprechungsorganen auch *Alvarez*, S. 476 ff.

1460 Internationaler Pakt über bürgerliche und politische Rechte vom 19. Dezember 1966, UNTS Bd. 1999, S. 171, BGBl. 1973 II, S. 1534.

1461 *Wouters/Ryngaert/Schmitt*, AJIL 105 (2011), 560, 566; auch *Brenneis/Schmalenbach*, in: *Schroeder/Mayr-Singer*, S. 134 ff. diskutieren Art.14 IPbürgR, stützen sich dabei aber mit der gebotenen Vorsicht vor allem auf Rechtsprechung des EGMR zu den entsprechenden Vorschriften der EMRK, insb. *ebd.*, S. 139 zum zivilrechtlichen Anspruch. Im Folgenden weisen Fußnoten zu den Regelungen der EMRK auf entsprechende Regelungen des IPbürgR hin; auch auf andere regionale Menschenrechtskonventionen können die Argumente übertragbar sein, aber eine entsprechende Untersuchung würde erst recht den Umfang dieser Arbeit sprengen.

Staaten bleiben menschenrechtlich verantwortlich, auch wenn sie völkerrechtliche Pflichten erfüllen (1.). Die Umsetzung der Banksanktion ist zwar keine Strafe i.S.d. EMRK (2.), kann aber zivilrechtliche Ansprüche gegen den Staat auslösen, für die jener Zugang zu einem Gericht gewähren müsste (3.). Das Recht auf wirksame Beschwerde ist demgegenüber subsidiär (4.). Ob Menschenrechte als Entschuldigung für eine mangelhafte Umsetzung der Banksanktion in Betracht kommen, ist zweifelhaft (5.). Soweit die Bank aber im Sanktionsregime angemessenen Rechtsschutz gewährt, ist das Recht auf Zugang zu Gericht angemessen eingeschränkt; der Kreditnehmer darf die Banksanktion dann umsetzen, ohne sie nachprüfen zu müssen (6.).

1. Anwendbarkeit der EMRK auf Pflichterfüllung gegenüber der Weltbank

Gemäß Art. 1 EMRK[1462] sichern die Hohen Vertragsparteien „allen ihrer Hoheitsgewalt unterstehenden Personen" die Rechte und Freiheiten der Menschenrechtskonvention zu. Die Vertragsstaaten der EMRK sind demnach für alle Handlungen und Unterlassungen ihrer Organe verantwortlich, egal ob sie nur ihr eigenes Recht anwenden oder völkerrechtliche Verpflichtungen gegenüber einer internationalen Organisation erfüllen.[1463]

Aber die EMRK ist kein Vertrag im luftleeren Raum, sondern steht im Kontext des übrigen Völkerrechts.[1464] Die Konventionsparteien haften nicht, wenn sie ihre Staatsorgane völlig unter die Kontrolle einer internationalen Organisation stellen; aber diese enge Ausnahme greift für das Sanktionsregime nicht (a)). Der EGMR nimmt seine Prüfungskompetenz über staatliche Handlungen in Erfüllung von Pflichten gegenüber der internationalen Organisation zurück, wenn diese einen

---

1462 Art. 2 Abs. 1 IPbürgR lautet, abgesehen vom Territorialbezug, gleich; die Grundsätze der fortbestehenden Verantwortlichkeit der Paktstaaten auch bei Erfüllung völkerrechtlicher Pflichten lassen sich daher übertragen, auch wenn deutliche Rechtsprechung des zuständigen Menschenrechtsausschusses noch aussteht, dazu *Janik*, Menschenrechtsbindung, S. 144 ff.

1463 St. Rpsr., insb. *EGMR*, Bosphorus ./. Irland, Rn. 153 ff. (insb. Rn. 157); *EGMR*, Matthews ./. Vereinigtes Königreich, Rn. 29; *Meyer-Ladewig*, Art. 1 EMRK Rn. 13; gegen pauschale Unzulässigkeit einer Beschwerde gegen Umsetzungsmaßnahmen zu Anti-Terror-Sanktionen des Sicherheitsrats: *EGMR*, Nada ./. Schweiz, Rn. 125, 168; *Janik*, Menschenrechtsbindung, S. 152; *Holzinger*, S. 135–139 speziell zu nichtsupranationalen Organisationen. Zu EU und EGMR: *Lock*, S. 3 ff. Normkonflikt: *Milanovic*, DJCIL 20 (2009), 69, 74.

1464 *EGMR*, Bankovic u.a. ./. Belgien u.a., Rn. 57 f.; *EGMR*, Behrami und Behrami ./. Frankreich sowie Saramati ./. Frankreich u.a., Rn. 122; *Meyer-Ladewig*, Einleitung Rn. 35. Die Regeln für Vertragskollision bei identischen Parteien oder paarweise anwendbaren Kollektivverträgen mit unterschiedlichen Parteien passen bei Verträgen nicht, die nicht zwischen den Parteien, sondern wie die EMRK „nach innen" erfüllt werden: *Verdross/Simma*, §§ 787 f., 539.

Menschenrechtsschutz gewährt, der den Garantien der EMRK und der Kontrolle durch den EGMR gleichwertig ist; für die Weltbank ist diese Vermutung nicht gerechtfertigt (b)). Einschränkungen von Konventionsgarantien in Umsetzung einer Sanktionsentscheidung können aber dennoch gerechtfertigt sein, wenn sie einem legitimen Ziel dienen und verhältnismäßig sind; das Gewicht des Eingriffs hängt insbesondere davon ab, inwieweit die Weltbank im Sanktionsregime auf vergleichbaren Menschenrechtsschutz achtet (c)).

a) Ausnahme von staatlicher Haftung bei Organleihe

Die staatliche Verantwortung unter der Konvention entfällt ausnahmsweise, wenn die Kontrolle der internationalen Organisation über eigentlich staatliche Organe so groß wird, dass die angegriffenen Handlungen nur noch der internationalen Organisation zurechenbar sind.[1465] Der EGMR ist nur für Beschwerden gegen Vertragsstaaten zuständig; Beschwerden, die sich nur scheinbar gegen die Konventionsparteien, in Wahrheit aber gegen eine der EMRK nicht verpflichtete[1466] internationale Organisation richten, kann er nicht hören.[1467]

Im Jugoslawienkonflikt stellte und leitete die NATO die internationale Sicherheitstruppe KFOR aufgrund einer Resolution des Sicherheitsrats unter dessen Oberbefehl (*„ultimate authority and command"*).[1468] Wegen dieses Oberbefehls sah der EGMR in der KFOR ein funktionales Organ der UN und wies die Beschwerde gegen die NATO-Staaten als unzulässig ab: Die angegriffenen Handlungen seien den Staaten nicht zurechenbar.[1469] Der EGMR wollte bei seiner Entscheidung offensichtlich einen Konflikt zwischen der EMRK und Kapitel VII der UN-Charta verhindern.[1470]

1465 *EGMR*, Behrami und Behrami ./. Frankreich sowie Saramati ./. Frankreich u.a., Rn. 151; *Holzinger*, S. 33–56, 139 ff; *Janik*, Menschenrechtsbindung, S. 153–160.

1466 Zum bevorstehenden Beitritt der EU: *Mayer-Ladewig*, Art. 1 EMRK Rn. 12; *Obwexer*, EuR 2012, 115; *Lock*, S. 3.

1467 Art. 33, 34 EMRK; *Mayer-Ladewig*, Art. 35 EMRK Rn. 41 und Art. 1 EMRK Rn. 10 f.; *EGMR*, Boivin ./. 34 Mitglieder des Europarats, HUDOC-PDF S. 6.

1468 *EGMR*, Behrami und Behrami ./. Frankreich sowie Saramati ./. Frankreich u.a., Rn. 135.

1469 *EGMR*, Behrami und Behrami ./. Frankreich sowie Saramati ./. Frankreich u.a., Rn. 151; zur Kritik daran, insb. auch der ILC: *Janik*, Menschenrechtsbindung, S. 158. Zwei Entscheidungen des Obersten Gerichtshofs der Niederlande vom 6. 9. 2013 stützen sich wesentlich auf die ILC-Entwürfe zur Verantwortlichkeit von Staaten und internationalen Organisationen und machen die Niederlande verantwortlich: *Hoge Raad*, Niederlande ./. Nuhanovic, Rn. 3.7 ff. und *Hoge Raad*, Niederlande ./. Mustafic-Mujic u.a., Rn. 3.7 ff.

1470 *Janik*, Menschenrechtsbindung, S. 159; *Milanovic*, DJCIL 20 (2009), 69, 86 nennt die Zurechnungserwägungen an sich sogar „untenable" und allein durch Rücksichtnahme auf die UN motiviert; die Bedeutung der Verwicklung der UN diskutieren *EGMR*, Behrami und Behrami ./. Frankreich sowie Saramati ./. Frankreich u.a., Rn. 141 ff. Dazu und zum Einfluss auf den EuGH: *Lock*, S. 9 f.

Bei der Umsetzung der Sanktionsentscheidungen der Weltbank gibt es keine vergleichbare Organleihe, die jede Verantwortlichkeit der Kreditnehmer für die Handlungen ihrer Vergabebehörden beseitigen würde.[1471] Vergabebehörden und Gerichte handeln in ihrem ganz normalen staatlichen Aufgabenbereich, wenn sie ein Unternehmen von einem staatlichen Projekt ausschließen.[1472] Sie erfüllen dabei bloß eine Pflicht des Staates gegenüber der Bank – soweit das nationale Recht das zulässt. Dafür gilt die EMRK.

b) Einschränkung der Kontrollfunktion des EGMR – Bosphorus

Der EGMR nimmt seine Überwachungsfunktion zurück, soweit ein anderes internationales Rechtsregime Ersatz für den Menschenrechtsschutz durch Konvention und Gerichtshof bietet.[1473] Die Voraussetzungen sind in der Rechtsprechung des EGMR mittlerweile etabliert (aa)) und liegen bei der EU regelmäßig vor (bb)). Vergleichbaren Menschenrechtsschutz gibt es bei der Weltbank nicht (cc)).

aa) Voraussetzungen nach Bosphorus und Michaud

Der EGMR versteht die EMRK soweit wie möglich im Einklang mit anderen internationalen Vereinbarungen.[1474] Das gilt nicht nur für die materiellen Konventionsgarantien, sondern auch für die Kontrollfunktion des EGMR gem. Art. 19 EMRK:[1475]

Wenn eine internationale Organisation durch materielle Regeln und ein Verfahren zur Kontrolle ihrer Einhaltung einen der EMRK gleichwertigen Schutz bietet, vermutet der EGMR seit seiner berühmten Bosphorus-Entscheidung, dass sich ein

---

1471 De Castro Meireles, S. 57 ff. plädiert allerdings für eine wohl vor allem völkerrechtlich gemeinte Verantwortlichkeit der Bank neben den Kreditnehmern; ähnliche inhaltliche Argumentation, aber eindeutig zur Haftung unter nationalem Recht: Malmendier, PPLR 2010, 135, 139 ff. Das kann dahinstehen, weil eine Haftung der Staaten unter der EMRK erst entfällt, wenn sie gar nicht mehr für das Handeln ihrer Organe verantwortlich sind, zur Kritik am EGMR, in den NATO-Fällen eine parallele Zurechnung nicht erwogen zu haben, wiederum Janik, S. 158.

1472 Zur entsprechenden Unterscheidung zwischen Pflichterfüllung und Organleihe anhand in EGMR, Behrami und Behrami ./. Frankreich sowie Saramati ./. Frankreich u.a., Rn. 151: Janik, Menschenrechtsbindung, S. 158 f.; Holzinger, S. 125 f.

1473 EGMR, Bosphorus ./. Irland, Rn. 156; EGMR, Michaud ./. Frankreich, Rn. 104, 111; Holzinger, S. 137 ff.: „judicial self-restraint". Vergleich mit der Solange-Rechtsprechung des BVerfG schon Schorkopf, GLJ 6 (2005), 1255, 1263 f.; ausführlich Milanovic, DJCIL 20 (2009), 69, 112–124.

1474 Meyer-Ladewig, Einleitung Rn. 35.

1475 Eindeutig erwähnt Art. 19 EMRK: EGMR, Michaud ./. Frankreich, Rn. 104; Janik, Menschenrechtsbindung, S. 171 ff. vermischt die materielle Rechtfertigung von Einschränkungen der Konvention (Kapitel 4 – A.III.1.c)) und die Einschränkung der Kontrolle des EGMR zu einer „Modifikation der Bindungsdichte"; die Auswirkungen der Vermutung für die Zuständigkeit des EGMR betont dagegen schon Holzinger, S. 137 f.; Cameron, S. 24 f.

Staat den Anforderungen der Konvention nicht entzieht, wenn er Verpflichtungen gegenüber der Organisation nachkommt.[1476] Der EGMR prüft insoweit die geltend gemachte Konventionsverletzung nicht mehr selbst nach.[1477] Wenn aber das potentiell alternative Forum eine mögliche Konventionsverletzung nicht gleichwertig prüfen konnte, ist für diese Kontrolle – ganz normal – der EGMR zuständig.[1478]

Die internationale Organisation muss die Konventionsrechte nicht identisch gewähren; das ginge nur durch Übernahme der EMRK und Unterwerfung der Organisation unter den EGMR; dies ist wiederum von der EMRK allgemein nicht erlaubt, weil ihr nur Staaten beitreten können.[1479] Es reicht, wenn der Menschenrechtsschutz innerhalb der Organisation und durch ihr Gericht dem Menschenrechtsschutz durch EMRK und EGMR vergleichbar ist.[1480]

Die Zurückhaltung des EGMR gilt aber nicht für Handeln oder Unterlassen, das über bloße Pflichterfüllung gegenüber der Organisation hinausgeht, insbesondere nicht für die Ausübung von Ermessens- oder Umsetzungsspielräumen.[1481]

bb) Vermutung gleichwertigen Schutzes durch EU und EuGH

Den Grundrechtsschutz durch den EuGH hält der EGMR grundsätzlich für ausreichend, auch um die Europäische Union nicht durch doppelte Kontrolle der Mitgliedsstaaten zu behindern: Der EuGH wende regelmäßig die EMRK an und schütze auch im Übrigen Grundrechte.[1482] Zwar gebe es keine Entsprechung zur Individualbeschwerde gem. Art. 34 EMRK, aber Einzelpersonen könnten den EuGH mittelbar über das Vorabentscheidungsverfahren mit ihrem Fall befassen.[1483]

1476 *EGMR,* Bosphorus ./. Irland, Rn. 156. Zu älterer Rechtsprechung der Konventionsorgane: *Holzinger,* S. 132, insb. Fn. 385; *Cameron,* S. 24; *Janik,* Menschenrechtsbindung, S. 171 ff.; Vergleich mit den ILC-Entwürfen zur Verantwortlichkeit von internationalen Organisationen: *Ryngaert,* ICLQ 60 (2011), 997, 1011 ff.

1477 *EGMR,* Bosphorus ./. Irland, 156, 166 f.

1478 *EGMR,* Michaud ./. Frankreich, Rn. 114, inhaltliche Prüfung wie bei jeder sonstigen staatlichen Maßnahme Rn. 117 ff.; schon *Cameron,* S. 25. Zu Vorgängerentscheidungen: *Lock,* S. 5 f.

1479 *Holzinger,* S. 97; der Beitritt der EU gem. Art. 6 Abs. 2 EU und Art. 59 EMRK n. F. (dazu *Obwexer,* EuR 2012, 115) ist zum Zeitpunkt dieser Arbeit noch nicht vollzogen, und ohnehin nicht ihr Gegenstand.

1480 *EGMR,* Bosphorus ./. Irland, Rn. 155.

1481 *EGMR,* Bosphorus ./. Irland, Rn. 157; *EGMR,* Matthews ./. Vereinigtes Königreich, Rn. 33; *Holzinger,* S. 130, 133 f.

1482 *EGMR,* Bosphorus ./. Irland, Rn. 159; zu verbleibenden Rechtssprechungsunterschieden: *Lock,* S. 7 ff.

1483 *EGMR,* Bosphorus ./. Irland, Rn. 160–165; ausdrücklich Art. 34 EMRK als Vergleichsmaßstab erwähnt *EGMR,* Michaud ./. Frankreich, Rn. 111, als er die Vermutung grundsätzlich erneut bestätigt. *Lock,* S. 20 ff. beschreibt das Verhältnis von EuGH und EGMR als geprägt von wechselseitigem Respekt.

Wenn der EuGH aber entgegen der Vorgaben des EU-Rechts nicht zum Zuge kommt, weil die nationalen Gerichte ihm den Fall nicht vorlegen, findet keine dem EGMR gleichwertige Kontrolle des staatlichen Handelns auf seine Vereinbarkeit mit der EMRK durch den EuGH statt; die Vermutung aus *Bosphorus* ist dann widerlegt und der EGMR prüft die Beschwerde.[1484]

cc) Unzureichender Schutz der Konventionsrechte durch die Weltbank

Die Weltbank kann die *Bosphorus*-Vermutung nicht in Anspruch nehmen. Die Einschränkung der Kontrollfunktion des EGMR gem. Art. 19 EMRK kann zwar nicht nur der EU, sondern auch allen anderen internationalen Organisationen zu Gute kommen.[1485] Von einer dem EGMR oder dem EuGH vergleichbaren allgemeinen Beschwerdeinstanz für Menschenrechtsverletzungen der Bank kann aber keine Rede sein.[1486]

Das Sanktionsregime ändert daran nichts. Es gewährt ausschließlich Rechtsschutz gegen eine Banksanktion. Über unzureichenden Rechtsschutz oder gar eine Verletzung anderer Konventionsgarantien durch das Sanktionsverfahren kann sich ein Betroffener nicht beschweren. Das *Sanctions Board* wendet die Vorgaben des Sanktionsregimes an; es überprüft nicht, ob sie menschenrechtlichen oder sonstigen Ansprüchen genügen.[1487]

Außerdem ist die Weltbank der Ansicht, sie sei abgesehen von ihren Gründungsverträgen nicht an allgemeines Völkerrecht – und damit auch nicht an möglicherweise allgemein-völkerrechtliche Menschenrechte – gebunden.[1488] Dass sie

---

1484 *EGMR,* Michaud ./. Frankreich, Rn. 114, 117 ff.; Überblick über die Anwendung der Bosphorus-Vermutung auch *EGMR,* Povse ./. Österreich, Rn. 83–87.

1485 Entsprechend offen spricht sie auch *Heuninckx,* PPLR 2012, 95, 102 für die Vergabetätigkeit internationaler Organisationen in der EU an; *Holzinger,* S. 137–139 ist, wegen der Besonderheiten der EU, skeptisch; die Gleichwertigkeit des Grundrechtsschutzes gegen Gebührenbescheide von Eurocontrol vor belgischen Gerichten nach *BVerfG,* 2 BvR 1107/77 u.a. (Eurocontrol I), BVerfGE 58, 1 bezieht sich auf den Rechtsschutz innerhalb der Bundesrepublik, nicht die EMRK. Dass die UN und der Sicherheitsrat keinen gleichwertigen Grundrechtsschutz gewährleisten, stellt der EGMR durch beredtes Schweigen klar: *EGMR,* Nada ./. Schweiz, Rn. 168 f. geht auf die Vermutung mit keinem Wort ein, zitiert aber allgemein aus Bosphorus; deutlich wird das zustimmende Sondervotum von *Malinverni, Rn.* 23; in *EGMR,* Behrami und Behrami ./. Frankreich sowie Saramati ./. Frankreich u.a., Rn. 150 f. stellte sich das Problem nicht.

1486 *Janik,* Menschenrechtsbindung, S. 281 ff. zur Unzulänglichkeit des Inspection Panels zur Menschenrechtskontrolle; auch *Hartwig,* in: MPEPIL, International Organizations or Institutions, Responsibility and Liability, Rn. 38; *Brenneis/Schmalenbach,* in: *Schroeder/Mayr-Singer,* S. 150.

1487 Kapitel 2 – A.II.3.

1488 *Schlemmer-Schulte,* in: MPEPIL, International Bank for Reconstruction and Development (IBRD), Rn. 99.

insgesamt vergleichbaren Menschenrechtsschutz gewährt wie die EMRK und der EGMR ist daher von vornherein ausgeschlossen.

c) Verhältnismäßige Einschränkung einzelner Konventionsrechte bei Erfüllung völkerrechtlicher Pflichten

Unabhängig von der Prüfungsdichte des EGMR können Einschränkungen der Konventionsrechte bei der Erfüllung von Pflichten gegenüber internationalen Organisationen materiell gerechtfertigt sein. Daran kann es spätestens seit dem Fall *Michaud* keinen Zweifel geben: Dort reichte dem EGMR zwar der innerhalb der EU konkret gewährleistete Rechtsschutz nicht aus, um gemäß *Bosphorus* auf eine eigene Kontrolle der angegriffenen Maßnahme zu verzichten, weil die französischen Gerichte den EuGH gar nicht eingeschaltet hatten; der EGMR verneinte aber nach eigener Prüfung materiell eine Konventionsverletzung.[1489]

Die Erfüllung einer völkervertraglichen Pflicht kann, wie andere staatliche Maßnahmen, einem legitimen Ziel dienen und verhältnismäßig sein. Dass internationale Zusammenarbeit auf ein legitimes Ziel gerichtet ist, wird selten problematisiert.[1490] Insbesondere kann die internationale Organisation dem Staat den Schutz der Konventionsrechte weitgehend abnehmen, indem sie materiell vergleichbaren Schutz bietet wie er:[1491] Die Fälle *Waite und Kennedy* einerseits[1492] und *Wos* andererseits[1493] zeigen, wie sehr die Intensität einer Beeinträchtigung des Rechts auf Zugang zu einem staatlichen Gericht gem. Art. 6 EMRK von der Existenz bzw. dem Fehlen

---

1489 *EGMR,* Michaud ./. Frankreich, Rn. 117–132, Widerlegung der Bosphorus-Vermutung Rn. 112–116.

1490 Krit. dazu zurecht *Alvarez,* S. 263. In *EGMR,* Waite und Kennedy ./. Deutschland, Rn. 68, 72 scheint sogar die internationale Zusammenarbeit selbst das legitime Ziel zu sein, tatsächlich hatte der EGMR aber im Fall keinen Anlass anzunehmen, die Zusammenarbeit in der ESA widerspreche der Menschenrechtskonvention. Noch weitergehend sieht *High Court of Justice,* Entico Corp. Ltd. ./. UNESCO, Rn. 26 in jeder Erfüllung völkerrechtlicher Pflichten ein legitimes Ziel.

1491 „Equivalent protection" und „reasonable alternative means" bedeuten daher zwar nicht das Gleiche, weil sich erstere Formulierung auf das gesamte Menschenrechtsschutzniveau der Organisation bezieht Kapitel 4 – A.III.1.b)aa), sind aber kaum auseinanderzuhalten, wenn nur eine Verletzung von Art. 6 EMRK in Rede steht; aA (gleichbedeutend) *Janik,* Menschenrechtsbindung, S. 176. Dass interne Streitbeilegungsmechanismen ein ausreichender Ersatz für ein nationales Gericht sind um die Immunität der Organisation zu rechtfertigen, bedeutet nicht, dass der EGMR auch davon absehen könnte, eine Verletzung von Art. 1 EMRK-ZP1 zu prüfen, wie es *EGMR,* Bosphorus ./. Irland, Rn. 153 ff. wegen des insgesamt gleichwertigen Schutzniveaus in der EU tat. Im Ergebnis laufen darauf auch die Fallgruppen hinaus, die *Janik,* Menschenrechtsbindung, S. 171–185 für die von ihr und anderen einheitlich begriffene „equivalent protection-Formel" bildet.

1492 *EGMR,* Waite und Kennedy ./. Deutschland, Rn. 68, 72.

1493 *EGMR,* Wos ./. Polen, Rn. 108–111.

alternativer Rechtsschutzmöglichkeiten abhängt.[1494] Wenn statt der staatlichen Gerichte ein anderes Forum im Wesentlichen die gleiche Arbeit erledigt, ist die Beeinträchtigung von Art. 6 Abs. 1 EMRK gering und wegen der Bedeutung internationaler Zusammenarbeit leicht gerechtfertigt.[1495] Ein völliger Verzicht auf Rechtsschutz für bestimmte Ansprüche oder gegen bestimmte Personen kann dagegen kaum verhältnismäßig sein.[1496]

2. Unanwendbarkeit der Konventionsgarantien für staatliche Strafe und Strafverfahren

Wenn die Umsetzung einer Banksanktion eine Strafe i.S.d. EMRK wäre, dürfte sie nicht geschehen, ohne dass der Nachweis der Schuld in einem ordentlichen, d.h. fairen und öffentlichen Verfahren vor einem zuständigen und auf Gesetz beruhenden, unabhängigen und unparteiischen Gericht erbracht wurde, Art. 6 Abs. 1 und 2 EMRK. Das Siebte Zusatzprotokoll[1497] gibt das Recht auf ein Rechtsmittel und verbietet doppelte Bestrafung wegen derselben Sache.[1498] Bestraft werden darf außerdem nur, was schon im Voraus gesetzlich strafbar war, Art. 7 Abs. 1 EMRK.

Nach den Kriterien des EGMR (a)) sind klassische, nationale Auftragssperren keine Kriminalstrafe i.S.d. EMRK (b)). Die Weltbank selbst ist kein Staat und hat keine Strafgewalt, so dass sie ihr Sanktionsverfahren zu Recht nicht als Strafverfahren versteht (c)). Entscheidend für die Beurteilung der möglichen Verantwortlichkeit der Kreditnehmer unter der EMRK ist nur, ob gerade die Umsetzung der Sanktion ein Unternehmen bestraft;[1499] das ist nicht der Fall, denn sie ist keine Vergeltung für vergangenes Unrecht (d)).

1494 Für das Abstellen auf Rechtsschutzalternativen zur Rechtfertigung einer Einschränkung von Art. 6 EMRK grundlegend *Reinisch*, International Organizations, S. 306 ff.; *ders.*, Chinese JIL 7 (2008), 285, 292; *Reinisch/Weber*, IOLR 1 (2004), 59, 59, 78 f.; auch *Heuninckx*, PPLR 2012, 95, 102 ff.

1495 *EGMR*, Waite und Kennedy ./. Deutschland, Rn. 68, 72. Weil der EGMR nicht wirklich nach identischem Rechtsschutz gesucht habe, kritisiert ihn *Reinisch*, International Organizations, S. 305 – wenn es um das Gewicht eines Eingriffs geht, ist die Vorgehensweise des EGMR aber konsequent.

1496 *EGMR*, Wos ./. Polen, Rn. 108–111; ähnlich, für Art. 13 EMRK: *EGMR*, Nada ./. Schweiz, Rn. 211–213.

1497 Protokoll Nr. 7 zur Konvention zum Schutz der Menschenrechte und Grundfreiheiten v. 22. 11. 1984, ETS Nr. 117, ÖBGBl. 1988 II S. 628, in der Fassung des Protokolls Nr. 11 v. 11. 5. 1994, BGBl. 1995 II S. 578 f., BGBl. 2001 II S. 231 („EMRK-ZP7").

1498 Art. 2 und 4 EMRK-ZP7.

1499 In der parallelen Diskussion zur Umsetzung von Terrorsanktionen des Sicherheitsrats unklar *Cameron*, S. 10, die Umsetzungshandlungen betonend aber S. 11; *Brenneis/Schmalenbach*, in: *Schroeder/Mayr-Singer*, S. 135 f. diskutieren nicht die Verantwortlichkeit von Staaten für ihre Umsetzungshandlungen, sondern die Menschenrechtsbindung des Sicherheitsrats.

a) Kriterien des EGMR

Kriterien des EGMR[1500] für die Einordnung einer Maßnahme als Strafe sind: „Natur und Zweck der Maßnahme, ihre Beurteilung durch das staatliche Recht, das bei der Anordnung und dem Vollzug der Maßnahme angewendete Verfahren und ihre Schwere."[1501] Diese Kriterien sind nicht kumulativ, sondern alternativ.[1502] Insbesondere gibt es keine absolute Erheblichkeitsschwelle.[1503] Auch eine wenig einschneidende Maßnahme ist Strafe im Sinn von Art. 6 EMRK, wenn ein anderes Kriterium greift.[1504]

Wenn man etwas nach seiner Natur rechtlich einordnen soll, hat man keine klare Definition vor sich, die vorhersehbare Ergebnisse liefern kann. Man könnte auch sagen, dass wir Strafe erkennen, wenn wir sie sehen.[1505] In der Tat scheint der Begriff der Strafe weitgehend selbsterklärend (aa)).[1506] Die Justizgarantien gelten aber nicht für jede Strafe, sondern nur für die staatliche Kriminalstrafe (bb)), so dass sich ihr Anwendungsbereich ausgehend vom existierenden Strafrecht der Mitgliedsstaaten durch Vergleiche und Umgehungskontrolle (cc)) präzise bestimmen lässt.

aa) Vergeltung begangenen Unrechts als Wesensmerkmal der Strafe

Der EGMR stellt maßgeblich auf den Zweck einer Maßnahme ab, wenn er über ihre Einordnung als Kriminalstrafe entscheidet: „[A] *punitive character is the customary distinguishing feature of criminal penalties* [.] "[1507]

1500 In „offenkundig [...] loser Anlehnung daran" (*Brenneis/Schmalenbach*, in: *Schroeder/Mayr-Singer*, S. 134) verfährt der Menschenrechtsausschuss für Art. 14, 15 IPbürgR: *Human Rights Committee*, General Comment 32, Rn. 15.

1501 *EGMR*, Kafkaris ./. Zypern, Rn. 142; *Cameron*, S. 10.

1502 *EGMR*, Lutz ./. Deutschland, Rn. 55; *Mayer-Ladewig*, Art. 6 EMRK Rn. 28.

1503 Eine „Schwelle des Strafrechts" findet sich dennoch auch in der gegenüber formalen Einteilungen kritischen Literatur, z.B. (zu Verwaltungssanktionen der EU) *Schwarze*, EuZW 2003, 261, 261.

1504 *EGMR*, Lutz ./. Deutschland, Rn. 54 f. stellt das ausdrücklich nochmal in Reaktion auf Kritik der deutschen Regierung an *EGMR*, Öztürk ./. Deutschland, Rn. 54 klar; *Schwarze*, EuZW 2003, 261, 264. In der Sache stimmt auch für das deutsche Recht zu: *BVerfG*, 2 BvR 518/66 (Anwaltliche Ehrengerichtsbarkeit), NJW 1969, 2192, 2194 f. zu Sanktionen in der anwaltlichen Ehrengerichtsbarkeit.

1505 Die berühmte Formulierung von *Potter Stewart* in seinem zustimmenden Sondervotum in *US Supreme Court*, Urteil v. 22. 4. 1964, Jacobellis v. Ohio, 378 U.S. 184, 197 würdigt als Anerkenntnis der Subjektivität richterlicher Entscheidungen: *Gerwitz*, S. insb. 1042; krit. zur späteren scheinbaren Objektivierung der Prüfung, was obszön ist: *Posner*, Law and Literature, S. 329, zitiert bei Black's 9th, Stichwort: obscenity.

1506 Die Zuordnung sieht einfach aus, birgt aber Überraschungen: *Schädler*, in: KK-StPO, Art. 6 EMRK Rn. 9.

1507 *EGMR*, Ziliberberg ./. Moldau, Rn. 33; deutlich auch *EGMR*, M ./. Deutschland, Rn. 130; zusammenfassend *Mayer-Ladewig*, Art. 6 EMRK Rn. 25; *Schwarze*, EuZW 2003, 261, 264; auch *Nowak*, Art. 14 ICCPR Rn. 21.

Strafe ist Vergeltung für ein begangenes Übel.[1508] Sie sorgt so für Sühne und stellt Gerechtigkeit wieder her.[1509] Die Existenz eines Strafrechts hilft zudem, künftige Regelübertretungen zu verhindern. Strafe ist also immer (auch) präventiv, aber dies ist nur ein Aspekt, nach traditioneller Ansicht sogar nur ein Nebeneffekt der Strafe.[1510] Jedenfalls kann eine Maßnahme selbst dann Strafe sein, wenn sie künftiges Unrecht verhüten soll.[1511]

bb) Anwendung der Konventionsgarantien nur auf staatliche Kriminalstrafe

Die EMRK meint mit Strafe nur die staatliche Kriminalstrafe. Vorschriften für Vergeltungsmaßnahmen unter Privaten lassen sich daraus nicht ableiten. Solche Vergeltungsmaßnahmen muss das Recht der Konventionsstaaten regeln.[1512] Die Justizgarantien verpflichten die Parteien der Konvention, ein Justizsystem nach bestimmten Voraussetzungen aufzubauen und auch dessen praktische Wirksamkeit zu sichern, insbesondere durch die Beachtung der Unschuldsvermutung.[1513]

Das Recht des Beschuldigten auf einen Dolmetscher[1514] und das Recht auf unentgeltlichen Beistand durch einen Verteidiger[1515] sind offensichtlich auf staatliche Rechtssysteme und Gerichtsorganisationen zugeschnitten.[1516] Die Unschuldsvermutung richtet sich ebenfalls unmittelbar nur an den Staat; nichtstaatliche Medien haben sie nur mittelbar zu respektieren, weil sie die Privatsphäre des Beschuldigten (Art. 8 EMRK) beachten müssen.[1517]

1508 *BVerfG*, 2 BvL 10/62, BVerfGE 22, 125, 132 = NJW 1967, 1748, 1749; zwischen Strafe an sich und Strafzweck und Bestrafung als ihren Wesensmerkmalen kann sprachlich auch *EGMR*, M ./. Deutschland, Rn. 130 kaum unterscheiden.

1509 Zu den antiken Wurzeln der Strafe als Vergeltung: *Joecks*, in: MüKo StGB, Einleitung zum Strafrecht, Rn. 48; *BVerfG*, 2 BvL 10/62, BVerfGE 22, 125, 132 = NJW 1967, 1748, 1749.

1510 *BVerfG*, 2 BvL 10/62, BVerfGE 22, 125, 132 = NJW 1967, 1748, 1749; *Joecks*, in: MüKo StGB, Einleitung zum Strafrecht, Rn. 46 ff., insb. Rn. 70 ff.; *Brenneis/Schmalenbach*, in: *Schroeder/Mayr-Singer*, S. 135 (präventive Wirkung von Strafe beruht auf Verhalten in der Vergangenheit).

1511 *EGMR*, M ./. Deutschland, Rn. 130.

1512 Art. 6 EMRK drückt Subsidiarität der Konventionsgarantien aus, weil zusammen mit Art. 35 EMRK dort die erstrangige Zuständigkeit der staatlichen Justiz festgeschrieben ist: *Mayer-Ladewig*, Art. 6 EMRK Rn. 2.

1513 *Mayer-Ladewig*, Art. 6 EMRK Rn. 2, 5, 31.

1514 Art. 6 Abs. 3 lit. e) EMRK.

1515 Art. 6 Abs. 3 lit. c) EMRK.

1516 Die Diskussion zur unmittelbaren Drittwirkung der Konvention und anderer Menschenrechtspakte muss hier daher nicht vertieft werden, zu ihr z.B. *Janik*, Menschenrechtsbindung, S. 391 ff. zum Diskussionsstand bei internationalen Organisationen; *Weisbrodt/Kruger*, in: *Alston*, S. 328 ff. zur Völkerrechtsbindung juristischer Personen. Aber zur Unschuldsvermutung sogleich, Fn. 1517.

1517 Ohne Erörterung mittelbarer oder gar unmittelbarer Drittwirkung von Art. 6 Abs. 2 EMRK kommt so aus *EGMR*, Craxi ./. Italien (No. 2), Rn. 65. Aber aA

cc) Eingeschränkter Gestaltungsspielraum der Konventionsparteien

Art. 6 und 7 EMRK regeln das Strafrecht der Konventionsparteien nicht inhaltlich, sondern setzen die Existenz eines staatlichen Strafrechts voraus. Bestimmtheitsgrundsatz und Rückwirkungsverbot schreiben ebenfalls nicht vor, welche Strafe für welche Tat angedroht sein muss.[1518] In der EMRK gibt es keinen Katalog an Verbrechen, die unbedingt unter Strafe stehen müssten.[1519] Sie verpflichtet Staaten umgekehrt nicht, nur „natürlich kriminelle" Handlungen zu bestrafen.[1520] Staaten können sogar objektive Tatsachen unter Strafe stellen, wenn sie dabei die Vorgaben der EMRK für strafrechtliche Verfahren und Verurteilungen beachten.[1521]

Die Konventionsparteien können die Konventionsgarantien für Strafverfahren auf einen bestimmten Sachverhalt anwendbar machen, indem sie eine Maßnahme formal ihrem Strafrecht zuordnen; aber sie können nicht umgekehrt strafen, ohne dass diese Garantien gelten – egal wie sie ihre Strafe nennen.[1522] Der Gestaltungsspielraum der Konventionsparteien insoweit ist also eine Einbahnstraße.[1523]

Was innerstaatlich nicht das Etikett des Strafrechts trägt, muss sich vom Strafrecht wirklich in Zielrichtung und/oder Auswirkung unterscheiden.[1524] Vergleichende Blicke in die Rechtsordnungen anderer Mitgliedsstaaten können ebenfalls helfen zu bestimmen, was die Vertragsparteien der EMRK unter „Strafe" verstehen wollten.[1525]

b) Beurteilung nationaler Auftragssperren

Zu nationalen Auftragssperren heißt es, sie könnten schon keine staatliche Kriminalstrafe i.S.d. EMRK sein, weil der Staat nicht hoheitlich handle, sondern nur auf

---

(Bindung der Medien an Art. 6 EMRK): *Mayer-Ladewig*, Art. 10 EMRK Rn. 33; *Schädler*, in: KK-StPO, Art. 6 EMRK Rn. 44.

1518 Insgesamt *EGMR*, Engel u.a. ./. Niederlande, Rn. 81.

1519 *EGMR*, Öztürk ./. Deutschland, Rn. 49.

1520 Zur Diskussion zu einer solchen Pflicht aufgrund deutschen Rechts: *Lackner/Kühl*, Rn. 2 vor § 13 StGB; *Joecks*, in: in: MüKo StGB, Einleitung zum Strafrecht, Rn. 29 ff. betont bei Rn. 33, 36 in die weitgehend rechtsphilosophische Debatte eingebettet die Gestaltungsfunktion des Gesetzgebers.

1521 Grundlegend schon *EGMR*, Engel u.a. ./. Niederlande, Urteil v. 8. 6. 1976, 5370/72 u.a., Rn. 81; deutlicher noch *EGMR*, Salabiaku ./. Frankreich, Urteil v. 7. 10. 1988, 10519/83, Rn. 27.

1522 *EGMR*, Engel u.a. ./. Niederlande, Rn. 81; *EGMR*, Öztürk ./. Deutschland, Rn. 49; *Mayer-Ladewig*, Art. 6 EMRK, Rn. 23.

1523 *EGMR*, Engel u.a. ./. Niederlande, Rn. 81 a. E.: „In short, the "autonomy" of the concept of "criminal" operates, as it were, one way only."

1524 *EGMR*, Engel u.a. ./. Niederlande, Rn. 82 für die Freiheitsentziehung; *EGMR*, M ./. Deutschland, Rn. 127 ff. vergleicht Vollzug und Zielrichtung von Strafe und Sicherungsverwahrung und findet keine ausreichenden Unterschiede.

1525 *EGMR*, M ./. Deutschland, Rn. 126; *EGMR*, Engel u.a. ./. Niederlande, Rn. 82; *EGMR*, Öztürk ./. Deutschland, Rn. 53; *EGMR*, Lutz ./. Deutschland, Urteil, Rn. 54.

künftige privatrechtliche Vertragsschlüsse verzichte.[1526] Aber auch wenn ein Staat mit den Mitteln seines Privatrechts handelt, bleibt er Staat und den Justizgarantien verpflichtet.[1527] Dieses Argument überzeugt also nicht.

Nationale Auftragssperren sollen aber nicht bestrafen, sondern nur den Auftraggeber für die Zukunft vor unzuverlässigen Auftragnehmern schützen.[1528] Zur Vergeltung begangenen Unrechts existiert neben den Regelungen des Vergaberechts das Strafrecht weiter, das Geld- und Gefängnisstrafen ermöglicht.[1529] Die US-amerikanische FAR stellt sogar ausdrücklich klar, dass eine Auftragssperre nicht eingesetzt werden darf, um die gesperrten Unternehmen zu bestrafen.[1530]

Eine nationale Auftragssperre ist nicht mit einem Schuldspruch des Betroffenen wegen einer bestimmten Verfehlung verbunden.[1531] Selbst die öffentlichen Sanktionslisten nach der US-amerikanischen FAR lassen keinen klaren und für erwiesen erachteten Vorwurf erkennen, wie es ein Schuldspruch eines Strafgerichts tun würde.[1532] Nichtkriminelles Verhalten kann dem Auftraggeber ebenso wie kriminelles zum Anlass dienen, mit dem Unternehmen künftig keine Verträge mehr abschließen zu wollen.[1533] Eine wahrscheinliche frühere Verfehlung ist ein möglicher sachlicher Ansatz für die Ermessensentscheidung des Auftraggebers über die gegenwärtige Zuverlässigkeit des Unternehmens, sie muss dazu aber nicht mit der Sicherheit eines Schuldspruchs feststehen.[1534]

c) Keine Strafe durch Banksanktion selbst

Die Bank versteht das Sanktionsverfahren als Verwaltungsverfahren („*administrative proceeding*"), das Unternehmen nicht bestrafen, sondern die Mittel der Bank schützen solle.[1535] Dass das Sanktionsverfahren ein Verwaltungsverfahren ist, lässt

---

1526 *Pietzcker* NZBau 2003, 242, 242; *Ohle/Gregoritza*, ZfBR 2003, 16, 16 f.; *Hädicke*, S. 129.

1527 Staat bleibt Staat und wird nicht privat: *Hädicke*, S. 97.

1528 *Ohrtmann*, NZBau, 2007, 201, 203; möglicherweise aA *Williams-Elegbe*, Fighting Corruption, S. 238. Zu ihnen schon oben, Einführung, C.

1529 Zur Koordination der Auftragssperre nach der FAR mit strafrechtlichen Verfahren S. *Shaw*, S. 5.

1530 48 CFR § 9.402 (b); Einführung, II.

1531 *Ohrtmann*, NZBau 2007, 201, 203 f. Kritisch zu entsprechenden Argumenten des Sicherheitsrats bzgl. seiner Terrorsanktionen: *Cameron*, S. 10; *Brenneis/Schmalenbach*, in: *Schroeder/Mayr-Singer*, S. 135 ff.

1532 Oben Einführung 0.2.

1533 Oben Einführung 0.I.2. und 0.II.1.

1534 Anders nur möglicherweise die zwingenden Ausschlussgründe bei vorheriger Verurteilung: *Williams-Elegbe*, Fighting Corruption, S. 42 f.

1535 § 1.1 PG 2011; § 1.4 CG 2011; SBD 43 (2011), Rn. 14 [LD 17]; *World Bank*, Sanctions Regime Information Note, S. 3; *ADB et al.*, General Principles and Guidelines for Sanctions, Rn. 1; Sperre sei „protective and deterrent", nicht strafend: SBD 49 (2012), Rn. 43; auch *Leroy/Fariello*, S. 8; *Malmendier*, PPLR 2010, 135, 146; *Dubois/*

sich kaum bestreiten; der Kampf gegen Korruption ist ein Teil der täglichen Arbeit der Weltbank, die sie verwalten muss. Das gilt aber entsprechend für staatliches Strafrecht; auch dieses ist ein Unterfall des öffentlichen Rechts und die Abgrenzung der Rechtsgebiete nicht selbsterklärend.[1536] Die Bezeichnung einer Maßnahme als Verwaltungssanktion erklärt nicht, welchen allgemeinen Regeln sie unterliegt.[1537]

Die Bank verhängt ihre Sanktionen für vergangenes Verhalten eines Unternehmens, das in vielen Staaten strafbar ist; Vergleiche des Sanktionsverfahrens mit einem Strafverfahren drängen sich daher auf.[1538] Außerdem nimmt sie das vergangene Fehlverhalten zum alleinigen Anlass einer Sanktion und nicht, wie staatliche Auftragssperren,[1539] nur als gewichtiges Indiz für die aktuelle Unzuverlässigkeit des Unternehmens. Das sieht nach Vergeltung aus, obgleich (auch) der allgemeine Abschreckungseffekt des Sanktionsregimes[1540] verstärkt wird. Generalprävention ist klassischer Nebenzweck von Strafe.[1541]

Nowlan, YJIL 36 (2010), 15, 17 und 25; *Daly/Fariello*, S. 103; *Thornburgh/Gainer/Walker* (2002), S. 60.

1536 *Joecks*, in: in: MüKo StGB, Einleitung zum Strafrecht, Rn. 7.

1537 Für die Verwaltungssanktionen der EU: *Schwarze*, EuZW 2003, 261, 261, 266 ff.; für die ebenfalls als administrativ bezeichneten Terrorsanktionen des Sicherheitsrats: *Cameron*, S. 10; *Brenneis/Schmalenbach*, in: *Schroeder/Mayr-Singer*, S. 135 f.

1538 *Leroy/Fariello*, S. 8; *Dubois/Nowlan*, YJIL 36 (2010), 15, 17 und 25: unorthodoxe Verbindung verschiedener Elemente nationaler Straf-, Verwaltungs- und Zivilrechtssysteme; *Prieß*, GWILR 45 (2013), 271, 273: „...the World Bank system is designated, already by its name, as a *sanctions* system.“; Vgl. auch *Thornburgh/Gainer/Walker* (2002), S. 60: „The system is not intended to fulfill its goal through employment of a punitive purpose, as in a criminal proceeding, nor through employment of a restorative purpose, as in a civil proceeding (even though restoration of losses might occasionally be accomplished as an adjunct of the sanctioning process). The purpose is aptly summarized by the term used in the Committee's name – "sanctions" – penalties that serve to ensure compliance or conformity. Compliance is achieved, in broad terms, through incapacitation in the form of debarment, and through deterrence in the form of publicizing the risk of future debarment. Compliance may also be achieved, however, through various means of forced or encouraged rehabilitation.“

1539 Einführung, 0.

1540 Das Sanktionsregime soll Korruption bei Bankprojekten allgemein unattraktiver machen: *Leroy/Fariello*, S. 5; *Boisson de Chazournes/Fromageau*, EJIL 23 (2012), 963, 975; *Zimmerman/Fariello*, S. 191.

1541 Oben Kapitel 4 – A.III.2.a)aa)aa); ähnlich *Prieß*, GWILR 45 (2013), 271, 279, der Generalprävention aber sogar für unzulässig hält. „Punishing project based corruption“ als Mittel zur effektiven Generalprävention beschreibt als wichtige Funktion des Sanktionsregimes *Hostetler*, YHRDLJ 14 (2011), 231, 239 f.; für die Verwaltungssanktionen der EU: *Schwarze*, EuZW 2003, 261, 267, gegen die Anwendung allgemeiner Grundsätze eines fairen Verfahrens ohne Einordnung als Strafe durch u.a. *EuGH*, Baustahlgewebe ./. Kommission, Rn. 20 f.

Die Möglichkeiten zur Sanktion unter Bedingungen[1542] mildern den formalen Unterschied zu nationalen Vergabesperren ab. Das in SBD 53 ausgesprochene *conditional non-debarment* zeigt deutlich, dass ein Unternehmen im Sanktionsregime der Weltbank nicht allein zur Vergeltung früheren Unrechts gesperrt wird, soweit die Gefahr erneuter Verfehlungen gering gehalten werden kann.[1543] Die Weltbank will außerdem durch ihr Sanktionsregime kein Weltbankstrafrecht schaffen,[1544] sondern setzt trotz Anlaufschwierigkeiten darauf, dass die Kreditnehmer eigene Ermittlungen durchführen und ggf. aufgrund ihrer eigenen Gesetze eine Strafe verhängen.[1545]

Eine staatliche Kriminalstrafe i.S.d. Art. 6 EMRK könnte die Weltbank schon alleine deshalb nicht aussprechen, weil sie kein Staat ist.[1546]

d) Keine Strafe durch Umsetzung der Banksanktion

Durch die staatliche Umsetzung wird aus der Banksanktion keine (staatliche) Kriminalstrafe. Wirkung und Zielrichtung des Ausschlusses eines Unternehmens durch den Staat auf Wunsch der Bank bei einzelnen Projekten entsprechen vielmehr vollständig der oben, b), angesprochenen autonomen (nationalrechtlichen) Vergabesperre.

Dass die Banksanktion schwerwiegende Folgen für das Unternehmen haben kann,[1547] macht aus dem Ausschluss von einem Bankprojekt noch keine Strafe: Selbst wenn dem Unternehmen ein potentiell sehr lukrativer Auftrag entgeht; nicht jede folgenreiche staatliche Maßnahme ist (nach den Kriterien oben a)) eine Kriminalstrafe.

1542 Kapitel 3 – A.III.1.

1543 Die zwischenzeitliche Veränderung der Unternehmensidentität war ein maßgeblicher Grund für die niedrige Sanktion für das schon sehr lange zurückliegende Fehlverhalten, Kapitel 3 – B.VIII.3. Immer noch unzureichend findet die Berücksichtigung von Selbstreinigungsmaßnahmen *Prieß,* GWILR 45 (2013), 271, 282.

1544 *Leroy/Fariello,* S. 8; *Dubois/Nowlan,* YJIL 36 (2010), 15, 17 und 25; Beweismaß und Zweck der Sanktion lassen das Sanktionsregime präventiv erscheinen: *Boisson de Chazournes/Fromageau,* EJIL 23 (2012), 963, 972 ff.

1545 Übersicht über solche „Referrals" im Fiskaljahr 2012: *INT,* Annual Report 2012, S. 49 ff.; zur Entwicklung dieser Praxis: *Boisson de Chazournes/Fromageau,* EJIL 23 (2012), 963, 971; zu möglichen Problemen mit der Verwendung der Bankinformationen als Beweise in Strafverfahren *ebd.,* S. 973 und *ebd.,* S. 980 zur Problematik, dass die Weltbank die korrupten Amtsträger nicht sanktionieren kann. *Williams-Elegbe,* Fighting Corruption, S. 68: Banksanktionen helfen, sicherzustellen, dass Korruption bestraft wird.

1546 Auch *Oberdorfer/Friedmann,* GovContrMag Vol. 19, No. 18 (2006), S. 2 unterscheiden eine „criminal prosecution" von den Banksanktionen, die sie sogar „penalties" nennen.

1547 *Baghir-Zada,* S. 186; *Nichols,* ABLJ 49 (2012), 325, begleitender Text zu Fn. 127; *Daly/Fariello,* S. 103 f.; zurückhaltend zu recht *Leroy/Fariello,* S. 29: ernsthafte Folgen, aber kein Freiheitsentzug.

3. Recht auf Zugang zu Gericht für zivilrechtliche Ansprüche gegen den Kreditnehmer wegen des Ausschlusses

Wenn sich aus der Umsetzung der Sanktionsentscheidung vertretbar (d)) ein zivilrechtlicher (c)) Anspruch gegen den Kreditnehmer herleiten lässt, hat das Unternehmen gem. Art. 6 Abs. 1 EMRK Anspruch auf gerichtlichen Rechtsschutz. Unterlegene oder ausgeschlossene Bieter können gegen den Kreditnehmer zivilrechtliche Ansprüche auf chancengleiche Teilnahme am Projekt oder auf Schadensersatz wegen eines rechtwidrigen Ausschlusses haben (a)). Wenn das Sanktionsregime aber sicherstellt, dass der Ausschluss des Unternehmens sachlich gerechtfertigt ist, dürfen sich die Kreditnehmer der Bank in der Regel auf diese Beurteilung verlassen (b)).

a) Verbot willkürlichen Ausschlusses

Die Bindung eines Staates an einen allgemeinen Gleichheitssatz – egal ob nach seiner Verfassung, einfachem Recht oder Völkerrecht – verbietet ihm die willkürliche Benachteiligung oder Bevorzugung einzelner Unternehmer.[1548] Ein solches Verbot willkürlicher Ungleichbehandlung ergibt sich insbesondere aus Art. 1 Abs. 2 des Zwölften Zusatzprotokolls zur EMRK[1549] für derzeit 18 Mitglieder des Europarats:[1550] Danach darf niemand von einer Behörde diskriminiert werden. Diskriminierung in diesem verbotenen Sinn ist jede Ungleichbehandlung ohne sachliche und vernünftige Rechtfertigung.[1551]

Möglicherweise gibt das nationale Recht der Kreditnehmer Unternehmen weitergehend einen Anspruch auf chancengleiche Teilhabe an staatlichen Auftragsvergaben, etwa im Rahmen der Freiheit unternehmerischer Betätigung.[1552] Es kann auch, theoretisch, Unternehmen einen Anspruch gewähren, dass das Vergabeverfahren

---

1548 *Glahs,* in: *Messerschmidt/Voit,* Teil I. G., Rn. 110–120 für Art. 3 GG und möglicherweise auch den europarechtlichen Grundfreiheiten.

1549 Protokoll Nr. 12 zur Konvention zum Schutz der Menschenrechte und Grundfreiheiten v. 4. 11. 2000, ETS Nr. 177 („EMRK-ZP12").

1550 Allgemein, mit Stand 2010, *Meyer-Ladewig,* Art. 14 Rn. 3 f.; u.a. ist das Zusatzprotokoll auch für das IBRD-Nehmerland Rumänien (oben Fn. 1451) in Kraft: *Vertragsbüro des Europarats,* Protokoll Nr. 12 (SEV-Nr. 177), Unterschriften und Ratifikationsstand, http://conventions.coe.int/Treaty/Commun/ChercheSig.asp?NT=177&CM=8&DF=&CL=GER (21.02.2013). Art. 14 EMRK ist dagegen nur zu anderen Konventionsgarantien akzessorisch: *Meyer-Ladewig,* Art. 14 Rn. 1, 5 ff.

1551 *Meyer-Ladewig,* Art. 1 EMRK-ZP12 unter Verweis auf entsprechende Rechtsprechung zu Art. 14 EMRK.

1552 Für die streitige Diskussion um einen Eingriff deutscher Auftragssperren in Art. 12 GG: *Fehling,* in: *Pünder/Schellenberg,* § 97 GWB Rn. 128; dafür *Hädicke,* S. 158–160; mit guten Gründen dagegen *Pietzcker* NZBau 2003, 242, 244 f.

rechtmäßig abläuft; dann haben sie auch das Recht darauf, dass ein Gericht die Rechtmäßigkeit des Vergabeverfahrens und ihres Ausschlusses davon überprüft.[1553]

Selbst wenn das Vergaberecht eines Staates keinen Primärrechtsschutz gegen den Ausschluss vorsieht, sind nach der möglicherweise irregulären Vergabe eines Auftrags Schadensersatzansprüche gegen den Staat denkbar.[1554]

b) Sanktionsentscheidung der Bank als potentiell sachlicher Grund für Ausschluss

Früheres schweres Fehlverhalten eines Unternehmens ist ein sachlicher Grund, um mit diesem keine Verträge schließen zu wollen; es steht daher Ansprüchen des Unternehmens wegen des Ausschlusses entgegen.[1555] Der Vorwurf des Fehlverhaltens ist aber nur ein Vorwand, wenn er nicht sachlich und ernsthaft geprüft wird.[1556] Nationale Auftragssperren verlangen insbesondere in aller Regel die vorherige Anhörung des betroffenen Unternehmens.[1557]

Ein Wunsch der Weltbank ist nicht für sich genommen ein sachlicher Grund für den Ausschluss beliebiger Unternehmen. Dass die Weltbank eine internationale Organisation ist, schließt nicht aus, dass sie willkürlich handelt oder Fehler macht.[1558] Die Konventionsparteien dürfen die EMRK nicht unterlaufen können, indem sie Willkür delegieren.[1559]

Soweit das Sanktionsverfahren der Weltbank grundsätzlich sicherstellt, dass Unternehmen nur mit gutem Grund gesperrt werden, ist eine Entscheidung der Weltbank aufgrund ihres Sanktionsverfahrens aber ein sachlicher und vernünftiger Anlass für den Ausschluss des gesperrten Unternehmens. Die reibungslose Kooperation mit der Bank rechtfertigt es dann, die Gründe für den Ausschluss nicht in

---

1553 So das EU-Vergaberecht oberhalb der Schwellenwerte (*Glahs,* in: *Messerschmidt/ Voit,* Teil I. G., Rn. 106) das allerdings für Vergaben nach den Vorgaben internationaler Organisationen nicht gilt, oben Fn. 1454. Der Ausschluss von Unternehmen unter der FAR steht zwar weitgehend im Ermessen der Behörde, aber die Einhaltung des formalen Verfahrens kann gerichtlich kontrolliert werden, auch willkürliche Entscheidungen können aufgehoben werden, 5 USC § 706(2)(A); *Dubois,* UChiLF 2012, 195, 214.

1554 Für Deutschland: *Sterner,* NZBau 2001, 423, 426 f.

1555 Zu Art. 3 GG: *Pietzcker* NZBau 2003, 242, 243; *Hädicke,* S. 102.

1556 *Pietzcker* NZBau 2003, 242, 243: Art. 3 GG verlangt unterschiedliche Verfahrensanforderungen für die Überprüfung des Vorwurfs je nach Auftragshöhe; insgesamt zum deutschen Recht auch *Ohrtmann,* NZBau 2007, 201, 203 f.; *Opitz,* in: *Dreher/ Motzke,* § 97 GWB Rn. 43.

1557 Einführung, C.

1558 *Alvarez,* S. 263 allgemein zu internationalen Organisationen.

1559 Allgemein zur fortbestehenden Bindung trotz Erfüllung völkervertraglicher Pflichten oben Kapitel 4 – A.III.1.

jedem Einzelfall nachzuprüfen.[1560] Das Sanktionsregime dient einem legitimen Ziel, der Erfüllung der treuhänderischen Pflichten der Bank und der Bekämpfung von Korruption in der Entwicklungshilfe.[1561] Das Sanktionsregime ist aber sinnlos, wenn die Sanktionsentscheidungen nicht zuverlässig umgesetzt werden.

c) Zuordnung möglicher Ansprüche zum Zivilrecht

Ein Anspruch auf chancengleiche Teilnahme an einem Bankprojekt wäre zivilrechtlich i.S.d. Art. 6 Abs. 1 EMRK. Was ein zivilrechtlicher Anspruch ist, bestimmt der EGMR autonom danach, ob er für private Rechte und Verpflichtungen entscheidend ist.[1562] Die Abgrenzung ist gelegentlich schwer vorhersehbar.[1563] Zivilrechtlich eingeordnet sind mittlerweile fast alle Verwaltungs- und Sozialstreitigkeiten, nicht aber Steuer- und Zollstreitigkeiten.[1564] Zumindest für deutsche Juristen hat die Zuordnung des Vergaberechts zum Privatrecht eine lange Tradition.[1565] Der Abschluss von Dienst- oder Werkverträgen durch den Staat ist jedenfalls nicht hoheitlich genug, um ihn auf eine Stufe mit dem Steuerrecht zu stellen, dem harten Kern hoheitlicher Tätigkeit[1566] zuzuordnen und so von Art. 6 EMRK auszunehmen.

Schadensersatzansprüche nach einem möglicherweise rechtswidrigen Ausschluss wären selbst dann zivilrechtlich, wenn das Vergaberecht es nicht wäre: Staatshaftungsansprüche sind nach Rechtsprechung des EGMR auch dann zivilrechtlich i.S.d. Art. 6 Abs. 1 EMRK, wenn öffentlich-rechtliche Fragen zugrunde liegen.[1567]

d) Zugang zu Gericht schon bei vertretbar begründbarem Bestehen eines Anspruchs

Um das Recht auf Zugang zu Gericht zu eröffnen, muss der Anspruch nicht tatsächlich bestehen, denn darüber soll das Gericht gerade entscheiden; es reicht, wenn der Anspruch vernünftigerweise begründbar ist.[1568] Es ist zwar bisher noch nicht ersichtlich vorgekommen, aber auch nicht völlig ausgeschlossen, dass ein Unternehmen seine Sanktion durch die Weltbank und ihren Vollzug durch den Kreditnehmer für willkürlich hält, und dafür greifbare Anhaltspunkte hat. Wie wahrscheinlich es ist,

---

1560 Zur Kontrolle der Entscheidungen internationaler Organisationen nur in Ausnahmefällen: *Schermers/Blokker,* § 1353.
1561 Kapitel 1 – B.II.
1562 *EGMR,* Ferrazzini ./. Italien, Rn. 27.
1563 *Brenneis/Schmalenbach,* in: *Schroeder/Mayr-Singer,* S. 138 f.; Überblick über die Kasuistik bei *Mayer-Ladewig,* Art. 6 EMRK, Rn. 17.
1564 *Mayer-Ladewig,* Art. 6 EMRK Rn. 14, 18; *EGMR,* Ferrazzini ./. Italien, Rn. 25, 30; *EGMR,* Emesa Sugar ./. Niederlande, unter D.
1565 *Fehling,* in: *Pünder/Schellenberg,* § 97 GWB Rn. 37–39.
1566 Zum „harten Kern" *EGMR,* Ferrazzini ./. Italien, Rn. 29.
1567 *Meyer-Ladewig,* Art. 6 EMRK Rn. 17; *EGMR,* Herbst ./. Deutschland, Rn. 55.
1568 *Meyer-Ladewig,* Art. 6 EMRK Rn. 8, 11.

dass solche Ansprüche vertretbar begründbar sind, hängt davon ab, inwieweit das Sanktionsregime sicherstellen kann, dass eine Sperre sachlich gerechtfertigt ist. Das müssen die folgenden beiden Kapitel zeigen.

4. Subsidiarität des Rechts auf wirksame Beschwerde

Gegen eine mögliche Verletzung des Gleichheitssatzes des Zwölften Zusatzprotokolls der EMRK muss es gem. Art. 13 EMRK wirksamen Rechtsschutz auf staatlicher Ebene geben. Wirksamen Rechtsschutz müssen die Konventionsparteien gewähren, wenn eine Verletzung der Konvention vernünftig begründbar ist.[1569]

Ein Rechtsbehelf ist wirksam, wenn er die Konventionsverletzung verhindern, unterbinden, oder für angemessene Wiedergutmachung sorgen kann.[1570] Der EGMR bezog sich ausdrücklich auf die *Kadi*-Entscheidung des EuGH,[1571] als er feststellte, dass Rechtsschutz gegen eine Maßnahme nicht allein deshalb ausscheiden müsse, weil die Maßnahme eine Resolution des Sicherheitsrats unter Kapitel VII der UN-Charta umsetzt.[1572] Was sogar für die Wahrung des Weltfriedens gilt, muss erst recht für andere Pflichten gegenüber einer internationalen Organisation gelten.

Art. 13 EMRK ist aber subsidiär zum Recht auf gerichtlichen Rechtsschutz. Weil ein möglicher Anspruch wegen willkürlichen Ausschlusses vom Bankprojekt zivilrechtlich wäre, greift dafür immer auch Art. 6 Abs. 1 EMRK ein und verdrängt Art. 13 EMRK.

5. Einschränkung der Umsetzungspflicht zugunsten des Anspruchs auf Rechtsschutz

Es ist zweifelhaft, ob sich eine Pflichtenkollision zwischen dem Kreditvertrag und der EMRK durch einschränkende Auslegung der Umsetzungspflicht lösen ließe. Abgesehen von dem seltenen Vorrang einer Norm des zwingenden Völkerrechts gegenüber anderen Pflichten oder einer ausdrücklichen Subsidiaritätklausel lässt sich eine Pflichtenkollision im Völkerrecht nur durch Auslegung der sich widersprechenden Regeln beseitigen; gelingt dies nicht, ist der widersprüchlich Verpflichtete in einer Zwickmühle.[1573]

Der Kreditvertrag lässt ausdrücklich nicht den Einwand zu, seine Regelungen verstießen gegen die Bankstatuten.[1574] Theorien zur Menschenrechtsbindung der

---

1569 *EGMR*, Nada ./. Schweiz, Rn. 207 f.
1570 *Meyer-Ladewig*, Art. 13 EMRK Rn. 11.
1571 *EuGH*, Kadi und Al-Barakaat International Foundation ./. Rat und Kommission.
1572 *EGMR*, Nada ./. Schweiz, Rn. 212; zum Rechtsschutz nach der EMRK gegen Terrorismussanktionen umfassend *Cameron*, S. 7 ff.
1573 *Matz-Lück,* in: MPEPIL, Treaties, Conflicts between, Rn. 18 ff.; *Milanovic,* DJCIL 20 (2009), 69, 69; *Holzinger*, S. 69 f.
1574 *IBRD*, General Conditions for Loans, § 8.01.

Bank über ihr eigenes, ggf. ergänzend ausgelegtes institutionelles Recht[1575] können somit eine Weigerung des Staates, auf gerichtliche Kontrolle zu verzichten, nicht rechtfertigen. Andererseits verlangen die Vergaberichtlinien auch nicht eindeutig und ausdrücklich die Umsetzung einer Sanktion sogar unter Verstoß gegen anwendbare Menschenrechte.[1576] Sinn und Zweck des Sanktionsregimes kann kaum die Verweigerung völkerrechtlich gebotenen Rechtsschutzes sein – zumindest wenn das Unternehmen seinen Anspruch nicht aus möglicherweise großzügigen Besonderheiten nationalen Rechts, sondern aus dem allgemeinen rechtsstaatlichen Verbot staatlicher Willkür ableitet.

Käme es zu einem Rechtsstreit zwischen Bank und Kreditnehmer, wäre sein Ausgang ungewiss: Streitigkeiten über Verpflichtungen aus dem Kreditvertrag soll ein Schiedsgericht entscheiden, das nicht an die Grundsätze des Völkerrechts, und

---

1575 Das Thema ist umfassend diskutiert. Erschöpfend zur Diskussion allgemein *Janik*, Menschenrechtsbindung, S. 310–388, speziell zu den Statuten der Bank und den Kooperationsabkommen mit der Bank schlussendlich ablehnend *Janik*, Menschenrechtsbindung, S. 337–344 (vgl. aber *Ghazi* S. 119: Direktoren sind an Menschenrechte gebunden und müssen auch Bankstatuten menschenrechtskonform interpretieren; überzeugend vorsichtig zustimmend schon *Simma/Alston*, S. 100 f.). Weil aber das Recht einer internationalen Organisation primär ihr Gründungsvertrag ist, gehören auch die Nachfolge- und Hypothekenkonstruktionen in staatliche Menschenrechtsverpflichtungen (wiederum umfassend *Janik*, Menschenrechtsbindung, S. 390–423 und im Wesentlich auch S. 427–430, wenn auch unter anderer Überschrift, in der Sache auch *Ghazi* S. 119, 133; *Tomuschat*, S. 98) hierher, und der Bezug über Gründungsvertrag erledigt auch zumindest weitgehend den vermeintlichen Einwand der Relativität des Völkerrechts, dem *Janik*, Menschenrechtsbindung, S. 412 zustimmt. Auch die Menschenrechtsverpflichtungen, die Teil des Rechts jeder internationalen Organisation als dessen allgemeine Rechtsgrundsätze sein können scheiden eben deswegen aus, zu ihnen *Schermers/Blokker*, §§ 1575 f., § 1336 f.; *EuGH*, Nold ./. Kommission, Rn. 13; zur Entwicklung in der EU: *Schorkopf*, in: *Grabitz/Hilf/Nettesheim*, Art. 6 EUV Rn. 12 f.; ob *Janik*, Menschenrechtsbindung, S. 488–528 in allgemeinen Rechtsprinzipien eine Menschenrechtsbindung unabhängig vom Recht der Organisation selbst sieht, wird leider nicht ganz klar; zum „Prinzipienweg" im allgemeinen Völkerrecht von *Simma/Alston*, AYBIL 1988, 82, 82 ff., auf den sich auch *Janik* a.a.O., insb. S. 494 ff. stützt, selbstkritisch *Simma*, in: FS Hafner, S. 741. Zu Bindung an Menschenrechte aus Völkergewohnheitsrecht umfassend *Janik*, Menschenrechtsbindung, S. 424–487; allgemein kritisch *Koskenniemi*, S. 388–467; *Higgins*, S. 18–22, 105 ff.; aufgeschlossen *Clapham*, S. 85–108.

1576 Wenn der Sicherheitsrat für die Umsetzung seiner Resolutionen einen Verstoß gegen Menschenrechte nicht ausdrücklich verlangt, unterstellt ihm der EGMR nicht, er habe eine so weitgehende Umsetzungspflicht statuieren wollen: *EGMR*, Al-Jedda ./. Vereinigtes Königreich, Rn. 102; dazu *Milanovic*, EJIL 23 (2012), 121, 137 f.; wieder *EGMR*, Nada ./. Schweiz, Rn. 171 f., 212.

schon gar nicht an den Katalog des Art. 38 IGH-Statut, gebunden ist.[1577] Zu einer Pflichtenkollision kommt es nicht, soweit das Recht auf Zugang zu Gericht im Interesse des Sanktionsregimes wie oben, 1.c), erläutert, eingeschränkt werden kann.

6. *Rechtfertigung einer Einschränkung des Zugangs zu Gericht*

Das Recht auf Zugang zu Gericht ist grundsätzlich unter Wahrung der Verhältnismäßigkeit einschränkbar, wenn dies zur Erreichung eines legitimen Ziels erforderlich ist. Das Gewicht des Eingriffs hängt maßgeblich davon ab, ob und inwieweit alternativer Rechtsschutz zur Verfügung steht, oben 1.c).

Das Sanktionsregime dient legitimen Zielen und die Umsetzung der Sanktionsentscheidungen durch die Kreditnehmer ohne Kontrolle im Einzelfall ist für das Funktionieren des Sanktionsregimes erforderlich (schon oben I.). Ob die Einschränkung auch angemessen ist, hängt von der Qualität des Rechtsschutzes im Sanktionsregime ab, die Gegenstand der folgenden beiden Kapitel ist. Je besser der Rechtsschutz im Sanktionsregime, desto reibungsloser wird die Umsetzung der Sanktion auch durch die Kreditnehmer.

B. Immunität der Bank

Neben oder statt des Vorgehens gegen den Kreditnehmer können sich gesperrte Unternehmen vor Gericht auch unmittelbar gegen die Bank wenden, um die Rücknahme einer aus ihrer Sicht unberechtigten Sanktion, und/oder Schadensersatz zu verlangen. Zwar sind internationale Organisationen vor nationalen Gerichten im Allgemeinen und grundsätzlich immun. Erfolgreiche Klagen gegen MDBs wegen ihrer Sanktionspraxis stehen, soweit ersichtlich, noch aus.[1578] Ob die Bank für ihre Sanktionspraxis Immunität genießt, ist aber bereits im Grundsatz fraglich, weil die Gründungsverträge der Bank weitgehend Klagen zuzulassen scheinen (I.). Soweit die Bank Immunität beanspruchen kann, droht dem Forumstaat, wie oben A.III dem Kreditnehmer bei Umsetzung der Sanktionsentscheidungen, eine Kollision mit seiner menschenrechtlichen Pflicht, umfassenden gerichtlichen Rechtsschutz für alle zivilrechtlichen Ansprüche zu gewähren (II.). Gerichtsähnlicher Rechtsschutz bereits im Sanktionsverfahren löst auch dieses Problem im besten Interesse aller Beteiligten (III.).

[1577] *IBRD*, General Conditions for Loans, § 8.04; *Head*, AJIL 90 (1996), 214, 220; die historische Bedeutung des Völkerrechts für die Praxis internationaler Schiedsgerichte auch ohne ausdrückliche Rechtswahlklausel betont allerdings *Pellet*, in: *Zimmermann u.a.*, Art. 38 IGH-Statut *Rn.* 5.

[1578] Zumindest wusste die Bank 2010 von keinen, zumindest nicht unmittelbar gegen die Banken wegen Rufschädigung: *World Bank*, Mutual Enforcement of Debarment Decisions, S. 5.

I. Immunität der Bank für ihre Sanktionstätigkeit

Die Weltbank darf für ihr Sanktionsregime nicht vor Gerichten ihrer Mitgliedsstaaten zur Verantwortung gezogen werden. Die Gründungsverträge der Bank sehen zwar eine scheinbar umfassende Klagemöglichkeit Privater vor (1.). Die Meinung über die Auslegung der Statuten kann unter einzelnen nationalen Gerichten auseinandergehen; sie können über die Immunität der Bank befinden, ohne vorher eine zentrale Auslegungsinstanz konsultieren zu müssen (2.). Es entspricht aber gängiger Staatenpraxis, internationalen Organisationen Immunität zu gewähren, soweit dies zur Erfüllung ihrer Aufgaben notwendig ist. Auch die Klagemöglichkeit Privater nach den Statuten der Bank ist nur eine wichtige Ausnahme zur unausgesprochenen und grundsätzlichen Immunität der Weltbank.

Klagen gegen die Bank sind nur ausnahmsweise zulässig, soweit die Bank verklagbar sein muss, um ihre ungestörte Arbeit zu ermöglichen. Für das Sanktionsregime ist Immunität nötig (3.). Die Immunität der Bank steht nicht unter der Bedingung, dass sie anderweitigen Rechtsschutz gewährt (4.). Ein Verzicht der Bank auf ihre Immunität ist möglich, muss aber im Einzelfall konkret vorliegen (5.).

1. Wortlaut der Bankstatuten

Die Statuten der Bank ordnen, wie bei internationalen Finanzinstitutionen üblich,[1579] keine umfassende Immunität der Bank vor Gerichtsverfahren an. Sie regeln vielmehr die Stellung der Bank in gerichtlichen Verfahren und gehen grundsätzlich davon aus, dass die Bank von Privatpersonen verklagt werden kann:

> „Actions may be brought against the Bank only in a court of competent jurisdiction in the territories of a member in which the Bank has an office, has appointed an agent for the purpose of accepting service or notice of process, or has issued or guaranteed securities. No actions shall, however, be brought by members or persons acting for or deriving claims from members. The property and assets of the Bank shall, wheresoever located and by whomsoever held, be immune from all forms of seizure, attachment or execution before the delivery of final judgment against the Bank."[1580]

Dem entspricht das für die Weltbank gleichlautende[1581] Übereinkommen über die Vorrechte der UN-Sonderorganisationen („UNSOVorRÜbk"),[1582] das die anderweitige Immunität der Bank weder modifizieren noch einschränken soll.[1583]

1579 *Reinisch*, International Organizations, S. 164.
1580 Art. VII § 3 IBRD; in Art. VIII § 3 IDA heißt es „Association" statt „Bank".
1581 Art. 37 UNSOVorRÜbk i. V. m. § 1 Annex VI (IBRD) und § 1 Annex XIV (IDA) UNSOVorRÜbk.
1582 Abkommen über die Vorrechte und Befreiungen der Sonderorganisationen der Vereinten Nationen vom 21. November 1947, 33 UNTS 261 (BGBl. 1954 II S. 640).
1583 § 3 Annex VI (IBRD) und § 3 Annex XIV (IDA) UNSOVorRÜbk.

2. Auslegung der Bankstatuten

Die Entscheidung des nationalen Gerichts über die Immunität der Bank lässt sich schwer vorhersagen. Sie kann unterschiedlich ausfallen, je nachdem, vor welchen Gerichten sie problematisch wird. Für die Bank ist zwar manchmal von einer Auslegungshoheit des Direktoriums die Rede (b)) und auch der IGH kann sich zu Immunitäten äußern (a)). Aber eine zentrale Instanz, die nationale Gerichte konsultieren müssten, bevor sie über die Immunität der Bank befinden, gibt es nicht (c)). Immunität internationaler Organisationen ist aber ein Problem des Völkerrechts, das sich mit den Mitteln des Völkerrechts lösen lässt (d)).

a) Gutachten des IGH nur auf Wunsch der Bank

Kommt es zwischen einem Staat und einer Sonderorganisation zu einem Streit über die Auslegung des UNSOVorRÜbk, sollen die Parteien grundsätzlich ein Gutachten des IGH beantragen und als verbindliche Entscheidung akzeptieren.[1584] Ein solches Gutachten entspricht im Ergebnis der Wirkung einer streitigen Entscheidung des IGH; insbesondere kann ein Gutachten die Völkerrechtswissenschaft über Jahre beschäftigen und Vorbildwirkung für ähnliche Streitfragen entfalten.[1585]

Die Weltbank schränkt die Autorität des IGH aber zulässigerweise ein.[1586] Sie will ihm nur Streitigkeiten über Vorrechte unterbreiten müssen, die sich ausschließlich aus dem Vorrechteübereinkommen ergeben und nicht zugleich aus den Gründungsverträgen der Bank oder anderweitig.[1587] Statt der umfassenden allgemeinen Immunitätsklausel des Vorrechteübereinkommens,[1588] gilt für die Bank eine wörtliche Entsprechung zur Immunitätsklausel der Bankstatuten.[1589] Für ein streitiges Gutachten des IGH zur Immunität der Bank bleibt also kaum Raum.[1590]

Ein Gutachten über Angelegenheiten der Sonderorganisationen der UN ist nur auf Antrag der Organisation zulässig, Art. 96 UN-Charta und Art. 65 IGH-Statut. Das ändert das Vorrechteübereinkommen nicht, denn auch dessen Art. IX § 32 statuiert kein Initiativrecht des staatlichen Kontrahenten. Freiwillig und mit Einwilligung

---

1584 Art. IX § 32 UNSOVorRÜbk.

1585 *Schermers/Blokker*, § 1369 f.; *Janik*, Menschenrechtsbindung, S. 331; das IGH-Gutachten bezeichnet als typischen Weg zur Beilegung von Streitigkeiten zwischen Staaten und internationalen Organisationen: *Reinisch*, International Organizations, S. 130.

1586 Art. X § 37 UNSOVorRÜbk.

1587 § 2 Annex VI UNSOVorRÜbk (IBRD) und wortgleich § 2 Annex XIV UNSOVorRÜbk (IDA).

1588 Art. III § 4 UNSOVorRÜbk.

1589 Vgl. § 1 Annex VI UNSOVorRÜbk (IBRD) bzw. § 1 Annex XIV UNSOVorRÜbk (IDA) und Art. VII § 3 IBRD-Abkommen bzw. Art. VIII § 3 IDA-Abkommen.

1590 Das schließt eine Entscheidung des IGH nicht völlig sicher aus: *Schermers/Blokker*, § 1367 zu den Gutachten über die Westsahara, die Mauer um Palästina und die Unabhängigkeit des Kosovo.

der Generalversammlung kann die Bank den IGH theoretisch um die Interpretation all ihrer Immunitäten bitten, Art. 96 Abs. 2 UN-Charta.[1591] Bevor sie das tut, wird sie aber aller Voraussicht nach das im Folgenden beschriebene Verfahren zur Klärung von Meinungsverschiedenheiten über die Auslegung der Bankstatuten anwenden.[1592] Praktisch sind Streitigkeiten über die Immunität einer internationalen Organisation ohnehin selten.[1593]

b) Interpretation der Gründungsdokumente durch Bankorgane

Wenn die Auslegung der Bankstatuten zwischen der Bank und ihren Mitgliedern oder unter den Mitgliedern unklar ist, entscheiden die Direktoren der Weltbank; gegen deren Entscheidung kann noch der Gouverneursrat angerufen werden kann.[1594] Bei Meinungsverschiedenheiten zwischen der Bank und ausgeschiedenen Mitgliedern soll ein Schiedsgericht entscheiden.[1595]

Direktoren und Gouverneursrat können offen nach politischer Zweckmäßigkeit entscheiden und sind flexibler als ein justizförmiges Organ; sie müssen nicht auf ihren eigenen früheren Willen und den Vertragstext Rücksicht nehmen, wie es ein normaler Rechtsanwender tun müsste; sie können Lücken flexibel schließen.[1596]

Das Direktorium und der Gouverneursrat können die Statuten der Bank zwar auslegen, wenn sie befragt werden.[1597] Weil die Entscheidungskompetenz eine kontroverse Zweifelsfrage voraussetzt, verlangen die Gründungsverträge der Bank aber nicht von Bank und Mitgliedern, dass sie sich über die Auslegung der Bankverträge überhaupt keine eigene Meinung bilden und immer zuerst das Direktorium befragen.[1598] Umgekehrt ist ein echter Rechtsstreit nicht nötig, sondern soll durch die

---

1591 *Janik*, Menschenrechtsbindung, S. 330.

1592 *Hudes/Schlemmer-Schulte*, ILSAJICL 15 (2009), 501, 513.

1593 *Reinisch*, International Organizations, S. 128.

1594 Art. IX (a) und (b) IBRD-Abkommen, Art. X (a) und (b) IDA-Abkommen.

1595 Art. IX (c) IBRD-Abkommen, Art. X (c) IDA-Abkommen.

1596 *Schermers/Blokker*, § 1355; krit. *Hudes/Schlemmer-Schulte*, ILSAJICL 15 (2009), 501, 513, aber es sollen auch für sie die gewohnheitsrechtlich anerkannten Auslegungsregeln gelten.

1597 Allerdings haben die Direktoren insgesamt 12 informelle Auslegungsbeschlüsse gefasst, sind in den 1960er Jahren aber dazu übergegangen, die Rechtsmeinung des General Counsel zu billigen, *Schlemmer-Schulte*, in: MPEPIL, International Bank for Reconstruction and Development (IBRD), Rn. 19, 99. Zur Verbindlichkeit der so gebilligten Rechtsmeinung für die Organe der Bank schon oben, Kapitel 2 – A.I.3.a) aa). Die Mitglieder der Bank müssten sich an die Meinung der Direktoren nicht halten, schließlich könnten sie gem. Art. IX IBRD-Abkommen den Gouverneursrat anrufen.

1598 Zutreffend verneint *Alvarez*, S. 76 i. V. m. 441–446 die Existenz einer zentralen ausschließlichen Auslegungshoheit in IMF und – indirekt, weil die *ebd.*, S. 441 ff. beschriebene Regelung entsprechend ist – der Weltbank; nicht Auslegungshoheit im Sinn einer Vorlagepflicht, aber doch „Monopolcharakter" sehen *Seidl-Hohenveldern/*

Klärung der Auslegungsfrage durch die Mitgliedervertretungen gerade vermieden werden.[1599] Eine Konsultation des Direktoriums der Bank vor der Entscheidung eines nationalen Gerichts über die Immunität der Bank ist also möglich, aber nicht zwingend.

c) Entscheidung nationaler Gerichte

In erster Linie entscheiden über die Immunität einer internationalen Organisation vor nationalen Gerichten eben diese nationalen Gerichte selbst. Gerichte in verschiedenen Staaten können dabei unterschiedliche Auffassungen von der Immunität der Bank entwickeln.[1600] Bei der Entscheidung wendet ein Gericht vielleicht Völkerrecht an, vielleicht aber auch nationales Recht das nach dem Völkerrecht modelliert ist oder der völkerrechtlichen Verpflichtung sonst Geltung verschafft, etwa die *political question doctrine*.[1601]

Nationale Regeln können völkerrechtliche Streitfragen in den Hintergrund drängen.[1602] Sie können z.B. internationalen Organisationen pauschal die Immunität zuerkennen, die Staaten genießen[1603] oder die völkerrechtlich zweifelhafte Immunität einer internationalen Organisation ausdrücklich anordnen.[1604] Auch kann es im nationalen Recht eine Normenhierarchie geben, die Einfluss auf die Entscheidung nimmt.[1605] So kann etwa das Recht der Bürger auf Rechtsschutz im nationalen Recht

---

Loibl, Rn. 1326 f., 1373 f. beim IMF, bezeichnen aber die parallele Zuständigkeit des IGH *ebd., Rn.* 1335 als „auffallend". Die Kompetenz zur Entscheidung von Zweifelsfragen wird auch als allgemeine Auslegungshoheit bezeichnet, etwa *Janik,* Menschenrechtsbindung, S. 328–330; *Schlemmer-Schulte,* in: MPEPIL, International Bank for Reconstruction and Development (IBRD), Rn. 19.

1599 *Alvarez,* S. 442 zur parallelen Regelung des IMF.

1600 Beispiele anderer institutioneller Rechtsfragen: *Schermers/Blokker,* § 1352. Auch die Bank nimmt an, dass manche Gerichte eher als andere bereit sein könnten, eine Klage gegen die Bank wegen Rufschädigung zuzulassen *World Bank,* Mutual Enforcement of Debarment Decisions, S. 4; zur divergierenden Auslegungen der ähnlichen Immunitätsklauseln verschiedener Entwicklungsbanken *Reinisch,* International Organizations, S. 164 ff.; anschaulich sprechen *Seidl-Hohenveldern/ Loibl, Rn.* 1372 davon, dass das Recht der internationalen Organisation „zerflattert".

1601 *Schermers/Blokker,* § 1611, § 1352, § 1385. Umfassend zu den Vermeidungsstrategien nationaler Gerichte, sich in die Angelegenheiten internationaler Organisationen einmischen zu müssen: *Reinisch,* International Organizations, S. 35–168.

1602 *Reinisch,* International Organizations, S. 134 f.

1603 Entsprechend diskutieren Fragen der Staatenimmunität: *U. S. Court of Appeals for the Third Circuit,* Urteil v. 16. 8. 2010, OSS Nokalva Inc. v. European Space Agency, No. 09-3601/09-3640; *U. S. Court of Appeals for the District of Columbia Circuit,* Urteil v. 9. 10. 1998, Atkinson v. Inter-American Development Bank, 156 F. 3d 1335. Dazu *Rios/Flaherty,* ILSAJICL 16 (2010), 433, 438; *Martha,* WBLR III, S. 97 ff.

1604 Zu entsprechenden Bemühungen der Weltbank in manchen Mitgliedsländern *Wahi,* UCDavisJILP 12 (2006), 331, 370.

1605 *Reinisch/Weber,* IOLR 1 (2004), 59, 59, 80, 91.

einen höheren Rang haben als die Immunität.[1606] Möglicherweise muss sich das Gericht von Vertretern seiner Regierung zur Auslegung der völkerrechtlichen Verträge beraten lassen, die das Recht der Organisation ausmachen.[1607]

d) Auslegung nach Regeln des Völkerrechts

Obwohl divergierende nationale Entscheidungen nach unterschiedlichen Maßstäben möglich sind, ist der Kern des Immunitätsproblems der völkerrechtliche Vertrag über die Gründung der internationalen Organisation. Er wird den allgemeinen Regeln des Völkerrechts entsprechend ausgelegt.[1608]

Neben dem üblichen Wortsinn einer Regel, ihrem Kontext und ihrem Sinn und Zweck kommt auch der Praxis der Vertragsparteien und anderen Regeln des Völkerrechts, die zwischen ihnen gelten, Bedeutung zu.[1609] Die Praxis, internationale Organisationen durch völkerrechtliche Verträge und nach weit verbreiteter Annahme auch durch Gewohnheitsrecht[1610] mit Immunitäten für die Erfüllung ihrer Aufgaben auszustatten, ist weit verbreitet.[1611] Wenn Immunität allgemein die Regel ist, dann sind mögliche Klagen die Ausnahme. Bestimmungen, die Klagen gegen eine internationale Organisation zulassen sind also eng auszulegen, solange sie

---

1606 *Reinisch*, International Organizations, S. 309 ff.

1607 *Schermers/Blokker,* § 1351, § 1354; *Reinisch*, International Organizations, S. 129.

1608 *Janik*, Menschenrechtsbindung, S. 329 unter Verweis auf *Shihata* (2000), S. XLIII, XLIX ff.; *Hudes/Schlemmer-Schulte*, ILSAJICL 15 (2009), 501, 513.

1609 Vgl. Art. 31 Abs. 1, Abs. 3 (a) und (c) WVRK; *Herdegen,* in: MPEPIL, Interpretation in International Law, Rn. 11 ff.; *Verdross/Simma,* §§ 776–781; zur Praxis der Organisation selbst *Alvarez*, S. 81 ff.

1610 Ob internationale Organisationen als solche grundsätzlich kraft Völkergewohnheitsrecht immun sind, wird selten entscheidend relevant, weil entweder der Gründungsvertrag oder ein Sitzstaatübereinkommen oder eine ähnliche Vereinbarung die Immunität regeln, *Wickremasinghe,* in: MPEPIL, International Organizations or Institutions, Immunities before National Courts, Rn. 1; *Reinisch*, International Organizations, S. 152; großzügiger *Schermers/Blokker,* § 1610 (insb. Fn. 234 zur Anwendung einer gewohnheitsrechtlichen Immunitätsregel durch nationale Gerichte). *Higgins*, S. 91 f. will durch gewohnheitsrechtliche Immunität auch eine unklare vertragliche Vereinbarung ergänzen, was auf eine Auslegung der Vereinbarung hinausläuft; dazu auch *Reinisch*, International Organizations, S. 167 f. Gegen eine Immunität kraft allg. Völkerrechts *Klein/Schmahl,* in: *Graf Vitzthum, Rn.* 109.

1611 Ausführlich *Reinisch*, International Organizations, S. 145–152 zur Praxis der Mitglieder einer Organisation; unter Nichtmitgliedern ist die Praxis allgemein weniger einheitlich, aber für die UN und ihre Sonderorganisationen wird dennoch häufig eine gewohnheitsrechtliche umfassende Immunität angenommen, *ders.,* S. 153; Grundsätzlich *Seidl-Hohenveldern/Loibl, Rn.* 1910; *Schermers/Blokker,* § 1611; *Heuninckx*, PPLR 2012, 95, 97; krit. zur grundsätzlichen Staatenpraxis *Rios/Flaherty,* ILSAJICL 16 (2010), 433, 437; zur Diskussion über eine Einschränkung auf so etwas Ähnliches wie hoheitliches Handeln Fn. 1614.

nicht erkennen lassen, dass bei dieser internationalen Organisation alles anders sein solle als üblich.

3. Funktionale Immunität der Weltbank für ihr Sanktionsregime

Sinn der Immunität internationaler Organisationen ist es im Allgemeinen, die ungestörte Arbeitsweise der Organisation sicherzustellen (a)). Das gilt auch für die Weltbank, die aber wegen ihrer Finanzierungstätigkeit Klagen Privater zulassen muss (b)). Die Erfüllung ihrer treuhänderischen Pflicht durch die Sanktion von Unternehmen ist wiederum nur gewährleistet, wenn die Bank insoweit vor den Gerichten ihrer Mitglieder Immunität genießt (c)).

a) Funktionale Begründung der Immunität internationaler Organisationen

Die Immunität einer zwischenstaatlichen Organisation vor den Gerichten ihrer Mitglieder dient dem Ziel, eine handlungsfähige Kooperationseinrichtung souveräner Staaten zu schaffen.[1612] Gerichte sind nur Staatsorgane. Insbesondere der Sitzstaat könnte durch die Ausübung seiner gerichtlichen Hoheitsmacht die Organisation und seine ebenfalls souveränen Kooperationspartner festsetzen und berauben.[1613]

Eine vertraglich als Mittel zum Zweck gesicherte Immunität muss kein Freibrief sein. Zwar ist die Beschränkung der Immunität auf Hoheitsakte, bzw. für private Geschäfte unter der Rechtsordnung eines anderen Staates, wie wir sie von der Staatenimmunität kennen, nicht übertragbar: Internationale Organisationen handeln nicht entweder privat oder hoheitlich, denn sie müssen gar keine Hoheitsgewalt haben.[1614] Aber eine ähnliche Einschränkung ergibt sich aus dem Zweck der Immunität: Wenn die Ausübung von gerichtlicher Hoheitsmacht die vertraglich erlaubte Funktion der Organisation nicht gefährdet, muss sich das Mitglied nicht zurücknehmen.[1615]

1612 *Higgins*, S. 91 (zu einer entsprechenden gewohnheitsrechtlichen Regel), 93; *Reinisch*, International Organizations, S. 233 f.; *Heuninckx*, PPLR 2012, 95, 98; *Wahi*, UCDavisJILP 12 (2006), 331, 368; *Seidl-Hohenveldern*, in: FS Schlochauer, S. 618 ff.; *U. S. Court of Appeal for the District of Columbia Circuit*, Mendaro v. World Bank, 717 F.2d 610, 615–617; *EGMR*, Waite und Kennedy ./. Deutschland, Rn. 63; krit. *Rios/Flaherty*, ILSAJICL 16 (2010), 433, 437. Für IFIs: *Martha*, WBLR III, S. 95 ff.

1613 *Williams-Elegbe*, Fighting Corruption, S. 283; *Martha*, WBLR III, S. 104 ff.; *Berenson*, WBLR III, S. 134 f.; *Higgins*, S. 93.

1614 *Higgins*, S. 93; *Schermers/Blokker*, § 1610; *Martha*, WBLR III, S. 97 ff., Überblick *Wickremasinghe*, in: MPEPIL, International Organizations or Institutions, Immunities before National Courts, Rn. 14–21; *Reinisch*, International Organizations, S. 194 ff., 258 ff.

1615 *Reinisch/Weber*, IOLR 1 (2004), 59, 59, 64 f.; *Schmalenbach*, in: MPEPIL, International Organizations or Institutions, Legal Remedies against Acts of Organs, Rn. 24; Überblick auch *Wickremasinghe*, in: MPEPIL, International Organizations or Institutions, Immunities before National Courts, Rn. 22 f.

Allerdings ist die Existenz einer Ausnahme zu ihrer grundsätzlichen Immunität selbst eine Gefahr für die Funktionsfähigkeit einer internationalen Organisation. Denn ob eine Organisation noch tut, wofür sie geschaffen wurde, und deswegen Immunität verdient, können nicht einzelne Mitgliedsstaaten für sich entscheiden, ohne den ordentlichen Betrieb der Organisation zu gefährden.[1616] Eine Kompetenzüberschreitung muss also schon eindeutig sein, damit sie vor den Gerichten eines Mitgliedsstaates und nicht nur vor gemeinsamen Instanzen verhandelt werden darf.[1617]

b) Zulässigkeit von Klagen über Finanzierungstätigkeit der Bank

Die Bank ist wie andere internationale Organisationen immun, um ihre ungestörte Arbeitsweise zu sichern; im Fall der Bank die Tätigkeit als Geldgeber für Entwicklungshilfeprojekte.[1618] Streitigkeiten der Mitglieder untereinander sollen in dem oben 2.b) beschriebenen Verfahren innerhalb der Bank geklärt werden, nicht von den Gerichten einzelner Staaten. Manche Klagen von Privatpersonen müssen zulässig sein, um die Funktion der Bank zu gewährleisten: Sie könnte sich kaum durch Schuldtitel finanzieren, die im Streitfall nicht durchsetzbar und daher für den privaten Gläubiger praktisch wertlos wären.[1619] Der Weltbank sollten durch ihre internationale Konstruktion keine Vorteile gegenüber normalen Banken entstehen, sie sollte wie jede andere Bank verklagt werden können.[1620]

Umgekehrt ist nicht Sinn der Immunitätsklausel, Klagen zuzulassen, die für das Funktionieren der Bank nicht nur unnötig, sondern sogar hinderlich sind.[1621] Der

---

1616 *Wickremasinghe*, in: MPEPIL, International Organizations or Institutions, Immunities before National Courts, Rn. 22 auch zu Gerichtsentscheidungen; *Schermers/ Blokker*, § 1611A, auch §§ 535, 1353.

1617 Zur praktischen Zurückhaltung gegenüber der einleuchtenden Theorie auch *Schmalenbach*, in: MPEPIL, International Organizations or Institutions, Legal Remedies against Acts of Organs, Rn. 24; sehr weitgehend aber *Payandeh*, ZaöRV 2006, 41, 62 nicht für Immunität, aber für Art. 103 UN-Charta: „Ihre Grenze findet die Loyalitätspflicht aber dann, wenn eine rechtswidrige Sicherheitsratsresolution ein Handeln – oder auch Unterlassen – entgegen den fundamentalen Prinzipien der in den Vereinten Nationen organisierten internationalen Gemeinschaft zur Folge hätte. In einem solchen Fall eines offensichtlichen Verstoßes gegen grundlegende Gemeinschaftsprinzipien hat jedes rechtsunterworfene Völkerrechtssubjekt nicht nur das Recht, sondern auch die völkerrechtliche Pflicht, die als eklatant rechtswidrig erkannte Anweisung des Sicherheitsrates nicht zu beachten.“; zurückhaltender *ders.*, S. 66.

1618 *Martha*, WBLR III, S. 96 allgemein für IFIs.

1619 *De Castro Meireles*, S. 32.

1620 *Ghazi*, S. 187; *Reinisch/Weber*, IOLR 1 (2004), 59, 61; *Wickremasinghe*, in: MPEPIL, International Organizations or Institutions, Immunities before National Courts, Rn. 2; *Wahi*, UCDavisJILP 12 (2006), 331, 370.

1621 *U. S. Court of Appeal for the District of Columbia Circuit,* Mendaro v. World Bank, 717 F.2d 610, 615.

weite Wortlaut der Immunitätsklausel ist daher und entsprechend der üblichen Praxis der Bankmitglieder, internationalen Organisationen funktional nötige Immunitäten zu gewähren (oben 2.d)), einschränkend auszulegen.[1622] So sahen es auch die meisten US-amerikanischen Gerichte: Sie legten die Bestimmung zu Klagen gegen die Weltbank eng aus und wiesen sogar Klagen gegen die Bank über das Anstellungsverhältnis ihrer Mitarbeiter ab.[1623]

c) Gefährdung des Sanktionsregimes durch mitgliedstaatliche Kontrolle

Für die Aufgabenerfüllung der Weltbank ist ihre Immunität vor Klagen bzgl. des Sanktionsregimes erforderlich. Die Bank erfüllt durch die Korruptionsbekämpfung ihre satzungsmäßige treuhänderische Pflicht.[1624] Mitte der 1990er Jahre wäre es vielleicht noch möglich gewesen, in der Sanktion korrupter Unternehmen eine verbotene politische Betätigung zu sehen. Nachdem die Bank aber zwei Jahrzehnte lang ihr Sanktionsverfahren immer wieder und ohne hörbaren Widerspruch ihrer Mitglieder ausbaute, ist es dafür zu spät.[1625] Mitgliedsstaatliche Kontrolle einzelner

---

1622 So ohne große Diskussion auch *Williams-Elegbe*, Fighting Corruption, S. 283; unklar *Berenson*, WBLR III, S. 136; ausführlicher für dienstrechtliche Streitigkeiten *Seidl-Hohenveldern*, in: FS Schlochauer, S. 618 ff.; auf die Finanzierungstätigkeit beschränkt sieht die Immunität *Schlemmer-Schulte*, in: MPEPIL, International Bank for Reconstruction and Development (IBRD), Rn. 18, allerdings ohne auf das Sanktionsregime einzugehen; aA, wiederum allgemein: *De Castro Meireles*, S. 34, aber eher wie hier S. 61; *Malmendier*, PPLR 2010, 135, 149 f.

1623 *U. S. Court of Appeal for the District of Columbia Circuit*, Mendaro v. World Bank, 717 F.2d 610; *U. S. Court of Appeal for the District of Columbia Circuit*, Novak v. World Bank, 703 F.2d 1305; *U. S. District Court for the District of Columbia*, Morgan v. IBRD, 752 F.Supp. 492; *U. S. District Court for the District of Columbia*, Chiriboga et al. v. IBRD et al., 616 F.Supp. 963; Zusammenfassung bei *Reinisch*, International Organizations, S. 165 f. Dazu auch *Wahi*, UCDavisJILP 12 (2006), 331, 370. Die ähnlich formulierte Klausel der IADB interpretierte aber *U.S. Court of Appeals for the District of Columbia Circuit*, Lutcher v. IADB, 382 F.2d 454, 457 als weitgehenden Immunitätsverzicht; dazu auch *Reinisch*, International Organizations, S. 164. Anders, zugunsten der Immunität, aber später *U. S. Court of Appeals for the District of Columbia Circuit*, Urteil v. 9. 10. 1998, Atkinson v. IADB et. al., 156 F.3rd 13335. Gerichte in Bangladesch hoben offenbar ebenfalls die Immunität der Bank auf, allerdings aufgrund verfassungsrechtlicher Erwägungen; die Entscheidung liegt mir aber nicht vor; Informationen aus zweiter Hand: *Whistleblower.org*, World Bank's Immunities Challenged in Bangladesh, http://www.whistleblower.org/blog/31-2010/621-world-banks-immunities-challenged-in-bangladesh (16.09.2013); gegen Versuche der Weltbank, die Immunitätsfrage durch ein nationales Gesetz klären zu lassen sehr kritisch *Unnayan Onneshan*, The World Bank and the Question of Immunity, IFI Watch Vol. 1 (2004), No. 1, S. 2 ff.

1624 Kapitel 1 – B.II.

1625 Zur Bedeutung der Praxis der Vertragsparteien: Kapitel 4 – B.I.2.d).

Sanktionen würde das Sanktionsregime lahmlegen. Die Weltbank muss daher für ihre Sanktionstätigkeit Immunität genießen.[1626]

4. Unbedingtheit der Immunität

Die Immunität der Bank steht nicht von vornherein unter der Bedingung, dass die Bank den frustrierten Klägern anderweitigen Rechtsschutz gewährt.[1627] Die Ansicht, dass internationale Organisationen nur dann Immunität verdienen, wenn sie für alternativen Rechtsschutz sorgen, findet zwar immer mehr Anhänger.[1628] Aber Immunität nur für ordentliches Arbeiten wäre sinnlos.

Als Sonderorganisation der UN hat sich die Weltbank ausdrücklich verpflichtet, angemessene Alternativen zur Beilegung zivilrechtlicher Streitigkeiten, an denen sie beteiligt ist, bereit zu stellen.[1629] Das Übereinkommen will den Sonderorganisationen durch die grundsätzlich umfassende Immunität vor nationalen Gerichten also nicht absolute Narrenfreiheit gewähren; schon 1947 war die Bedeutung des Zugangs zu Gerichten und die schwache Stellung eines Individuums gegenüber der internationalen Organisation mit ihren Vorrechten[1630] bekannt.[1631] Dass die Existenz alternativer Streitbeilegungsmechanismen aber Bedingung für die Gewährung von Immunität sein soll, lassen weder Wortlaut noch Sinn und Zweck der beiden

---

1626 Schon 2003 schließen das grds. *Kim/Martinez/Oberdorfer*, S. 3 aus der oben Fn. 1623 wiedergegebenen Rechtsprechung der US-Gerichte. Ausgehend vom Wortlaut der Bankstatuten und ohne Berücksichtigung der Sanktionspraxis allerdings ist die Meinung, die Bank sei nicht immun, wenn ein Kläger seinen Anspruch nicht von einem Mitgliedsstaat ableitet, gängig: etwa *Schmalenbach,* in: MPEPIL, International Organizations or Institutions, Legal Remedies against Acts of Organs, Rn. 23.

1627 In diese Richtung aber allgemein *Reinisch*, Chinese JIL 7 (2008), 285, 305; noch deutlicher *Malmendier*, PPLR 2010, 135, 151 speziell für die Weltbank; auch *Reinisch/Weber*, IOLR 1 (2004), 59, 59; ihnen folgend *Wälde-Sinigoj*, S. 4. *Rios/Flaherty*, ILSAJICL 16 (2010), 433, 451 wollen die funktionelle Notwendigkeit der Immunität auf Handeln entsprechend eng verstehen. Grundsätzlich für zweckdienliche Einschränkungen der Immunität offen *Higgins*, S. 94; ablehnend zu einer Bedingung *Martha*, WBLR III, S. 121 ff. Überblick *Wickremasinghe,* in: MPEPIL, International Organizations or Institutions, Immunities before National Courts, Rn. 24–27; *Sands/Klein*, §§ 150–53 f.;

1628 Insb.

1629 Art. IX § 31 (a) i. V. m. Art. 37 UNSOVorRÜbk; keine direkte Verpflichtung, die aber dennoch wirksam ist, sieht darin *Reinisch*, Chinese JIL 7 (2008), 285, 289. Zur Pflicht, Streitbeilegungsmechanismen zu schaffen auch *Martha*, WBLR III, S. 118 ff.

1630 Sie betont *Reinisch*, Chinese JIL 7 (2008), 285, 289.

1631 Allgemein auch *Seidl-Hohenveldern/Loibl*, Rn. 1910.

Vorschriften des Übereinkommens erkennen.[1632] Bedingte Immunität wäre wertlos: Die Organisation könnte nicht ungestört arbeiten, wenn die Gerichte einzelner Mitgliedsstaaten entscheiden dürften, ob sie es so ordentlich macht, dass sie Immunität verdient.[1633]

Das allgemeine Völkerrecht soll internationale Organisationen nach einer verbreiteten Literaturmeinung ebenfalls verpflichten, alternative Rechtsschutzmöglichkeiten zur Verfügung zu stellen.[1634] Aber selbst wenn es eine solche Pflicht gibt, ist sie nicht gleich Bedingung für die Immunität der Bank. Die Rechtsquelle einer Bedingung für die Immunität ändert nichts daran, dass bedingte Immunität nutzlos wäre.[1635] Man müsste das Recht auf Zugang zu Gericht schon zu *jus cogens* erheben, um widerstreitende Immunitätsvereinbarungen unwirksam zu machen.[1636]

1632 *High Court of Justice,* Entico Corp. Ltd. ./. UNESCO, Rn. 17; das Nebeneinander illustriert auch das Zitat ebd. aus *IGH,* Difference Relating to Immunity from Legal Process of a Special Rapporteur of the Commission on Human Rights (Cumaraswamy), ICJ-Rep. 1999, S. 62, Rn. 66 zur Parallelvorschrift des Übereinkommens zur Immunität der Vereinten Nationen selbst: „The United Nations may be required to bear responsibility for the damage arising from such acts. However, as is clear from Article VIII, Section 29, of the General Convention, any such claims against the United Nations shall not be dealt with by national courts but shall be settled in accordance with the appropriate modes of settlement that "[t]he United Nations shall make provisions for" pursuant to Section 29." – es heißt „but" nicht „as long as".

1633 *Martha,* WBLR III, S. 121 f.; *Schermers/Blokker,* § 1611A: „In general, international organizations cannot perform their functions if courts of the members have jurisdiction to scrutinize the exercise of such functions. It is for the members and for the organization itself, not for national courts, to decide what is necessary for the performance of the organizations functions." Für den Umfang der Immunität der Beamten der Organisation: *Seidl-Hohenveldern/Loibl,* Rn. 1922.

1634 Umfassend und kritisch für Völkergewohnheitsrecht *Fassbender,* Rn. 5, insb. Rn. 5.3 f.; *Janik,* Menschenrechtsbindung, S. 516–525 sieht die UN durch einen allgemeinen Rechtsgrundsatz verpflichtet, eine wirksame Beschwerde vorzusehen; *Reinisch,* Chinese JIL 7 (2008), 285, 290 ff. argumentiert für eine Bindung der Organisationen vor allem damit, dass sie selbst durch ihre Organe Menschenrechte gewährleisten; allgemein für eine weitreichende Menschenrechtsbindung der Bank *Ghazi,* S. 126–134.

1635 Dass auch der EGMR das in seinen berühmten Fällen zu Art. 6 EMRK so sah, erkennt auch *Reinisch,* Chinese JIL 7 (2008), 285, 292 an, die Schlussfolgerung auf S. 305 klingt dennoch anders; ähnlich sympathisieren mit einer Bedingung ohne klare Abgrenzung zu Kollisionsargumenten *Reinisch/Weber,* IOLR 1 (2004), 59, 69; wie hier aber *High Court of Justice,* Entico Corp. Ltd. ./. UNESCO, Rn. 27. Eine andere Frage ist natürlich, ob die EMRK durch die Gewährung völkerrechtlich unbedingt nötiger Immunität verletzt ist, dazu Kapitel 4 – B.III.

1636 *Sands/Klein,* §§ 15–053 f.; zur geringen praktischen Bedeutung dieses schillernden Konzepts für die Lösung völkerrechtlicher Normkonflikte allgemein und bezüglich des Rechts auf Zugang zu einem Gericht *Milanovic* DJCIL 20 (2009), 69, 71 f., 114.

5. Verzicht im Einzelfall

Auf ihre Immunität kann eine internationale Organisation grundsätzlich verzichten, aber für das Sanktionsregime kommt das zumindest nicht pauschal in Betracht.[1637] Die Verfahrensregeln sollen ausdrücklich keinen Verzicht der Bank auf ihre Immunität bedeuten.[1638] Die Antikorruptionsrichtlinien wollen die Rechte der Bank aus anderen Verträgen ebenfalls nicht einschränken.[1639]

Selbst wenn es grundsätzlich legitim wäre, einer internationalen Organisation zu unterstellen, sie hätte konkludent auf ihre Immunität verzichtet, weil sie keinen angemessenen Ersatz für den nationalen Rechtsschutz zur Verfügung stelle,[1640] ließe sich kein Verzicht der Bank bezüglich des Sanktionsregimes konstruieren. Die Bemühungen der Bank, betroffenen Unternehmen innerhalb des Sanktionsregimes angemessenen Rechtsschutz zu gewähren, sind zu offensichtlich. Man kann ihr nicht unterstellen, dass sie diese Anstrengungen für unzureichend und überflüssig halte, weil sie eigentlich eine Auffangkompetenz nationaler Gerichte wolle.

II. Anspruch der Unternehmen auf Zugang zu Gericht für Klagen gegen die Bank

Sanktionierte Unternehmen haben einen Anspruch auf Zugang zu staatlichen Gerichten für Klagen gegen die Bank, wenn sie vertretbar begründbare zivilrechtliche Ansprüche geltend machen können. Trotz ihrer Immunität ist die Bank wie andere juristische Personen in ihren Mitgliedsstaaten an das nationale Zivilrecht gebunden und daher auch Schadensersatz- und/oder Unterlassungsansprüchen wegen möglicher Rufschädigung ausgesetzt.[1641] Immunität ist kein Privileg; sie hebt nicht die Bindung an nationales Recht auf, sondern hindert nur dessen Durchsetzung vor Gericht (1.).

1637 Ausgehend von grundsätzlicher Immunität internationaler Organisationen nach nationalem Recht diskutieren aber US-Gerichte auch die Immunitätsregel der Gründungsdokumente als Verzicht, ohne dass sich dadurch in der Sache etwas ändert: etwa *U. S. Court of Appeal for the District of Columbia Circuit,* Urteil v. 27. 9. 1983, Mendaro v. World Bank, 717 F.2d 610, 615.

1638 § 13.04 SP12.

1639 § 12 ACG 2011; § 9 PforRG.

1640 *Reinisch/Weber,* IOLR 1 (2004), 59, 81 zitieren aus einer Entscheidung des VG München zur Immunität der Europäischen Schulen, die aber der BayVGH in nächster Instanz wieder aufhob.

1641 Außer Betracht bleibt, ob die Weltbank wegen der Verletzung möglicher völkerrechtlicher Pflichten völkerrechtlich schadensersatzpflichtig ist, denn eine entsprechende Pflicht wäre weder leichter durchzusetzen noch konturierter als nationales Recht, dazu *Hartwig,* in: MPEPIL, International Organizations or Institutions, Responsibility and Liability, Rn. 37 ff.; der Diskussionsentwurf der ILC zur völkerrechtlichen Verantwortlichkeit internationaler Organisationen betrifft die Haftung gegenüber Einzelpersonen gar nicht, Art. 33 Abs. 2 DARIO.

Die denkbaren Ansprüche wegen Rufschädigung unterfallen grundsätzlich der Rechtsschutzgarantie. Daran ändert auch gemäß der gefestigten Rechtsprechung des EGMR die Sonderstellung der Bank als immune internationale Organisation nichts. Trotz ihrer Immunität untersteht die Bank grundsätzlich der Hoheitsgewalt der Forumstaaten; Art. 6 EMRK gilt nicht nur im Rahmen der völkerrechtlich zulässigen Ausübung gerichtlicher Zuständigkeiten (2.). Für Immunitätsvereinbarungen, die älter sind als die EMRK (wie das IBRD-Abkommen) gilt nichts anderes (3.).

1. Vertretbar begründbare zivilrechtliche Ansprüche Sanktionierter gegen die Bank

Die Weltbank bezeichnet sanktionierte Unternehmen öffentlich als geprüft und für korrupt befunden. Darin kann eine Rufschädigung oder verbotene Beeinträchtigung der Privatsphäre der Unternehmer oder Unternehmen liegen, gegen die es grundsätzlich Rechtsschutz geben muss;[1642] auch die gewerbliche Betätigungsfreiheit kann unrechtmäßig eingeschränkt sein. Die Weltbank ist nicht nur Völkerrechtssubjekt, sondern hat in den Rechtsordnungen der Mitgliedsstaaten alle Rechte einer juristischen Person. Als solche ist sie, von einigen ausdrücklichen Privilegien abgesehen, die den hier interessanten deliktischen Zivilrechtsverkehr nicht betreffen, an das Recht ihrer Mitgliedsstaaten gebunden.[1643]

Die Sanktion durch die Weltbank kann vertretbar begründbare zivilrechtliche Ansprüche nach nationalem Recht auslösen, über die ein Gericht entscheiden müsste. Ungeachtet der Feinheiten des internationalen Privatrechts und internationaler Zuständigkeitsabgrenzungen[1644] gibt es höchstwahrscheinlich im anwendbaren

---

1642 Das fordert Art. 17 Abs. 2 IPbürgR sogar ausdrücklich; *Cameron*, S. 11 zur rufschädigenden Wirkung von schwarzen Listen des Sicherheitsrats. Die ADB veröffentlicht wegen entsprechender Befürchtungen nur ganz wenige ihrer Sanktionen, *Seiler/Madir*, S. 27; damit befasst sich auch *World Bank*, Mutual Enforcement of Debarment Decisions, S. 4 f.; die EIB ist nicht immun und beteiligte sich aus Furcht vor Klagen nicht am MDB-Agreement: *Prieß*, GWILR 45 (2013), 271, 289.

1643 Zur Stellung der Bank im nationalen Recht schon oben Kapitel 1 – A.III. *Sands/Klein*, § 15–097: „The principle according to which international organisations may be liable under national law for damages resulting from their activities on the territory of a state is beyond dispute, and applies to contractual as well as to non-contractual damages (tortious liability)." Gibt es nach materiellem Recht keine Ansprüche, ist auch Art. 6 EMRK nicht berührt, vgl. zur unglücklich bezeichneten Immunität der englischen Polizei, die in Wahrheit eine materielle Schadensersatzpflicht für unterlassene Schutzmaßnahmen ausschließt, und dem später, in *EGMR*, Z. u.a. ./. Vereinigtes Königreich, Rn. 100, korrigierten Missverständnis von *EGMR*, Osman ./. Vereinigtes Königreich, Rn. 150 f.: *Kloth*, S. 35 ff.

1644 Die weltweit verfügbare Sanktionsliste sorgt wohl für einen fliegenden Gerichtsstand, anwendbar wäre nach deutschem IPR US-amerikanisches Recht, weil der Tatort in den USA liegt. Letztlich entscheidet aber das IPR des Forums, eine vertiefte Auseinandersetzung würde zu weit führen. Dass das anwendbare Recht

Recht eine Anspruchsgrundlage für Schadensersatz wegen einer unwahren oder rufschädigenden Tatsachenbehauptung,[1645] auf deren Basis ein Anspruch gegen die Bank so vernünftig begründbar ist, dass eine gerichtliche Entscheidung nötig wird. Auch weil die Bank Unternehmen möglicherweise um staatliche Aufträge bringt, ist denkbar, dass nationales Recht deliktische, vertragliche oder quasi-vertragliche Ansprüche gegen die Bank vorsieht.[1646] Die Wahrnehmung ihrer berechtigten Interessen kann der Bank ihr Vorgehen nach den anwendbaren Regelungen aber gestatten, wenn die Vorwürfe zutreffen, oder die Bank sie wenigstens gebührend geprüft hat.[1647] Banksanktionen müssen nicht rechtswidrig sein, aber sind auch nicht über jeden Zweifel erhaben.

Das Risiko von Schadensersatzklagen wegen einer öffentlichen Sanktion sah auch die Bank, wollte es aber um der Vorteile erhöhter Transparenz willen eingehen.[1648] Außerdem könnten Hinweise an die Bieter das Risiko von Rechtsstreitigkeiten mindern, denn die Bieter seien dann gewarnt und würden durch ihre Angebotsabgabe anerkennen, dass die Bank ihnen gegenüber nicht haftbar sei.[1649] Abgesehen von den Hürden, die nationales Vertrags- oder Vergaberecht vor einen solchen Haftungsausschluss stellen kann,[1650] findet sich in den Ausschreibungsdokumenten keine

---

nur über die Details der grundsätzlich möglichen Schadensersatzhaftung für Rufschädigung entscheidet, sieht auch die Bank: *World Bank,* Mutual Enforcement of Debarment Decisions, S. 4 f.

1645 In Deutschland gem. §§ 823, 824 BGB.

1646 In Deutschland gem. §§ 823 Abs. 1, 1004 BGB, denn die Vergabesperre ist ein betriebsbezogener Eingriff in das absolute Recht am eingerichteten und ausgeübten Gewerbebetrieb (*LG Berlin,* NZBau 2006, 397; *Opitz,* in: Dreher/Motzke, § 97 GWB Rn. 67; in der Regel aber mangels kausalen Schadens nur auf negatives Interesse: *Sterner,* NZBau 2001, 423, 426), dass die Bank den Auftrag nicht selbst vergibt kann keine Rolle spielen, denn sie kann verhindern, dass das Unternehmen ihn bekommt. Auch ein Missbrauch einer marktbeherrschenden Stellung i.S.d. Art. 102 Abs. 1 AEUV; § 20 Abs. 1 und 2 GWB ist denkbar, dazu allgemein *Opitz,* in: Dreher/Motzke, § 97 GWB Rn. 66. Vertragliche Haftung der Bank nach deutschem Recht nimmt *Malmendier,* PPLR 2010, 135, 142 f. an; zur möglichen Haftung der Bank im nationalen Recht ihrer Mitglieder allgemein *ders.,* S. 140–146.

1647 So für das deutsche Recht wiederum § 824 Abs. 1 BGB für die Rufschädigung, auch der Eingriff in den Gewerbebetrieb durch eine Auftragssperre ist gerechtfertigt, soweit sie den Verfehlungen des Unternehmens angemessen ist (*LG Berlin,* NZBau 2006, 397 für eine Auftragssperre der deutschen Bahn; dass die Bank ihre Geldmittel übers Dreieck an die Unternehmen ausreicht und auch übers Dreieck sanktioniert, kann keinen Unterschied machen).

1648 *World Bank,* Mutual Enforcement of Debarment Decisions, S. 4 f. betrifft die Steigerung des Risikos wegen Cross-Debarment; dazu Kapitel 1 – E.II.1.

1649 *World Bank,* Mutual Enforcement of Debarment Decisions, S. 5.

1650 Zum Beispiel Einschränkungen für allgemeine Geschäftsbedingungen, §§ 305 ff. BGB. S. zur Kette vertraglicher Verpflichtungen der Unternehmen gegenüber der Bank oben Kapitel 2 – C.II.3.a) zum Buchprüfungsrecht.

eindeutige Regelung dieser Art: Der Hinweis auf die Erwartungen der Bank an integres Arbeiten und auf ihr Sanktionsregime bedeutet nicht logisch zwingend einen unausgesprochenen zivilrechtlichen Haftungsausschluss auch für fehlerhafte Sanktionen.[1651]

2. Hoheitsgewalt des Staates trotz völkerrechtlicher Immunität der Bank

Die Immunität der Bank begründet keine Ausnahme von der Hoheitsgewalt der staatlichen Gerichte oder ihrer Pflicht, gerichtlichen Rechtsschutz zu gewähren. Für die Immunität nicht einer internationalen Organisation, sondern eines Staates nahm das zwar das *House of Lords* mit bemerkenswerter Begründung an.[1652] Die Entscheidung ist aber, selbst wenn man ihr grundsätzlich zustimmen wollte, nicht auf die Immunität internationaler Organisationen übertragbar:[1653]

Die Mehrheit des *House of Lords* folgte 2000 der in sich sehr schlüssig begründeten Ansicht von *Lord Millett*, die Gewährung von Staatenimmunität schränke Art. 6 EMRK gar nicht ein: Art. 6 verbiete Staaten, Einzelnen Zugang zu ihren Gerichten zu verweigern, aber erweitere ihre Rechtssprechungsgewalt nicht. Staatenimmunität ergebe sich aus dem Völkergewohnheitsrecht und der souveränen Gleichheit der Staaten. Sie begrenze nicht nur den Zugang zu den staatlichen Gerichten, sondern die staatliche Souveränität selbst; daher gehe sie, soweit sie völkerrechtlich erforderlich ist, Art. 6 EMRK vor.[1654]

So einleuchtend diese Begründung scheint: Ein Staat übt Hoheitsgewalt aus, wenn sein Gericht eine Klage abweist – mehr verlangt Art. 1 EMRK nicht.[1655] Außerdem ist

---

1651 Hinweis auf die Regelungen der Vergaberichtlinien Z.B. *World Bank,* Standard Bidding Documents, Section I.A.3 (S. 6) i. V. m. Section VI.

1652 Zu anderen Fällen und ablehnend gegenüber dem Argument: *Reinisch,* International Organizations, S. 283 ff.

1653 aA, wenn auch nicht entscheidungserheblich: *High Court of Justice,* Entico Corp. Ltd. ./. UNESCO, Rn. 24.

1654 *House of Lords,* Holland v. Lampen-Wolfe; sympathisierend und zu ähnlichen Entscheidungen: *Lloyd Jones,* ICLQ 52 (2003), 463, 464 f.

1655 *Janik,* Menschenrechtsbindung, S. 175; *dies.,* ZaöRV 2010, 127, 170 ff. zur stillschweigenden Annahme der EKMR in Waite und Kennedy, die Konvention sei anwendbar; *Kloth,* S. 33 f.; zur Entwicklung der EGMR-Rechtsprechung im Kontrast zu Holland v. Lampen-Wolfe: *Lloyd Jones,* ICLQ 52 (2003), 463, 464 ff.; *Holzinger,* S. 114, ausführlich zur Hoheitsgewalt als Anwendungsvoraussetzung der Konventionsrechte gem. Art. 1 EMRK *ebd.,* S. 23–56; *EGMR,* Bosphorus ./. Irland, Rn. 153 ff.; vgl. auch die Unzulässigkeitsentscheidung – *EGMR,* Boivin ./. 34 Mitglieder des Europarats, Rn. 2, wo keine mitgliedstaatliche Gerichtsentscheidung oder sonstige Handlung in Rede stand, allerdings will *Holzinger,* S. 114 schon wegen des abstrakten Bestehens der Immunität einer Organisation staatliche Jurisdiktion annehmen, zutreffend verortet dagegen *Janik,* Menschenrechtsbindung, S. 167–170 die von ihr sog. „Boivin'-Formel" des direkten oder indirekten staatlichen Dazwischentretens auch in anderen Entscheidungen des EGMR, dagegen aber S. 177.

die internationale Organisation selbst, wie ihre Immunität, ein staatliches Produkt; die Argumentation *Lord Milletts* birgt die Gefahr, dass die EMRK durch zwischenstaatliche Kooperation ausgehöhlt wird; Art. 6 EMRK wäre so gut wie überflüssig, wenn Staaten vorbehaltlos die Zuständigkeit ihrer Gerichte einschränken dürften.[1656] Zumindest, wenn die internationale Organisation wie die Weltbank im nationalen Recht der Mitglieder grundsätzlich rechtsfähig und passiv prozessfähig sein soll, untersteht sie der Hoheitsgewalt des Mitgliedsstaates, insbesondere den meisten seiner Gesetze.[1657]

3. Zeitliche Reihenfolge der Beitritte zu EMRK und Weltbank

Die oben A.III.1 skizzierte Rechtsprechung des EGMR zur Verantwortlichkeit der Konventionsparteien für die Erfüllung völkervertraglicher Verpflichtungen ist nur eindeutig für die Kollision der EMRK mit jüngeren Verträgen.[1658]

Die Reihenfolge von EMRK und Weltbankverträgen ist kompliziert: Die Pflicht, der IBRD Immunität zu gewähren, geht für die meisten Europaratsmitglieder der EMRK vor; die andere Hälfte der Weltbank, die IDA, ist jünger als die EMRK.[1659] Wäre die Abfolge der Vertragsschlüsse absolut entscheidend, könnte die IBRD also weitgehend auf ihre Immunität bauen, aber die Immunität der IDA und die Umsetzung der Sanktionsentscheidungen wären rechtfertigungsbedürftig – es sei denn, die Immunität der Bank würde dynamisch begriffen: Die Immunität der Bank für Sanktionsentscheidungen baut zwar auf einer älteren vertraglichen Regelung auf, ist aber (zumindest in ihrer praktischen Existenz) sehr neu, weil das Sanktionsregime selbst neu ist.[1660]

---

allgemein zum Erfordernis staatlichen Handelns oder Unterlassens auch *Meyer-Ladewig*, Art. 1 EMRK Rn. 9, 11; *Kuhnert*, UtrechtLR 2 (2006), 177, 184.

1656 *Meyer-Ladewig*, Art. 6 EMRK Rn. 56; allgemein und grundlegend: *EGMR*, Waite und Kennedy ./. Deutschland, Rn. 67; das gilt nicht nur für Immunitätsfragen, sondern auch für Lücken zwischen den Rechtswegen: *EGMR*, Wos ./. Polen, Rn. 104, 106.

1657 Kapitel 1 – A.III.

1658 Vertragliche Verpflichtungen, die jünger sind als die EMRK können zur Verantwortlichkeit des Staates unter der EMRK führen: *EGMR*, Bosphorus ./. Irland, Rn. 154; *EGMR*, Nada ./. Schweiz, Rn. 168; dass die UN-Charta für die meisten EMRK-Staaten die ältere Verpflichtung war, spricht auch *EGMR*, Behrami und Behrami ./. Frankreich sowie Saramati ./. Frankreich u.a., Rn. 147 an.

1659 Vgl. die Listen von *World Bank*, Member Countries, http://go.worldbank.org/ (03.07.2013) und *Vertragsbüro des Europarats*, Konvention zum Schutze der Menschenrechte und Grundfreiheiten, SEV-Nr.: 005, http://conventions.coe.int/ Treaty/Commun/ChercheSig.asp?NT=005&CM=8&DF=11/23/2008&CL=GER (03.07.2013): Schon an die EMRK gebunden, als sie der IBRD beitraten, waren insb. Russland und die Schweiz.

1660 Oben Kapitel 1 – B. Die Evolution des Europäischen Parlaments als ähnliches zeitliches Problem im Fall Matthews spricht *Milanovic*, DJCIL 20 (2009), 69, 118 an.

Tatsächlich kann es auf darauf nicht entscheidend ankommen: Da die Gründe einer staatlichen Handlung für die grundsätzliche Verantwortlichkeit des Staates unter der EMRK keine Rolle spielen dürfen (oben A.III.1.), kann das Alter der kollidierenden[1661] völkerrechtlichen Pflicht nicht über die Anwendbarkeit der Konvention entscheiden.[1662] Die EMRK verspricht nicht bloß, dass in einem Staat alles so gut oder schlecht bleibt, wie es im Zeitpunkt des Beitritts ist.[1663] Damit eine Verletzung der EMRK bereits durch den Beitritt zur Weltbank denkbar ist,[1664] muss zwar der Vertragsschluss als Verletzungshandlung nach Inkrafttreten der EMRK erfolgen.[1665] Aber darum geht es hier nicht, sondern um die Gewährung von Immunität für das Sanktionsregime vor späteren Klagen in einzelnen Fällen. Zu diesem Zeitpunkt ist die Konvention aber jedenfalls bereits in Kraft.

III. Vermeidung einer Pflichtenkollision durch angemessenen Rechtsschutz im Sanktionsregime

Ein Konflikt der Immunität der Bank mit Art. 6 EMRK entsteht nicht, wenn die Bank anstelle des Staates im Sanktionsregime Rechtsschutz gewährt, der einem Verfahren i.S.d. Art. 6 Abs. 1 EMRK so weit wie möglich gleich kommt, und verbleibende Defizite verhältnismäßig sind.[1666]

1661 Eine ältere völkervertragliche Pflicht schließt nicht automatisch spätere widersprechende Pflichten aus, ist aber bei der Auslegung der jüngeren Pflicht zu berücksichtigen, *Holzinger*, S. 65 f.; *Matz-Lück*, in: MPEPIL, Treaties, Conflicts between, Rn. 25; *Milanovic*, DJCIL 20 (2009), 69, 74 f. Vgl. Art. 26, 30 WVRK.

1662 Vgl. *EGMR*, Behrami und Behrami ./. Frankreich sowie Saramati ./. Frankreich u.a., Rn. 149–151: Zurechnung der Handlung zur UN allein schließt Haftung aus, aber nicht schon die zeitliche Abfolge; gegen eine zeitliche Lösung auch *ebd.*, Rn. 27 die Stellungnahme des IGH bzgl. Art. 103 UN-Charta, unter Bezug auf *IGH*, Nicaragua I, Rn. 107; bei der Rechtfertigung der angegriffenen Handlung spricht *EGMR*, Nada ./. Schweiz, Rn. 176 das Datum des Beitritts der Schweiz zur UN-Charta an; aA *High Court of Justice*, Entico Corp Ltd ./. UNESCO, Rn. 18 f.

1663 Trotz allgemein staatenübergreifend gleicher Maßstäbe kann es aber inhaltlich Zugeständnisse für junge Demokratien geben: *Meyer-Ladewig*, Einleitung Rn. 47 f.

1664 Bei realem Risiko einer Konventionsverletzung durch die internationale Organisation hält das *Holzinger*, S. 82 grundsätzlich für möglich und trotz der problematischen unmittelbaren Betroffenheit auch eine erfolgreiche Individualbeschwerde für theoretisch denkbar, S. 85.

1665 *Meyer-Ladewig*, Einleitung Rn. 34.

1666 Vgl. oben Kapitel 4 – A.III.6. Für Staatenimmunität großzügig *Meyer-Ladewig*, Art. 6 EMRK Rn. 55 ff. Für eine Einschränkung der Immunität der Bank für Schadensersatzansprüche von Projektteilnehmern, weil sie keinen Rechtsschutz bereitstellt, *Malmendier*, PPLR 2010, 135, 152 f.; zwar gegen eine Einschränkung der Immunität, aber für alternativen Rechtsschutz *Martha*, WBLR III, S. 125; *Schmalenbach*, in: MPEPIL, International Organizations or Institutions, Legal Remedies

Falls dies nicht der Fall sein sollte, ließe sich ein Konflikt noch durch Einschränkungen der Bankimmunität vermeiden. Ob dies möglich ist, obwohl Immunität grundsätzlich nur Sinn macht, wenn sie ohne Prüfung der Arbeit der Organisation gewährt werden kann (oben I.4.), ist für die Beurteilung des Sanktionsregimes kaum von Bedeutung: Selbst wenn die Pflicht zur Immunitätsgewährung unbedingt ist, kann der Staat entscheiden, als geringeres Übel seine Pflicht gegenüber der Bank zu verletzen, anstatt eine Verurteilung wegen einer Menschenrechtsverletzung zu riskieren.

Fast noch schlimmer wäre es für die Sanktionspraxis der Bank und ihren Ruf, wenn der Staat ihre Immunität aufrechterhielte, aber anschließend dafür von einem einflussreichen Menschenrechtsgerichtshof, etwa dem EGMR, verurteilt würde. Wenn der Rechtsschutz des Sanktionsregimes nicht angemessener Ersatz für ein zivilgerichtliches Verfahren i.S.d. Art. 6 EMRK ist, droht der Weltbank ein PR-Desaster mit möglicherweise vernichtenden Folgen für die Korruptionsbekämpfung der Bank in ihrer gegenwärtigen Form.[1667]

---

against Acts of Organs, Rn. 19; aus IPbürgR und AEMR folgern ein Recht auf effektiven Rechtsschutz: *Rios/Flaherty*, ILSAJICL 16 (2010), 433, 444 ff.

1667 Zu Gefahren für die Immunität der Bank auch *Boisson de Chazournes/Fromageau*, EJIL 23 (2012), 963, 985 ff.

Kapitel 5 – Prüfung der Sanktion durch das Sanctions Board

Wer von der Bank öffentlich sanktioniert werden soll, hat Zugang zum *Sanctions Board* (A.).[1668] Dessen Verfahren zur Sanktion eines Betroffenen ist rechtsförmig und ganz grundsätzlich fair (B.). Es findet auch in angemessener Frist statt (C.). Öffentlich ist das Sanktionsverfahren zwar grundsätzlich nicht, die Nachlesbarkeit der Entscheidungsbegründungen erlaubt aber die Kontrolle der Arbeit des *Sanctions Board* durch die Öffentlichkeit (D.). So wird auch gewährleistet, dass das *Sanctions Board* unabhängig agiert wie ein Gericht, obwohl die schlichten institutionellen Regelungen für sich genommen, Anlass zu Zweifeln geben (E.).

Trotz einzelner missverständlicher oder unzureichender Regelungen entspricht das *Sanctions Board* zumindest insoweit einem Gericht i.S.d. Art. 6 Abs. 1 EMRK, dass sein Rechtsschutz eine ausreichend angemessene Alternative bietet, um die Umsetzung der Sanktionsentscheidungen ohne weiteren nationalen Rechtsschutz und die Gewährung von Immunität zu rechtfertigen (F.).

A. Zugang zum *Sanctions Board* zur Überprüfung der öffentlichen Banksanktion

Das *Sanctions Board* kann die öffentliche Banksanktion im Voraus umfassend kontrollieren (I.). Für seine Anrufung stellen die Form- und Fristvorschriften des Sanktionsregimes nur geringe Hürden auf, denn die 90 Tage Frist ist lang genug und eine Art Wiedereinsetzungsverfahren verhindert, dass Unternehmen unverschuldet um den Rechtsschutz vor dem *Sanctions Board* gebracht werden (II.). Verbundene Unternehmen, die mit dem Betroffenen sanktioniert werden sollen, werden am Verfahren beteiligt (III.).

I. Zuständigkeit zur vorherigen Kontrolle der öffentlichen Banksanktion

Ein staatliches Zivilgericht würde im Rahmen einer Klage gegen den Kreditnehmer oder die Bank überprüfen, ob die Vorwürfe der Bank gegen das Unternehmen gerechtfertigt sind und die Sanktion angemessen ist. Diese Prüfung übernimmt das *Sanctions Board*.

Unberechtigte Vorwürfe kommen, wenn das Verfahren vor dem Board fair ist und eine echte Kontrolle der Sanktionsentscheidung ermöglicht, erst gar nicht in die Welt, weil das *Sanctions Board* die Vorwürfe im Voraus prüft. Das *Sanctions Board* ist

---

1668 Zu Rechtsschutz gegen einstweilige Sperre Kapitel 6 – A.V.

dann effektiv, ohne im Nachhinein Ausgleich für unberechtigte Vorwürfe vorsehen zu müssen, etwa durch Schadensersatz für den erlittenen Rufschaden.

II. Form- und Fristvorschriften

Die Hürden für die Anrufung des *Sanctions Board* sind niedrig und genügen den Anforderungen der EMRK an die Erreichbarkeit von Rechtsschutz. Nach der EMRK dürfen Einschränkungen des Zugangs zu Gerichten den Wesensgehalt des Rechts nicht antasten; angemessene Form- und Fristvorschriften sind im Interesse einer geordneten Rechtspflege und der Rechtssicherheit grundsätzlich zulässig.[1669]

Die für die Anrufung des *Sanctions Board* vorgeschriebene Schriftform ist nichts Besonderes (1.). Für den Inhalt der Erwiderung gibt es keine Vorgaben; das *Sanctions Board* prüft grundsätzlich den Fall in vollem Umfang (2.). 90 Tage ab Erhalt der Nachricht, dass und warum die Bank eine Sanktion anstrebe, lassen den Betroffenen ausreichend Zeit zu entscheiden, ob und wie sie sich verteidigen wollen; insbesondere ist auch eine Verlängerung der Frist möglich (3.). Wenn die Betroffenen eine vergleichsweise Einigung mit der Bank anstreben, können sie eine Aussetzung des Verfahrens und damit eine Hemmung des Fristablaufs erreichen (4.). Die Betroffenen können die 90 Tage in aller Regel wirklich ausnutzen, weil die Frist nur ausnahmsweise beginnt, ohne dass die Betroffenen Kenntnis von der *Notice* haben. Fristversäumung durch höhere Gewalt können die Betroffenen außerdem in einer Art Wiedereinsetzungsverfahren geltend machen (5.).

1. Schriftliche Form der Erwiderung in englischer Sprache

Die Erwiderung auf die *Notice of Sanctions Proceedings* muss schriftliche Ausführungen und schriftliche Beweismittel enthalten.[1670] Elektronische Übermittlung kann das *Sanctions Board* akzeptieren.[1671] Die *Delivery Rules* erlauben, ausnahmsweise von den Formvorschriften abzusehen.[1672] Schriftsätze sind in gerichtlichen Verfahren gängig.

Die Erwiderung ist auf Englisch zu verfassen; in Bezug genommene Dokumente sind im Original und im relevanten Teil auch mit einer Übersetzung anzuhängen. Der Vorsitzende des *Sanctions Board* kann auf Antrag oder von Amts wegen weitere Übersetzungen verlangen.[1673] Für Betroffene, die nicht der englischen Sprache mächtig sind, ist das ein Hindernis. Um die Effizienz des Sanktionsregimes zu gewährleisten, ist dieses Hindernis aber gerechtfertigt; Englisch ist weit verbreitet.

1669 *Meyer-Ladewig*, Art. 6 EMRK, Rn. 37 ff.
1670 § 5.01 (a) SP12.
1671 § 12 DR.
1672 § 11 DR.
1673 § 5.02 (a) SP12.

2. Entscheidung des Betroffenen über Inhalt der Erwiderung

Der Betroffene kann sich laut den Verfahrensregeln gegen die Vorwürfe verteidigen, die angedrohte Sanktion angreifen,[1674] mildernde Umstände darlegen und/oder die Vorwürfe teilweise oder vollständig einräumen.[1675] Der Betroffene kann sich so umfassend verteidigen, wie er will. Die Möglichkeit des Vorsitzenden, die Länge von an das *Sanctions Board* gerichteten Schriftsätzen vernünftig zu begrenzen,[1676] kann erst während des Verfahrens greifen, das durch die Erwiderung eingeleitet wird.

Wenn ein Betroffener rechtzeitig vor das *Sanctions Board* zieht, steht dort regelmäßig und ohne weiteres die Berechtigung einer Sanktion insgesamt zur Diskussion. Beispiele dafür, dass ein Betroffener die Sanktionsempfehlung nur teilweise angefochten hätte, gibt es keine. Im Gegenteil: Trotz einer Vereinbarung mit INT, die Anschuldigungen im SAE nicht bestreiten zu wollen und entsprechenden anfänglichen Erklärungen im Verfahren gegenüber dem *Sanctions Board* bestritt ein Betroffener später, sich sanktionswürdig verhalten zu haben; das *Sanctions Board* ging auf diesen Vortrag ein, ohne eine mögliche Präklusion zu erörtern.[1677] Der Vorsitzende erlaubt den Beteiligten des Sanktionsverfahrens außerdem großzügig, ihre Schriftsätze erforderlichenfalls zu ergänzen.[1678] Die Beschränkung der Anhörung auf die Erörterung der Schriftsätze lässt daher angemessene Ausnahmen zu.[1679]

3. 90 Tage Frist ab Erhalt der Notice of Sanctions Proceedings

Zur Erwiderung hat der Betroffene 90 Tage ab Zustellung (dazu genauer sogleich, 5.) der *Notice* Zeit.[1680] Mit Ablauf der Frist tritt die in der *Notice* angedrohte Sanktion in Kraft.[1681] Diese Frist ist in aller Regel lang genug, um zu entscheiden, ob die Banksanktion akzeptiert werden soll oder nicht. Auf Antrag kann der Vorsitzende des *Sanctions Board* außerdem die Frist verlängern und so das Inkrafttreten der Sanktion verzögern.[1682]

In nationalen Rechtsordnungen gibt es auch kürzere Fristen in grob vergleichbaren Situationen, etwa in Deutschland ein Monat für die Anfechtung eines Verwaltungsaktes gem. § 74 VwGO, zwei Wochen für den Einspruch gegen einen Strafbefehl gem. § 410 Abs. 1 StPO, oder 15 Tage nach Nichtabhilfeerklärung zur Nachprüfung einer Vergabeentscheidung gem. § 107 Abs. 3 Nr. 4 GWB. Dass ein zivilrechtlicher Schadenersatzanspruch aus Delikt gem. §§ 823, 824 BGB geltend

---

1674 § 5.01 (a) SP12.
1675 § 5.03 SP12.
1676 § 5.02 (c) SP12.
1677 SBD 56 (2013), Rn. 46.
1678 Kapitel 5 – B.II.1.
1679 Kapitel 5 – B.II.2.e).
1680 § 5.01 (a) SP12.
1681 § 4.04 SP12.
1682 § 5.02 (b) SP12.

gemacht werden kann, bis er gem. §§ 194 ff. BGB verjährt, macht die 90 Tage zur Anfechtung einer Banksanktion angesichts dieser Beispiele für kürzere Bedenkzeit nicht unangemessen kurz.

4. Aussetzung des Verfahrens für Vergleichsverhandlungen

Um Zeit für Verhandlungen zu schaffen, können INT und der Betroffene jederzeit beantragen, das Verfahren auszusetzen. Den Antrag müssen sie gemeinsam beim EO stellen.[1683] Er soll in aller Regel bewilligt werden.[1684] Das Verfahren soll zunächst für höchstens 60 Tage ausgesetzt werden, allerdings sind beliebig viele spätere Verlängerungen möglich. Insgesamt darf die Aussetzung jedoch maximal 90 Tage dauern.[1685] Während der Aussetzung laufen die für das Verfahren geltenden Fristen nicht weiter.[1686]

5. Realistische Möglichkeit der Fristwahrung durch den Betroffenen

Die Betroffenen in Sanktionsverfahren können die Frist auch für ihre Verteidigung nutzen. Die Frist beginnt grundsätzlich mit der Übergabe der *Notice* an den Betroffenen oder einen bevollmächtigten Stellvertreter (a)). Die *Delivery Rules* erlauben unter engen Voraussetzungen eine fingierte Zustellung und somit einen Fristbeginn ohne echte Kenntnisnahme des Betroffenen von der Absicht der Bank, ihn zu sanktionieren (b)). Bei schuldloser Fristversäumung durch höhere Gewalt oder unerwartet langer Beförderungsdauer ist aber Wiedereinsetzung möglich (c)).

a) Zustellung durch Übergabe an Betroffenen oder Vertreter

Den Zeitpunkt der Zustellung, *delivery*, eines Dokuments regeln nicht die Verfahrensregeln selbst, sondern die sog. *Delivery Rules*.[1687] Die Weltbank übermittelt *Notices* an den Betroffenen eingeschrieben („*certified mail*") oder per Kurier an die aktuelle Adresse, die INT ermittelt hat.[1688] Der Betroffene muss den Empfang bestätigen und das Dokument gilt am Tag der Empfangsbestätigung als zugestellt.[1689] Dann beginnt auch gem. § 5.01 (a) SP12 die Frist zur Anrufung des *Sanctions Board*.

1683 § 11.01 (a) SP12.

1684 § 11.01 (c) SP12: „Requests for a stay of proceedings shall be granted as a matter of course."

1685 § 11.01 (b) SP12.

1686 § 11.01 (d) SP12.

1687 Verweis in § 13.05 (a) SP12, der selbst nur den Erlass der Bankdokumente regelt, für den es für das Inkrafttreten der einstweiligen Sperre (§ 4.02 (a) SP12) oder der endgültigen Sanktion (§ 8.03 SP12) ankommt.

1688 § 2 f. DR.

1689 § 2 DR.

Auch an den vom Betroffenen bevollmächtigten Vertreter kann eine *Notice* übermittelt werden.[1690] Wenn sich der Betroffene weigert, die *Notice* in Empfang zu nehmen, kann die *Notice* jeder beliebigen Person an der angegebenen Adresse übergeben werden.[1691]

b) Fingierte Zustellung

Eine fingierte Zustellung ist ausnahmsweise möglich, wenn die Bank des Betroffenen oder eines anderen tauglichen Empfängers nicht im Rahmen vernünftiger Bemühungen habhaft werden kann.[1692] Höchstens 180 Tage vor dem Einreichen eines SAE beim EO soll INT überprüft haben, ob die angegebene Geschäftsadresse des Betroffenen aktuell ist.[1693]

Ein Dokument gilt 30 Tage nach einer ersatzweisen Bekanntmachung im Internet auf den Seiten der Weltbank[1694] oder durch Niederlegung eines verschlossenen Umschlags an der letzten bekannten Geschäftsadresse als zugestellt, je nachdem ob eine Geschäftsadresse bekannt ist, die vor einem Jahr noch aktuell war.[1695] Erst damit beginnt die 90 tägige Frist zur Anrufung des *Sanctions Board* zu laufen.

c) Wiedereinsetzungsverfahren bei Fristversäumung

Eingegangen ist die Erwiderung des Betroffenen auf die *Notice* an dem Tag, an dem sie das *Sanctions Board* tatsächlich empfängt.[1696] Die Erwiderung muss also vor Mitternacht des letzten Tages der Frist, Ortszeit Washington D.C. bei der Bank eingehen.[1697] Kenntnisnahme durch das *Sanctions Board* ist nicht erforderlich.

Wenn das Schriftstück nach Mitternacht des letzten Tages einer Frist eingereicht wird, sehen die Übermittlungsregeln eine Art Wiedereinsetzungsverfahren vor. Die Fristversäumung hat keine Folgen,[1698] wenn der Betroffene zur Zufriedenheit des EO bzw. des Vorsitzenden des *Sanctions Board* nachweisen kann, dass die Ursache der Versäumung höhere Gewalt ist, oder dass das Dokument so rechtzeitig abgeschickt worden war, dass es bei gewöhnlichem Lauf der Dinge ausreichend Zeit hatte, um rechtzeitig anzukommen; als Beispielsfälle höherer Gewalt werden ernsthafte Krankheit oder Naturkatastrophen genannt.[1699]

1690 § 3 DR.
1691 § 5 DR.
1692 § 6 DR.
1693 § 3 DR.
1694 *World Bank,* Public Notices of Attempts to Locate Certain Firms and Individuals, http://go.worldbank.org/OMHF2TIVO0 (11.07.2012).
1695 §§ 6–8 DR.
1696 § 13.05 (c) SP12 spricht auch noch von „anderen Materialien"; § 10 DR nur von Erklärung und Erwiderung.
1697 Vgl. § 10 DR.
1698 In den Verfahrensregeln ist von „waiver of the due date" die Rede: § 10 DR.
1699 § 10 DR.

III. Beteiligung gleich- oder höherrangiger verbundener Unternehmen am Sanktionsverfahren

INT bezeichnet im Antrag auf Erlass einer *Notice of Sanctions Proceedings*, dem sog. *Statement of Accusations and Evidence* (SAE), verbundene Unternehmen und andere *Affiliates*, die mit dem Betroffenen sanktioniert werden sollen.[1700]

Empfiehlt der EO auch die Sanktion eines *Affiliate*, der den Betroffenen kontrolliert oder mit ihm unter gemeinsamer Kontrolle steht, erhält dieser gem. § 9.04 (b) SP12 eine Kopie der *Notice* und hat dieselben Verfahrensrechte wie der Betroffene selbst. Grundsätzlich sollen ihre Schriftsätze mit denen des Betroffenen konsolidiert werden, aber EO und *Sanctions Board* können selbständige Verfahrenshandlungen zulassen.[1701] Dafür besteht ein Bedürfnis, wenn sich ausnahmsweise die verbundenen Unternehmen anders oder weitergehend verteidigen wollen als der Betroffene.

Untergeordnete *Affiliates* werden in aller Regel pauschal mitsanktioniert.[1702] Eigenständige Verfahrensrechte haben sie nach § 9.04 (b) SP12 nicht. Die Bank geht wohl davon aus, dass der Betroffene die Rechte von Unternehmen unter seiner Kontrolle ohne weiteres selbst wahrnimmt. Es ist allerdings kein Verfahren vorgesehen, um eine spätere (und möglicherweise unberechtigte) Einstufung als Nachstehender eines Sanktionierten zu kontrollieren.[1703]

B. Fairness des Verfahrens

Das Sanktionsverfahren ist, gemessen an den Kriterien der EMRK (I.), fair. Die Vorgaben des Sanktionsregimes gewähren den Beteiligten gleichberechtigt rechtliches Gehör (II.). Die Objektivität INTs sorgt dafür, dass die Beteiligten mit gleichen Waffen kämpfen (III.). Unter den Betroffenen herrscht verfahrensübergreifende Gleichbehandlung (IV.). Schließlich gewährleistet das Wiederaufnahmeverfahren, dass Betroffene die Aufhebung einer Sanktionsentscheidung erreichen können, in der sie unfair übervorteilt wurden (V.).

I. Anforderungen der EMRK

Tragende Elemente des Rechts auf ein insgesamt faires Verfahren sind Waffengleichheit der Parteien, rechtliches Gehör, Rechtssicherheit, und Schutz vor Willkür.[1704] Alle Verfahrensbeteiligten müssen gleich behandelt werden und unter denselben

---

1700 § 3.01 (b) (ii) SP12. Zu den Voraussetzungen einer Sanktion von Affiliates oben Kapitel 2 – E.II.
1701 § 9.04 (b) SP12.
1702 Kapitel 2 – E.II.3.
1703 Ähnlich *Prieß*, GWILR 45 (2013), 271, 287. Zu einer denkbaren Analogie zu § 9.04 (c) SP12 aber unten Kapitel 6 – A.IV.
1704 *Schädler*, in: KK-StPO, Art. 6 EMRK Rn. 18; *Mayer-Ladewig*, Art. 6 EMRK Rn. 90 ff.

Bedingungen die Möglichkeit haben, ihre Sache vorzutragen[1705] und vor Gericht Gehör finden.[1706] Die Unschuldsvermutung und die besonderen Garantien für Strafverfahren sind besondere Aspekte der Verfahrensgerechtigkeit.[1707] Auch wenn sie insbesondere in Strafverfahren gelten, kann die Fairness eines Verfahrens über zivilrechtliche Ansprüche Ähnliches verlangen.[1708] Ob das Verfahren fair war, ergibt sich maßgeblich auch aus der Begründung der Entscheidung, die angemessen sein und eine ausdrückliche Antwort auf die maßgeblichen Fragen geben, aber nicht auf jeden Beteiligtenvortrag eingehen muss.[1709]

II. Rechtliches Gehör

Alle Betroffenen erhalten die Gelegenheit, sich gegen die Anschuldigungen zu verteidigen, §§ 4.02 (b), 5.01, 6.03 SP12.[1710] Wenn Vorwürfe erst während des Sanktionsverfahrens (1.) oder in der Anhörung (2.) erhoben werden, dürfen die Betroffenen darauf erwidern.

1. Ausnahmsweise Gestattung neuen Vortrags

§ 5.01 (c) SP12 erlaubt dem Vorsitzenden des *Sanctions Board*, dem Betroffenen und INT zu gestatten, ihre Schriftsätze zu ergänzen, auch nachdem die Fristen für ihre Einreichung abgelaufen sind. Die Regelung setzt zwar voraus, dass die Beweise nicht verfügbar waren, als die Schriftsatzfristen verstrichen. Die Praxis zur Zulassung weiterer Schriftsätze ist aber großzügig.

INT argumentierte einmal gegen die Zulassung des ergänzenden Schriftsatzes, der Betroffene wolle nichts wesentlich Neues vorbringen.[1711] Der Vorsitzende ließ den Nachtrag dennoch zu; er verwies die Bankermittler sogar darauf, sich nur in der Anhörung anstatt durch schriftliche Replik zum ihrer eigenen Ansicht nach altbekannten Vortrag zu äußern.[1712] So verhinderte das *Sanctions Board* eine offenbar unnötige Verzögerung des Verfahrens, denn die Anhörung fand sechs Tage nach dem Eingang des ergänzenden Schriftsatzes statt.[1713]

Wenn eine Seite einen ergänzenden Schriftsatz einreicht, kann der Vorsitzende nach seinem Ermessen entscheiden, ob er der Gegenseite gestatten will, darauf

---

1705 *EGMR*, Bulut ./. Österreich Rn. 47; *Mayer-Ladewig*, Art. 6 EMRK Rn. 112.
1706 *Mayer-Ladewig*, Art. 6 EMRK Rn. 101 ff.
1707 *EGMR*, Krombach ./. Frankreich, Rn. 82; *Mayer-Ladewig*, Art. 6 EMRK Rn. 93.
1708 *EGMR*, Vanjak ./. Kroatien, Rn. 58 zu zivilrechtlichen Disziplinarverfahren; *Mayer-Ladewig*, Art. 6 EMRK Rn. 24.
1709 *Mayer-Ladewig*, Art. 6 EMRK Rn. 109.
1710 Grundlegend auch SBD 60 (2013), Rn. 46 ff.; auch *Dubois/Nowlan*, YJIL 36 (2010), 15, 19.
1711 SBD 53 (2012), Rn. 24.
1712 SBD 53 (2012), Rn. 25.
1713 SBD 53 (2012), Rn. 1, 3.

zu erwidern.[1714] Dabei gewährt er den Beteiligten in aller Regel gleichberechtigt Gelegenheit zur Äußerung,[1715] ohne das Verfahren durch formalistische Schriftsatzketten lahmzulegen.[1716]

Obwohl die Verfahrensregeln dazu schweigen, hat das *Sanctions Board* sich für befugt gehalten, von den Parteien eine Ergänzung ihrer bisherigen Ausführungen in zusätzlichen Schriftsätzen zu verlangen. Im konkreten Fall hatte das *Sanctions Board* Fragen zum Ablauf einer INT Ermittlung.[1717]

2. Vortrag in der Anhörung

Die Betroffenen und INT können ohne Angabe von Gründen eine mündliche Anhörung vor dem *Sanctions Board* verlangen (a)). In der Anhörung erhalten beide Parteien gleichberechtigte Gelegenheit zur Äußerung (b)). Ausnahmsweise ist die Anhörung nur einer Partei zulässig (c)). Die Beteiligten können sich vertreten und beraten lassen (d)). Sie sollen grundsätzlich nur mündlich erörtern, was bereits zuvor in Schriftsätzen vorgetragen wurde (e)). Zeugen werden ausnahmsweise gehört, und der Betroffene kann umfassend seine Sicht des Falles schildern (f)). Er muss auf Fragen des *Sanctions Board* antworten, aber ist nicht verpflichtet, sich selbst zu belasten (g)).

a) Anforderungen an Antrag auf Anhörung

Nach Auffassung des *Sanctions Board* dürfen Anträge nicht unter Bedingungen gestellt werden. Einen bedingt gestellten Antrag INTs, eine Anhörung abzuhalten, falls das *Sanctions Board* eine mildere Sanktion als die vom EO angedrohte verhängen sollte, lehnte dieses als unzulässig ab; auch die salvatorische Erklärung INTs, dass eine Anhörung auch beantragt werde, wenn ein bedingter Antrag unzulässig sei, hielt es dabei für unbeachtlich.[1718] Weil es sich auch bei letzterer Formulierung um einen bedingt gestellten Antrag handelt, ist das konsequent.

Besondere Absichten muss der Antragsteller mit der Anhörung nicht verfolgen. Insbesondere muss ein Betroffener nicht bestreiten, sich sanktionswürdig verhalten zu haben.[1719]

Wird ein Verfahren gegen mehrere Beschuldigte geführt, können sie getrennte Anhörungen verlangen.[1720] So werden Betroffene davor geschützt, ihre Geschäftsgeheimnisse in Anwesenheit von Konkurrenten ausbreiten zu müssen, mit denen sie sich gemeinsam sanktionswürdig verhalten haben sollen.

1714 § 5.01 (c) SP12.
1715 SBD 55 (2013), Rn. 34, 43; SBD 56 (2013), Rn. 42.
1716 SBD 56 (2013), Rn. 42 f.; SBD 53 (2012), Rn. 25.
1717 SBD 28 (2010), Rn. 42 [LD 1, 12].
1718 SBD 4 (2009), Rn. 13 [LD 10].
1719 SBD 56 (2013), Rn. 27.
1720 SBD 4 (2009), Rn. 4 [LD 9].

b) Gelegenheit zum Vortrag für Betroffenen und INT

In der Anhörung erhalten INT und der Betroffene gleichberechtigt Gelegenheit, ihre Sicht des Falles zu schildern. Sie tragen nacheinander vor.[1721] Das *Sanctions Board* kann Fragen stellen und zu Lasten der Parteien werten, wenn sie keine oder keine glaubwürdige Antwort geben.[1722]

INT beginnt mit seinem Vortrag und darf auf den anschließenden Vortrag des Betroffenen nochmals erwidern.[1723] Weitere Erwiderungen sehen die Verfahrensregeln nicht vor, insbesondere gestehen sie dem Betroffenen kein Recht zu, auf die Erwiderung INTs seinerseits zu erwidern (sog. „*surrebuttal*"). Formal sind die Vortragenden frei.[1724] Der Vorsitzende soll aber die zulässige Vortragsdauer angemessen beschränken.[1725]

c) Ausnahmsweise Anhörung nur einer Partei

Ausnahmsweise und unter bestimmten Voraussetzungen kann eine Anhörung auch ohne den Betroffenen stattfinden.[1726] Das *Sanctions Board* füllt mit seiner Rechtsprechung dazu eine Lücke im Sanktionsregime anhand des Grundsatzes rechtlichen Gehörs.

Die Verfahrensregeln sehen nur vor, dass eine Anhörung stattfinden soll, wenn eine Partei dies beantragt.[1727] Zu einer Weigerung des Gegners äußern sie sich nicht. Insbesondere verlangen sie nicht seine Zustimmung zur Anhörung.[1728] Das Sekretariat soll nur den Betroffenen und INT angemessen von Tag, Zeit und Ort der Anhörung unterrichten.[1729] Sein Erscheinen verlangen sie nicht. Das *Sanctions Board* hatte deshalb bereits früher unveröffentlicht entschieden, dass der Betroffene bei der Anhörung nicht anwesend sein muss.[1730]

In einer veröffentlichten Entscheidung erörtert das *Sanctions Board* die Frage ausführlich.[1731] In dem konkreten Fall hatte nur INT eine Anhörung verlangt. Der Betroffene hatte die Teilnahme verweigert.[1732] Das Sekretariat des *Sanctions Board* hatte zunächst den Termin der Anhörung beiden Parteien bekanntgegeben und auch darauf hingewiesen, dass die Anhörung als Video- oder Telefonkonferenz

---

1721   § 6.03 (b) (iii) SP12.
1722   § 6.03 (c) SP12.
1723   § 6.03 (b) (i) SP12.
1724   § 6.03 (iii) SP12.
1725   § 6.03 (ii) SP12.
1726   SBD 50 (2012), Rn. 21 ff.
1727   § 6.01 SP12.
1728   SBD 50 (2012), Rn. 22.
1729   § 6.01 SP12.
1730   SBD 50, Fn. 8 zu Rn. 23 verweist auf SBD 6, SBD 12, und SBD 31, ohne Angabe von Rn.
1731   SBD 50 (2012), Rn. 21.
1732   SBD 50 (2012), Rn. 2.

abgehalten werden kann.[1733] Auf die Weigerung des Betroffenen hin klärte das Sekretariat ihn über das Sanktionsverfahren und die Möglichkeit, auch ohne seine Teilnahme eine Anhörung durchzuführen, auf. Dieser weigerte sich weiter, weil eine Anhörung überflüssig sei. Daraufhin führte das *Sanctions Board* eine Anhörung allein mit INT durch.[1734]

Dieser Fall baut auf einer langen Tradition des Sanktionsregimes zu rechtlichem Gehör auf, die bereits das erste *Sanctions Committee* begründete. Dieses gab, obwohl das in den dünnen Regelungen seiner Arbeitsweise nicht angelegt war, von Anfang an den Betroffenen eine angemessene Gelegenheit zur Stellungnahme.[1735]

d) Vertretung und Beratung der Beteiligten in der Anhörung

INT und der Betroffene dürfen in die Anhörung Vertreter entsenden. Sie haben ein Recht, während der ganzen Anhörung anwesend zu sein, nicht aber während der Beratung des *Sanctions Board*.[1736]

Art. XI SBSt erlaubt dem Vorsitzenden, Lücken im Sanktionsregime zur Arbeitsweise des *Sanctions Board* zu füllen. Nicht öffentliche *„Hearing Guidelines"* sehen offenbar vor, dass der Vorsitzende vernünftige Grenzen für die Anwesenheit setzen darf, üblicherweise dürfen vier Vertreter pro Seite an einer Anhörung teilnehmen.[1737] Zur effektiven Vorbereitung der Verhandlung erfragt das Sekretariat des *Sanctions Board* im Voraus, wie viele Vertreter ein Betroffener zu einer Anhörung mitbringen will.[1738]

Die Erkenntnisse über die *Hearing Guidelines* verdankt die interessierte Öffentlichkeit der Konfliktverteidigung der Betroffenen aus SBD 55, Larsen & Toubro. Sie sprachen dem *Sanctions Board* die Autorität ab, Auskunft über Zahl und Identität der Verfahrensbevollmächtigten zu verlangen; sie beharrten auch auf ihrem Standpunkt, sie dürften eine unbegrenzte Zahl unbenannter Verfahrensbevollmächtigter in die Anhörung bringen.[1739] Der Vorsitzende akzeptierte ausnahmsweise bis zu fünf Vertreter pro Seite, beharrte aber seinerseits darauf, dass die Anhörungen irgendwie organisiert werden müssten.[1740] Das leuchtet ein, da die Aula des Weltbankgebäudes in Washington D.C. zwar beeindruckend und geräumig ist, aber räumlich begrenztere Konferenzräume sich für die sachliche Erörterung von Korruptionsvorwürfen besser eignen.

1733 SBD 50 (2012), Rn. 23.
1734 SBD 50 (2012), Rn. 24.
1735 *Thornburgh/Gainer/Walker* (2002), S. 43 f.
1736 §§ 6.02 und 6.03 (a) SP12.
1737 Auf sie beruft sich SBD 55 (2013), Rn. 39.
1738 SBD 55 (2013), Rn. 39.
1739 SBD 55 (2013), Rn. 38.
1740 SBD 55 (2013), Rn. 39.

e) Grundsätzliche Beschränkung des Vortrags auf Erörterung der Schriftsätze

Die Vortragenden können den Fall grds. umfassend erörtern, Argumente und Beweise für ihre Seite vorbringen, sich auf einzelne Beweise stützen, andere Beweise widerlegen, die Sanktion mildernde oder erschwerende Umstände schildern und dafür Beweise vorbringen.[1741]

Neuer Vortrag, der in bisher gewechselten Schriftsätzen nicht enthalten war, soll grds. unzulässig sein.[1742] In § 5.01 (c) SP12 bestimmen die Verfahrensregeln allerdings, dass der Vorsitzende bis zum Abschluss einer Anhörung in der Sache den Beteiligten gestatten kann, ihre Schriftsätze um neue Beweise zu ergänzen, über die sie vorher noch nicht verfügten. Das *Sanctions Board* vertagte auch eine Anhörung auf einen späteren Zeitpunkt, um den Parteien Gelegenheit zu geben, sich zu nachgereichten Beweisen im nächsten Anhörungstermin zu äußern.[1743]

f) Einlassungen von Zeugen und Betroffenem

In der Anhörung können ausnahmsweise auch Zeugen aussagen und auch der Betroffene oder einer seiner Vertreter[1744] darf sich erklären. Fragen stellt nur das *Sanctions Board*, auch ein Kreuzverhör findet nicht statt.[1745] Gegenbeweise bleiben jedoch, wie die Verfahrensregeln ausdrücklich klarstellen, zulässig.[1746]

Wie die Zeugen vor das *Sanctions Board* gelangen, ist nicht näher geregelt. Es ist ebenfalls nicht festgelegt, ob die Parteien die Einvernahme des Zeugen vorschlagen oder ob das *Sanctions Board* dies von Amts wegen anordnen kann. Allerdings hat das *Sanctions Board* keine Möglichkeit, Zeugen zum Erscheinen zu zwingen. Es ist also rein tatsächlich darauf angewiesen, dass die Parteien die Zeugen, deren Einvernahme sie wünschen, zur Anhörung mitbringen.

Selbst wenn eine der Parteien die Einvernahme eines Zeugen anbietet, muss das *Sanctions Board* diesen nicht anhören. Nach den Verfahrensregeln findet grundsätzlich keine Zeugenbefragung statt. Das *Sanctions Board* kann Zeugen anhören („*may*"), muss es aber nicht tun.[1747] Es kann den Fall allein anhand schriftlich vorliegender Aussagen entscheiden.[1748]

1741 § 6.03 (iii) und (v) SP12.
1742 § 6.03 (iii) SP12.
1743 SBD 56 (2013), Rn. 2, 18, 34.
1744 Singular und Plural sind in den Verfahrensregeln gleichbedeutend, § 1.02 (b) (i) SP12.
1745 § 6.03 (b) (iv) SP12.
1746 Ausdrücklich klargestellt ebd.
1747 § 6.03 (b) (iv) SP12; SBD 46 (2012), Rn. 20.
1748 Kapitel 2 – G.IV.

g) Auskunftspflicht des Betroffenen

Das *Sanctions Board* kann den Vertretern INTs und dem Betroffenen oder seinen Vertretern Fragen stellen, § 6.03 (c) SP12. Eine verweigerte, unwahre oder unglaubwürdige Antwort kann das *Sanctions Board* der befragten Partei zur Last legen.[1749]

Dem Betroffenen darf das *Sanctions Board* völliges Schweigen nicht anlasten. Das Sanktionsregime ist zwar kein staatliches Kriminalstrafverfahren.[1750] Aber die Bank macht dem Betroffenen einen Vorwurf, den sie in einem formalisierten Verfahren überprüfen will. Weil das Sanktionsverfahren gerecht sein will und rechtsförmig ist, müssen die Verteidigungsrechte des Betroffenen wirksam sein.[1751] Betroffene sind nach den Vorgaben des Sanktionsregimes und der Rechtsprechung des *Sanctions Board* nicht zur Kooperation mit INT verpflichtet.[1752] Sollte ein Betroffener gänzlich schweigen, muss das *Sanctions Board* den Fall skeptisch beurteilen – wie der EO bei der ersten Prüfung des SAE vor einer Anhörung des Betroffenen.[1753] Der Betroffene ist nicht schon überführt, weil er nichts sagt. Eine schweigende Anrufung des *Sanctions Board* ist allerdings noch nicht vorgekommen; auch eine Rechtsprechung des *Sanctions Board*, die meine Auslegung der Verfahrensregeln bestätigen könnte, existiert daher noch nicht.

§ 6.03 (c) SP12 bezieht sich gleichermaßen auf den Betroffenen und INT. Völliges Schweigen INTs kann im Sanktionsverfahren nicht vorkommen. Die Regelung betrifft also vor allem nur teilweises Schweigen auch des Betroffenen. Dass das *Sanctions Board* daraus Rückschlüsse ziehen darf, wahrt seine grundsätzliche Selbstbelastungsfreiheit. Auch in staatlichen Strafverfahren ist es zulässig, teilweise oder unglaubwürdige Einlassungen des Angeklagten als Beweisanzeichen zu verwerten.[1754]

III. Waffengleichheit

INT muss nicht nur alle belastenden Beweise in das Verfahren einführen, sondern auch alle erheblichen Beweismittel in INTs Besitz, die vernünftigerweise dazu geeignet sind, den Betroffenen zu entlasten, oder seine Schuld zu mindern.[1755] Ist der SAE

1749 § 6.03 (c) SP12.

1750 Kapitel 4 – A.III.2.c).

1751 Die Selbstbelastungsfreiheit ist Grundpfeiler eines fairen Kriminalstrafverfahrens, vgl. Art. 14 Abs. 3 lit. g) IPbürgR; *Human Rights Committee,* General Comment 32, Rn. 41; *EGMR,* John Murray ./. Vereinigtes Königreich, Rn. 45; Zur Gewinnung allgemeiner Rechtsprinzipien aus juristischer Logik oder Menschenrechtstexten als Erkenntnisquelle oben, Kapitel 2 – A.II.2.

1752 Zur fehlenden Kooperation als neutraler Faktor bei der Sanktionsbemessung: Kapitel 3 – B.VII.2; Kapitel 3 – B.I. Zur Sanktionsmöglichkeit wegen Ermittlungsbehinderung: Kapitel 2 – C.II.2.d).

1753 Zu dessen Prüfung der Beweise zunächst ohne Anhörung des Betroffenen *LEG,* Advisory Opinion, Rn. 48 ff.

1754 *Meyer-Goßner,* § 261 StPO Rn. 17 zum deutschen Strafprozess.

1755 §§ 3.01 (b) (iv), 3.02 SP12.

bereits eingereicht, muss INT sie dem EO bzw. dem Board schriftlich nachreichen.[1756] Dennoch kann ein Betroffener ergänzende Auskunft aus den Ermittlungsakten der Bank verlangen. Auch aus vollständig eigenem Antrieb kann das *Sanctions Board* von den Parteien ergänzende Auskünfte oder Beweise verlangen. Das *Sanctions Board* legt Wert darauf, bei seiner Entscheidung umfassend informiert zu sein.

1. Objektive Ermittlung INTs

Dass INT heute mit einer Strafverfolgungsbehörde verglichen wird, ist kein Wunder. INT ermittelt den Sachverhalt und setzt dann das Sanktionsverfahren in Gang. Während sich der Betroffene verteidigt, argumentiert INT gegen ihn.

a) Konzeption INTs als objektiver Gegenspieler der Betroffenen

Thornburgh, Gainer und *Walker* sahen 2002 INTs Aufgabe nicht in der Anklage des Betroffenen, sondern in der umfassenden Darlegung der Beweislage.[1757] Im heutigen formalisierten Verfahren hat dieses Rollenverständnis in der Pflicht INTs überlebt, auch alle entlastenden Beweise offenzulegen.[1758] Dass eine Anklagebehörde gleichzeitig objektiv zu sein hat, ist für deutsche Juristen nichts Besonderes.

Dass das Sanktionsverfahren von Anfang an kontradiktorisch ablief, war für *Thornburgh, Gainer* und *Walker* zwangsläufige Folge der Praxis des *Sanctions Committee*, den Betroffenen die Gelegenheit zu geben, sich zu den Vorwürfen zu äußern.[1759] Unglücklicherweise habe die Entwicklung zu einem kontradiktorischen Verfahren dazu geführt, dass die Wahrheit von beiden Seiten nur noch subjektiv gefärbt präsentiert werde, um das *Committee* zu überzeugen.[1760]

b) Allgemeine Richtlinien im Uniform Framework

Das *Uniform Framework for Preventing and Combating Fraud and Corruption* von 2006 hält einen Katalog an Grundprinzipien und Richtlinien für gute Ermittlungen bereit.[1761] Die Richtlinien empfehlen den Finanzinstitutionen, eine eigene Abteilung für die Untersuchung von Korruptionsvorwürfen zu unterhalten, die objektiv,

---

1756 § 3.02 SP12.
1757 *Thornburgh/Gainer/Walker* (2002), S. 44.
1758 § 3.02 SP12.
1759 *Thornburgh/Gainer/Walker* (2002), S. 43. f.; Kapitel 1 – C.II.1.
1760 *Thornburgh/Gainer/Walker* (2002), S. 44 akzeptieren diese Entwicklung allerdings trotz ihres offenbaren Bedauerns und machen sie zur Grundlage ihrer weiteren Empfehlungen.
1761 *IFI Anti-Corruption Task Force,* Uniform Framework for Preventing Fraud and Corruption, Rn. 2.

unvoreingenommen, fair und unabhängig vom Tagesgeschäft der Organisation und den Verdächtigen arbeiten soll.[1762]

Die Prinzipien sollen ausdrücklich unverbindlich sein und die Institutionen insbesondere im Außenverhältnis niemandem gegenüber zu irgendetwas verpflichten.[1763] Sie sind eine Empfehlung an die kooperierenden Entwicklungsbanken zur Koordination ihrer Anstrengungen bei der Korruptionsbekämpfung, kein Ersatz für die innerinstitutionellen Regeln.[1764] Wie objektiv INT heute sein muss, können verbindlich also nur die Verfahrensregeln beantworten.

c) Umfassende Darstellung des Falles im SAE

Das sog. *Statement of Accusations and Evidence*, kurz SAE,[1765] enthält die Bezeichnung der sanktionswürdigen Verhaltensweisen, die INT verwirklicht sieht, die Bezeichnung der Betroffenen, die INT des Fehlverhaltens beschuldigt, und die Nennung der *Affiliates*, auf die INT die Sanktion erstreckt haben möchte.[1766] Kernstücke des SAE sind die Darstellung des relevanten Sachverhalts, wie er sich nach Ansicht von INT abgespielt haben soll, und die Angabe aller Beweismittel, aus denen der Sachverhalt gefolgert werden kann.[1767]

Die in Bezug genommenen Beweismittel selbst gehören in Kopie als Anhang ebenfalls zum SAE.[1768] INT muss nicht nur belastende, sondern auch entlastende Beweismittel angeben; entlastendes Material, das später ans Licht kommt, muss INT nachreichen.[1769] Nur ausnahmsweise ist es zulässig, Beweismittel zu kürzen oder zurückzuhalten, dazu 3.

Die veröffentlichten Entscheidungen des *Sanctions Board* zeigen, dass INT bei der Ermittlung aller erheblichen Beweise sehr sorgfältig arbeitet. Was die Betroffenen dem SAE hinzuzufügen hatten, war meistens irrelevant und bewegte nur in zwei von bisher 14 veröffentlichten Fällen den EO zu einer Änderung seiner

---

1762 *IFI Anti-Corruption Task Force*, IFI Principles and Guidelines for Investigations, Rn. 1 – 3.

1763 *IFI Anti-Corruption Task Force*, IFI Principles and Guidelines for Investigations, Fn. 3.

1764 *IFI Anti-Corruption Task Force*, Uniform Framework for Preventing Fraud and Corruption, Präambel.

1765 Bis Mitte 2010 kannten die Verfahrensregeln den Begriff des SAE nicht, sondern sprachen nur von einem Entscheidungsvorschlag an den EO, der sog. „*Proposed Notice of Sanctions Proceedings*", die Benennung wurde geändert, um für mehr Klarheit im Sanktionsverfahren zu sorgen, *INT*, Annual Report 2011, S. 34; zur alten Terminologie siehe Art. III SP10.

1766 § 3.01 (b) (i) und (ii) SP12; zur Erstreckung der Sanktion auf „Affiliates" Kapitel 2 – E.II.

1767 § 3.01 (b) (iii) und (iv) SP12.

1768 § 3.01 (b) (iv) SP12.

1769 § 3.02 SP12.

Sanktionsempfehlung.[1770] Nur in diesen beiden und in zwei weiteren Fällen ergänzten die Betroffenen den SAE um Tatsachen, die schließlich auf die Entscheidung des *Sanctions Board* Einfluss hatten.[1771] Wenn man bedenkt, dass über die Hälfte der Betroffenen, die vom EO eine *Notice* erhalten, dagegen gar nicht vorgehen,[1772] ist INTs Erfolgsquote beachtlich. Es liegt nahe, dass diese Erfolgsquote an sauberer Arbeit liegt – andernfalls müsste der von EO und *Sanctions Board* gewährte Rechtsschutz von vornherein völlig unzureichend und wirkungslos sein, aber für eine derartig kategorische Annahme gibt es keinen Grund.[1773] Dass nicht jeder einzelne Fall völlig wasserdicht ist, liegt schlicht daran, dass auch die Weltbank nur Menschen als Ermittler einsetzen kann; selbst in den besten Strafjustizsystemen kommt es zu Freisprüchen vor Gericht.

d) Belehrung der Betroffenen vor der Befragung

Obwohl die Verfahrensregeln das nicht verlangen, hat sich INT zur Gewohnheit gemacht, Zeugen und Betroffene vor einer Befragung über das Sanktionsverfahren und die Möglichkeit einer öffentlichen Sanktion zu belehren.[1774]

2. Grundsatz der Übermittlung aller be- und entlastenden Beweise

Das Sanktionsverfahren baut darauf, dass INT objektiv arbeitet und eine vollständige Darstellung des Falls präsentiert. Denn gegen selektive Informationspolitik der Bankermittler kann der Betroffene nur eingeschränkt vorgehen. Außer in von den Verfahrensregeln ausdrücklich vorgesehenen Fällen kann der Betroffene Einblick in Dokumente oder Informationen im Besitz der Bank nicht verlangen.[1775] Es gibt im Sanktionsverfahren also keine allgemeine *Discovery*.[1776]

1770 SBD 53 (2012), Rn. 5; SBD 60 (2013), Rn. 5, 8; unten Kapitel 6 – B.I.3. Vgl. dagegen SBD 47 (2012), Rn. 4 f.; SBD 48 (2012), Rn. 4 ff.; SBD 50 (2012), Rn. 4 ff.; SBD 51 (2012), Rn. 4 ff.; SBD 52 (2012), Rn. 3 f.; SBD 55 (2013), Rn. 4 f.; SBD 56 (2013), Rn. 4 f.

1771 Spektakulär ist eine davon: SBD 59 (2013), Rn. 14 führte zur Einstellung des Verfahrens, *ebd.*, Rn. 30. Dagegen hatte der Betroffene die sanktionsmildernde Bedeutung der freiwilligen Gegenmaßnahmen nicht ausdrücklich geltend gemacht, die das Sanctions Board in SBD 47 erkannte: SBD 47 (2012), Rn. 15 (v), 16, 39. SBD 56 (2013), Rn. 12, 14 ist nicht vergleichbar, weil sich dort INT und EO erfolglos auf den SAE geeinigt hatten, oben Kapitel 3 – C.I.2.

1772 Das sieht *LEG*, Review, S. 5 kritisch.

1773 aA *Volkov,* http://www.jdsupra.com/legalnews/questions-on-world-bank-sanctions-progra-08262/ (14.09.2013).

1774 SBD 60 (2013), Rn. 59.

1775 § 7.03 SP12.

1776 SBD 55 (2013), Rn. 31 f.

a) Fehlendes Bedürfnis nach Discovery

Discovery würde dem Betroffenen erlauben, die Arbeit INTs zu überprüfen. Man muss INT keine böse Absicht unterstellen, um ein mögliches Bedürfnis für *Discovery* im Sanktionsregime zu erkennen. Zwar muss INT sorgfältig und objektiv ermitteln, um einen überzeugenden Fall zu präsentieren. Aber selbst der sorgfältigste und objektivste Ermittler kann etwas Entscheidendes in vermeintlich bedeutungslosen Unterlagen (oder anderen Beweismitteln) übersehen, auf das ein Betroffener gestoßen wäre.[1777]

Dennoch rieten *Thornburgh, Gainer* und *Walker* der Bank dringlich, den Betroffenen kein allgemeines Recht zur Einsicht in die Ermittlungsakten der Bank zu gewähren: Zweifel an der nötigen Objektivität INTs für die Beurteilung, welche Beweismittel für die Verteidigung des Betroffenen erheblich sein könnten, seien unbegründet. Denn INT müsse, von Ausnahmen für sensibles Material abgesehen, alle Beweismittel offenlegen, solange sie nicht völlig unerheblich seien.[1778]

b) Vorlage entlastender Beweise auf Verlangen des Sanctions Board

Wenn INT ausnahmsweise unsauber arbeiten und der SAE unvollständig sein sollte, hilft das *Sanctions Board* und verlangt von INT auf begründeten Antrag des Betroffenen die Vorlage entlastender Dokumente,[1779] die in der Akte sein sollten.

Ein Antrag des Betroffenen ist nur Anlass, aber nicht Voraussetzung für ein Verlangen des *Sanctions Board*, die Akte zu vervollständigen. Dass es von den Parteien auch außerhalb der Befragung in der Anhörung[1780] ergänzende Beweise und Auskünfte zum Vortrag in ihren Schriftsätzen verlangen kann, hatte das *Sanctions Board* bereits vorher entschieden.[1781] In SBD 56 verlangte das *Sanctions Board* von INT die Ergänzung der Verfahrensakte, die wegen einer vorherigen Einigung mit dem Betroffenen über den Inhalt des SAE unvollständig war.[1782] Dem Antrag des Betroffenen[1783] gab das *Sanctions Board* statt, weil die Offenlegung aller entlastenden Beweise elementar für ein faires Verfahren sei.[1784] Das *Sanctions Board* verlangte von INT die Vorlage aller Unterlagen zum Verfahren, die den Betroffenen möglicherweise entlasten könnten.[1785] INT hatte sich auf die Einigung mit dem Betroffenen über den Inhalt des SAE berufen und deshalb ausnahmsweise nicht alle vorliegenden

---

1777 Vgl. SBD 59 (2013), Rn. 21 f.
1778 *Thornburgh/Gainer/Walker* (2002), S. 52.
1779 Ermittlungshandbücher und andere nicht näher spezifizierte Dokumente zur Arbeit INTs gehören dazu nicht, SBD 55 (2013), Rn. 31 f.
1780 § 6.03 (c) SP12, ausführlich Kapitel 5 – B.II.2
1781 SBD 28 (2010), Rn. 42 [LD 1, 12].
1782 SBD 56 (2013), Rn. 32.
1783 SBD 56 (2013), Rn. 28.
1784 SBD 56 (2013), Rn. 32.
1785 SBD 56 (2013), Rn. 18.

Beweise aufgenommen.[1786] Als sich allerdings herausstellte, dass die fehlenden Dokumente nicht wirklich entlastend waren[1787] und die Betroffenen die Beweise nicht mehr haben wollten,[1788] erlaubte das *Sanctions Board* kein Rosinenpicken, sondern wollte seine vollständige Akte behalten.[1789]

Ebenfalls in SBD 56 weigerten sich sowohl INT als auch der Betroffene, dem *Sanctions Board* vollständige Auskünfte zu erteilen.[1790] Das *Sanctions Board* konnte insoweit jedoch ohne die zusätzlichen Angaben entscheiden. Der Betroffene wollte seine Sanktion wegen einer internen Ermittlung gemildert haben, deren Ergebnisse er aber nur unter Bedingungen weitergeben wollte, die INT als unvernünftig bezeichnete.[1791] Die Streitparteien wollten dem Board diese Bedingungen nicht nennen.[1792] Es war aber unstreitig, dass der Betroffene der Bank keine Informationen übermittelt hatte; nur darauf kam es für die Sanktionsmilderung an.[1793]

c) Informationen aus anderen Verfahren

Betroffene bekommen gem. § 5.04 (b) SP12 auf Antrag Zugang zu Informationen aus anderen, für ihren Fall relevanten[1794] Sanktionsverfahren. Die Kenntnis von verwandten Ermittlungen erlaubt den Betroffenen eine umfassend informierte und wirkungsvolle Verteidigung.[1795] Das *Sanctions Board* soll bei der Entscheidung über die Informationsweitergabe die Kriterien für das Zurückhalten sensibler Beweismittel berücksichtigen.[1796]

Eine Fußnote zu § 5.04 (b) SP12 nimmt Informationen, die im Zusammenhang mit einem Vergleich stehen, von der Weiterleitung an andere Betroffene aus.[1797] Das *Sanctions Board* unterscheidet zwischen dem förmlichen Sanktionsverfahren, das mit einem SAE beginnt, und Vergleichen und ihrer vorbereitenden Dokumentation.[1798]

1786 SBD 56 (2013), Rn. 38.
1787 So sah es INT, SBD 56 (2013), Rn. 16 – wohl zurecht, wie die Beweiswürdigung in Rn. 48 erkennen lässt.
1788 SBD 56 (2013), Rn. 38.
1789 SBD 56 (2013), Rn. 39.
1790 SBD 56 (2013), Rn. 74 f.
1791 SBD 56 (2013), Rn. 74.
1792 SBD 56 (2013), Rn. 75.
1793 SBD 56 (2013), Rn. 75.
1794 In SBD 56 (2013), Rn. 18, 31 gab es keine anderen Verfahren zum dem Projekt, bei dem es zum Fehlverhalten der Betroffenen gekommen war.
1795 Vgl. SBD 60 (2013), Rn. 45–48.
1796 § 5.04 (b) SP12.
1797 Fußnote 13 der SP12.
1798 SBD 56 (2013), Rn. 30.

3. Einschränkung des Rechts des Betroffenen auf Einsicht in belastende Beweismittel

INT kann den Betroffenen darauf verweisen, bestimmte Beweise nur *in camera* einzusehen (b)), darf Teile der Beweismittel schwärzen (c)) und sensible Beweismittel sogar ganz zurückhalten (d)). Bei zurückhaltender Anwendung gewährleisten die entsprechenden Vorschriften ein faires Verfahren. Anonyme Zeugen und zurückgehaltene Beweismittel wären, unter engen Voraussetzungen, nach der EMRK in staatlichen Strafverfahren zulässig (a)) und müssen daher erst recht den Vorgaben der EMKR für die Zivilverfahren genügen, die der Rechtsschutz vor dem *Sanctions Board* ersetzen muss.

a) Vorgaben der EMRK

In einem fairen Verfahren muss jede Seite grundsätzlich alle Beweise offenlegen, auf die sie ihren Fall stützt.[1799] Aber sogar in Strafverfahren gibt auch Art. 6 Abs. 2 lit. d) EMRK Angeklagten keinen Anspruch darauf, die Identität jeder Person zu erfahren, mit der Strafverfolger Kontakt hatten. Nur wenn Angaben anonymer Zeugen selbst zur Grundlage einer Verurteilung werden sollen, ist die Fairness des Gerichtsverfahrens in Gefahr.[1800] Erforderlicher Zeugenschutz ist ein legitimer Grund für das Zurückhalten sensibler Beweise.[1801] Diese dürfen aber, wenn überhaupt, nicht alleine oder in einem entscheidenden Ausmaß Basis einer Verurteilung werden.[1802]

Ein Gericht darf zurückgehaltene Beweise nur insoweit zur Grundlage einer Verurteilung machen, wie es durch zurückhaltende Beweiswürdigung einen Ausgleich dafür schafft.[1803] Wenn das Verfahren im Übrigen fair ist, darf das Gericht sogar eine Verurteilung entscheidend auf die Beweise stützen.[1804] Was sogar in einem Strafverfahren fair ist, muss erst recht in Zivilverfahren gelten.

b) Eingeschränkte Einsichtnahme (in camera)

Der Betroffene im Sanktionsverfahren kann gem. § 5.04 (e) SP12 auf eingeschränkte Einsichtnahme in bestimmte Beweise, das sog. „*in camera review*" verwiesen werden.

Die betreffenden Beweismittel werden dem Betroffenen dann nicht wie üblich in Kopie mit der *Notice* oder weiteren Schriftsätzen übersandt. Er kann sie stattdessen in einem Weltbankbüro (oder einem anderen vom Vorsitzenden bestimmten Ort) zu

---

1799 *EGMR*, Rowe and Davis, Rn. 60.

1800 *EGMR*, Kostovski ./. Niederlande, Rn. 44; *EGMR*, Doorson ./. Niederlande, Rn. 69.

1801 *EGMR*, Doorson ./. Niederlande, Rn. 71.

1802 Das betont der *EGMR*, Doorson ./. Niederlande, Rn. 76 klarstellend, als er die Beschwerde zurückweist; s. allg. *ebd.*, *Rn.* 74 f.; *EGMR*, Kostovski ./. Niederlande, Rn. 43.

1803 Im Original: *EGMR*, Doorson ./. Niederlande, Rn. 76; *EGMR*, Kostovski ./. Niederlande, Rn. 44.

1804 *EGMR*, Al-Khawaja und Tahery ./. Vereinigtes Königreich, Rn. 146.

den üblichen Bürozeiten einsehen, aber keine Kopien machen. Der Vorsitzende kann auf Antrag des Betroffenen und nach Rücksprache mit INT eine abweichende Ortsbestimmung treffen. Der Betroffene muss dazu darlegen, dass die Einsichtnahme im örtlichen Büro der Weltbank (bzw. ggf. an einem vom Vorsitzenden bezeichneten anderen Ort) für ihn eine unbillige Härte bedeutet.

Die Entscheidung über die eingeschränkte Einsichtnahme trifft das *Sanctions Board* auf Antrag von INT. Wenn das *Sanctions Board* den Antrag auf Durchführung des *in camera review* ablehnt, bekommt der Betroffene die Beweismittel wie üblich mit dem SAE übersandt.[1805]

Voraussetzungen für eine Einsicht nur *in camera* nennen die Verfahrensregeln nicht, aber eine grundlose Einschränkung der üblichen Dokumentenübermittlung wäre Willkür zur Schikane einzelner Betroffener. Im Vorfeld von SBD 60 lehnte das *Sanctions Board* einen Antrag INTs im Ergebnis ab, weil die betreffenden Informationen nach den entsprechenden Vorgaben der Bank keiner Geheimhaltungspflicht unterlagen.[1806]

c) Schwärzungen durch INT

INT kann nach seinem freien Ermessen neben dem vollständigen SAE, der die Grundlage für die Entscheidung des EO ist, einen redigierten SAE erstellen, der zur Weiterleitung an den Betroffenen und das *Sanctions Board*[1807] bestimmt ist.[1808] Darin kann INT in Beweismitteln Bezüge zu Angehörigen der Weltbank oder Dritten schwärzen, deren Identität für den Fall nicht wesentlich ist.

Im Verfahren vor dem EO muss der Betroffene die Schwärzungen hinnehmen.

In der Erwiderung auf die *Notice*, mit der sich der Betroffene an das *Sanctions Board* wendet, kann er die Schwärzungen rügen. Das *Sanctions Board* beurteilt dann gem. § 5.04 (d) SP12 anhand der unbearbeiteten, bankinternen Version des SAE, ob der Hinweis auf den Weltbankangehörigen oder die Identität eines Dritten erforderlich ist, um dem Betroffenen eine wirkungsvolle Erwiderung auf die *Notice* zu ermöglichen. In SBD 60 sah das *Sanctions Board* die Möglichkeit als ausreichend an, den nur aus einigen Dokumenten getilgten Namen eines Bankmitarbeiters aus anderen Dokumenten zu erschließen.[1809] Das *Sanctions Board* bat aber, in Zukunft möge INT klarstellen, ob sich Schwärzungen auf eine oder mehrere Personen beziehen,

---

1805 Ganzer Absatz: § 5.04 (e) SP12.
1806 SBD 60 (2013), Rn. 55 ff.: Das Sanctions Board hatte dem Antrag zunächst stattgegeben, aber aufgrund eines weitergehenden Antrags INTs, die Beweise komplett zurückzuhalten die Voraussetzungen offenbar kritischer geprüft und auch den ersten Antrag schlussendlich abgelehnt.
1807 Als Anhang der Notice, die der Betroffene und, in Kopie, der Vorsitzende des Sanctions Board erhält, § 4.01 (a) und (b) (iv) SP12.
1808 § 5.04 (d) SP12.
1809 SBD 60 (2013), Rn. 51 f.

oder die geschwärzten Namen durch eine generalisierende Beschreibung der betreffenden Person ersetzen.[1810]

Wenn das *Sanctions Board* die geschwärzten Informationen für notwendig für eine wirkungsvolle Verteidigungsmöglichkeit hält, soll die unbearbeitete Version der Beweismittel dem Betroffenen gemäß § 5.04 (e) SP12 zugänglich gemacht werden.[1811] Das muss ein Rechtsgrundverweis sein, sonst könnte INT durch großzügigen Einsatz eines schwarzen Stiftes die oben, b), genannten Voraussetzungen für die eingeschränkte Einsichtnahme *in camera* umgehen. Das *Sanctions Board* muss also ggf. auch entscheiden können, dass dem Betroffenen die ungeschwärzten Beweismittel ohne weitere Einschränkungen übersandt werden.

Nachdem der Betroffene die Beweise auf dem einen oder anderen Weg erhalten hat, bekommt er Gelegenheit, seine Erwiderung zu ergänzen.[1812]

d) Zurückhalten sensibler Beweismittel

§ 5.04 (c) SP12 erlaubt dem *Sanctions Board*, entscheidungserhebliche Beweise dem Betroffenen vorzuenthalten: Auf Antrag INTs oder aus eigenem Antrieb kann es Beweise, von denen eine Gefahr für das Leben, die Gesundheit, die Sicherheit oder das Wohlbefinden einer Person ausgehen könnte, wenn sie dem Betroffenen bekannt würden, geheim halten und dennoch zur Grundlage seiner Entscheidung machen;[1813] lehnt das *Sanctions Board* einen entsprechenden Antrag INTs ab, kann INT die betreffenden Beweismittel aus der Akte entfernen oder die Rücknahme der *Notice* beantragen.

Das *Sanctions Board* hat in einer 2007 ergangenen Entscheidung der Aussage von Wettbewerbern des Betroffenen, die dem Betroffenen vorenthalten wurde, nur einen erheblich geminderten Beweiswert zuerkannt. Die Aussage wurde von INT unter den für den Fall noch geltenden Verfahrensregeln des *Sanctions Committee* zurückgehalten, ohne eine nähere Begründung dafür zu liefern.[1814] Das ist heute anders. Dass der Betroffene keine Möglichkeit hatte, zu bestimmten Beweismitteln Stellung zu nehmen, mindert aber immer noch ihre Überzeugungskraft. Es ist schließlich möglich, dass er sie mit einer kurzen Erklärung als falsch oder missverständlich hätte entlarven können.[1815]

1810 SBD 60 (2013), Rn. 53.
1811 § 5.04 (d) SP12.
1812 § 5.04 (d) verweist auf § 5.01 (c) SP12.
1813 Auch eine Geheimhaltungspflicht der Bank unter dem VDP (oben Kapitel 1 – D.V.) rechtfertigt die Zurückhaltung der Beweise, § 5.04 (c) SP12.
1814 SBD 1 (2007), Rn. 7 [LD 36, 86].
1815 Entsprechende Beweiswürdigung durch den EO, der ebenfalls zunächst nur eine Akte zu Gesicht bekommt, beschreibt ausführlich *LEG*, Advisory Opinion, Rn. 48–51.

4. Verwertungsverbote

Das Sanktionsregime enthält keine ausdrückliche Regelung zu Verwertungsverboten, auch nicht für verbotene Vernehmungsmethoden, wie sie etwa der deutsche Strafprozess in § 136a Abs. 3 S. 2 StPO vorsieht. Doch das Sanktionsverfahren ist nicht gegen wirkliches oder vermeintliches Fehlverhalten durch Ermittler immun. Für ein faires Verfahren sind durch Täuschung oder Einschüchterung gewonnene Beweise ein großes Problem; daher versteht es sich von selbst, dass solche Beweise in einem auf Fairness angelegten Verfahren nicht ohne weiteres verwendet werden dürfen.[1816]

Zur Entwicklung ausdifferenzierter Rechtsprechung hatte das *Sanctions Board* bisher noch keine ausreichende Gelegenheit; aber es ist grundsätzlich bereit, unzulässig gewonnene Beweise unberücksichtigt zu lassen, oder ihnen nur verminderten Beweiswert zuzumessen: Teile der Aussage eines Zeugen, die auf falschen Angaben eines Ermittlers basierten, ließ das *Sanctions Board* bei seiner Entscheidung außer Acht.[1817] Wenn Ermittler die Grenze einer ordentlichen Ermittlung überschreiten, können nicht nur die unmittelbar durch das unzulässige Verhalten gewonnenen Beweise, sondern die Ermittlungsergebnisse insgesamt unglaubwürdig werden. Obwohl es keine Anhaltspunkte für die behauptete Einschüchterung eines Zeugen sah, stellte das *Sanctions Board* klar:

> „*The use of intimidation is impermissible and may limit or annul the evidentiary weight of an individual's statements or admissions made in that context. Accordingly, INT must take care to avoid conduct that could reasonably be perceived as intimidating. Any suggestion that an interviewee's request to consult a lawyer in itself demonstrates non-cooperation or hinders INT's investigation may also raise concerns as to the fairness of the investigation and consequently the reliability or weight of the evidence thus obtained.*"[1818]

5. Angemessenes Beweismaß

Vorteile einer Partei im Verfahren können und müssen durch ein strengeres Beweismaß ausgeglichen werden, um insgesamt für ein faires Verfahren mit gleichen Waffen zu sorgen.[1819] Im Sanktionsverfahren gilt, anders als in Strafverfahren, keine Unschuldsvermutung; die Ermittler INTs tragen zwar die Beweislast, aber für eine Sanktion reicht es aus, dass das Fehlverhalten überwiegend wahrscheinlich ist.[1820] *Prieß* hält das für unzulässig: Das Sanktionsverfahren verhänge Strafen und führe zu schwerwiegenden Folgen, deshalb solle das hohe Beweismaß „*beyond a reasonable*

1816 aA *Prieß*, GWILR 45 (2013), 271, 286, der nicht nur ein höheres Beweismaß, sondern auch ausdrückliche Regelungen zu fragwürdigen Beweisen für unabdingbar für ein faires Verfahren hält.
1817 SBD 45 (2011), Rn. 35.
1818 SBD 60 (2013), Rn. 60. Ähnlich auch schon SBD 30 (2010), Rn. 17, 32 [LD 52].
1819 *Alvarez*, S. 529.
1820 Kapitel 2 – G.

doubt" gelten.[1821] Obwohl eine Sanktion sprachlich synonym zu einer Strafe sein mag,[1822] ist das Sanktionsverfahren der Weltbank aber doch kein staatliches Kriminalstrafverfahren i.S.d. EMRK.[1823]

INT hat, abgesehen vom vertraglich vereinbarten Buchprüfungsrecht,[1824] keine Möglichkeit, Ermittlungsmaßnahmen wie Durchsuchungen oder Abhöraktionen durchzuführen; hoheitliche Eingriffsbefugnisse hat die Weltbank, anders als nationale Strafverfolger, nicht.[1825] Die Bankermittler sind grundsätzlich auf die Kooperation von Betroffenen und Zeugen angewiesen; letztere sind, anders als in staatlichen Verfahren, nicht zur Aussage verpflichtet. Dabei sind die Ermittler INTs zu Objektivität und Ehrlichkeit verpflichtet (oben 1.) und (oben 2.). Unsaubere Ermittlungen INTs beschädigen den Wert der dadurch erlangten Beweise (oben 4.). Die Betroffenen dagegen müssen nicht kooperieren; sie können schweigen oder die Anschuldigungen abstreiten, solange sie nicht aktiv versuchen, die Ermittlungen durch das Zerstören von Beweisen oder die Behinderung des Buchprüfungsrechts zu behindern.[1826] Grundsätzlich kämpft INT im Sanktionsverfahren also nicht mit besseren (bildlichen) Waffen als der Betroffene.

Die ausnahmsweise zulässigen Einschränkungen des Zugangs der Betroffenen zu den von INT vorgelegten Beweisen können für Vorteile INTs im Sanktionsverfahren sorgen. Aber für solche Einschränkungen gelten erstens strenge Anforderungen, zweitens ist das *Sanctions Board* bereit, entsprechenden Beweismitteln geringeren Beweiswert zuzumessen (oben 3.). Man könnte auch sagen: Das Beweismaß erhöht sich, soweit INT ausnahmsweise echte Vorteile gegenüber den Betroffenen hat.

Insgesamt betrachtet herrscht im Sanktionsverfahren also Waffengleichheit.

IV. Gleichheit vor Gericht

Art. 14 Abs. 1 S. 1 IPbürgR garantiert ausdrücklich das Recht auf Gleichheit vor Gericht. Es ist im Zusammenhang mit Art. 14 EMRK Bestandteil des Rechts auf ein faires Verfahren nach Art. 6 Abs. 1 EMRK.[1827] Das *Sanctions Board* muss also die Gleichbehandlung aller Betroffenen sicherstellen können, um einen akzeptablen Ersatz für ein Gericht i.S.d. Art. 6 EMRK zu gewähren.[1828]

1821 *Prieß*, GWILR 45 (2013), 271, 286.
1822 So *Prieß*, GWILR 45 (2013), 271, 273.
1823 Kapitel 4 – A.III.2.c).
1824 Kapitel 2 – C.II.3.a).
1825 Etwa §§ 100a, 100c, 100f StPO. So argumentiert auch *LEG*, Advisory Opinion, Rn. 52, allerdings nur zum Nachweis von Vorsatz.
1826 Kapitel 2 – C.II.2.d).
1827 *Meyer-Ladewig*, Art. 6 EMRK Rn. 112, Art. 14 Rn. 2.
1828 aA *Boisson de Chazournes/Fromageau*, EJIL 23 (2012), 963, 988; *Williams*, PCLJ 26 (2007), 277, 302.

Sollte ein Unternehmen dartun können, INT habe es willkürlich als Ziel eines Sanktionsverfahrens ausgewählt, muss das *Sanctions Board* darauf reagieren. Anhaltspunkte für Willkür INTs gab es bis jetzt nicht; aber das *Sanctions Board* hat bereits erkennen lassen, dass ihm fallübergreifende Gerechtigkeit ein Anliegen ist.[1829] Das Bemühen, diese Gerechtigkeit regelmäßig durch schlichte und sachliche Anwendung der Vorgaben des Sanktionsregimes herzustellen,[1830] entspricht der Arbeit nationaler Gerichte.

V. Wiederaufnahmeverfahren

Ein Wiederaufnahmeverfahren, das vom *Sanctions Board* in Rechtsfortbildung des Sanktionsregimes geschaffen wurde, gewährleistet die Fairness des Verfahrens selbst dann, wenn Fehler im Ursprungsverfahren oder eine Übervorteilung des Betroffenen durch INT erst im Nachhinein offenbar werden.

Nach der mittlerweile gefestigten Rechtsprechung des *Sanctions Board*[1831] ist eine Wiederaufnahme nur ausnahmsweise zulässig, wenn die Entscheidung trotz der Bedeutung der Rechtssicherheit[1832] für ein rechtsförmiges Verfahren untragbar ist.[1833] Das kann sich aus schweren Fehlern im Ursprungsverfahren (1.), neuen Beweismitteln (2.) oder außergewöhnlichen Folgen der Entscheidung (3.) ergeben.

1. Schwere Fehler im Ursprungsverfahren

Schwerwiegende Fehler im Ursprungsverfahren konnte bisher noch kein Betroffener (erfolgreich) geltend machen. Der Wunsch allein, den vermeintlich falsch entschiedenen Fall neu zu verhandeln, reicht jedenfalls nicht für eine Wiederaufnahme.[1834] Hätte sich das *Sanctions Board* allerdings bei der Berechnung der Sanktionsdauer wirklich vertan (wie dies später vom Betroffenen geltend gemacht wurde), hätte es den Fall möglicherweise wiedereröffnet.[1835]

Eine Wiederaufnahme muss möglich sein, wenn das *Sanctions Board* für das Abfassen der Entscheidungsbegründung ohne Veranlassung des Betroffenen außergewöhnlich lange braucht. Dann wäre eine erhebliche Verfahrensverzögerung durch die Weltbank in der Sanktionsbemessung unberücksichtigt geblieben.

1829 Kapitel 3 – D.I.
1830 Kapitel 3 – D.II.1.
1831 SBD 57 (2013), Rn. 3–8; SBD 58 (2013), Rn. 3–8.
1832 SBD 43 (2011), Rn. 14 [LD 17]; Vom Board selbst nochmals wiedergegeben in SBD 57 (2013), Rn. 7 und SBD 58 (2013), Rn. 7.
1833 Kapitel 2 – A.II.1.
1834 SBD 43 (2011), Rn. 25 f. [LD 19 f.].
1835 Rechenfehler abgelehnt in SBD 57 (2013), Rn. 12.

2. Neue Beweismittel

Neue Beweismittel, die der Betroffene nicht rechtzeitig vorbringen konnte, würden das *Sanctions Board* wohl dazu bewegen, seine Entscheidung nochmals zu überprüfen. Schließlich betont es in einer (ablehnenden) Entscheidung zu einem Wiederaufnahmeantrag, dass dem Betroffenen die nachträglich vorgebrachten Beweismittel bereits im ursprünglichen Verfahren verfügbar waren.[1836]

Die Betroffenen dürfen bis zur Grenze der Behinderung einer Ermittlung ihre eigenen Interessen vertreten, was ihnen zumindest erlaubt, nicht zu kooperieren.[1837] Der Betroffene muss nicht einmal in eigener Sache Ermittlungen anstellen. Er ist erst recht nicht ausdrücklich verpflichtet, sich selbst so gut wie möglich zu verteidigen. Das Sanktionsverfahren wäre andererseits eine kolossale Zeitverschwendung, wenn die im Verfahren getroffenen Endentscheidungen nicht grundsätzlich endgültig wären. Entsprechend heißt es im *Law Digest*: „*The Sanctions Board has emphasized the principle of finality as a fundamental aspect of any judicial or quasi-judicial process.*"[1838]

Es ist also eine Obliegenheit der Betroffenen im eigenen Interesse, sich während des Sanktionsverfahrens so gut wie möglich zu verteidigen. Wenn ein Betroffener entlastende Beweismittel zurückhält, droht ihm zwar keine unmittelbare Sanktion dafür. Aber mit einer für ihn ungünstigen Entscheidung muss er leben: „*[T]he respondent's failure to timely or effectively present previously available facts or related evidence to the Sanctions Board in the original proceedings [will] not warrant reopening the case for reconsideration or revision.*"[1839]

Würde die Fairness des ursprünglichen Sanktionsverfahrens aber durch „*fraud or other misconduct in the original proceedings*" entwertet, hätte ein Wiederaufnahmeantrag wohl Aussicht auf Erfolg.[1840]

3. Außergewöhnliche Folgen der Sperrentscheidung

Würde ein Betroffener durch die Entscheidung des *Sanctions Board* außergewöhnlich und unerwartet hart getroffen, könnte darin ein neuer Umstand liegen, der eine Neubewertung erfordert. Bisher trug allerdings noch kein Betroffener solche außergewöhnlichen Umstände vor. Finanzielle Einbußen in Folge der einstweiligen und endgültigen Sperre sind jedenfalls an sich nichts Außergewöhnliches.[1841]

1836   SBD 43 (2011), Rn. 25 f. [LD 19 f.].
1837   Kapitel 2 – C.II.2.d).
1838   SBD 43 (2011), Rn. 14 [LD 17].
1839   SBD 43 (2011), Rn. 27 [LD 21].
1840   SBD 43 (2011), Rn. 25–27 [LD 19–21].
1841   SBD 57 (2013), Rn. 12, 10 (i).

C. Verfahren in angemessener Frist

Rechtsschutz, der zu spät kommt, nützt nur noch wenig. Art. 6 Abs. 1 EMRK fordert ein Verfahren in angemessener Frist. Wann ein Verfahren angemessen lange dauert, ist einzelfallabhängig.[1842] Ein Verfahren über elf Jahre war nach den Kriterien der EMRK einmal angemessen,[1843] ein andermal waren ein Jahr und neun Monate[1844] zu lang. Das ist keine Willkür des EGMR, denn was angemessen ist, hängt von den Besonderheiten jedes Falls ab:[1845] der Schwierigkeit der Sache und ihrer Bedeutung für die Beteiligten, dem Verhalten der Gerichte und der Beteiligten.[1846]

Die Rechtsprechung des EGMR zur angemessenen Dauer eines Strafverfahrens ist hochentwickelt und ausdifferenziert (I.). Das *Sanctions Board* verhält sich ähnlich wie ein staatliches Strafgericht, wenn es ein unangemessen langes Ermittlungs- und Sanktionsverfahren als sanktionsmildernden Umstand berücksichtigt (II.). Aber für die Beurteilung, ob der Rechtsschutz durch das *Sanctions Board* eine angemessene Alternative zum gerichtlichen Verfahren gem. Art. 6 Abs. 1 EMRK ist, kommt es nur auf das *Sanctions Board* selbst an, weil es kein Strafverfahren, sondern ein zivilgerichtliches Verfahren ersetzen soll. In der Regel ist die Verfahrensdauer angemessen, aber es gibt Optimierungsmöglichkeiten (III.).

I. Vorgaben der EMRK für Strafverfahren in angemessener Frist

In Strafsachen erwartet der EGMR vom Beschwerdeführer keine Beschleunigung seiner Verurteilung, rechnet aber Verzögerungen, die der Beschwerdeführer verursacht hatte, auch nicht dem Staat zu.[1847]

Die Rechte des Angeklagten verletzt nicht der Zeitablauf an sich, sondern eine unzureichende Verfahrensförderung durch den Staat.[1848] Verfahrensrückstand entlastet den Staat nicht, denn die ordentliche Organisation seines Rechtssystems ist Aufgabe und Verantwortung des Staates.[1849]

Das Strafverfahren i.S.d. Art. 6 Abs. 1 EMRK beginnt nicht erst mit der Anklageerhebung oder der Einleitung des gerichtlichen Verfahrens, sondern bereits dann,

---

1842 *Meyer-Ladewig*, Art. 6 EMRK Rn. 200.

1843 Weitere Beispiele angemessener Verfahrensdauer bei *Meyer-Ladewig*, Art. 6 EMRK Rn. 207.

1844 Weitere Beispiele unangemessener Verfahrensdauer bei *Meyer-Ladewig*, Art. 6 EMRK Rn. 208.

1845 Dieselben Kriterien gelten für den IPbürgR: *Human Rights Committee*, General Comment 32, Rn. 35; auch für das Rechtsstaatsprinzip des Grundgesetzes gelten sie: *BVerfG*, Beschluss v. 19. 3. 1992, 2 BvR 1/91, NJW 1992, 2472, 2473; Übersicht und w. N.: *Valerius*, in: BeckOK StPO, Art. 6 EMRK Rn. 23.

1846 *EGMR*, Metzger, Rn. 36 (st. Rspr.); *Meyer-Ladewig*, Art. 6 EMRK Rn. 200.

1847 *Meyer-Ladewig*, Art. 6 EMRK Rn. 201.

1848 Auf eine angemessene Verfahrensbeschleunigung stellt auch *Valerius*, in: BeckOK StPO, Art. 6 EMRK Rn. 23 ab, m. w. N.

1849 *Meyer-Ladewig*, Art. 6 EMRK Rn. 202.

wenn der Betroffene in Ungewissheit über drohende Bestrafung versetzt wird. Diese Ungewissheit bewirkt bereits die amtliche Mitteilung über die Verfahrenseröffnung. Aber auch andere Maßnahmen, die auf einen Verdacht schließen lassen und die Position des Verdächtigen berühren, können diese Wirkung haben, insbesondere die Eröffnung vorbereitender Ermittlungen.[1850] Beendet ist das Verfahren mit seinem rechtskräftigen Abschluss.[1851]

Eine angemessene Herabsetzung der Strafe heilt den Verstoß: Dazu muss das Gericht die Verzögerungen benennen, anerkennen und die Strafe messbar und ausdrücklich herabsetzen.[1852]

II. Ähnlichkeit der Praxis des *Sanctions Board* zur Berücksichtigung einer Verfahrensverzögerung in Strafverfahren

Wenn das *Sanctions Board* eine Verzögerung des Sanktionsverfahrens durch die Bank als Anlass für eine Milderung der Sanktion nimmt (oben Kapitel 3 – B.VIII), geht es unausgesprochen davon aus, dass das Sanktionsverfahren ähnlich einem Strafverfahren in angemessener Frist ablaufen sollte. Nach den gerade unter I. genannten Kriterien der EMRK könnte das *Sanctions Board* durch eine Herabsetzung der Sanktion die Verfahrensverzögerung allerdings nicht völlig heilen: Es müsste dazu zusätzlich die Verzögerung ausdrücklich als solche anerkennen. Das *Sanctions Board* nimmt aber die Verantwortlichkeit der Bank für das lange Verfahren höchstens stillschweigend an, wenn es dem Betroffenen keine Mitverantwortlichkeit zuspricht, dazu Kapitel 3 – B.VIII.1.e).

III. Beurteilung des *Sanctions Board* nur nach den Maßstäben für Zivilverfahren

Die Maßstäbe des staatlichen Strafverfahrens sind im Sanktionsregime aber fehl am Platz. Sie würden passen, wenn die Bank gem. Art. 6 EMRK verpflichtet wäre, ihr Sanktionsverfahren in angemessener Frist zu betreiben. Aber das *Sanctions Board* soll gleichwertigen Rechtsschutz bieten wie ein staatliches Gericht, das die Rechtmäßigkeit der Banksanktion überprüft.[1853] Einem staatlichen Gericht könnte man eine zu lange Ermittlungsdauer der Weltbank auch nicht anlasten. Das *Sanctions Board* muss aber, um gleichwertigen Rechtsschutz zu bieten wie ein staatliches Zivilgericht, sein eigenes Verfahren in angemessener Frist betreiben.

1850 EGMR, Corigliano, Rn. 34; EGMR, Metzger, Rn. 31 (st. Rspr.); *Valerius,* in: BeckOK StPO, Art. 6 EMRK Rn. 22.

1851 *Valerius,* in: BeckOK StPO, Art. 6 EMRK Rn. 22 m. w. N.

1852 EGMR, Dzelili, Rn. 103; *Valerius,* in: BeckOK StPO, Art. 6 EMRK Rn.

1853 Kapitel 4 – A.III.6; Kapitel 4 – B.III.

Im Großen und Ganzen ist das *Sanctions Board* nicht unangemessen langsam.[1854] Die durchschnittliche Verfahrensdauer von ungefähr 15 Monaten ist nicht absolut gesehen lang. Die konfrontative und tiefgehende Erörterung der Vorwürfe und immer mehr auch komplizierter prozessualer Fragestellungen braucht ihre Zeit. Dennoch erwecken manche Verfahren den Eindruck, sie hätten auch schneller ablaufen können.[1855]

Allgemein sollte sich die Zeit, die nach der Sitzung des *Sanctions Board* noch vergeht, bis die Entscheidung begründet, veröffentlicht und in Kraft getreten ist, abkürzen lassen. Der immer wiederkehrende Vorschlag, Gremien für einfache Fälle zu bilden,[1856] könnte das Sanktionsverfahren voraussichtlich merklich beschleunigen.

D. Öffentlichkeit des Verfahrens

Das *Sanctions Board* entscheidet den Fall gem. § 8.02 (a) SP12 aufgrund der gewechselten Schriftsätze und ggf. einer oder mehrerer Anhörungen.[1857] Die Verfahrensakte ist der Öffentlichkeit nicht zugänglich.[1858] Die fakultativ möglichen Anhörungen finden gem. § 6.03 (a) SP12 ebenfalls unter Ausschluss der Öffentlichkeit statt.

Die Nichtöffentlichkeit des Sanktionsverfahrens entspricht in der Regel den Interessen aller Beteiligten und beeinträchtigt insoweit die Fairness des Verfahrens nicht (I.). Die Entscheidung des *Sanctions Board* wird mitsamt ihrer Begründung im Volltext veröffentlicht (II.).

I. Grundsätzliche Nichtöffentlichkeit der Anhörung

Die Anhörung vor dem *Sanctions Board* findet nach den Verfahrensregeln unter Ausschluss der Öffentlichkeit statt (1.). Dadurch ist den Interessen der Bank und der Betroffenen gleichermaßen gedient – obwohl grundsätzlich die Öffentlichkeit eines Gerichtsverfahrens ganz wesentlich dafür sorgt, dass das Verfahren nicht nur auf dem Papier, sondern auch in der Realität fair ist (2.). Sollte es einmal keinen legitimen Grund geben, die Öffentlichkeit auszuschließen, sind die Verfahrensregeln möglicherweise nicht so kategorisch, wie sie auf dem Papier aussehen: Es ist denkbar, dass ein Unternehmen eine öffentliche Anhörung wünscht, und keine legitimen Interessen der Bank dem entgegenstehen. In einem solchen Fall könnte das *Sanctions Board* aber rechtsfortbildend tätig werden und ausnahmsweise die Öffentlichkeit zulassen, wie die Wiederaufnahme (oben B.V.) schon gezeigt hat (3.).

1854 Auch *Daly/Fariello*, S. 107.
1855 SBD 54, oben Kapitel 3 – B.VIII.1.e)cc).
1856 Kapitel 5 – E.IV.1.b)bb).
1857 Auch § 6.01 SP12.
1858 § 8.02 SP12.

1. Nichtöffentlichkeit gemäß Verfahrensregeln

Die Anhörung ist gem. § 6.03 (a) SP12 und Art. XII § 3 SBSt nicht öffentlich.[1859] Sie findet grundsätzlich, wie alle Sitzungen des *Sanctions Board,* am Hauptsitz der Weltbank in Washington D.C. statt.[1860] Das *Sanctions Board* kann jedoch auch einen anderen Sitzungsort bestimmen oder die Sitzung per Telefon- oder Videokonferenz oder auf vergleichbare Weise abhalten, solange alle Teilnehmer sich gegenseitig hören können.[1861]

2. Recht auf öffentliches Gerichtsverfahren gem. Art. 6 Abs. 1 EMRK

Gemäß Art. 6 Abs. 1 S. 1 EMRK muss eine gerichtliche Verhandlung in Zivil- und Strafsachen öffentlich sein. Schon Art. 10 AEMR forderte ein „gerechtes und öffentliches Verfahren vor einem unabhängigen und unparteiischen Gericht."[1862] Die Öffentlichkeit kann unter bestimmten Voraussetzungen, im öffentlichen Interesse oder zum Schutz der Parteien, ausgeschlossen werden.[1863]

> „Die Öffentlichkeit des Verfahrens der Gerichtsorgane nach Art. 6 I EMRK schützt die Gerichtsunterworfenen gegen eine geheime Justiz, die der Kontrolle der Öffentlichkeit entgeht; sie stellt ebenfalls ein Mittel dar, um das Vertrauen in Ober- und Untergerichte zu erhalten. Die dadurch erreichte Transparenz der Rechtsprechung trägt dazu bei, das Ziel von Art. 6 I zu verwirklichen: Ein billiges Verfahren, das zu garantieren zu den grundlegenden Prinzipien jeder demokratischen Gesellschaft im Sinne der Konvention gehört."[1864]

Die EMRK lässt einen Ausschluss der Öffentlichkeit aus den in Art. 6 Abs. 1 S. 2 EMRK genannten Gründen zu. Die dortige Aufzählung ist für nicht ausdrücklich genannte Gründe offen, denn die „Interessen der Rechtspflege" sind ein weiter Begriff. Der EGMR hat sich unter Verweis darauf und auf kollidierende Gewährleistungen der EMRK[1865] von der Aufzählung der in Art. 6 EMRK genannten Gründe gelöst und spricht generell von möglichen Ausnahmen zur Garantie der Öffentlichkeit.[1866] Ein Verzicht des Betroffenen auf die Öffentlichkeit schließt eine Verletzung seines Rechtes auf Öffentlichkeit gemäß Art. 6 Abs. 1 EMRK aus, selbst wenn

---

1859 § 6.03 (a) SP12.

1860 Art. XII § 2 SBS.

1861 Art. XII § 3 SBS.

1862 Zu EMRK, IPbürgR und AEMR als internationalen Ankern des deutschen Öffentlichkeitsgrundsatzes: *Zimmermann,* in: MüKo ZPO, § 169 ZPO Rn. 5 ff.

1863 Art. 6 Abs. 1 S. 2 HS. 2 EMRK; Art. 14 Abs. 1 S. 3 HS. 1 IPbürgR.

1864 *EGMR,* Pretto u.a. ./. Italien, Rn. 21 – deutsch zitiert nach NJW 1986, 2177, 2178.

1865 *EGMR,* Doorson ./. Niederlande, Rn. 70: Sicherheit von Zeugen ist von Art. 8 EMRK garantiert und muss deshalb auch bei Art. 6 EMRK berücksichtigt werden.

1866 *EGMR,* B. und P. ./. Vereinigtes Königreich, Rn. 37; *Meyer-Ladewig,* Art. 6 EMRK Rn. 184.

die Gerichtsöffentlichkeit im nationalen Recht vielleicht aus Allgemeininteressen zwingend sein sollte.[1867]

Die öffentliche Verhandlung hat in den letzten Jahren an praktischer Bedeutung verloren. *Zimmermanns* attestiert ihr in Deutschland gar nur noch theoretische Bedeutung.[1868] Von schriftlichen Strafbefehlen und Einstellungen des Strafverfahrens gegen Auflagen profitieren sowohl der Einzelne wie auch die Allgemeinheit genauso sehr wie von schriftlichen Verfahren und Vergleichen in Zivilverfahren.[1869] Öffentlichkeit dagegen kostet Zeit, Geld und Nerven. Es sollte aber nicht abschätzig gemeint sein, dass die Öffentlichkeit vor allem Presse und Fernsehen Material liefere,[1870] denn so lässt sich die Justiz durch die Öffentlichkeit ebenfalls wirksam kontrollieren.

3. Unzulässigkeit kategorischer Nichtöffentlichkeit

Gemessen an den Maßstäben des Art. 6 EMRK ist die kategorische Nichtöffentlichkeit des Sanktionsverfahrens ein Problem. Zwar dient sie in der Regel auch den Interessen der Betroffenen. Aber es ist nicht völlig ausgeschlossen, dass ein Unternehmen doch eine öffentliche Anhörung wünschen sollte. (a)). Dann darf die Bank die Unternehmen nicht zu ihrem Glück zwingen. Wenn nicht andere legitime Interessen einen Ausschluss der Öffentlichkeit erfordern, ist die Nichtöffentlichkeit ein Rechtsschutzdefizit (b)). Dass die Verfahrensregeln aber nicht nur auf dem Papier, sondern auch in der Auslegung durch das *Sanctions Board* in einem solchen höchst theoretischen Fall die Öffentlichkeit ohne rechtfertigenden Grund ausschließen, steht nicht fest (c)).

a) Theoretische Möglichkeit eines Wunschs des Betroffenen nach Öffentlichkeit

Ein Unternehmen kann theoretisch die öffentliche Erörterung seines möglichen Fehlverhaltens wünschen. Der vermeintliche Schutz der Geschäftsgeheimnisse eines Unternehmens gegen dessen Willen würde den Ausschluss der Öffentlichkeit nicht rechtfertigen.

In aller Regel ist zwar die Annahme berechtigt, Unternehmen hätten kein Interesse an der öffentlichen Diskussion ihres angeblichen Fehlverhaltens. Nicht einmal die sehr aktiven und einfallsreichen Anwälte von Larsen & Toubro gingen so weit, eine öffentliche Anhörung zu fordern.[1871]

1867 *Zimmermann,* in: MüKo ZPO, § 169 ZPO Rn. 6: Individualschutz steht im Vordergrund. Zur Freiwilligkeit des Verzichts: *EGMR,* Deweer ./. Belgien, Rn. 49.

1868 *Zimmermann,* in: MüKo ZPO, § 169 ZPO Rn. 1.

1869 Zu Strafverfahren spricht der *EGMR,* Deweer ./. Belgien, Rn. 49 von unbestreitbaren Vorteilen.

1870 So *Zimmermann,* in: MüKo ZPO, § 169 ZPO Rn. 1.

1871 Zur Konfliktverteidigung in SBD 55 bereits oben Kapitel 3 – B.VIII.1.e)aa).

Die Nichtöffentlichkeit der einstweiligen Sperre ist den betroffenen Unternehmen in aller Regel ebenfalls sehr recht. SNC Lavalin bestätigte sie dennoch öffentlich.[1872] Das bedeutet nicht, dass sie auch eine öffentliche Anhörung gewünscht hätten, das Verfahren endete mit einem Vergleich.[1873] Aber der Fall zeigt, dass Unternehmen sich außergewöhnlich verhalten und die Öffentlichkeit suchen können – vielleicht um ihre Läuterung zu demonstrieren, vielleicht zum Schutz ihrer Rechte.

b) Legitime Interessen der Weltbank am Ausschluss der Öffentlichkeit

Der Schutz legitimer Interessen der Weltbank könnte einen vollständigen Ausschluss der Öffentlichkeit gegen den Willen des Betroffenen nicht rechtfertigen. Selbst wenn Staaten im Einklang mit Art. 6 Abs. 1 EMRK für bestimmte Verfahrensarten die Öffentlichkeit in aller Regel ausschließen, darf das Verfahren nicht ausnahmslos und kategorisch nichtöffentlich sein.[1874]

In vielen Sanktionsverfahren kann der Schutz von Informanten oder Ermittlungsgeheimnissen die Nichtöffentlichkeit erfordern. Aber für solche Fälle sieht das Sanktionsregime bereits Regelungen zum Zurückhalten sensibler Beweismittel vor (oben B.III.3). Zumindest theoretisch ist denkbar, dass ein Betroffener eine öffentliche Anhörung wünscht und berechtigte Interessen der Weltbank dem nicht entgegenstehen.

Eine öffentliche Anhörung vor dem *Sanctions Board* wäre nicht schwer durchzuführen. Das *Sanctions Board* könnte einfach die Türen des Konferenzraums offenlassen, und Ort und Zeit der Anhörung im Vorfeld bekannt geben. Parallel zur Möglichkeit, die Anhörungen gem. Art. XII § 3 SBSt durch Fernkommunikationsmittel durchzuführen, ist auch eine Übertragung der Anhörung ins Internet vorstellbar (ggf. nur der nicht besonders geheimhaltungsbedürftigen Teile). Die nötige Infrastruktur besitzt die Bank, denn auch Vorträge und Diskussionsrunden lassen sich auf den Internetseiten der Weltbank verfolgen.

c) Herstellung der Öffentlichkeit auf Antrag eines Betroffenen

Auf dem Papier gibt es selbst dann keine öffentliche Anhörung, wenn weder ein Wunsch des Betroffenen noch die legitimen Interessen der Weltbank die Nichtöffentlichkeit verlangen. In einem solchen Fall bliebe der geheime Rechtsschutz durch das *Sanctions Board* hinter dem Standard zurück, den Art. 6 Abs. 1 EMRK für ein Gerichtsverfahren aufstellt. Wegen der Rechtsprechung zum Wiederaufnahmeverfahren

---

1872 *INT,* Annual Report 2012, S. 10.
1873 *INT,* Press Release 2013/337/INT v. 17. April 2013.
1874 Varianten von Regel und Ausnahme, die aber stets die Möglichkeit vorsehen, Gerichtsöffentlichkeit herzustellen, wenn sie weder im Interesse der Öffentlichkeit noch eines Beteiligten erforderlich ist: §§ 169 ff. GVG, insb. § 171b Abs. 1 GVG, dazu *Zimmermann,* in: MüKo ZPO, § 171b GVG, Rn. 13 ff.; § 48 JGG; § 52 Abs. 2 FGO verlangt zum Schutz des Steuergeheimnisses den Ausschluss der Öffentlichkeit, wenn ein Beteiligter, der nicht Finanzbehörde ist, dies beantragt.

wäre die Annahme aber verfrüht, dass die Regelungen des Sanktionsregimes auch noch so kategorisch sind, wenn sie das *Sanctions Board* einmal mit Leben gefüllt hat.

Dass es nicht einmal höchst ausnahmsweise Öffentlichkeit geben soll, kann eine planwidrige Regelungslücke sein, die das *Sanctions Board* anhand allgemeiner Rechtsprinzipien füllen kann. Die Bank ging, als sie die Nichtöffentlichkeit der Anhörungen vor dem *Sanctions Board* festschrieb, aller Wahrscheinlichkeit nach davon aus, dass dies nicht nur ihren Interessen, sondern auch dem Wunsch der Betroffenen entspricht. Ohne Zugriff auf alle vorbereitenden Dokumente des Sanktionsverfahrens lässt sich das allerdings nicht sicher sagen. Dass der kategorische Ausschluss der Öffentlichkeit in theoretischen Ausnahmefällen Sanktionsverfahren zu Geheimjustiz machen könnte, kann die Bank aber kaum gewollt haben. Das gilt erst recht, seit sie sich offensichtlich um Transparenz bemüht und die Entscheidungen des *Sanctions Board* veröffentlicht, II.1.

II. Veröffentlichung der Entscheidungen im Volltext

Die von Art. 6 EMRK geforderte öffentliche Verkündung des Urteils kann auch durch Veröffentlichung der Urteilsgründe bewirkt werden.[1875]

Die Entscheidung des *Sanctions Board* ergeht schriftlich und muss die relevanten Tatsachen, die Entscheidung über die Verantwortlichkeit des Betroffenen, ggf. den Ausspruch über die verhängte Sanktion und eine Begründung enthalten.[1876] Die Entscheidung des *Sanctions Board* wird im Volltext veröffentlicht.[1877] Die Entscheidungsbegründungen selbst sind, offenbar entsprechend langer Praxis der Bank, anonymisiert verfasst. Im Volltext wird nicht der Name des Betroffenen, sondern nur die Fallnummer genannt.[1878] Wer sanktioniert wird, ist dennoch mit Hilfe der öffentlichen Sanktionsliste einfach identifizierbar (1.). Endet das Verfahren ohne Sanktion, gibt die Bank die Identität des Betroffenen nicht preis (2.).

1. Identifikation bei Sanktion

Sanktionierte Betroffene sind über den Internetauftritt der Bank einfach identifizierbar. Die öffentliche Liste der aktuell gesperrten Firmen verweist in einer Fußnote

---

1875 Noch nur für die Verkündung von auf eine Rechtsprüfung beschränkten Revisionsurteilen: *EGMR*, Axen ./. Deutschland, Rn. 30 ff.; *EGMR*, Pretto u.a. ./. Italien, Rn. 21; *Zimmermann*, in: MüKo ZPO, § 173 GVG Rn. 4; grundsätzlicher *EGMR*, Ryakib Biryukov ./. Russland, Rn. 32 ff., darin stellte der EGMR eine Verletzung der Öffentlichkeit fest, weil die Begründung der Öffentlichkeit nicht zugänglich gemacht wurde, dazu und zur Praxis deutscher Gerichte kritisch *Tubis*, NJW 2010, 415; wie hier *Meyer-Ladewig*, Art. 6 EMRK Rn. 186.
1876 § 8.01 SP12.
1877 § 10.01 (b) SP12.
1878 Etwa heißt es in SBD 47 (30.5.2012): „... respondent entity in Sanctions Case No. 121 ("Respondent") ...".

neben dem namentlichen Eintrag auf die zugehörige Sanktionsentscheidung. Die Zuordnung gelingt auch rückwärts und sogar in Sekundenschnelle, wenn man die Funktion jedes heute gebräuchlichen Internetbrowsers einsetzt, auf einer Webseite zu suchen.[1879] Diese Identifikationsmöglichkeit ist zeitlich begrenzt. Wenn die Sperre endet, wird der Betroffene nicht mehr gelistet.

Zusätzlich zur Liste der gesperrten Unternehmen erleichtert das Sekretariat des *Sanctions Board* seit der Entscheidung SBD 53 die Verknüpfung von Entscheidungsbegründung und Betroffenem noch weiter. Eine kurze Pressemitteilung nennt den Betroffenen namentlich, fasst die Entscheidung knapp zusammen und ermöglicht den Abruf der vollständigen Begründung.[1880]

2. Nur potentielle Identifizierbarkeit ohne Sanktion

Wer nicht sanktioniert wird, taucht in der Sanktionsliste nicht auf (a)). So gleicht die Weltbank ihr Interesse an Transparenz des Sanktionsverfahrens mit dem Interesse der Betroffenen aus, nicht öffentlich und grundlos der Korruption bezichtigt zu werden (b)).

a) Anonymität nicht sanktionierter Betroffener

Eine Liste nicht sanktionierter Betroffener gibt es nicht. Damit ist zwar keine komplette Anonymität garantiert. Über die Angaben im Volltext der Entscheidung zu Land, Projekt und Aufgabe mag sich der Betroffene recherchieren lassen. Die Bank gibt aber nicht genügend Informationen für eine Identifikation nur anhand ihrer Angaben heraus.

Wenn das *Sanctions Board* das Verfahren einstellt, weil Fehlverhalten des Betroffenen nicht überwiegend wahrscheinlich erscheint, verschweigt auch die Pressemitteilung zur Entscheidung die Identität des Betroffenen. Bislang einziges Beispiel ist die Pressemitteilung zu SBD 59.[1881] Möglicherweise unabsichtlich verhinderte das *Sanctions Board* auch die öffentliche Identifizierung zweier Betroffener in SBD 51, deren Sperre es rückwirkend beginnen ließ, um eine Einigung zwischen ihnen und INT umzusetzen. Als die Entscheidung in Kraft trat, war die Sperre schon verbüßt; die Betroffenen standen nie in der namentlichen Liste.[1882]

1879 Beispiel: „Case No. 121" steht in Fußnote 105, die Suche nach „*105" führt zu „M/S Concept Pharmaceuticals Ltd".

1880 Alle Pressemitteilungen des Sanctions Board unter *World Bank,* Sanctions System – News and Announcements.

1881 *World Bank,* Sanctions System – News and Announcements, Issuance of Sanctions Board Decision No. 59, http://go.worldbank.org/UVCXT8HAU0 (26.08.2013).

1882 Kapitel 3 – C.III.3.c).

b) Unbedeutender Transparenzverlust durch Anonymität

Die Anonymität nicht sanktionierter Betroffener beeinträchtigt die Transparenz des Sanktionsverfahrens kaum und schützt die berechtigten Interessen der Betroffenen. Dass ein Unternehmen nur wegen der schwierigen Beweislage oder gar erwiesener Unschuld, und nicht wegen seines Namens, seines Einflusses, oder der Verwandtschaft seines Vorstands ungeschoren davonkam, lässt sich ohne Kenntnis der Identität des Betroffenen zwar nicht völlig sicher sagen. Würde seine Identität aufgedeckt, würde der Betroffene aber zeitgleich mit der Einstellung des Verfahrens in der Öffentlichkeit mit Korruptionsvorwürfen in Verbindung gebracht, die immerhin INT und dem EO überwiegend wahrscheinlich erschienen waren.

Greifbare Anhaltspunkte, die Einstellung des Verfahrens habe einen unsachlichen Grund, finden sich in den schlüssig begründeten Entscheidungen SBD 59 und SBD 60 nicht. Wäre das *Sanctions Board* in einem Verfahren zugunsten eines Betroffenen befangen, würde INT sich beschweren. Selbst bei größtem Misstrauen gegenüber der Weltbank und ihrem Sanktionsverfahren könnte man ihr kaum unterstellen, dass INT und der EO eine Sanktion beantragen und empfehlen, die sie eigentlich gar nicht wollen.

E. Unabhängigkeit und Gesetzlichkeit des *Sanctions Board*

Das *Sanctions Board* ist gemischt besetzt, seine Mitglieder stammen aus den Reihen der Weltbank und von außerhalb (II.). Alle Mitglieder sollen unabhängig und unparteiisch handeln. Das Sanktionsregime sichert die Unabhängigkeit des *Sanctions Board* durch Vorgaben für die Arbeit der Boardmitglieder und Regelungen zu ihrer Amtszeit (III.). Für die Zusammensetzung des *Sanctions Board* für einzelne Fälle gibt es ebenfalls Vorgaben, die dem Vorsitzenden auf dem Papier weit mehr Ermessen lassen als in der Realität (IV.). Insgesamt zeigen die gegenwärtigen Vorschriften, dass das *Sanctions Board* ein unabhängiger, gerichtsähnlicher Spruchkörper sein soll.[1883] Die Regelungen allein können zwar, gemessen an den Vorgaben der EMRK (I.) nicht alle Zweifel an seiner Unabhängigkeit zerstreuen; die Zweifel werden aber durch die öffentlich überprüfbare Arbeit des *Sanctions Board* beseitigt (V.).

I. Anforderungen der EMRK an ein unabhängiges Gericht, das auf Gesetz beruht

Ein Gericht muss gem. Art. 6 Abs. 1 EMRK unabhängig von anderen Staatsorganen und den Parteien des Rechtsstreits sein, darf weder weisungsgebunden noch rechenschaftspflichtig sein, und muss Streitfragen aufgrund des anwendbaren Rechts und in einem gesetzlich vorgesehenen Verfahren entscheiden.[1884] Das Gericht muss bereits äußerlich den Eindruck der Unabhängigkeit bieten, es darf also nicht aus

---

1883 Auch *Boisson de Chazournes/Fromageau*, EJIL 23 (2012), 963, 979.
1884 *Meyer-Ladewig*, Art. 6 EMRK Rn. 68.

Angehörigen des öffentlichen Dienstes oder Soldaten bestehen, die von einer Partei oder dem Staat abhängig sind.[1885] Es muss alle erheblichen Tat- und Rechtsfragen beurteilen können, ohne an Feststellungen einer Kommission, Behörde etc. gebunden zu sein, außer die Feststellung kann anderweitig gerichtlich angefochten werden.[1886] Ob das Gericht den Anspruch in der Sache geprüft und entschieden hat, ergibt sich aus der Begründung der Entscheidung.[1887] Die Prozessbeteiligten können darin eine Auseinandersetzung mit den Rechtsfragen erwarten, die den Ausgang des Verfahrens bestimmen.[1888]

Auf Gesetz beruht ein Gericht i.S.d. Art. 6 Abs. 1 EMRK, wenn es allgemeine Vorschriften über seine Einrichtung und Zuständigkeit gibt und diese auch eingehalten werden.[1889] Die Gesetzlichkeit des Gerichts schützt vor staatlicher Willkür und verwirklicht so die Gleichheit der Bürger vor dem Gesetz; sie schützt aber auch die Justiz, denn die Unabhängigkeit des Richters wird mit dadurch gewährleistet, dass es nicht vom Einzelfall abhängt, welche Fälle er hört.[1890] Art. 101 Abs. 1 GG formuliert die Garantie des auf Gesetz beruhenden und zuständigen Gerichts plakativ: *„Ausnahmegerichte sind unzulässig. Niemand darf seinem gesetzlichen Richter entzogen werden."* Die Garantie des gesetzlichen Richters im Grundgesetz geht aber (möglicherweise) weiter als die der EMRK, denn sie verlangt auch, dass die Zusammensetzung einzelner Spruchkörper im Voraus feststeht; der EGMR hat das noch nicht entschieden.[1891]

II. Besetzung des *Sanctions Board* mit Bankangehörigen und Außenstehenden

Dem *Sanctions Board* gehören insgesamt 15 Mitglieder an, die mehrheitlich, aber nicht ausschließlich von außerhalb der Weltbank stammen. Neben den sieben regulären Boardmitgliedern (1.) gibt es noch insgesamt acht alternierende Mitglieder für die anderen Institutionen der Weltbankgruppe (2.). Unterstützend fungiert das Sekretariat (3.).

1885 *Meyer-Ladewig,* Art. 6 EMRK Rn. 70; *EGMR,* Öcalan ./. Türkei, Rn. 112 ff.; *EGMR,* Belilos ./. Schweiz, Nr. 64 ff.

1886 *Meyer-Ladewig,* Art. 6 EMRK Rn. 33; *EGMR,* Obermeier ./. Österreich, Rn. 69 f.; *EGMR,* I.D. ./. Bulgarien, Rn. 48, 53 ff.

1887 *Meyer-Ladewig,* Art. 6 EMRK Rn. 35.

1888 *Meyer-Ladewig,* Art. 6 EMRK Rn. 109; *EGMR,* Ruiz Torija ./. Spanien, Rn. 29 f.

1889 *Meyer-Ladewig,* Art. 6 EMRK Rn. 73; *Valerius,* in: BeckOK StPO, Art. 6 EMRK Rn. 8.

1890 *Maunz,* Rn. 12, 14.

1891 *Valerius,* in: BeckOK StPO, Art. 6 EMRK Rn. 8.

1. Regelmäßige Besetzung mit drei Bankangehörigen und vier Außenstehenden

Das *Sanctions Board* besteht aus sieben regelmäßigen Mitgliedern.[1892]

Vier von ihnen stammen von außerhalb der Weltbank, d.h. sie dürfen nicht für die Weltbankgruppe arbeiten oder jemals gearbeitet haben; sie werden vom Direktorium der IBRD nach Vorschlag des Präsidenten der Weltbank ernannt.[1893] Absolute Vorgaben für die fachliche Qualifikation macht die Bank nicht. Vertrautheit mit juristischen Fragen bezeichnet sie aber als erstrebenswert, ebenso die Kenntnis von Vergabeangelegenheiten, von Streitbeilegungsmechanismen und der Arbeitsweise von Entwicklungshilfeeinrichtungen.[1894]

Die anderen drei Angehörigen sind hochrangige Bankmitarbeiter, die der Präsident der Bank ernennt.[1895] Die Weltbank veröffentlicht die aktuelle Zusammensetzung des *Sanctions Board* im Internet.[1896] Für diese Mitglieder des *Sanctions Board* sind Rechtskenntnisse nicht ausdrücklich gefordert.[1897]

Eines der externen Mitglieder ernennen die Direktoren für eine Zeit von höchstens drei Jahren zum Vorsitzenden.[1898] Das hatte die Expertenkommission um *Dick Thornburgh* schon 2002 so angedacht, die Bank aber zunächst nicht umgesetzt.[1899] Erst die Kritik einer zweiten Expertenkommission um *Paul Volcker* 2007 veranlasste eine Korrektur.[1900] Der erste außenstehende Vorsitzende, *Fathi Kemicha*, wurde 2009 ernannt.[1901]

1892 Art. V § 1 SBS.

1893 Art. V § 2 SBSt.

1894 Art. V § 2 SBSt.

1895 Art. V § 4 SBSt.

1896 *World Bank,* Sanctions Board Members, http://go.worldbank.org/ZL06WOFFD0 (20.02.2012).

1897 Art. V § 3 und 4 SBSt; aktuell haben zwei der drei internen Angehörigen keinen juristischen Hintergrund; einer, Hassan Cissé, ist erfahrener Jurist, *World Bank,* Sanctions Board Members, http://go.worldbank.org/ZL06WOFFD0 (20.02.2012); schon oben, Fn. 525.

1898 Art. VI § 1 SBSt.

1899 *Thornburgh et al.* (2002), S. 27 spricht von den Vorsitzenden der vermeintlich wichtigen Gremien, den Vorsitzenden des ganzen Board will dann der Vorschlag des Bankmanagement, *World Bank,* Reform of the World Bank's Sanction Process (2004), S. 5, aus den Reihen der Bank rekrutieren.

1900 *World Bank,* Implementing Volcker Recommendations 2008, S. 22 stimmt dem Vorschlag von *Volcker et al.,* S. 26, zu.

1901 *World Bank,* New Sanctions Board Chair, Announcement dated August 6, 2009, http://go.worldbank.org/H1WVR8B2Q0 (20.02.2013); zur Entwicklung auch *Boisson de Chazournes/Fromageau,* EJIL 23 (2012), 963, 978.

2. Je zwei interne und zwei externe alternierende Mitglieder für IFC, MIGA und Bankgarantieprojekte

Zusätzlich gehören dem *Sanctions Board* je vier alternierende Mitglieder für IFC und MIGA an. Je zwei davon stammen von außerhalb der Weltbankgruppe und werden vom Direktorium auf Vorschlag des Präsidenten der Weltbank bestellt.[1902]
Die beiden alternierenden externen Mitglieder für die IFC sollen mit deren Geschäftsbereich, privatwirtschaftlichen grenzüberschreitenden Kreditgeschäften, vertraut sein; die beiden für die MIGA nominierten externen alternierenden Mitglieder sollen sich mit Investitionsversicherungsprojekten auskennen.[1903]
Je zwei weitere alternierende Mitglieder wählt der Präsident unter den Mitarbeitern von IFC und MIGA aus.[1904] Für Bankgarantieprojekte gibt es keine eigenen alternierenden Mitglieder. Diese Funktion erfüllen die alternierenden Mitglieder für IFC und MIGA je nachdem, was für den Fall angemessen sein soll.[1905]

3. Sekretariat *des* Sanctions Board

Zur Unterstützung des *Sanctions Board* fungiert ein Bankmitarbeiter als dessen Sekretär.[1906] Er ist zumindest insoweit nicht Angehöriger des *Sanctions Board,* als er mit den Entscheidungen nichts zu tun hat. Nicht einmal ein formales Anwesenheitsrecht bei den Anhörungen ist für ihn geregelt. Seine Hauptaufgabe ist die Übermittlung von Dokumenten im Sanktionsverfahren.[1907]

III. Institutionelle Sicherung der Unabhängigkeit des *Sanctions Board*

Die Boardmitglieder sollen gemäß ihrem Verhaltenskodex unabhängig und unparteiisch arbeiten und Interessenskonflikte vermeiden (1.). Die Mitglieder des *Sanctions Board* stehen nicht am Anfang einer Karriere, sondern haben alle bereits einen Ruf zu verlieren (2.). Sie blicken auf eine juristische Karriere und/oder lange Arbeit in der internationalen Entwicklungshilfe zurück (3.). Ihre Amtszeit ist im Voraus auf drei Jahre festgelegt, sie können aber vorzeitig abberufen werden; die Voraussetzungen für eine vorzeitige Abberufung sind bei Bankangehörigen leichter erfüllt als bei Außenstehenden (4.).

1902 Art. V § 3 SBSt.
1903 Ebd.
1904 Art. V § 4 SBSt.
1905 Art. V § 3 (extern) und § 4 (intern) SBSt.
1906 Art. IX SBSt.
1907 S. dazu unten Kapitel 6 – A.III.

1. Pflicht zu unabhängiger Arbeit laut Verhaltenskodex für Boardmitglieder

Der Verhaltenskodex[1908] für die Boardmitglieder verlangt, dass sie jeden einzelnen Fall gerecht, unabhängig und sorgfältig allein anhand der Fakten und der Regeln des Sanktionsregimes beurteilen. Insbesondere sollen sie Aussichten auf eine Wiederernennung oder anderweitige Beschäftigung bei der Bank ignorieren und weder Anweisungen von Mitgliedern der Bank oder irgendjemand anderem, noch Geschenke oder andere, bei ihrer Anstellung nicht vorgesehene, Leistungen für ihre Amtsführung entgegennehmen.[1909] Die Bank macht zwischen den Verhaltenspflichten der internen und externen Mitglieder keinen Unterschied. Alle Angehörigen des *Sanctions Board* sollen sich nach dem Willen der Bank wie unabhängige Richter verhalten.[1910]

Die Verhaltensregeln verpflichten die Boardmitglieder nur, sie schützen sie nicht ausdrücklich vor Einflussnahmen durch andere Bankangehörige. Aber diese sind damit implizit ebenfalls verboten. Die Verhaltensregeln enden mit dem Hinweis, ihre Verletzung sei gemäß den Statuten des *Sanctions Board* ein Grund für eine Amtsenthebung und der Vorsitzende des *Sanctions Board* solle der Geschäftsführung der Bank Bericht erstatten, wenn er von einer Verletzung des *Code of Conduct* erfährt.[1911] Dass die Einflussnahme eines Bankangehörigen auf das *Sanctions Board* nicht erlaubt ist, liegt der ganzen Konzeption des Sanktionsverfahrens und der Unabhängigkeit des *Sanctions Board* ganz selbstverständlich zugrunde. Ein Bankmitarbeiter, der seine Position missbraucht, um den Ausgang eines Sanktionsverfahrens zu beeinflussen, oder dies sonst auf unlauterem Weg versucht, muss mit Disziplinarmaßnahmen rechnen.[1912]

Bei möglichen Interessenkonflikten müssen sich Mitglieder des *Sanctions Board* von einem Fall zurückziehen, dazu näher unten IV.2.

2. Rechtliche und tatsächliche Entscheidungskompetenz

Das *Sanctions Board* entscheidet vollständig unabhängig. Es ist nicht an die Sanktionsempfehlung des EO und dessen Bewertung des Falles gebunden (a)). Auch andere Bankorgane können sich in die Arbeit des *Sanctions Board* nicht einmischen, insbesondere nicht das *IAB* (b)) und die *Legal Vice Presidency* (c)).

1908 Art. V § 1 SBSt verweist auf ihn.
1909 Code of Conduct, Nr. 1 – 4.
1910 *Boisson de Chazournes/Fromageau*, EJIL 23 (2012), 963, 978.
1911 Code of Conduct, letzter Absatz = SBSt, S. 8.
1912 Die Regelung des Fehlverhaltens von Bankmitarbeitern ist weit gefasst und erlaubt generell die Sanktion einer Verletzung von arbeitsvertraglichen Pflichten, insb. „abuse of authority": *World Bank,* Staff Rule 8.01 – Misconduct Policy and Procedure, http://siteresources.worldbank.org/INTDOII/Resources/Staff_Rule_801.pdf (21.08.2013), Ziff. 2.01 a.

a) Beurteilung des Falls unabhängig von Empfehlung des EO

Das *Sanctions Board* entscheidet ihm unterbreitete Fälle völlig unabhängig von der Empfehlung des EO. Es ist bei der Bemessung einer angemessenen Sanktion gem. § 8.01 (b) SP12 ausdrücklich nicht an die Empfehlung des EO gebunden. Weil es sich nicht an der Empfehlung des EO orientiert, will das *Sanctions Board* auch kein Wort dazu verlieren, ob und warum es die Betroffenen anders sanktioniert als empfohlen.[1913] Auf seine Unabhängigkeit legt das *Sanctions Board* auch Wert, wenn es die unwidersprochen in Kraft getretenen Sanktionen einzelner Beteiligter eines Komplexes von sanktionswürdigem Verhalten bei der gegenüber anderen Beteiligten dieses Komplexes streitigen Sanktionsbemessung berücksichtigt.[1914]

Das *Sanctions Board* entscheidet gem. § 8.01 (a) und (b) SP12 selbst, ob der Betroffene sich sanktionswürdig verhalten hat oder nicht. Dass es auch dabei nicht an die Einschätzung des EO gebunden ist, erschien der Bank wohl zurecht selbstverständlich; die ausdrückliche Klarstellung nur zur Unabhängigkeit der Sanktionsbemessung von der Sanktionsempfehlung baut einem naheliegenden Missverständnis vor. Andere Beschreibungen des Sanktionsregimes sprechen daher von *appeal de novo,* oder auch *de novo review.*[1915] Das meint im Englischen eine Neubeurteilung der ersten Entscheidung oder eine vollständige Überprüfung einer Verwaltungsentscheidung.[1916]

b) Keine Einmischung des Independent Advisory Board

Die Arbeit des *Sanctions Board* wird durch das *Independent Advisory Board* ganz allgemein bewertet, aber nicht im Einzelnen gesteuert oder für einzelne Entscheidungen kritisiert. Das IAB berät die Bank bei der Ausgestaltung und Entwicklung des Sanktionsregimes.[1917] Einen Antrag eines nicht näher bestimmten Unternehmens, das IAB solle sich in das laufende Sanktionsverfahren einmischen, lehnte das IAB – wenig überraschend – ab.[1918]

c) Eigenständige Auslegung des Sanktionsregimes

Das *Sanctions Board* legt, wie die vorangehenden Kapitel gezeigt haben, das Sanktionsregime in eigener Verantwortung aus. Wäre es von der Rechtsmeinung LEGs abhängig, könnte von einer unabhängigen Entscheidung keine Rede sein.[1919] Aber

---

1913 SBD 57 (2013), Rn. 48.
1914 Kapitel 3 – B.V.2.
1915 *World Bank,* World Bank Group Sanctions Regime: An Overview, S. 3 und *Leroy/ Fariello,* S. 3; ähnlich auch SBD 50 (2012), Rn. 70.
1916 Black's 9th, Stichworte: de novo review, de novo judicial review, appeal de novo.
1917 Fn. 282; *Boisson de Chazournes/Fromageau,* EJIL 23 (2012), 963, 982.
1918 *IAB,* 2012 Annual Report, S. 9.
1919 *EGMR,* Ruiz Torija ./. Spanien, Rn. 29 f. zu den Anforderungen der EMRK. Zur Unvereinbarkeit der Bindung nationaler Gerichte an die Auslegung der Gründungsverträge durch die Exekutive: *Schermers/Blokker,* § 1351.

sowohl die Verfahrensregeln als auch die Praxis des *Sanctions Board* weisen LEG nur die Rolle eines Beraters zu; LEG ist nicht befugt, die Rechtstexte des Sanktionsregimes für das *Sanctions Board* verbindlich auszulegen.[1920] Gem. § 8.03 SP12 ist das *Sanctions Board* befugt, selbständig verbindliche und endgültige Entscheidungen zu fällen.[1921]

Das *Sanctions Board* muss LEG nicht völlig ignorieren, sondern kann in unabhängiger Rechtsanwendung auf manche Gutachten und Rechtsansichten von LEG Bezug nehmen. Vorarbeiten LEGs für eine Sanktionsreform können Rechtserkenntnisquellen sein; sie können Rückschlüsse darauf zulassen, was die Bank mit bestimmten Rechtstexten meinte.[1922] Die Orientierung an solchen Rechtserkenntnisquellen ist klassische juristische Arbeit, die das *Sanctions Board* erledigen muss. Seine Unabhängigkeit ist dadurch nicht gefährdet: Staatliche Gerichte sind auch nicht vom Rechtsausschuss des Parlaments abhängig, wenn sie eine Gesetzesbegründung zur Auslegung heranziehen.

3. Distinguierte Karrieren als Vorbeugung gegen Beeinflussung

Selbst die am ausführlichsten geregelte Pflicht zur Unabhängigkeit ist wenig wert, wenn materielle Anreize für ihre Verletzung überwiegen. Je größer und lukrativer die Hoffnungen auf eine spätere Position in der Weltbank oder anderswo sind, desto weniger wirkt der Befehl, sich von solchen Anreizen nicht beeinflussen zu lassen.

Das ist auch in der Weltbank bekannt. Bei der Konzeption des heutigen *Sanctions Board* im Jahr 2002 setzte sich die externe Expertengruppe um *Dick Thornburgh* ausführlich mit unterschwelligen Anreizen für eine wunschgemäße Amtsführung auseinander; sie erachtete insbesondere Überprüfungen der Fairness des Sanktionsverfahrens als einen möglichen Einflussfaktor auf die Entscheidung über einen Sanktionsfall.[1923]

Der Bericht sah für die Zusammensetzung des *Sanctions Board* drei Alternativen: Nur Außenstehende, Bankangehörige, die über jeden Zweifel erhaben sind, dass sie sich bei ihrer Amtsführung von Karrierehoffnungen leiten lassen könnten,[1924]

1920 § 1.02 (b) (iii) SP12; Kapitel 2 – A.I.3.a).
1921 Das ist insbesondere beim Inspection Panel der Weltbank anders, das dem Direktorium der Weltbank nur Empfehlungen gibt, *Brenneis/Schmalenbach*, in: *Schroeder/Mayr-Singer*, S. 150; zur Bedeutung des Inspection Panel als Modell für institutionelle Menschenrechtskontrolle und sogar Vorbild für andere internationale Organisationen ausführlich *Janik*, Menschenrechtsbindung, S. 281 ff.
1922 Kapitel 2 – A.I.3.b).
1923 *Thornburgh/Gainer/Walker* (2002), S. 24 ff.
1924 *Thornburgh/Gainer/Walker* (2002), S. 25 f.: „Second, it could establish a Committee composed of Bank employees, but employees whose future careers could not be perceived as in any way dependent upon their decisions in matters coming before the Committee – employees, for example, who will be retiring from Bank service after their current assignment, or employees who have left the Bank but who have

oder eine Mischung aus beiden Personengruppen.[1925] Um bei der Sanktionsentscheidung sowohl die Gefahr möglicher Beeinflussung gering zu halten, als auch weiterhin auf Erfahrung mit der Arbeit der Bank zurückgreifen zu können, schlugen *Thornburgh, Gainer* und *Walker* schließlich eine gemischte, mehrheitlich externe Besetzung vor.[1926] Geeignete Kandidaten für die externen Positionen sahen sie in Ruheständlern, die ehemals Führungspersonal der Bank waren.[1927] Um ihre Aufgaben im *Sanctions Board* angemessen erfüllen zu können, sollten die Bankangehörigen zwar erfahren sein, aber nicht der absoluten Spitze der Organisation angehören, um überhaupt noch Zeit für andere Aufgaben zu haben.[1928]

Heute haben alle Mitglieder des *Sanctions Board* einen Ruf zu verlieren und blicken auf eine erfolgreiche Karriere zurück.[1929] Sie dürften sich kaum von der Aussicht beeindrucken lassen, durch eine gute Amtsführung andere lukrative Posten innerhalb der Bank zu verdienen oder zu behalten – zumal das Sanktionsverfahren mittlerweile öffentlich genug ist, um bei der Übernahme eines ehemaligen Boardmitglieds in eine lukrative Position einen kleinen Skandal zu riskieren. Zur Aussicht auf eine Wiederernennung als Mitglied des *Sanctions Board* sogleich (unter 4.).

In der laufenden Diskussion um eine erneute Reform des Sanktionsverfahrens empfiehlt LEG dennoch:

> „The Bank Group should make the SB an all-external body, with appropriate measures to mitigate the loss of expertise currently provided by its internal members, for example, by naming MDB retirees to the SB and providing the SB with access to Bank staff for expert advice."[1930]

4. Ausscheiden aus dem Amt

Die Statuten des *Sanctions Board* sehen eine dreijährige, erneuerbare Amtszeit (a)), enge Voraussetzungen für die vorzeitige Abberufung externer (b)) und zumindest auf dem Papier großzügigere Möglichkeiten für die Abberufung interner Mitglieder (c)) vor. LEG empfiehlt, die Amtszeit zu verlängern, eine Wiederernennung dafür nicht mehr zuzulassen und strenge Voraussetzungen für die vorzeitige Abberufung aller Mitglieder zu schaffen (d)). Dadurch käme das *Sanctions Board* dem Leitbild eines unabhängigen Gerichts i.S.d. EMRK näher (e)).

---

been rehired for a specific term of years to serve as members of the Committee on a part-time basis."

1925 *Thornburgh/Gainer/Walker* (2002), S. 25 f.
1926 *Thornburgh/Gainer/Walker* (2002), S. 27.
1927 *Thornburgh/Gainer/Walker* (2002), S. 26 f.
1928 *Thornburgh/Gainer/Walker* (2002), S. 27.
1929 Oben, Fn. 525.
1930 *LEG*, Review, S. 4.

a) Regelmäßige Amtszeit von drei Jahren

Die Amtszeit jedes Mitglieds beträgt drei Jahre. Eine Wiederernennung ist unbegrenzt möglich. Um einen kompletten Austausch des *Sanctions Board* alle drei Jahre auszuschließen, wurde die Amtszeit von dreien der ersten regulären Mitglieder des *Sanctions Board* auf nur zwei Jahre festgelegt.[1931] Vor dem Ende der Amtszeit können Mitglieder vorzeitig zurücktreten, oder vorzeitig aus dem Amt entfernt werden; für externe (b)) und interne (c)) Mitglieder gelten unterschiedliche Regelungen.[1932]

b) Vorzeitiges Ausscheiden externer Mitglieder

Externe Mitglieder werden vom Direktorium auf Vorschlag des Präsidenten der Weltbank abberufen, wenn sie ihre Aufgabe nicht mehr erfüllen können (*„in the event of ... incapacity"*), gegen die geltenden Verhaltensregeln erheblich verstoßen haben oder ein Verhalten zeigen, das mit ihrer Aufgabe als Mitglied des *Sanctions Board* unvereinbar ist.[1933]

Das Abberufungsverfahren können der Präsident der Weltbank sowie andere Mitglieder des *Sanctions Board* durch ein Schreiben an den Präsidenten einleiten.[1934] Der Präsident unterrichtet das betroffene Mitglied und bietet ihm Gelegenheit, sich zu den Vorwürfen zu äußern.[1935] Wenn ausreichende Gründe für eine Abberufung vorzuliegen scheinen, leitet der Präsident die Angelegenheit an das Direktorium zur Entscheidung weiter.[1936] Vor dem Direktorium ist eine erneute Anhörung des Betroffenen nicht mehr erforderlich.

c) Abberufen interner Mitglieder

Interne Mitglieder verrichten ihre Aufgabe zum Wohlgefallen des Präsidenten der Weltbank.[1937] Er kann sie, nachdem er ihnen eine angemessene Gelegenheit zur Äußerung gegeben hat, abberufen, wenn sich ein Anlass dafür bietet.[1938]

Die Statuten des *Sanctions Board* spezifizieren diesen Anlass nicht näher; aber aus den Statuten insgesamt ergibt sich, dass er nicht in der Amtsführung und Entscheidungspraxis der Boardmitglieder liegen darf, ausgenommen eine Verletzung der Neutralitätspflichten des Verhaltenskodex. Eine abschließende Aufzählung von Amtsenthebungsgründen wollte die Bank zwar offensichtlich nicht, um sich Flexibilität zu erhalten. Aber die offensichtlich von den Statuten des *Sanctions Board* und dem Verhaltenskodex angestrebte unabhängige Amtsführung auch der internen

---

1931 Art. V § 5 SBSt.
1932 Art. V § 7 SBSt.
1933 Art. XV § 1 SBSt.
1934 Art. XV § 2 SBSt.
1935 Art. XV § 3 SBSt.
1936 Art. XV § 4 SBSt.
1937 „... serve at the pleasure of the President ...", Art. XV § 4 SBSt.
1938 „... may be removed for cause after a reasonable opportunity to be heard.", Art. XV § 4 SBSt.

Boardmitglieder (oben 1.) lässt sich nur gewährleisten, wenn sich der Präsident nicht einmischt – erst recht nicht durch Amtsenthebungen.

d) Vorschlag LEGs: einmalige, sechsjährige Amtszeit

LEG schlägt vor, die Unabhängigkeit der Boardmitglieder weiter zu stärken, indem die Amtszeit fest auf sechs Jahre ohne Verlängerungsmöglichkeit festgesetzt und die Abberufung interner Mitglieder auch ausdrücklich nur anhand der Kriterien möglich ist, die für die externen Mitglieder gelten; die Amtszeiten sollten außerdem noch mehr gestaffelt werden.[1939]

e) Bedeutung der Amtszeit der Richter für Unabhängigkeit eines Gerichts nach der EMRK

Der Vorschlag von LEG würde das *Sanctions Board* nach der Rechtsprechung des EGMR mehr wie ein unabhängiges Gericht erscheinen lassen.

Für die Beurteilung, ob ein Spruchkörper ein unabhängiges Gericht ist i.S.d. Art. 6 Abs. 1 EMRK, ist die Amtszeit seiner Angehörigen wesentliches, aber nicht allein entscheidendes Merkmal.[1940] Der EGMR stufte Spruchgremien einer Stiftung zur Entschädigung polnischer Zwangsarbeiter nicht als unabhängiges Gericht ein, deren Mitglieder vom Verwaltungs- bzw. Aufsichtsrat der Stiftung ohne fest bestimmte Amtszeit ernannt und entlassen wurden und nach Regeln arbeiteten, die der Aufsichtsrat festlegte; die Regeln waren nicht öffentlich zugänglich und der Aufsichtsrat stand seinerseits unter der Kontrolle eines staatlichen Ministers, der die Aufsichtsratsmitglieder nach seinem Ermessen ernennen und entlassen konnte.[1941] Die Ähnlichkeit zur zumindest auf dem Papier sehr einfachen Abberufung der internen Mitglieder des *Sanctions Board* (oben c)) springt ins Auge.

Die Länge der Amtszeit ist aber kein absolutes Kriterium für die Unabhängigkeit der Richter, sondern nur eines von mehreren Elementen einer umfassenden Abwägung.[1942] Eine erneuerbare Amtszeit von vier Jahren gibt Anlass zu Zweifeln an der Unabhängigkeit der Richter, selbst wenn die Verfassung den Richtern Unabhängigkeit zusichert, und die Richter bei ihrer Tätigkeit nicht beeinflusst und grundsätzlich nicht aus dem Amt entfernt werden dürfen.[1943] Andererseits waren dem EGMR Richter ausreichend unabhängig, die zwar leicht aus dem Amt entfernt werden konnten, aber ihr Richteramt in der Regel erst am Ende ihrer Karriere

---

1939 Ganzer Absatz: *LEG,* Review, S. 4.

1940 *Meyer-Ladewig,* Art. 6 EMRK, Rn. 69.

1941 *EGMR,* Wos ./. Polen, Rn. 94 rügt auch die fehlende Öffentlichkeit der Verhandlung, dazu Kapitel 5 – D.I.3.

1942 *EGMR,* Irfan Bayrak ./. Türkei, Rn. 39 f.: Amtszeit von nur einem Jahr nicht durch anderweitige Vorkehrungen kompensiert; *Meyer-Ladewig,* Art. 6 EMRK Rn. 69.

1943 *EGMR,* Incal ./. Türkei, Rn. 67 f. betraf türkische Militärrichter, die Armeeangehörige blieben und über deren (Wieder-)ernennung auch die Armee mitentschied.

übertragen bekamen und nicht unter der Befehlsgewalt oder Rechenschaftspflicht einer höheren Stelle standen.[1944]

Eine sorgfältige Auswahl der Boardmitglieder (3.) kann also trotz der kurzen Amtszeit Zweifel an der Unabhängigkeit des *Sanctions Board* zerstreuen – wenn sie denn im Gesamteindruck ein faires und unparteiisches Verfahren betreiben und wirklich unabhängig agieren, dazu V.

IV. Zusammensetzung des *Sanctions Board* bei Entscheidung einzelner Fälle

Das *Sanctions Board* der ersten 59 Entscheidungen ist ein Spruchkörper, dessen Zuständigkeit und Besetzung abstrakt-generell festgelegt sind. Zwar hat der Vorsitzende auf dem Papier weites Ermessen beim Bilden von Gremien und der Verteilung einzelner Fälle; die flexible Zusammensetzung *des Sanctions Board* ist aber in der Praxis des Sanctions Board bedeutungslos (1.).

Befangene Angehörige des *Sanctions Board* dürfen einen Fall nicht entscheiden. Die Regelung zu Interessenskonflikten erlaubt ein flexibles Ablehnungsverfahren, steht einer förmlichen Anhörung der Verfahrensbeteiligten aber auch nicht entgegen. Eine erstmalige Anwendung der Regelungen durch das *Sanctions Board* muss erst Klarheit schaffen (2.).

1. *Einberufung des* Sanctions Board *durch den Vorsitzenden als große oder kleine Besetzung*

In welcher Besetzung das *Sanctions Board* einen Fall verhandelt, entscheidet theoretisch der Vorsitzende. Die Statuten sprechen von „*full Sanctions Board*" (Art. VII § 1 SBSt), „*plenary session*" (Art. VII § 2 SBSt) und „*Panels*" (Art. VIII SBSt). Die Begriffe *Full Sanctions Board* und *plenary session*, übersetzt Vollbesetzung und Plenum, verwendet das *Sanctions Board* (dem Wortsinn entsprechend) synonym.[1945] Bisher tagte das *Sanctions Board* ausschließlich in dieser großen Besetzung mit fünf bis sieben Mitgliedern (a)), die in den Sanktionsreformen diskutierten Dreiergremien sind praktisch völlig bedeutungslos (b)). Die alternierenden Mitglieder wählt der Vorsitzende aus (c)).

a) *Ausschließlicher Einsatz der großen Besetzung*

Eine „*plenary session*" soll einberufen werden, wenn die Schwierigkeit des Falles oder eine Frage grundsätzlicher Natur es erfordert; letztendlich entscheidet aber der Vorsitzende nach seinem Ermessen ohne weitere Vorgaben.[1946] Wenn der Vorsitzende

---

1944 *EGMR*, Engel u.a. ./. Niederlande, Rn. 30.
1945 Etwa SBD 46 (2012), Rn. 1.
1946 Art. VII § 2 SBSt.

eine Sitzung des Plenums einberuft, muss er lediglich mindestens 30 Tage Vorlauf zwischen der Einberufung und dem designierten Sitzungstag lassen.[1947]

Die Anwesenheit von fünf Mitgliedern reicht aus, damit die große Besetzung beschlussfähig ist.[1948] Unter den Anwesenden muss der Vorsitzende oder ein von ihm ernannter Stellvertreter sein.[1949] Die große Besetzung entscheidet mit der relativen Mehrheit der Anwesenden. Bei Stimmengleichheit gibt die Stimme des Vorsitzenden den Ausschlag.[1950]

Theoretisch wäre nach dieser Regelung[1951] eine Entscheidung des *Sanctions Board* mit der Mehrheit interner Mitglieder möglich (falls diese vollzählig erscheinen, neben dem Vorsitzenden aber nur ein weiteres externes Mitglied an der Sitzung teilnimmt). Dazu kam es aber bisher, soweit ersichtlich, nicht.[1952] Es gibt zwar keine Sperrminorität der externen Mitglieder oder eine vergleichbare Regelung zur Abstimmung in solchen Fällen, aber andererseits auch keinen greifbaren Grund, anzunehmen, dass etwas anderes als die aktuelle Verfügbarkeit der Mitglieder darüber entschied, ob das Plenum vollzählig, zu fünft oder zu sechst tagte.

b) Bedeutungslosigkeit der Gremien

Die Statuten des *Sanctions Board* erlauben dem Vorsitzenden weites Ermessen bei der Zusammenstellung von Dreiergremien, denen er einfache Fälle zur Entscheidung zuweisen soll (aa)). Obwohl die Idee, Gremien einzusetzen, so alt ist wie die Idee des *Sanctions Board* an sich, existieren sie bislang nur auf dem Papier; sie werden für die anstehende Reform erneut erwogen (bb)). Eine Klarstellung, dass die Geschäftsverteilung unter den Gremien nach abstrakten und im Voraus festgelegten Kriterien erfolgen muss, wäre empfehlenswert (cc)).

aa) Einberufung der Gremien und Regelung ihrer Zuständigkeit durch den Vorsitzenden

Dreiergremien müssen nach den Statuten des *Sanctions Board* durch Anordnung des Vorsitzenden aus zwei externen und einem internen Mitglied gebildet werden.[1953] Der Vorsitzende bestimmt die Zusammensetzung des Gremiums und den

---

1947 Art. VII § 3 SBSt.
1948 Art. VII § 1 SBSt.
1949 Art. VII Nr. 4 i. V. m. Art. VI § 3 SBSt.
1950 Art. XIII § 1 SBSt.
1951 Vgl., im Umkehrschluss, Art. VIII § 1 SBSt.
1952 Fünf Mitglieder, mehrheitlich extern: SBD 46 (2012), Rn. 1; SBD 47 (2012), Rn. 1; SBD 48 (2012), Rn. 1; SBD 49 (2012), Rn. 1; SBD 53 (2012), Rn. 1; SBD 56 (2013), Rn. 1; SBD 59 (2012), Rn. 1. Sechs Mitglieder: SBD 54 (2012), Rn. 1; SBD 55 (2013), Rn. 1; SBD 57 (2013), Rn. 1; SBD 58 (2013), Rn. 1; SBD 60 (2013), Rn. 1. Vollzähliges Plenum: SBD 50 (2012), Rn. 1; SBD 51 (2012), Rn. 1; SBD 52 (2012), Rn. 1.
1953 Art. VIII § 1 SBSt.

Gremiumsvorsitzenden.[1954] Der Gremiumsvorsitzende muss ein externes Mitglied sein. Auch den Stellvertreter des Gremiumsvorsitzenden bestimmt der Vorsitzende des *Sanctions Board*. Es ist nicht ausdrücklich vorgesehen, dass der Stellvertreter externes Mitglied sein müsste.[1955]

Die Sitzungstage des Gremiums bestimmt der Vorsitzende des *Sanctions Board*.[1956] Entscheidungen des Gremiums fallen mit einfacher Mehrheit, also zwei gegen eins oder einstimmig. Sie haben die gleiche Wirkung wie Entscheidungen der großen Besetzung.[1957]

Der Vorsitzende kann den Fall oder die Fälle bestimmen, für die ein Gremium gebildet werden soll, und zwar ausdrücklich zu jeder Zeit, d.h. in jedem Stadium des Verfahrens.[1958] Die Gremien sollen, im Umkehrschluss zur Regelung der Vollbesetzung, zur Erledigung einfacher Fälle dienen, die keine besonderen Schwierigkeiten aufwerfen.[1959]

bb) Bisher auf Reformdiskussionen begrenzte Bedeutung der Gremien

Bislang sind die Dreiergremien praktisch völlig bedeutungslos geblieben.[1960] Weder die im Volltext verfügbaren Entscheidungen des *Sanctions Board* noch der *Law Digest* weisen auf den bisherigen praktischen Einsatz eines Gremiums hin.

In der aktuellen Überprüfung des Sanktionsregimes sind sie ein Thema; die öffentlich verfügbare Zusammenfassung von LEG erweckt aber fast den Eindruck, Gremien seien etwas völlig Neues.[1961] Als Idee einer Sanktionsreform sind Gremien allerdings altbekannt. Die Empfehlungen zur großen Sanktionsreform 2004, sowohl der Geschäftsführung der Bank als auch außenstehender Expertengruppen, gingen davon aus, dass die Entscheidungen des *Sanctions Board* grundsätzlich regelmäßig in den im Verhältnis 2:1 extern besetzten Gremien fallen sollten, aber die Idee verwässerte im Lauf des Reformverfahrens: *Thornburgh, Gainer* und *Walker* konzipierten die Dreiergremien 2002 noch als absoluten Regelfall.[1962] Im Reformvorschlag des

---

1954   Art. VIII Nr. 1, 3 SBSt.

1955   Art. VIII § 3 SBSt.

1956   Art. VIII § 2 SBSt.

1957   Art. XIII § 2 SBSt.

1958   Art. VIII § 1 und 2 SBSt regeln nicht den umgekehrten Fall, dass der Vorsitzende einen Fall vom Gremium zurück zur Vollbesetzung transferieren möchte. Das sollte genauso möglich sein, ist aber wegen der Irrelevanz der Gremien bisher unwichtig.

1959   Vgl. Art. VII § 2 SBSt.

1960   *Deming*, Int'l Lawyer 44 (2010), 871, 878 f. nennt Plenarsitzungen die Regel.

1961   *LEG*, Review, S. 1: „...the review team recommended steps to further improve the overall performance of the system, including [...] possible use of panels by the Sanctions Board (SB) rather than plenary sessions for cases that do not pose novel issues ...“

1962   *Thornburgh/Gainer/Walker* (2002), S. 27 f.: „The Committee *sits* in panels of three to hear cases, with two members of each panel, including the chairman, being

Bankmanagements von 2004 waren sie eine Option.[1963] Die Reformdokumente von 2009 und 2011 sprechen die Gremien gar nicht mehr speziell an.[1964]

cc) Ratsame Klarstellung zur Geschäftsverteilung nach abstrakten Kriterien

Zur Beschleunigung der Verfahren des *Sanctions Board*[1965] sind Gremien eine naheliegende Idee. Eine Neuregelung zur Wiederbelebung der Gremien sollte präziser gefasst werden als die aktuelle, bedeutungslose. Derzeit wäre nach dem schlichten Wortlaut der Regelung die spontane Bildung der Gremien und Verteilung der Fälle abhängig von den Beteiligten und der Entscheidungspraxis der Boardmitglieder zulässig. Das widerspräche allerdings eklatant dem Grundgedanken der Statuten, einen unabhängigen Spruchkörper zu schaffen, der ein faires Verfahren gewährleistet.

Eine solche Verteilungspraxis ist daher bei teleologischer und systematischer Auslegung schon der heutigen Regelungen verboten. Eine Klarstellung würde aber Kritik an der Unabhängigkeit und Gesetzlichkeit des *Sanctions Board* vorbeugen und dem Vorsitzenden beim Einsatz der Gremien mehr Sicherheit geben. Auf Gesetz i.S.d. Art. 6 Abs. 1 EMRK beruht ein Gericht, wenn es allgemeine Vorschriften über seine Einrichtung und Zuständigkeit gibt und diese auch eingehalten werden.[1966] Die Gesetzlichkeit des Gerichts schützt vor staatlicher Willkür und verwirklicht so die Gleichheit der Bürger vor dem Gesetz; sie schützt aber auch die Justiz, denn die Unabhängigkeit des Richters wird mit dadurch gewährleistet, dass es nicht vom Einzelfall abhängt, welche Fälle er hört.[1967]

c) Auswahl alternierender Mitglieder durch den Vorsitzenden

Betrifft ein Fall ein Investitionsfinanzierungsprojekt von IBRD oder IDA (wie es bisher alle im Volltext veröffentlichten Entscheidungen des *Sanctions Board* taten), muss der Vorsitzende nichts weiter tun, als die Sitzung der großen Besetzung

---

drawn from the Committee members who are not Bank employees." (meine Hervorhebung).

1963 *World Bank,* Reform of the World Bank's Sanction Process (2004), S. 5: „The Sanctions Board would be *authorized to sit* in panels of three to hear cases, with two members of each panel being drawn from the group of non-Bank staff members." (meine Hervorhebung); allerdings auch *Ebd.* S. 4: „... modification of the membership of the Sanctions Committee (to be renamed "Sanctions Board") to include both Bank staff and non-Bank staff, *sitting* in panels of three to decide cases; ..." (wieder meine Hervorhebung).

1964 *Volcker et al.,* S. 26 beziehen sich 2007 auf die Empfehlung von *Thornburgh et al.* und diskutieren nur die Zugehörigkeit des Vorsitzenden des Sanctions Board und der Gremien zur Bank; *World Bank,* Implementing Volcker Recommendations 2008, S. 22, erwähnt die Gremien selbst gar nicht mehr, stimmt aber der auch auf die Gremien bezogenen Empfehlung der Gruppe um *Paul Volcker* zu.

1965 Statistik oben Kapitel 3 – B.VIII.1.d).

1966 *Meyer-Ladewig,* Art. 6 EMRK Rn. 73; *Valerius,* in: BeckOK StPO, Art. 6 EMRK Rn. 8.

1967 *Maunz,* in: Maunz/Dürig, Art. 101 Rn. 12, 14.

einberufen, wenn er kein Gremium bilden will. Das *Sanctions Board* besteht dann aus seinen sieben regulären Mitgliedern.

In Fällen, die ein Projekt von IFC und MIGA oder Garantieprojekte betreffen, muss der Vorsitzende bestimmen, welche der insgesamt acht alternierenden Mitglieder (oben II.2) den Platz welcher regulären Mitglieder einnehmen sollen. Die große Besetzung muss in einem solchen Fall mindestens drei alternierende Mitglieder enthalten. Wen sie ersetzen, bestimmt der Vorsitzende.[1968] Mangels einer anderen Regelung ist der Vorsitzende frei, die Auswechslungen auf die internen und externen regulären Mitglieder aufzuteilen. Allerdings kann ein internes alternierendes Mitglied nur ein internes reguläres Mitglied ersetzen, für externe Mitglieder gilt das gleiche.[1969] Der kleinen Besetzung müssten mindestens zwei alternierende Mitglieder angehören, das interne und mindestens ein externes.[1970]

Auch hier verbietet der schlichte Wortlaut der Regelungen nicht, die Mitglieder einzelfallabhängig so auszuwählen, dass sie die angestrebte Entscheidung treffen. Aber dadurch würde das gesamte rechtsförmige Sanktionsverfahren ad absurdum geführt; der erkennbare Zweck der Regelung verbietet daher ein solches willkürliches Vorgehen.[1971] Anwendungsfälle hatte die Regelung bis jetzt noch nicht.

2. Regelung zu Interessenkonflikten

Die Frage der Befangenheit der Boardmitglieder ist im Verhaltenskodex geregelt. Vor und während ihrer Ernennung sollen die Angehörigen des *Sanctions Board* dem Vorsitzenden und der Geschäftsführung der Bank alle Umstände offenlegen, die vernünftige Zweifel an ihrer Unparteilichkeit und Unabhängigkeit wecken können – einschließlich persönlichen Wissens zu strittigen Tatsachen, soweit die Offenbarung das Verfahren nicht beeinflussen wird und nicht durch Geheimhaltungspflichten verboten ist. Sonst, und bei allen sonstigen scheinbaren oder tatsächlichen Interessenskonflikten, soll sich das Mitglied aus dem Verfahren zurückziehen.[1972] Der Vorsitzende des *Sanctions Board* soll der Geschäftsführung der Bank regelmäßig Bericht erstatten, wie Interessenskonflikte gelöst werden.[1973]

Nach der EMRK muss ein Staat die Unabhängigkeit seiner Gerichte dadurch sicherstellen, dass er allen nicht offensichtlich unbegründeten Zweifeln an der Unparteilichkeit der Richter nachgeht, welche die Beteiligten äußern.[1974]

Eine Möglichkeit für die Betroffenen, Mitglieder des *Sanctions Board* als befangen abzulehnen, erst recht ein geregeltes Verfahren für die Ablehnung, gibt es im Sanktionsverfahren aber nicht. Wenn sich ein tatsächlicher oder scheinbarer

---

1968 Art. VII § 2 SBSt.
1969 Art. V Nr. 3 und 4 SBSt.
1970 Art. VIII § 1 SBSt.
1971 S. zur Besetzung der Gremien oben b).
1972 Code of Conduct, Nr. 7 – 10.
1973 Code of Conduct, Nr. 8.
1974 *Meyer-Ladewig*, Art. 6 EMRK, Rn. 77.

Interessenkonflikt zeigt, soll sich das betroffene Mitglied selbst zurückziehen; der Vorsitzende kann den Rückzug verlangen.[1975] Der Verhaltenskodex verbietet dem *Sanctions Board* jedoch nicht, die Betroffenen anzuhören und ihnen zu erlauben, einen Antrag auf Austausch eines vermeintlich Befangenen zu stellen. Dass der Vorsitzende durch einen Hinweis des Betroffenen von einem Interessenkonflikt erfahren kann, versteht sich von selbst.

V. Beseitigung verbleibender Zweifel an der Unabhängigkeit des *Sanctions Board* durch nachprüfbare Arbeitsweise

Das Sanktionsregime sieht die Unabhängigkeit des *Sanctions Board* vor, lässt aber noch Raum für Zweifel (1.). Diese werden aber durch die übrigen Vorgaben zum Verfahren und vor allem die öffentlich nachvollziehbare Entscheidungspraxis des *Sanctions Board* (2.) zerstreut (3.).

1. Angestrebte Unabhängigkeit

Die Regelungen zur Unabhängigkeit des *Sanctions Board* (III.1.) und die mehrheitliche Besetzung mit Außenstehenden (II.1) zeigen, dass die Weltbank und insbesondere ihre *Legal Vice Presidency* im *Sanctions Board* einen gerichtsähnlichen[1976] Spruchkörper sehen.[1977]

Dass auch Bankangehörige im *Sanctions Board* sitzen, ist an sich kein Problem, solange ihre unabhängige Entscheidung sichergestellt ist; sie dürfen niemandem in der Bank Rechenschaft ablegen müssen und ihre Entscheidungspraxis darf nicht über ihre berufliche Zukunft entscheiden können.[1978] In nationalen Gerichtsverfahren sind ehrenamtliche Richter, die durch besondere Erfahrungen die Rechtsfindung erleichtern, gängig; solange ihre Unabhängigkeit sichergestellt ist, lässt Art. 6 EMRK die Ernennung solcher Laienrichter durch Organisationen oder Interessenverbände zu.[1979]

Nach dem schlichten Wortlaut der Regelungen des Sanktionsregimes sind Zweifel an der Unabhängigkeit des *Sanctions Board* nicht von der Hand zu weisen:[1980] Scheinbar können interne Mitglieder einfach abberufen werden, so dass sie möglicherweise besonderem Druck ausgesetzt sind (III.4.c)). Die dreijährige und erneuerbare Amtszeit (III.4.b)) ermöglicht theoretisch Beeinflussungen der externen Boardmitglieder. Die Auswahl der Boardmitglieder (III.3.) mindert diese Zweifel,

---

1975 Code of Conduct, Nr. 8.
1976 *Daly/Fariello*, S. 105; *Leroy/Fariello*, S. 2.
1977 Ähnlich *Boisson de Chazournes/Fromageau*, EJIL 23 (2012), 963, 979.
1978 aA allgemein *Heuninckx*, PPLR 2012, 95, 105; *Prieß*, GWILR 45 (2013), 271, 286 zum Sanctions Board.
1979 *Meyer-Ladewig*, Art. 6 EMRK Rn. 75.
1980 Skeptisch wegen der Amtszeit und der Zugehörigkeit mancher Boardmitglieder zur Bank wohl auch *Boisson de Chazournes/Fromageau*, EJIL 23 (2012), 963, 987.

kann sie aber nicht völlig beseitigen: Das Ansehen der Boardmitglieder und der Ruf, den sie zu verlieren haben, macht sie für Karriereanreize weniger empfänglich, aber nicht immun.

Die genaue Bedeutung vieler Regeln, etwa zur Ablehnung eines Boardmitglieds wegen Befangenheit, ist aber noch ungeklärt; das *Sanctions Board* kann sie so anwenden, dass sie seine Unabhängigkeit und abstrakt-generelle Zuständigkeitsregelung wahren (IV.1.c) und IV.2). Das gilt insbesondere für die problematischen Gremien, die praktisch nicht existieren (IV.1.b)). Nach alledem muss das *Sanctions Board* nicht vom Willen der Bank abhängig sein, aber das Gegenteil ist nicht sichergestellt.

2. Gewährleistung unabhängiger Arbeit durch öffentliche Kontrolle

Die Rechtsprechung des *Sanctions Board* führt in aller Regel zu einer sachlichen, und wohlbegründeten Sanktion (oben Kapitel 2 – I), die dem Fehlverhalten des Betroffenen angemessen ist (oben Kapitel 3 – E). Das Sanktionsverfahren ist grundsätzlich fair (oben B).

Die öffentlichen Entscheidungsbegründungen erlauben es, dem *Sanctions Board* auf die Finger zu sehen und fragwürdige Entscheidungen – wie die bei genauer Betrachtung doch sachlich erklärliche Rückwirkung in SBD 51 – zu identifizieren. Es bleiben Transparenzlücken, wenn das *Sanctions Board* nicht sanktioniert; gegen wen sich das Verfahren richtete, lässt sich dann nicht feststellen. Aber wenn die Begründung stimmig ist – wie in SBD 59 – gibt es keinen greifbaren Anlass, zu glauben, die Identität des Betroffenen sei der wahre Grund für die Einstellung des Verfahrens (D.II.2.b)). Die ausführliche und plausible Rechtsprechung, z.B. zu allgemeinen Fragen wie der Zurechnung von Fehlverhalten an Unternehmen (Kapitel 2 – E.) und zur Bemessung einer angemessenen Sanktion (Kapitel 3 – B.) braucht sich hinter fest etablierten nationalen Justizsystemen nicht zu verstecken.[1981]

3. Unbegründetheit vernünftiger Zweifel an der Unabhängigkeit bei Gesamtbetrachtung

Die Verpflichtung der Boardmitglieder zu unabhängiger Arbeit (III.1.), ihre sorgfältige Auswahl (III.3.) und insbesondere die erkennbar sachliche Arbeit des *Sanctions Board* unter öffentlicher Kontrolle (2.) machen aus Zweifeln an seiner Unabhängigkeit aufgrund der kurzen und erneuerbaren Amtszeit (III.4.) reine Hypothesen.[1982]

1981 Vergleichbar betont die Bedeutung der Qualität der Rechtsprechung des World Bank Administrative Tribunal für dessen Unabhängigkeit *Riddell*, in: MPEPIL, Administrative Boards, Commissions, and Tribunals in International Organizations, Rn. 48.

1982 Zur Bedeutung einer Gesamtwürdigung nach der Rechtsprechung des EGMR oben Kapitel 5 – E.III.4.e). Vgl. auch *Riddell*, in: MPEPIL, Administrative Boards, Commissions, and Tribunals in International Organizations, Rn. 20.

In einer ähnlichen Gesamtwürdigung nahm das BVerfG an, dass das ILOAT rechtsstaatlichen Mindestanforderungen des Grundgesetzes genügt, ohne die ebenfalls erneuerbare dreijährige Amtszeit seiner Angehörigen[1983] übermäßig zu betonen:

> „Das VG der Internationalen Arbeitsorganisation ist ein echtes Rechtsprechungsorgan. Es ist durch völkerrechtlichen Akt errichtet und entscheidet aufgrund rechtlich festgelegter Kompetenzen und zufolge eines rechtlich geordneten Verfahrens ausschließlich nach Maßgabe von Rechtsnormen und Rechtsgrundsätzen die ihm unterbreiteten Verfahrensgegenstände. Seine Richter sind zur Unabhängigkeit und Unparteilichkeit verpflichtet (vgl. Art. III des Statuts); daß sie dieser Verpflichtung generell oder im Falle des Bf. nicht gerecht würden, hat der Bf. nicht dargetan und ist auch nicht ersichtlich.“[1984]

Für das *Sanctions Board* ließe sich wortgleich dasselbe sagen.[1985]

Auch gibt es keine Anhaltspunkte dafür, dass die Zugehörigkeit mancher Boardmitglieder zur Weltbank und die auf dem Papier großzügige Abberufungsmöglichkeit die Unabhängigkeit des *Sanctions Board* beeinträchtigt hätte. Längere Amtszeit und Besetzung mit ausschließlich externen Mitgliedern würden zwar nicht schaden. Aber bereits jetzt arbeitet das *Sanctions Board* insgesamt gesehen schon wie ein unabhängiges Gericht.[1986] Selbst wenn man das anders sehen und die theoretische Einflussmöglichkeit auf die internen und externen Boardmitglieder höher bewerten wollte, wäre das *Sanctions Board* zumindest nicht weit von gerichtsähnlicher Unabhängigkeit entfernt.

F. Angemessenheit des Rechtsschutzes durch das *Sanctions Board*

Das *Sanctions Board* ist eine vernünftige Alternative zum Rechtsschutz durch nationale Gerichte (I.). Wenn Staaten seine Sanktionsentscheidungen ohne nochmaligen gerichtlichen Rechtsschutz umsetzen oder der Bank Immunität gewähren, ist das Recht auf Zugang zu Gericht daher nur unwesentlich eingeschränkt und die Einschränkung gerechtfertigt, weil sie zur legitimen internationalen Kooperation erforderlich ist (II.).

1983 *Wouters/Ryngaert/Schmitt*, AJIL 105 (2011), 560, 565; zur Unabhängigkeit der ILOAT-Angehörigen kritisch *Reinisch/Weber*, IOLR 1 (2004), 59, 102 f.

1984 *BVerfG*, 2 BvR 1058/79 (Eurocontrol II), BVerfGE 9, 63 = NJW 1982, 512, 514; dazu auch *Reinisch*, International Organizations, S. 300 ff.

1985 Die Kritik von *Reinisch/Weber*, IOLR 1 (2004), 59, 108 f., die Rechtsprechung des ILOAT sei in Wahrheit nicht so gut, wie sie auf dem Papier sein sollte, ist umgekehrt eine Bestätigung der Unabhängigkeit des Sanctions Board, dessen tatsächliche Rechtsprechung nachvollziehbar ist.

1986 An der Unabhängigkeit des Sanctions Board hat auch LEG offenbar trotz der Reformvorschläge keine ernstlichen Zweifel, *LEG*, Review, S. 4; aA möglicherweise *Boisson de Chazournes/Fromageau*, EJIL 23 (2012), 963, 987.

I. Vernünftige Alternative zu staatlichen Gerichten

Das *Sanctions Board* beurteilt die Sanktionsfälle unabhängig und nach einem fairen Verfahren (1.). Wenn die Voraussetzungen für eine Sanktion nicht vorliegen, haben die Betroffenen Aussicht auf eine Einstellung des Verfahrens (2.).

1. Faires Verfahren vor unabhängigem Gremium

Insgesamt ist das Verfahren vor dem *Sanctions Board* rechtsförmig geordnet und, in den Worten des *Sanctions Board*, beherrscht von *fundamental considerations of fairness*.[1987] Das Sanktionsverfahren erlaubt den Betroffenen, sich wirkungsvoll zu verteidigen, oben B.

Die Verhandlung würde wohl auch vor nationalen Gerichten im Interesse der Betroffenen selbst nichtöffentlich stattfinden; dass das *Sanctions Board* einem Betroffenen ohne sachlichen Grund eine öffentliche Anhörung verwehren würde, kann man ihm angesichts seiner Rechtsprechung zur Verfahrensfairness trotz der scheinbar klaren Regelung im Sanktionsverfahren nicht einfach unterstellen, oben D.I.3.c).[1988] Ein problematischer Anwendungsfall der Regelung steht bisher aus.

Die institutionelle Unabhängigkeit des *Sanctions Board* steht auch trotz kurzer Amtszeit der Mitglieder wegen der öffentlich nachvollziehbaren praktischen Arbeit des Gremiums nicht ernstlich in Zweifel, oben E.V. Selbst wenn man wegen der Besetzung des *Sanctions Board* auch mit Bankangehörigen und der kurzen Amtszeit der Mitglieder Zweifel hegt, ist das *Sanctions Board* immer noch annähernd einem unabhängigen Gericht gleichwertig.

2. Effektivität des Rechtsschutzes

Ein auf dem Papier noch so faires Verfahren nutzt wenig, wenn der Rechtsschutz nicht wirklich effektiv ist.[1989] Wer das *Sanctions Board* berechtigt anruft, hat dort aber Aussicht auf Erfolg. Das zeigen insbesondere die erheblich gemilderte Sanktion in SBD 53 und die Einstellung des Verfahrens in SBD 59.[1990] Umgekehrt ist das Scheitern der Betroffenen in anderen Entscheidungen nachvollziehbar. Will man dem *Sanctions Board* nicht unterstellen, dass es in den öffentlich verfügbaren Entscheidungsbegründungen glatt lügt, lässt sich aus ihnen folgern: Es lohnt sich, das

---

1987 Kapitel 2 – A.II.1.

1988 In der Nichtöffentlichkeit sehen *Boisson de Chazournes/Fromageau*, EJIL 23 (2012), 963, 987 wohl einen möglichen Rechtsschutznachteil und daher eine Gefahr für die Immunität der Weltbank.

1989 *Reinisch/Weber*, IOLR 1 (2004), 59, 94 ff. für den Rechtsschutz durch insb. das ILOAT.

1990 Zu den Auswirkungen der Anrufung des Sanctions Board Kapitel 3 – B.VIII.1.f).

Sanctions Board anzurufen, wenn die Empfehlung des EO zu hoch oder gänzlich unberechtigt ist. Selbst hinter gelegentlich knapp begründeten Entscheidungen verbirgt sich ein roter Faden, der sich anhand der verfügbaren Entscheidungspraxis aufdecken lässt.[1991]

II. Angemessenheit der Einschränkung von Art. 6 Abs. 1 EMRK

Dass es gegen die öffentliche Sanktionsentscheidung Rechtschutz nicht vor einem staatlichen Gericht, sondern vor dem so-gut-wie-Gericht der Weltbank gibt, ist für die Funktionsfähigkeit des gegenwärtigen Sanktionsregimes erforderlich und, wegen des geringen Gewichts der Einschränkung und der großen Bedeutung ungestörter Arbeit der Weltbank für eine effektive Entwicklungshilfe und Armutsbekämpfung, auch verhältnismäßig.[1992]

Der EGMR ließ in *Waite und Kennedy* erkennen, dass internationale Kooperation verhältnismäßige Einschränkungen des Zugangs zu Gericht rechtfertigen kann (1.) und untersucht bei Staatenimmunität die Qualität des innerstaatlichen Rechtschutzes gar nicht (2.). Der alternative Rechtsschutz durch das *Sanctions Board* erfüllt selbst weitergehende Anforderungen nationaler Gerichte (3.).

1. *Maßstab aus* Waite und Kennedy

Instruktiv ist immer noch die Aussage des EGMR in *Waite und Kennedy:*[1993]

> [B]earing in mind the legitimate aim of immunities of international organisations ..., the test of proportionality cannot be applied in such a way as to compel an international organisation to submit itself to national litigation in relation to employment conditions prescribed under national labour law. To read Article 6 § 1 of the Convention and its guarantee of access to court as necessarily requiring the application of national legislation in such matters would, in the Court's view, thwart the proper functioning of international organisations and run counter to the current trend towards extending and strengthening international cooperation.[1994]

Dem EGMR kam es bei Beurteilung der Verhältnismäßigkeit maßgeblich darauf an, dass die Kläger „*reasonable alternative means*" zu ihrer Verfügung hatten,[1995]

1991 Gesundheitssektor: Kapitel 3 – B.VI.2.b), Rechtsprechungsänderung: Kapitel 2 – C.III.2.

1992 Zur grundsätzlichen Möglichkeit einer Einschränkung oben Kapitel 4 – A.III.1.c).

1993 Zur fortwirkenden Bedeutung der Entscheidung: *Janik*, Menschenrechtsbindung, S. 175 ff.; *Reinisch/Weber*, IOLR 1 (2004), 59, 83 ff.; *Reinisch*, Chinese JIL 7 (2008), 285, 291 f.

1994 *EGMR*, Waite und Kennedy ./. Deutschland, Rn. 72.

1995 *EGMR*, Waite und Kennedy ./. Deutschland, Rn. 68.

nämlich das *ESA Appeals Board,* das zumindest auf dem Papier „*independent of the Agency*"[1996] sein sollte.[1997]

Das *Sanctions Board* arbeitet trotz seiner institutionellen Zugehörigkeit zur Weltbank ebenfalls auf dem Papier unabhängig und gewährleistet tatsächlich fairen und effektiven Rechtsschutz unter der nachträglichen Kontrolle der Öffentlichkeit (oben I.).

Der Rechtsschutz durch das *Sanctions Board* ist mindestens genauso eine vernünftige Alternative zu staatlichen Gerichten wie der Rechtsschutz durch das *ESA Appeals Board.* Immunität für die Weltbank schränkt Art. 6 EMRK also nicht stärker ein als die Immunität für die ESA im Fall *Waite und Kennedy.* Zugang zu Gericht in Arbeitsrechtsstreitigkeiten ist nicht weniger wichtig als in den Streitigkeiten um eine Banksanktion; die internationale Kooperation in der Weltbank ist nicht weniger legitim als in der ESA. Wo das *Sanctions Board* alternativen Rechtsschutz gewähren kann, ist ein staatlicher Verzicht auf Rechtsschutzgewähr daher genauso verhältnismäßig wie in *Waite und Kennedy.*

2. Alternativer Rechtsschutz bei Staatenimmunität

Andere Entscheidungen des EGMR, vor allem *Al-Adsani,* erlauben Einschränkungen des Rechts auf Zugang zu Gericht ohne eine Erörterung der Qualität alternativen Rechtsschutzes; sie betreffen allerdings die Staatenimmunität, die im Völkerrecht allgemein anerkannt sei.[1998] Innerhalb eines Staates ist die Existenz von Streitbeilegungsmechanismen selbstverständlich – aber nicht, dass sie den Anforderungen der EMRK entsprechen.[1999] Das zeigt, dass eine völkerrechtlich erforderliche Einschränkung des Zugangs zu Gericht nicht durch exakt gleichwertigen Rechtsschutz kompensiert werden muss, um mit Art. 6 Abs. 1 EMRK vereinbar zu sein.[2000]

3. Nationale Gerichtsentscheidungen

Der belgische Kassationsgerichtshof verweigerte im Fall *Siedler* der WEU die von ihr geltend gemachte Immunität, weil die Rechtsschutzalternative für Arbeitsrechtsstreitigkeiten in der WEU unzureichend gewesen sei: Es gab dort keine öffentliche Anhörung und die Veröffentlichung der Entscheidungen war nicht garantiert; die

---

1996   *EGMR,* Waite und Kennedy ./. Deutschland, Rn. 69.

1997   Auch *Janik,* Menschenrechtsbindung, S. 175 f.; *Reinisch,* International Organizations, S. 304 ff.

1998   *EGMR,* Al-Adsani ./. Vereinigtes Königreich, Rn. 56; zu ähnlichen Entscheidungen *Reinisch/Weber,* IOLR 1 (2004), 59, 85 f.; *Kloth,* S. 39 ff.; *Meyer-Ladewig,* Art. 6 EMRK Rn. 56.

1999   Daraus folgern *Reinisch/Weber,* IOLR 1 (2004), 59, 86, der EGMR habe den Prüfungsmaßstab aus Waite und Kennedy in Al-Adsani unterschritten, weil er die Effizienz der alternativen staatlichen Justiz nicht untersuchte.

2000   Zum in der Literatur strittigen Erfordernis der Effektivität des alternativen Rechtsschutzes: *Wouters/Ryngaert/Schmitt,* AJIL 105 (2011), 560, 564.

Mitglieder des Gremiums wurden nur für zwei Jahre ernannt und konnten nicht abgelehnt werden.[2001] Die Entscheidung ist auf Kritik gestoßen, weil der als unzureichend bewertete Rechtsschutz durch die WEU nicht wesentlich schlechter sei, als der vieler anderer internationaler Organisationen.[2002] Sie ist jedenfalls ein Ausnahmefall; andere nationale, insbesondere auch belgische, Gerichtsentscheidungen ließen schwächeren Rechtsschutz im Interesse internationaler Kooperation ausreichen, um einer internationalen Organisation Immunität zu gewähren.[2003]

Die dreijährige Amtszeit der Mitglieder des *Sanctions Board* (oben E.III.4.a) ist zwar kurz, aber länger als die zwei Jahre, die *Siedler* nennt. Seine Entscheidungsbegründungen sind öffentlich verfügbar (oben D.II.). Die Nichtöffentlichkeit der Verhandlung muss keine Einschränkung von Art. 6 Abs. 1 EMRK durch den Rechtsschutz vor dem *Sanctions Board* bedeuten; sie entspricht in der Regel dem Wunsch der Betroffenen (oben D.I.3). Befangene Mitglieder des *Sanctions Board* müssen sich von einem Fall zurückziehen. Die Verfahrensregeln lassen Raum für einen Antrag und eine Anhörung des Betroffenen im Vorfeld (oben E.IV.2.). Der Rechtschutz im Sanktionsregime ist also besser als der Rechtsschutz durch die WEU im Fall *Siedler*.

Ein nationales Gericht müsste schon radikal[2004] die Erfüllung legitimer völkerrechtlicher Pflichten gegenüber einer internationalen Organisation für völlig unerheblich halten, um zusätzlich zum *Sanctions Board* noch nationalen Rechtsschutz zu verlangen. Das gilt selbst dann, wenn man die Amtszeit und die Herkunft der Mitglieder des *Sanctions Board* stärker gewichten wollte, als oben E.V.3; dann wäre das *Sanctions Board* institutionell immer noch annähernd so unabhängig wie ein nationales Gericht und nachweislich sachlich und effektiv. Die Weltbank muss daher nicht ernstlich befürchten, dass ein Gericht den Rechtsschutz durch das *Sanctions Board* für so unzureichend hält, dass es Sanktionsentscheidungen selbst nachprüft oder der Bank Immunität verweigert – zumindest nicht mit guten Gründen.

2001 *Cour de cassation de Belgique,* WEU ./. Siedler, S. 21 f.; *Reinisch,* Chinese JIL 7 (2008), 285, 299 f.; *Boisson de Chazournes/Fromageau,* EJIL 23 (2012), 963, 986.

2002 *Wouters/Ryngaert/Schmitt,* AJIL 105 (2011), 560, 565 verweist auf die erneuerbare dreijährige Amtszeit der Richter des ILOAT. Dazu *BVerfG,* 2 BvR 1058/79 (Eurocontrol II), BVerfGE 9, 63 = NJW 1982, 512, 514 (Zitat oben Kapitel 5 – E.V.3.); *Reinisch,* Chinese JIL 7 (2008), 285, 300 ff.

2003 *Wouters/Ryngaert/Schmitt,* AJIL 105 (2011), 560, 564; *Reinisch,* Chinese JIL 7 (2008), 285, 294 ff.; *Wickremasinghe,* in: MPEPIL, International Organizations or Institutions, Immunities before National Courts, Rn. 26 f. auch zu Entscheidungen, die bei schwächeren Rechtsschutzalternativen Immunität verweigerten; *High Court of Justice,* Entico Corp. Ltd. ./. UNESCO, Rn. 28 stützt sich zwar auch auf die Verfügbarkeit alternativen Rechtsschutzes durch UNCITRAL-Schiedsgerichte, wollte aber internationale Organisationen ersichtlich nicht dazu zwingen, diesen Rechtsschutz gewähren zu müssen und lehnte aus zahlreichen anderen Gründen eine Einschränkung von Immunität ab, *ebd., Rn.* 23–27.

2004 Bereits den Effizienztest aus WEU ./. Siedler bezeichnet als radikal: *Reinisch,* Chinese JIL 7 (2008), 285, 300; ihm folgend *Wälde-Sinigoj,* S. 4.

Kapitel 6 – Rechtsschutz gegen andere Maßnahmen

Der gerichtsähnliche Rechtsschutz im Sanktionsverfahren ist unvollständig. Das Sanktionsverfahren ist zweistufig:[2005] Erst beurteilt der EO den Fall, dann das *Sanctions Board*. Das *Sanctions Board* überprüft bei genauer Betrachtung nicht, ob der EO richtig gehandelt hat.[2006] Die *Notice* und die folgenden Maßnahmen des EO stehen vor dem Board nicht zur Diskussion. Das *Sanctions Board* überprüft die Sanktionswürdigkeit des Betroffenen von Grund auf neu.[2007] Das *Sanctions Board* bietet auch Rechtsschutz gegen Ermessensmissbrauch durch die Bank (A.). Ob die normale oder frühe einstweilige Sperre berechtigt war, entscheidet aber allein der EO, der nicht wie ein unabhängiges Gericht arbeitet (A.V.).

A. Ermessenskontrolle durch das *Sanctions Board*

Bislang nur theoretische Bedeutung hat der Rechtsschutz gegen Ermessensmissbrauch des ICO (I.), aber er ist ein Modell für Ermessenskontrolle im Sanktionsregime und findet entsprechende Anwendung auch auf eine Anfechtung von Entscheidungen zur Auslegung und Erfüllung der Bedingungen eines Vergleichs (II.) und die Einstufung als Rechtsnachfolger eines Sanktionierten (III.). Für die Einstufung als untergeordneter *Affiliate* fehlt ein entsprechendes Verfahren, aber eine Analogie bietet sich an (IV.). Eine Bewertung des Rechtsschutzniveaus ist noch nicht möglich, weil es an Praxis fehlt (V.).

I. Überprüfung von Entscheidungen des *ICO*

Wenn der ICO entgegen des Antrags des Betroffenen feststellt, die Bedingungen für die Aussetzung oder Aufhebung einer Sperre seien nicht erfüllt (1.), kann der Betroffene das *Sanctions Board* anrufen (2.) und die Entscheidung auf Ermessensmissbrauch überprüfen lassen (3.). Stellt das *Sanctions Board* Ermessensmissbrauch fest, gelten die Bedingungen als eingetreten (4.)

1. *Entscheidung über Eintritt oder Nichteintritt einer Bedingung*

Ob ein Betroffener die Bedingungen für einen Aufschub oder eine Aussetzung der Sperre zum in der Entscheidung bestimmten Zeitpunkt erfüllt, prüft und entscheidet

---

2005 „two-tier sanctions proceeding": *Dubois*, UChiLF 2012, 195, 226; schon *World Bank*, Reform of the World Bank's Sanction Process (2004), S. 4.
2006 Anders möglicherweise *Baghir-Zada*, S. 175: EO als „sanctioning body", Sanctions Board als „appeal body".
2007 Kapitel 5 – E.III.2

gem. § 9.03 (d) SP12 der ICO: Wenn der Betroffene die Bedingungen erfüllt, endet die Sperre (oder tritt ggf. gar nicht erst in Kraft). Andernfalls wandelt sich ein *conditional non-debarment* in ein *debarment with conditional release* um und ein *debarment with conditional release* setzt sich fort. Die Betroffenen erhalten spätestens nach einem Jahr erneut die Gelegenheit, durch Erfüllen der Bedingungen die Aussetzung der Sperre zu erreichen.

Der Betroffene muss in einem Antrag an den ICO darlegen und ggf. mit Beweisen untermauern, dass er die Anordnungen des ICO befolgt hat. Das Gesuch soll unter anderem einen ausführlichen Bericht über die Einrichtung oder die Verbesserung eines Compliance Programms, Details zu Wiedergutmachungsmaßnahmen und Sanktionen durch andere internationale Finanzinstitutionen und Staaten für Verhalten, das Fehlverhalten nach den Kriterien der Weltbank entspricht, enthalten.[2008] Der ICO soll gem. § 9.03 (d) SP12 seine Entscheidung so bald wie sinnvoll möglich treffen und sie dem Betroffenen begründet mitteilen.[2009] Der Betroffene kann seinen Antrag frühestens 120 Tage vor Ablauf der zur Erfüllung der Bedingungen gesetzten Frist stellen.[2010]

Stellt der Betroffene den Antrag nicht oder nicht rechtzeitig vor Ablauf der Frist, gelten die Bedingungen gem. § 9.03 (f) SP12 grundsätzlich als nicht erfüllt; ausnahmsweise kann der ICO einen verspäteten Antrag nach seinem freien Ermessen dennoch berücksichtigen. Bisher scheint kaum ein im streitigen Verfahren sanktionierter Betroffener einen Antrag zu stellen.[2011]

2. Einleitung des Überprüfungsverfahrens durch fristgerechten Antrag des Betroffenen

Der Antrag des Betroffenen an das *Sanctions Board*[2012] muss schriftlich verfasst und begründet werden. Ihm soll die Feststellung des ICO beigefügt sein. Er darf zusätzlich Argumente und Beweismittel enthalten, mit denen sich der Betroffene gegen die Feststellung des ICO wendet.[2013] Der Betroffene hat für seinen Antrag 30 Tage Zeit.[2014] Der Fristbeginn ist nicht geregelt, aber gemeint sein muss der Erhalt der Entscheidung:[2015] Ohne Kenntnis der Gründe des ICO lässt sich ein begründeter

---

2008 § 9.03 (c) SP12.

2009 Die 30 Tage Frist in § 9.03 (d) SP12 betrifft nicht das Ende, sondern den Beginn der Prüfung.

2010 § 9.03 (c) SP12.

2011 *LEG,* Review, S. 2.

2012 Der Adressat folgt mittelbar aus § 9.03 (e) (ii) SP12.

2013 § 9.03 (e) (i) SP12: „No later than thirty (30) days after a determination of non-compliance by the Integrity Compliance Officer, the sanctioned party may request in writing that the Sanctions Board review such determination. ...".

2014 § 9.03 (e) (i) SP12.

2015 Insbesondere §§ 6 ff. DR gelten nur für Notices, nicht auch für ICO-Entscheidungen. Fingierte Zustellung einer anfechtbaren ICO-Entscheidung sollte es aber

Antrag auf Anfechtung der Bewertung nicht stellen. Für die Fristwahrung gelten, weil das *Sanctions Board* den Antrag entgegennimmt, die oben Kapitel 5 – A.II.5. dargestellten Regeln der *Delivery Rules,* insbesondere auch die Wiedereinsetzungsmöglichkeit.

3. Überprüfung auf Ermessensmissbrauch

Das *Sanctions Board* prüft auf Basis der Entscheidung des ICO und der Argumente des Betroffenen in seinem Antrag nur, ob der ICO seinen Spielraum bei der Beurteilung, ob die Bedingungen erfüllt sind, missbraucht hat.[2016] Dazu kann es mit dem ICO Rücksprache halten.[2017]

§ 9.03 (e) (iv) SP12 nennt drei Alternativen für eine Überschreitung des Beurteilungsspielraums durch den ICO. Aufhebbar ist danach eine Entscheidung, die:

– ohne erkennbare Grundlage oder sonst willkürlich ergangen ist;
– darauf beruht, dass der ICO eine erhebliche Tatsache nicht beachtet oder einem erheblichen tatsächlichen Irrtum erlegen ist; oder
– unter erheblichen Verfahrensfehlern ergangen ist.[2018]

Die *Information Note* zeigt, dass eine Aufhebung der ICO-Entscheidung nur ausnahmsweise geschehen soll, wenn die Entscheidung nicht vernünftig haltbar ist:

> „*Abuse of discretion is meant to encompass truly abusive or otherwise egregious behavior on the part of the decision-maker. It is not a basis for challenging or ‚second guessing‘ the decision-maker's ordinary exercise of judgment.*"[2019]

4. Entscheidung des Sanctions Board

Wenn das *Sanctions Board* keinen Missbrauch feststellt, bleibt die Feststellung des ICO mit all ihren Wirkungen in Kraft; sonst verliert sie ihre Wirkung und die Bedingungen gelten unmittelbar infolge der Entscheidung des *Sanctions Board,* also ohne erneute Prüfung durch den ICO, als erfüllt.[2020] Eine Anfechtung der Entscheidung des *Sanctions Board* ist nicht vorgesehen. Ob § 8.03 SP12 anwendbar ist, der ausdrücklich die Endgültigkeit der Entscheidungen des *Sanctions Board* im eigentlichen Sanktionsverfahren anordnet, spielt im Ergebnis keine Rolle.

---

kaum geben, denn ihr muss ein Antrag des Betroffenen vorausgehen, so dass er auch auffindbar sein sollte, wenn die Entscheidung ergeht. Die Säumnisentscheidung ohne fristgerechten Antrag des Betroffenen ist nicht anfechtbar, § 9.03 (f) SP12.
2016 § 9.03 (e) (i) und (ii) SP12 sprechen von „discretion".
2017 § 9.03 (e) (ii) SP12.
2018 § 9.03 (e) (iv) SP12.
2019 Information Note, S. 29.
2020 § 9.03 (e) (iii) SP12.

Ob die Entscheidung des *Sanctions Board* veröffentlicht wird, ist nicht eindeutig geregelt. Veröffentlicht werden gem. § 10.01 (b) SP12 *„decisions of the Sanctions Board"* und *„determinations of the Evaluation Officer in uncontested proceedings".* Damit sind vor allem die Entscheidungen der Sanktionsorgane im Hauptverfahren über die Sanktion eines Betroffenen gemeint.[2021] Dennoch ist eine Veröffentlichung zu erwarten, falls das *Sanctions Board* einmal über eine Anfechtung einer ICO-Entscheidung zu befinden hat. Zwei Entscheidungen im selbstgeschaffenen Wiederaufnahmeverfahren, SBD 57 und SBD 58, hat das *Sanctions Board* zumindest ganz selbstverständlich im Volltext veröffentlicht.[2022]

II. Überprüfung von Entscheidungen INTs zur Auslegung und Erfüllung eines Vergleichs

Ob der Betroffene die Bedingungen eines Vergleichs erfüllt, aber auch ob er seine sonstigen Verpflichtungen aus ihm erfüllt, und sogar alle Streitigkeiten über die Auslegung der Vergleichsbedingungen entscheidet INT. INTs Entscheidungen kann der Betroffene wie Entscheidungen des ICO wegen Ermessensmissbrauchs angreifen.[2023]

III. Überprüfung einer Einstufung als Rechtsnachfolger des Sanktionierten

Wenn ein sanktioniertes Unternehmen umgewandelt oder verkauft wird, besteht die Sanktion fort, Kapitel 2 – E.III. Ob ein Unternehmen Rechtsnachfolger oder Übernehmer des Sanktionierten ist, entscheidet eine nicht näher spezifizierte Abteilung der Bankverwaltung.

Der vermeintliche Rechtsnachfolger oder Übernehmer kann gem. § 9.04 (c) SP12 in entsprechender Anwendung der gerade, unter I., dargestellten Regeln zur Überprüfung einer Entscheidung des ICO das *Sanctions Board* anrufen und einen Ermessensmissbrauch geltend machen. Entscheidungen zur Erstreckung einer Sanktion auf Rechtsnachfolger gab es bereits,[2024] aber das Überprüfungsverfahren ist bisher soweit ersichtlich noch nicht zum Einsatz gekommen.

Der Antrag hat keine aufschiebende Wirkung:[2025] Während der Dauer des Verfahrens ist der designierte Rechtsnachfolger oder Übernehmer also von der Teilnahme

---

2021 *World Bank,* Sanctions Board to Post Decisions on Corruption, Fraud Cases, http://go.worldbank.org/5BATPT11D0 (15.02.2013).

2022 *World Bank,* Sanctions Board Decisions, http://go.worldbank.org/58RC7DVWW0 (06.09.2013).

2023 § 11.04 SP12.

2024 *INT,* Annual Report 2012, S. 16 f. erwähnt die Sanktion der China Communications Company Limited basierend auf der Sperre ihrer Rechtsvorgängerin, der China Road and Bridge Corporation, vom Januar 2009.

2025 § 9.04 (c) SP12.

an Bankprojekten ausgeschlossen. Eine Entschädigung im Nachhinein ist nicht vorgesehen.

IV. Überprüfung der Einstufung als untergeordneter *Affiliate*

Zwischen § 9.04 (b) SP12 zur Beteiligung gleich- oder übergeordneter *Affiliates* des Betroffenen am Verfahren[2026] und der gerade, unter III. angesprochenen Regelung des § 9.04 (c) SP12 zur Kontrolle einer Einstufung als Rechtsnachfolger klafft eine Regelungslücke. Wer nach Ansicht der Bank unter der Kontrolle eines Sanktionierten steht, kann sich gegen diese Beurteilung nach dem Wortlaut der Verfahrensregeln nicht wehren.[2027]

Diese Regelungslücke lässt sich ohne Schwierigkeiten durch Analogie zu § 9.04 (c) SP12 schließen. Die Interessenlage ist vergleichbar, denn ob die Bank die Kontrolle eines Unternehmens oder seine Rechtsnachfolge prüft, macht keinen wesentlichen Unterschied. Deswegen ist auch nicht ersichtlich, warum die Bank gewollt haben sollte, dass es für potentiell unter der Kontrolle eines Sanktionierten stehende *Affiliates* keinen Rechtsschutz gibt.

V. Unmöglichkeit einer Bewertung ohne Praxis

Ob der Rechtsschutz des *Sanctions Board* gegen Ermessensfehler wirksam ist, lässt sich nur abschätzen. Auf dem Papier wirkt die Fehlerkontrolle vernünftig. Das *Sanctions Board* soll dabei gerichtsähnlich arbeiten. Die Entscheidungen, die es zu prüfen hätte, würden nicht dazu führen, dass ein Betroffener öffentlich eigenen Fehlverhaltens bezichtigt wird, sondern (nur) die Dauer und Reichweite einer früheren Sanktionsentscheidung betreffen. Solange die Weltbank dabei nicht willkürlich handelt, sollte sie keinen zivilrechtlichen Ansprüchen ausgesetzt sein. Das kann das *Sanctions Board* kontrollieren. Wie effektiv das *Sanctions Board* aber durch eine strenge oder großzügige Ermessenskontrolle Rechtsschutz gewähren wird, lässt sich erst beurteilen, wenn die ersten Entscheidungen vorliegen.

B. Rechtsschutz gegen einstweilige Sperren

Gegen eine einstweilige Sperre gibt es im Sanktionsverfahren Rechtsschutz nur vor dem EO (I.), ebenso für eine frühe einstweilige Sperre (II.); das *Sanctions Board* ist unzuständig (III.). Weil der EO kein Ersatz für ein unabhängiges Gericht ist (IV.), entstünde durch staatlichen Rechtsschutzverzicht ohne Ausgleich innerhalb der Bank ein Rechtsschutzdefizit (V.).

LEG schlägt in der aktuellen Reformdiskussion vor, das Verfahren vor dem EO gerichtsähnlich auszugestalten wie das Verfahren vor dem *Sanctions Board* und diesem die Kontrolle der EO-Entscheidungen zu übertragen (VI.).

2026 Kapitel 5 – A.III.
2027 Vgl. *Leroy/Fariello*, S. 18.

I. Überprüfung der einstweiligen Sperre und der *Notice of Sanctions Proceedings* durch EO

Die Entscheidung über den Erlass einer *Notice of Sanctions Proceedings* und damit zugleich über den Beginn einer einstweiligen Sperre der Betroffenen trifft der EO ohne deren Anhörung (1.). Gesperrte Betroffene können sich allerdings an den EO wenden, um eine Rücknahme oder Änderung der *Notice* oder eine Aussetzung der einstweiligen Sperre zu erreichen (2.) und (3.).

1. *Regelmäßige einstweilige Sperre des Betroffenen ab Erlass der* Notice of Sanctions Proceedings

Der EO beurteilt zu Beginn des Sanktionsverfahrens gem. § 4.01 (a) SP12 ausschließlich, was INT ihm vorlegt. Das ist grundsätzlich der voll ausermittelte Fall, einschließlich Stellungnahmen des Betroffenen gegenüber den Ermittlern und anderes, potentiell entlastendes Beweismaterial gem. § 3.02 SP12. Die Bank verhängt eine einstweilige Sperre also nicht, ohne dem Betroffenen vorher Gelegenheit zur Äußerung zu geben; sie verteilt diese Aufgabe nur auf INT und den EO. Der EO hört den Betroffenen vor Erlass der *Notice* nicht nochmals persönlich.[2028]

Ab Erlass der *Notice of Sanctions Proceedings* sind beschuldigte Unternehmen gem. § 4.02 (a) SP12 grundsätzlich bis zum Ende des Sanktionsverfahrens einstweilig gesperrt, es sei denn die empfohlene Sanktion sieht nicht eine Sperre von mindestens sechs Monaten vor. Erlassen ist die *Notice* gem. § 13.05 (a) SP12 nicht erst, wenn sie den Betroffenen erreicht, sondern schon an dem Tag, an dem der EO sie der Post oder einem Kurierdienst übergibt. Die Sperre wird auf der *Client Connection* Webseite der Bank,[2029] die für die allgemeine Öffentlichkeit nicht zugänglich ist, den für die Projekte und Ausschreibungen Verantwortlichen bekannt gemacht.[2030]

Anders als früher[2031] tritt die Sperre sofort in Kraft. Der EO kann auch nicht mehr von sich aus und von vornherein Ausnahmen machen. Erst auf die Erklärung des Betroffenen (unten 2.) hin kann er die Sperre gem. § 4.02 (c) SP12 aussetzen (unten 3.). Die einstweilige Sperre wirkt grundsätzlich wie eine normale Sperre i.S.d. § 9.01 (c) SP12,[2032] hat aber nur Wirkung für die Zukunft: Die vertraglichen Pflichten der Kreditnehmer zur Kündigung bestehender Verträge greifen erst, wenn eine Sanktion des Unternehmens vorliegt, nicht schon dessen einstweilige Suspendierung.[2033]

2028 *Dubois*, UChiLF 2012, 195, 224.
2029 *World Bank*, Client Connection, https://clientconnection.worldbank.org (21.6.2012).
2030 § 4.02 (e) SP12.
2031 S. oben Kapitel 1 – D.I.
2032 Zu ihr oben Kapitel 3 – A.III.
2033 Dazu schon Kapitel 3 – A.III.2.

2. Erklärung des Betroffenen

Der Betroffene kann auf die *Notice* antworten und so dem EO seine Sicht der Dinge darlegen.[2034] Wendet sich der Betroffene an den EO, sprechen die Verfahrensregeln von einer Erklärung („*Explanation*").[2035]

Die Erklärung muss gem. § 4.02 (b) i. V. m. § 13.05 (b) SP12 binnen 30 Tagen nach Zustellung der *Notice* beim EO eingehen. Zur Fristwahrung gilt das oben bei Kapitel 5 – A.II.5. zum *Sanctions Board* Gesagte entsprechend: Der EO kann die Frist auf Antrag nach seinem Ermessen angemessen verlängern.[2036] Auch das Wiedereinsetzungsverfahren der *Delivery Rules* gilt, über die Zulassung der verspäteten Erklärung entscheidet der EO.[2037]

Die Erklärung muss, wie die Erwiderung, mit der sich der Betroffene an das *Sanctions Board* wendet,[2038] schriftlich sein und schriftliche Beweise enthalten. Der Betroffene muss sich vor dem EO allerdings kurzfassen: Die Erklärung soll gem. § 4.02 (b) SP12 max. 20 einseitig bedruckte Seiten lang sein, wenn der EO nicht einer längeren Erklärung zustimmt.

3. Reaktion des EO auf die Erklärung

Wenn er die Erklärung erhalten hat, kann der EO innerhalb von 30 Tagen (a)) die Sanktionsempfehlung ändern (b)), die *Notice* ganz zurückziehen (d)), oder nur die einstweilige Sperre aussetzen (c)). Seine Entscheidung hat er dem Betroffenen, INT und dem Vorsitzenden des *Sanctions Board* mitzuteilen und zu begründen.[2039]

a) Entscheidungsfrist

Der EO hat für seine Entscheidungen nur 30 Tage ab Empfang der Erklärung Zeit.[2040] Eine zügige Reaktion des EO ist wichtig, um Betroffenen die Wahl zu lassen, ob sie die ggf. geänderte Sanktionsempfehlung akzeptieren wollen; zum Gang vor das *Sanctions Board* haben sie nur 90 Tage ab Erlass der *Notice* Zeit.[2041]

b) Änderung der Sanktionsempfehlung

Der EO kann gem. § 4.03 (a) (ii) SP12 seine Sanktionsempfehlung ändern, wenn ihn die Erklärung des Betroffenen durch vorgebrachte Beweise oder mildernde Umstände dazu bewegt.

2034 § 4.02 (b) SP12: Explanation an EO; § 5.01 (a) SP12.
2035 § 4.02 (b) SP12.
2036 § 5.02 (b) i. V. m. § 4.02 (b) und Fußnote 11 SP12.
2037 § 10 DR.
2038 Kapitel 5 – A.II.1.
2039 Für die Aufhebung der einstweiligen Sperre § 4.02 (c) und für die Änderung oder Rücknahme der ursprünglichen Entscheidung § 4.03 (b) SP12.
2040 § 4.02 (c) und § 4.03 (a) SP12.
2041 Kapitel 5 – A.II.3.

Bisher berichten zwei veröffentlichte Entscheidungen des *Sanctions Board* von der Änderung einer Sanktionsempfehlung.[2042] Durch die Anrufung des *Sanctions Board* erledigte sich zwar auch die geänderte Empfehlung;[2043] aber dass es zunächst zu einer Änderung kam, zeigt, dass die nachträgliche Erklärung gegenüber dem EO für Betroffene effektiv sein kann. In wie vielen Fällen Betroffene die geänderte Empfehlung akzeptieren, ist nicht bekannt.

SBD 53 dient als Beispiel für eine Änderung der Empfehlung aufgrund mildernder Umstände, die der SAE noch nicht genannt hatte:[2044] INT hatte nur die Kooperation des Betroffenen mit der Ermittlung als mildernden Umstand angeführt.[2045] Der Betroffene ergänzte, er habe 2008, lange vor Beginn des förmlichen Sanktionsverfahrens, ein umfassendes Compliance-Programm eingerichtet. Durch eine Umstrukturierung der Unternehmensgruppe, deren Teil der Betroffene sei, habe sich außerdem die Identität des Unternehmens stark verändert. Die Sanktion für das Fehlverhalten von 2002 würde jetzt, 2012, eine völlig andere Firma treffen.[2046] Der EO reduzierte daraufhin den Sanktionsvorschlag von fünf auf drei Jahre Mindestsperrdauer mit anschließender Aussetzungsmöglichkeit,[2047] unter anderem wegen des Compliance-Programms und der seit dem Fehlverhalten verstrichenen Zeit.[2048] Vor dem *Sanctions Board* trugen die Betroffenen einen weit größeren Erfolg davon: Ihre endgültige Sanktion ist eine aufschiebend bedingte Sperre, deren Wirksamwerden die Betroffenen u.a. durch Wiedergutmachung des angerichteten Schadens abwenden können.[2049]

c) Aussetzung der einstweiligen Sperre

§ 4.02 (c) SP12 erlaubt dem EO die Aussetzung der einstweiligen Sperre. Der EO soll seine Entscheidung, die einstweilige Sperre aufzuheben, nur nach Berücksichtigung der in der Erklärung vorgebrachten Argumente treffen.[2050] Sie müssen ihn nicht

---

2042   SBD 53 (2012), Rn. 5; SBD 60 (2013), Rn. 5.
2043   Das Sanctions Board beurteilt den Fall von Grund auf neu und ohne Bindung an die Empfehlungen des EO: Kapitel 5 – E.III.2.a).
2044   Zu SBD 60 (2013), Rn. 5 sogleich, Kapitel 6 – B.I.3.c).
2045   SBD 53 (2012), Rn. 16.
2046   SBD 53 (2012), Rn. 19 schildert den Vortrag des Betroffenen in der Erklärung nur zusammen mit dem der Erwiderung, dementsprechend deckte sich beides wohl weitgehend. Weitere Argumente in SBD 53 (2012), Rn. 18 – 21. Das Angebot der Wiedergutmachung aus SBD 53 (2012), Rn. 21 hatte vor dem EO noch nicht den späteren Erfolg, vgl. SBD 53 (2012), Rn. 5 und 70, 62. Den erheblichen Zeitablauf thematisierte der Betroffene offenbar erst vor dem Board ausführlich, oder zumindest in dieser Phase noch ausführlicher, vgl. SBD 53 (2012), Rn. 19, 22 (iii) und 23.
2047   SBD 53 (2012), Rn. 5.
2048   SBD 53 (2012), Rn. 22 (iii).
2049   SBD 53 (2012), Rn. 89.
2050   § 4.02 (c) SP12: „... upon consideration of the arguments and evidence presented [in the Explanation] ...".

davon überzeugen, dass die *Notice* fehlerhaft erlassen wurde oder die Sperre aus irgendwelchen Gründen eindeutig unbillig wäre. Das leuchtet ein, denn anders als die *Notice* selbst ist die einstweilige Sperre nicht das Ergebnis einer bewussten Entscheidung des EO, sondern automatische Folge der Sanktionsempfehlung.

Die Aussetzung einer einstweiligen Sperre ist der Ausnahmefall in der Praxis des EO, aber nicht unmöglich. In SBD 60 kam der EO auf die Erklärung eines Betroffenen hin zu dem Ergebnis, dass für einen Teil der Anschuldigungen keine ausreichenden Beweise vorlägen, so dass nur eine dreimonatige Sperre angemessen sei.[2051] Die Voraussetzungen für eine einstweilige Sperre[2052] lagen also nicht mehr vor. Der EO hob die einstweilige Sperre daher auf.[2053] Vom Erlass der *Notice* am 8. Mai 2012 bis zu ihrer Änderung am 25. Juli 2012 hatte die einstweilige Sperre keine zwei Monate gedauert.[2054]

Die Betroffenen in SBD 59 hatten sich nicht an den EO, sondern nur an das *Sanctions Board* gewandt.[2055] Das war wahrscheinlich ein Fehler: In der *Response* wiesen die Betroffenen insb. auf ein Eigeninteresse des Hauptzeugen INTs hin, sie der Fälschung zu bezichtigen und fanden damit vor dem *Sanctions Board* Gehör.[2056] Es ist gut möglich, dass sie mit einer entsprechenden Erklärung schon vor dem EO Erfolg hätten haben können.[2057] Dann hätten sie sich eine monatelange einstweilige Sperre erspart.

d) Rücknahme der Notice

Der größtmögliche Erfolg einer Erklärung ist am schwersten zu erzielen. Der EO kann die *Notice* ganz zurückziehen. Dazu muss er aufgrund der Erklärung zu dem Schluss kommen, dass seine ursprüngliche Entscheidung offensichtlich fehlerhaft war oder eine andere klare Grundlage dafür finden, dass die Beweise gegen den Betroffenen unzureichend sind.[2058]

Wenn der EO die *Notice* zurückziehen sollte, wäre das Verfahren eingestellt.[2059] INT könnte allerdings ein neues Verfahren wegen derselben Vorwürfe einleiten,

---

2051 SBD 60 (2013), Rn. 5.
2052 § 4.02 (a) SP12; oben Kapitel 3 – B.VIII.1.a).
2053 SBD 60 (2013), Rn. 8.
2054 SBD 60 (2013), Rn. 3 (i), 5, 8.
2055 SBD 59 (2013), Rn. 3.
2056 SBD 59 (2013), Rn. 14, 22, 26 ff.; oben Kapitel 2 – G.IV.2.
2057 Überzogen und schon mit unrichtigen Bezeichnungen der beteiligten Sanktionsorgane und des aus der Entscheidung ersichtlichen Verfahrensablaufs aA *Volkov*, http://www.jdsupra.com/legalnews/questions-on-world-bank-sanctions-progra-08262/ (13.09.2013).
2058 § 4.03 (a) (i) SP12.
2059 § 4.03 (b) SP12: „In the case of a withdrawal, the proceedings shall be closed.“

gestützt auf zusätzliche Informationen, die in der ursprünglichen Notice nicht enthalten waren.[2060]

II. Entscheidung über frühe einstweilige Sperre

Noch während der Ermittlungen, vor dem Einreichen eines SAE, kann INT beim EO beantragen, ein Unternehmen vorläufig von weiteren Auftragsvergaben auszuschließen. Die sog. *Early Temporary Suspension* soll INT die Möglichkeit geben, eine komplizierte Ermittlung vollständig zu Ende führen und das ganze Ausmaß des Fehlverhaltens eines Unternehmens aufdecken können, während dieses bereits wegen des sanktionswürdigen Verhaltens an der Spitze des metaphorischen Eisbergs von weiteren Bankprojekten ausgeschlossen ist.[2061]

Der EO sperrt, wenn bereits genügend Beweise vorliegen (1.), ein Unternehmen einstweilig für die Dauer von sechs bis zwölf Monaten (2.). Das gesperrte Unternehmen wird vor der Entscheidung nicht angehört, es kann sich aber ähnlich dem gerade für die normale einstweilige Sperre beschriebenen Verfahren nachträglich an den EO wenden (3.). Bislang hat die frühe einstweilige Sperre keine Bedeutung für die Sanktionspraxis des *Sanctions Board* (4.).

1. Voraussetzung einer voraussichtlich mindestens zweijährigen Sperre in der Hauptsache

Wenn der EO befindet, dass bereits ausreichende Beweise für sanktionswürdiges Fehlverhalten des Betroffenen vorliegen, für das eine Sperre von mindestens zwei Jahren verhängt würde, erlässt er auf Antrag INTs eine sog. *Notice of Temporary Suspension*.[2062] Sie hat gem. § 2.02 SP12 dieselbe Wirkung wie eine normale einstweilige Sperre und wird ebenfalls im Intranet der Weltbank bekannt gemacht.

INT stellt einen Antrag gem. § 2.01 (a) SP12 ganz ähnlich wie im Hauptsacheverfahren; die *Notice of Temporary Suspension* entspricht gem. § 2.01 (b) SP12 im Wesentlichen einer normalen *Notice of Sanctions Proceedings,* abgesehen von der naturgemäß fehlenden Sanktionsempfehlung abgesehen. Allerdings erlaubt § 2.01 (d) SP12 dem EO unter leichteren Voraussetzungen als im Hauptverfahren,[2063] bestimmte Beweismittel nicht an den Betroffenen zu übermitteln, wenn sonst der Erfolg der noch laufenden Ermittlung gefährdet würde.

2060 § 4.03 (c) SP12: „In the event a Notice is withdrawn, INT may submit a revised Statement of Accusations and Evidence on the basis of additional information not contained in the original Notice, in which case the matter shall proceed in accordance with the procedures set forth in this Article IV.“

2061 S. oben, Kapitel 1 – E.I.

2062 § 2.01 (c) SP12.

2063 Kapitel 5 – B.III.3.

2. Begrenzte Dauer der frühen einstweiligen Sperre

Eine frühe einstweilige Sperre verschafft INT nicht endlos Zeit. INT darf eine frühzeitige Sperre nur beantragen, wenn der Abschluss der Ermittlungen in spätestens einem Jahr zu erwarten ist.[2064] Die Sperre dauert zunächst sechs Monate; sie kann ausnahmsweise um weitere sechs Monate verlängert werden, wenn INT spätestens fünf Monate nach Beginn der Sperre einen Antrag stellt, mit einer Darstellung des gegenwärtigen Ermittlungsprozesses begründet und versichert, dass die Ermittlung mit der nötigen Sorgfalt betrieben wird.[2065] Die frühzeitige einstweilige Sperre geht schließlich in die normale einstweilige Sperre nach Einleitung des formalen Verfahrens über.[2066] Im Übrigen endet sie automatisch am Ende ihrer sechs- bzw. zwölfmonatigen Dauer.[2067] Der EO kann sie vorher beenden, dazu sogleich.

3. Antrag auf Aufhebung der Sperre an den EO

Ganz wie nach Erhalt einer *Notice of Sanctions Proceedings*, oben I.2, kann sich der Betroffene gem. § 2.03 SP12 binnen 30 Tagen an den EO wenden und Argumente zu seiner Verteidigung vorbringen; der EO hat dann wiederum 30 Tage Zeit, um zu entscheiden, ob er seine ursprüngliche Entscheidung zurücknehmen will. Anders als über die normale einstweilige Sperre hat er aber über die frühe einstweilige Sperre des Betroffenen bewusst entschieden, so dass die Argumente des Betroffenen dem EO einen schwerwiegenden Fehler der ursprünglichen Entscheidung aufzeigen müssen:

> „[T]he Evaluation Officer may decide to withdraw the Notice upon concluding that there is manifest error or other clear basis for supporting a finding of insufficiency of evidence against the Respondent."[2068]

Die beiden Fristen von je 30 Tagen sind hier unverbindlich, denn der EO kann die frühe einstweilige Sperre gem. § 2.04 (d) SP12 jederzeit aufheben.

4. Geringe Bedeutung in der bisherigen Sanktionspraxis

Die frühe einstweilige Sperre hat bisher, der Bewertung der Umsetzung der letzten Sanktionsreform durch LEG zufolge, enttäuscht, weil sie lange kaum zum Einsatz kam.[2069] Veröffentlicht ist noch keine Entscheidung des *Sanctions Board*, der eine frühe einstweilige Sperre vorausging.

2064 § 2.01 (a) SP12.
2065 § 2.04 (a) SP12.
2066 § 2.04 (b) SP12.
2067 § 2.04 (c) SP12.
2068 § 2.03 SP12.
2069 *LEG*, Review, S. 2.

III. Unzuständigkeit des *Sanctions Board* zur Kontrolle der EO-Entscheidungen

Zur Kontrolle der Entscheidungen des EO, einen Betroffenen einstweilig zu sperren, ist das *Sanctions Board* nicht zuständig. Es soll gem. Art. II SBSt Sanktionsfälle entscheiden und weitere Aufgaben erledigen, die ihm die Verfahrensregeln übertragen. Diese weiteren Aufgaben des *Sanctions Board* gem. §§ 9.03 (e), 9.04 (c) direkt und analog, sowie § 11.04 SP12 sind oben, unter A., besprochen.

Das *Sanctions Board* hat es abgelehnt, über die einstweilige Sperre des Betroffenen zu befinden, weil in den Verfahrensregeln nur eine Aufhebung durch den EO vorgesehen sei.[2070] Diese Argumentation leuchtet ein und lässt sich auch auf die frühe einstweilige Sperre übertragen.

Ausgleich für erlittene einstweilige Sperre kann das *Sanctions Board* durch eine Milderung der endgültigen Sanktion schaffen; wenn das *Sanctions Board* das Verfahren einstellt oder nur eine sehr geringe Sanktion verhängen will, bleibt die verbüßte einstweilige Sperre ohne Kompensation.[2071] Das Problem erkennt auch das *Sanctions Board*.[2072] In SBD 59 gab es dafür keine Lösung: Der Betroffene wurde gar nicht sanktioniert, ungefähr eineinhalb Jahre einstweilige Sperre blieben unausgeglichen.[2073] Allerdings hatte der Betroffene versäumt, sich beim EO um eine Aufhebung der einstweiligen Sperre zu bemühen, oben I.3.c).

IV. Unzureichende Unabhängigkeit des EO

Der EO steht am Anfang des Verfahrens, er prüft gem. § 4.01 (a) SP12 alle Anschuldigungen gegen möglicherweise korrupte Unternehmen und empfiehlt ggf. eine Sanktion. Auch entscheidet er über die einstweilige Sperre der Betroffenen gem. § 4.02 SP12, auch schon vor Beginn des Sanktionsverfahrens gem. § 2.01 ff. SP12. Diese weitreichende Entscheidungskompetenz des EO kann aber gerichtlichen Rechtsschutz nicht ersetzen, da der EO nicht, gemessen an den gerade dargestellten Maßstäben, unabhängig agiert.

Der EO soll die Anschuldigungen INTs unparteiisch beurteilen, wird aber vom Präsidenten der Bank ernannt, ist ihm verantwortlich und kann von ihm auch jederzeit entlassen werden (1.). Auch beurteilt er die Sanktionsfälle nicht völlig autonom, sondern nach nicht öffentlichen Auslegungsleitlinien der *Legal Vice Presidency* (2.). Anders als das *Sanctions Board* steht der EO nicht unter öffentlicher Kontrolle, die diese Zweifel an seiner Unabhängigkeit zerstreuen könnte (3.)

2070 SBD 55 (2013), Rn. 35 f.; bestätigt in SBD 60 (2013), Rn. 137.

2071 Kritisch zu fehlendem Rechtsschutz gegen unrechtmäßige Sperren, ohne Differenzierung zwischen EO und Sanctions Board: *Williams-Elegbe*, Fighting Corruption, S. 284.

2072 SBD 57 (2013), Rn. 14.

2073 Beginn der einstweiligen Sperre am 7. Dezember 2011, Entscheidung vom 24. Juni 2013: SBD 59 (2013), Rn. 4.

1. Pflicht zu unparteiischer Arbeit auf Abruf unter Kontrolle des Präsidenten

Der EO soll unparteiisch und unabhängig arbeiten, ist aber nur durch seine eigene Integrität vor Einflüssen geschützt. Die Position sollte von Anfang an institutionell in den Personalapparat der Weltbank integriert sein (a)). Genau so wurde sie umgesetzt: Der EO soll unabhängig arbeiten und die nötige Qualifikation mitbringen (b)), ist aber in die Bankverwaltung integriert, dem Präsidenten teilweise rechenschaftspflichtig und verfügt vor allem nicht über eine geregelte Amtszeit, so dass ihn der Präsident jederzeit abberufen kann (c)).

a) Konzeption der EO-Position in der Sanktionsreform 2004

Die Dokumente zur Sanktionsreform konzipierten die Position des EO zwar in der Entscheidung unabhängig, aber auch unter der Kontrolle des Präsidenten, als Teil des Verwaltungsapparats der Weltbank:

> „The Evaluation Officer would be appointed by the President and would report to the President. The Evaluation Officer's performance would be reviewed carefully on an annual basis given the importance of the position in the sanctions process. Selection criteria would include extensive knowledge of the Bank's operational policies, particularly in the area of procurement, as well as knowledge of and experience in the conduct of investigations, standards of proof and evidence, and legal issues relating to Bank operations. Management would also ensure that the Evaluation Officer has the necessary independence to make decisions on the cases investigated by INT and proposed for sanctioning, and that he or she does not have real or perceived conflicts of interest with respect to the cases that come under review. [...]"[2074]

b) Grundsatz unparteiischer Arbeit des EO nach Terms of Reference

Auch in der Aufgabenbeschreibung des EO, den EO *Terms of Reference*, heißt es, der EO solle unparteiisch handeln und grundsätzlich keine Anweisungen entgegennehmen, außer die Aufgabenbeschreibung selbst oder das *Sanctions Manual* besagten etwas anderes.[2075] Letzteres ist leider nicht öffentlich verfügbar, so dass sich auch die Weisungsabhängigkeit des EO nicht abschließend beurteilen lässt.[2076] Bei Interessenkonflikten solle der EO sich zurückziehen und den Fall einem vorher im Voraus für solche Fälle benannten Stellvertreter übergeben.[2077]

Der EO soll außerdem die nötige Charakterfestigkeit für unabhängige Arbeit mitbringen. Für die Qualifikationen des EO nennt die Aufgabenbeschreibung, dem Vorschlag der Sanktionsreform folgend, verschiedene Kriterien, vor allem einschlägige

---

2074 *World Bank,* Reform of the World Bank's Sanction Process (2004), S. 8.
2075 *World Bank,* EO – Terms of Reference, S. 1 Nr. 3.
2076 *LEG,* Review, S. 4 fordert die Veröffentlichung.
2077 *World Bank,* EO – Terms of Reference, S. 1 Nr. 4.

Erfahrung mit der Arbeit von MDBs und juristischer Arbeit, insbesondere bei der Durchführung von Ermittlungen, sowie persönliche Integrität.[2078] Die bisher einzige EO von IBRD und IDA, *Pascale Hélène Dubois,* hat nicht nur einen wissenschaftlich guten Ruf, sondern auch große juristische Erfahrung inner- und außerhalb der Bank.[2079] Dass sie sich im Interesse ihrer weiteren Karriere bei ihren Entscheidungen beeinflussen lässt, ist unwahrscheinlich.

c) Integration in die Bankverwaltung unter Kontrolle des Präsidenten

Der EO ist, auch wenn er unabhängig arbeiten soll, ein Mitarbeiter der Bank, der vom Präsidenten ernannt und wieder abberufen wird.[2080] Frau *Dubois* ist die einzige EO in Vollzeit. Alle anderen – von MIGA, IFC und für Bankgarantieprojekte – üben das Amt in Teilzeit, neben ihren anderen Aufgaben für die Bank, aus.[2081] Sie müssten also nicht nur gegenüber äußeren Einflüssen, sondern auch innerlich gegenüber sich selbst unabhängig sein.

Die Aufgabenbeschreibung des EO statuiert, in Ausnahme zur grundsätzlichen und oben genannten Weisungsunabhängigkeit, die Rechenschaftspflicht des EO gegenüber dem Präsidenten. Sie erfasst nicht die eigentliche Beurteilung der Sanktionsfälle:

> „The Evaluation Officer is appointed by the President of the Bank and <u>reports budgetarily and managerially</u> to the Office of the President, who may delegate this administrative supervisory role to a Managing Director."[2082]

Eine Regelung zu Amtszeit und Abberufung des EO gibt es, zumindest öffentlich einsehbar, nicht.[2083] Der Präsident der Bank kann den EO also kraft seiner Personalhoheit, Art. V § 5 (b) IBRD, nicht nur ernennen, sondern auch entlassen. Der EO ist folglich noch stärker institutionell Teil der Bankverwaltung als die internen Mitglieder des *Sanctions Board.*[2084]

2078 *World Bank,* EO – Terms of Reference, S. 2.
2079 *World Bank,* Bio of Pascale Hélène Dubois, http://siteresources.worldbank.org/ EXTOFFEVASUS/Resources/PascaleDuboisBioSeptember2010.pdf (08.02.2013).
2080 Zur Ernennung auch die Definition in § 1.02 (a) SP12: „‚Evaluation and Suspension Officer' means the Evaluation and Suspension Officer appointed by the President of the Bank for cases governed by these Procedures."
2081 *World Bank,* Sanctions Evaluation and Suspension Officers, http://go.worldbank. org/OQBQTFFFI0 (08.02.2013).
2082 *World Bank,* EO – Terms of Reference, S. 1, meine Hervorhebung.
2083 *LEG,* Review, S. 4 schlägt die Einführung einer sechsjährigen, nicht erneuerbaren Amtszeit vor.
2084 Zu ihnen oben Kapitel 5 – E.III.

2. Abstimmung allgemeiner Rechtsansichten mit INT und LEG

Weitere Zweifel an der Unabhängigkeit des EO begründet die Abstimmung grundsätzlicher Rechtsfragen mit INT und LEG. Der EO und die beiden für das Sanktionsregime relevanten Vizepräsidentschaften, INT und LEG, arbeiten zusammen. Aus oben, in Kapitel 1 – E.V.3.d) beschriebenen Meinungsverschiedenheiten zwischen INT und EO über die Bedeutung der Definitionen des sanktionswürdigen Fehlverhaltens resultierte die *Advisory Opinion* und ein *Memorandum of Understanding* zwischen INT und EO, erstere zur Grundlage ihrer Arbeit zu machen.[2085]

Dass ein Einschreiten von LEG erforderlich wurde, zeigt, dass *Pascale Hélène Dubois* sich ihre eigene Meinung von Fakten und Rechtslage eines Sanktionsfalles bildet. Aber für die Unabhängigkeit der Institution EO ist die Verständigung mit INT doch problematisch. Wenn sich neue Meinungsverschiedenheiten mit INT auftun, gibt es zwei denkbare Lösungen: Entweder der EO hat stets das letzte Wort, oder es kommt erneut zu einer informellen Verständigung über grundsätzliche Rechtsfragen.

Das Sanktionsregime schließt keine dieser beiden Lösungen aus. Eine Möglichkeit INTs, das *Sanctions Board* anzurufen, wenn der EO keine oder eine vermeintlich zu geringe Sanktion empfiehlt, war zwar in der Sanktionsreform angedacht.[2086] Eine spätere Überarbeitung des Reformvorschlags, der die Bankdirektoren im Mai 2005 zustimmten, entfernte jedoch unter anderem diese Berufungsmöglichkeit wieder.[2087] Nur der Betroffene selbst kann gem. § 5.01 (a) der Verfahrensregeln das Verfahren vor dem *Sanctions Board* einleiten.[2088] Das muss zwar nicht bedeuten, dass sich INT und EO nach dem Willen der Bank gar nicht streiten sollen. Aber in einem geregelten Verfahren, das ihre Unabhängigkeit voneinander sicherstellt, können sie es nicht. Das lässt Zweifel an der Unabhängigkeit des EO von INT aufkommen.

3. Fehlen öffentlicher Kontrolle des EO

Den Zweifeln an der institutionellen Unabhängigkeit des EO steht nicht die öffentliche Kontrolle gegenüber, die Zweifel an der Unabhängigkeit des *Sanctions Board* zumindest weitgehend ausräumen kann.[2089] Anders als oben, Kapitel 5 – E.V., für das *Sanctions Board* beschrieben, wird die Arbeit des EO nicht öffentlich kontrolliert. Aus den öffentlichen *Notices of Uncontested Sanctions Proceedings* wird nicht erkennbar, warum und wofür der EO genau eine Sanktion empfahl, auch seine Rechtserkenntnis- und Subsumtionsprozesse sind nicht nachvollziehbar. Der EO ist einem unabhängigen Gericht also nicht vergleichbar.

2085 Oben Kapitel 1 – E.V.3.d); *IAB*, 2009 Annual Report, S. 9.
2086 *World Bank,* Reform of the World Bank's Sanction Process (2004), S. 4.
2087 Die Ergänzung wird beschrieben in *World Bank,* Sanctions Reform (2006), Fn. 5.
2088 Ein Beschwerderecht INTs empfiehlt *LEG,* Review, S. 4.
2089 Dazu Kapitel 5 – E.V.2.

V. Rechtsschutzdefizite durch Immunität der Bank ohne interne Kontrolle des EO

Für einen in ganz theoretischen Ausnahmefällen denkbaren zivilrechtlichen Anspruch (1.) wegen einer willkürlichen einstweiligen Sperre gibt es innerhalb des Sanktionsregimes keinen unabhängigen Rechtsschutz (2.). Das Recht der Betroffenen auf Zugang zu Gericht gem. Art. 6 Abs. 1 EMRK würde dadurch unverhältnismäßig eingeschränkt (2.). Sollten Betroffene also vertretbar darlegen können, sie seien abseits der Vorgaben des Sanktionsregimes einstweilig gesperrt worden, ist eine Intervention nationaler Gerichte denkbar (4.).

1. Möglichkeit zivilrechtlicher Ansprüche gegen die Weltbank wegen einstweiliger Sperre

Die Weltbank kann sanktionierten Unternehmen nach nationalem Recht auch für eine unrechtmäßige einstweilige Sperre schadensersatzpflichtig werden. Sie wird zwar nicht der allgemeinen Öffentlichkeit, aber doch den Vergabebehörden bekannt und behindert die gewerbliche Tätigkeit der Unternehmen, indem sie ihnen die Teilnahme an Bankprojekten verbietet, §§ 4.02 (a) und (e) SP12.[2090]

Zwar stellen die objektive Ermittlung INTs und das Verfahren vor dem EO in der Regel sicher, dass der einstweilige Ausschluss einen guten Grund hat. Vor allem verhängt die Bank nicht auf dürftiger Faktenlage eine endgültige, sondern nur eine vorläufige Auftragssperre für die Dauer eines Verfahrens zur Klärung der Vorwürfe; ihre Auswirkungen sind wegen des fehlenden öffentlichen Stigmas weniger schwerwiegend als die der endgültigen Sperre.[2091] Soweit das maßgebliche Recht ihr die Wahrnehmung berechtigter Interessen erlaubt, sollte die regelrecht erlassene einstweilige Sperre daher rechtmäßig sein, so dass sich ein Anspruch, der Zugang zu einem Gericht erfordern würde, schon kaum vertretbar begründen lässt.[2092]

Aber es ist nicht von vornherein ausgeschlossen, dass der EO willkürlich und an den Vorgaben des Sanktionsregimes vorbei eine einstweilige Sperre verhängt. Willkürliche Diskriminierung von Unternehmen kann der Bank nach dem Recht der Mitgliedstaaten verboten sein.[2093] Die Theorie der Bank vom haftungsausschließenden

---

2090 Vgl. zu den denkbaren Ansprüchen bei Ausschluss von staatlichen Projekten und den allgemein strengen Voraussetzungen schon oben Kapitel 4 – A.III.3 und Kapitel 4 – B.II.1.

2091 Kapitel 3 – B.VIII.1.b)cc).

2092 Der einstweilige Ausschluss nach der FAR und das Verfahren des EO ähneln sich sehr, oben Kapitel 1 – F.III.; der Schutz der legitimen Bankinteressen würde auch den schwächeren Eingriff in das Recht am Gewerbebetrieb rechtfertigen, oben schon Kapitel 4 – B.II.1. Zum umstrittenen Primärrechtsschutz außerhalb der §§ 97 ff. GWB in Deutschland *Glahs,* in: *Messerschmidt/Voit,* Teil I. G., *Rn.* 106 ff.

2093 Kapitel 4 – A.III.3.a).

Einverständnis der Ausschreibungsteilnehmer[2094] könnte höchstens Ansprüche wegen Handeln der Bank nach den Vorgaben des Sanktionsregimes ausschließen, nicht auch für grobe Verletzungen derselben.

2. Fehlen unabhängigen Rechtsschutzes innerhalb der Bank

Der Rechtsschutz durch das *Sanctions Board* hilft gegen eine möglicherweise rechtswidrige einstweilige Sperre nicht, weil das *Sanctions Board* diese nicht prüft, oben III. Betroffene können sich mit Aussicht auf Erfolg an den EO wenden, aber den Schutz eines unabhängigen Dritten können sie nicht in Anspruch nehmen.

3. Keine Erforderlichkeit der Rechtsschutzverweigerung

Völlige Rechtsschutzverweigerung ist auch durch internationale Kooperation nur schwer zu rechtfertigen, wenn es auch meist ältere Gerichtsentscheidungen gibt, die dies tun.[2095] Dass es eine vernünftige Alternative für gerichtlichen Rechtsschutz geben, und dass diese im Sinn des Art. 6 EMRK unabhängig und effektiv sein muss, ist nicht allgemeine Meinung.[2096] Wer aber der oben[2097] dargestellten Ansicht folgt, dass Rechtsschutzverzicht aufgrund völkerrechtlicher Pflichten eine Einschränkung des Rechts auf Zugang zu Gericht ist, muss deren Rechtfertigung prüfen und in eine Verhältnismäßigkeitsprüfung eintreten. Die Qualität der Rechtsschutzalternative bestimmt das Gewicht der Einschränkung des Rechts auf Zugang zu einem unabhängigen Gericht; die Anforderungen an den rechtfertigenden Grund steigen erheblich, wenn der alternative Rechtsschutz nicht unabhängig ist.[2098]

Die Weltbank verdient für ihr legitimes Sanktionsregime grundsätzlich Immunität und kann die Umsetzung ihrer Sanktionsentscheidungen verlangen.[2099] Die Funktionsfähigkeit des Sanktionsregimes als Ganzes erfordert grundsätzlich ebenfalls die Umsetzung einstweiliger Sperren ohne staatliche Kontrolle; auch Immunität gegen entsprechende Klagen ist nötig. Schon eine rechtfertigungsbedürftige Einschränkung des Zugangs zu Gericht dürfte es kaum geben: Dass ein Anspruch

---

2094 Kapitel 4 – B.II.1.

2095 *Reinisch,* Chinese JIL 7 (2008), 285, 294 ff.; *Wickremasinghe,* in: MPEPIL, International Organizations or Institutions, Immunities before National Courts, Rn. 26 f.; für Art. 6 Abs. 1 EMRK, allerdings in einem Fall, der kein völkerrechtliches Gebot zur Einschränkung des Zugangs zu Gericht betraf: *EGMR,* Wos ./. Polen, Rn. 109 ff.

2096 *Wouters/Ryngaert/Schmitt,* AJIL 105 (2011), 560, 565; *Sands/Klein,* §§ 15–053 f. Im Jahr 2000 zumindest reichte es auch noch aus, festzustellen, dass ein von einem Beamten einer internationalen Organisation Geschädigter ohne Rechtsschutz bleibt, wenn die Organisation die Immunität nicht aufhebt: *Seidl-Hohenveldern/ Loibl, Rn.* 1924.

2097 Kapitel 4 – A.III.1.c).

2098 Kapitel 4 – A.III.1.c).

2099 Kapitel 5 – F.

wegen einer einstweiligen Sperre vertretbar begründet werden kann, ist vor allem ein Gedankenspiel, oben 1. Falls es aber ausnahmsweise einen solchen vertretbar begründeten Anspruch geben und eine Abwägung nötig werden sollte, kann sie kaum zugunsten der Immunität der Bank ausgehen: Wenn eine einstweilige Sperre tatsächlich willkürlich verhängt würde, d.h. unter völliger Missachtung der Vorgaben des Sanktionsregimes, wäre es für das Funktionieren des Sanktionsregimes gerade nicht erforderlich, den Betroffenen Rechtsschutz gegen die (vermeintlich) willkürliche Maßnahme zu versagen. Absolute Narrenfreiheit braucht die Bank zur Korruptionsbekämpfung nicht.[2100]

4. Möglichkeit gerichtlicher Intervention

Es gibt keinen Anlass, willkürliche Sperren durch *Pascale Hélène Dubois* zu befürchten.[2101] Aber auch gegen die besten staatlichen Behörden muss es wirksamen Rechtsschutz durch eine andere Instanz geben;[2102] sonst bleibt nur blindes Vertrauen. Die Weltbank ist genauso wenig von vornherein über jeden Zweifel erhaben.

Innerhalb der Weltbank kontrolliert niemand, ob der EO die Vorgaben des Sanktionsregimes achtet (oben 2.). Es gibt keinen Grund, den EO jeder Kontrolle durch eine andere Instanz zu entziehen (oben 3.). So schwer es ist, sich eine willkürliche einstweilige Sperre vorzustellen: Dass ein Gericht sich gezwungen sähe, Rechtsschutz zu gewähren, wenn eine willkürliche einstweilige Sperre ernsthaft zur Diskussion stehen sollte, ist zumindest im Geltungsbereich der EMKR nicht abwegig.[2103]

VI. Denkbare Änderungen in der kommenden Sanktionsreform

In der aktuellen Diskussion um eine Reform des Sanktionsverfahrens schlägt LEG eine weitreichende Umgestaltung des EO-Verfahrens vor (1.). Sie würde den EO mehr als nötig zu einem zweiten gerichtsähnlichen Spruchkörper im Sanktionsregime machen und dadurch die Vorteile des aktuellen Vorverfahrens vor dem Verfahren des *Sanctions Board* aufgeben (2.). Der Vorschlag, alle EO-Entscheidungen einer Kontrolle durch das *Sanctions Board* zu unterstellen, ist aber uneingeschränkt begrüßenswert (3.). Wirksamen nachträglichen Rechtsschutz gegen eine einstweilige

---

2100 Vgl. schon oben Kapitel 2 – A.I.1 zur Herrschaft des Rechts im Sanktionsregime. Willkürliche Sanktionen wollen dazu nicht passen.

2101 aA wohl *Volkov,* http://www.jdsupra.com/legalnews/questions-on-world-bank-sanctions-progra-08262/ (14.09.2013), der allerdings INT und EO in einen Topf wirft.

2102 Zur Unabhängigkeit bei Art. 13 EMRK, wenn ein zivilrechtlicher Anspruch nicht vertretbar begründbar ist (oben Kapitel 4 – A.III.4): *Meyer-Ladewig,* Art. 13 EMRK, Rn. 20.

2103 Übersicht *Reinisch,* Chinese JIL 7 (2008), 285, 294 ff. Grundsätzlich und wenigstens für das Gebiet des Europarats zustimmend *Sands/Klein,* §§ 15–053 f.

Sperre könnte das *Sanctions Board* aber nur gewähren, wenn es Entschädigungen aussprechen dürfte, wo sie ausnahmsweise angemessen sind (4.). Will die Bank das vermeiden, bleibt nur, die einstweilige Sperre in ihrer bisherigen Form aufzugeben und den Vorschlag LEGs zu übernehmen (5.).

1. Reformvorschlag von LEG

LEG hält das Sanktionsregime zwar grundsätzlich für rechtlich ausreichend, schlägt aber in der aktuellen Reformdiskussion vor, das Verfahren vor dem EO umzudrehen: Die Beteiligten sollen sich nicht erst im Nachhinein an den EO wenden, sondern vor der Entscheidung des EO ihre Argumente präsentieren.[2104] Das würde den EO, wie das *Sanctions Board*, zu einer gerichtsähnlichen ersten Instanz machen. Entsprechend soll er eine nicht erneuerbare sechsjährige Amtszeit erhalten.[2105] LEG will alle Entscheidungen des EO öffentlich verfügbar machen; sowohl der Betroffene als auch INT sollen die Möglichkeit erhalten, alle Entscheidungen des EO vom *Sanctions Board* prüfen zu lassen.[2106]

2. Vorteile der gegenwärtigen Struktur des Verfahrens vor dem EO

Ob sich der Vorschlag von LEG durchsetzt, bleibt abzuwarten. Die Struktur des EO-Verfahrens in seiner gegenwärtigen Form ist an sich praktikabel und kein grundsätzliches Problem für den Rechtsschutz des Betroffenen, weil dieser im Nachhinein und vor dem *Sanctions Board* rechtliches Gehör erhält.

Die schnelle einstweilige Sperre des EO ermöglicht erst die aufwendige Erörterung des Falles vor dem Board ohne weitere Gefährdung der Bankmittel in der Zwischenzeit.[2107] Weil der Betroffene die Sanktionsempfehlung durch schlichtes Nichtstun akzeptieren und so auf ein volles streitiges Verfahren verzichten kann, entlastet die Überprüfung des Falles durch den EO das *Sanctions Board*.[2108] Die Möglichkeit, eine Erklärung an den EO zu richten, ist schon für eine zügige Kontrolle der einstweiligen Sperre sinnvoll. Sie kann außerdem das *Sanctions Board* noch weiter entlasten, indem sie dem EO erlaubt, seine Empfehlung z.B. aufgrund übersehener Tatsachen zu korrigieren, ohne dass Betroffene das *Sanctions Board* anrufen müssen,

---

2104 *LEG*, Review, S. 4.
2105 *LEG*, Review, S. 4.
2106 *LEG*, Review, S. 4.
2107 *Thornburgh/Gainer/Walker* (2002), S. 36 und 38 ff.
2108 So die überzeugende Empfehlung von *Thornburgh/Gainer/Walker* (2002), S. 37, dort ist allerdings noch von „appeal" die Rede; dem späteren Sanktionsregime entsprechend von einem Verzicht des Betroffenen, die Anschuldigungen anzugreifen, spricht dagegen *World Bank*, Reform of the World Bank's Sanction Process (2004), S. 6.

wenn sie mit der Sanktionsempfehlung grundsätzlich einverstanden sind.[2109] Ein volles streitiges Verfahren statt des schnellen Vorverfahrens vor dem EO bringt aller Voraussicht nach eine Verlängerung des Sanktionsverfahrens. Das IAB befürchtet zurecht, dass mehr Formalien das Sanktionsverfahren nur langsamer, aber nicht besser machen.[2110]

Ähnlich wie heute die Empfehlung des EO funktioniert, wenn man einen Vergleich zu nationalen Institutionen bemühen will, im deutschen Strafverfahren der Strafbefehl gem. §§ 407 ff. StPO: In einem schriftlichen summarischen Verfahren werden die Anschuldigungen überprüft, der Beschuldigte kann aber durch rechtzeitigen Einspruch eine normale Hauptverhandlung in erster Instanz erzwingen.[2111] Strafbefehl und Empfehlung des EO ergehen ohne Anhörung des Beschuldigten bzw. Betroffenen durch das Gericht bzw. den EO.[2112]

Die derzeitige eingeschränkte Öffentlichkeit der EO-Empfehlungen kann für Betroffene ein Anreiz sein, auf eine Anrufung des *Sanctions Board* zu verzichten. Die Veröffentlichung von dessen Entscheidungen und die leichte Identifizierbarkeit der Betroffenen sorgen dafür, dass vor dem *Sanctions Board* alle erhobenen Anschuldigungen ans Tageslicht kommen.[2113] Das sichert den Betroffenen ein faires Verfahren, kann ihnen aber unwillkommen sein, wenn sie überhaupt kein Verfahren wollen. LEGs Vorschlag ist in sich schlüssig: Wenn der EO gerichtsähnlich arbeiten soll wie das *Sanctions Board,* müssen seine Entscheidungen veröffentlicht werden. Aber der EO nutzt dem Sanktionsverfahren in seiner gegenwärtigen Form gerade, weil er anders als das *Sanctions Board* kein Gerichtsersatz ist.

3. Schließen der Rechtsschutzlücke gegen EO-Entscheidungen

Das gegenwärtige Verfahren kann willkürlichen oder grob fehlerhaften Sanktionen sehr gut vorbeugen, sofern der EO sich an die Regeln hält. So wahrscheinlich das ist, gegen das verbleibende Restrisiko müsste es eine gerichtliche oder zumindest gerichtsähnliche Kontrolle geben. Insoweit verdient der Vorschlag LEGs uneingeschränkte Zustimmung.

Das *Sanctions Board* fungiert, wenn auch bislang nur auf dem Papier, schon als Kontrollinstanz für Ermessensentscheidungen anderer Stellen in der Bank (oben A.). Ein entsprechendes Verfahren zur Kontrolle auf gravierende Fehler ließe sich zur Überprüfung der einstweiligen Sperre vorsehen. Das eigentliche Sanktionsverfahren muss darunter nicht leiden und insbesondere nicht verzögert werden. Die Verfahren ließen sich getrennt voneinander betreiben. Narrenfreiheit für eklatante

---

2109 Die bisher einzige ersichtliche Korrektur der Sanktionsempfehlung ging dem Betroffenen allerdings nicht weit genug, so dass er im Ergebnis zu Recht auf eine Überprüfung seines Falls vor dem Board bestand, SBD 53 (2012) Rn. 4, 5, 70.

2110 *IAB,* Annual Report 2012, S. 9, auch schon oben Kapitel 1 – F.II.2.

2111 *Temming,* in: *Graf,* § 407 StPO Rn. 1.

2112 § 407 Abs. 3 StPO, bzw. § 4.01 (a) SP12.

2113 Kapitel 5 – D.II.1.

Fehler ist nicht nötig, um ein System am Laufen zu halten. Schließlich funktionieren auch staatliche Auftragssperren mit anschließendem Rechtsschutz.

Effizient ließen sich die EO-Entscheidungen auch als Annex zum Hauptverfahren kontrollieren. Wenn das *Sanctions Board* aufgrund der vorliegenden Beweise eine Sanktion verhängt, erübrigt sich in aller Regel eine aufwendige weitere Diskussion zur Vertretbarkeit der *Notice* und der einstweiligen Sperre. Im interessanteren Fall eines Freispruchs hätte das *Sanctions Board* die entscheidenden Beweise bereits gewürdigt und könnte leicht beurteilen, ob sie als Grundlage einer *Notice* dienen konnten – oder ob der EO unvertretbar handelte.

4. Entschädigung für Schaden durch einstweilige Sperre bei nachträglicher Kontrolle

Vollwertigen Ersatz für ein Verfahren vor ordentlichen Gerichten böten die gerade geschilderten Verfahren zur nachträglichen Kontrolle der einstweiligen Sperre nur, wenn darin über einen theoretisch denkbaren (oben V.1.) Anspruch auf Schadensersatz verhandelt werden könnte. Das wäre in den allermeisten Sanktionsfällen kein Problem: Damit der Anspruch überhaupt in Betracht kommt, muss die einstweilige Sperre unberechtigt gewesen sein. Selbst wenn das der Fall ist, besteht ein Schadensersatzanspruch nur, wenn zudem tatsächlich ein Schaden durch die einstweilige Sperre entstanden ist.[2114]

Eine Auseinandersetzung mit nationalem Deliktsrecht kann die Bank vermeiden, wenn sie einen zentralen Schadensersatzanspruch mit eigenen Voraussetzungen normiert. Sie muss dann nur von den Kreditnehmern verlangen, dass sie die Projektbeteiligten eindeutig vertraglich oder gesetzlich auf diesen Schadensersatzanspruch verweisen. Die rechtliche Konstruktion wäre grundsätzlich dieselbe wie beim Buchprüfungsrecht. Zurückhaltende Rechtsprechung des *Sanctions Board* zur Anerkennung einer vermeintlichen *de facto* Sperre, die zum Verlust von Aufträgen geführt habe, gibt es schon;[2115] sie könnte als Vorbild für den Kausalitätsnachweis dienen. Die Durchsetzbarkeit entsprechender Entscheidungen ließe sich regeln.

5. Gerichtlicher Rechtsschutz im Voraus

Will die Bank ohne Entschädigung eine Überprüfung ihrer einstweiligen Sperren und mögliche Schadensersatzprozesse vermeiden, muss sie gerichtlichen Rechtsschutz gegen die einstweilige Sperre so gewähren, dass er Schäden gar nicht entstehen lässt. Eine glaubwürdige Klage eines Unternehmens, es sei von der Bank willkürlich um einen wertvollen Auftrag gebracht worden, ohne dass es habe dagegen vorgehen können, kann Gerichte weltweit beeindrucken – insbesondere

---

2114 Zur schwer nachzuweisenden Kausalität der Vergabesperre für den Auftragsverlust nach deutschem Recht: *BGH,* X ZR 30/98, NJW 2000, 661, 663, unter II. 4; *Sterner,* NZBau 2001, 423, 426 f.; Einführung 0.I.0.

2115 Kapitel 3 – B.VIII.1.a).

wenn das Unternehmen örtlich bekannt und bedeutend ist. Immunitätsverweigerung unter diesen Umständen wäre, obgleich entsprechende Entscheidungen bisher vor allem aus Mitgliedern des Europarats stammen, nahezu weltweit begründbar: Art. 14 IPbürgR verlangt, seinem Wortlaut nach, genauso Zugang zu Gericht für zivilrechtliche Ansprüche wie Art. 6 EMRK.[2116]

Die Vorschläge LEGs (oben 1.) laufen auf gerichtsähnlichen Rechtsschutz vor der einstweiligen Sperre hinaus. Nur bleibt so von den Vorteilen des EO-Verfahrens (oben 2.) wenig übrig. Eine Entschädigungsmöglichkeit durch das *Sanctions Board* im Nachhinein (oben 4.) wäre der einfachere Weg zu effizientem Rechtsschutz. Bei gleichbleibender Arbeitsqualität von INT und EO ist das Kostenrisiko überschaubar.

2116 *Wouters/Ryngaert/Schmitt*, AJIL 105 (2011), 560, 566; oben Fn. 1461; zur Immunitätsverweigerung in Bangladesch oben, Fn. 1623.

Kapitel 7 – Ergebnisse und Ausblick

In einem Zeitalter der Globalisierung und institutionalisierter internationaler Zusammenarbeit erscheinen die klassischen Quellen des Völkerrechts einigen unzureichend, um die rechtliche Ordnung internationaler Beziehungen zu beschreiben.[2117]

Das Sanktionsregime der Weltbank bestätigt diesen Eindruck nicht. Es lässt sich, wie jede andere Handlung internationaler Organisationen, auf die ursprünglichen Subjekte des modernen Völkerrechts und ihr primäres Handlungsinstrument – Nationalstaaten und völkerrechtlichen Vertrag – zurückführen.[2118] Die internen Richtlinien und Verfahrensregeln der Weltbank werden für Außenstehende durch vertragliche Vereinbarung verbindlich: Die Bank und ihre Mitgliedsstaaten kontrahieren völkerrechtlich, die beteiligten Unternehmen und die Kreditnehmer agieren in nationalen Rechtsordnungen.[2119]

Das heutige Sanktionsregime ist das Ergebnis einer langen Entwicklung. Zuerst ignorierte die Weltbank Korruption bei ihren Projekten. Als sich ihre Einstellung dazu änderte, begann sie u.a. Unternehmen wegen der Bestechung von Amtsträgern von künftigen Bankprojekten auszuschließen. Aus informellen Entscheidungen des Präsidenten wurde ein rechtsförmiges Verfahren mit mehreren Organen. Heute entscheidet über die Sanktion eines Unternehmens nicht die geschäftliche Zweckmäßigkeit. Ausschließlich dafür zuständige Organe beurteilen in einem geregelten Verfahren, ob ein Unternehmen sich im Sinne klar definierter Tatbestände sanktionswürdig verhalten hat. Ist das der Fall, verhängen sie eine angemessene Sanktion. Die möglichen Sanktionen und Kriterien zu ihrer Bemessung stehen ebenfalls im Voraus fest.

Die Bank ist gemäß ihren Gründungsverträgen für ihre Sanktionstätigkeit immun vor nationaler Gerichtsbarkeit. Die Kreditnehmer müssen Sanktionen der Weltbank ohne eigene Überprüfung umsetzen. Dadurch droht eine Rechtsschutzlücke zu entstehen. Die Weltbank ist zwar eine internationale Organisation, aber sie steht nicht allgemein über dem Recht. Ungerechtfertigte Sanktionen können

---

2117 *Alvarez*, S. xv leitet so seine Studie zur Rechtssetzungstätigkeit internationaler Organisationen ein; *Janik*, Menschenrechtsbindung, S. 204–217 unternimmt in ausführlicher Auseinandersetzung mit einschlägiger Literatur eine Qualifizierung menschenrechtlicher Selbstregulierung internationaler Organisationen in den Kategorien des „hard law" und „soft law" und kommt im Wesentlichen zu dem Ergebnis, dass auch „soft law" selbstregulierend wirken könne, wenn es wirksam sei.

2118 So resümiert auch *Alvarez*, S. 615 seine umfassende Studie zu „International Organizations as Law Makers", die sich allerdings noch nicht mit dem Sanktionsregime befasst: „Formally, the Westphalian conception of sovereignty has not changed. It remains possible, though increasingly artificial, to find evidence of state consent to justify all the forms of IO-generated law surveyed in this book."

2119 Die Rechtswirkung der Richtlinien findet daher *Alvarez*, S. 236 leichter festzustellen als die Wirkungen einer Generalversammlungsresolution.

zivilrechtliche Schadensersatzansprüche auslösen. Die Mitgliedsstaaten sind grund-sätzlich aufgrund vertraglicher und vielleicht auch völkergewohnheitsrechtlicher Menschenrechte verpflichtet, für solche zivilrechtlichen Ansprüche Zugang zu Gericht zu gewähren. Dieses Recht ist aber nicht absolut, sondern kann im Interesse internationaler Kooperation eingeschränkt werden. Der Verzicht auf Rechtsschutz durch staatliche Gerichte ist verhältnismäßig, soweit die Weltbank angemessene alternative Foren zur Verfügung stellt. Das *Sanctions Board* gewährleistet heute in einem fairen Verfahren unabhängigen Rechtsschutz. Es kann ungerechtfertigte öffentliche Sanktionen verhindern. Insoweit ist zusätzlicher Rechtsschutz durch staatliche Gerichte nicht geboten. Aber die einstweilige Sperre eines Unternehmens während laufender Verfahren kann weder kontrolliert, noch ausgeglichen werden; dazu und zu anderen verbleibenden Problemen sogleich (A.).

Bereits heute ist das Sanktionsregime der Weltbank ein Vorbild für Menschen-rechtsschutz durch internationale Organisationen (B.).

A. Verbleibende Probleme

Die Blindheit des Sanktionsregimes für die Vergehen von Amtsträgern ist in der Struktur der Weltbank und der vertraglichen Basis des Sanktionsregimes angelegt; daran kann die Bank nichts ändern (A.I.). Die bedingte Sperre sollte sie beibehalten, obwohl Unternehmen sich dafür nur selten interessieren (A.II.). Der Einsatz von Gremien und eine längere Amtszeit der Mitglieder des *Sanctions Board* kann die Unabhängigkeit des *Sanctions Board* noch mehr stärken und das Verfahren beschleu-nigen, wenn die Regelungen präzise genug sind (A.III.). Gegen einstweiliges Sperren sollte die Bank unabhängigen Rechtsschutz wie gegen die eigentliche Sanktions-entscheidung ermöglichen (A.IV.).

I. Vorgehen gegen Amtsträger

Man kann der Weltbank nicht vorwerfen, dass sie ausschließlich die unternehmeri-sche Seite der Korruption angeht.[2120] Die Weltbank hat kein Mandat zur Weltpolizei. Das Sanktionsregime basiert auf Kreditverträgen mit ihren Mitgliedsländern. Wenn die Bank an Staaten nur unter der Bedingung Geld verliehe, den Verwaltungsapparat zu kontrollieren zu dürfen, könnten ihre niedrigen Zinsen einen potentiellen Kredit-nehmer kaum davon abhalten, sich das benötigte Kapital bei einem unkritischeren Geldgeber zu besorgen.

Außerdem muss die Bank eine gute, aber auch eine unpolitische Treuhänderin sein. Die Bank kann nicht einfach aufhören, ihren Mitgliedsländern Geld zu leihen, wenn sie ihr zu korrupt vorkommen, ohne dabei eine politische Entscheidung zu treffen. Korruption ist schwer zu messen, und sie ist überall verbreitet, nur in

---

2120 So im Ergebnis wohl auch *Boisson de Chazournes/Fromageau*, EJIL 23 (2012), 963, 980 f.

unterschiedlichen Erscheinungsformen und Ausmaßen. Ein Vorgehen gegen die hoheitlich tätigen Empfänger der Bestechungszahlungen könnte handfeste politische Krisen auslösen und lüde außerdem zu leicht zu Missbrauch ein: Der Vorwurf, die Weltbank wolle mit ihren Sanktionen in Wahrheit die Opposition im Land unterstützen, wäre kaum zu widerlegen – egal ob er zuträfe oder nicht.[2121]

II. Bedingte Sperren

Nur wenige Unternehmen bemühen sich um eine Aufhebung ihrer Sperre.[2122] Das mag gemessen am hohen Anspruch, sanktionierte Unternehmen zu sauberer Geschäftsführung zu erziehen, ein Fehlschlag sein, und höhere Anstrengungen erfordern, um die Unternehmen zur Kooperation anzuregen. Die Möglichkeit einer bedingten Sperre ist dennoch ein Erfolg und sollte, auch als Regelsanktion, beibehalten werden.

Selbst wenn die Bedingung für die Aufhebung einer Sperre selten eintritt, ist die bedingte Sperre nicht schlechter als die unbedingte; wer sich nicht einmal bemühen will, ein Compliance Programm einzurichten, nachdem sein Fehlverhalten bei einem Bankprojekt entdeckt wurde, sollte gesperrt bleiben. Den wenigen Unternehmen, die sich um Besserung bemühen, erlaubt die auflösend bedingte Sperre frühzeitig die Rückkehr in Geschäftsbeziehungen mit der Bank und die erneute Beteiligung an Projekten, die sie finanziert. Das ist ein Vorteil gegenüber der bloß befristeten Sperre.

III. Gremien und Amtszeit

Die gegenwärtige Regelung zum Gremieneinsatz ist unnötig vage. Sie würde dem Vorsitzenden des *Sanctions Board* theoretisch ermöglichen, einzelne Fälle nach Gutdünken und Erfolgsaussichten auf verschiedene Gremien zu verteilen. Um das ernstlich für möglich zu halten, muss man zwar nicht nur ein eingefleischter Gegner der Weltbank oder ihrer Sanktionspraxis sein, sondern auch die bisherige sachliche Arbeit der Sanktionsorgane völlig ignorieren. Aber Unternehmen, die von der Weltbank öffentlich unsauberer Geschäftspraktiken bezichtigt werden, sind darüber selten erfreut. Kritik ist daher vorhersehbar. Weil sie auch vermeidbar ist, sollte die Weltbank klarstellen, dass die Zuweisung der Sanktionsfälle auf verschiedene Gremien nach abstrakten Kriterien erfolgen muss.

Die bisherige sachliche Arbeit des *Sanctions Board*, die aus den veröffentlichten Entscheidungen ersichtlich wird, widerlegt Befürchtungen, das *Sanctions Board* sei nur auf dem Papier unabhängig. Die Besetzung des *Sanctions Board* auch mit Bankangehörigen ist daher kein durchgreifendes Problem für die Unabhängigkeit des *Sanctions Board*. Sie müssen nicht, wie LEG vorschlägt, durch externe Boardmitglieder ersetzt werden. Dadurch ginge der Weltbank nur unnötig Fachwissen und Erfahrung mit der Entwicklungsarbeit verloren. Ohne schwerwiegende Nachteile für die Weltbank

---

2121 Vor politischen Komplikationen beim Vorgehen gegen Amtsträger warnt eindrücklich und zu Recht *LEG*, Advisory Opinion, Rn. 130.

2122 *LEG*, Review, S. 2; oben Kapitel 3 – A.III.1.c).

wäre aber eine Verlängerung der Amtszeit der Mitglieder des *Sanctions Board*. Längere Amtsperioden, wie sie LEG in der Sanktionsreform ebenfalls vorschlägt, würden das *Sanctions Board* noch mehr als einen unabhängigen Spruchkörper erscheinen lassen.

IV. Einstweilige Sperre und Verfahrensdauer

Die einstweilige Sperre während des Sanktionsverfahrens ist die größte Schwachstelle des Sanktionsregimes. Gäbe es sie nicht, wäre das aufwendige und gerichtsähnliche Verfahren vor dem *Sanctions Board* undenkbar. Für Nachteile, die Betroffene durch sie erleiden, gibt es aber keinen vollkommenen Ausgleich. Es macht Sinn, dass Betroffene das *Sanctions Board* auf eigenes Risiko anrufen. Wenn das *Sanctions Board* aber das Verfahren einstellt, oder nur eine sehr geringe Sanktion angemessen findet, kann es Verfahrensverzögerungen nicht ausgleichen. Wie das *Sanctions Board* Verfahrensverzögerungen berücksichtigt, ist ohnehin eines der großen Rätsel des Sanktionsregimes.

Verfahren vor dem *Sanctions Board* sollten schneller gehen, u.a. durch den Einsatz von Gremien. Vollständigen Ausgleich für eine zu Unrecht erlittene einstweilige Sperre könnte aber nur eine Entschädigungspflicht der Weltbank schaffen. Sie wäre ein praktischer Ausnahmefall, aber ihre theoretische Existenz würde eine Rechtsschutzlücke schließen.

B. Bedeutung für Menschenrechtsschutz in internationalen Organisationen

Wie effektiv die Weltbank internationale Korruption bekämpft, weiß sie selbst noch nicht genau. Aber die immer aufwendigeren Entscheidungsbegründungen des *Sanctions Board* zeigen, mit welchem Aufwand einige Betroffene versuchen, ihre Sanktion zu vermeiden. Das ist ein gutes Indiz dafür, dass das Sanktionsregime wirkt. Je länger die Sanktionsorgane der Weltbank ihre Arbeit fortführen und je mehr große Firmen sie der Korruption überführen, desto bekannter wird die Sanktionspraxis der Weltbank werden. Damit wird diese einen immer größeren Abschreckungseffekt entfalten.

Jenseits der Korruptionsbekämpfung strahlt das Sanktionsregime der Weltbank auch auf das institutionelle Völkerrecht insgesamt aus. Selbst wer der Analyse in den Kapiteln 5 und 6 in einzelnen Punkten nicht zustimmt, muss anerkennen, dass die Weltbank ein rechtsförmiges Verfahren geschaffen hat, das Betroffenen insgesamt wirksamen Rechtsschutz gewährt. Die Kontrolle einer einstweiligen Sperre ist noch nicht gerichtsähnlich; künftige Reformen bauen sie vielleicht aus. Bereits jetzt aber beweist das Sanktionsregime der Weltbank, dass internationale Organisationen in der Lage sind, vorhersehbare Sanktionen in einem fairen Verfahren zu verhängen und sogar mit einer Schärfe zu kontrollieren, wie man sie von einem Gericht erwarten darf[2123] – wenn sie nur wollen.

2123 Kapitel 5 – F. Zur Vorbildfunktion des Inspection Panel, das allerdings nicht wie ein Gericht entscheidet, *Janik*, Menschenrechtsbindung, S. 281 ff.

Nachtrag

Entwicklungen seit Abschluss der vorangegangenen Untersuchung, ihre Auswirkungen und ein aktualisierter Ausblick

Seit Abschluss der vorangehenden Untersuchung hat sich das Sanktionsregime weiterentwickelt. Dieser Nachtrag fasst wichtige Entwicklungen bis April 2017 zusammen.

Die Weltbank hat ihr gesamtes Sekundärrecht organisiert und strukturiert. Im Zuge dessen hat sie das Sanktionsregime überarbeitet und um neue Regelungen erweitert (A.). Zahlreiche weitere Entscheidungen des Sanctions Board haben den Regelungen des Sanktionsregimes weiter Konturen verliehen (B.).[1] Der Anwendungsbereich des Sanktionsregimes wurde durch eine Entscheidung des Sanctions Board klarer definiert und durch neue Regelungen erweitert (C.).

Die Immunität der Weltbank für ihre Sanktionstätigkeit beschäftigte ein nationales Obergericht, aber in einer ganz anderen Konstellation als in der vorstehenden Dissertation thematisiert. Der Oberste Gerichtshof von Kanada billigte der Weltbank Immunität gegenüber einer Anforderung ihrer Ermittlungsakten und Ladung ihrer Ermittler als Zeugen in einem nationalen Strafverfahren zu (D.).

Die grundlegende Bewertung des Sanktionsregimes ändert sich kaum (E.): Das Sanktionsregime hat nichts an Rechtsförmigkeit verloren, die Rechtsschutzqualität hat sich insgesamt verbessert. Das Sanktionsregime ist wohl nicht der beste und jedenfalls nicht der einzig denkbare Weg zur internationalen Korruptionsbekämpfung, aber die Weltbank ist auch keine Weltantikorruptionspolizei. Gerade weil es rechtsförmig und verlässlich ist und effektiven Rechtsschutz gewährt, ist das Sanktionsregime aber mehr als eine Vorkehrung zum Schutz der Geldmittel einer internationalen Entwicklungshilfeorganisation. Es ist ein Vorbild für gerichtsähnlichen Rechtsschutz durch internationale Organisationen und trägt dazu bei, Korruption international ein gutes Stück unattraktiver zu machen.

---

[1] Alle seit dem 30. Mai 2012 ergangenen Entscheidungen des Sanctions Board sind im Internet abrufbar: *World Bank,* Sanctions Board Decisions, http://web.world bank.org/WBSITE/EXTERNAL/EXTABOUTUS/ORGANIZATION/ORGUNITS/ EXTOFFEVASUS/0,,contentMDK:23059612~pagePK:64168445~piPK:64168309~the SitePK:3601046,00.html (25.04.2017). Sie werden im Folgenden wie bereits in der vorangegangenen Untersuchung zitiert als „SBD (=„Sanctions Board Decision") [Nummer] ([Jahreszahl]), [Randnummer]".

1

Inhaltsverzeichnis

A. Neue Regelungen

Das Sanktionsregime wurde in das neue *Policy & Procedure Framework* der Weltbank (I.) integriert und um zahlreiche grundsätzliche Regelungen ergänzt:

- Das *Sanctions Board Statute* wurde unter erheblichen Änderungen neu erlassen als *WBG Policy: Statute of the Sanctions Board* („SBSt 2016"). Dem Sanctions Board gehören keine Mitarbeiter der Weltbankgruppe mehr an, Plenarsitzungen wurden zum Ausnahme- und Gremiensitzungen zum Regelfall (II.).[2]
- Die *WBG Policy: Sanctions for Fraud and Corruption* („Sanctions Policy")[3] legt für die gesamte Weltbankgruppe die Grundzüge und -prinzipien des Sanktionsregimes fest (III.).
- Die *Bank Directive: Sanctions for Fraud and Corruption in Bank Financed Projects* („Sanctions Directive")[4] führt für die Weltbank die in der *Sanctions Policy* festgelegten Grundzüge und -prinzipien des Sanktionsregimes durch weitere materielle Regelungen näher aus (IV.).
- Die aus dem Jahr 2012 stammenden *Sanctions Procedures* wurden als *Bank Procedure: Sanctions Proceedings and Settlements in Bank Financed Projects* („SP16")[5] am 28. Juni 2016 zeitgleich mit der *Sanctions Directive* neu veröffentlicht. Inhaltliche Änderungen am Sanktionsverfahren wurden nicht vorgenommen (V.).

Mindestens zwei weitere Dokumente existieren, sind aber nicht öffentlich zugänglich (VI.).

---

2   *World Bank Group,* WBG Policy: Statute of the Sanctions Board, EXC6.03-POL.108, issued October 18, 2016 [http://siteresources.worldbank.org/EXTOFFEVASUS/ Resources/3601045-1377105390925/WBG_Policy_Statute_of_the_Sanctions_Board_ (10.18.2016).pdf (19.02.2017)].

3   *World Bank,* Policy: WBG Policy: Sanctions for Fraud and Corruption, EXC6.03-POL.105, issued June 13, 2016 [http://siteresources.worldbank.org/EXTOFFEVASUS/ Resources/3601045-1377105390925/Policy_WBG_Policy_Sanctions_for_Fraud_and_ Corruption(6.13.2016).pdf (03.02.2017)].

4   *World Bank,* Directive: Bank Directive: Sanctions for Fraud and Corruption in Bank Financed Projects, MDCAO6.03-DIR.103, issued June 28, 2016 [http://siteresources. worldbank.org/EXTOFFEVASUS/Resources/3601045-1377105390925/Directi ve_Bank_Directive_Sanctions_for_Fraud_and_Corruption_in_Bank_Financed_ Projects(6.28.2016).pdf (05.02.2017)].

5   *World Bank,* Bank Procedure: Sanctions Proceedings and Settlements in Bank Financed Projects, MDCAO6.03-PROC.106, issued June 28, 2016 [http://siteresources. worldbank.org/EXTOFFEVASUS/Resources/3601045-1377105390925/Procedure_ Bank_Procedure_Sanctions_Proceedings_and_Settlements_in_Bank_Financed_ Projects(6.28.2016).pdf (08.02.2017)].

I. Ordnung des Sekundärrechts der Weltbank

Das gesamte Sanktionsregime der Weltbank basiert auf geschäftsführenden Anordnungen des Bankpräsidenten nach Richtlinien des Direktoriums.[6] Derartige Regelungen zur Geschäftstätigkeit der Bank sind zahlreich; das Sanktionsregime ist nur ein kleiner Ausschnitt.[7] Die tägliche Arbeit der Weltbank erledigen eine Vielzahl von Organisationseinheiten[8], die einzurichten und zu leiten nach den Gründungsverträgen die Aufgabe des Präsidenten ist; dieser untersteht dabei seinerseits der Leitung und Kontrolle des Direktoriums.[9]

Eine interne Untersuchung monierte im Jahr 2012, dass die Verwaltung der geschäftsleitenden Dokumente, Anordnungen und Handreichungen nicht optimal sei; insbesondere seien sie nicht einheitlich kategorisiert, es sei teilweise unklar, wer die Anordnungen erlassen habe, weil es keine einheitliche Zugangsmöglichkeit gebe, und die Mitarbeiter der Bank würden unzureichend über neue Regelungen informiert.[10]

Seit 08. Januar 2014 gilt ein neues, einheitliches System: Gemäß der *Bank Policy: Policy and Procedure Framework* („P&PF Policy")[11] und der *Bank Directive: Policy and Procedure Framework* („P&PF Directive")[12] gibt es vier Arten von „*P&P Documents*".[13] Sie sind hierarchisch geordnet:

–   Über eine *Policy*, hier am passendsten übersetzt als Richtlinie, entscheidet das Direktorium;[14] sie ist eine für den Präsidenten und alle Bankmitarbeiter verpflichtende Regelung zur Führung der Bankgeschäfte[15] und geht allen anderen

---

6   Kapitel 1 – C.II.

7   Heute sind sämtliche Anordnungen und Handreichungen kategorisiert und durchsuchbar abrufbar unter *World Bank,* PPF Home, https://policies.worldbank.org/sites/PPF3/Pages/PPFHome.aspx (03.02.2017).

8   Eine Übersicht der verschiedenen Organisationseinheiten mit Hyperlinks zu weiterführenden Informationen über deren Tätigkeit bietet der Internetauftritt der Weltbank unter: *World Bank,* World Bank Units, http://www.worldbank.org/en/about/unit (03.02.2017).

9   Art. V § 5 (b) IBRD-Abkommen und Art. VI § 5 (b) IDA-Abkommen.

10 Kritik wiedergegeben bei: *World Bank,* Bank Guidance, Policy and Procedure Framework, LEG4.01GUID.01, issued January 8, 2014 [https://policies.worldbank.org/sites/PPF3/PPFDocuments/Forms/DispPage.aspx?docid=1938 (03.02.2017)], § III.1 (a).

11 *World Bank*, Bank Policy, Policy and Procedure Framework, EXC4.01POL.01, issued January 8, 2014 [https://policies.worldbank.org/sites/PPF3/PPFDocuments/Forms/DispPage.aspx?docid=2864 (31.01.2017)].

12 *World Bank*, Bank Directive: Policy and Procedure Framework, LEG4.01DIR.01, issued January 8, 2014 [https://policies.worldbank.org/sites/PPF3/PPFDocuments/Forms/DispPage.aspx?docid=1937 (02.02.2017)].

13 § III.1 P&PF Policy (Fn. 11).

14 § III.4 P&PF Policy (Fn. 11).

15 § III.1 (a) Nr. 3 und Nr. 4 P&PF Policy (Fn. 11).

Regelungen oder Anleitungen zur Führung der Bankgeschäfte vor.[16] Sie ist sekundäres Bankrecht ersten Ranges.[17]

- In Form einer **Directive** erlässt das Bankmanagement materielle Regelungen zur Geschäftstätigkeit, insbesondere zur Umsetzung einer *Policy*.[18] Sie sind für die Bankmitarbeiter verbindlich[19] und dürfen einer *Policy* des Direktoriums weder im Wortlaut noch in ihrer Anwendung widersprechen.[20]
- Eine **Procedure** enthält Verfahrens- und Zuständigkeitsregeln für die Geschäftstätigkeit der Bank, insbesondere zur Umsetzung einer *Policy* und/oder einer *Directive*.[21] Diese Verfahrensregeln sind für die Bankmitarbeiter ebenfalls verbindlich[22] und dürfen weder einer *Policy* noch einer *Directive* zuwiderlaufen.[23]
- Unverbindliche[24] Anleitungen und Handreichungen, insbesondere zur Anwendung einer *Directive* oder *Procedure*, ergehen in Form einer **Guidance**.[25] Sie stehen hierarchisch auf unterster Stufe.[26]

II. Sanctions Board Statute

Im neuen *Sanctions Board Statute* wurden die Vorschläge LEGs für die (weitere) Reform des Sanktionsregimes weitgehend umgesetzt.[27]

Das neue Statut weicht inhaltlich bei der Wahl und Amtszeit der Mitglieder des *Sanctions Board* (1) und bei der Besetzung der Spruchkörper für die Entscheidung einzelner Fälle (2) erheblich von der Vorgängerregelung ab. Zusätzlich wurde die neue Position des sog. *Internal Advisor* für bestimmte Fälle geschaffen (3). Der *Code of Conduct* wurde formaler Teil des Statuts (4). Die neuen Regeln gelten grundsätzlich ab 5. August 2016, eine Übergangsregelung ermöglicht eine reibungslose Weiterarbeit (5). Sie stärken die institutionelle Unabhängigkeit des *Sanctions Board*,

---

16 § III.2 P&PF Policy (Fn. 11).
17 Ebd.: „[...] A Policy is the highest level P&P Document. [...]".
18 § II.1 P&PF Directive: „[...] a statement of substantive directions, within Management's authority, that require, permit or constrain activities. [...]".
19 § III.1 (b) P&PF Directive (Fn. 12).
20 § III.2 P&PF Policy (Fn. 11).
21 § II.8 P&PF Directive (Fn. 12): „[...} a statement of procedural instructions, within Management's authority, that are required to be followed to: (a) implement a Policy or a Directive, or both; or (b) carry out a function or task not covered by either. It describes the mechanics of transactions, the documents required to be prepared for a decision-making process, persons or bodies who are authorized to make decisions and participants in the decision-making process."
22 § III.1 (b) P&PF Directive (Fn. 12).
23 § III.2 P&PF Policy (Fn. 11); § III.1 (a) P&PF Directive (Fn. 12).
24 § III.1 (b) P&PF Directive (Fn. 12).
25 § II.4 P&PF Directive (Fn. 12).
26 § III.1 (a) P&PF Directive (Fn. 12).
27 Zu diesen Vorschlägen Kapitel 5 – E.III.

lassen aber Raum für weitere Verbesserungen bei der Regelung der Zusammensetzung der zur Entscheidung einzelner Fälle berufenen Gremien (6).

1. Neue Regelung zur Besetzung

Die Besetzung des *Sanctions Board* wurde gegenüber der oben dargestellten Regelung von 2010[28] grundlegend geändert. Es gibt nur noch – im früheren Sprachgebrauch – externe Mitglieder (a)) mit einer neu geregelten Amtszeit (b)). Vorsitzender kann nur ein von der Weltbank nominiertes Mitglied werden (c)).

a) Abschaffung der internen Mitglieder

Aktive Angestellte der Weltbankgruppe gehören dem *Sanctions Board* nach dessen neuem Statut nicht mehr an: Drei Mitglieder ernennt das Direktorium der Weltbank auf Vorschlag des Präsidenten.[29] Je zwei weitere Mitglieder – ein reguläres und ein alternierendes[30] – ernennen die Direktoren von IFC und MIGA.[31] Sie dürfen gegenwärtig keine Position in der Weltbankgruppe mehr bekleiden; eine frühere Tätigkeit für die Weltbankgruppe ist – anders als früher für die Berufung als externes Mitglied[32] – kein Hindernis mehr.[33]

b) Nur einmalige, sechsjährige Amtszeit

Die Amtszeit der Mitglieder des *Sanctions Board* wurde auf grundsätzlich sechs Jahre verlängert; gleichzeitig wurde die Möglichkeit einer erneuten Ernennung nach Ablauf einer Amtszeit abgeschafft.[34]

Berufungen auf kürzere Zeit als sechs Jahre sind möglich, um eine rollierende Neubesetzung des *Sanctions Board* zu ermöglichen: Jedes zweite Jahr soll eines der drei von der Weltbank nominierten Mitglieder ersetzt werden, alle drei Jahre eines der zwei von IFC und MIGA nominierten Mitglieder.[35]

Vor dem Ablauf der bei der Ernennung bestimmten Amtsperiode kann ein Mitglied freiwillig zurücktreten oder, wenn bestimmte Voraussetzungen vorliegen, unfreiwillig des Amtes enthoben werden.[36] Die Voraussetzungen entsprechen den

---

28 Kapitel 5 – E.II.

29 § III.A.4 (i) SBSt 2016 (Fn. 2).

30 Zur Besetzung bei der Entscheidung einzelner Fälle s. A.II.2.

31 § III.A.4 (ii) SBSt 2016 (Fn. 2).

32 Art. V § 2 SBSt; Kapitel 5 – E.II.1.

33 § III.A.4 (i) und (ii) SBSt 2016 (Fn. 2): „[...] must *not currently* hold any appointment to the staff of the Bank, IFC or MIGA [...]" (meine Hervorhebung).

34 § III.A.4 (iii) SBSt 2016 (Fn. 2) lautet „[...] single, non-renewable term of *up to* six (6) years [...]" (meine Hervorhebung).

35 In § III.A.4 (iii) SBSt 2016 (Fn. 2) näher geregelt.

36 § III.A.4 (v) (wortgleich mit der früheren Regelung in Art. V § 7 SBSt) und § III.A.14 SBSt 2016 (Fn. 2).

früher für die externen Mitglieder gültigen; eine Ersetzung nach Belieben, wie sie bei den internen Mitgliedern möglich war, ist nicht vorgesehen.[37]

c) Vorsitz

Nur eines der drei von der Weltbank, d.h. IBRD und IDA, nominierten Mitglieder kann Vorsitzender werden.[38] Die beiden von IFC und MIGA nominierten Mitglieder kommen als Vorsitzende nicht in Betracht,[39] obwohl sie genauso wenig Mitarbeiter der Weltbankgruppe sind.[40] Bei der Besetzung des Plenums (unten 2.a)) und einzelner *Panels* (unten 2.b)) wird ebenfalls danach unterschieden, welche Institutionen einzelne Mitglieder nominiert haben.

Die dreijährige Amtszeit des Vorsitzenden des *Sanctions Board* wurde nicht verändert.[41] Wegen der grundsätzlichen Verlängerung der allgemeinen Amtszeit auf sechs Jahre[42] ist der Vorsitzende also vor und/oder nach seiner Ernennung zum Vorsitzenden drei weitere Jahre als einfaches Mitglied des *Sanctions Board* tätig. Schon nach den alten Regelungen war die Ernennung eines bereits erfahrenen Mitglieds zum Vorsitzenden möglich, weil danach Mitglieder nach Ablauf ihrer dreijährigen Amtszeit erneut berufen werden konnten.[43] Dies wurde auch praktiziert: Der derzeitige und mit Wirkung zum 1. Oktober 2015 berufene Vorsitzende, *J. James Spinner*, gehört dem *Sanctions Board* seit 2013 an.[44]

2. Neue Regelung zur Besetzung bei einzelnen Fällen

Das *Sanctions Board* entscheidet nach den neuen Regeln in anderer Zusammensetzung als früher über einzelne Fälle.

---

37 § III.A.14 SBSt 2016 (Fn. 2); zur früheren Regelung s. oben Kapitel 5 – E.III.4.b).
38 § III.A.6 (i) i. V. m. § III.A.4 (i) SBSt 2016 (Fn. 2).
39 Insoweit sind § III.A.4 (i) SBSt 2016 (Fn. 2) und § III.A.4 (ii) SBSt 2016 (Fn. 2) identisch formuliert, s. Fn. 33.
40 Vorsitzender des Sanctions Board hatte erst ein internes, nach 2007 und entsprechenden Empfehlungen zweier Expertenkommissionen ein externes Mitglied sein müssen, oben Kapitel 1 – D.I.2.
41 § III.A.6 (i) SBSt 2016 (Fn. 2); vgl. oben Kapitel 5 – E.II.1.
42 A.II.1.b).
43 Art. V § 5 SBSt.
44 *World Bank Sanctions Group Secretariat,* World Bank Group Welcomes New Chair of the Sanctions Board, http://web.worldbank.org/WBSITE/EXTERNAL/EXTABOU TUS/ORGANIZATION/ORGUNITS/EXTOFFEVASUS/0,,contentMDK:23690771~me nuPK:3601080~pagePK:64168445~piPK:64168309~theSitePK:3601046,00.html (21.04.2017).

a) Plenary Session *mit fünf Mitgliedern*

Das neue *Sanctions Board* hat nur noch fünf regelmäßige Mitglieder; dazu kommen zwei sog. alternierende Mitglieder.[45] Insgesamt gehören dem *Sanctions Board* also, wie früher, sieben Personen an. Die regulären Mitglieder haben aber Vorrang, solange sie verfügbar sind (aa)) und kein Fall von IFC oder MIGA betroffen ist (bb)); die alternierenden Mitglieder kommen nur bei besonderen Anlässen zum Zug.

aa) Ersatz von regulären Mitgliedern durch alternierende
Mitglieder in einzelnen Sitzungen

Vorrangig haben die alternierenden Mitglieder die Aufgabe, ein beliebiges, für einzelne Sitzungen nicht verfügbares reguläres Mitglied zu ersetzen. Diese Aufgabe wird ihnen an prominenter Stelle, unmittelbar in der Regelung zur Zusammensetzung des *Sanctions Board*, ausdrücklich zugedacht.[46]

Zusätzlich zu den fünf regulären Mitgliedern können die alternierenden Mitglieder an einer Plenarsitzung nicht mehr teilnehmen; früher noch mögliche Sitzungen eines mit sechs oder sieben Mitgliedern besetzten *Sanctions Board* gibt es nicht mehr.[47] Bei einem zwingend ungerade besetzten *Sanctions Board* kann es keine nominelle Stimmengleichheit mehr geben. Dementsprechend wurde die Regelung zur Entscheidung des Vorsitzenden in einem solchen Fall gestrichen.[48]

bb) Regelbesetzung mit alternierenden Mitgliedern bei Fällen betreffend ein
Projekt von IFC oder MIGA

Eine missverständlich[49] gefasste Regelung zu Plenarsitzungen erweitert den Aufgabenkreis bei Projekten von IFC oder MIGA; das von der jeweiligen Institution

---

45 § III.A.3 SBSt 2016 (Fn. 2).
46 § III.A.3 SBSt 2016 (Fn. 2): „[...] In addition, two (2) alternate members shall be appointed with the purpose to substitute a member when such member is unavailable for a particular session. [...]"
47 Vgl. den gegenüber Art. VII § 1 SBS (dazu oben Kapitel 5 – E.IV.1.a)) geänderten Wortlaut von § III.A.8 (i) SBSt 2016 (Fn. 2).
48 Art. XIII § 1 Satz 2 SBS wurde in die im Übrigen wortgleiche Neuregelung § III.A.13 (i) SBSt 2016 (Fn. 2) nicht übernommen.
49 Sie schafft scheinbar zusätzlich eine Sonderregelung für die Besetzung des *Sanctions Board*, wenn der Fall ein Risikogarantieprojekt oder ein sog. Carbon Finance Project von IBRD und IDA betrifft (beide Finanzierungsinstrumente werden an anderer Stelle unter dem Begriff des sog. Private Sector Financing zusammengefasst, s. C.I). Insoweit ist sie aber bedeutungslos. Bei solchen Projekten von IBRD oder IDA sind weder IFC noch MIGA betroffen, so dass weder das von der einen noch das von der anderen Institution nominierte alternierende Mitglied vorrangig zuständig sein kann. Zwei von IFC oder MIGA nominierte Mitglieder gehören dem vollen *Sanctions Board* ohnehin an: IFC und MIGA nominieren gemäß § III.A.4 (ii) SBSt 2016 (Fn. 2) je ein reguläres Mitglied.

nominierte alternierende Mitglied muss dann zur Regelbesetzung gehören: Bei Fällen, die ein Projekt von IFC oder MIGA betreffen, sollen grundsätzlich zwei von der jeweiligen Institution nominierte Mitglieder dem Plenum angehören.[50] IFC und MIGA nominieren aber nur jeweils ein reguläres Mitglied.[51] Es muss also grundsätzlich das von der jeweiligen Institution nominierte alternierende Mitglied ein von einer anderen Institution nominiertes reguläres Mitglied ersetzen.

Die Sonderregelung ist nicht absolut: Falls ein von der jeweils betroffenen Institution nominiertes Mitglied nicht verfügbar ist, kann es durch ein anderes Mitglied ersetzt werden; auch der Ersatz beider von der betroffenen Institution nominierten Mitglieder ist zulässig.[52]

cc) Fehlende Unterscheidung zwischen regulären und alternierenden Mitgliedern im Internetauftritt der Weltbank

Der Internetauftritt der Weltbank lässt bei der Übersicht über die aktuellen Mitglieder des *Sanctions Board* (noch) nicht erkennen, welches der beiden jeweils von IFC und MIGA nominierten Mitglieder das reguläre sein soll und welches das alternierende.[53] Die Webseite nennt lediglich die Mitglieder und gibt einen kurzen Abriss über deren berufliche Vita.[54]

Das kann bedeuten, dass die komplizierte Unterscheidung zwischen regulären und alternierenden Mitgliedern in der Praxis des *Sanctions Board* ignoriert werden wird. Deutlich wahrscheinlicher ist aber eine banale Erklärung: Alle sieben Mitglieder gehörten dem *Sanctions Board* bereits vor Inkrafttreten des neuen Statuts an.[55] Die Webseite wurde wahrscheinlich nur unzureichend überarbeitet.

b) *Panels als Regelfall*

Voraussichtlich von größerer praktischer Bedeutung als die Neuregelung zu Plenarsitzungen wird die Neuregelung zum Einsatz von *Panels* sein.

aa) Einberufung einer Plenarsitzung nur als Ausnahme

Die früher für einzelne Fälle als Option vorgesehenen und praktisch bedeutungslos gebliebenen Dreiergremien[56] werden in der Neuregelung 2016 zum Normalfall. Das

---

50 § III.A.8 (iii) SBSt 2016 (Fn. 2).
51 § III.A.4 (ii) SBSt 2016 (Fn. 2).
52 § III.A.8 (iii) SBSt 2016 (Fn. 2).
53 *World Bank,* Sanctions Board Members, http://web.worldbank.org/WBSITE/EX TERNAL/EXTABOUTUS/ORGANIZATION/ORGUNITS/EXTOFFEVASUS/0,,con tentMDK:21272308~menuPK:3601081~pagePK:64168445~piPK:64168309 ~theSitePK:3601046,00.html (21.04.2017).
54 Ebd.
55 Die kürzesten Amtszeiten begannen 2015, siehe Fn. 53.
56 Kapitel 5 – E.IV.1.b).

Regel-Ausnahme-Verhältnis wurde umgekehrt. Es heißt nunmehr: „*Cases shall be heard by the Sanctions Board in the form of Panels sessions* [...]"[57]

Eine Plenarsitzung findet nur noch nach besonderer Anordnung des Vorsitzenden statt.[58] Voraussetzung dafür ist, dass eine Angelegenheit die Befassung des Plenums erfordert.[59] Dies ist insbesondere der Fall, wenn der Fall besonders komplex ist,[60] die Arbeitsweise des *Sanctions Board* zur Diskussion steht[61] oder das *Sanctions Board* seine Zuständigkeit klären muss[62]. In der Regel aber, wenn ein Fall weder besondere Bedeutung hat noch besondere Schwierigkeiten aufwirft, wird er (nur) von einem *Panel* entschieden.

bb) Besetzung der Panels

Ein *Panel* ist mit je drei Mitgliedern des *Sanctions Board* besetzt.[63] Der Vorsitzende des *Sanctions Board* bestimmt für jedes *Panel* den Vorsitzenden, zwei Beisitzer und Vertreter im Verhinderungsfall.[64] Dabei muss er die folgenden Vorgaben für die Beschlussfähigkeit des *Panels* beachten:

– Bei Fällen bezüglich **Projekten von IFC und MIGA** muss mindestens ein Mitglied des *Panel* von der jeweiligen Institution nominiert worden sein; wenn es nicht verfügbar ist, kann es durch ein beliebiges anderes gemäß § III.A.4.ii SBS 2016 von IFC und MIGA nominiertes Mitglied ersetzt werden, nicht aber durch ein von IBRD und IDA nominiertes.[65]

– Bei Fällen bezüglich eines *Private Sector Projects* **von IBRD oder IDA** muss mindestens ein Mitglied des *Panels* von IFC oder MIGA nominiert worden sein; es kann im Verhinderungsfall nicht durch ein von IBRD und IDA nominiertes Mitglied ersetzt werden.[66]

– Betrifft der Fall dagegen ein **klassisches Investitionsfinanzierungsprojekt von IBRD oder IDA**, oder stellten IBRD oder IDA Geldmittel gemäß dem *Program for Results* zur Verfügung, muss dem *Panel* mindestens ein von IBRD und IDA nominiertes Mitglied des *Sanctions Board* angehören.[67]

---

57 § III.A.7.i SBSt 2016 (Fn. 2) – meine Hervorhebung.

58 § III.A.8 (ii) SBSt 2016 (Fn. 2).

59 § III.A.8 (ii) (d) SBSt 2016 (Fn. 2) öffnet die beispielhafte Aufzählung von besonderen Gründen für die Einberufung des Plenums gemäß § III.A.8.ii (a) bis (c) für „[...] any other matter warranting consideration by the full Sanctions Board".

60 § III.A.8 (ii) (a) SBSt 2016 (Fn. 2).

61 § III.A.8 (ii) (b) SBSt 2016 (Fn. 2).

62 § III.A.8 (ii) (c) SBSt 2016 (Fn. 2).

63 § III.A.7 (i) SBSt 2016 (Fn. 2).

64 § III.A.6 (ii) SBSt 2016 (Fn. 2).

65 § III.A.7 (ii) (b) SBSt 2016 (Fn. 2).

66 § III.A.7 (ii) (b) SBS 2016 ist insoweit missverständlich formuliert, weil in diesem Fall weder IFC noch MIGA die „respective institution" sind, s. Fn. 49A.II.2.a)bb).

67 § III.A.7.ii (a) SBS 2016.

- Diese Vorgabe schränkt (nur) die Möglichkeiten der gremieninternen Vertretungsregelung ein:[68] Es ist danach zwar grundsätzlich möglich, dass ein *Panel,* das mit den beiden von IFC und MIGA Mitgliedern und nur einem von IBRD und IDA nominierten Mitglied des *Sanctions Board* besetzt ist, einen Fall entscheidet, der im Zusammenhang mit einem klassischen Investitionsfinanzierungsprojekt steht. Für den Verhinderungsfall muss der Vorsitzende dann aber mindestens[69] ein weiteres reguläres, von IBRD und IDA nominiertes, Mitglied als Ersatz vorsehen. Die eigentlich zur Vertretung von verhinderten regulären Mitgliedern bestellten alternierenden Mitglieder[70] werden von IFC und MIGA nominiert.[71] Würden sie im *Panel* das einzige von IBRD und IDA nominierte Mitglied ersetzen, könnte das *Panel* nur noch Fälle entscheiden, die aus Projekten von IFC, MIGA oder *Private Sector Projects* entstanden sind.

3. Internal Advisors

Anstelle der früheren bankangehörigen Mitglieder des *Sanctions Board* wurde neu die Position des sog. *Internal Advisor* geschaffen. IFC und MIGA ernennen je einen ihrer Mitarbeiter als *Internal Advisor* des *Sanctions Board* für Fälle im Zusammenhang mit einem Projekt von IFC bzw. MIGA; für Projekte von IBRD und IDA – das Tagesgeschäft des *Sanctions Board* – gibt es keinen *Internal Advisor*.[72]

Der *Internal Advisor* soll das *Sanctions Board* beraten, aber nicht unangemessen beeinflussen:

„*The IFC and MIGA Internal Advisors will provide advice to the Sanctions Board in a manner that is transparent and consistent with due process and the Sanctions Board's independence.*"[73]

4. Verhaltensregeln

Der früher als Anhang zum Statut abgedruckte *Code of Conduct* für die Mitglieder des *Sanctions Board* wurde ohne Änderungen Teil des neuen Statuts.[74]

---

68 Rein rechnerisch muss sich grundsätzlich unter den drei Mitgliedern jedes *Panels* immer ein von IBRD und IDA nominiertes Mitglied des *Sanctions Board* befinden, weil IFC und MIGA zusammen nur zwei der fünf regulären Mitglieder des *Sanctions Board* nominieren, § III.A.4.i und ii SBS 2016; s. auch oben A.II.2.a)aa) zur Rolle der alternierenden Mitglieder.
69 Die Statuten geben nicht vor, wie viele Vertreter bei der Besetzung der Panels bestimmt werden müssen, § III.A.6.ii SBSt 2016 (Fn. 2).
70 A.II.2.a)aa).
71 § III.A.4 (ii) SBSt 2016 (Fn. 2).
72 § III.A.5 (i) und (ii) SBSt 2016 (Fn. 2).
73 § III.A.5 (iii) SBSt 2016 (Fn. 2).
74 § III.B SBSt 2016 (Fn. 2).

5. Inkrafttreten

Das neue Statut ist anwendbar auf alle Sanktionsverfahren, mit denen das *Sanctions Board* erstmals ab dem 5. August 2016 befasst wird.[75]

Die Amtszeit der internen Mitglieder des *Sanctions Board* endete mit Erlass des neuen Statuts am 18. Oktober 2016.[76] Eine Übergangsregelung ermöglicht es, die Amtszeit der amtierenden externen Mitglieder mit deren Einverständnis zu verlängern, um einen reibungslosen Übergang zu ermöglichen.[77]

Bis zum Redaktionsschluss dieses Nachtrags im April 2017 hat die Reform nicht zu nach außen merklichen Reibungen geführt. Die beiden aktuellsten öffentlich verfügbaren Entscheidungen wurden von ehemals externen Mitgliedern des *Sanctions Board* getroffen, so dass es zu keinem Bruch in der Besetzung des *Sanctions Board* kam.[78]

6. Bewertung

Die frühere Regelung zur Besetzung des *Sanctions Board* mit aktiven Mitarbeitern der Weltbank und die kurze, verlängerbare Amtszeit seiner Mitglieder hatten Anlass zu Zweifeln an seiner Unabhängigkeit gegeben, die sich nach einer Analyse der ausführlich und nachvollziehbar sachlich begründeten Entscheidungen zerstreuten.[79] Die Neuregelung beseitigt diese möglichen Zweifel von vornherein.

Die neugeschaffene Funktion des *Internal Advisor* dürfte sich als geschickte Vorbeugung vor einem Verlust von besonderer Fachkenntnis in speziellen Fällen erweisen. Nachteile für die Effizienz und Kompetenz des *Sanctions Board* sind deshalb durch die Neuregelung der Besetzung ausschließlich mit externen Mitgliedern nicht ernstlich zu befürchten.

Für die Effizienz des *Sanctions Board* außerordentlich positiv erweisen sollte sich die Einführung von im Regelfall zuständigen *Panels*. Ende des Jahres 2014 hatte das *Sanctions Board* bereits begonnen, die alte Regelung anzuwenden und einzelne einfach gelagerte Fälle von *Panels* entscheiden zu lassen.[80] Die künftige

---

75 § V SBSt 2016 (Fn. 2).
76 § III.A.15 SBSt 2016 (Fn. 2).
77 § III.A.15 SBSt 2016 (Fn. 2).
78 Die Entscheidung SBD 91 vom 1. Dezember 2016, wurde von einem Panel getroffen, dem je ein vormals externes Mitglied von IBRD/IDA, IFC und MIGA angehörte; Beratung und Anhörung hatten am 21. September 2016 stattgefunden, vgl. SBD 91 (2016), Rn. 1 (s. Fn. 1) und die Liste der Angehörigen des Sanctions Board oben Fn. 53. Die Entscheidung SBD 92 vom 30. März 2017 wurde von zwei ehemals externen Mitgliedern von IBRD/IDA, zwei ehemals externen Mitgliedern der IFC und einem ehemals externen Mitglied der MIGA gefällt, SBD 92 (2017), Rn. 1 (s. Fn. 1).
79 Kapitel 5 – E.V.
80 Erste Entscheidung SBD 79 (2015), Rn. 1 (s. Fn. 1): Sitzung des Gremiums im Dezember 2014; weitere Fälle: SBD 85 (2016), SBD 86 (2016), SBD 89 (2016) und SBD 91 (2016), jeweils Rn. 1 (s. Fn. 1).

Regelzuständigkeit dieser Dreiergremien, die parallel tagen und Anhörungen abhalten können, sollte dem *Sanctions Board* Koordinierungsaufwand ersparen und eine schnellere Abarbeitung von unkomplizierten Fällen ermöglichen.

Es bestehen aber noch Verbesserungsmöglichkeiten:

Wie die *Panels* besetzt werden und welche Fälle vor welches *Panel* gelangen, muss nach den neuen (wie den alten)[81] Regeln nicht zwingend im Voraus abstrakt festgelegt werden.[82] Es ist unbekannt, wie der Vorsitzende nach den ähnlich offenen Vorgängerregelungen verfahren ist und wie er nach den neuen Regelungen verfahren wird.

Das neue *Sanctions Board Statute* stärkt also zwar die Unabhängigkeit des *Sanctions Board*, schränkt aber gleichzeitig (zumindest möglicherweise) dessen Gesetzlichkeit ein.[83]

Bei einer Auswahl von höchstens sieben Mitgliedern, die dem Gremium angehören können, wiegt diese Einschränkung nicht schwer; das *Sanctions Board* arbeitet immer noch ähnlich wie ein unabhängiges und auf Gesetz beruhendes Gericht. Die große Bedeutung effektiver Entwicklungshilfe und internationaler Kooperation bei der Korruptionsbekämpfung[84] rechtfertigen es jedenfalls, den Justizgewährungsanspruch von Betroffenen geringfügig einzuschränken und der Bank für ihre Sanktionstätigkeit Immunität zu gewähren.[85] Aus Sicht des staatlichen Gerichts, das darüber zu entscheiden hat,[86] ist diese Einschränkung zwingend erforderlich; es kann nicht einzelne Regelungen des Sanktionsregimes beanstanden und ändern, sondern muss insgesamt das (sehr gute) Rechtsschutzniveau betrachten.[87]

Überflüssig ist die Ungewissheit über die Besetzung und die Zuständigkeit der Gremien dennoch; die Bank kann und sollte sie beseitigen: Eine im Voraus für das Fiskaljahr aufgestellte Liste an Gremien mit Vertretungs- und Turnusregelung oder einem ähnlichen Verteilungsschlüssel kann die Arbeitsweise des *Sanctions Board* kaum behindern. Vielleicht existiert eine solche Liste sogar schon, aber die Öffentlichkeit hat keinen Einblick und eine klare Regelung dazu fehlt. Das sollte bei der nächsten Reform geändert werden.

---

81 Kapitel 5 – E.IV.1.b).
82 A.II.2.b)bb).
83 S. Kapitel 5 – E.IV.1.b)cc).
84 Eindrückliche Formulierung des Obersten Gerichtshofs von Kanada zitiert unten, begleitender Text zu Fn. 457.
85 Zur früheren guten, aber ebenfalls zumindest auf dem Papier nicht perfekten Rechtsschutzqualität Kapitel 5 – F.
86 Kapitel 4 – B.I.2.c).
87 Kapitel 5 – F.

III. Sanctions Policy

Die seit 1. Juli 2016 gültige und öffentlich verfügbare *Sanctions Policy* bildet für die gesamte Weltbankgruppe[88] den normativen Grundstein des Sanktionsregimes[89] und einen Rahmen für detailliertere Regelungen durch das jeweilige Management.[90]

Inhaltlich ähnelt die *Sanctions Policy* der Beschreibung des Sanktionsregimes in der *Information Note*.[91] Anders als die *Information Note* ist die *Policy* aber verbindlich und ginge ggf. widerstreitenden Regelungen in Sekundärrecht niederen Ranges vor, insbesondere in den ehemals für die Analyse des Sanktionsregimes zentralen Verfahrensregeln.[92]

Die *Sanctions Policy* legt in drei Regelungsabschnitten die Ziele des Sanktionsregimes (1), dessen Grundzüge (2) und -prinzipien (3) sowie mögliche Rechtsfolgen für sanktionswürdiges Verhalten (4) fest:

1. Ziele des Sanktionsregimes

Laut der *Sanctions Policy* soll das Sanktionsregime

- helfen, die Lauterkeit der Unternehmungen der Weltbankgruppe zu wahren und
- sicherstellen, dass die von ihr zur Verfügung gestellten Geldmittel bestimmungsgemäß verwendet werden.[93]

Die Entscheidungen und Handlungen aller Organe des Sanktionsregimes sollen sich an diesen Zielen orientieren.[94]

a) Mittel der Spezial- und Generalprävention

Um die Ziele zu erreichen, setzt die Bank auf General- und Spezialprävention durch negative und positive Verhaltensanreize:

Sanktionen sollen die Betroffenen und andere von künftigem Fehlverhalten abschrecken und sie zu dazu ermuntern, vorbeugende Maßnahmen zu ergreifen, um (weiterem) Fehlverhalten vorzubeugen.[95] Die Sperre von Unternehmen, die sich sanktionswürdig verhalten haben oder für sanktionswürdiges Verhalten anderer

---

88 Sie ist anwendbar auf „IBRD;IFC;IDA;MIGA;ICSID", s. Sanctions Policy, S. 1, gilt aber nur für IBRD/IDA, MIGA und IFC, s. § I.2 Sanctions Policy (Fn. 3), weil es nur dort ein Sanktionsregime gibt.

89 In der Sanctions Policy heißt es schlicht und aussagekräftig: „This Policy governs the World Bank Group Sanctions System.", § I.1 Sanctions Policy (Fn. 3).

90 § III.1 (a) Nr. 3 und Nr. 4 P&PF Policy (Fn. 11).

91 Vgl. *World Bank*, Sanctions Regime Information Note, S. 3–13.

92 § III.1 P&PF Policy (Fn. 11).

93 § III.A.1 Sanctions Policy (Fn. 3).

94 § III.A.4 Sanctions Policy (Fn. 3).

95 § III.A.2 Sanctions Policy (Fn. 3).

verantwortlich sind, ermögliche es, diesen den Zugriff auf Geldmittel der Weltbank zu verwehren.[96]

b) Ziel der Abschreckung, nicht der Strafe

Sanktionen sollen die Betroffenen ausdrücklich nicht bestrafen; sie sollen Maßnahmen nach nationalem Straf-, Zivil- oder Verwaltungsrecht nicht ersetzen.[97]

Diese Festlegung steht in der Tradition von früheren Aussagen der Bank, dass ihre Sanktionen keine Strafen seien.[98] Diesen Aussagen zum Trotz sehen die Sanktionen aber Strafen zumindest sehr ähnlich: Die Weltbank knüpft an Verhalten, das üblicherweise nach nationalem Recht strafbar ist, eine für den Betroffenen nachteilige Rechtsfolge; sie wertet das vergangene Fehlverhalten nicht nur als ein Indiz für die gegenwärtige Unzuverlässigkeit des Betroffenen, die in anderen Ausschlusssystemen eigentlich entscheidet.[99] Anwälte einer großen Kanzlei in Washington D.C. schrieben 2015 plakativ: „Forget Present Responsibility—The System Is Designed to Punish and Deter."[100]

Für die Analyse des Sanktionsregimes ist die sprachlich fast paradox wirkende Frage, ob die Sanktion eine Strafe ist, nicht entscheidend: Die Sanktion durch die Weltbank ist jedenfalls keine staatliche Kriminalstrafe, so dass die ausschließlich darauf anwendbaren besonderen menschenrechtlichen Gewährleistungen unmittelbar nicht gelten.[101] In vielen Fällen drängen sich aber Analogien zum erforderlichen Rechtschutzniveau auf.[102]

---

96 Ebd.
97 § III.A.3 Sanctions Policy (Fn. 3); zu einer entsprechenden Regelung in der US-amerikanischen FAR oben Kapitel 4 – A.III.2.b).
98 Kapitel 4 – A.III.2.c).
99 Ebd.; *Søreide/Gröning/Wandall*, An Efficient Anticorruption Sanctions Regime? The Case of the World Bank, Chicago Journal of International Law, Vol. 16, 2016, S. 523 ff., online verfügbar unter http://chicagounbound.uchicago.edu/cjil/vol16/iss2/6 (03.06.2017), 535, fragen deshalb, ob das Sanktionsregime nicht doch nationale Strafrechtssystem widerspiegelt, lassen diese Frage aber letztlich offen und plädieren allgemein für eine aus ihrer Sicht effizientere Korruptionsbekämpfung vorrangig durch nationale Institutionen (ebd., 551 f.).
100 *Roberts/Winfrey Howard/Lee*, View from Wiley Rein: The World Bank's Sanctions Regime Is a World Apart from the Suspension and Debarment System Federal Contractors Know, Federal Contracts Report, 104 FCR, 9/15/15, online verfügbar unter http://www.wileyrein.com/media/publication/145_View-from-Wiley-Rein-The-World-Banks-Sanctions-Regime-Is-a-World-Apart-from-the-Suspension-and-Debarment-System-Federal-Contractors-Know.pdf (03.06.2017), S. 1.
101 Kapitel 4 – A.III.2.c).
102 Kapitel 5 – B.I.; *Søreide/Gröning/Wandall* (Fn. 99), S. 535 stellen ähnlich fest, dass die Bank jedenfalls so großen Wert auf *due process* lege, dass das Sanktionsverfahren einem staatlichen Strafverfahren häufig ähnle.

2. Grundzüge des Sanktionsverfahrens

Die *Sanctions Policy* schreibt die wesentlichen Eckpunkte des bereits bestehenden Sanktionsverfahrens fest:[103]

– Sanktionen dürfen nach einer sorgfältigen und unvoreingenommenen Ermittlung durch INT[104] und nach einem fairen Sanktionsverfahren[105] verhängt werden; zu einem fairen Sanktionsverfahren gehöre das Recht auf rechtliches Gehör[106] vor dem SDO bzw. dem jeweiligen EO und ggf. dem *Sanctions Board,* falls der Betroffene dieses anrufe.[107]
– Die Entscheidungen des *Sanctions Board* seien endgültig, ein Rechtsmittel dagegen sei nicht gegeben.[108]
– Der ICO sei zuständig für die Kontrolle der Einhaltung von im Zusammenhang mit einer Sanktion ausgesprochenen Bedingungen.[109]
– Während des Sanktionsverfahrens könne der SDO bzw. der jeweilige EO einen Betroffenen vorläufig sperren.[110]

3. Weitere Prinzipien des Sanktionsregimes

Als Prinzipien des Sanktionsregimes nennt die *Sanctions Policy*:

– Die Unabhängigkeit des SDO, der EOs, des ICO und der Angehörigen des *Sanctions Board;*[111]
– das Beweismaß der überwiegenden Wahrscheinlichkeit;[112]
– die Möglichkeit der Sanktion von sogenannten *Affiliates,* d.h. verbundenen Unternehmen oder Personen;[113]

---

103 Alles Folgende: § III.B.1 Sanctions Policy (Fn. 3); auf die Entsprechung mit dem bisherigen Sanktionsregime wird an den jeweiligen Punkten hingewiesen.
104 Vgl. Kapitel 5 – B.III.1.
105 Vgl. Rechtsquellen des fairen Sanktionsverfahrens: Kapitel 2 – A.I.; Untersuchung am Maßstab der EMRK in Kapitel 5 – B..
106 Vgl. Kapitel 5 – B.II.
107 § III.B.1 Sanctions Policy (Fn. 3).
108 § III.B.1 Sanctions Policy (Fn. 3); vgl. Kapitel 5 – B.V. auch zum ausnahmsweisen Wiederaufnahmeverfahren.
109 § III.B.1 Sanctions Policy (Fn. 3); dazu Kapitel 6 – A.I.
110 § III.B.1 Sanctions Policy (Fn. 3); vgl. Kapitel 6 – B.I. (einstweilige Sperre) und II. (frühe einstweilige Sperre).
111 § III.B.2 Sanctions Policy (Fn. 3); dazu Kapitel 5 – E. (Sanctions Board) und Kapitel 6 – B.IV. (EO); zu einer möglichen Bindung an den Rechtsrat der General Counsels s. unten die Erörterungen zu diesbezüglichen und problematischen Regelungen der Sanctions Directive, A.IV.5.
112 § III.B.3 Sanctions Policy (Fn. 3); dazu Kapitel 2 – G.I.
113 § III.B.4 Sanctions Policy (Fn. 3); dazu Kapitel 2 – E.II.

- die Möglichkeit, Sanktionsverfahren durch vergleichsweise Einigung zu beenden;[114]
- die Möglichkeit, eine Sanktion im Austausch für die freiwillige Enthüllung vergangenen sanktionswürdigen Verhaltens zu mindern, das sog. *Voluntary Disclosure Program*;[115]
- das *Cross-Debarment,* d.h. die wechselseitige Anerkennung und Umsetzung von verhängten Sanktionen im Rahmen einer Übereinkunft mit anderen Institutionen;[116]
- eine Verjährungsfrist von höchstens zehn Jahren;[117] und
- die Transparenz des Sanktionsregimes bei gleichzeitigem Schutz vertraulicher Informationen und Abläufe[118].

4. Sanktionswürdiges Fehlverhalten und mögliche Folgen

Die *Sanctions Policy* fixiert außerdem fast beiläufig die wesentlichen Eckpunkte des materiellen Sanktionsrechts, nämlich die Tatbestände (a)) und die Rechtsfolgen sanktionswürdigen Verhaltens (b)).

a) Tatbestände sanktionswürdigen Verhaltens

Unauffällig im Definitionsteil der *Sanctions Policy* ist schlagwortartig festgelegt, welches Verhalten in welchem Zusammenhang überhaupt Anlass für eine Sanktion bieten kann.

Der in der *Sanctions Policy* häufig verwendete Begriff der „*Sanction*" wird definiert als:

> „[...] *any measure established by the World Bank Group to be imposed by the relevant officer of the Sanctions System on a party found culpable of, or responsible for, a* <u>Sanctionable Practice</u>.“[119]

Der Begriff „*Sanctionable Practice*" ist definiert als:[120]

- Korruption, Betrug, Kollusion, Zwangsausübung und/oder Ermittlungsbehinderung im Zusammenhang mit einem Projekt der Weltbankgruppe und entsprechend der für dieses Projekt aufgrund der vertraglichen Vereinbarung oder anderen Dokumenten gültigen Definitionen;[121] und

---

114 § III.B.5 Sanctions Policy (Fn. 3); dazu Kapitel 3 – C.
115 § III.B.6 Sanctions Policy (Fn. 3); dazu Kapitel 1 – D.5.
116 § III.B.7 Sanctions Policy (Fn. 3); dazu Kapitel 1 – E.II.
117 § III.B.8 Sanctions Policy (Fn. 3); dazu Kapitel 2 – F.
118 § III.B.3 Sanctions Policy (Fn. 3); dazu Kapitel 5 – D.
119 § II (n) Sanctions Policy (Fn. 3) – meine Unterstreichung.
120 § II (m) Sanctions Policy (Fn. 3).
121 § II (m) (i) Sanctions Policy (Fn. 3), zu den Definitionen oben Kapitel 2 – C.

- einzelne und bestimmte Verstöße gegen Verfahrensvorschriften, die von den Direktorien der Institutionen der Weltbankgruppe im Voraus festgelegt werden.[122]

Ebenfalls unauffällig, indirekt in der Regelung zum Beweismaß, wird die Grundvoraussetzung einer jeden Banksanktion festgelegt:

> *„Standard of Proof. Sanctions are imposed through sanctions proceedings only if the SDO, the relevant EO or the Sanctions Board, as the case may be, after considering the whole of the evidentiary record provided to them, determines that it is more likely than not that the sanctioned party has engaged in, or bears responsibility for, a Sanctionable Practice.*"[123]

b) Mögliche Rechtsfolgen

Als mögliche Folgen sanktionswürdigen Fehlverhaltens werden in der *Sanctions Policy* schlagwortartig die bereits bekannten Sanktionsarten aufgelistet.[124]

Die Sanktionen sollen sowohl der Art als auch dem Umfang nach in einem angemessenen Verhältnis stehen zu dem sanktionswürdigen Fehlverhalten, für das sie verhängt werden, und zur Verantwortlichkeit des Betroffenen dafür.[125]

Bei der Bemessung der Sanktion sollen mildernde und schärfende Umstände angemessen berücksichtigt werden, die in einer gesonderten Handreichung festgelegt werden.[126] Bei dieser Handreichung handelt es sich nach wie vor um die unveränderten *Sanctioning Guidelines*.[127]

---

122 § II (m) (ii) Sanctions Policy (Fn. 3). Im gegenwärtigen Sanktionsregime ist eine Sanktion für einen Verstoß gegen Verfahrensvorschriften (nur) bei Verletzung der Verschwiegenheitsverpflichtung vorgesehen, § 13.06 (b) (ii) SP12 und § III.A.11.05 (b) (ii) SP16 (Fn. 5). Soweit ersichtlich ist dies noch nicht vorgekommen; Eine Volltextsuche auf der Seite gesperrter Unternehmen und Personen nach „Procedures" liefert 8 Treffer, bei denen als Grund der Sanktion aber die Vorschriften zur Erstreckung auf nahestehende Unternehmen oder Personen (§ 9.04 (b) und (c) SP12) genannt werden, s. *World Bank*, World Bank Listing of Ineligible Firms & Individuals, http://www.worldbank.org/debarr (21.04.2017).
123 § III.B.3 Sanctions Policy (Fn. 23) – meine Unterstreichung.
124 § III.C.1 Sanctions Policy (Fn. 3).
125 § III.C.2 Sanctions Policy (Fn. 3); zu „culpability" und „responsibility" oben Kapitel 2 – E.I.
126 § III.C.2 Sanctions Policy (Fn. 3).
127 Siehe *World Bank*, Procedures and Other Key Documents, http://web.worldbank.org/ WBSITE/EXTERNAL/EXTABOUTUS/ORGANIZATION/ORGUNITS/EXTOFFEVA-SUS/0,,contentMDK:21299248~menuPK:3726884~pagePK:64168445~piPK:64168309 ~theSitePK:3601046,00.html (21.03.2017).

IV. Sanctions Directive

Die in der *Sanctions Policy* festgelegten Grundprinzipien des Sanktionsregimes werden für die Weltbank[128] näher ausgeführt in der *Sanctions Directive*[129]. Sie enthält zwei Regelungskomplexe: Im ersten Teil ist die *„institutional architecture"* geregelt, d.h. die Aufgabenverteilung unter den am Sanktionsregime beteiligten Verwaltungseinheiten der Weltbank (1).[130] Der zweite Teil legt die *„normative architecture"*, d.h. den Anwendungsbereich (2) und die Rechtsquellen (3) des materiellen Sanktionsrechts, dar; die materielle Rechtsgrundlage des Cross-Debarment findet sich ebenfalls dort (4).[131] Bemerkenswert ist vor allem, dass die *Sanctions Directive* scheinbar LEG die Kompetenz zuweist, die Regelungen des Sanktionsregimes verbindlich auszulegen (5).

1. Aufgaben und Arbeitsweise der Sanktionsorgane

In der *Sanctions Directive* werden wie folgt die Aufgaben und die Anforderungen an die Arbeitsweise INTs, des SDO, LEGs und des sog. *Sanctions Advisory Committee* beschrieben. Regelungen zum *Sanctions Board* enthält die *Sanctions Directive* nicht, sondern verweist auf das *Sanctions Board Statute*.[132] Das muss so sein: Die Statuten des *Sanctions Board* stehen im Rang einer *Policy* über der *Sanctions Directive* und gelten für die gesamte Weltbankgruppe, nicht nur die Weltbank.[133]

a) INT

INT soll Ermittlungen wegen möglichen sanktionswürdigen Verhaltens führen, Sanktionsverfahren einleiten und daran teilnehmen, Vergleiche mit Betroffenen verhandeln und abschließen sowie (durch den ICO) die Einhaltung von Bedingungen im Zusammenhang mit einer Sanktion überwachen.[134] INT soll die Ermittlungen sorgfältig und unparteiisch führen und bei sämtlichen Aktivitäten ein Höchstmaß an Integrität bewähren.[135]

---

128 § I.2 Sanctions Directive (Fn. 4); Projekte von IFC und MIGA spielen bisher im Sanktionsregime eine untergeordnete Rolle, vor dem Sanctions Board wurde bisher nur ein einziger Fall bezüglich eines Projekts der IFC verhandelt und die Nichtanwendbarkeit des Sanktionsregimes auf die dort erhobenen Anschuldigungen festgestellt, siehe SBD 76 (2015), Rn. 35 (s. Fn. 1) und zu diesem Fall ausführlich unten, B.I.1.
129 Fn. 4.
130 § III.A Sanctions Directive (Fn. 4).
131 § III.B Sanctions Directive (Fn. 4).
132 § III.A.1 (iii) Sanctions Directive (Fn. 4).
133 S. oben A.II.
134 § III.A.1 (i) Sanctions Directive (Fn. 4).
135 § III.A.2 (i) Sanctions Directive (Fn. 4).

b) SDO

Die Aufgabe des SDO ist die erste Prüfung von Sanktionsfällen, um sie möglicherweise ohne ein volles förmliches Sanktionsverfahren zu erledigen. Dies umfasst insbesondere die erstinstanzliche Prüfung von Sanktionsfällen und die Entscheidung über eine einstweilige Sperre.[136]

c) LEG

LEG soll die Arbeit der Sanktionsorgane unterstützen, ohne selbst ein Teil des Sanktionsregimes zu sein.[137] Aufgabe der Rechtsabteilung der Bank ist die Entwicklung und Weiterentwicklung des Sanktionsregimes, d.h. der abstrakt-generellen Vorgaben für die Voraussetzungen einer Sanktion und das dabei zu beachtende Verfahren.[138]

Weiter soll LEG INT, den SDO und das *Sanctions Board* bei der richtigen Auslegung des Sanktionsregimes beraten,[139] dazu ausführlich unten, 5.

Schließlich soll LEG in sogenannten *Internal Arrangements* unterstützende Aufgaben zugewiesen bekommen.[140] Was damit gemeint sein soll, bleibt für die Öffentlichkeit unklar.[141]

d) Sanctions Advisory Committee

Die Aufgaben des sog. *Sanctions Advisory Committee*[142] entsprechen im Wesentlichen denen des früheren *Independent Advisory Board*.[143]

2. Reichweite des Sanktionsregimes

Die *Sanctions Directive* macht zwar Ausführungen zum Anwendungsbereich des Sanktionsregimes („*jurisdiction of the Sanctions System*"),[144] regelt diesen aber nicht

---

136   § III.A.1 (iv) Sanctions Directive (Fn. 4); zu den dort ebenfalls erwähnten „Internal Arrangements" s. A.VI.2.
137   „LEG facilitates the proper functioning of the Sanctions System, without direct participation in the system itself.", § III.A.1 (iv) Sanctions Directive (Fn. 4). Die exakte Übersetzung ist schwierig, weil der Begriff „Sanctions System" offiziell rein organisatorisch definiert ist als „[T]he units established by the World Bank for presenting and adjudicating allegations of Sanctionable Practices, and imposing Sanctions therefor, including (without limitation) the Sanctions Board, SDO, and INT.", § II (x) Sanctions Directive (Fn. 4).
138   § III.A.1 (iv) (a) Sanctions Directive (Fn. 4).
139   § III.A.1 (iv) (b) Sanctions Directive (Fn. 4).
140   § III.A.1 (iv) (d) Sanctions Directive (Fn. 4).
141   A.VI.2.
142   § III.A.1 (v) Sanctions Directive (Fn. 4).
143   Zu diesem oben Kapitel 1 – D.I.2 und Kapitel 5 – E.III.2.
144   § III.B.2 (ii) und (iii) Sanctions Directive (Fn. 4); einen Absatz (i) gibt es nicht, die Nummerierung ist offenbar redaktionell fehlerhaft.

eigenständig. Sie verweist nur auf die anwendbaren Regelungen und bemüht sich um Systematisierung, indem sie zwei Fallgruppen der „*jurisdiction*"[145] der Sanktionsorgane[146] unterscheidet:

a) Subject matter jurisdiction

Der grundsätzliche Anwendungsbereich des Sanktionsregimes (die von der Bank sogenannte *subject matter jurisdiction*)[147] wird laut der insoweit nur klarstellenden *Sanctions Directive* durch die entsprechenden und in dieser Form bereits früher bestehenden Vorschriften der Verfahrensregeln und der Statuten des *Sanctions Board* bestimmt.[148] Die Weltbank ist also immer noch keine Weltkorruptionspolizei, sondern sanktioniert nur Fehlverhalten im Zusammenhang mit von ihr finanzierten Projekten (und im Sanktionsverfahren selbst).[149]

b) In personam jurisdiction

Welches Fehlverhalten durch welche Personen (in der *Sanctions Directive* heißt es „*in personam jurisdiction*")[150] und in welchem Zusammenhang konkret sanktioniert werden kann, ergibt sich nach wie vor aus einem (je nach Fall mehr oder weniger komplexen) Konstrukt aus Vereinbarungen zwischen der Bank und dem Kreditnehmer (oder sonstigen Empfängern von Geldmitteln der Weltbank).[151]

In der *Sanctions Directive* heißt es, dass die Unterwerfung einzelner Personen unter das Sanktionsregime aus den anwendbaren Vergabe- oder Antikorruptionsrichtlinien folge und nicht vom Einverständnis der Betroffenen abhängig sei:

> „*The in personam jurisdiction of the Sanctions System (individuals and entities subject to Sanction) is determined by the applicable Procurement, Consultant or Anti-Corruption Guidelines under which the case in question is being brought and it does not require the*

---

145 § III.B.2 Sanctions Directive (Fn. 4).
146 Der Begriff „Sanctions System" ist entsprechend definiert, § II (x) Sanctions Directive (Fn. 4); aus den folgenden Formulierungen ergibt sich aber, dass zumindest auch die Reichweite des Sanktionsrechts der Bank beschrieben werden soll; gemeint ist jedenfalls nicht die bloße Kompetenzabgrenzung unterschiedlicher Sanktionsorgane, sondern deren kollektive Befugnis, Sanktionen auszusprechen; s. unten B.I.1 und insbesondere das Zitat Fn. 214.
147 § III.B.2 (ii) Sanctions Directive (Fn. 4).
148 § III.B.2 (ii) Sanctions Directive (Fn. 4) verweist auf § III.A.1.01 (c) SP16 (Fn. 5) (dieser entspricht wörtlich § 1.01 (c) SP12, die Zitierweise in der Directive benutzt die alte Nummerierung der SP12, obwohl ausweislich der Definition in § II (t) Sanctions Directive die neuen SP16 gemeint sind) und auf § III.A.1 SBSt 2016 (entspricht Art. III SBSt).
149 § III.A.1.01 (c) SP16 (Fn. 5); oben Kapitel 1 – B.II.1 zur treuhänderischen Pflicht der Weltbank als primärrechtliche Grundlage des Sanktionsregimes.
150 § III.B.2 (iii) Sanctions Directive (Fn. 4).
151 Kapitel 2 – B.

Respondent's consent. The Procurement, Consultant or Anti-Corruption Guidelines contain specific provisions, which establish the Bank's right to sanction specific individuals and entities."[152]

Diese Aussage ist richtig für Sanktionen von Fehlverhalten im Zusammenhang mit einem Investitionsfinanzierungsprojekt der Weltbank.[153] Nicht berücksichtigt ist der (bisher freilich nur theoretische)[154] Fall, dass eine Sanktion wegen eines Verstoßes gegen die Vertraulichkeitsverpflichtung der Verfahrensregeln verhängt wird: Diese Pflicht trifft alle (ehemaligen) Beteiligten eines Sanktionsverfahrens; aufgrund welcher Richtlinien es ursprünglich eingeleitet worden war, spielt keine Rolle.[155]

Unscharf ist die Aussage bezüglich des Einverständnisses des Betroffenen, wenn ein sogenanntes *Private Sector Project* von IBRD oder IDA betroffen ist.[156] Bei solchen Projekten kann sich die Anwendbarkeit der Antikorruptionsrichtlinien, aus denen die Befugnis der Bank zur Verhängung der Sanktion folgt, durchaus erst aus einer Vereinbarung mit dem Betroffenen ergeben. Das legen zumindest Ausführungen des *Sanctions Board* zum Anwendungsbereich des Sanktionsregimes bei Projekten der IFC nahe, die wegen der ähnlichen rechtlichen Konstruktion der Projekte übertragbar sein dürften, dazu unten, B.I.1.e).

3. Rechts- und Rechtserkenntnisquellen des Sanktionsregimes

Die *Sanctions Directive* enthält eine abschließende Aufzählung der Quellen des materiellen Sanktionsrechts (*„sources of substantive norms for sanctions cases"*).[157] Dazu gehören, in dieser Reihenfolge, zunächst das Primärrecht der Weltbank,[158] dann die Rahmenregelungen der *Sanctions Policy*,[159] dann die auf das Projekt anwendbaren Regelungen und Vereinbarungen[160].

---

152 § III.B.2 (iii) Sanctions Directive (Fn. 4) – meine Unterstreichung.
153 Dann gilt, was im Vertrag über das klassische Investitionsfinanzierungsprojekt oder das Projekt nach dem Program for Results vereinbart wird, Kapitel 2 – B.I.1, selbst bei neuerdings möglicher alternativer Vertragsvergabe, C.I.2. Die Aussage passt aber von vornherein nicht für Projekte der IFC, deren rechtlicher Rahmen anders ist (s. B.I.1), weil die Sanctions Directive nur für IBRD und IDA gilt, nicht wie die Sanctions Policy für die gesamte Weltbankgruppe, § I.2 Sanctions Directive (Fn. 4).
154 S. Fn. 122.
155 Die Grundlage der Sanktion wären insoweit § III.B.3 i.V.m § II (m) (ii) Sanctions Policy (Fn. 3) und § III.A.1.01 (c) (iv) i.V.m. § III.A.11.05 SP16 (Fn. 5).
156 Zu diesen Projekten s. C.II.2.
157 § III.B.1 Sanctions Directive (Fn. 4).
158 § III.B.1 (i) Sanctions Directive (Fn. 4).
159 § III.B.1 (ii) Sanctions Directive (Fn. 4).
160 § III.B.1 (iii) Sanctions Directive (Fn. 4).

Redaktionell unglücklich inmitten der Aufzählung von mehreren Rechtsquellen werden anschließend unter der Überschrift *„Authoritative Interpretation"* drei Recht<u>serkenntnis</u>quellen vorgegeben, s. dazu ausführlich 5.[161]

Die Aufzählung schließt mit einer echten Rechtsquelle: Allgemeine Rechtsprinzipien können eine Rechtsquelle des Sanktionsregimes sein, soweit sie tatsächlich existieren und weder dem Primärrecht der Bank noch dem Sanktionsregime zuwiderlaufen.[162]

4. Cross-Debarment

In einem kurzen Abschnitt enthält die *Sanctions Directive* die materielle Grundlage für die Anerkennung von Sanktionen anderer multilateraler Entwicklungsbanken durch die Weltbank gemäß dem *MDB Cross-Debarment Agreement*.[163]

Die Vorschrift entspricht inhaltlich dem in den neuen Verfahrensregeln ersatzlos gestrichenen[164] Art. XII SP12. Sie hat in der *Sanctions Directive* entsprechend der konzeptionellen Unterscheidung zwischen materiellen Regelungen (zu finden in einer *Policy* oder einer *Directive*) und Verfahrensvorschriften (zu finden in einer *Procedure*) gemäß dem *Policy and Procedure Framework*[165] den systematisch richtigen Platz gefunden.

5. Verbindliche Auslegung des Sanktionsregimes durch LEG?

Gegenüber der vorstehenden Untersuchung bemerkenswert ist vor allem eine Regelung der *Sanctions Directive*: LEG soll danach INT, den SDO und das *Sanctions Board* bei der richtigen Auslegung des Sanktionsregimes beraten.[166] Die Ratschläge LEGs sollen teilweise verbindlich sein; wortgleich wie in der von mir insoweit noch als Übertreibung der eigenen Rolle kritisierten, unverbindlichen *Advisory Opinion* LEGs[167] heißt es nun in der verbindlichen *Sanctions Directive*:

> *„Given its institutional role, LEG's advice is authoritative to the extent it relates to the Bank's legal framework or matters of legal policy."*[168]

Der Rechtsrat LEGs wird in der *Sanctions Directive* außerdem als eine von drei Rechtserkenntnisquellen des Sanktionsregimes genannt, nach der Entstehungsgeschichte der auszulegenden Regelung und vor der Rechtsprechung des *Sanctions Board*:

---

161 § III.B.1 (iv) Sanctions Directive (Fn. 4).
162 § III.B.1 (v) Sanctions Directive (Fn. 4).
163 § III.B.3 Sanctions Directive (Fn. 4).
164 S. SP16 (Fn. 5).
165 Oben A.I.
166 § III.A.1 (iv) (b) Sanctions Directive (Fn. 4).
167 Zitat oben Kapitel 2 – A.I.3.a)bb), begleitender Text zu Fn. 520.
168 § III.A.1 (iv) (b) Sanctions Directive (Fn. 4).

„Authoritative Interpretation. *Sources of interpretation of the Sanctions Framework are:* *(1) the legislative history; (2) LEG's advice provided to INT, the SDO and the Sanctions* *Board on the proper interpretation of the Bank's legal and policy framework, including* *the Sanctions Framework and the various definitions of Sanctionable Practices; and (3)* *the jurisprudence of the Sanctions Board with respect to the application of the Sanctions* *Framework and the specific standards of particular facts of specific cases.*"[169]

Kann LEG dem SDO und dem *Sanctions Board* also vorschreiben, wie sie bestimmte Regelungen des Sanktionsregimes zu verstehen haben? Dürfen SDO und *Sanctions Board* sich überhaupt an einer eigenständigen Auslegung des Sanktionsregimes versuchen oder müssen sie LEG befragen – zumindest wenn sich aus den (höchstwahrscheinlich ebenfalls zuständigkeitshalber[170] von LEG erstellten) vorbereitenden Materialien kein eindeutiges Ergebnis ergibt? Von unabhängiger Rechtsanwendung könnte dann keine Rede mehr sein,[171] der Rechtsschutz durch das *Sanctions Board* wäre erheblich entwertet.[172]

a) Keine Konsultationspflicht

Nicht einmal die möglicherweise weitgehende *Sanctions Directive* regelt eine Konsultationspflicht des *Sanctions Board* oder des SDO. Sie lässt offen, auf wessen Initiative der Rechtsrat LEGs erfolgen soll. Es heißt nur, LEG könne die Sanktionsorgane sowohl anlässlich eines konkreten Falles als auch unabhängig davon beraten, wenn sich ein grundsätzliches und fallübergreifendes Auslegungsproblem stelle.[173]

In den neuen Verfahrensregeln heißt es wie in den alten, dass der SDO und das *Sanctions Board* bei Fragen zur richtigen Auslegung der Regelungen des Sanktionsregimes den Rat von LEG einholen *können*, nicht aber, dass sie es müssten (*„may consult"*).[174]

b) Im Sanctions Board Statute verankerte Befugnis des Sanctions Board zur unabhängigen Rechtsanwendung

Das *Sanctions Board* ist nach den neuen wie nach den alten Statuten ermächtigt, Sanktionsfälle zu prüfen und zu entscheiden.[175] Falls die Zuständigkeit und Entscheidungsbefugnis des *Sanctions Board* streitig ist, soll das *Sanctions Board* selbst darüber entscheiden.[176] Die Mitglieder des *Sanctions Board* sollen ihre Aufgaben

---

169   § III.B.1 (iv) Sanctions Directive (Fn. 4) – meine Unterstreichung.
170   § III.A.1 (iv) (a) Sanctions Directive (Fn. 4).
171   Kapitel 5 – E.III.2.
172   Vgl. Kapitel 5 – F.I.1.
173   § III.A.1 (iv) (c) Sanctions Directive (Fn. 4).
174   § III.A.1.02 (c) SP16; vgl. oben Kapitel 2 – A.I.3.a)cc).
175   § III.A.1 SBSt 2016 (Fn. 2).
176   § III.A.2 SBSt 2016 (Fn. 2).

fair, unparteiisch und sorgfältig erfüllen.[177] Sie sollen unabhängig handeln und insbesondere vom Bankmanagement keine Anweisungen entgegennehmen:

> *„In considering cases, each member of the Sanctions Board shall act independently and shall not answer to or take instructions from Management, members of the Board of Executive Directors, member governments, respondents or any other entity."*[178]

Falls eine Verfahrensfrage im Sanktionsregime ungeregelt ist, soll das *Sanctions Board* den Anweisungen seines Vorsitzenden – also im Umkehrschluss gerade nicht des *General Counsel* – folgen.[179]

c) Unabhängigkeit der entscheidungsbefugten Sanktionsorgane laut Sanctions Policy

Die Unabhängigkeit des SDO, der EOs, des ICO und der Angehörigen des *Sanctions Board* ist laut der *Sanctions Policy* ausdrücklich ein Grundprinzip des Sanktionsregimes: Die genannten Sanktionsorgane sollen jeden Fall unparteiisch allein nach der Sachlage beurteilen und von niemandem Weisungen entgegennehmen, insbesondere nicht vom Management oder den Direktorien der Institutionen der Weltbankgruppe, den Regierungen von Mitgliedsstaaten oder Betroffenen; Rechtsrat der *General Counsel* sollen sie bei ihrer Arbeit (nur) angemessen berücksichtigen, gebunden sind sie (nur) an die anwendbaren Regelungen in *Policies, Directives* und *Procedures*; die Vorschrift der *Sanctions Policy* lautet:

> *„**Independence.** The SDO, the EOs, the ICO, and each member of the Sanctions Board consider each case in the Sanctions System impartially and solely on its merits, and do not answer to or take instructions from Management, members of the Board, member governments, Respondents, or any other entity or individual. All officers and representatives of the Sanctions System exercise their independent judgment in carrying out their respective roles and responsibilities <u>in accordance with</u> the relevant policies, directives and procedures of the World Bank Group, including (without limitation) this Policy and the related directives and procedures, and <u>with due regard</u> to the related guidance issued by Management and such legal advice as may be provided by the World Bank Group General Counsel or, with respect to IFC or MIGA, by their respective General Counsels. In providing legal advice to the SDO, the relevant EO, or the Sanctions Board in connection with issues arising out of a particular case in the Sanctions System, the relevant General Counsels refrain from expressing any opinion as to the outcome of the case or on the weight or credibility of the evidence."*[180]

---

177   § III.B.1 SBSt 2016 (Fn. 2).
178   § III.B.2 SBSt 2016 (Fn. 2).
179   § III.A.11 SBSt 2016 (Fn. 2).
180   § III.B.2 Sanctions Policy (Fn. 3) – Fettdruck im Original, meine Unterstreichung.

Nach der *Sanctions Policy* steht der Rechtsrat der *General Counsel* also auf derselben Stufe wie die unverbindlichen[181] Handreichungen in Form einer *Guidance*. Eine Auslegung der *Sanctions Directive,* die dem zuwiderläuft, ist unzulässig.[182]

d) Verbindlichkeit der Rechtsmeinung LEGs nur für INT

Wenn LEG (oder ein anderer *General Counsel*) sich mit einer Rechtsfrage befasst hat, ist dessen Rechtsansicht demnach trotz der „*institutional role*"[183] des *General Counsel* nicht verbindlich für *Sanctions Board,* SDO/EO und ICO – und zwar wegen deren institutioneller Rolle als unabhängige Rechtsanwender. Wirklich gebunden an die Rechtsmeinung LEGs kann nur das einzige Organ des Sanktionsregimes sein, das weder vom Rest des Bankmanagements unabhängig ist, noch nach den Verfahrensregeln berechtigt ist, LEG formell zu konsultieren: INT (mit Ausnahme des ICO).[184]

Stellt sich vor dem *Sanctions Board* eine schwierige oder grundsätzliche Rechtsfrage, konsultiert INT im Vorfeld informell LEG und vertritt vor dem *Sanctions Board* sozusagen die einheitlich gebildete Rechtsmeinung des Bankmanagements.[185]

Das *Sanctions Board* schloss sich in seiner bisherigen Praxis der Meinung des *General Counsel* vielfach an, aber nicht immer; zu manchen Rechtsfragen bildete es sich ganz ohne weitere Diskussion selbst eine Meinung.[186]

V. Sanctions Procedures

Die neuen Verfahrensregeln traten am 1. Juli 2016 in Kraft und gelten für alle nach diesem Datum eingeleiteten Sanktions-, Vergleichs- oder ICO-Verfahren.[187]

---

181 § III.1 (b) P&PF Directive (Fn. 12); s. oben, A.I.
182 A.I.
183 Zitat bei Fn. 168.
184 Vgl. im Umkehrschluss das Zitat zu Fn. 180 und § III.A.1.02 (c) SP16, wo jeweils INT ungenannt bleibt.
185 Z.B. SBD 71 (2014), Rn. 43 (s. Fn. 1); zur Rolle LEGs innerhalb des Bankmanagements s. Kapitel 2 – A.I.3.a)aa).
186 Z.B. folgt das Sanctions Board der Ansicht LEGs in den Entscheidungen (s. Fn. 1) SBD 78 (2015), Rn. 45 (Möglichkeit der Sanktion eines „public official", der aber nicht „government official" ist); SBD 87 (2016), Rn. 70 (kein Beweisverwertungsverbot einer durch einen Dritten ohne Veranlassung der Bank möglicherweise illegal erworbenen E-Mail-Datei); dagegen entschied das Sanctions Board anders z.B. in SBD 71 (2014), Rn. 44 (Zuständigkeit des Sanctions Board für Überprüfung der Einhaltung der Offenbarungspflicht INTs bereits vor Eingang einer Response, s. B.II.1.c)) und vertrat *obiter dictum* eine einschränkende Ansicht zur Anwendbarkeit des Sanktionsregimes in SBD 76 (2015), Rn. 40–46 (dazu B.I.1.d)bb); die jedenfalls nicht selbstverständliche Möglichkeit, eine Sperre rückwirkend beginnen zu lassen, nahm das Sanctions Board ganz ohne inhaltliche Erörterung und ohne Konsultation LEGs an, Kapitel 3 – C.III.3.c) und B.I.4.d).
187 § VIII SP16 (Fn. 5).

Sie erhielten im Wesentlichen eine neue Gliederung, die anderen Dokumenten des *Policy and Procedure Framework* entspricht.[188] Die früher eigenständigen *Delivery Rules*[189] sind jetzt als Unterabschnitt Teil der Verfahrensregeln.[190] Ohne inhaltliche Änderung wurden die Vorschriften zur Vergleichen[191] in einen weiteren eigenen Unterabschnitt verschoben.[192] Die materielle Grundlage für die Übernahme einer Sanktion im Rahmen des *Cross-Debarment* wurde ersatzlos gestrichen und findet sich nunmehr in der *Sanctions Directive*.[193]

Im Übrigen entsprechen die Bestimmungen der neuen Verfahrensregeln nahezu wörtlich den Vorgängerregelungen von 2012.[194] Insbesondere unverändert in die neuen Verfahrensregeln übernommen wurde die Erklärung zur Bestätigung der gültigen Regeln durch das Direktorium im Rahmen der letzten Sanktionsreformen 2004, 2006 und 2010.[195] Eine weitere Reform der Verfahrensregeln wird nicht erwähnt[196] – sie fand zumindest bisher nicht statt. Ob sich die Überlegungen, das bisher unveränderte[197] Verfahren vor dem SDO umzugestalten[198] erledigt haben, ist ungewiss.[199]

VI. Nur intern zugängliche *Guidance* und *Internal Arrangements*

Mindestens zwei weitere aktuelle und offizielle Dokumente zum Sanktionsregime existieren, sind aber nicht öffentlich zugänglich. Sie werden in der *Sanctions Directive* angesprochen, sind aber über den öffentlichen Internetauftritt der Weltbank nicht abrufbar:

---

188 Dazu A.I.
189 Dazu (und zu unmittelbar in den Verfahrensregeln enthaltenen Form- und Fristvorschriften) Kapitel 5 – A.II., zum Zustellungs- und Wiedereinsetzungsverfahren der Delivery Rules speziell Kapitel 5 – A.II.5.
190 § III.C SP16 (Fn. 5).
191 Ehemals Art. XI SP12 (§ 11.01 SP12 bis § 11.04 SP12), dazu oben Kapitel 5 – C.
192 § III.B SP16 (Fn. 5).
193 A.IV.4.
194 Allerdings ist ohne inhaltliche Änderung nun durchgehend vom SDO die Rede statt vom EO.
195 § III.A.1.01 (b) SP16 (Fn. 5) entspricht wörtlich § 1.01 (b) SP12.
196 Zu den Änderungen am Statut des Sanctions Board aber oben A.II.
197 Abgesehen von der neuen Bezeichnung „SDO" entspricht § III.A.4 SP16 der Regelung zum Verfahren vor dem EO in Art. IV SP12.
198 Kapitel 6 – B.VI.
199 Laut *World Bank,* Consultations on Review of the World Bank's Sanctions System, https://consultations.worldbank.org/consultation/sanctions-reviews (30.04.2017) ist eine zweite Konsultationsphase zur Sanktionsreform weiterhin geplant.

1. Guidance

Das ursprünglich für Ende 2013 zur Veröffentlichung vorgesehene *Sanctions Manual*[200] wurde nicht veröffentlicht, aber umbenannt in *Bank Guidance: Sanctions for Fraud and Corruption in Bank Financed Projects.*[201] Möglicherweise erübrigte sich die Veröffentlichung durch die umfassende Reform des *Policy & Procedure Framework.*[202] Was heute an grundsätzlichen Informationen verbindlich in der *Sanctions Policy* und der *Sanctions Directive* dargelegt ist, dürfte, nach der knappen Beschreibung des *Sanctions Manual*[203] zu urteilen, früher dort zu lesen gewesen sein. Solange man der Bank wenigstens soweit vertrauen will, dass man ihr zutraut, dass sie sich an die von ihr selbst geschaffenen Kategorien ihres Sekundärrechts[204] hält, muss man eine Veröffentlichung des *Sanctions Manual* für entbehrlich halten: Was auch immer dort in der Form einer *Guidance* niedergelegt ist, kann nur eine unverbindliche Handreichung sein. Das *Sanctions Manual* kann also in seiner heutigen Form kaum für die Kenntnis und Analyse des Sanktionsregimes von entscheidender Bedeutung sein, obwohl sein Inhalt dabei möglicherweise hilfreich wäre.

2. Internal Arrangements

Ebenfalls für die Öffentlichkeit weitgehend unbekannt ist der Inhalt der *Bank Procedure: Internal Arrangements for the Sanctions System.*[205] Fest steht nur: LEG soll bei darin vorgesehenen begleitenden Abläufen etwas bestätigen oder freigeben[206] – was auch immer damit gemeint sein mag. Dem SDO werden in den *Internal Arrangements* möglicherweise Aufgaben zugewiesen[207] und er hat sich an die Vorgaben der *Internal Arrangements* zu halten[208] – welche das auch immer sind.

Bei der Analyse des Sanktionsregimes hinterlässt die Existenz von internen Absprachen, die für die Sanktionsorgane verbindlich sein können, ein mulmiges Gefühl.

Ein ernsthaft begründeter Anlass zur Sorge um die Rechtsförmigkeit und Integrität des Sanktionsregimes besteht zwar eigentlich nicht. In den *Internal Arrangements* darf nichts vorgesehen sein, was den Grundsätzen eines fairen Verfahrens und der Unabhängigkeit der Entscheidungsträger, wie sie in *Sanctions Policy* und *Sanctions*

---

200 Oben, Kapitel 1 – E.V.3.d).
201 § II (a) Sanctions Directive (Fn. 4).
202 Oben, A.I.
203 Oben, Kapitel 1 – E.V.3.d).
204 S. oben, A.I.
205 § II (l) Sanctions Directive (Fn. 4).
206 § III.A.1 (iv) (d) Sanctions Directive (Fn. 4).
207 § III.A.1 (ii) (a) Sanctions Directive (Fn. 4).
208 § III.A.1 (ii) (b) Sanctions Directive (Fn. 4).

Directive niedergelegt sind, zuwiderläuft: Das gilt nach den Regeln des *Policy and Procedure Framework*[209] für jede *Procedure.*

Dennoch verbleibt die Frage, warum die Weltbank einzelne Regelungen zu Abstimmungen zwischen den Sanktionsorganen nicht offenlegt. Wenn es sich dabei tatsächlich um Banalitäten handelt, die für die Rechtsförmigkeit des Sanktionsregimes bedeutungslos sind, kann die Öffentlichkeit davon erfahren. Wenn die Öffentlichkeit aber von erheblichen Regelungen zum Sanktionsregime nicht erfahren darf, stehen dessen Rechtsförmigkeit, Verlässlichkeit und Legitimität insgesamt in Frage.

B. Neue Rechtsprechung des *Sanctions Board*

Das *Sanctions Board* hat seit Abschluss der vorstehenden Untersuchung mehrere bemerkenswerte Entscheidungen getroffen. Ihre vollständige systematisierte Darstellung würde den Rahmen dieses Anhangs bei Weitem sprengen. Ich kann mich damit begnügen, einzelne besonders bemerkenswerte Punkte herauszugreifen. Die Veröffentlichung eines zweiten und überarbeiteten *Law Digests*, der diese Aufgabe besser erfüllen kann, steht aus.[210] Eine kommentierende Betrachtung des Sanktionsregimes in der Literatur hat begonnen.[211]

Im Allgemeinen bestätigten die neueren Entscheidungen die Ergebnisse der vorstehenden Untersuchung: Das *Sanctions Board* prüft sachlich und gründlich, begründet ausführlich und nachvollziehbar und achtet sorgfältig auf ein faires Verfahren und wirkungsvolle Verteidigungsmöglichkeiten.[212]

---

209 Oben, A.I.
210 Die Verfahrensregeln sehen nach wie vor die regelmäßige Veröffentlichung von *Law Digests* durch LEG vor, in denen die wesentlichen Grundlinien der Rechtsprechung des *Sanctions Board* dargestellt werden sollen, § III.A.10.01 (c) SP16 (Fn. 5). Die Veröffentlichung dürfte neben dem bisher einzigen Exemplar erfolgen unter *World Bank,* Sanctions Board Law Digest, http://web.worldbank.org/WBSITE/ EXTERNAL/EXTABOUTUS/ORGANIZATION/ORGUNITS/EXTOFFEVASUS/ 0,,contentMDK:23065125~pagePK:64168445~piPK:64168309~theSitePK:3601046,00. html (30.04.2017).
211 *Diamant/Sullivan/Smith,* Sanctionable Practices at the World Bank: Interpretation and Enforcement, University of Pennsylvania Journal of Business Law, Vol. 18:4, 2016, 985–1057.
212 Z.B. wurde in SBD 64 (2014) (s. Fn. 1) Wiedereinsetzung gewährt (zum Verfahren oben Kapitel 5 – A.II.5.c)) und das Verfahren schließlich eingestellt, weil weder eine direkte noch eine indirekte Beteiligung des Betroffenen an dem ihm zur Last gelegten Fehlverhalten nachweisbar war; die Annahme von Betrug bei nicht-offengelegten Interessenskonflikten in SBD 83 (2016), Rn. 48–50 (s. Fn. 1) geht zwar weit, ist aber schlüssig begründet; das *Sanctions Board* verbietet sich in SBD 63 (2014), Rn. 49 mit deutlichen Worten sog. *ex parte* eingereichte Schriftsätze, weil dadurch seine Unabhängigkeit und Unparteilichkeit in Zweifel gezogen würde; es hörte entscheidende Zeugen mündlich und in Anwesenheit beider Parteien (anstatt, wie von INT beantragt, *in camera*) an und betonte, wie wichtig die

I. Materielles Recht

1. Sanktionsmöglichkeit im Zusammenhang mit Projekten der IFC und MIGA

Der erste vom *Sanctions Board* entschiedene Fall zu einem Projekt der IFC[213] erlaubt erste (und vorwiegend negative) Aussagen zum Anwendungsbereich des Sanktionsregimes[214] auf Aktivitäten der IFC und MIGA. Die Ausführungen lassen sich zudem auf *Private Sector Projects* der Weltbank übertragen.

a) Hintergrund der Entscheidung

Die IFC hatte die Erweiterung einer Palmölraffinerie in der Ukraine finanziert.[215] Indonesische Interessenverbände warfen der IFC vor, sie habe dadurch die unzulässige Ausweitung eines Palmölanbaugebiets in Indonesien verursacht; die Raffinerie werde mit Öl aus dem Anbaugebiet beliefert und könne dank der IFC mehr Öl verarbeiten als zuvor.[216] Der *Compliance Advisor Ombudsman* („CAO")[217] von IFC und MIGA nahm an, dass sich die Beschwerden auf ein Projekt der IFC bezögen, und eröffnete das Mediationsverfahren.[218]

INT warf mehreren Unternehmen einer Unternehmensgruppe, die sowohl an der Raffinerie als auch am Anbaugebiet beteiligt war, vor, dem vom CAO ernannten Mediator Geld angeboten zu haben, um von ihm eine für den Streit möglicherweise entscheidende Landkarte zu erhalten.[219]

b) Anwendbare Regelungen der IFC

INT hatte offenbar ganz selbstverständlich die Anwendbarkeit des Sanktionsregimes angenommen, denn dazu wurde erst auf Bitten des *Sanctions Board* vorgetragen.[220]

Die IFC definiert sanktionswürdiges Fehlverhalten in eigenen Antikorruptionsrichtlinien („IFC-ACG").[221] Ziel der Richtlinien ist es, die Bedeutung der

---

Anwesenheit des Betroffenen bei einer solchen Befragung für die Fairness des Verfahrens sei, SBD 76 (2015), Rn. 32 (s. Fn. 1) und SBD 87 (2016), Rn. 51 (s. Fn. 1).

213 SBD 76 (2015), Rn. 35 (s. Fn. 1).
214 SBD 76 (2015), Rn. 14 (s. Fn. 1): *„the sanctions system's jurisdiction"*.
215 SBD 76 (2015), Rn. 6 (s. Fn. 1).
216 SBD 76 (2015), Rn. 8 (s. Fn. 1).
217 Seine Rolle wird beschrieben in SBD 76 (2015), Rn. 7 (s. Fn. 1).
218 Ebd.
219 Ebd.
220 SBD 76 (2015), Rn. 35 (s. Fn. 1).
221 *IFC*, Definitions and Interpretative Guidelines, undatiert, http://www.ifc.org/wps/wcm/connect/a9e5a10049fe898dafa2bf02f96b8a3d/Definitions_Interpretive_Guidelines.pdf?MOD=AJPERES (27.04.2017). Zumindest die heutige Fassung dieses Dokuments ist zwar nur überschrieben als „Definitions and Interpretative Guidelines", ich folge aber dem Sprachgebrauch des Sanctions Board in SBD 76

Begriffe Korruption, Betrug, Zwangsausübung, Kollusion und Ermittlungsbehinderung im Zusammenhang mit Aktivitäten der IFC (*„in the context of IFC
operations"*) klarzustellen.[222] Eine weitergehende Regelung ihres Anwendungsbereichs enthalten sie nicht.[223] Die *Sanctions Procedures* der IFC („IFC-SP12")[224]
regeln analog zu den Verfahrensregeln der Weltbank von 2012[225] das Verfahren
für die Verhängung von Sanktionen wegen Fehlverhaltens im Zusammenhang
mit Projekten der IFC.[226]

c) *Meinung des* General Counsel *der IFC*

Der vom *Sanctions Board* konsultierte *General Counsel* der IFC vertrat in einer
offenbar längeren Stellungnahme die Ansicht, dass das Sanktionsregime alles
Fehlverhalten im Zusammenhang mit einem IFC-Projekt erfasse, dessen sog.
Mandate Letter[227] nach dem 1. Januar 2007 ausgestellt worden sei.[228] Insoweit
sei die Absicht der IFC, Fehlverhalten im Zusammenhang mit ihren Projekten
zu sanktionieren, auf ihrer Webseite erkennbar und die entsprechenden Definitionen abrufbar.[229]

(2015), Rn. 12 et passim (s. Fn. 1). Das Sanctions Board bezog sich ebd. möglicherweise auf ein älteres Dokument, weil a.a.O., Rn. 12 nur ein Auslegungshinweis zur
Definition der Korruption wiedergegeben wird, die heute abrufbaren Richtlinien
aber fünf solche Hinweise enthalten (§ 1.A bis E IFC-ACG).

222 IFC-ACG (Fn. 221), Präambel.
223 Lediglich in den Erläuterungen zu den Definitionen von Betrug, Zwangsausübung
und Kollusion finden sich einschränkende Ausführungen zur Zielrichtung und
zum Kontext des beschriebenen Verhaltens, die erkennen lassen, dass der Anwendungsbereich der weit gefassten Definitionen nicht unbegrenzt sein kann,
§ 2.B, § 3.A und § 4.A IFC-ACG (Fn. 221).
224 *IFC*, IFC Sanctions Procedures as adopted by the IFC as of November 1, 2012
(„IFC-SP12") [http://www.ifc.org/wps/wcm/connect/d1c70b8049fe8971aed5be02f
96b8a3d/Sanctions_Procedures+IFC.pdf?MOD=AJPERES (27.04.2017)]., § 1.01 (a):
„These IFC Sanctions Procedures [...] set out the procedures to be followed in cases
involving Sanctionable Practices: (a) in connection with IFC Projects; [...]".
225 § 1.01 (a) SP12.
226 § 1.01 (a) IFC-SP12 (Fn. 224): „These IFC Sanctions Procedures [...] set out the
procedures to be followed in cases involving Sanctionable Practices: (a) in connection with IFC Projects; [...]".
227 Eine Beschreibung der potentiellen Finanzierungstätigkeit der IFC im Rahmen
eines geplanten Projekts, die an die potentiellen Vertragsparteien der IFC versandt
wird, s. SBD 76 (2015), Rn. 6 (s. Fn. 1).
228 SBD 76 (2015), Rn. 36 (s. Fn. 1).
229 Ebd.

d) Entscheidung des Sanctions Board

Das *Sanctions Board* berücksichtigte die Auffassung des *General Counsel*,[230] zog den Anwendungsbereich des Sanktionsregimes bei IFC-Projekten aber erheblich enger als vom *General Counsel* der IFC vorgeschlagen.

aa) Keine allgemeine Erstreckung auf CAO-Mediationsprozesse

Mediationsprozesse, die der CAO aufgrund von Beschwerden wegen der Auswirkungen von Projekten einleitet, unterfallen nach Ansicht des *Sanctions Board* nicht als solche dem Sanktionsregime.[231] Insbesondere könnten sie nicht selbständig ein Projekt der IFC im Sinne der Verfahrensregeln sein, weil sie sich ihrerseits auf ein Projekt der IFC beziehen müssten.[232] Wer an einem solchen Mediationsprozess teilnimmt, werde dadurch nicht zu einer dem Sanktionsregime unterworfenen Vertragspartei der IFC im Sinne ihrer Verfahrensregeln, weil dort nur Verträge bzgl. Investitionen der IFC, technischer Unterstützungstätigkeit oder Beratungsleistungen erfasst seien.[233]

Fehlverhalten im Rahmen eines Mediationsprozesses des CAO ist aber nicht von vornherein vom Anwendungsbereich des Sanktionsregimes ausgeschlossen; es kann möglicherweise sanktioniert werden, wenn es in Zusammenhang mit einem Projekt der IFC steht:

> „[...] *To be clear, participation in the CAO mediation process here does not, of itself, establish a basis for jurisdiction for the Sanctions Board in the absence of a demonstrated connection with an ‚IFC Project‘ within the meaning of the Sanctions Procedures. This does not mean that a party that has engaged in corrupt or other sanctionable practices in the context of a CAO mediation will be exempt from liability where there is a demonstrated connection to an ‚IFC Project‘.*“[234]

Der Zusammenhang zwischen dem Gegenstand einer an den CAO gerichteten Beschwerde und einem Projekt der IFC muss tatsächlich bestehen.[235] Die bloße Behauptung eines Zusammenhangs reicht dem *Sanctions Board* nicht aus, um die Anwendbarkeit des Sanktionsregimes auf den folgenden Mediationsprozess zu begründen; die Prüfungsmaßstäbe des CAO und des *Sanctions Board* seien unterschiedlich.[236]

Die Anwendbarkeit des Sanktionsregimes lässt sich laut *Sanctions Board* auch nicht aus der freiwilligen Teilnahme der Betroffenen an dem Mediationsprozess ableiten; eine freiwillige Unterwerfung unter das Sanktionsregime sei von vornherein

---

230   Ebd.
231   SBD 76 (2015), Rn. 48–50 (s. Fn. 1).
232   SBD 76 (2015), Rn. 49 (s. Fn. 1).
233   SBD 76 (2015), Rn. 48 (s. Fn. 1).
234   SBD 76 (2015), Rn. 50 (s. Fn. 1) – meine Unterstreichung.
235   SBD 76 (2015), Rn. 37 (s. Fn. 1).
236   SBD 76 (2015), Rn. 39 (s. Fn. 1).

unmöglich, denn dessen Anwendungsbereich werde nur durch die entsprechenden Regelungen der Weltbank bestimmt und könne darüber hinaus nicht ausgedehnt werden.[237] Die Argumentation des *Sanctions Board* verdient Zustimmung. Die Teilnahme an einem Mediationsprozess des CAO eröffnet keinen Zugriff auf Geldmittel der IFC. Das Sanktionsregime dient aber ausschließlich dazu, die von der Weltbankgruppe treuhänderisch verwalteten Geldmittel zu schützen.[238]

bb) Obiter Dictum: Erfordernis einer eindeutigen Bestimmung des Anwendungsbereichs der Richtlinien

Danach hätte das *Sanctions Board* das Verfahren ohne weitere rechtliche Erörterungen einstellen können. INT warf den Betroffenen nur Korruption im Mediationsverfahren vor, kein (sonstiges) Fehlverhalten in unmittelbarem Zusammenhang mit dem Projekt selbst.[239] Einen ausreichenden tatsächlichen Zusammenhang zwischen Mediationsverfahren und Projekt konnte das *Sanctions Board* nicht feststellen.[240] Es gab überhaupt keine Beweise für das tatsächliche Bestehen einer Lieferkette, die eine Verbindung zwischen den im Mediationsverfahren verhandelten Problemen in Indonesien mit dem IFC-Projekt in der Ukraine hätte herstellen können.[241]

Das *Sanctions Board* erklärte dementsprechend folgerichtig, es könne offenlassen, ob das Bestehen der angeblichen Lieferkette zur Anwendbarkeit des Sanktionsregimes geführt hätte:[242]

> „[...] In the absence of evidence supporting INT's factual claim, there is no need for the Sanctions Board to determine whether the asserted supply chain, even if proven, would have been sufficient to establish the sanctions system's jurisdiction over the facts at issue."[243]

Das *Sanctions Board* prüfte dennoch, der Argumentation INTs folgend,[244] ob die vertraglichen Vereinbarungen zum Projekt eine Grundlage für die Sanktion der Betroffenen bieten könnten.[245] Den Ausführungen des *Sanctions Board* lassen sich die folgenden zentralen Aussagen entnehmen:

---

237 SBD 76 (2015), Rn. 52 (s. Fn. 1).
238 Oben Kapitel 1 – B.II.; die treuhänderische Pflicht als Grundlage für die Anwendung des Sanktionsregimes nennt das Sanctions Board in einer Fußnote der besprochenen Entscheidung, SBD 76 (2015), Fn. 11 zu Rn. 52 (s. Fn. 1); entsprechende Regelungen enthalten mittlerweile Sanctions Policy (Ziele des Sanktionsregimes, A.III.1) und Sanctions Directive (sog. *Subject matter jurisdiction*, A.IV.2.a)).
239 SBD 76 (2015), Rn. 37 (s. Fn. 1).
240 SBD 76 (2015), Rn. 39 (s. Fn. 1).
241 SBD 76 (2015), Rn. 37 (s. Fn. 1).
242 SBD 76 (2015), Rn. 37 (s. Fn. 1).
243 SBD 76 (2015), Rn. 37 (s. Fn. 1).
244 SBD 76 (2015), Rn. 35 (s. Fn. 1).
245 SBD 76 (2015), Rn. 40–46 (s. Fn. 1).

- Weder die Antikorruptionsrichtlinien der IFC als solche – die nur Definitionen sanktionswürdigen Fehlverhaltens regeln, nicht aber deren Anwendungsbereich[246] – noch die Bestimmung des Geltungsbereichs der Sanktions*verfahrens*regeln der IFC können für sich alleine eine Sanktionsmöglichkeit für bestimmtes Verhalten begründen.[247] Wenn alles Verhalten im Zusammenhang mit Projekten der IFC potentiell materiell sanktionierbar wäre, nur weil ein betreffendes Verfahren nach den Verfahrensregeln der IFC abliefe, käme es auf den Inhalt von Kredit- oder Garantieverträgen gar nicht an und die entsprechenden Ausführungen des *Sanctions Board* wären doppelt überflüssig.[248]
- Der Kreditvertrag mit der IFC oder die Übernahme einer Garantie für die Pflichten eines Kreditnehmers können eine Vertragspartei der IFC verpflichten, sich sanktionswürdigen Fehlverhaltens im Zusammenhang mit dem Projekt zu enthalten; genausoweit wie diese Verpflichtung geht dann das Sanktionsrecht der IFC.[249] Das Sanktionsrecht erstreckt sich insbesondere nicht auf die Zeit nach Abschluss des Kreditvertrags oder der Garantieerklärung, wenn ein Dritter nur für die Zeit davor garantiert hat, dass es nicht zu sanktionswürdigem Fehlverhalten gekommen sei.[250]
- Ein allgemeiner Hinweis auf die Anstrengungen der IFC zur Bekämpfung von Betrug und Korruption und ihre online verfügbaren Antikorruptionsrichtlinien, wie er in dem an die Betroffenen gerichteten sog. *Mandate Letters* enthalten war, begründet nicht selbständig eine eindeutige Verpflichtung der Empfänger, sanktionswürdiges Verhalten im Sinne der Antikorruptionsrichtlinien zu unterlassen und stellt insbesondere nicht klar, inwieweit die in Bezug genommenen Richtlinien Anwendung finden:

„[...] To the extent that the Respondent Parent Company was itself directly subject to obligations, the only provision of the Mandate Letter that would seem relevant to the alleged misconduct would be the following: ‚IFC has always worked to avoid fraud and corruption in all of its activities and continues to strengthen its governance and anti-corruption work. IFC's procedures for addressing allegations of fraud and corruption in IFC projects can be found at www.ifc.org/anticorruption.‘ The Mandate Letter thus imposes no express obligations upon the Respondent Parent Company to refrain from corruption in connection with the Project, whether in its conduct as guarantor or in any other capacity, nor does it clearly stipulate that the Respondent Parent Company, as a guarantor of an IFC project, may be subjected to sanctions proceedings.“[251]

---

246 S. Fn. 223.
247 Sie werden als mögliche eigenständige Grundlagen nicht einmal diskutiert (nur in Abgrenzung zum CAO Mediationsprozess, oben B.I.1.d)aa)), sogar der Hinweis auf sie in einem Mandate Letter reichte aber nicht, SBD 76 (2015), Rn. 41.
248 S. Fn. 245.
249 SBD 76 (2015), Rn. 43–46 (s. Fn. 1).
250 SBD 76 (2015), Rn. 42, 45–46 (s. Fn. 1).
251 SBD 76 (2015), Rn. 40 (s. Fn. 1) – meine Hervorhebung.

Dieser Hinweis reicht deshalb dem *Sanctions Board* – offenbar entgegen der Ansicht des *General Counsel* der IFC[252] – nicht als Grundlage für die Sanktion von Beteiligten an Projekten der IFC aus.[253]

e) Folgerungen

Aus den obigen Feststellungen folgt: Die Anwendbarkeit des Sanktionsregimes muss auch bei Projekten der IFC in den Vereinbarungen für jedes einzelne Projekt genau festgelegt werden, sowohl hinsichtlich des einzelnen Projektes selbst als auch hinsichtlich des Kreises der im Zusammenhang damit dem Sanktionsregime Unterworfenen. Das kann in einer vertraglichen Vereinbarung (aa)) oder durch eine einseitige Erklärung geschehen, die aber konkret und einzelfallbezogen sein muss (bb)).

Diese Schlussfolgerungen lassen sich unmittelbar auf Projekte der MIGA übertragen (cc)). Für die Weltbank gelten sie ebenfalls, soweit diese (bei sogenannten *Private Sector Projects*) ohne Vermittlung durch einen staatlichen Kreditnehmer mit Projektbeteiligten in Verbindung tritt (dd)).

aa) Vereinbarung der Anwendung des Sanktionsregimes

Weil die für Investitionsfinanzierungsprojekte charakteristische Dreiecksbeziehung fehlt, wird sich bei Projekten der IFC häufig das (scheinbare) Paradox ergeben, dass der Betroffene aufgrund seines Einverständnisses mit der Geltung der Antikorruptionsrichtlinien im Anwendungsbereich der Antikorruptionsrichtlinien ohne sein Einverständnis sanktioniert werden kann:

Im Geltungsbereich der Antikorruptionsrichtlinien bedarf die Sanktion zwar wie bei den klassischen Investitionsfinanzierungsprojekten der Weltbank[254] nicht der Zustimmung des Betroffenen, denn auch die Sanktionsentscheidung der IFC ist ein einseitiger Akt. Es ist für die IFC sogar einfacher als für die Weltbank, eine Sanktion durchzusetzen, weil sie selbst darauf verzichten kann, mit gesperrten Unternehmen Verträge abzuschließen, ohne dass der staatliche Kreditnehmer als Bindeglied eingeschaltet wäre. Die IFC muss ihr Sanktionsrecht nicht gegenüber dem Staat begründen, der das Projekt eigentlich durchführt.[255] Sie tritt unmittelbar mit Privaten in Vertragsbeziehung.[256]

---

252 Fn. 228 und begleitender Text.
253 SBD 76 (2015), Rn. 40, 41 (s. Fn. 1).
254 Kapitel 2 – B.I.
255 Zur Dreieckskonstellation bei Projekten der Weltbank: Kapitel 2 – B.I.1.
256 Beschreibung ihres Tätigkeitsspektrums: *IFC*, Solutions Overview http://www. ifc.org/wps/wcm/connect/CORP_EXT_Content/IFC_External_Corporate_Site/ solutions (28.04.2017).

Den Geltungsbereich der Antikorruptionsrichtlinien eröffnet aber in der Regel erst eine Vereinbarung zwischen der IFC und den Beteiligten des Projekts, insbesondere dem privaten Kreditnehmer.[257]

bb) Einseitige Erklärung der Anwendbarkeit des Sanktionsregimes

Soweit eine vertragliche Beziehung (noch) nicht besteht, muss die IFC anderweitig ihre Absicht, bestimmtes Verhalten im Zusammenhang mit einem bestimmten Projekt dem Sanktionsregime unterstellen zu wollen, eindeutig und für die potentiellen Beteiligten erkennbar erklären.

(i) Konkrete Erklärung im *Mandate Letter*

Eine ausreichend konkrete Erklärung in den *Mandate Letters* kann den Anwendungsbereich des Sanktionsregimes eröffnen; es muss klar werden, dass die Adressaten des *Mandate Letter* für Fehlverhalten im Zusammenhang mit dem Projekt, auf das sich der *Mandate Letter* bezieht, sanktioniert werden können.[258]

(ii) Generelle Erklärungen im Internetauftritt

Fraglich ist, ob eine unzureichende, pauschale Erklärung im *Mandate Letter* oder in einem sonstigen Dokument durch (in Bezug genommene) allgemeine Erklärungen zur Anwendbarkeit des Sanktionsregimes vervollständigt werden kann.

Auf der heute verfügbaren Webseite zu den Antikorruptionsbemühungen der IFC heißt es zur Anwendbarkeit des Sanktionsregimes:

> „*The Sanctions Process applies to any IFC counterparty, which would in general include IFC borrowers; companies in which IFC makes an investment (both direct and indirect); companies who borrow or issue debt securities with the support of IFC guarantees; sponsors; Advisory Services recipients; and Advisory Services' consultants and service providers.*"[259]

Wenn es einen solchen Hinweis bereits zu der Zeit gab, als sich die Betroffenen in der besprochenen Entscheidung im Voraus über den Anwendungsbereich des Sanktionsregimes hätten informieren können, hat INT dazu nichts vorgetragen.[260]

---

257 In der besprochenen Entscheidung hätte der Kreditnehmer selbst wohl, anders als die Betroffenen, die nicht Kreditnehmer der IFC waren, aufgrund der Bestimmungen des Kreditvertrags für Fehlverhalten im Zusammenhang mit dem Projekt in der Ukraine sanktioniert werden können, s. SBD 76 (2015), Rn. 44.

258 Vgl. im Umkehrschluss SBD 76 (2015), Rn. 40, 41 (s. Fn. 1) und insbesondere das oben bei Fn. 251 wiedergegebene und hervorgehobene Zitat.

259 *IFC,* Sanctionable Practices, http://www.ifc.org/wps/wcm/connect/Topics_Ext_Content/IFC_External_Corporate_Site/AC_Home/Sanctionable_Practices/ (28.04.2017).

260 S. SBD 76 (2015), Rn. 12 (s. Fn. 1).

Es lässt sich nur mutmaßen, ob dem *Sanctions Board* ein solcher Hinweis auf der Webseite der IFC in Ergänzung zum unklaren *Mandate Letter* ausgereicht hätte.[261]

Für den Zeitpunkt der Entscheidung im Jahr 2015 muss das bereits bezweifelt werden, denn die Zielsetzung des Sanktionsregimes verbietet eine Sanktion auf solcher Grundlage:[262] Verbote mit unklarem Geltungsbereich sind genauso schlecht wie geheime oder unbestimmte Verbote und genau wie diese in einer auf Vorhersehbarkeit und Verlässlichkeit ausgelegten Rechtsordnung ein Unding.[263] Dadurch entstehen zwar möglicherweise Lücken im Einzelfall.[264] Das Sanktionsregime als Ganzes wird dadurch aber effektiver: Je transparenter und vorhersehbarer das Sanktionsregime ist, desto größer ist seine beabsichtigte[265] spezial- und generalpräventive Wirkung. Wenn die Projektteilnehmer aber erst recherchieren müssen, um von der Sanktionsmöglichkeit zu erfahren, wird die drohende Sanktionsmöglichkeit sie kaum von sanktionswürdigem Verhalten abschrecken.

Seit Inkrafttreten der *Sanctions Policy* im Jahr 2016 gibt es ein weiteres gewichtiges Argument gegen die Anwendung des Sanktionsregimes ohne eine eindeutige,

---

261 Insoweit scheint Zurückhaltung zu sprechen aus der Formulierung in SBD 76 (2015), Rn. 41: „[...] Given that the Mandate Letter did not impose any obligations upon the Respondent Parent Company to refrain from corruption in relation to the Project, it does not, on its own, provide any basis for asserting jurisdiction notwithstanding the reference to the Anti-Corruption Guidelines and IFC Sanctions Procedures." Damit muss aber nicht gemeint sein, dass ein Hinweis auf die Geltung des Sanktionsregimes im Mandate Letter aus sich heraus verständlich und vollständig sein muss; gemeint sein kann schlicht, dass weder die Antikorruptionsrichtlinien noch die Verfahrensregeln ausreichen um die Anwendbarkeit des Sanktionsregimes zu begründen, so dass ein bloßer Verweis darauf ebenfalls wirkungslos bleiben muss, s. oben Fn. 247 und begleitender Text.

262 Es wäre eine interessante, aber über den Umfang dieser Darstellung hinausgehende Frage, ob die Weltbankgruppe durch Menschenrechte (natürlich und juristischer Personen) oder sonstiges Völkerrecht, möglicherweise sogar ironischerweise maßgeblich von ihr selbst geschaffenes Gewohnheitsrecht gehindert wäre, ein Sanktionsregime zu schaffen, das unter solchen unklaren Bedingungen anwendbar wäre. Zur Menschenrechtsbindung der Weltbank und anderer internationaler Organisationen siehe oben, Fn. 494 zu Kapitel 2 – A.I.1. Unmittelbar aus dem Bestimmtheitsgrundsatz des Strafrechts ließe sich ein solches Verbot kaum herleiten, weil die Weltbankgruppe keine staatliche Strafgewalt ausübt, vgl. Kapitel 4 – A.III.2.c). Sie kann andererseits nicht wie ein Staat ihre grundsätzliche Sanktionsgewalt, wenn man diesen Begriff gebrauchen will, nicht aus von vornherein bestehender Hoheitsgewalt ableiten, weil sie keine Hoheitsgewalt hat.

263 Vgl. Kapitel 2 – A.I.1 sowie oben Fn. 652 und begleitender Text.

264 Insbesondere im oben, im begleitenden Text bei Fn. 652 erwähnten Fall, wenn die Ausschreibungsdokumente eines traditionellen Investitionsfinanzierungsprojekts keine Aussage zu darauf anwendbaren Richtlinien enthalten und in künftigen Fällen im Zusammenhang mit Projekten der IFC.

265 Vgl. heute die Ausführungen zur Zielsetzung des Sanktionsregimes in der Sanctions Policy, oben A.III.1.

einzelfallbezogene Erklärung. In der *Sanctions Policy* ist eine Sanktion für Verhalten im Zusammenhang mit einem Geschäft der Weltbankgruppe nur insoweit vorgesehen, wie das Verhalten in den rechtlichen Vereinbarungen oder sonstigen Dokumenten als sanktionswürdig definiert ist, nach denen das Geschäft der Weltbankgruppe abgewickelt wird.[266] Das Leitbild des Sanktionsregimes ist also die Vereinbarung oder Erklärung der Anwendbarkeit bestimmter Richtlinien auf ein bestimmtes Projekt in jedem Einzelfall.[267] Der Rückgriff auf allgemeine Aussagen auf einer Webseite wäre demgegenüber ein Systembruch.

cc) Übertragbarkeit auf Projekte der MIGA

Zumindest die Ausführungen des *Sanctions Board* zu Mediationsprozessen des CAO der IFC sind auf die MIGA übertragbar. Der CAO ist eine gemeinsame Einrichtung beider Institutionen.[268]

Die übrigen Überlegungen zur konkreten und einzelfallbezogenen Festlegung der Anwendbarkeit des Sanktionsregimes sind grundsätzlicher Natur und müssen daher für die MIGA gleichermaßen gelten wie für die IFC.

dd) Übertragbarkeit auf *Private Sector Projects* von IBRD und IDA

Bei Investitionsfinanzierung der Weltbank stellen sich die obigen Probleme nicht. Dann gibt es einen Vertrag der Weltbank mit ihrem staatlichen Kreditnehmer, in dem die Geltung bestimmter Antikorruptions- oder Vergaberichtlinien für die Durchführung des Projekts vereinbart wird.[269]

Die Weltbank tritt aber bei bestimmten Projekten, sog. *Private Sector Projects*, wie IFC und MIGA unmittelbar mit nichtstaatlichen Projektbeteiligten in Vertragsbeziehung (unten C.II.). Insoweit kann sich, weil die klassische Dreieckskonstellation wegfällt, die Anwendbarkeit des Sanktionsregimes nur aus der Vereinbarung der Weltbank mit den Projektbeteiligten (aa)) oder aus einer hinreichend konkreten einseitigen Erklärung ihnen gegenüber (bb)) ergeben. Die Problemstellung ist dieselbe wie bei IFC und MIGA, die obigen Folgerungen müssen auch insoweit übertragbar sein.

---

266 § II (m) (i) („[...] defined in the legal agreements or other documents governing the WBG operation, including any relevant instrument prepared thereunder, in connection with which such practices may occur") i.V.m. § II (n), § III.B.3 Sanctions Policy (Fn. 3), s. oben A.III.4.
267 Weiteres Indiz für eine dementsprechend konzeptionell so konkrete Festlegung wie praktikabel möglich ist das Einverständniserfordernis bei alternativer Vertragsvergabe im Rahmen von Investitionsfinanzierungsprojekten, s. unten C.I.2.
268 SBD 76 (2015), Rn. 7 (s. Fn. 1).
269 Kapitel 2 – B.I.1.

2. Berücksichtigung mangelnder Kooperation des Betroffenen

Durch zwischenzeitliche Entscheidungen des *Sanctions Board* sind die Anforderungen an das Verhalten von Unternehmen während einer Ermittlung INTs und während eines anschließenden Sanktionsverfahrens geklärt und frühere Überlegungen in der obigen Arbeit teilweise überholt:[270]

- Solange INT nicht von dem Buchprüfungsrecht der Bank Gebrauch macht, können Unternehmen die Anfragen der Bankermittler ignorieren, ohne deswegen eine schärfere[271] oder gar eigenständige (weitere)[272] Sanktion befürchten zu müssen; sie müssen INT weder Auskünfte geben noch Unterlagen zur Verfügung stellen.[273]
- Werden vorsätzlich falsche Angaben gemacht, um die Ermittlungen INTs zu behindern, rechtfertigt dies zwar noch keine eigenständige Sanktion wegen Ermittlungsbehinderung,[274] wohl aber eine schärfere Sanktion wegen des Fehlverhaltens, auf das sich die Ermittlung bezog.[275]
- Treten schließlich weitere Handlungen („*overt acts*") hinzu, etwa Behinderung einer Buchprüfung[276] oder das zielgerichtete Vernichten oder Verändern von Beweismitteln,[277] ist eine eigenständige Sanktion wegen Ermittlungsbehinderung möglich.[278] Eine zielgerichtete Behinderung des Buchprüfungsrechts

---

270 Zu früheren, zwischenzeitlich wohl überholten, möglicherweise anderslautenden Entscheidungen zum Problem falscher Angaben im Ermittlungsverfahren siehe Kapitel 2 – C.II.2.b) und d); s. zur Auskunftspflicht der Betroffenen gegenüber dem Sanctions Board Kapitel 5 – B.II.2.g).

271 Heute § III.A.9.02 (c) SP16 (Fn. 5); Kapitel 2 – 3.B.VII.2.

272 Heute § 7 (e) ACG 2016 (Fn. 372); siehe Kapitel 2 – C.II.

273 SBD 86 (2016), Rn. 50 (s. Fn. 1) m.w.N.

274 SBD 87 (2016), Rn. 113 (s. Fn. 1): „[...] The Sanctions Board notes that if it were to apply INT's broad interpretation of obstructive practice as asserted here, it could lead to a separate finding of sanctionable misconduct in each instance where a respondent is found liable for other misconduct that it had denied. [...]".

275 SBD 87 (2016), Rn. 113, 117, 132 (s. Fn. 1); SBD 75 (2014), Rn. 22–23, 34–35: Keine Schärfung, aber auch keine Milderung der Basissanktion nach teilgeständiger, hinsichtlich der eigenen Verantwortlichkeit für die unstreitige Fälschung eines Dokuments unglaubwürdiger Einlassung.

276 SBD 87 (2016), Rn. 115–116 (s. Fn. 1): Verweigerung der Buchprüfung durch wiederholtes Hinhalten.

277 Z.B. SBD 63 (2014), Rn. 102 (s. Fn. 1); am Nachweis der Zielgerichtetheit scheiterte eine von INT dort statt einer eigenständigen Sanktion wegen Ermittlungsbehinderung nur angestrebte Schärfung der Sanktion in SBD 61 (2013), Rn. 38 (s. Fn. 1).

278 Vgl. im Umkehrschluss SBD 87 (2016), Rn. 113 (s. Fn. 1): „[...] According to INT, these denials constitute false statements made to INT investigators in order to materially impede their investigation. Yet INT does not assert, and the record does not reflect, that the Case 249 Respondents' denials were accompanied by any overt acts intended to impede the investigation. [...]"

liegt allerdings nicht vor, wenn der Umfang des Buchprüfungsrechts vertretbar zu eng ausgelegt wird.[279]

Wer dem *Sanctions Board* gegenüber Fehlverhalten abstreitet, obwohl dafür deutliche Beweise vorliegen, muss mit einer schärferen Sanktion wegen mangelnder Kooperation und Offenheit gegenüber dem *Sanctions Board* rechnen. In einer Entscheidung vom November 2016 fasst das *Sanctions Board* die mittlerweile gefestigte Rechtsprechung zusammen:

> „Non-cooperation in proceedings before the Sanctions Board: *The Sanctions Board has previously applied aggravation based on the respondents' non-cooperation in sanctions proceedings, due to the respondents' persistent and implausible denials of any responsibility for or knowledge of the sanctionable practice alleged, despite substantial evidence to the contrary.* Consistent with earlier denials during the course of INT's investigation, the Respondents deny in their Response that they made any misrepresentation in the Bid, despite the clear contradiction between the relevant provisions of the JV Agreement and the Internal Agreement. The Sanctions Board finds that such conduct demonstrates a *lack of candor in these proceedings* that warrants aggravation for both Respondents."[280]

Danach ist zwar nicht jedes schlichte Leugnen im förmlichen Sanktionsverfahren gleich ein Grund für die Schärfung der Sanktion, wohl aber dreistes oder beharrliches.[281] Relevant sind nur die Erklärungen zu den Vorwürfen INTs in tatsächlicher Hinsicht; prozessual konfrontatives Verhalten berücksichtigt das *Sanctions Board* bei der Bemessung der Sanktion (zumindest ausdrücklich) nicht.[282]

---

279   SBD 63 (2014), Rn. 103 (s. Fn. 1); für die Zukunft soll eine klarstellende Fußnote in den Vorgaben für Vergabeverfahren (Fn. 1 zu § 2.2 (e) Annex IV der Procurement Regulations for Borrowers, s. Fn. 377) Klarheit schaffen und solche berechtigten Meinungsverschiedenheiten über den Umfang des Buchprüfungsrechts vermeiden, s. Fn. 373.

280   SBD 90 (2016), Rn. 48 (s. Fn. 1) – Fußnote mit Hinweisen auf frühere Entscheidungen entfernt; Kursivdruck im Original, meine Unterstreichungen.

281   Bestätigt durch SBD 75 (2014), Rn. 22–24, 34, 35 (s. Fn. 1): Betroffener räumte ein, dass ein Dokument nicht echt war, behauptete aber mit widersprüchlichen Erklärungen, davon nichts geahnt zu haben. Das Sanctions Board nahm Vorsatz an und verweigerte eine Milderung der Sanktion trotz grundsätzlicher Zusammenarbeit mit INT, schärfte die Sanktion aber nicht. In diese Richtung geht wohl auch SBD 77 (2015), Rn. 53, 54, 59 (s. Fn. 1): Betroffener stritt in einem simplen Fall zwar nur die Verantwortlichkeit für das Handeln des Unterzeichners eines Dokuments ab, tat dies aber offenbar beharrlich und angesichts der übrigen Beweislage wohl auch auffallend gewagt.

282   Die konfrontative prozessuale Verfahrensführung beider Seiten veranlasste das Sanctions Board z.B. in SBD 71 (2014), Rn. 34 (s. Fn. 1) zu der Feststellung: „As will be seen, both parties, in the course of these proceedings, have filed a myriad of procedural motions, submissions and other requests with the Sanctions Board. The Sanctions Board has dealt with all of them. In order to ensure the efficiency

3. Subjektiver Tatbestand des Betrugs

Die Betrugsdefinition hat durch neuere Rechtsprechung des *Sanctions Board* keine Konturen gewonnen. Derzeit drängt sich der Eindruck auf, dass sanktionswürdiger Betrug schon vorliegt, wenn ein Gebot oder eine sonstige Erklärung im Vergabeverfahren objektiv falsch oder pflichtwidrig unvollständig[283] ist und der Betroffene dies bei Anwendung der im Verkehr erforderlichen Sorgfalt hätte erkennen können.[284] Weder aus dem Tatbestandsmerkmal der Leichtsinnigkeit (a)) noch aus den sonstigen subjektiven Tatbestandsmerkmalen (b)) ergeben sich nennenswerte Einschränkungen.

a) Keine erkennbare Abgrenzung von Leichtsinnigkeit zu Fahrlässigkeit

In Entscheidungen des *Sanctions Board* zu Betrug ist nach wie vor keine klare Abgrenzung von tatbestandsmäßiger Leichtsinnigkeit (*recklessness*) zu nicht tatbestandsmäßiger bloßer Fahrlässigkeit (*mere negligence*) erkennbar.[285] Möglicherweise hatten die bisherigen Fälle dazu schlicht keine konkrete Veranlassung gegeben; bis das *Sanctions Board* einen klaren Prüfungsmaßstab zur Abgrenzung der Leichtsinnigkeit von der leichten Fahrlässigkeit formuliert, taugt das Tatbestandsmerkmal der Leichtsinnigkeit jedenfalls nicht zur vorhersehbaren Eingrenzung des Betrugstatbestands.[286]

Wenn es nähere Ausführungen zum Sorgfaltsmaßstab macht, fragt das *Sanctions Board* nach wie vor (nur),[287] welche Sorgfalt eine *„reasonable person"* angewandt hätte und nimmt insbesondere die Anforderungen der Vergaberichtlinien zum Maßstab.[288] Andere vertragliche Pflichten sollen ebenfalls einen besonders hohen

---

of sanctions proceedings, the Sanctions Board reminds both parties of the need to abide by the explicit provisions of the sanctions framework and avoid unnecessary procedural disputes." Die Annahme sanktionsschärfender mangelnder Offenheit der Betroffenen begründet es aber nur mit dem beharrlichen abwegigen Tatsachenvortrag, a.a.O., Rn. 107.

283   Zum Verschweigen von Interessenkonflikten s. SBD 83 (2015), Rn. 53–57 (s. Fn. 1) m.w.N.

284   Bereits Kapitel 2 – C.I.1.d).; ausführlich, im Ergebnis ebenso *Diamant/Sullivan/ Smith* (Fn. 211), 1035–1037.

285   Vgl. die Darstellung zur immer noch gültigen Betrugsdefinition oben, Kapitel 2 – C.I.; *Diamant/Sullivan/Smith* (Fn. 211), 1027–1032 konstatieren nach einer Analyse neuerer Entscheidungen des *Sanctions Board,* dass dieses nach Begriffen des anglo-amerikanischen Rechts nicht zwischen *recklessness* und *simple negligence* unterscheide.

286   *Diamant/Sullivan/Smith* (Fn. 211), 1032: „Because of the reasonable-person, due-care standard employed by the Board, it is difficult to gauge whether the respondent's conduct actually constituted shocking indifference to a substantial risk rather than, for example, simple or even gross negligence."

287   Vgl. Kapitel 2 – C.I.1.c)bb)(ii).

288   Z.B. SBD 67 (2014), Rn. 26 (s. Fn. 1); SBD 82 (2015), Rn. 31 (s. Fn. 1).

Sorgfaltsmaßstab begründen können, soweit bestimmte Informationen als besonders wichtig für den Vertragspartner eingestuft werden; die fehlende eigenständige Überprüfung dieser Informationen soll dann offenbar bereits leichtsinnig sein.[289] Nach diesen Maßstäben bleibt zumindest in einem Vergabeverfahren kaum Raum für bloß einfach fahrlässige Falschangaben.[290]

Bei aller sachlichen Kritik an der weitgehenden Auslegung des Tatbestands – wer vor dem *Sanctions Board* Rechtsschutz sucht oder auch nur an einem Bankprojekt teilnimmt, kann und muss sich darauf einstellen. Letztlich wird die Rechtsprechung des *Sanctions Board* so zur selbst erfüllenden Prophezeiung; je mehr Sanktionen das *Sanctions Board* wegen Verhaltens ausspricht, das nach anderen (insb. nationalrechtlichen) Maßstäben vielleicht nur als einfach fahrlässig eingeordnet worden wäre, desto leichtsinniger handelt, wer im Zusammenhang mit Projekten der Weltbank Erklärungen abgibt, die er nicht selbst und gründlich auf ihre Richtigkeit hin überprüft hat.

b) Bedeutungslosigkeit der weiteren subjektiven Tatbestandsmerkmale

Die übrigen subjektiven Tatbestandsmerkmale der Betrugsdefinition werden immer noch[291] großzügig gehandhabt und sind daher im Wesentlichen bedeutungslos.[292]

Eine bemerkenswerte, durch Stichentscheid und entgegen einer beigefügten *Dissenting Opinion* getroffene Entscheidung[293] ließ zwar auf eine künftig

---

289 SBD 82 (2015), Rn. 32–33 (s. Fn. 1); zum Fall kritisch *Diamant/Sullivan/Smith* (Fn. 211), 1031.

290 Ausführlich und aktuell *Diamant/Sullivan/Smith* (Fn. 211), 1035–1037; bereits oben, Kapitel 2 – C.I.1.d).

291 Ausführlich zu älteren Entscheidungen Kapitel 2 – C.I.4. und 5.

292 *Diamant/Sullivan/Smith* (Fn. 211), 1034–1036; insb. zur Absicht, einen Vorteil zu erreichen a.a.O., 1035: „*Notably, nowhere in the publicly available Sanctions Board misrepresentation decisions has the Sanctions Board ever concluded that motive of financial gain did not exist where there was an attempt to influence the procurement process or contract execution. For all practical purposes, a knowing or reckless submission of a misrepresentation in the course of a Bank-funded project appears to satisfy this element.*"

293 SBD 81 (2015), Rn. 43: „*[...] The Sanctions Board has formed the view that the Individual Respondent could reasonably assume that the Team Leader's unavailability had been communicated and addressed given the Individual Respondent's written disclosure to the Secretary General [...] and the proposed replacement. In these circumstances, the record does not support a finding that the Individual Respondent would have expected any contrary statement in the Minutes to have an impact on the selection process. [...]*". Dagegen war *Denis Robitaille* a.a.O., Dissenting Opinion Rn. 3 der Meinung, es reiche aus, dass das falsche Protokoll andere Beteiligte des Projekts als die bereits informierte PIU irreführen habe können und der Betroffene dies beabsichtigt haben müsse, weil es sonst zu diesem Zeitpunkt keinen Grund gegeben habe, das falsche Protokoll zu unterzeichnen.

zurückhaltendere Feststellung der Absicht, einen anderen irrezuführen,[294] hoffen. Über die besonderen Umstände des Einzelfalles hinaus hatte die Entscheidung aber bisher keine Bedeutung. Spätere Entscheidungen setzen sich mit ihr nicht auseinander, sondern legen unverändert die alten, großzügigen Maßstäbe an.[295]

4. Rechtsfolgen sanktionswürdigen Verhaltens

Die zwischenzeitlich beachtliche Anzahl von öffentlich im Volltext verfügbaren Sanktionsentscheidungen zeigt, dass das *Sanctions Board* bei der Bemessung der im Einzelfall angemessenen Sanktion die Flexibilität zu nutzen weiß, die ihm der Katalog möglicher Sanktionen[296] gewährt. Es verhängte ein breites Spektrum von Rechtsfolgen (a)). Dabei berücksichtigt es insbesondere die Dauer der einstweiligen Sperre des Betroffenen, auch der sog. frühen einstweiligen Sperre (b)). In Ergänzung zu den oben dargestellten möglichen Sanktionen[297] hat es außerdem zwischenzeitlich zwei weitere, an der Grenze des eigentlich abschließenden[298] Katalogs entwickelte Sanktionsvarianten etabliert, nämlich die nichtöffentliche oder bedingt öffentliche schriftliche Rüge (c)) und die rückwirkende Sperre (d)).

a) Breites Spektrum möglicher Rechtsfolgen

Mehrfach sprach das *Sanctions Board* zwischenzeitlich die zum Zeitpunkt der vorstehenden Untersuchung noch seltene[299] Rüge aus.[300] Der Grund dürfte keine neue milde Linie des *Sanctions Board* sein; es ist schlicht zu erwarten, dass im etablierten und routiniert ablaufenden Sanktionsregime nicht bloß außergewöhnlich schwere, sondern auch geringfügige Fälle von Fehlverhalten vor das *Sanctions Board* gelangen. Für außergewöhnlich schweres Fehlverhalten sprach das *Sanctions Board* außergewöhnlich schwere Sanktionen aus.[301]

---

294   Dazu Kapitel 2 – C.I.4.; *Diamant/Sullivan/Smith* (Fn. 211), 1034.

295   SBD 88 (2016), Rn. 37 (s. Fn. 1); SBD 91 (2016), Rn. 31 (s. Fn. 1).

296   Der detaillierte Katalog ist nach wie vor in den Verfahrensregeln enthalten, obwohl er materielles Recht enthält, heute § III.A.9.02 SP16; die *Sanctions Policy* enthält nur allgemeinere Vorgaben, s. A.III.4.

297   Kapitel 3 – A.

298   Kapitel 3 – A.I.

299   Kapitel 3 – A.II.; s. auch *Fariello/Bo*, Development-Oriented Alternatives to Debarment as an Anticorruption Accountability Tool, in: World Bank Legal Review Vol. 6, S. 415, 428, die für einen häufigeren Einsatz als noch im Fiskaljahr 2013 plädieren, als eine schriftliche Rüge nur dreimal und ausschließlich im Rahmen eines Vergleiches ausgesprochen worden sei.

300   Z.B. SBD 65 (2014), Rn. 86 (ii) (für benanntes, dem Betroffenen nahestehendes Unternehmen); SBD 66 (2014), Rn. 51; SBD 67 (2014), Rn. 45; SBD 68 (2014), Rn. 48; SBD 78 (2015), Rn. 94 (i); zur Verfügbarkeit aller Entscheidungen siehe Fn. 1.

301   Besonders auffällig SBD 87 (2016) Rn. 157 (s. Fn. 1).

b) Berücksichtigung von vorzeitigen Sperren

In einer ersten Entscheidung berücksichtigte das *Sanctions Board* eine frühe einstweilige Sperre, die während eines noch laufenden Ermittlungsverfahrens gegen einen Betroffenen verhängt worden war, bei Bemessung der Sanktion – wie erwartet[302] – genau wie die daran anschließende (normale) einstweilige Sperre.[303]

Einen erheblich mildernden Umstand stellt es dar, wenn eine Sanktion bereits in Kraft getreten und veröffentlicht worden war, bevor dem Betroffenen Wiedereinsetzung gewährt wurde.[304]

Dagegen ist ein angebliches „*constructive cross debarment*" infolge von (angeblichen) verbotenen öffentlichen Mitteilungen über die einstweilige Sperre durch Mitarbeiter der Bank für das *Sanctions Board* so von vornherein irrelevant für die Bemessung der Sanktion, dass es dem Vorwurf gar nicht weiter nachgeht: Die Verfahrensregeln sähen für Verletzungen der Vertraulichkeitsverpflichtung keine Milderung der Sanktion vor; das *Sanctions Board* dürfe bei der Sanktionsbemessung nur Umstände berücksichtigen, die mit der Verantwortlichkeit des Betroffenen für das sanktionswürdige Verhalten in Zusammenhang stehen.[305] In einer früheren Entscheidung hatte das *Sanctions Board* noch erklärt, dass es eine inoffizielle, aber *de facto* wirksame einstweilige Sperre sanktionsmildernd berücksichtigen wolle, wenn sie denn substantiiert dargelegt und bewiesen wird.[306]

c) Nichtöffentliche und bedingt veröffentlichte schriftliche Rüge

Die schriftliche Rüge erfolgt mitunter als sog. *formal letter of private reprimand* ohne Veröffentlichung der Identität des Betroffenen auf der Webseite der Bank.[307] Das ist zulässig, obwohl nach den Verfahrensregeln grds. alle Sanktionen öffentlich gemacht werden.[308] Es ist aber nicht vorgegeben, dass die formelle schriftliche Rüge für eine bestimmte Mindestzeit öffentlich einsehbar sein müsste.[309] Wenn das *Sanctions Board* die Veröffentlichung einer formellen Rüge für bloß einen Tag oder sogar wenige Stunden anordnen könnte, kann es auch anordnen, dass die Veröffentlichung ausnahmsweise vollständig unterbleibt.

---

302 Kapitel 3 – B.VIII.1.a).
303 SBD 78 (2015), Rn. 6, 88 (s. Fn. 1).
304 SBD 68 (2014), Rn. 46 (s. Fn. 1).
305 SBD 78 (2015), Rn. 93 (s. Fn. 1).
306 Fn. 1187 und begleitender Text, Kapitel 3 – B.VIII.1.a).
307 SBD 78 (2015), Rn. 94 (i) (s. Fn. 1); SBD 91 (2016), Rn. 50 (s. Fn. 1).
308 § III.A.10.01 (a) SP16.
309 Heute § III.A.9.01 (a) SP16; vgl. Kapitel 3 – A.II.; das Sanctions Board ordnete dementsprechend z.B. in SBD 68 (2014), Rn. 48 (s. Fn. 1).

Ebenso kann das *Sanctions Board*, ähnlich wie bei der auflösend bedingten Sperre, Bedingungen festsetzen, die erfüllt sein müssen, bevor eine Rüge von der Webseite der Bank entfernt wird.[310]

d) Rückwirkender Beginn einer Sperre

Ausnahmsweise kann eine Sperre rückwirkend beginnen, so dass sie im Zeitpunkt der Entscheidung bereits abgelaufen ist. Der frühere einmalige Ausnahmefall einer solchen rückwirkenden Sperre[311] hat sich wiederholt.[312] Ausführungen dazu, warum es den Beginn der Sperre vordatiert, warum also eine bereits verbüßte Sperre dem Fehlverhalten angemessener erscheint als eine ggf. sogar nichtöffentliche Rüge, macht das *Sanctions Board* nicht – zumindest nicht in der betreffenden Entscheidung selbst.[313]

Die Verfahrensregeln lassen die Festsetzung eines rückwirkenden Beginns der Sperre grundsätzlich zu. Die Zeit, für die ein Unternehmen gesperrt wird, kann danach unbestimmt oder bestimmt sein; es ist nicht ausdrücklich vorgeschrieben, dass sie in der Zukunft liegen müsste.[314]

Es bleibt aber rätselhaft, was der entscheidende Vorteil gegenüber einer (nichtöffentlichen)[315] Rüge ist. Im Ergebnis spielt es kaum eine Rolle, ob der Betroffene eine solche Rüge erhält, oder ob er für ein, zwei, oder zehn Jahre oder nur ein halbes Jahr rückwirkend gesperrt wird: Im Moment des Inkrafttretens der Entscheidung kann der Betroffene wieder an Projekten der Bank teilnehmen und seine Identität bleibt, wie wenn die Rüge nichtöffentlich erfolgt, geheim. Denkbar wären allenfalls Auswirkungen auf bereits bestehende Verträge; möglicherweise kann die Feststellung sanktionswürdigen Fehlverhaltens des Betroffenen und dessen

---

310   In SBD 67 (2014), Rn. 45 (s. Fn. 1) verlangte das Sanctions Board von den Betroffenen, ein zufriedenstellendes Verfahren für die Überprüfung der Echtheit von Bid Securities einzuführen.

311   SBD 51 (2012), s. dazu Kapitel 3 – C.III.3.

312   Erneut wurde in SBD 63 (2014), Rn. 125 (i) (s. Fn. 1) für einen von mehreren Betroffenen eine rückwirkende (dieses Mal nur sechsmonatige) Sperre verhängt.

313   SBD 51 (2012) wurde erst in einer späteren Entscheidung zum Ausnahmefall erklärt und damit begründet, dass eine bestehende, aber nicht im Vergleichsweg wirksam gewordene Einigung zwischen INT und dem Betroffenen in Kraft habe gesetzt werden sollen, Kapitel 3 – C.III.3.d); die Ausführungen zur Sanktionsbemessung in SBD 63 (2014), Rn. 95–124 sind zwar wie üblich detailreich, aber der Beginn der Sanktion selbst wird nicht diskutiert; die möglicherweise in eigenem wirtschaftlichen Interesse verfasste Besprechung der Entscheidung durch *Freshfields Bruckhaus Deringer*, New Sanctions Board Decision Criticizes INT, http://www.freshfields.com/en/united_states/New_Sanctions_Board_Decision_Criticizes_INT/ (13.05.2017), geht auf diesen Aspekt des Falles ebenfalls nicht ein.

314   Heute § III.A.9.01 (c) SP16: „[...] declared ineligible, either indefinitely or for a stated period of time [...]".

315   B.I.4.c).

(rückwirkende) Sperre vertragliche Rechte der Bank oder des Kreditnehmers auslösen – das gilt aber jedenfalls nicht für Aufträge, die nach den Vergaberichtlinien
vergeben wurden, denn insoweit wirkt die Sperre nur in die Zukunft und führt
nicht zum Verlust früherer Aufträge.[316]

Grundsätzlich möglich ist, dass das *Sanctions Board* einen Ausgleich für außergewöhnliche Verfahrensverzögerungen schaffen will – dann wäre aber eine wenigstens kurze entsprechende Erklärung in den ansonsten sehr ausführlich begründeten
Entscheidungen zu erwarten.[317]

II. Verfahrensrecht

1. Vorbereitende Beschlüsse

Insbesondere in komplexen Verfahren, in denen um die Übermittlung von Beweismitteln und andere prozessuale Fragen gestritten wird, sind verfahrensleitende Anordnungen des *Sanctions Board* im Vorfeld der eigentlichen Sanktionsentscheidung
unentbehrlich geworden, um das Verfahren noch effektiv zu betreiben.

Es ist aber nirgendwo geregelt, in welcher Form und in welcher Besetzung das
Sanctions Board Beschlüsse erlassen soll, die der endgültigen Sanktionsentscheidung
vorausgehen und diese vorbereiten.[318] Insbesondere sind im Abschnitt *„Determinations by the Sanctions Board"* der Verfahrensregeln nur die endgültigen Sanktionsentscheidungen geregelt.[319]

Es ist allerdings bereits in den Verfahrensregeln angelegt, dass es solche Beschlüsse geben muss, wenn sie auch nicht ausdrücklich als Beschlüsse bezeichnet
sind: Beispielsweise ist die „Zustimmung" des *Sanctions Board* nötig, um dem Betroffenen bestimmte Beweismittel vorzuenthalten; in welcher Form das *Sanctions
Board* zustimmen soll, ist nicht geregelt.[320] Ohne Unterscheidung nach bestimmten
Formalien ordnen die Verfahrensregeln an, dass das Sekretariat des *Sanctions Board*
(u.a.) die Aufgabe hat, vom *Sanctions Board* stammende Dokumente mit Bezug auf
das Verfahren an die Verfahrensbeteiligten zu verteilen:

---

316 Zu den Auswirkungen der Sperre für bestehende und künftige Verträge: Kapi-
     tel 3 – A.III.2; zu den vertraglichen Rechten der Bank bei Fällen von Fehlverhalten:
     Dragos (Fn. 380).
317 In SBD 63 (2014), Rn. 114 (s. Fn. 1) erklärte das Sanctions Board sogar im Gegen-
     teil, es berücksichtige die lange einstweilige Sperre für alle Betroffenen, allerdings
     stellt es die Verzögerungen im Verfahren des letztlich rückwirkend gesperrten
     besonders heraus; falls diese ausschlaggebend waren, wird dies aber zumindest
     nicht deutlich.
318 SBD 71 (2014), Rn. 44 (s. Fn. 1).
319 § III.A.8 SP16 (Fn. 5).
320 § III.A.5.04 (c) SP16 (Fn. 5): „The Sanctions Board <u>may</u> [...] <u>agree</u> to the withholding
     of particular evidence submitted to the SDO or the Sanctions Board ..." (meine
     Hervorhebung).

„The Secretary to the Sanctions Board shall provide to INT and the relevant Respondent [...] copies of [...] any [...] materials [...] issued by the Sanctions Board relating to the proceedings against said Respondent [...]"[321]

Dank eines besonders konfliktträchtigen Verfahrens[322] ist die Formfrage mittlerweile geklärt (a)). Die Zuständigkeit zur Beschlussfassung lässt sich den Verfahrensregeln entnehmen (b)). Die ausführlich in der Entscheidung dargestellten Meinungsverschiedenheiten zwischen INT, LEG und dem *Sanctions Board* und die Lösung dieser Meinungsverschiedenheit sind dabei mindestens genauso interessant wie die Formalie an sich (c)).

a) Form der Beschlüsse

Die Beschlüsse werden den Verfahrensbeteiligten auf Anordnung des Vorsitzenden durch ein Schreiben des Sekretariats mitgeteilt; nicht erforderlich ist die Unterschrift des Vorsitzenden im Namen der übrigen mit der Entscheidung befassten Mitglieder, die auf endgültigen Entscheidungen zu finden ist.[323]

b) Zuständigkeit zur Beschlussfassung

Nicht vollends klar wird aus den Ausführungen des *Sanctions Board* aber, wie und durch wen der Beschluss überhaupt gefasst werden muss. Nach den Vorgaben des Sanktionsregimes ist je nach Gegenstand des Beschlusses zu unterscheiden:

- Für bestimmte verfahrensleitende Entscheidungen ist ausdrücklich die alleinige Zuständigkeit des Vorsitzenden geregelt, z.B. für die Anberaumung einer mündlichen Verhandlung[324] oder für die Entscheidung über formale Anforderungen an Schriftsätze[325].
- Bestimmte andere Vorfragen muss nach den Verfahrensregeln ausdrücklich das *Sanctions Board* entscheiden, z.B. erfordert das Zurückhalten von sensiblen Beweismitteln die Zustimmung des *Sanctions Board,* nicht nur des Vorsitzenden.[326] In diesem Fall muss vor der Beschlussfassung eine Abstimmung unter den Mitgliedern des *Sanctions Board* stattfinden, ggf. durch Videokonferenz.[327]
- Wo eine ausdrückliche Regelung fehlt, ist das *Sanctions Board* flexibel: Grundsätzlich darf gemäß § III.A.11 SBS 2016 der Vorsitzende Anordnungen zur Regelung des Verfahrens treffen; das *Sanctions Board* soll diesen Anordnungen

---

321 § III.A.5.04 (a) SP16 (Fn. 5) – meine Hervorhebung.
322 SBD 71 (2014), Rn. 34 (s. Fn. 1), Zitat s. Fn. 282.
323 SBD 71 (2014), Rn. 43–44 (s. Fn. 1).
324 § III.A.6.01 SP16 (Fn. 5).
325 § III.A.5.02 (a) SP16 (Fn. 5).
326 § III.A.5.04 (c) SP16 (Fn. 5).
327 In SBD 71 (2014), Rn. 1 (s. Fn. 1) heißt es z.B., das Sanctions Board habe sich mit dem Fall in mehreren in Person und virtuell abgehaltenen Plenarsitzungen befasst.

folgen.[328] Eine Abstimmung mit den übrigen Mitgliedern des *Sanctions Board* über eine solche Anordnung ist also entbehrlich, ihr Ergebnis wäre ohnehin vorgegeben.

Umgekehrt ist der Vorsitzende des *Sanctions Board* aber nicht verpflichtet, über die Köpfe der übrigen Mitglieder hinweg zu entscheiden, ohne sich mit ihnen vorher zu beraten.

Eine schlichte verfahrensleitende Anordnung des Vorsitzenden kann daher, soweit nichts anderes bestimmt ist, vom gesamten *Sanctions Board* mitgetragen und beschlossen werden. Dies scheint der Praxis des *Sanctions Board* zumindest in besonders streitigen Fragen zu entsprechen, oder wenn ein Verfahrensbeteiligter eine Anordnung des Vorsitzenden beanstandet.[329]

c) Auseinandersetzung über die Form eines Beschlusses

Anlass für die Ausführungen des *Sanctions Board* war die formale Beanstandung eines Beschlusses durch INT nach Konsultation des *General Counsel*; INT war der Ansicht, die auf Art. XI SBSt gestützte Anforderung von bestimmten Unterlagen zur Prüfung, ob sie dem Betroffenen übermittelt werden müssen oder ihm vorenthalten werden können, müsse vom Vorsitzenden des *Sanctions Board* stellvertretend für das gesamte *Sanctions Board* unterzeichnet werden.[330] In früheren Verfahren hatte INT noch (möglicherweise weniger weitgehenden) Anforderungen von Unterlagen noch ohne derartige Diskussionen Folge geleistet.[331]

Das *Sanctions Board* prüfte den Einwand und entschied anders:

Das Format der Beschlüsse sei nirgendwo im Sanktionsregime geregelt, die bisher bereits regelmäßig geübte Praxis sei effizient und dennoch ausreichend transparent,

---

328 Heute § III.A.11 SBSt 2016 (Fn. 2); in SBD 71 (2014), Rn. 42 (s. Fn. 1) wurde die Anordnung, dass INT verschiedene vom Betroffenen angeforderte Beweise, die INT diesem nicht übermittelt hatte, zuerst dem Sanctions Board zur Prüfung übersenden sollte, auf die inhaltlich entsprechende Vorgängerregelung Art. XI SBSt (zur insbesondere darauf gestützten lückenfüllenden Rechtsfortbildung oben Kapitel 2 – A.II.) gestützt.

329 Eine Abstimmung dürfte bereits im Vorfeld der oben, Fn. 328, erwähnten Anordnung stattgefunden haben, denn in SBD 71 (2014), Rn. 42 (s. Fn. 1) ist insoweit nicht von einer Anordnung des Vorsitzenden, sondern von einem Beschluss des Sanctions Board die Rede, der entsprechend den Anweisungen des Vorsitzenden ergangen sei („In accordance with the Sanctions Board Chair's instructions under Article XI of the Sanctions Board Statute, the Sanctions Board determination of April 22, 2013, specified that ..."); spätestens nach Kritik INTs an der Form des Beschlusses entschied das gesamte Sanctions Board, ebd., Rn. 44; dagegen waren vorangegangene und noch unproblematische Nachfragen zu einzelnen Informationen nur durch den Vorsitzenden gestellt worden, SBD 71 (2014), Rn. 40 (s. Fn. 1).

330 SBD 71 (2014), Rn. 43 (s. Fn. 1).

331 Kapitel 5 – B.III.2.b).

insbesondere weil der wesentliche Inhalt von vorbereitenden Beschlüssen letztlich in der endgültigen Entscheidung wiedergegeben werde.[332]

Eine mögliche Bindung an die Auffassung des *General Counsel*[333] diskutierte das *Sanctions Board* nicht einmal.[334] Es begründete seine abweichende Ansicht genauso selbstverständlich, wie es sich bei anderen Gelegenheiten die Auffassung des *General Counsel* zu eigen machte.[335]

2. Kontrolle der Offenbarungspflicht INTs

Ständig wiederkehrendes prozessuales Problem ist die Verpflichtung INTs, sämtliche entlastenden Beweismittel mit dem SAE an den Betroffenen, den SDO und das *Sanctions Board* zu übermitteln.[336] Es gibt im Sanktionsverfahren zwar keine *Discovery*, insoweit sind die Verfahrensregeln eindeutig.[337] Wenn den Betroffenen aber nichts anderes übrig bliebe, als blind darauf zu vertrauen, dass INT die für ein faires Verfahren überragend wichtige Pflicht,[338] alle entlastenden Beweise offenzulegen, ordnungsgemäß erfüllt, könnte von einer wirksamen Verteidigungsmöglichkeit keine Rede sein.[339] Das *Sanctions Board* hat deshalb rechtsfortbildend durch verfahrensleitende Beschlüsse[340] ein Verfahren etabliert, um auf Antrag des Betroffenen möglichst effizient zu überprüfen, ob INT die Offenbarungspflicht tatsächlich erfüllt, ohne eine allgemeine *Discovery* einzuführen.

a) Prüfungsverfahren

Die Prüfung ist zweistufig:

- Wenn Betroffene eine mögliche Verletzung der Offenbarungspflicht nachprüfbar darlegen, fordert das *Sanctions Board* die vom Betroffenen bezeichneten[341] Unterlagen bei INT zur Prüfung *in camera* an, ob sie grundsätzlich unter die

---

332 SBD 71 (2014), Rn. 44 (s. Fn. 1).
333 Vgl. oben A.IV.5.
334 SBD 71 (2014), Rn. 44 (s. Fn. 1).
335 Z.B. SBD 87 (2016), Rn. 70 (s. Fn. 1).
336 § III.A.3.02 SP16; zur gleichlautenden Vorgängerregelung und Verlangen des Sanctions Board auf Vorlage zusätzlicher Dokumente: Kapitel 5 – B.III.2.b).
337 § III.A.7.03 SP16.
338 „paramount importance": SBD 71 (2014), Rn. 41 (s. Fn. 1).
339 S. oben Kapitel 5 – B.III. zur Bedeutung der Objektivität INTs für die Fairness des Sanktionsverfahrensm und insb. Kapitel 5 – B.III.2.b) zur Kontrolle der Übermittlung aller Beweismittel durch das Sanctions Board.
340 B.I.
341 Die Abgrenzung zur reinen Discovery ist noch nicht ausreichend durch Rechtsprechung geklärt. Im konkret entschiedenen Fall ging es um Informationen zu Zeitpunkt und Umständen der Anstellung des Hauptbelastungszeugen, eines ehemaligen Angestellten der Betroffenen, bei der Weltbank, SBD 71 (2014), Rn. 39, 42 (s. Fn. 1).

Offenbarungspflicht fallen und Teil der Verfahrensakte sein sollten; es reicht aus, dass einzelne Unterlagen möglicherweise für die Beweiswürdigung von Bedeutung sein können.[342]

Der Maßstab ändert sich im Laufe des Verfahrens: Er ist umso großzügiger, je weniger das *Sanctions Board* die Bedeutung einzelner Informationen einschätzen kann. Hat sich z.B. bereits gezeigt, dass bestimmte Unterlagen für die Entscheidung völlig ohne Bedeutung sind, muss ihre Herkunft und Echtheit nicht weiter aufgeklärt werden; ein Vorlageantrag bleibt dann erfolglos.[343]

– Soweit INT dies für erforderlich hält, prüft das Sanctions Board in einem zweiten Schritt und ebenfalls *in camera*, ob eine eingeschränkte Übermittlung von relevanten Beweismitteln an den Betroffenen zulässig ist.[344]

b) Möglicher Zeitpunkt der Antragstellung

Nach der Rechtsprechung des *Sanctions Board* ist der Antrag schon vor der Einreichung der *Response* zulässig:

INT und der *General Counsel* hatten die Zuständigkeit des *Sanctions Board* bestritten und argumentiert, dass das Verfahren erst mit Eingang der *Response* dort anhängig und dieses zuständig werde.[345]

Das *Sanctions Board* prüfte diese Argumentation und stellte fest, dass es im Streitfall selbst zu befinden habe, ob es zuständig sei.[346] Es bejahte seine Zuständigkeit mit der zutreffenden Feststellung, dass die Verfahrensregeln eine solche Einschränkung nicht vorsehen und Offenbarungspflicht INTs bereits ab Beginn des förmlichen Sanktionsverfahrens besteht.[347] Eine Einschränkung gilt aber: Die Frist zur Einreichung einer *Explanation* beim SDO muss abgelaufen sein, weil das *Sanctions Board* – insoweit der Argumentation INTs und des *General Counsel* folgend – dem Abschluss des Verfahrens vor dem SDO nicht vorgreifen will.[348]

3. Befangenheitsantrag

Der *Code of Conduct* regelt ein Verfahren zur Prüfung von Interessenskonflikten der Mitglieder des *Sanctions Board* von Amts wegen und verpflichtet sie, sich ggf. von einem Fall zurückzuziehen.[349] Ein förmliches Antragsrecht der Betroffenen oder INTs ist nicht geregelt.[350] Nachdem zwischenzeitlich Beschlüsse des *Sanctions Board*

---

342 SBD 71 (2014), Rn. 42, 47 (s. Fn. 1).
343 Vgl. SBD 71 (2014), Rn. 47 einerseits und Rn. 52 andererseits (s. Fn. 1).
344 SBD 71 (2014), Rn. 48 (s. Fn. 1).
345 SBD 71 (2014), Rn. 39, 41 (s. Fn. 1).
346 SBD 71 (2014), Rn. 41 (s. Fn. 1), der dort zitierte Art. IV SBSt entspricht § III.A.2 SBSt 2016 (Fn. 2).
347 SBD 71 (2014), Rn. 41 (s. Fn. 1).
348 SBD 71 (2014), Rn. 38 (s. Fn. 1).
349 § III.B.7 bis § III.B.10 SBSt 2016 (s. Fn. 2).
350 S. oben Kapitel 5 – E.IV.2, auch zum Verfahren von Amts wegen.

zu Verfahrens- und Vorfragen etabliert sind,[351] würde sich ein förmliches Verfahren zur Ablehnung einzelner zur Entscheidung eines Falles berufener Mitglieder des *Sanctions Board* zwar ohne Weiteres in das zunehmend formalisierte Sanktionsverfahren einfügen. Reformbemühungen in dieser Richtung sind aber nicht ersichtlich.

Nach den gültigen Regeln kann ein Verfahrensbeteiligter immerhin die Tatsachen vortragen, die das betroffene Mitglied und der Vorsitzende des *Sanctions Board* zum Anlass nehmen müssen, zu prüfen, ob ein Interessenkonflikt besteht; sobald ein Interessenkonflikt erkennbar wird, muss das betroffene Mitglied sich zurückziehen – von sich aus oder auf Verlangen des Vorsitzenden.[352]

Das *Sanctions Board* hatte zwischenzeitlich Gelegenheit, sich mit einer solchen Anregung eines Betroffenen zu befassen: Ein Betroffener machte geltend, dass ein internes Mitglied[353] des *Sanctions Board* möglicherweise Vorgesetzter eines mittlerweile bei der Weltbank beschäftigten früheren Angestellten des Betroffenen sei, der als Hauptbelastungszeuge im Verfahren fungierte; falls dies so sei, müsse sich das betroffene Mitglied zurückziehen.[354] Das *Sanctions Board* reagierte zügig und teilte dem Betroffenen mit, dass die im *Code of Conduct* vorgesehene Verfahrensweise eingehalten worden sei.[355] Anlässlich der Anfrage des Betroffenen habe das Sekretariat des *Sanctions Board* nochmals geprüft, ob ein Interessenskonflikt bestehe; die Prüfung habe bestätigt, dass das Mitglied des *Sanctions Board* dem Belastungszeugen weder direkt noch indirekt vorgesetzt sei.[356]

Die Befangenheitsvorschriften des Sanktionsregimes haben damit ihren ersten Wirksamkeitstest bestanden. Das *Sanctions Board* hat die vom Betroffenen formlos angeregte Prüfung des Interessenskonflikts allem Anschein nach gewissenhaft vorgenommen. Offenbar nimmt das *Sanctions Board* die Regelungen des *Code of Conduct* allgemein sehr ernst und erwartet auch von den anderen Verfahrensbeteiligten, dass sie sich danach richten.[357] Ebenso gibt es keinen Anlass zu vermuten, die Prüfung würde gründlicher ablaufen, wenn ein förmliches Antragsrecht des Betroffenen vorgesehen wäre und ein förmlicher Beschluss ergehen müsste.

4. Motion to Dismiss

Es besteht die theoretische Möglichkeit, dass das *Sanctions Board* ein Sanktionsverfahren aus prozessualen Gründen einstellt, ohne die Anschuldigungen in der Sache zu prüfen. Die Einstellung des Verfahrens wegen Verjährung ist ausdrücklich

---

351 Oben B.II.1..
352 § III.B.8 SBSt 2016 (s. Fn. 2).
353 Zur späteren Abschaffung der internen Mitglieder durch das SBSt 2016 (Fn. 2) s. oben, A.II.1.a).
354 SBD 71 (2014), Rn. 62 (s. Fn. 1).
355 Ebd.
356 Ebd.
357 Deutliche Kritik an INT wegen eines nur an das Sanctions Board adressierten Schriftsatzes in SBD 63 (2014), Rn. 49 (s. Fn. 1).

geregelt.[358] Darüber hinaus kann das Verhalten INTs im Ermittlungs- und Sanktionsverfahren in außergewöhnlichen Fällen zu einer Einstellung des Sanktionsverfahrens führen:

Die Kompetenz des Sanctions Board, über eine sog. *Motion to Dismiss* zu entscheiden, ergibt sich aus Art. XI SBSt (heute § III.A.11 SBSt 2016).[359] In SBD 63 waren sich die Verfahrensbeteiligten grundsätzlich darüber einig, dass das *Sanctions Board* über eine auf angebliche Verfahrensverstöße INTs gestützte sog. *Motion to Dismiss* entscheiden kann. In einer späteren Entscheidung prüfte das *Sanctions Board* eine *Motion to Dismiss* selbstverständlich in der Sache, ohne deren Zulässigkeit zu problematisieren.[360]

Aussicht auf Erfolg hat eine *Motion to Dismiss* nur in außergewöhnlichen Fällen. Das *Sanctions Board* wägt das Gewicht des Verfahrensverstoßes gegen das Interesse der Weltbank an der effektiven Sanktion von Fehlverhalten ab.[361] Das Gewicht des Verfahrensverstoßes wird davon bestimmt, inwieweit das Sanktionsverfahren schlussendlich, im Zeitpunkt der Entscheidung des *Sanctions Board*, insgesamt fair war und die Betroffenen sich wirkungsvoll verteidigen konnten:

> „While the record reveals that INT belatedly disclosed certain required evidence only in response to the First Respondent Firm's Request and the Sanctions Board's instruction, the Sanctions Board does not find that the belated disclosures ultimately compromised the ability of any of the Respondents to mount a meaningful response. All Respondents were provided with the opportunity to review and respond to the newly disclosed documents, prior to the Sanctions Board's consideration of all arguments. On this record, and balancing the disclosure concerns noted above with the broader purpose of the sanctions system to address sanctionable practices, the Sanctions Board does not find the delayed disclosures to warrant the extraordinary remedy of dismissal. […]"[362]

Die Einstellung des Verfahrens wegen eines Verfahrensverstoßes ist demnach das letzte Mittel, um eine unfaire Sanktion zu vermeiden, die den Zielen des Sanktionsregimes zuwiderliefe. In aller Regel können Verfahrensverstöße aber spätestens im Verfahren vor dem *Sanctions Board* geheilt werden, so dass die Fairness des Sanktionsverfahrens im Ergebnis gewährleistet wird.[363]

---

358 Kapitel 2 – F.
359 In SBD 63 (2014), Rn. 34 (s. Fn. 1) wird geschildert, dass sich INT und die Betroffenen über die Zulässigkeit eines solchen Antrags einig waren; in SBD 64 (2014), Rn. 30 (s. Fn. 1) verliert das Sanctions Board über die Zulässigkeit der Motion to Dismiss keine Worte mehr; vgl. zum ebenfalls auf Art. XI SBSt gestützt entwickelten Wiederaufnahmeverfahren Kapitel 5 – B.V.
360 SBD 64 (2014), Rn. 30 (s. Fn. 1).
361 SBD 63 (2014), Rn. 41 (s. Fn. 1).
362 Ebd.
363 Insbesondere können verspätet oder unberechtigt eingeschränkt übermittelte Beweismittel dem Betroffenen nachträglich zur Verfügung gestellt und ihnen eine Stellungnahmegelegenheit gewährt werden, SBD 63 (2014), Rn. 41, das Gleiche

Erhebliche Verzögerungen des Ermittlungsverfahrens sind grundsätzlich ebenfalls kein Grund für die Einstellung des Sanktionsverfahrens, solange nicht Verjährung eingetreten ist.[364] Der Zeitablauf kann aber Nachteile für die Verteidigungsmöglichkeiten des Betroffenen bedeuten, die bei der Beweiswürdigung zu berücksichtigen sind.[365] Das ist kein bloßes Lippenbekenntnis: In einer Entscheidung aus dem Jahr 2014 reichten dem *Sanctions Board* die damals bereits über sechs Jahre alten Zusammenfassungen von Vernehmungen nicht mehr aus, um die Sanktion zu rechtfertigen.[366] Insbesondere der Beweiswert von (scheinbar) belastenden Angaben des Betroffenen selbst war begrenzt, weil dieser infolge des Zeitablaufs nur noch eingeschränkt in der Lage war, sich daran zu erinnern, was er in der Befragung genau gesagt hatte und warum.[367]

Die Entscheidung zeigt, dass eine Verzögerung des Ermittlungsverfahrens nicht nur für den Betroffenen, sondern auch für INT erhebliche Nachteile bringen kann. Vor Jahren gewonnene Beweismittel genügen möglicherweise nicht mehr den zwischenzeitlich entwickelten Anforderungen des *Sanctions Board*. In Kenntnis der zwischenzeitlich gefestigten Rechtsprechung des *Sanctions Board* zum geminderten Beweiswert von Vernehmungszusammenfassungen[368] hätte INT die Vernehmungen der Zeugen und des Betroffenen damals sicher genauer festgehalten.

C. Anwendungsbereich des Sanktionsregimes

Neue Regelungen außerhalb des oben beschriebenen Sanktionsregimes im engeren Sinn, d.h. den neuen materiellen Rahmenregelungen, den institutionellen Regelungen und den Verfahrensregeln, werden bei künftigen Aktivitäten der Weltbank die Möglichkeit zur Sanktion von Fehlverhalten erweitern.

---

gilt für zunächst nur dem Sanctions Board übersandte Schriftsätze, ebd. Rn. 47 (s. Fn. 1). Einzelne widerrechtlich erlangte Beweismittel können notfalls unberücksichtigt bleiben, vgl. SBD 87 (2016), Rn. 70 (s. Fn. 1): Dort wurde kein Beweisverwertungsverbot angenommen für durch einen Dritten ohne Veranlassung der Bank widerrechtlich erlangte Beweismittel; zu möglichen Verwertungsverboten auch oben, Kapitel 5 – B.III.4.

364 SBD 63 (2014), Rn. 51 (s. Fn. 1): „The [Respondents] assert that the multi-year delay from the time of the Project [...] until the start of sanctions proceedings [...] has compromised their defense due to alleged evidence loss and tampering. Without more specific arguments and evidence to show prejudice from these delays, however, the Sanctions Board does not find the passage of time alone to preclude consideration of the Cases on their merits."; ähnlich SBD 64 (2014), Rn. 30 (s. Fn. 1) unter Bezugnahme auf die inhaltlich entsprechenden Ausführungen in SBD 50 (2012), Rn. 25 (s. Fn. 1), die allerdings noch nicht unter der Überschrift einer Motion to Dismiss stehen.

365 SBD 64 (2014), Rn. 30, 33–35 (s. Fn. 1).

366 SBD 64 (2014), Rn. 38, 39 (s. Fn. 1).

367 SBD 64 (2014), Rn. 34 (s. Fn. 1).

368 Kapitel 2 – G.IV.1.

I. Neue Regelungen für Investitionsfinanzierungsprojekte

Mit Wirkung zum 1. Juli 2016 reformierte die Weltbank ihre Vorgaben für die Auftragsvergabe bei Investitionsfinanzierungsprojekten.[369] Im Zuge dessen vereinheitlichte sie die Richtlinien zur Korruptionsbekämpfung, die nur noch durch zusätzliche Vorschriften für Vergabeverfahren ergänzt, aber nicht mehr verdrängt werden. Danach ist die Vergabe von Aufträgen in Einzelfällen nach eigenen Regeln des Kreditnehmers zulässig, wodurch aber das Sanktionsregime nicht unterlaufen werden darf.

1. *Einheitlich anwendbare* Anti-Corruption-Guidelines *für Investitionsfinanzierung*

Die 2011 geschaffenen *Anti-Corruption Guidelines* enthielten ergänzende Regelungen zu den Vergaberichtlinien und sollten den Anwendungsbereich des Sanktionsregimes über das formalisierte Vergabeverfahren ausdehnen.[370] Sie spielen, soweit ersichtlich, in der Praxis der Sanktionsorgane zumindest keine nennenswerte Rolle.[371]

In der 2016 geänderten Fassung („ACG 2016")[372] werden die *Anti-Corruption-Guidelines* zur allgemeinen und alleinigen Grundlage für die Sanktion von Fehlverhalten bei Investitionsfinanzierungsprojekten.[373] Für Fehlverhalten im Zusammenhang mit einer Vertragsvergabe verweisen die ACG 2016 nicht mehr pauschal auf die früher vorrangig anwendbaren Vergaberichtlinien,[374] sondern nehmen nur noch ergänzend Bezug auf besondere Vorschriften für Vergabeverfahren.[375]

---

369 Erläuterungen zum neuen Procurement Framework und Hyperlinks zu allen relevanten Dokumenten bei *World Bank,* New Procurement Framework and Regulations for Projects After July 1, 2016, http://beta.worldbank.org/en/projects-operations/products-and-services/brief/procurement-new-framework#framework (01.03.2017).

370 Kapitel 2 – A.II.1.b).

371 Eine Volltextsuche auf der Liste derzeit gesperrter Unternehmen und Personen (s. Fn. 122) nach „Corruption" oder „Anti" führt zu keinem Treffer unter den genannten Gründen für eine Sanktion.

372 *World Bank,* Bank Directive: Guidelines on Preventing and Combating Fraud and Corruption in Projects Financed by IBRD Loans and IDA Credits and Grants (revised as of July 1, 2016), LEGVP5.09-DIR.117, issued July 19, 2016 [https://policies.worldbank.org/sites/ppf3/PPFDocuments/Forms/DispPage.aspx?docid=4039 (01.03.2017)].

373 *INT,* Annual Update Fiscal Year 2016, Washington D.C. 2016 [http://pubdocs.worldbank.org/en/118471475857477799/INT-FY16-Annual-Update-web.pdf (01.03.2017)], S. 11.

374 § 6 ACG, s. Kapitel 2 – A.II.1.c)cc).

375 § 6 ACG 2016 (Fn. 372).

Die übrigen Regelungen der *Anti-Corruption Guidelines* und vor allem die Definitionen von sanktionswürdigem Fehlverhalten wurden im Wesentlichen unverändert beibehalten.[376]

2. Ergänzende Vorschriften für Vergabeverfahren

Die für das Sanktionsregime relevanten Regelungen der bisherigen *Procurement* und *Consultant Guidelines* sind einheitlich in einem Anhang zu den neuen Vergaberichtlinien für Kreditnehmer aufgegangen.[377]

Die Regelungen wurden redaktionell nur geringfügig an die Ausweitung des Anwendungsbereichs der *Anti-Corruption-Guidelines* angepasst; insbesondere die redundant gewordenen Definitionen sanktionswürdigen Fehlverhaltens werden erneut wiedergegeben.[378] Das kann zur Klarstellung sinnvoll sein, kann aber auch das Problem des Versionskonflikts[379] in einer neuen Spielart zurückbringen, falls einmal unterschiedliche Definitionen von Fehlverhalten in verschiedenen Versionen der neuen Richtlinien existieren sollten.

Eigenständige Bedeutung hat der Annex IV zunächst außerhalb des hier untersuchten eigentlichen Sanktionsverfahrens; in Annex IV sind, wie zuvor in den *Procurement* und *Consultant Guidelines,* die besonderen Möglichkeiten der Weltbank im Vergabeverfahren geregelt, neben oder statt einer Sanktion auf Fehlverhalten zu reagieren.[380]

Die neuen Vergaberichtlinien gestatten darüber hinaus, mit Einverständnis der Bank bestimmte Aufträge nach anderen Regeln als nach den Vergaberichtlinien zu vergeben, insbesondere nach nationalem Vergaberecht.[381] Damit das Sanktionsregime durch alternative Auftragsvergabeverfahren nicht umgangen wird, macht Annex IV folgende Vorgaben:[382]

---

376 Abgesehen von redaktionellen Änderungen im Sprachgebrauch entsprechen die ACG 2016 (Fn. 372) wörtlich und sogar in Formatierung und Gliederung den Vorgängervorschriften; an das Policy & Procedure Framework (A.I) wurden sie (nur) durch ein Deckblatt angepasst.

377 *World Bank,* The World Bank Procurement Regulations for IPF Borrowers – Procurement in Investment Project Financing – Goods, Works, Non-Consulting and Consulting Services, Washington D.C. 2016 [https://policies.worldbank.org/sites/ppf3/PPFDocuments/Forms/DispPage.aspx?docid=4005&ver=current (09.03.2017)], Annex IV.

378 Definitionen in § 2.2 (a) Annex IV (oben, Fn. 377); Erklärung, für Fehlverhalten Sanktionen zu verhängen ebd., § 2.2 (d).

379 Kapitel 2 – B.III.

380 Dazu (nach den alten Vergabevorschriften) *Dragos,* Sanctions Mechanisms of the World Bank on the Matter of International Corruption, https://www.researchgate.net/publication/301818146_Sanctions_Mechanisms_of_the_World_Bank_on_the_Matter_of_International_Corruption (01.03.2017), S. 3 f.

381 S. Fn. 369.

382 § 2.2 (f) Annex IV (oben Fn. 377).

– Die **Teilnehmer des Vergabeverfahrens** müssen sich mit der Anwendung der *Anti-Corruption Guidelines* auf das alternative Vergabeverfahren einverstanden erklären, insbesondere mit der dort vorgesehenen Sanktionsmöglichkeit und dem Buchprüfungsrecht der Bank. Weitere Vorgaben zur Wirksamkeit der Einverständniserklärung oder dem auf sie anwendbaren Recht gibt es nicht.
– Der **Kreditnehmer** muss das Einverständnis der Teilnehmer einholen. Außerdem muss er vor der Auftragsvergabe die Liste der von der Bank gesperrten Unternehmen prüfen. Sollte ein Vertrag an ein gesperrtes Unternehmen vergeben werden, kommt die Bank für die damit zusammenhängenden Ausgaben nicht auf.

3. *Vordruck eines* Letter of Agreement

Die Weltbank erleichtert ihren Kreditnehmern diese Aufgabe, indem sie ein Muster für eine Einverständniserklärung zur Verfügung stellt, das die Kreditnehmer den Bietern mit den Ausschreibungsunterlagen als Vordruck übersenden können.[383] Das Muster ist prominent auf der Übersichtsseite zu den neuen Vergaberegeln im Internetauftritt der Weltbank präsent.[384] Seine Verwendung ist für die Kreditnehmer nicht verpflichtend,[385] aber zweifellos praktisch.

a) *Nur deklaratorische Bedeutung für Anwendungsbereich des Sanktionsregimes*

Es lässt sich nur mutmaßen, inwieweit der Vordruck seine Existenz der engen Bestimmung des Anwendungsbereichs des Sanktionsregimes bei Projekten der IFC durch das Sanctions Board im Jahr 2015 verdankt.[386] Vor dem Hintergrund dieser Entscheidung und der Erkenntnisse zum Anwendungsbereich des Sanktionsregimes, die sich daraus ergeben,[387] wird jedenfalls die Bedeutung der Einverständniserklärung klar:

Die Weltbank benötigt <u>nicht</u> das Einverständnis des Betroffenen mit der Sanktion, solange sich aus den vertraglichen Vereinbarungen zum Projekt oder aus anderen auf das Projekt bezogenen Dokumenten ergibt, dass und inwieweit das Sanktionsregime auf das Projekt Anwendung findet.[388] Ob ein einzelner Vertrag

---

383 *World Bank,* Letter of Acceptance of the World Bank's Anti-Corruption Guidelines and Sanctions Framework, http://pubdocs.worldbank.org/en/435901485959988797/Template-Letter-of-accept-of-World-Bank-ACG-Sanctions-Framework.docx (28.04.2017).
384 S. Fn. 369.
385 Zwingend ist nur die Verwendung von sog. Standard Procurement Documents beim sog. International Competitive Bidding, nicht aber bei alternativen Methoden der Auftragsvergabe, s. *World Bank,* Procurement Regulations for IPF Borrowers (Fn. 377), § 5.25.
386 SBD 76 (2015) (s. Fn. 1), dazu B.I.
387 B.I.1.e).
388 Vgl. auch die für die Weltbank anwendbare Regelung der Sanctions Directive, oben A.IV.2.

im Rahmen eines Investitionsfinanzierungsprojekts nach den Vergaberichtlinien oder auf andere Weise geschlossen wird, ändert nichts daran, dass das gesamte Projekt als solches gemäß dem Vertrag zwischen der Bank und dem (staatlichen) Kreditnehmer den Antikorruptionsrichtlinien unterfällt. Anders als bei Projekten der IFC besteht bei einer solchen einzelnen alternativen Auftragsvergabe nach wie vor das für das klassische Sanktionsregime charakteristische Dreiecksverhältnis. Die Unterzeichnung der Einverständniserklärung könnte den Anwendungsbereich des Sanktionsregimes weder selbständig begründen noch ihn ausdehnen.[389]

Die (general-)präventive Wirksamkeit des Sanktionsregimes wird aber durch eine eindeutige Einverständniserklärung erheblich gesteigert, denn eine präsente Drohung wirkt besser. Die eindeutige Bezugnahme auf die Antikorruptionsrichtlinien der Bank in der Einverständniserklärung sollte außerdem möglichen künftigen Versionskonflikten[390] vorbeugen.

b) Begründung des Buchprüfungsrechts

Der Vordruck ist aus einem weiteren Grund praktisch sinnvoll. Das Buchprüfungsrecht muss anders als das Sanktionsrecht der Bank durch Vereinbarung begründet werden.[391] Die Unterzeichnung des Musters erledigt beides auf einmal.

c) Denkbare Verwendung als Grundlage für pauschalierten Schadensersatzanspruch

Theoretisch könnte ein standardisierter Vordruck noch eine weitere Erklärung enthalten. Umfassender Rechtsschutz gegen Sanktionen und vorläufige Maßnahmen der Bank im Sanktionsverfahren ließe sich meiner Meinung nach künftig am besten dadurch erreichen, dass das *Sanctions Board*

- in den Sanktionsentscheidungen die Berechtigung der (frühen) einstweiligen Sperre der Betroffenen prüft; und
- gegebenenfalls den Betroffenen eine Entschädigung zuspricht, soweit ihnen infolge einer von vornherein unberechtigten einstweiligen Sperre von der Bank finanzierte Aufträge entgangen sind, die ihnen andernfalls zugesprochen worden wären.[392]

Ein solcher Entschädigungsanspruch ließe sich nur praktisch sinnvoll handhaben, wenn er Pauschalierungen vorsähe und mit einem Verzicht auf möglicherweise weitergehende Ansprüche nach nationalem Recht verbunden wäre. All das ließe sich in einem erweiterten *Letter of Agreement* festhalten – sollte die Bank ihr Sanktionsregime tatsächlich einmal dergestalt tiefgreifend umgestalten.

---

389 S. Fn. 237 und begleitender Text.
390 Kapitel 2 – B.III.
391 Kapitel 2 – C.II.3.a).
392 Kapitel 6 – B.IV.

II. Erstreckung auf *Private Sector Financing*

Neue Finanzierungsmodelle der Weltbank erfordern neue Regeln für sanktionswürdiges Fehlverhalten. Für das in dieser Form neue sogenannte *Private Sector Financing* von IBRD und IDA gibt es eigene Antikorruptionsrichtlinien, in denen die Definitionen sanktionswürdigen Fehlverhaltens enthalten sind, die *Anti-Corruption Guidelines for World Bank Guarantee and Carbon Finance Transactions* („PSACG")[393] und eigene Verfahrensregeln, die *World Bank Private Sector Sanctions Procedures* vom 8. Oktober 2013 („PSSP13").[394]

1. *Begriff des* Private Sector Financing

Zu *Private Sector Financing* zählt die Bank zweierlei:[395]

- **Risikogarantien** sind bereits seit längerem vom Sanktionsregime erfasst.[396] Die dafür gültigen Verfahrensregeln waren aber nicht öffentlich zugänglich. ihre Existenz wurde vor allem durch einen Verweis in den Verfahrensregeln für die Investitionsfinanzierung für die Öffentlichkeit greifbar.[397]
- Bisher noch nicht vom Sanktionsregime erfasst waren die sogenannten **Bank Carbon Finance Projects**.
- Unabhängig von der traditionellen Investitionsfinanzierung ist die Weltbank bemüht, den Klimawandel und Armut in Entwicklungsländern zu bekämpfen, indem sie durch ihre *Carbon Finance Unit* den Handel mit CO_2-Emissionszertifikaten fördert und insbesondere selbst Emissionszertifikate kauft, die durch Entwicklungsprojekte mit positiven Effekten für den Klimaschutz verdient wurden.[398]

---

393 *World Bank,* Anti-Corruption Guidelines for World Bank Guarantee and Carbon Finance Transactions, undatiert, https://policies.worldbank.org/sites/ppf3/PPFDocuments/090224b0823725d0.pdf (23.04.2017) und als „Annex A" den PSSP13 (Fn. 394) beigefügt.

394 *World Bank,* World Bank Private Sector Sanctions Procedures, issued October 8, 2013 [https://policies.worldbank.org/sites/ppf3/PPFDocuments/090224b082332b26.pdf (23.04.2017)].

395 Art. I § 1.02 (a) PSSP13 (Fn. 394).

396 Vgl. die Vorschriften zur Besetzung des Sanctions Board bei betreffenden Fällen, oben Kapitel 5 – E.II.2.

397 Eine Suche auf Google.de nach den Suchbegriffen „Bank Guarantee Project" und „Sanctions Procedures" liefert 216 Ergebnisse, die von der Suchmaschine automatisch zu 30 Treffern zusammengefasst werden, denen die übrigen Ergebnisse sehr ähnlich sind: https://www.google.de/#q=%22bank+guarantee+project%22+sanctions+procedures&start=0 (09.02.2017). Die ersten drei Treffer sind die Verweise in den alten und den aktuellen Verfahrensregeln für die Investitionsfinanzierung, die eigentlichen Verfahrensregeln werden nicht gelistet.

398 *World Bank,* About World Bank Carbon Finance Unit (CFU), https://wbcarbonfinance.org/Router.cfm?Page=About&ItemID=24668 (09.02.2017).

2. Anwendbarkeit der Antikorruptionsrichtlinien

Das klassische Begründungsmodell für das Sanktionsrecht[399] passt nur bei klassischen Investitionsfinanzierungsprojekten der Weltbank und ihrem neueren und flexibleren, aber immer noch an staatliche Kreditnehmer gerichteten *Program for Results*.[400] Beim *Private Sector Financing* gibt es keinen staatlichen Kreditnehmer, den die Bank zur Anwendung bestimmter Antikorruptionsrichtlinien auf das Projekt verpflichten könnte.

Die Antikorruptionsrichtlinien für *Private Sector Financing* regeln, genau wie die Antikorruptionsrichtlinien der IFC[401] ihren Anwendungsbereich nicht selbst, sondern definieren nur das sanktionswürdige Verhalten im Zusammenhang mit *Private Sector Projects*.[402]

Es wird also darauf ankommen, ob und mit wem die Bank die Geltung der Antikorruptionsrichtlinien vereinbart oder inwiefern sie die Geltung der Antikorruptionsrichtlinien eindeutig anderweitig erklärt.[403]

3. Definitionen sanktionswürdigen Fehlverhaltens und Erläuterungen

Die Definitionen von Korruption[404], Betrug[405], Zwangsausübung[406], Kollusion[407] und Ermittlungsbehinderung[408] im Zusammenhang mit *Private Sector Projects* entsprechen in ihrem Wortlaut den aktuellen, aus der Investitionsfinanzierung bereits bekannten, und mit anderen Entwicklungshilfebanken harmonisierten Definitionen.[409]

---

399 Kapitel 2 – B.I.
400 S. die Ausführungen des Sanctions Board (ohne Erwähnung des PforR) im bisher einzigen von ihm entschiedenen anderen Fall, betreffend ein Projekt der IFC, in SBD 76 (2016), Rn. 12, 35 f. (s. Fn. 1), ausführlich dazu oben B.I.1.d); zum PforR oben Kapitel 2 – B.I.2.c).
401 IFC-ACG (Fn. 221), s. Fn. 222 und begleitender Text.
402 Die Präambel der PSACG (Fn. 393) lautet: „The purpose of these Guidelines is to clarify the meaning of the terms "Corrupt Practice", "Fraudulent Practice", "Coercive Practice", "Collusive Practice", and "Obstructive Practice" in the context of World Bank guarantee (partial risk guarantee and partial credit guarantee) projects; and carbon finance transactions, where the World Bank, as trustee of a carbon fund, purchases emission reductions under an emission reductions purchase agreement."
403 B.I.1.e)cc).
404 § 1 PSACG (Fn. 393).
405 § 2 PSACG (Fn. 393).
406 § 3 PSACG (Fn. 393).
407 § 4 PSACG (Fn. 393).
408 § 5 PSACG (Fn. 393).
409 Kapitel 2 – C.

Ähnlich wie bei den Antikorruptionsrichtlinien für Investitionsfinanzierungsprojekte und für das *Program for Results* und wörtlich entsprechend den Erläuterungen zu den Antikorruptionsrichtlinien der IFC[410] werden die Definitionen mit (weitgehend)[411] einschränkenden Erläuterungen versehen:[412]

- Bei der Definition von **Korruption** wird klargestellt, dass vor allem Bestechung und sogenannte Kickbacks gemeint seien,[413] nicht aber ein im Verkehr zwischen privaten Investoren rechtlich zulässiges, sozial und geschäftlich übliches Gewähren von Vorteilen oder Spenden.[414] Sogenannte *„facilitation payments"* werden aber von der Weltbank nicht geduldet, was ebenfalls ausdrücklich klargestellt wird.[415] Die Erläuterungen könnten allesamt als Fußnote beim Begriff der Unangemessenheit stehen, auf den sie sich in der Sache beziehen.[416]
- Zur Definition von **Betrug** heißt es, bloß fahrlässige Ungenauigkeiten seien nicht sanktionswürdig; eine Falschinformation sei *reckless*, wenn sie mit leichtsinniger Gleichgültigkeit (*„reckless indifference"*), ob sie richtig oder falsch sei, gegeben werde.[417] Diese Erläuterung entspricht Fußnoten zu *recklessness* in anderen Richtlinien und dem gängigen Begriffsverständnis.[418] Der nach wie vor großzügigen Praxis des *Sanctions Board* bei der Bejahung von *recklessness* entspricht sie nicht.[419]
Spezifisch für *Private Sector Projects* wird außerdem klargestellt, dass nur Betrugshandlungen sanktioniert werden, die gegen die Weltbankgruppe oder im Zusammenhang mit dem Abschluss eines von ihr finanzierten Vertrags gegen eines ihrer Mitgliedsländer gerichtet sind, nicht aber gegen sonstige Dritte.[420] Diese Einschränkung folgt zwingend aus dem auf Projekte der Weltbankgruppe begrenzten Anwendungsbereich des Sanktionsregimes, das (nur) sicherstellen soll, dass treuhänderisch von der Weltbank verwaltete Geldmittel ihrer Bestimmung gemäß verwendet werden.[421] Die ausdrückliche Klarstellung erleichtert das Verständnis der Richtlinien.

---

410 § 1 IFC-ACG (Fn. 221).
411 Ausgenommen § 1.E PSACG (Fn. 393).
412 Zu den Einschränkungen durch Fußnoten bei den genannten Richtlinien s. die Darstellung der einzelnen Definitionen, Kapitel 2 – C.
413 § 1.A PSACG (Fn. 393), entspricht einer erläuternden Fußnote der Antikorruptionsrichtlinien, s. oben Kapitel 2 – C,III.1.d).
414 § 1.B, C und D PSACG (Fn. 393).
415 § 1.E PSACG (Fn. 393).
416 vgl. Kapitel 2 – C.III.1.c) zu einer ähnlichen Fußnote zum Begriff der Unangemessenheit in den Vergaberichtlinien.
417 § 2.A PSACG (Fn. 393).
418 Kapitel 2 – C.I.3.b).
419 Dazu oben, B.I.3.
420 § 2.B PSACG (Fn. 393).
421 Oben Kapitel 1 – B.II. zur treuhänderischen Pflicht, zum Anwendungsbereich des Sanktionsregimes Kapitel 2 – A.; mittlerweile finden sich entsprechende Regelungen

- Die beiden Erläuterungen zur **Zwangsausübung** lassen sich zusammen lesen und ergeben dann eine zweite, erkennbarer auf den Anwendungsbereich des Sanktionsregimes[422] zugeschnittene Definition des Tatbestands:
  Hartes Verhandeln, die Ausübung vertraglicher Rechte oder die gerichtliche Durchsetzung (vermeintlicher) Ansprüche sind demnach keine sanktionswürdige Zwangsausübung, wohl aber das angedrohte oder tatsächliche widerrechtliche Zufügen von Nachteilen mit dem Ziel, durch Abstimmung von Geboten unter Bietern, im Zusammenhang mit öffentlicher Vertragsvergabe oder öffentlichen Aufträgen, oder zur Ermöglichung von Korruption oder Betrug im Sinne der Antikorruptionsrichtlinien einen unrechtmäßigen Vorteil zu erlangen oder eine Verpflichtung zu vermeiden.[423]
- Die Erläuterung zur **Kollusion** begrenzt den Anwendungsbereich der Definition (wie die erste Erläuterung zur Zwangsausübung) auf Aktivitäten, die dazu dienen die Abstimmung von Geboten unter Bietern zu erreichen, die im Zusammenhang mit öffentlicher Vertragsvergabe oder öffentlichen Aufträgen stehen, oder zur Ermöglichung von Korruption oder Betrug im Sinne der Antikorruptionsrichtlinien dienen sollen.[424] Diese Einschränkung macht, wie die entsprechende Erläuterung zum Betrug, den beschränkten Anwendungsbereich des Sanktionsregimes erkennbar.
- Zur **Ermittlungsbehinderung** heißt es ausdrücklich, dass die Wahrnehmung von anderweitig begründeten Geheimhaltungsrechten, insbesondere der Vertraulichkeit von anwaltlicher Kommunikation, nicht tatbestandsmäßig sei, selbst wenn dadurch eine Ermittlung behindert würde.[425]
  Es ist kein Grund ersichtlich, warum diese begrüßenswerte Einschränkung nur im Kontext des *Private Sector Financing* gelten sollte. Die Erläuterung in den diesbezüglichen Antikorruptionsrichtlinien sollte daher zur teleologischen Auslegung der Definition in anderen Zusammenhängen herangezogen werden: Wer nur berechtigte Geheimhaltungsinteressen wahrnimmt, hat nicht die Absicht, die Ermittlung der Bank erheblich zu behindern.[426]

---

in Sanctions Policy (Ziele des Sanktionsregimes, A.III.1) und Sanctions Directive (sog. *Subject matter jurisdiction*, A.IV.2.a)).

422 Fn. 421 und begleitender Text.
423 § 3.A und B PSACG (Fn. 393).
424 § 4 PSACG (Fn. 393).
425 § 5 PSACG (Fn. 393).
426 Vgl. zu diesem Tatbestandsmerkmal und möglichen Unklarheiten über die Reichweite des Buchprüfungsrechts Kapitel 2 – C.II.3.c) und SBD 63 (2014), Rn. 103 (s. Fn. 1) und die Besprechung der Entscheidung durch Anwälte von *Freshfields Bruckhaus Deringer*, Fn. 313.

4. Unklarer allgemeiner Auslegungshinweis zur Verantwortlichkeit für Fehlverhalten

Am Ende der Antikorruptionsrichtlinien wirft ein allgemeiner Auslegungshinweis Fragen auf; er lautet:

> "A person should not be liable for actions taken by <u>unrelated</u> third parties unless the first party <u>participated</u> in the prohibited act in question."[427]

Soll also grundsätzlich nur die unmittelbare Beteiligung an Fehlverhalten sanktionswürdig sein – anders als sonst[428] und auch anders als ausdrücklich in der *Sanctions Policy* vorgesehen[429]? Kann andererseits ein an *Private Sector Financing* Beteiligter bereits deshalb sanktioniert werden, weil er einem Dritten, der sich sanktionswürdig verhalten hat, irgendwie verbunden ist (der Dritte also nicht mehr *"unrelated"* ist) – unabhängig von der sonst etablierten Rechtsprechung des *Sanctions Board* zu Verantwortlichkeit für das Fehlverhalten anderer nach dem Grundsatz *"respondeat superior"*[430]?

Dies wären unerklärliche Besonderheiten bei *Private Sector Financing*, die kaum mit der *Sanctions Policy*[431] zu vereinbaren wären. Gemeint ist wohl nur, dass auch im Kontext des *Private Sector Financing* nur sanktioniert wird, wer sich selbst sanktionswürdig verhalten hat oder für das Fehlverhalten Dritter verantwortlich ist. Wenn die Bank das sagen wollte, gäbe es dafür aber deutlichere Worte.

5. Besonderheiten des Sanktionsverfahrens

Die *Private Sector Sanctions Procedures* entsprechen in Wortlaut und äußerer Gestaltung fast vollständig den zum Zeitpunkt ihres Erscheinens aktuellen und in der vorstehenden Untersuchung besprochenen Verfahrensregeln für die Investitionsfinanzierung. INT ermittelt und beantragt mit einem SAE die Einleitung des förmlichen Sanktionsverfahrens,[432] ein EO prüft (ein speziell für *Private Sector Financing* zuständiger EO, nicht der SDO)[433] und gegen seine Sanktionsempfehlung kann das Sanctions Board angerufen werden[434].

Ein gewichtiger Unterschied fällt auf: Dem für *Private Sector Projects* zuständigen EO ist Ermessen bei der Entscheidung eingeräumt, ob die Einleitung eines förmlichen

---

427   "General Interpretation", PSACG (Fn. 393) am Ende – meine Hervorhebung.
428   Kapitel 2 – E.I.
429   § III.B.3 Sanctions Policy (Fn. 3): "Sanctions are imposed [...] only if [...] the sanctioned party <u>has engaged in, or bears responsibility for, a Sanctionable Practice</u>." (meine Hervorhebung), s. dazu A.III.4.
430   Kapitel 2 – E.I.3.
431   S. Fn. 429.
432   § 3.01 PSSP13 (Fn. 394).
433   § 4.01 PSSP13 (Fn. 394).
434   § 5.01 PSSP13 (Fn. 394).

Verfahrens angemessen ist.[435] Ob die Beweise für Fehlverhalten ausreichend sind, ist nicht allein entscheidend, sondern nur ein Faktor in der Abwägung; dem EO ist es ausdrücklich gestattet, andere Umstände, die ihm relevant für das Verfahren erscheinen, zu berücksichtigen und zur Vorbereitung dieser Entscheidung den Betroffenen anzuhören.[436]

Die Gründe für diesen Unterschied müssen in Besonderheiten des *Private Sector Financing* liegen. Ein allgemeiner Paradigmenwechsel[437] sind sie nicht, denn in die später überarbeiteten Verfahrensregeln für die Investitionsfinanzierung wurde ein Ermessensspielraum des SDO nicht übernommen.[438]

D. WBG v. Wallace

Als erste nationale Gerichtsentscheidung befasste sich im Jahr 2016 die Entscheidung des Obersten Gerichtshofs von Kanada im Fall *WBG v. Wallace*[439] mit der Immunität der Bank für ihre Sanktionstätigkeit, aber anders als in der vorstehenden Arbeit thematisiert und von der Bank im Zuge der Sanktionsreformen erwartet[440]:

I. Hintergrund des Falles

Es wollte nicht ein Unternehmen die Sanktionsentscheidung der Weltbank angreifen, sondern mehrere in nationalen Strafverfahren Beschuldigte wollten die Herausgabe der Ermittlungsakten INTs und die Ladung von zwei Ermittlern als Zeugen erreichen.[441] INT hatte Hinweise zu einem Korruptionsfall erhalten – dem berüchtigten *Padma Bridge Project* in Bangladesch[442] – und den kanadischen Strafverfolgungsbehörden übermittelt, die darauf gestützt Maßnahmen

---

435 Vgl. § 4.01 (a) PSSP13 (Fn. 394) einerseits („The Bank Private Sector Evaluation Officer shall review the Statement of Accusations and Evidence and shall determine whether sanctions proceedings are appropriate. [...]") und § 4.01 (a) SP12 andererseits („If the Evaluation Officer determines that INT's accusations in the Statement of Accusations and Evidence are supported by sufficient evidence, the Evaluation Officer shall issue a Notice of Sanctions Proceedings to the Respondent, [...]"); zu (begrenztem) Ermessen INTs, nicht aber des SDO und des Sanctions Board nach den Verfahrensregeln der Invesitionsfinanzierung oben, Kapitel 2 – H.

436 § 4.01 (a) PSSP13 (Fn. 394).

437 Zur Festlegung der Sanctions Policy, dass die Sanktion keine Strafe sei, oben A.III.1.b).

438 § III.A.4.01 (a) SP16 (Fn. 5) entspricht wortgleich § 4.01 (a) SP12 (dazu oben Kapitel 2 – H.).

439 *Supreme Court of Canada,* World Bank Group v. Wallace et al., Entscheidung vom 29. April 2016, 2016 SCC 15, [2016] 1 S.C.R. 207.

440 Vgl. Kapitel 1 – E.II.1.c) zur Risikoanalyse bei der Vorbereitung des Cross-Debarment Agreement.

441 *WBG v. Wallace* (Fn. 439), Rn. 23.

442 Kapitel 1 – F.I.1.

der Telekommunikationsüberwachung gegen die Beschuldigten ergriffen.[443] Die Beschuldigten waren größtenteils Mitarbeiter des von der Bank in einem Vergleich wegen seines Fehlverhaltens sanktionierten kanadischen Unternehmens SNC-Lavalin.[444] Sie wollten gegen die Anordnung der Telekommunikationsüberwachung nach kanadischem Strafprozessrecht vorgehen.[445]

II. Entscheidung erster Instanz

In erster Instanz hatten die Beschuldigten Erfolg: Der *Ontario Superior Court of Justice* nahm an, die Vorlage der Unterlagen und die Anhörung der Zeugen seien nach den Maßstäben des kanadischen Rechts erforderlich; die Immunität der Archive der Weltbank stehe nicht entgegen, weil die Weltbank aber durch die Übermittlung der Unterlagen an die kanadischen Behörden auf ihre Immunität verzichtet habe.[446] Dagegen legte die Weltbank mit Erfolg[447] Rechtsmittel ein.[448]

III. Entscheidung des Obersten Gerichtshofs

Der Oberste Gerichtshof von Kanada befand, dass die in den Gründungsverträgen verankerte Immunität der Archive und des Personals der Weltbank[449] ohne angebliche implizite Einschränkungen auf funktionelle Notwendigkeit[450] einschlägig sei und die Weltbank darauf nicht verzichtet habe.[451] Insbesondere greife die vertraglich vorgesehene Möglichkeit, Klagen gegen die Bank in Ländern, in denen sie Geschäfte betreibt, einzureichen, nicht ein; deren Zweck sei nur die Ermöglichung ihrer Finanzierungstätigkeit.[452] Eine evtl. weitergehende völkergewohnheitsrechtliche Immunität[453] stand in dem Fall gar nicht zur Debatte.[454]

---

443   *WBG v. Wallace* (Fn. 439), Rn. 11–19.
444   Ebd., zum Vergleich s. Kapitel 1 – F.I.1.
445   *WBG v. Wallace* (Fn. 439), Rn. 4.
446   *WBG v. Wallace* (Fn. 439), Rn. 24–30.
447   *WBG v. Wallace* (Fn. 439), Rn. 148.
448   *WBG v. Wallace* (Fn. 439), Rn. 31.
449   Kapitel 4 – B.I.1.
450   *WBG v. Wallace* (Fn. 439), Rn. 56–65; vgl. Kapitel 4 – B.I.4.
451   *WBG v. Wallace* (Fn. 439), Rn. 43–99; vgl. allgemein (bezogen auf die Umsetzung der Sanktionen, nicht auf die hier entscheidende Zusammenarbeit mit nationalen Ermittlungsbehörden) Kapitel 4 – B.I.5.
452   *WBG v. Wallace* (Fn. 439), Rn. 53–55; dazu Kapitel 4 – B.I.3.b).
453   Nach meiner obigen Auffassung beruht die weitergehende funktionale Immunität der Weltbank für ihr Sanktionsregime auf dementsprechender ergänzender Vertragsauslegung, Kapitel 4 – B.I.3.
454   *WBG v. Wallace* (Fn. 439), Rn. 43.

Außerdem lägen die Voraussetzungen für die Anforderung von Beweismitteln bei Dritten im Verfahren zur Überprüfung einer Anordnung zur Telekommunikationsüberwachung nicht vor, weil die Unterlagen für dieses Verfahren nicht relevant seien.[455]

Einen konkreten Konflikt zwischen völkervertraglicher Immunität und nationalem Recht gab es also nicht; Überlegungen zu einer möglichen Lösung dieses Konflikts durch Einschränkung der einen oder anderen Pflicht oder eine Abwägung der widerstreitenden Pflichten erübrigten sich.[456] Dennoch lässt die Entscheidungsbegründung gleich in ihrem einleitenden Absatz erkennen, welche Bedeutung der Oberste Gerichtshof von Kanada der internationalen Zusammenarbeit zur Korruptionsbekämpfung beimisst:

> „[...] Corruption is a significant obstacle to international development. It undermines confidence in public institutions, diverts funds from those who are in great need of financial support, and violates business integrity. Corruption often transcends borders. _In order to tackle this global problem, worldwide cooperation is needed. When international financial organizations, such as the appellant World Bank Group, share information gathered from informants across the world with the law enforcement agencies of member states, they help achieve what neither could do on their own._ As this Court recently affirmed, 'International organizations are active and necessary actors on the international stage' [.]"[457]

IV. Mögliche Auswirkungen der Entscheidung

Die Entscheidung wurde bei INT verständlicherweise zustimmend aufgenommen; sie wird im Jahresbericht als erster Höhepunkt des Fiskaljahres 2016 genannt, wie oben von mir unterstrichen[458] zitiert[459] und dargestellt.[460] Bestärkt durch die Entscheidung wolle INT künftig verstärkt die Zusammenarbeit mit nationalen Strafverfolgungsbehörden suchen.[461]

E. Bewertung

Das Sanktionsregime hat sich in den drei Jahren seit Abschluss der vorstehenden Untersuchung weiter entwickelt, aber nicht grundstürzend verändert. Der Rechtsschutz insbesondere durch das Sanctions Board ist nach wie vor nicht perfekt, aber für eine internationale Organisation beispielhaft gut (I.). Die komplexe Rechtsförmigkeit des Sanktionsverfahrens sichert die Legitimität der darin ausgesprochenen

---

455 _WBG v. Wallace_ (Fn. 439), Rn. 100–147.
456 Dazu Kapitel 4 – B.III.
457 _WBG v. Wallace_ (Fn. 439), Rn. 1 – meine Unterstreichung.
458 Zitat bei Fn. 457.
459 _INT_, Annual Update Fiscal Year 2016 (Fn. 373), S. 3, 11.
460 _INT_, Annual Update Fiscal Year 2016 (Fn. 373), S. 11.
461 _INT_, Annual Update Fiscal Year 2016 (Fn. 373), S. 12.

Sanktionen und verleiht dem Sanktionsregime dadurch erhebliche generalpräventive Wirkung (II.).

I. Gerichtsähnlicher Rechtsschutz weiterhin nur durch Sanctions Board

Soweit Betroffene das *Sanctions Board* anrufen können, erhalten sie heute mehr denn je Rechtsschutz, der dem nationaler Gerichte im Wesentlichen gleichwertig ist.[462]

Die neuen Regelungen zum Sekundärrecht der Bank im Allgemeinen und zum Sanktionsregime im Besonderen bringen für die Analyse und Auslegung des Sanktionsregimes größere Klarheit. Inhaltlich Neues bringen sie kaum, von den Neuerungen des *Sanctions Board Statute* abgesehen.[463] Insbesondere wurde die Befugnis der Sanktionsorgane zur unabhängigen Rechtsanwendung nicht eingeschränkt – entgegen dem möglicherweise entstehenden ersten Anschein.[464]

Dagegen ist die Unabhängigkeit und Weisungsfreiheit des SDO/EO zwar mittlerweile in der *Sanctions Policy* festgeschrieben,[465] die übrigen Regelungen zu seiner Arbeitsweise, dem von ihm zu beachtenden Verfahren und insbesondere zur nicht geregelten Amtszeit bestehen aber fort. Der SDO/EO ist daher nach wie vor einem unabhängigen Gericht *nicht* vergleichbar,[466] mögliche Rechtsschutzlücken wurden nicht geschlossen.[467] Nachdem sie in den letzten drei Jahren aber nicht praktisch relevant wurden, verstärkt sich der Eindruck, dass es sich dabei um ein vorwiegend theoretisches Problem handelt.

II. Effektive Korruptionsbekämpfung durch rechtsförmiges Verfahren

Das Sanktionsregime ist der Kritik ausgesetzt, es sei unnötig formalisiert und könne internationale Korruption nicht effektiv bekämpfen (1.). Derartige Leistungen kann das Sanktionsregime aber gar nicht vollbringen, weil der Weltbank dazu das völkerrechtliche Mandat fehlt (2.). Die hohen Erwartungen an das Sanktionsregime zeigen aber, dass es gerade durch seine Rechtsförmigkeit große Legitimität genießt und einen erheblichen Abschreckungseffekt entfaltet (3.).

---

462 Ausführlich bereits zu den früheren Regelungen Kapitel 5 – F.
463 A.II.6.
464 A.IV.5.
465 Zitat bei Fn. 180.
466 Zum früheren Rechtszustand ausführlich Kapitel 6 – B.IV.; zur wenig aussagekräftigen Begründung von Empfehlungen des SDO und entsprechenden (bisher nicht umgesetzten) Reformvorschlägen s. Kapitel 1 – E.V.2.
467 Vgl. Kapitel 6 – B.V.

1. Kritik am derzeitigen Sanktionsregime

Es lässt sich mit beachtlichen Gründen aus ökonomischer Sicht argumentieren, dass die Sanktion korrupter Unternehmen und ihr Ausschluss von künftigen Projekten allein zur Korruptionsbekämpfung im Allgemeinen wenig tauge, solange ausreichend andere Bieter bereit sind, die öffentlichen Entscheidungsträger zu bestechen; die Sperre Einzelner begrenze dann im Wesentlichen (nur) den Wettbewerb unter mehreren potentiell korrupten Unternehmen.[468]

Die Weltbank könne internationale Korruption besser bekämpfen, wenn sie Sanktionen auch gegen Mitgliedsstaaten verhängen würde, soweit diese Korruptionsfälle nicht ausreichend aufklären und verfolgen.[469]

2. Begrenztes völkervertragliches Mandat der Weltbank

Bei dieser Kritik und allgemein bei der Analyse des Sanktionsregimes droht aber in Vergessenheit zu geraten, dass es sich bei seinen Regelungen nur um das interne Recht einer internationalen Organisation handelt, das keine unmittelbare Außenwirkung entfalten kann. Es benötigt dazu eines Hebels, einer Grundlage für die Anwendung der Antikorruptionsrichtlinien der Bank auf bestimmtes Verhalten von Außenstehenden.[470] Daran erinnert die Entscheidung des *Sanctions Board* zur Nichtanwendbarkeit des Sanktionsregimes auf einen Mediationsprozess der IFC.[471]

Durch eine Ausweitung des Sanktionsregimes auf ihre Mitgliedsstaaten und deren Amtsträger[472] würde die Weltbank eklatant ihre völkervertraglichen Kompetenzen überschreiten und insbesondere das Verbot der politischen Einmischung in

---

468 Letztlich plädieren deshalb aus ökonomischer Sicht für mehr wettbewerbsfördernde Initiativen als für Ausschlusssysteme *Auriol/Søreide*, An Economic Analysis of Debarment, NHH Dept. of Business and Management Science Discussion Paper No. 2015/23, online verfügbar über SSRN, https://papers.ssrn.com/sol3/papers.cfm?abstract_id=2662374 (03.06.2017), insb. S. 34–37; es geht aber doch zu weit, deshalb anzunehmen, dass das Sanktionsregime sein Ziel der Wettbewerbsförderung verfehle, wie es *Søreide/Gröning/Wandall* (Fn. 99), S. 542 f. tun, denn mehr korrupter Wettbewerb würde nur den korrupten Amtsträgern nutzen. Kritisch gegenüber der Sperre vor allem bei Anwendung von *respondeat superior* und leichterem Fehlverhalten äußern sich auch *Fariello/Bo* (Fn. 299), S. 420–423; die von ihnen vorgeschlagene Ergänzung oder Ersetzung der Sperre durch eine zusätzliche Sanktion des *community service* ließe sich, das räumen sie selbst ein, außerhalb eines staatlichen Strafverfahrens allenfalls in Vergleichen verankern, ebd. S. 434.
469 So die Empfehlung von *Søreide/Gröning/Wandall* (Fn. 99), S. 548.
470 Vgl. oben Fn. 2116–2118 und begleitender Text.
471 B.I.1.
472 Zur Abgrenzung von „government official" und „public official" im Fall einer von der Regierung zur Projektbetreuung angestellten und mit Entscheidungskompetenzen ausgestatten Privatperson s. SBD 78 (2015), Rn. 45 (s. Fn. 1).

die Angelegenheiten ihrer Mitglieder verletzen.[473] Sie ist vertraglich berechtigt und verpflichtet, ihre eigenen Geldmittel vor Missbrauch zu schützen – mehr nicht.[474]

3. Generalpräventive Wirkung des Sanktionsregimes durch Rechtsförmigkeit

Die mittelbare effektive Außenwirkung[475] des Sanktionsregimes ist trotzdem enorm – und zwar gerade, weil das Sanktionsregime manchmal umständlich rechtsförmig ist. Die oben genannte Kritik an der vermeintlichen Unzulänglichkeit des Sanktionsregimes ist vielleicht der beste Beweis für seine Strahlkraft.

Wenn die Weltbank die Definitionen sanktionswürdigen Fehlverhaltens oder das Sanktionsverfahren ändert, müssen Unternehmen, die im Bereich der Entwicklungshilfe aktiv sind, diese Änderung zur Kenntnis nehmen und sich darauf einstellen. Die Bank ihrerseits muss klar definieren und kommunizieren, welches Verhalten in welchem Zusammenhang sie zum Anlass einer Sanktion nehmen will. Ihre Sanktion ist ein einseitiger Akt, aber geschieht nicht im luftleeren Raum – die Entscheidung des Obersten Gerichtshofs von Kanada unterstreicht das.[476]

Umso wichtiger ist die Sorgfalt des *Sanctions Board* bei der Prüfung einer Sanktion und der Eröffnung des Anwendungsbereichs des Sanktionsregimes für dessen Legitimität als Ganzes. Wenn die Bank Sanktionen ausspricht, die nicht für Außenstehende nachvollziehbar sind, kann sie keine Generalprävention erreichen. Schnell ausgesprochene und kaum geprüfte Sanktionen würden der Bank weniger Arbeit machen, aber ihre Arbeit zugleich entwerten.[477]

---

473 S. bereits oben, Ergebnisse und Ausblick, A.I.
474 Zur treuhänderischen Pflicht: Kapitel I – B.II.
475 Anschaulich spricht *Alvarez* (oben Fn. 2116–2118 mehrfach zitiert), S. 122, von „External' Ripples of ,Internal' Law".
476 Oben, D.
477 Wirksamer und möglicherweise gelegentlich umständlich erscheinder Rechtsschutz im Sanktionsregime sichert erst dessen reibungslose Umsetzung, s. Kapitel 4 – A., vor I.

Augsburger Studien zum Internationalen Recht

Herausgegeben von Volker Behr, Luis Greco und Christoph Vedder

www.peterlang.com